Der Dreissigjährige Krieg Und Die Helden Desselben Gustav Adolf, König Von Schweden, Und Wallenstein, Herzog Von Friedland, Volume 2

Carl August Mebold

Der

dreißigjährige Krieg.

Zweiter Band.

Der

dreißigjährige Krieg,

und die Helden desselben:

Gustav Adolf,

König von Schweden,

und

Wallenstein,

Herzog von Friedland.

Nach den besten Quellen

für

Leser aller Stände historisch-biographisch geschildert

von

Dr. Carl August Mebold.

Mit fünf Stahlstichen.

Zweiter Band.

❦

Stuttgart.

Literatur-Comptoir.

1840.

Vierzehntes Kapitel.

Stralsund's Standhaftigkeit, Friede mit Dänemark.

Die Verleihung des Herzogthums Meklenburg an Wallenstein war eigentlich bloß eine Verpfändung für verrechnete Vorschüsse von mehr als 8 Millionen. Sagan und Priebus hatte er um 150,850 Gulden an sich gebracht. Der Kaiser und der Feldherr nahmen Nichts mit halber Hand: damit die schlesischen Herrschaften schuldenfrei übergeben werden konnten, wurde befohlen, die Gläubiger wegen etwaiger Theilnahme an den jüngsten Unruhen in fiskalische Untersuchung zu ziehen, und um Keinen auf dem Wahn zu lassen, als bleibe Meklenburg für seine alten Landesherren einlösbar, wurde jezt schon jedes Pflichtverhältniß zu dem wendischen Hause für aufgehoben erklärt. Zum Verwundern war, daß der sterngläubige Friedländer sich keine Gedanken darüber machte, warum doch der große Meister der Himmelskunde, Johann Kepler, dessen verjährte Besoldungsansprüche er zu Meklenburg in den Kauf bekam, lieber die zahlungsschwierige kaiserliche Hofkasse zum Schuldner haben wollte, als ihn auf der schwindelnden Höhe seines Glücks! Wie die Meklenburger, die Herzoge und das Volk, dazu sahen, daß in dieser Art mit ihnen geschaltet wurde, war nicht der Rede werth. Als der wallensteinische Statthalter Obrist Heinrich Saint Julien mit den beiden Doktoren der Rechte, Justus Lüder und Heinrich Nieman, in Gegenwart der kaiserlichen Bevollmächtigen, Hans von Altringen und Reinhard von Walmerode, dem Landtag zu Güstrow seinen Auftrag eröffnete, hätten die bestürzten Herzoge und Stände sich gerne zu Erfüllung jeglicher Forderungen bequemt, allein man sagte ihnen nicht einmal, welches die Pfandsumme sey. Was man unbedingt verlangte, war Huldigung: kaum erwirkten sie einige Wochen Aufschub. Wer dann nicht gehorchte, mußte von Haus und Hof. Die Mehrheit ließ es nicht so weit kommen, was dem Friedländer schier leid that, weil er um so weniger Beschlagnahmen zu verhängen hatte. Die abgesezten Fürsten fanden in den benachbarten Hansestädten eine Zuflucht, umsonst aber schickten sie Botschaften über Botschaften an Kaiser und Reichsstände. Jener verweigerte ihnen geradezu das Gehör und drohte, wenn sie sich nicht fügten, mit der Acht. Diese konnten nur ihr Bedauern bezeugen. Wallenstein selbst, bei dem sie Trost schöpfen wollten, fertigte ihren Abgesandten Cothmann mit der schnöden Antwort ab: „wenn er sich nochmals blicken lasse, werde man ihm den Kopf vor die Füße legen." Das Land fuhr noch am besten: der neue Gebieter erleichterte es von der Kriegslast, indem er alle Truppen entfernte, die nicht als Besatzung unumgänglich nothwendig waren, er begnügte sich mit Herausgabe der geistlichen Güter, die Gewissen ließ er ungekränkt.

Mit dem Besitz von Meklenburg im Frühjahr 1628 ging eine auffällende Veränderung in des Friedländers Politik vor sich. Vorher schien sein ganzer Sinn auf Herbeischaffung der Mittel zu einem Seekrieg gerichtet. Der König von Dänemark sollte bis in sein Inselreich verfolgt, der Dreizack dem Herrscherthum von Deutschland beigefügt werden. Wallenstein hatte sich mit dem stolzen Titel eines Generals des baltischen Meeres und des Oceans geschmückt, Don Firmin de Lodosa zu seinem Admiral ernannt. Die mangelnden Schiffe hoffte man von der Hansa. Auf der Tagesatzung zu Lübek im Februar hatten Georg Ludwig von Schwarzenberg und der spanische Gesandte die Vertragsvorschläge vom Herbst wiederholt. Wenn man sie hörte, so bezwekten ihre Höfe lediglich den Flor des deutschen Handels, den sie an seinen und ihren Feinden rächen wollten, insonderheit an Dänemark und England. Sie gedachten des Sundzolls, dieses „schändlichen Auflage auf Deutschland, dieses Zaums, an dem man die Hansestädte zu halten meine." Sie erinnerten an die „Beraubung ihrer uralten mit Gut und Blut theuer erworbenen Privilegien und Freiheiten durch die Engländer, die mit ihnen umgegangen, als ob die Deutschen lauter Kinder wären, die von Anmaßung zu Anmaßung fortgeschritten, bis sie sich ihnen mit ihrem verbannten und verdammten Monopolen in's Nest gesezt, den ganzen Tuchhandel und andere Geschäfte entrissen, viele Millionen aus dem Sack gelangt hätten." Sie fragten, „Was einer so ansehnlichen, volkreichen, streitbaren und mächtigen Nation, wie die deutsche, verkleinerlicher, schimpflicher und spöttischer seyn könnte, als daß sie sich von anderen Völkern, die sich mit ihr nicht vergleichen dürften, auf den eigenen Meeren und Flüssen Gesetze vorschreiben lassen solle?" Nun war der Plan: die sechs wendischen Städte Lübeck, Hamburg, Rostock, Wismar, Stralsund und Lüneburg, ohnehin die Vororte der gesammten Hansa, sollten den unmittelbaren Verkehr mit der pyrenäischen Halbinsel künftig ausschließlich haben, sie sollten für alle Artikel, die aus Schweden, Dänemark, Holland, England und Frankreich nach Spanien gingen, der Stapelplatz seyn und umgekehrt. Wer sich mit dieser Genossenschaft nicht verglichen, würde von den deutschen Märkten ausgewiesen. Die Außenseite der Sache war nicht wenig lockend: aller auswärtige Handel Deutschlands, ein großer Theil des ost= und westindischen Zwischenhandels wäre der Hansa zugefallen. Schon wurde Don Philipps Flotte erwartet zur Eroberung des Sunds. Nur war zu erwägen: ob das die nebenbuhlerischen Handelsnationen gutmüthig geschehen lassen würden, wenn nicht, ob die Spanier mit ihrer gesunkenen Seemacht, die Hansa in einer Zeit, wo es nicht mehr so leicht war, Kauffahrer in Orlogschiffe zu verwandeln, sich im Stande fühlten, Jenen zusammen Trotz zu bieten? Gleich bei der ersten Zusammenkunft zu Lübeck hatte König Christian durch Joachim Cratz der Hansa bedeutet: „obwohl das Glück den dänischen Waffen bisher zuwider gelaufen, gebe er Nichts verloren. Die obsiegende Partei, nunmehr ans Wasser gelangt, vermerke, daß es ziemlich breit sey und daß sie keine Schiffe habe. Man werde die bei den ehrbaren Städten suchen, sie möchten aber um der Religion und Freiheit willen keine liefern. Sollten sie deßhalb angefochten werden; so dürften sie gewiß seyn, daß der König ihnen mit aller Macht beispringe. Dagegen sey er mit Schweden, England und den Generalstaaten auch stark genug zur See, daß eine Einmischung der ehrbaren Städte bloß ihrem Handel Nachtheil, und ihnen selbst Gefahr bringen könnte." Die Tagesatzung, die es weder mit dem Kaiser verderben wollte noch mit dem König, befand sich zwischen diesen Anerbietungen und Abmahnungen, zwischen Furcht und Gehorsamspflicht, alten und neuen Interessen in einer Klemme, aus der ihr schwer zu helfen war: auf die Betheuerung ihrer Treue gegen das Reichsoberhaupt folgte die Ausrede, ihre Vollmachten vervollständigen zu müssen, hernach die Entschuldigung mit der Unmöglichkeit, sich die Seemächte zu Feinden zu machen, nebst einer Gesandschaft nach Prag, um dem Kaiser zu seinen Triumphen Glück zu wünschen, endlich zwar eine ablehnende Erklärung von der Hansa als solcher, aber von einzelnen der Abgeordneten die Privatzusage, sorgen zu wollen, daß die Verbindungen mit den Holländern abgebrochen würden, Schiffe zur Verfügung gestellt, Handelsgesellschaften errichtet, die sich kaiserlicher Flagge bedienten. Einstweilen machte man sich einander durch Gefälligkeiten angenehm. Die Hamburger zumal erregten durch Zufuhren nach den ligistisch-wallensteinischen Lagern des Königs hohen Unwillen, dafür wurden sie in ihrer Elbezollfreiheit gegen die glückstädtischen Schmälerungsversuche bestätigt, und mit dem Rechte begnadigt, daß auf 10 Meilen im Umkreis keine Festung sollte angelegt werden dürfen. Wer weiß, ob nicht Schwarzenberg die Hansa doch noch herumgekriegt hätte? Wallenstein hatte die Unterhandlung gebilligt, sie unterstützt, aber nur Wallenstein der Feldherr, in dem Landesherrn und Reichsfürsten verklärten sich die Begriffe von Staatskunst. Warum sollte er, um den Spaniern zu einem Angriff gegen Holland Vorschub zu leisten, (denn Das besagte ihnen das hansische Bündniß, sonst Nichts) sich in einen abenteuerlichen Seekrieg verwickeln, da er bald wahrnehmen mußte, daß Flotten keine Stegreifsgeschöpfe sind? Was sollte ihm überhaupt eine Po-

litif, die nicht die seine war? "Sein Ehrgeiz fußte auf feste=
rem Grund als auf der beweglichen Welle des ihm pfadlosen
Meers. Meklenburg hatte er, Pommern, wo der kinderlose
Bogislaw, der Lezte seines Geschlechts, gewährte Aussicht auf
wohlgelegene Abrundung. Zum ruhigen Besiz dieser langge=
streckten Küstenländer gehörte das Verständniß mit den nordi=
schen Seemächten: weil Schweden nicht anbeißen wollte, ge=
dachte er sich zurecht zu sezen mit Dänemark. Schon hatten
zwischen ihm und dem König geheime Annäherungen Statt.
Gab der König Meklenburg Preis, so sollte er billigen Frie=
den haben. Darum weg mit dem spanisch=hansischen Bünd=
niß: das hätte den Knoten nur ärger verwirrt. Wallenstein
mußte das diplomatische Räderwerk allein in die Hände be=
kommen. Er schrieb an den kaiserlichen Hof: "Entweder geht
Schwarzenberg aus Lübeck, oder ich gehe nicht zum Heer."
Diese Drohung war ein Befehl: Schwarzenberg wurde abbe=
rufen, mit der Unterhandlung war es vorbei.

Während von den böhmischen Schlössern aus des Fried=
länders politische Federn in Bewegung gesezt und die Ein=
richtungen von ihm getroffen wurden, um mit Glanz aufzu=
treten in dem neu erworbenen Herzogthume, daher er auch
durch den Kapitän seiner Leibwachen, Ottavio Picolomini,
den kriegerischen Theil seines Hofstaats vergrößern ließ —
ungeachtet dieser Abwesenheit der Hauptperson, nahmen die
Unternehmungen im Feld, sobald die Jahreszeit sie erlaubte,
ihren Fortgang. Damit Arnim und Tilly bei guter Laune
blieben, hatte er Jenem die Feldmarschallswürde, Diesem die
kaiserliche Zusage einer Belohnung von 400000 Thalern ver=
schafft. Arnim hatte in Wismar, Greifswald, Apenrade
Schiffsrüstungen betrieben, Rostock ihm die Quartierlast mit
150000 Thalern abgekauft, auf die gleiche Zahlung preßte er
Stralsund. Der Andere hatte nach und nach fast all' sein
Heer um Stade zusammen gezogen, die Schwinge übebrückt
und gesperrt, er war troz den 44 Companien Briten, die
tapfer ausfielen, troz des Königs Erscheinen mit 13 Kriegs=
schiffen in der Elbe, wo sie aber vom Geschüze des verschanz=
ten Ufers zurükgewiesen wurden, dem Plaz mit Laufgräben
und Stükbetten immer näher gerükt, bis Morgon, der über=

dieß mit Mangel zu kämpfen hatte, am 7ten Mai, Was man
bot und verlangte, annahm — freien Abzug nach Holland
und 6monatliche Entfernung aus dänischem Dienst. In Stralsund hatte die Sache mehr als e-inen Haken. Sie war kein
reines Geldgeschäft: das Geld lief nebenher, aber man wollte
die Stadt selbst. Durch blühenden Handel, ausgebreitete
Schifffahrt, Festigkeit der Lage die wichtigste unter den dortigen Hafenstädten, war sie unentbehrlich zur Behauptung
Meklenburgs und Pommerns und zur Mitbewerbung um die
Herrschaft der Ostsee. Aber diese Bedeutung würdigten auch
Dänemark und Schweden. Seit dem Februar war die dänische
Flotte auf der See: Pros Mundt kreuzte längs den deutschen Ge-
staden innerhalb des Sund, Hartwig Saxe im Belt, Gabriel Kruse
und Heinrich Wind vor den Mündungen der Elbe und Weser.
Im April schloßen die zwei nordischen Kronen zu Kopenhagen
ein Bündniß: einem Theil der schwedischen Flotte ward die
Bestimmung, die dänische zu verstärken, so lange der Krieg mit
dem Kaiser dauere. Christian, noch in spätern Tagen gefeiert in
Volksliedern, wie er stand am hohen Mast im Wettersausen
und Pulverdampf, entwickelte die Thätigkeit eines alten See-
königs. Alle Küsten umher wurden bedroht, Eckernförde, die
Insel Femern, überfallen, Kiel geängstet, die Fahrzeuge, auf
welchen die Friedländer nach Laaland und Falster übersetzen
wollten, aus den Häfen herausgeholt oder in Grund gebohrt,
die Ausfahrt von Warnemünde durch Versenkung steinbelaste-
ter Nachen verstopft. In Apenrade hatten sie 18 Segel: damit hatten sie vor, den Dänen zu Leibe zu gehen, aber dieses Geschwader verschwand im Sturm oder gerieth in Feindes
Hand. Kein Schiff wagte sich fortan auf diese Gewässer hinaus,
das kaiserliche Flagge trug. Mittlerweile erinnannten sich auch
die Bauern in Stormarn, Ditmarschen und Angelnland zu
kleinen Aufständen, durch welche die Besatzungstruppen viele
Leute verloren und genöthigt wurden, überall hinter Mauern
und Schanzen Schutz zu suchen, Nordstrand und die anstos-
senden Inseln lagen voll erbitterter Flüchtlinge, sie und die
Mannschaften von Krempe und Glückstadt schrekten durch
plözliche Angriffe die fremden Unterdrücker, hinderten die von
der Meeresseite gehemmte Zufuhr auch zu Land. Stralsund

hatte daher bei Arnims Zudringlichkeiten den großen Vortheil:
es konnte nicht von der See abgeschnitten werden. Im Bewußtseyn dieser Schwäche erschöpfte er seinen Scharfsinn in
Winkelzügen und Kriegslisten: bald verlangte er von der
Stadt den Durchmarsch nach Rügen, bald daß sie sich zu
einem Werbeplatz hergebe, bald sollte sie alle dänischen Unterthanen fortjagen, Kriegsschiffe für ihn bemannen, die aus-
gebesserten oder neuerrichteten Festungswerke einreißen, Geschütze abliefern, die außerordentlicherweise angeworbenen Soldaten abdanken. Bald gebrauchte er und sein Presser, Obrist
Ernst Georg Sparre, sanfte Ermahnungen, bald sprachen sie
rauh und gebieterisch. Die Stadt, gehoben durch das Vertrauen auf ihren schirmenden Wogengürtel und die glückliche
Pflege bürgerlicher Freiheit und Wohlfahrt, war bei allen
Bücklingen vor dem kaiserlichen Namen, in welchen ihr diese
Zumuthungen geschahen, nicht minder fruchtbar wie an ehrer-
bietigen Vorstellungen so an ausweichenden oder abschlägigen
Antworten, und wenn die Umstände es erheischten, hatte sie
die Entschlossenheit zu thatkräftigen Maßregeln. Von zwei
Seiten wurde ihr zugesezt. Der Landesherr war eifersüchtig
auf ihre unabhängigere Haltung, die Stände beneideten sie
darum, hätten sich nicht gegrämt, würde ihr eine Brille vor
die Nase gepflanzt. Die Uebereinkunft zu Franzburg hatte sie
nicht mit den Hofstädten Wolgast, Stettin und Kößlin unter die Ausnahmen von der Einquartierung einbedungen. Als
sie sich bei Bogislaw auf ihre Privilegien berief, hieß es:
zum Teufel mit den Privilegien. Paul Damitz und Philipp
Horn, des Herzogs Statthalter und Kanzler, wurden beschuldigt, unter den Gründen, aus welchen sie ihn zur Aufnahme
der kaiserlichen Truppen in Pommern vermocht hätten, sey
auch der gewesen, daß man sich ihrer werde bedienen können, um den Uebermuth der Städte zu bezähmen. Bloß weil
er besorgte, die Stralsunder möchten sich durch Privatunterhandlung mit Arnim der allgemeinen Mitleidenheit entziehen,
und weil sie sich's am Hof etliche 1000 Thaler nicht dauern
ließen, hatte er ihnen Quartierbefreiung versprochen. Wollten
sie nun zwar diese abkaufen, aber nicht zugleich zu den landschaftlichen Kriegskosten steuern, so zankten die herzoglichen

Räthe: »es sey christlicher Liebe zuwider, wenn man es besser
haben wolle als sein Nachbar. Gleiche Brüder trügen gleiche
Kappen.« Ohne Aufmunterung von außen fand Stralsund
seine Hilfsquellen in sich selbst — in dem Muthe der Bürgerschaft, dem Eifer und der Klugheit ihrer Vorsteher, in
dem gediegenen Charakter des Bürgermeisters Lambert Stein-
wig und des Wortführers der Gemeinde Justinian Koch.
Schienen die Rathsherren zu freigebig mit Rosenobeln, um
Arnim und seine Sendboten zu geschweigen, oder schienen sie
so nachgiebig, um sich mit ihm auf eine Abfindungssumme
einzulassen, ohne ausdrückliche Versicherung, daß weder von
dem Landesfürsten noch von Wallenstein Nachforderungen
kommen sollten, alsbald murrten die Bürger. »Man könnte,
zürnten sie, gewitzigt seyn durch die Erfahrung der Rostocker.
Was Die jezt um ihr Geld hätten, als statt eines Schutz-
briefs einen Empfangschein? Wolle der Rath zahlen, so möge
er es zu seinem Schaden thun.« Alle Gemeindeversammlun-
gen drangen auf Beschleunigung des Ausbaus der Festungswerke, auf Vermehrung der Vorräthe, jeder Einwohner wurde
angewiesen, sich mit Gewehr und Pulver zu versehen, die
Kanonen wurden auf die Wälle gebracht, die Wachen vertheilt, Nachts die Straßen mit Ketten verhängt. Bänkelsän-
ger und Flugblättler erstanden mit muthentflammenden Liedern,
mit Spottgedichten auf die Kaiserlichen, die sie als Brüder
Saufaus, Rocklos, Halbtoll aufführten. Seit 4 kaiserliche
Regimenter in Rügen hausten, wurde eine Yacht bewaffnet,
daß sie auf und niederfahre zwischen Stadt und Land und
Acht gebe, auch eine Anzahl Schiffe für den öffentlichen Dienst
gemiethet, kampf- und segelfertig gemacht. Hätte man die
Bürger gewähren lassen, so hätten sie ohne Weiteres die
Scheunen und Mühlen vor den Thoren in Brand gesteckt und
die Dämme durchstochen. Die Geistlichkeit allein ließ sich von
diesem Aufschwunge nicht hinreißen: sie nannte es »das Evan-
gelium aushungern,« als man von ihr noch andere Leistungen
begehrte denn Seelsorge und Gebet.

Stralsund, von der Meerenge bespühlt, die Pommern
von Rügen trennt, rückwärts umflossen von dem Franken- und
Knieperteich, ist eine Insel: Dämme und Brücken, über welche

die Straßen nach Greifswald und Rostock laufen, verbinden
die Stadt mit dem Festland. Längs dieser Straßen und von
Tribsees, Grimm her standen seit Mitte Februars Arnims
Vorposten: Was sollte aber dieser Anfang einer Einschließung
von der Landseite? Die Zufuhr auf der Achse war zu entbehren, blieb doch die zu Wasser, wo die Stralsunder so sehr
den Meister spielten, daß sie den Kaiserlichen auf Rügen das
Leben sauer machen konnten, wenn sie Nichts an sie verkauf-
ten, oder ihrem Hinüber- und Herüberkommen zuwider seyn
wollten. Aber der Gräuel des Kriegs in leibhafter Gestalt
trat vor ihre Seele, als sie mitten im Unterhandeln über eine
Abschlagszahlung von 30000 Thalern durch die Nachricht überrascht wurden, Arnim sey auf dem Dänholm und lasse Schanzen bauen. Zu spät bereuten sie, dieses kleine, unbewohnte
Eiland im Hafen nicht gegen eine Besiznahme gesichert zu
haben, über deren feindseligen Grund sie sich nicht täuschen
konnten: denn es lag im Gesichtskreis der Stadt, war ihr
Eigenthum und beherrschte die Schifffahrt. Dieses Ereigniß,
das weniger starke Gemüther niedergeschlagen hätte, wirkte in
Stralsund als ein elektrisches Feuer: selbigen Tags bezog ein
ganzes Stadtviertel die Wachen, die 4 Bürgermeister, 6 vom
Rath und 14 von der Bürgerschaft mit den Stadthauptleuten
Georg Volkmann und Chemnitz wurden zu einem Vertheidi-
gungsrath verordnet, den Schiffskapitänen Behrend Stubbe
und Peter Blume Befehl ertheilt, Nichts durchzulassen zwischen Rügen und dem Dänholm. Doch verzichtete die Stadt
auf den Versuch einer gütlichen Auskunft noch nicht. Wegen
der angesonnenen Summe machte sie ferner keine Schwierigkeit, der Stein des Anstoßes war jezt der Dänholm, dessen
Räumung sie verlangte, während Arnim sagte, sie sey kaiserlicher Majestät Genugthuung schuldig für ihre bewaffnete Wi-
dersezlichkeit auf der Meerenge. Zwei Herren von Bogislaws
Hof, Volkmar Wolf zu Putbus und Eckard von Usedom, ver-
mittelten: Arnim willigte ein, sich für die Zurückgabe des
Dänholms bei Wallenstein zu verwenden, vor der Hand aber,
ehe einige Gefahr zu vermuthen wäre, weder mehr Volk noch
Geschütz hinzuschicken, auch mit der Befestigung einzuhalten.
Stralsund hob die Sperre vor'm Dänholm auf und erlegte

die 30000 Thaler. Eine so zweideutig vertröstende Ausglei=
chung konnte nicht von Dauer seyn: sie war eingegangen
worden, nachdem ein Eilbote aus dem Hauptquartier zu
Greifswald Nachts 11 Uhr eine Enderklärung überbracht hatte,
auf die am Morgen die Antwort zurück seyn sollte und die
keine Wahl ließ als zwischen diesem Vertrag oder dem Feind
vor den Thoren inner 24 Stunden, um 1 Uhr nach Mitter=
nacht hatten die Behörden den Kriegsrath versammelt, zu er=
wägen, ob sie das Unvermeidliche noch ablenken könnten. Was
wars also? Arnim hatte ein hübsches Stück Geld ohne Ver=
bindlichkeit, als daß er bezeugte, er habe es zu Abwendung
der Einquartierung empfangen, und den Dänholm konnte er
mit Nothdurft versehen. Die Stralsunder hatten ihren Schif=
fen näher der Stadt den Standort angewiesen, jedoch so,
daß sie den Hafen überwachen konnten, um auf der Hut zu
seyn, wenn Kriegsbedarf und Belagerungszeug eingeschwärzt
werden wollten. Beide Theile waren einander nicht holder
geworden: die Kaiserlichen, weil sie nicht in die Stadt durf=
ten, belasteten um so drückender deren auswärtige Liegenschaf=
ten, in Rügen, wo viele Bürger begütert waren, plagte sie
Obrist Hans von Götze mit Hemmung der Ausfuhr, einzelne
Rathsglieder wurden durch glimpflichere Behandlung ihrer
Besitzungen verdächtigt. Die Bürger, ohnehin argwöhnisch
bei den halben Maßregeln ihrer Obrigkeit, lehnten sich gegen
die Ablieferung zwei von Arnim aus Privathänden erkaufter
12 pfünder, auf das Gerücht, diese Feuerschlünde würden in
etlichen Tagen auf die Stadt selbst gerichtet, förmlich auf,
griffen die Bedeckung mit Schmähworten und Steinwürfen
an und stürzten den Wagen mit den Geschützen in den Koth.
Schon vor diesem Auftritt hatten sie durch ihre Viertelsmeister
dem versammelten Rath erklärt, „aus gutem ehrlichem Mund
werde berichtet, daß auf dem Rathhaus Nichts geschehen
könne, was nicht Arnim unmittelbar erfahre, wenn es daher
Zwischenträger geben müsse, die bereits Schutzbriefe in der
Tasche hätten, so sollten sich Die in Acht nehmen, daß man
nicht hinter ihre Schliche komme: sonst hätten sie ihren Lohn
dahin. Wären dem Rath derlei Leute lieber, so möchte er
mit ihnen sein Heil versuchen, die Bürger aber, wenn er ihre

Erinnerungen nicht beherzigen wolle, ihrer Eide entbinden, dann würden sie sich zu Schiffe sezen und anderswo umthun." Zum Glück wurde ein gesunder Gemeinsinn dieser Regungen des Unmuths und der Zwietracht, die der Feind selbst geflissentlich anfachte und nährte, bald mächtig: die Bürger erlaubten die — Was sie nicht gewußt hatten, im greifswalder Vertrag zugestandene — Ausfolgung der Geschütze, aber sie gaben auch den Sporn zu Mehrem, was nicht den Mäusen gepfiffen war, zu regelmäßigen Waffenübungen, der Verfertigung und Anschaffung von allerlei Kriegsgeräth, einer allgemeinen Metallsammlung für die neuerrichtete Stückgießerei, dem Aufschlag von Pfund= und Verbrauchstaxen, Haus= und Kopfsteuern für die Vertheidigungskosten. Die Mißhelligkeiten am Dänholm brachen heftiger aus als zuvor. Da die Kaiserlichen sich daselbst je länger je mehr fest sezten, und man Anzeige hatte, daß eine beträchtliche Fuhre Pulver, Kugeln und Kanonen auf dem Weg sey, ließ auch die Stadt aufs Neue ihre Yachten kreuzen, sie sollten zwar unverdächtige Boote nicht behelligen, je roher aber Jene bis fast unter die Mauern von Stralsund mit Personen und Sachen umsprangen, um so ungescheuter wurden von den Schiffern die unschuldigsten Ladungen zum Schmuggel gestempelt, und wo der Rath ein Auge zugedrückt hätte, paßten desto schärfer die Bürger auf, rächten sich wohl auch dadurch, daß sie auf Kaperei ausliefen. Die Erscheinung eines dänischen Orlogschiffs, das den königlichen Gesandten Jakob Steinberg ans Land sezte, wiewohl nach wenigen Stunden wieder unter Segel ging, war so aufmunternd für die Stadt als Mißtrauen erweckend bei Bogislaw und Arnim. Der König hatte zum Ausharren ermahnt, aufgefordert, dem Feind keinen Vorschub zu leisten, und versprochen, nöthigen Falles mit schneller Hilfe da zu seyn, Bürgermeister und Rath, nicht ab= noch zusagend, als ob sie der Hoffnung lebten, als des Reichs gehorsame Unterthanen in Frieden gelassen zu werden, hatten freundlich gedankt, aber dieses behutsame Ausweichen hinderte nicht, daß am andern Tag auf Arnims Antrieb, der, von seinen Spähern unterrichtet, sogleich am Hofe zu Wolgast Schritte that, um die Verhaftung des Dänen zu veranlassen, ein herzogliches

Schreiben kam, Angesichts dessen sie Rede stehen sollten, Was der Fremde gewollt und Was er zur Antwort erhalten. Wie sich die pommersche Regierung von den Kaiserlichen als Mundstück gebrauchen lassen mußte, so schien sie sich zur Regel gemacht zu haben, die Verlegenheit der Stadt im Interesse der landesherrlichen Gewalt auszubeuten. Bogislaw, der seine Unfähigkeit zu schirmen oder zu steuern täglich zur Schau trug, quälte die Stralsunder mit unaufhörlichen Botschaften, um sie zu beschwazen, ihre „Häupter in seinen landesväterlichen Schoos zu legen," ihm ihre Soldaten in Eidespflicht zu überlassen als dem Alleinigen, der für die Stadt Bürge seyn könne und ihr Erretter aus unabsehbarer Drangsal. Als es der Besatzung auf dem Dänholm, wo sie von Jeglichem abgeschnitten war, immer magenschwächer wurde, war er Derjenige, welcher Himmel und Hölle bewegte, daß sie doch möchten ihre Schiffe zurückziehen, nicht durch offenbaren Trotz gegen den Kaiser ins Verderben rennen. Die vom Rath, obgleich der Meinung, es bedürfe keines neuen Bandes zwischen dem Herzog und der Stadt, die ihm durch ältere, theuere Eide verwandt sey, hätten sich darein geschickt, daß von den städtischen Truppen auch ihm Treue geschworen und der Dänholm in seine Verwahrung gegeben worden wäre, sie hätten eine so unbarmherzige Sperre nicht geboten, und mußten deßwegen auch von der andern Seite hören, eine rechte Obrigkeit würde nicht leiden, daß der Pöbel so meisterlos sey. Als der Pöbel seinen Willen hatte, wenn man die ehrliebende Bürgerschaft so betiteln darf, weil sie glaubte, daß man nicht auf Vorspiegelungen zu achten, sondern die Räumung des Dänholms zu erzwingen habe — als dieser verlorene Posten endlich froh war, durch Abführung nach Rügen von seinem Fasten erlöst zu werden — da waren auch Bogislaws dienstbare Geister wieder auf dem Platz, Ritter und Prälaten, selbst die verwittwete Herzogin, Sophia Hedwig, machten Schwarm gegen die verstockten Stralsunder, an die sie Warnungen und Bitten verschwendeten, ohne sie zu überzeugen, daß sie den kaiserlichen Waffen wegen zugefügten Schimpfes eine Sühne bringen müßten, die keine andere seyn könne als die ungesäumte Zurückgabe des Dänholm. Im Ernst konnten die Höflinge Das,

nicht anrathen — sie, die ihnen nachher verstohlener Weise
entdeckten, daß sie ein Schreiben Wallensteins an Arnim gelesen, das noch eine Reihe unwiderruflicher Forderungen enthielt, mit welchen Dieser nach und nach hervorgetreten wäre,
bis Stralsund, gebrandschazt an Vermögen und Ehre, Alles
zur Verfügung gestellt hätte, seine hölzernen und seine stei-
nernen Mauern und die tapfersten seiner Bürger, Blume,
Stubbe und Volkmann, die geflehmten Opfer kaiserlichen Zorns.
Die Stadt ließ sich nicht irre machen. Arnims dräuende Gebehrden, die Truppenmassen, die er in den umliegenden Ortschaften anhäufte und die schon hin und wieder mit den Städtischen handgemein wurden, die Lieferungen für ein zu bil-
dendes Lager, die Hand- und Spannfrohnen, die er ausschrieb,
die entblößten Schwerter und die brennenden Lunten rührten
sie nicht. Rasch und besonnen traf sie ihre Gegenanstalten.
Da es an Pulver und Geld gebrach, so wandte man sich mit
einer Bestellung von 100 Zentnern nach Danzig und um ein
Anlehen von 100000 Thalern nach Dänemark, und damit es
nicht mißdeutet würde, nicht an Christian, sondern an die
reiche Königin Mutter. Einen Vorschuß von 15000 Thalern
hatte die Hansa bewilligt. Die Danziger schlugen auf den
Grund eines reichsständischen Ausfuhrverbots das Gesuch ab.
Was könnte sich Willkommneres darbieten als Steinbergs
zweite Sendung, dießmal mit 3 Kriegsschiffen, 16 Kanonen nebst
Zugehör, auch 5 Konstablern und 2 Kundigen der Kriegsbaukunst?
König Christian, der auf der Höhe von Rügen kreuzte, ließ
dazu vermelden, „die Stadt solle unbetzagt seyn, solange ihm
und Schweden die See offen bleibe, werde ihr Nichts abgehen.
Diese Hilfe sey bloß zum Einstand." Die Bürgerschaft seg-
nete den Gesandten als einen Engel der Vorsehung, der
Rath erfüllte noch eine Pflicht der Klugheit. Dänemark verlangte Gewißheit von der Stadt, daß sie keinen Vertrag
schließen wolle zum Nachtheil des Königs, dafür sollte sie
einbegriffen werden in dem künftigen Friedenswerk. Dieß wäre
ein Ueberschreiten der Grenzen der Vertheidigung gewesen, ein
Parteinehmen für den Feind des Kaisers. So wollte sich der
Rath nicht binden. Daß man gesonnen sey, jeden Angriff
nach Kräften abzuwehren — Mehr als diese Versicherung er-

langte der Gesandte nicht, selbst das „zu Beruhigung Seiner Majestät gewünschte Brieflein" wurde verweigert und ausgemacht, das Ding in großem Geheim zu halten. Aber mit der steigenden Wahrscheinlichkeit der Belagerung hatten Rath und Gemeinde in feierlicher Urkunde sich verbrüdert und geschworen Vergessenheit aller besondern Zwiste, Folgsamkeit und Treue den Obern und männliches Stehen bei ihren Fähnlein im Streit für Freiheit und Religion bis zum lezten Blutstropfen.

Am 23sten Mai rückte Arnim mit 8000 Mann in das Heinholz, eine halbe Stunde vor der Stadt. Der Name eines großen Gartens, die bejahrte Wallensteins=Linde, Aufwürfe und Vertiefungen bezeichnen noch die Lagerstätte des kaiserlichen Heers, Flüchtlinge aus Clausdorf, Pron, Voigtehagen und den andern Dörfern der Nachbarschaft, welche von ausgeleerten Ställen, erbrochenen Schränken, zerschlagenen Fenstern, Thüren und Oefen zu erzählen hatten, verkündigten seinen Anmarsch. Die Stralsunder begrüßten es lustig aus Falkonetten und Doppelhaken. Die glückliche Zurückkunft von 3 ihrer Schiffe aus Spanien, wovon 2 mit je 18 Kanonen, erhöhte ihre getroste Stimmung. Nichts desto weniger war ihre Lage eine der unerfreulichsten: hier eine Stadt von 18000 Einwohnern mit ein Paar Kompanien Miethtruppen und 1 bis 2000 Bürgersoldaten, gegenüber ein sieggewohnter Feind, dem sich Deutschland zu Füßen schmiegt, das Reichsoberhaupt, das ihren Widerstand als Aufruhr brandmarken kann, ihr Landesherr, der zu ihrer Bezwingung seine Zeughäuser zu Stettin öffnet wie der Kurfürst von Brandenburg die seinen zu Küstrin. Die Hansa, zu der sie sich hätte sollen einer innigeren Theilnahme versehen dürfen, unterstüzte die pommersche Vermittlung, aber Otto Tanke und Adrian Möller aus Lübeck, Gerhard von Holz aus Hamburg und Hans Maaß aus Rostock brachten Nichts als ihren armseligen gesandtschaftlichen Beirath zu leidlicher Unterwerfung. Die Unterhandlungen wurden aus verschiedenen Ursachen wieder engeknüpft: von der Stadt, damit man ihr nicht nachsagen könne, sie wolle nicht, von Arnim als einem Mann, der sein Ziel erreicht, indem er den Weg zu verändern, Wagen und Pferde zu wechseln weiß. Im Eingang spannte er seine Forderungen: sie sollte abbitten, die Rädelsführer ausliefern, die er nennen würde, angeloben, allen Verkehr abzubrechen mit des Kaisers Widersachern, den Kaiserlichen den Hafen aufschließen, den Dänholm in dem wehrhaften Zustande, in dem er war, 5 ihrer besten Schiffe und 4 Halbcartaunen übergeben, außer dem alten Rest noch 100000 Thaler zahlen, von jedem Kauffahrer dem Befehlshaber in Rügen ein Waarenverzeichniß vorlegen, diese Insel vertheidigen helfen, wo eine kaiserliche Schanze oder Besatzung wäre, ehrerbietig die Segel streichen lassen, Werbungen und Befestigungen einstellen, keinen Fremden, so in Feindes Botmäßigkeit gewesen, den Aufenthalt gestatten, ihre Truppen dem Herzog Bogislaw und dem Kaiser verziden. Dieses Eides hätte es kaum bedurft, denn die Soldaten, Volkmann selbst, hatten meist unter dänischer Fahne gedient, hätten also fort müssen. Dazu hatte sich Arnim für seine kriegerischen Bewegungen zur Vertheidigung der Küsten alle Freiheit vorbehalten. Es war nur auf den Busch geklopft. Daß die Stadt die demüthigenden Zumuthungen als unwürdig, die beschwerenden als unmöglich oder unnöthig, einige, weil mit ihren hansischen Vorrechten unvereinbar, andere als nicht allein sie, sondern den Landesherrn und die Landschaft berührend, verwarf — daß sie nach dem unsäglichen Schaden, den sie in ihren verwüsteten und geplünderten Gütern und durch die Handelsstörungen erlitten, nicht mehr über 50000 Thaler zahlen wollte, — daß sie dem Feldmarschall die bittere Wahrheit unter die Nase rieb, die gänzliche Entfernung der kaiserlichen Völker wäre für Pommern der liebste Schutz — diese kecke Abfertigung wurde ihr nicht so verübelt, daß nicht Arnim nach einigem Schmollen in unwesentlichen Punkten nachgab, sogar, wenn der Dänholm an Bogislaw überlassen und die dortigen Werke geschleift würden; Waffenstillstand bis zu Wallensteins Ankunft und, sobald er dessen Genehmigung hätte, die Abführung der Truppen um Stralsund und der schlimmwirthschaftenden Regimenter aus Pommern anbot. Als jedoch die Städter, vom Wachen müde, am 26sten arglos zur Ruhe gegangen, wurden sie gegen Mitternacht durch wüthendes Sturmgetöse, krachende 24

pfünder und schwirrende Feuerkugeln aufgeweckt." Die im
ersten Anlauf eroberten 2 Außenwerke waren zwar Morgens
6 Uhr wieder genommen, auch wurden binnen einer Woche
noch 3 nächtliche Stürme von ihnen abgeschlagen, aber der
neueste an 3 Orten war so heftig, daß sie vor dem Frankenthor schon um die lezte Bastey fochten, wenn gleich am Schluß
— Dank ihren unverdrossenen Anführern Volkmann, Chemnitz
und Joachim Ranow — der verlorene Boden wieder errungen
war bis auf den verschanzten St. Georgskirchhof, und sie in
ihren Tagebüchern rühmten, sie hätten manchen „Hartmachern"
die gefeiten Knochen geweicht, manchem Tiefenbacher die Brust
mit den eingebrannten Schwertern bloßgelegt, einen Kerl wie
einen Goliath mit viertelszentnerschwerer Pickelhaube und
ungeheurer Partisane, der brüllend gleich einem grimmigen
Bullen um sich gehauen, unter den Streichen ihrer Gewehr-
kolben niedergeschmissen. Am 4ten Juni war der Sonntag
vor Pfingsten: Arnim hatte am Sonnabend durch einen Trompeter begehrt, man möchte, damit er seine Todten begraben
könne, das Schießen aussezen, und der Rath, erschrockener
über die Größe der Drangsale als erfreut, daß man sie über-
standen, hatte ihn „um unsers Heilands und Erlösers Jesu
Christi willen" beschworen, von der Verfolgung ganz und
gar abzulassen, oder doch ungefährdete Unterhandlungsfrist zu
vergönnen. Die Bürger, noch nicht im Besitz seiner Antwort,
wornach sie als ungezähmte Muthwillige an Allem Schuld
seyn sollten, waren in der Predigt, die Soldaten in den
Quartieren, auf Straßen und Wällen sabbathliche Stille: da
gewahrte der Raths- und Quartierherr, Joachim Fleming,
beim Rundemachen einen neuen Laufgraben, in welchem die
Belagerer in der Nacht sich genähert, das Wogen der Piken
und Helme verrieth den beabsichtigten Ueberfall. Und eine
Frau machte den Pauker und trommelte die Leute aus Kirchen und Häusern auf ihre Posten. So umringt von beständigen Gefahren und mit Wallensteins Anzug noch furchtbareren entgegengehend, wollten sie ihre Familien nicht allen
Glückszufällen Preis geben. Seit der Kaiser und die Liga
den Kriegsbrand bis an den Rand der Ostsee wälzten, hatte
Gustav Adolf sein Reich als Freistätte geöffnet, in Schweden

hatten die Herzoge von Meklenburg ihre Söhne untergebracht, Schweden erschauten sich auch die Stralsunder als Zuflucht für ihre Weiber, Jungfrauen und Kinder. Die Verhältnisse des Königs und der Stadt waren nicht von gestern her. Er hatte sie vor drei Jahren und jüngst wieder durch den Kanal eines Privatbriefwechsels zwischen Ake Axelsson und dem Bürger Joachim Rhode seiner Dienstgeneigtheit versichert. Desgleichen hätte er sich der meklenburgischen Seestädte angenommen: er hatte durch Peter Baner die Gesinnungen der Höfe des nördlichen Deutschlands erforschen lassen, Duwalls Regiment zur Besetzung Wißmars ausersehen, aber Wallenstein war zuvorgekommen. Der Stralsunder Loos hatte er dem König Christian durch den Grafen von Solms als einen Gegenstand von gemeinschaftlichem Interesse ans Herz gelegt. Als er auf der Rhede von Danzig auf seiner gewöhnlichen Frühlingsreise ins Feld von ihrem verfehlten Schießbedarfeinkauf hörte, hatte er ihnen eine Last Pulver geschikt, mit einem Handschreiben voll Theilnahme und Anerkennung, aber auch Tadels, daß sie mit ihren Freunden und Nachbarn nicht fleißiger Rücksprache pflegten. Ein Geschenk von 100 Tonnen Pulver, 6 Halbkartaunen und 100 Ochsen folgte nach. Am Tag nach dem ersten Sturm war der schwedische Gruß angelangt — keine geringe Zuthat zur Anfrischung des Muths! Denn es war dabei ein königlicher Abgesandter Georg Borchardt, durch ihn streckte ihnen Gustav Adolf die rettende Rechte zu. Seine Anträge geschahen unter dem Siegel der strengsten Verschwiegenheit: zur Vorsicht hatte er seine Verhaltungsregeln bloß zu lesen, nicht schriftlich mitbekommen. Auch die Stadt vermied es sorgfältig, sich in die Karten gucken zu lassen. Als Mitglied der Hansa herkömmlich befugt, in auswärtige Genossenschaften zu treten, sofern Das unbeschadet ihrer Reichspflichten seyn konnte, hatte sie gegen einen Bund mit Schweden nicht dieselben Bedenklichkeiten wie gegen einen Bund mit Dänemark. Gustav Adolf war nicht des Kaisers erklärter Feind, sein Beistand nicht der durchlöcherte Schild eines flüchtigen Königs, der nach jedem Anlehnungspunkt wie der Schiffbrüchige nach einem Strauch griff, er nicht zum Voraus von böser Vorbedeutung durch

II.   2

ruhmlose Kämpfe, da die seinigen überall siegbaft waren. Aber sie wollte einen Beschützer und keinen Schutzherrn: darum durfte sie nicht blindlings zufahren. Sie wollte sich den Weg der Unterhandlung mit den Kaiserlichen nicht versperren, weil sie die auswärtige Hilfe nicht unmittelbar zur Hand hatte, also Zeit gewinnen mußte: darum durfte sie nicht auf dem Markte rathschlagen. Auch konnte Dänemark noch nützlich seyn und durfte nicht durch zu offenbare Vorliebe für Schweden zurückgestoßen werden, wenn nur als Schränke gegen dessen zu unbedingt obwaltenden Einfluß. Während der Syndikus Jakob Hasert und der Bürger Stevelin Brandenburg mit Borchardt nach den Ufern der Weichsel reisten, um Entsatz zu holen, erging auch ein Schreiben nach Dänemark mit der Bitte um etliche 100 Soldaten nebst Kraut, Loth und Lunten und 3 oder 4 Halbkartaunen, auch einen Geldvorschuß gegen städtische Pfandschaft. König Christian hatte solange nicht gewartet: an dem Sonntag, an welchem der Ueberfall zu guter Stunde entdeckt und die einstweilige Auswanderung des zarten Alters und Geschlechts von dem Bürgermeister Christoph Krauthof der Gemeinde vorgeschlagen wurde, landete Obrist Heinrich Holk von Eskilstrup mit 3 Kompanien Schotten und 1 Kompanie deutschen Fußvolks. Ten Soldaten wurde ein monatlicher Sold gereicht, auf den öffentlichen Plätzen für sie Hütten errichtet, der Obrist mit dem Stadt= und Festungsbefehl bekleidet.

Die Verstärkung hätte nicht gelegener kommen können. Bei dem Umfang, welchen die Vertheidigungswerke hatten, war die Mannschaft nicht zahlreich genug, der Dienst, wo nicht gehörig abgelöst wurde, zu ermüdend Die Kriegsvorräthe waren klein beisammen, das Geschützwesen im Zerfall, viele Stücke gesprungen und mußten umgegossen werden. Beim Anblick der dänischen Soldaten, die sich in der nämlichen Woche noch mit 4 Kompanien Schotten auf 1000 Mann vermehrten, athmete die Stadt frisch auf. Die Auswanderungsmaßregel hatte keine Eile. Ihr Ton gegen Arnim und Ladislaw wurde dreister. Auf das Anerbieten eines achttägigen Waffenstillstands über Pfingsten ging sie nicht so gerade ein: sie machte eine Bedingung, welche Arnim anmaßend finden

mußte — die Wegziehung der Kaiserlichen vom St. Georgskirchhof und dem Frankendamm. Als ein Dutzend Hof- und
Regierungsräthe sich zum Besuch anmeldeten, lehnte sie diese
Ehre ab, erbat sie sich höchstens von 4, welche sich bewußt
wären, daß sie in Stralsund unverdächtig seyen. Auf den
Vorwurf, die Vertheidigung mit fremden Truppen sey ein
unverantwortlich Beginnen, wodurch nur die Verträge vereitelt würden, erwiederte sie: Was sie hätte anders thun sollen in ihrer Verlassenheit von dem Landesherrn und dem
Kreisobrist? Vor lauter möglichen Verträgen habe man ihr
die Annahme wirklicher Hilfe schier verspätet. Die Schiedsmänner hatten außer einer staatsklugen, staatsrechtlichen und
staatswirthschaftlichen Denkschrift über das Verderbliche der
Widerspenstigkeit gegen die Obrigkeit, selbst wenn sie gottlos
wäre, Was man von dem Kaiser nicht sagen könne, einen
Vergleich aufgesetzt, welcher mit geringen Milderungen, wie
der, daß nicht die seitherigen, sondern künftige Rädelsführer
ausgeliefert werden sollten, das Echo von Arnims Forderungen war, aber sie bemerkte, durch ihr Gezwungenseyn zu auswärtiger Hilfe sey die Lage der Dinge gar sehr verändert.
Manches, was früher hätte hingeben mögen, sey jezt ungebührlich. Um Abstellung der Beleidung handle es sich, nicht
der Vertheidigung. Wären die Väter der Stadt gefüger gewesen, so widersezte sich die Bürgerschaft und diese wurde
aufgesteift von Holk, der in Rede und Schrift vor Verträgen
warnte, die er verdammte als schandbar und unvernünftig,
schreienden Undank gegen seinen König und feiges Kriechen
unter das spanisch-päbstliche Joch. Sie hatten von ihm Brief
und Siegel haben wollen, daß er nicht hinderlich seyn werde,
wenn der goldene Friede zu erreichen wäre, auch sollte er
eher kein Volk nachschicken lassen, er hatte seine Achtung betheuert für die Gerechtsamen der Stadt, aber die Sendung
zu ihrem Schutz wollte er nur als beendigt ansehen mit dem
Aufhören der feindlichen Einlagerung in Pommern. Dieses
Quartiermachen bis zum allgemeinen Frieden war eine un-
verhohlene Mißbilligung jedes besondern Vergleichs. Zu einem
solchen verschwand auch — oder man hätte sich den gröbsten
Täuschungen hingeben müssen — mehr und mehr die Aussicht,

2*

wenn je eine vorhanden war. Der Obernotar, Hans Vahl, nach Prag abgeordnet, hatte sich durch Wallensteins Kammerdiener bei dem Fürsten Zutritt verschafft, der hatte ihn finster angeschnaubt: „bereits sey noch 15 Regimentern Marschbefehl ertheilt, er nehme ihn nicht zurück. Ihr Sträuben gegen kaiserliche Besatzung sey umsonst, und sollte es ihm auch 100000 Mann, ja das Leben kosten. Oder er werde mit der Stadt so verfahren," wobei er mit flacher Hand über den Tisch strich. Der kaiserliche Bescheid durch den Kanzler Peter Rudolf von Strahlendorf war gnädiger gewesen: als jedoch Vahl dem Friedländer zu Prenzlau, wo er mit 900 Reitern und vielen Wagen nach Stralsund durchzog, die allerhöchste Entschließung eröffnete, vermöge deren der Zwist in Güte abgemacht und die Einquartierung erlassen werden sollte, hatte derselbe sich nicht daran gekehrt, sondern geprahlt, „wenn die Festung mit Ketten am Himmel hinge, sie müßte herunter." Schlag auf Schlag drängten die Ereignisse. Freitag den 30ten Juni ging ein schwedisches Geschwader von 8 Segeln unter Claes Fleming (die vertragsmäßige Zahl zur Unterstützung Dänemarks) bei Stralsund vor Anker: die aus Preußen zurückkehrende städtische Gesandtschaft, der königliche Geheimschreiber und Obrist Philipp Sattler als Bevollmächtigter Schwedens und Obrist Friz Rosladin mit 600 Mann Hilfstruppen waren an Bord. Am Samstag empfing der Rath die Berichte Vahls, Sattlers Beglaubigung und den Plan zu einem Bündniß. Ueber dieses war man am Mittwoch einig — es war auf 20 Jahre, auf Vertheidigung beschränkt und in Betreff des landschaftlichen und des Reichsverbands hinlänglich verklausulirt, aber die Stadt versprach auch, sich mit dem Feind nicht einseitig zu vergleichen, sondern „beständig zu verbleiben bei dem König und der Krone von Schweden," und Adler Salvius, der Urheber des Entwurfs bekannte nachher in einem Brief an Axel Oxenstjerna, er habe diesen Ausdruck gewählt als verblümte Bezeichnung eines Unterwürfigkeitsverhältnisses. Die Antwort der Stadt auf Bogislaws Verlangen, daß sie sich als Grundlage der unter Kur Brandenburgs Mitwirkung zu Anklam fortzusetzenden Unhandlungen wenigstens eine pommerische Besatzung gefallen lassen solle, verhehlte ihre neue Stellung nicht. Sie erklärte einfach, die bisherigen Friedensbedingungen seyen unannehmbar, schon der beiden Nachbarmächte halber, deren Unwillen sie damit auf sich laden würde. Wegen der Abordnung nach Anklam entschuldigte sie sich: zu diesem Geschäft hätten keine geringere Personen getaugt als die angesehensten ihrer Vorsteher, und die wollte sie nicht neben draußen haben. Wozu hätte überdieß jenes Zugeständniß seyn können? Gegen eine Abfindungssumme hätte der Stellvertreter Schwedens Nichts eingewendet: wenn dadurch die Aufhebung der Belagerung zu bewirken sey, hatte er gesagt, solle die Stadt nicht 50 Thaler zahlen, sondern 100000. Allein daß ein dem Herzog von Pommern geschworener Fahneneid das bewährte Auskunftsmittel seyn werde, war eine durchaus willkürliche Voraussezung, da Wallenstein durch Franz Albrecht von Lauenburg vielmehr die Beeidigung auf den Namen des Kaisers und des Herzogs vorschlug, und wie Das gemeint war, bezeugen seine der Nachwelt vorliegende Briefe an Arnim, den er um eben diese Zeit ermahnt, „mit den Schelmen von Stralsund immerhin zu unterhandeln, doch Nichts abzuschließen, vielweniger mit der Arbeit inne zu halten, denn wenn er glimpflich mit ihnen rede, so geschehe es darum, daß er sie schläfrig mache, aber das Uebel das sie gethan, werde er ihnen gewiß nicht schenken und er hoffe mit Gott, dieses Gesindel bald zum Gehorsam zu bringen.' Gesezt sogar, Wallenstein hätte sich bei Bogislaw's Besatzung beruhigt, so könnten es die Stralsunder nicht: so lange die Friedländer Pommerns und des Herzogs Herren, war zwischen einer kaiserlichen und einer pommerischen Besatzung kein Unterschied. Unter diesen politischen Mummereien, in welchen Wallensteins Eintreffen im Heinholz mit 9000 Mann — am 8ten Tag nach den Schweden — eine Pause machte, hatte das Schießen, Graben und Schanzen, untermischt mit den Ausfällen der Belagerten, steten Fortgang, die Stadt selbst war vom Feuer fast noch unbeschädigt, aber die Angriffswerke rückten, wenn auch langsam heran, die Teiche wurden nach und nach abgeleitet, die Außenposten zurückgedrängt. Der erboste Feldherr schien Mauern und Zinnen niederrennen zu wollen mit einem Mal. Um

Abend des andern Tages, nach 10 Uhr, bewegte er seine
Sturmsäulen auf die Stadt — eine so entsetzliche Nacht
hatte sie nie erlebt, um ein Haar wäre es ihre letzte gewesen. Mitten im wildesten Gemenge war den Vertheidigern
von einem Luntenfunken eine Pulvertonne aufgeflogen, und
im Wahn, hinter ihnen seyen feindliche Minen los, waren
sie in Bestürzung gerathen, von einer Schanze in die andere
getrieben worden und bis an das Frankenthor. Wohl hatten sie sich hier gefaßt und die Kaiserlichen wieder hinaus-
geklopft, daß deren bei 1000 in ihrem Blute schwammen,
aber auch Rosladin und seine Hauptleute Jürgen Horn
und Jakob Holste waren verwundet auf den Tod, sein Unterbefehlshaber Axel Duwall in Gefangenschaft. 150 Streiter
weniger mehr als zu viel für ihr Häuflein. Noch hatte das
Wetter nicht ausgetobt. Wallenstein, hieß es, habe sich ver-
flucht, er werde drei Tage und drei Nächte stürmen lassen,
und in der That brachte der zweite Abend einen zweiten Angriff, gefährlicher insofern als die äußere Hauptschanze nach
einem Kampfe, in welchem die Gefallenen drei- und vierfach
übereinander lagen, abermals genommen wurde und es auch
blieb. Hatten Schweden und Dänen mit den Bürgern in
Tapferkeit gewetteifert, um so beugender war dieser mangel-
hafte Erfolg. Viele wurden kleinlaut. Das Auftauchen einer
kaiserlichen und einer pommerschen Partei, die Wankelmü-
thigkeit des großen Haufens, der vom Trotz zur Verzagtheit
nur einen Schritt hat, die unter Truppen von so mancherlei
Nationen unvermeidlichen Reibungen erschwerten die Lage.
Die Einschiffung der Weiber, die keinen weitern Verschub
litt, diente nicht eben zur Beschwichtigung des Schreckens.
Doch auch die Kaiserlichen hatten sich die Hörner verstoßen.
Die Gefangenen bezeugten, die Offiziere hätten die Leute mit
Schwertern und Partisanen vorwärts treiben müssen wie Schafe
zur Schlachtbank, und auf ein demüthiges Schreiben des Raths
an Wallenstein von selbigem Tag erschien nicht allein um-
gehends eine Einladung, sondern den Abgesandten wurde ein
unvermuthet guter Empfang, der Feldherr ließ ihnen Stühle
hinstellen und da sie ihm ihr Ungemach mit lebhaften Farben
schilderten, sagte er wie gerührt: „wie sie nur zu all diesem

Wunder gekommen wären? Da sie um Gnade bäten, solle ihnen verziehen seyn. Den Dänholm, die Einquartierung er-
lasse er. Eine landesherrliche Besatzung genüge, seinetwegen
ihre eigene, nur müsse sie auch dem Kaiser schwören." Mit
dem klassischen Sprüchwort: „faßt die Gelegenheit vorne
beim Schopf, kahl ist sie von hinten," verabschiedete er die
Dankenden lächelnd. Nach einer andern Erzählung wäre das
Zwiegespräch lakonischer gewesen. „Wollt ihr Geld geben?"
„Dat hebben wie nich." „Wollt ihr kaiserliche Besatzung
einnehmen?" „Dat döhn wie nich." Hierauf Schurken
und Empörer gescholten, hätten sie erwiedert: „Dat sind
wie nich." Thatsache ist, daß, wenn er ihnen Freundlichkeit
erzeigte, es bloß in Worten war. Denn kaum waren sie von
ihm weg, so erhielt Arnim Befehl, am ganzen morgenden
Tag aus allen Stücken auf die Stadt spielen zu lassen, um
wo möglich ihre Feuerschlünde zu Schanden zu schießen. Unter Kanonenmusik hin und her wandernd hatten die Friedensboten keine leichten Prüfungen zu bestehen. In der Regel
war zum Behuf ihrer Mittheilungen eine Auslaßpforte schuß-
frei, oft die nicht. Hätten sie sich über einen Waffenstillstand
verständigt, so fehlte zu seiner Beobachtung das einschärfende
Ansehen: Bürgermeister und Rath besaßen es nicht über
Schweden und Dänen, Ladislaw's Höflinge nicht über die
Friedländer. Am Ende der Woche wirkte eine 48stündige Re-
genfluth als Besänftigungsmittel. Die Stralsundischen, unter
Obdach, waren froh, daß sie nicht hinaus mußten, die Kaiserlichen, die wie nasse Katzen in den überschwemmten Laufgräben und Zelten saßen, hatten ihre Hitze abgekühlt. Bis
sie dieses Bad abtrockneten, war wieder eine dänische Verstärkung angelangt von 400 Mann, die dänische Flotte vor
Rügen, auf 200 Segel angewachsen, verlegte durch einen
Prahmen mit gröbern Geschütz die Fähren zwischen Insel und
Festland und donnerte auf die Verschanzungen an beiden Ufern,
und nach Maßgabe verringerte sich die Lust zur Unterwerfung.
Die Bedingungen, welche zu einem Vertrag gemodelt werden
wollten, waren von sehr verschiedenem Stoff als die gehofften
nach Wallensteins Antwort an die Gesandtschaft. Sie wurden
nicht zusammen und als feste Preise gefordert. War heute

Etwas zugegeben oder heruntergehandelt, so kamen neue
Punkte aufs Tapet, die man abgethan geglaubt hatte, oder
alte wurden gesteigert. Als sie alle vorlagen, war das Be-
satzungsansinnen von 3 Regimentern auf 2000 bis 1500 Mann
herab, das Geldansinnen bis auf 120000 Thaler hinaufge-
gangen. Landesherr und Landschaft sollten für das Wohlver-
halten der Stadt, sie, überwacht von einem oder zwei Auf-
sichtsbeamten, die ihren Rathsversammlungen anzuwohnen
hätten, sollte mit ihren Privilegien, sämmtlichem Gemeinde-
und Familien-Vermögen haften, wie die Kaiserlichen ihre Angriffswerke sollte sie ihre Vorwerke Stück für Stück abtragen.
Nicht genug, daß sie sich der fremden Truppen entledigte,
sollte sie auch von den schützenden Königen gleichsam Bürgschaft beibringen des Wohlverhaltens gegen Pommern und
das Reich. Bei der Unwahrscheinlichkeit baldiger Hilfesendung
aus Schweden wegen anhaltend widrigen Windes hätte sich
der Rath mit bescheidenen Ausstellungen zu diesen Bedingungen bequemt — 50000 Thaler, 2000 Mann auf Kosten der
Stadt mit Offizieren, welche Ladislaw unter Berücksichtigung
gegründeter Einreden zu ernennen gehabt hätte, die allgemeinen und die persönlichen Pfänder der Treue wären ihr
genehm gewesen, er hatte die Friedensartikel geformt, aber
die Bürgerschaft ihre Zustimmung verweigert, ehe sie müßte,
Was Schweden und Dänemark dazu sagten. An der Verschreibung eines Unterpfandsrechts auf ihre Privatgüter hatte
sie nicht minder Aergerniß genommen. Und wie hätte die
Stadt gar für die nordischen Könige bürgen oder ihre äußere
Wehrlinie zerstören sollen, und Was war Das für ein Gegen-
pfand, wenn der Feind seine Schanzen schleifte, er, der über
Nacht wieder da seyn konnte und alsdann einen halboffenen
Ort vor sich hatte? Sie wurde je länger je spröder, zuletzt
bekannte sie frank und frei, daß sie ihren Versicherungen nicht
eher Kraft zu geben vermöge als nachdem die fremde Hilfe
sich zum Abzug entschlossen haben werde, daß sie bei den Höfen von Kopenhagen und Stockholm Nichts geltend machen
könne als ihre guten Bemühungen, und daß die Entwaffnung
sich jeden Falls nicht auf die Bollwerke vor dem Franken- und
Knieperthor erstrecken dürfe. Zu 100000 Thalern wollte sie

sich verstehen, aber in Fristen zahlbar nicht vor Räumung des
Landes. Ob auch Wallenstein mit dem Schwert dazwischen
blizte, dieser Federn= und Zungenkrieg legte sich ihm nicht zum
Ziel. Die Tiefenbacher, eines seiner besten Regimenter, wa=
ren bei einem Ausfall nahezu aufgerieben, einem seiner ge=
schäztesten Offiziere, dem Obrist Kehraus, der Arm im Kü=
raß weggeschoßen worden, und er hatte geschworen, nicht von
der Stadt zu weichen und wenn er davor geschunden würde.
Das war ein Aufbrausen, welches sich an der nüchternen Ue=
berlegung abkühlte, daß ein Thor sey, Wer mit dem Kopf
durch die Wand will. Das Heer war geschmolzen durch Seu=
chen (Arnim selbst hütete einige Zeit das Bett), die Nahrung
mußte über 10 Meilen weit kümmerlich hergeführt werden,
die dänische Flotte hatte Landungstruppen an Bord, die sie
jeden Augenblick nach Stralsund werfen könnte. Ihn zog es
nach Meklenburg. Nicht mehr ein möglichst vortheilhafter
Vertrag, ein scheinbarer Vorwand die Belagerung aufzuhe=
ben, war die Frage. Diesen Vorwand entlehnte er von seiner
Freundschaft für den Herzog von Pommern, dessen Fürsprache
plözlich unwiderstehlich war. Sie verglichen sich für Stral=
sund auf Abbitte und Gnade, Abdankung und Aufbruch, Her=
ausgabe — nicht von Rädelsführern, sondern wechselsweise
von Gefangenen und Ausreißern. Die Besatzungsangelegen=
heit erregte keinen Anstand: Wallenstein überließ es Bogis=
laws Ermessen, ob Dieser Mannschaft in der Stadt haben
wollte und wie viel. Die Fortschaffung der fremden Völker
als Hauptsache zu betrachten wurde Arnim angewiesen, hätte
er Gewißheit, daß sie nachher erfolgen werde, so solle er
nicht zaudern, müßte er auch im Aufbruch vorangehen. Nach
dem Vergleichsabschluß am 24sten Juli war Wallenstein Tags
darauf, ohne den Eindruck abzuwarten, von Anklam nach
Güstrow abgereist (das Lager hatte er schon früher verlassen)
— da sah's mit der Ehrenrettung betrübt aus. Was ihm
mißlungen, als er alle Hebel des Schreckens ansezte, gewähr=
ten die Stralsunder nicht der sichtbar gewordenen Unmacht.
Und wie er kaum fort war, wurden sie durch die Ankunft der
schwedischen Obristen Alexander Leßle und Nils Brahe mit
1000 Mann stolzeren Muths beseelt. Die Kämpfe wurden

wieder heftiger und mehr angriffsweise von der Stadt aus. Bei
einem Ausfall vor'm Frankenthor jagten sie die Feinde in die
Flucht und tödeten ihrer bei 700. Arnim mußte fürchten, die
Belagerten möchten den Stiel umdrehen. Bogislaw selber
mahnte zum Abmarsch, wagte eine empfindliche Aeußerung
über die Zögerungen. Etliche Mal noch ließ der Feldmarschall
Lärm schlagen und in Schlachtordnung ausrücken wie zum
Sturm. Aber es war nur um seine rückgängige Bewegung
zu maskiren und die Abdeckung der Stückbetten. Zum Auf=
packen brauchte er 3 Tage: am 3ten August, Abends 7 Uhr,
hatte er unter einem gräulichen Donnerwetter, das Lager mit
den umliegenden Stadeln, Kathen und Mühlen als eine rau=
chende Brandstätte hinterlassend, die lezte Stellung vor'm
Frankenthor geräumt.

Durch diesen unschönen Ausgang war Wallenstein nicht
in die lieblichste Laune versezt: 10800 Mann Fußvolk und
1200 Reiter hatte er vor den unheilvollen Mauern begraben.
Und Was hatte er davon? Daß die Schweden jezt eine
Schildwache hatten auf der Schwelle von Deutschland. Bo=
gislaw hätte mit seiner Botschaft nicht überzwercher kommen
können oder nicht geschickter, wenn er abgefertigt seyn wollte
mit einem derben „Filz.“ „Nimmermehr,“ schrieb Jener zurück,
„hätte er Seiner Liebden die Unbedachtsamkeit zugetraut, daß
Sie, die der Stralsunder Leichtfertigkeit und ihr falsches, be=
trügliches und unehrbares etragen bei den Unterhandlungen
kennen müßten, es nun beschönigen und die Schuld des Ver=
laufs ihm und den Kaiserlichen beimessen möchten, da er doch
so ehrlichen Gemüths und seine Offiziere so rechtschaffen und
ritterlich seyen, daß sie allwege ihr Wort hielten. Fast müsse
er schließen, die herzoglichen Räte hätten auch während der
Unterhandlungen mit den Stralsundern unter der Decke gesteckt.
Uebrigens sey Seiner Liebden Ansuchen kaum geschehen, so sey
auch der Abzug angeordnet worden: wenn sich's damit einige
Stunden verweilt habe, so dürften Sie nicht vergessen, daß eine
Belagerung aufheben und ein Heer verlegen mehr Mühe und
Zeit erfordere, als wenn man eine Kutsche anspannen lasse zu
einer Spazierfahrt. Gleichwohl halte er Sie für viel zu red=
lich, als daß Sie Ihrer fürstlichen Zusage, mündlicher und

christlicher, nicht eingedenk seyn; und für viel zu verständig, als daß Sie nicht wissen sollten, daß er Mittel genug besitze, um sich widrigenfalls an Ihnen zu erholen." In einem Brief an Arnim drückte der Friedländer sich noch deutlicher aus: „wie er höre, sey in Pommern ein Landtag einberufen, vermuthlich der Stralsunder wegen, denn der Herzog werde doch wohl nicht mit ihm anbinden, er wünschte, daß ihn die Lust anwandelte, so ständen Pommern und Meklenburg einander nicht übel an." Der arme Bogislaw, er hatte bei Freund und Feind den Brei verschüttet! Als den Dänen ein Handstreich auf das von 8000 Kaiserlichen bewachte Rügen fehlgeschlagen, segelten sie nach der Peene. Die Hilfsschaar des tapfern Holk, der unter den Gefahren der Belagerung noch zu Brautwerbung und Hochzeit Muße gefunden, den es aber hatte verdrießen müssen, am Ende in Leßle einen Vorgesezten zu bekommen, nahmen sie mit. Für den entblätterten Lorbeer von Stralsund wollten sie sich schadlos halten an dem Herzog, die Verwahrlosung seines Landes rächen an einer seiner Hauptstädte und Hofburgen, ihn so für seine feige Parteilichkeit persönlich züchtigen. Die im Hafen von Greifswald verbrannten Schiffe, die an den Landungsplätzen von Anklam bis zur peenemünder Schanze aufgehobenen oder zusammengehauenen Besatzungen waren ein guter Anfang. Die Insel Usedom unterwarf sich. In Wolgast lagen 800 Mann pommerische Truppen: sie rechtfertigten der Stralsunder Mißtrauen gegen Bogislaws Waffenkunst, indem sie Stadt und Schloß, dieses mit 66 metallenen Geschützen, einer Menge Kriegsvorräthen und andern Sachen von Werth, Knall und Fall übergaben. Das Schloß wurde ausgeleert und der Inhalt nach Kopenhagen eingeschifft. Nicht ohne ein Gefühl von Schadenfreude erfuhr Wallenstein die unglückliche Selbstvertheidigung seines Schützlings, dessen Treue ihm verdächtig war, allein weil er fürchtete, die Schweden möchten sich auch hier einmischen, um in Verbindung mit ihren preußischen Eroberungen gelegentlich der wichtigsten Ostseestädte Meister zu werden, traf er schleunige Vorkehrung. Um Greifswald wurden 6 Regimenter vereinigt, er selbst vertauschte das Hofleben zu Güstrow wieder mit dem Lager. Am 22sten August bedrohte er Wolgast.

König Christian und Prinz Friedrich sein Sohn rückten auf
eine Stunde Wegs entgegen, die Reiterei, 7 Fähnlein,
führte der Rheingraf. Hinter Wald und Morast aufgepflanzt,
empfingen sie die Angreifer mit einem tüchtigen Kanonenfeuer.
Sie waren geborgen, bis der Feind eine Furt auskundschaftete,
die knietief zu durchwaten war. Dann stürzte er ungestüm
auf ihre noch unausgebauten Schanzen, mußte aber zurück.
Bei einem zweiten Anprall sprengte der Rheingraf ein und
brachte das wankende Fußvolk wieder ins Gleichgewicht. Die
Kaiserlichen, denen auf dem glatten Boden die Sohlen brannten, wollten nicht mehr recht ansetzen: ein Unfall und ein
Versehen senkten die Schale zu ihren Gunsten. Die Kugeln,
welche den dänischen Soldaten ausgetheilt wurden, waren für
das Kaliber ihrer Musketen zu groß, so daß sie, um zu laden, sie verschneiden mußten, und einigen Kompanien flogen
die Pulverfässer in die Luft, die mußten aufhören zu schießen. Von Mittag hatten sie gekämpft, des Abends gegen 7
Uhr wandten sie den Fuß. Der Rheingraf deckte den Marsch:
zweimal öffnete er mit seinen 7 Fähnlein durch die 20 friedländischen ein Gasse, und jagte sie zurück, langsam folgend.
Die Kaiserlichen blieben vor Wolgast die Nacht über unter
den Waffen stehen oder lagerten in den Schanzen der Dänen.
Diese stiegen zu Schiff oder zerstreuten sich. Vorstadt und
Brücken hatten sie angezündet, der Wind wehte die Flammen
in die Stadt. Fast wäre ihr das Schicksal von Wollin geworden, das seit drei Tagen, durch Fahrläßigkeit eines kaiserlichen Soldaten, in Schutt und Asche lag. Am 25sten
übergab der Rheingraf das mit 600 Mann besetzte Schloß
und ging nach Schweden. Mit diesem Treffen, als dessen
Frucht Wallensteins Bericht nach Wien 1100 Gefangene erwähnt, deren Einreihung ihm aber bloß seinen Verlust an
Gefallenen ersetzte, der sich bei den Dänen kaum zur Hälfte
so hoch belief, hatte der König den Schlachtfeldern Deutschlands Lebewohl gesagt, fortan war er in Kopenhagen. Bogislaw mochte die Siegesfreude ertragen können: Wolgast wurde
nicht ihm zurückerobert. Für Wallenstein war sie lindern-
der Balsam auf die seinem Stolz vor Stralsund geschlagene
Wunde, doch wurmte ihm noch immer der Gedanke an die

widerspenstige Stadt, die all' seine Kunst beschämt hatte — Grob-
heit und Feinheit, Macht und List. Von Wolgast kehrte er
sich nochmals gegen Stralsund, aber dort lachten sie seiner
Wuth. Sie hatten unterdessen Alles fester gemacht, durch
eine große Trauer, die über viele Familien verhängt wurde,
als ein leichtballastetes Boot, mit 300 Frauen auf der Rückfahrt umschlug, war ihnen der opferreiche Kampf noch theurer
geworden, der Kanzler Oxenstjerna selbst, Ueberbringer der
bestätigten Vertragsurkunde, kräftigte ihren Willen. Auf ein
herzoglich-pommerisches Ansinnen wegen Abführung der schwedischen Besatzung hatte er geantwortet: „sein König sey nicht
gemeint, die Stadt Deutschland mittelbar oder unmittelbar
zu entfremden, er habe sich ihrer angenommen aus alter
Freundschaft und in eigenem Interesse, das ihm gebiete, auf
die Häfen der Ostsee ein Augenmerk zu haben, und da er gelehrt sey, in politischen Dingen auf keines Mannes Wort oder
Brief zu bauen, wie hoch derselbe auch stehe, sondern zu rüsten wenn der Nachbar rüste, weil es zu gefährlich wäre, dem
Einen Papier oder Pergament zu lassen, dem Andern die
Waffen, so müsse er die Besatzung eher verstärken, es wäre
denn, daß allgemeiner Friede würde oder eine Uebereinkunft,
die zu Schwedens und Stralsunds Beruhigung gereichte, oder
aber daß kaiserliche Majestät auf billigen Entscheid erkennte,
wozu der König beitragen wollte durch eine Gesandtschaft.‟
Ihre Rechnung für aufgewandte Kriegskosten hatten sowohl
Schweden als Dänemark der Stadt ausgethan, Schweden
neuerdings zum Behuf der Befestigung, bei welcher 2000
Arbeiter beschäftigt waren, 5000 Stämme Holz geschenkt.
Wallenstein ließ liegen, Was ihm zu schwer: er packte
wieder auf und zog fürbaß. Seine Rache verschloß er in den
Falten seiner Brust. Den tödtlichsten Haß empfand er gegen
den König von Schweden: da er Dem nicht offen beikonnte,
so brütete er mit Arnim über schwarzen Anschlägen. Wollten
sie ihn mit Aufruhr und Verrath, Gift und Dolch umstellen,
oder Höllenmaschinen in seine Schiffe schleudern? Das sagen
ihre Briefe nicht, aber sie hatten einen Schotten gedungen
um 5000 Thaler, der vor'm Winter als verkappter Kauf-
mann nach Schweden sollte, und eine außerordentliche Beloh-

kunig von 30000 Thalern war versprochen, wenn das Vorhaben gelänge. Menschen und Zeiten waren nicht zu gut, als
daß man nicht das Schlimmste dürfte argwöhnen, der Schurke
scheint jedoch mit der Vorausbezahlung unsichtbar geworden
zu seyn, denn die Geschichte verliert seine Spur.

Von wirklicherer Bedeutung waren die Unternehmungen
in Holstein. Auf dem Weg dahin klärte Wallenstein im
Vorbeigehen die Rostocker nachträglich über den Sinn ihrer
Ablösung der Einquartierungslast auf, indem er unversehens
vor ihren Thoren stand. Sie hatten die Quittung in der
Hand, er die Lunten an den Kanonen. Seine Beweisgründe
waren die triftigeren, sie keine Stralsunder. Sie duckten
sich unter den Kommandostab eines kaiserlichen Obristen mit
1000 Musketiren. Von da begab er sich zum Belagerungs-
heer vor Krempe und Glückstadt. Diese Festungen, in denen
Georg von Alefeld und Marquard von Ranzau befehligten,
wurden seit Stade's Fall von Altringen und Torquato de Conti
nachdrücklicher berannt. Tilly hatte eine Art abgesonderter Mi-
litärprovinz im Westen der Elbe bis nach Westphalen hinein.
Zu stolz, um Wallensteins Handlanger zu seyn, war er bescheidener in seinen Ansprüchen als sein Nebenbuhler und
von etwas geordneterer Aufführung, wiewohl Graf Rudolf
Christian von Ostfriesland, von einem ligistischen Fähndrich
zu Berum in einem Krawall erstochen, auch nicht das glän-
zendste Zeugniß für seine Mannszucht ist — seine Sorge war,
sich die Katonirungen sauber zu halten vor den neidischen Ue-
bergriffen der Kaiserlichen und die Nordseeküsten zu hüten,
und sein Ehrgeiz wäre gewesen, auch eine der Hansestädte zu
besitzen, er machte sich an Braunschweig, das er indeß, wie
die Bürger Muth zeigten und in den Beutel langten, bald
fahren ließ, aber die Vervollständigung des friedländischen
Gebietssystems auf der Ostseite des Stromes kümmerte ihn
wenig. Lange wollte es daher hier nirgends voran. Da
Glückstadt am Meer, Krempe unweit davon liegt, so hatten
sie drinnen vollauf, draußen wurden sie in der Nüchternheit
geübt. Dort waren sie so zuversichtlich, daß sie die Kaiserlichen zu necken pflegten mit dem Zuruf: „sie möchten sich
vorläufig auf 3 Jahre gefaßt halten, wie weiland die Spa-

nier vor Ostende." Kein Tag verging, ohne daß es Hatzen
und Schläge absezte, wobei die Dänen als Herren zur See
wieder an ihren Schiffen einen guten Beistand hatten, vom
Hafen spielten ihre Kanonen auf die Angriffslinien, die hamburger Zufuhren auf der Elbe schnappten sie den Belagerern
vor der Nase weg. Unter Diesen herrschte nicht der beste
Geist: haufenweise liefen sie über. Einsmals waren 400 auf
ein Scharmützel aus, im Angesicht des Feinds warfen sie, ohne
einen Schuß, die Gewehre weg und gaben sich gefangen. Ein
ander Mal — es war am 4ten September nach Mitternacht
— brachen Die von Glückstadt in das kaiserliche Lager, richteten in demselben ein Blutbad an und steckten es in Brand.
Nachdem Altringen sein Volk ermuntert hatte und sie zurück
mußten, hatten sie etliche Schanzen dem Boden gleich gemacht, den Generalwachtmeister Hannibal von Schaumburg
und viele Offiziere hießen sie sich mitbemühen. Nach Wallensteins Ankunft wurde Glückstadt sich selbst überlassen, mit gesammter Macht umtobte er Krempe. Alefeld hielt aus, bis
die ihm zum Entsatz bestimmte Frist verstrichen, seine Mundvorräthe auf tiefer Neige waren: als die Besatzung sich mit
guter Manier von dannen wünschte, marktete der kaiserliche
Feldherr nicht mit ihr um die Bedingungen, nicht (wie er an
Arnim schrieb) um die "fliegenden Fahnen und brennenden
Lunten und Was des Dings Mehr ist," womit sie am 14ten
November ihren Auszug zierte nach Glückstadt und Dänemark.
Er hatte sehr Recht: einige Tage später hätte ihm der em-
pörte Ocean Dämme und Schanzen, Roß und Wagen weg-
geschwemmt. Auch hatte Karl Morgan, nach vertraggemäßer
sechsmonatlicher Abwesenheit, die britische Hilfsschaar von
Holland nach Glückstadt übergeschifft, später war er auf Föhr
und Sylt: hier that er Einfälle in das herzogliche Holstein
und schlug die entgegengeschickten Wallensteinischen zurück. Die
dänische Kriegsleitung schien sich unter diesem Anführer von
ihrer Planlosigkeit zu erholen. Der König auf den Inseln
rüstete eine neue Heerfahrt: es galt einen ernstlicheren Versuch zur Befreiung seiner Staaten auf dem Festland. Am
Belt wollte er landen, er und Morgan einander über die
Halbinsel die Hand reichen, so hätten sie sich zwischen die

fremden Horden eingekeilt, sie entzwei getrennt. Der nörd=
liche Abschnitt wäre von selbst frei geworden, um den süd=
lichen hätten sie gekämpft. Wird es solcher Anstrengungen
noch bedürfen, um die Interessen so zu erleuchten, daß nicht
dem einen Theil der Krieg bloß Nutzen, dem andern der Friede
bloß Schande bringen könnte, sondern daß es zum Frommen
Beider wäre, daß sie das bluttriefende Schwert je eher je lie=
ber abwischten und einsteckten?

Hätten die Einwohner dieser unglücklichen Länder eine
Stimme gehabt, um sie zu erheben für Religion, Sitte,
Gesetz, Ordnung, Sicherheit, Wohlstand, diese persönlichsten
Güter der bürgerlichen Gesellschaft, die von ruchloser Gewalt
zertreten wurden — sie hätten die stumpfesten Gewissen er=
schüttert! Aber ihre Seufzer, Bitten und Klagen fielen klang=
los nieder auf dem Marmorästrich der Vorzimmer des Kaisers
und seiner Gewaltigen in Koller, Hermelin oder Chorrock, und
wurden von den Lakaien hinausgefegt wie gemeiner Staub.
Die Menschen standen sich, Pflichtlose und Rechtlose, ohne Liebe
und Mitgefühl gegenüber: entweder wurden sie als verächtliches
Werkzeug, als Hausvieh behandelt, oder sie waren Raub=
thiere, die, Was ihnen vor die Klauen kam, in ihre Höhle
schleppten. Wenn die habsüchtigste Finanzverwaltung das grobe
und kleine Geld aus der Bevölkerung sammelt, so sind es
gleichsam Wetterwolken, die sich zuweilen als befruchtender
Regen zurückergießen: der Ueberfluß d i e s e r Plusmacher ver=
rann im Sand. Um Gold hätten sie ihre Seele dem Teufel
verkauft und Der hätte einen schlechten Handel gemacht —
Schmutz für Gold. Das war der Fluch auch dieser Tyrannei,
daß ihre hohen und niederen Trabanten sich fast noch Mehr
herausnahmen gegen das verlassene Volk als die Gebieter
selbst, die auf ihrem beobachteteren Standpunkt immerhin
einige Rücksicht auf ihren Ruf, einige Verantwortlichkeit ge=
gen die öffentliche Meinung und die von ihr geheiligten Formen
hatten, so daß sie nicht um der Früchte willen gleich die Bäume
umhieben. Indem der Süden von Deutschland sich den Angst=
schweiß trocknete (waren ja die Verwüster, wenn auch nicht
die Placker fort), hatten sie den Norden in einen Abgrund von
Elend gestürzt. Was dem Kriegsverderben entgangen, wurde

durch die unerschwinglichen Brandschatzungen aufgezehrt, die bereits mit äußerster Härte nicht mehr eingetrieben werden konnten. Die Blutsauger von Amtswegen waren es nicht allein: durch Troßbuben und Kebsweiber hatten sie sich verdoppelt. Vor keiner entehrenden That schrak diese Sippschaft zurück, zu Viele theilten sich in die Schuld. Um dem Mangel vorzubeugen, hatte Wallenstein die Getreideausfuhr verboten. Die Bauern sollten die Felder bestellen und auf ihre Pferde wurde für die Reiterei und das Geschützwesen Beschlag gelegt, sie wurden gehindert die Erzeugnisse ihres Bodens zu verwerthen und des Zahlens war kein Ende. Je schwieriger die Verpflegung der Truppen wurde, desto weniger wählerisch war er in den Mitteln zu seinem Zweck. Daß er in Pommern schuldig sey bei Vertheilung der Quartiere die Landesbehörden zu befragen, hatte er rein vergessen. Weil Futtertheurung war, wurden die geringern Pferde ausgemustert für die Bauern, die überwinterten oder bessere sollten im Frühling zurückverlangt werden. Die nach dem Anschein Urtheilenden erblickten in dieser Ersparnißmaßregel den bevorstehenden Seekrieg. Wenn er Pferde weggebe, schloßen sie, sey es darum, daß er im Dienst zu Wasser mehr Fußvolk brauche als Reiterei. Es fehlte auch nicht an andern scheinbaren Vorzeichen. In Wismar hatte Graf Philipp von Mansfeld 15 Kriegsschiffe im Bau. Wallenstein selber hatte sich von Krempe nach Lübeck gewendet, das Ansinnen an die Hansa wegen Errichtung einer Reichsflotte erneut. Unmöglich konnte er erwarten, die in mehren ihrer Glieder verletzte Hansa, eben jezt von Oxenstjerna in Stralsund zu einem großen nordischen Schutzverein eingeladen, werde ihren vortheilhaften Verbindungen mit den skandinavischen Königreichen, nach Vernichtung des Landhandels auch dem Seehandel entsagen, um ihm zu Willen zu seyn. Die Lübecker, die gleich den Hamburgern beschäftigt waren, sich gegen ihn in kriegerische Verfassung zu setzen, verstanden sich auch zu Nichts als daß sie wollten die Benützung ihrer Werfte erlauben und Zimmerholz liefern gegen baares Geld. Aber er war Einer von Denen, welche die Sprache haben zur Verhüllung ihrer Gedanken. Der Schiffsbau war bloßer Vorwand seines Besuchs daselbst: schon hatte er durch

Hannibal von Schaumburg, der nicht lange in der Gefangen=
schaft war, dem König Christian Friedensanträge gemacht,
schon war Lübeck zum Sitz eines diplomatischen Kongresses
ersehen und der 16te Januar des kommenden Jahrs zum Be=
ginn des Versöhnungswerks anberaumt. Wenn er Winke
fallen ließ, als habe er sich zum Frieden mit Dänemark nur
entschlossen, um den Türken auf den Hals zu ziehen, so war
Das so aufrichtig, als wenn er zur Entschuldigung des Miß=
geschicks vor Stralsund versicherte, der Abzug geschehe Bogis=
law zu Gefallen.

Vor den Türken hatte er gute Ruhe und sie wohl auch
vor ihm. Während man sich an der Ostsee herumschlug, hat=
ten feierliche Gesandtschaften, Hans Ludwig von Kuess☞ in
Stambul und Reschid Paschah in Wien, das sultanisch=kaiser=
liche Freundschaftsband befestigt. Bethlen Gabor konnte das
Ränkeschmieden nicht lassen, läßt ja die Katze das Mausen
nicht: Sir Thomas Roe brachte von seiner Botschaft bei der
hohen Pforte das Anerbieten von ihm nach London und
dem Haag zurück, mitzuthun in einem Bundeskrieg wider
Oesterreich unter der Bedingung, daß die frühere Zusage von
40000 Thalern monatlicher Hilfsgelder geleistet und Gustav
Adolf als der durch Weisheit, Tapferkeit, Kriegswissenschaft
und Erfahrung, Ansehen und Glück ausgezeichnetste der euro=
päischen Fürsten an die Spitze gestellt würde, aber zunehmende
Kränklichkeit machte den Siebenbürger fernerhin ungefährlich.
Wenn aus dem Ganzen der Weltlage Beweggründe hervorgin=
gen für Wallensteins Friedenspolitik, so waren sie anderswo
zu suchen als im Osten. Oder wären's die Verhältnisse des
westlichen Europa gewesen, die seine Gedanken verwirrt, seine
Blicke rückwärts gelenkt hätten? Schwerlich. England, das
überall angriff, nirgends durchgriff, flößte ihm keine Achtung
ein, Spanien, in Träumen verblichener Herrlichkeit vertieft,
keine Zuneigung, Frankreich keine Furcht: noch war der schla=
fende Riese nicht zum vollen Tag erwacht. Spaniens Flotten
kamen nicht nach der Ostsee, um ihm über einige Gräben hin=
überzuhelfen, und seine Art war es nicht, sich zu här=
men, als Peter Hein die mexikanischen Registerschiffe mit 12
Millionen in Silber, Coschenille, Indigo, Seide und andern

kostbaren Artikeln an Bord nach der Bai von Matanzas jagte,
wo sie die Segel strichen. Auf diese Schätze hatte Don Carlos Coloña, Spinolas Nachfolger, die murrenden Truppen
vertröstet: da Tilly's Nähe die Holländer beengte, so rasteten auch ihre Waffen. Die spanisch = englisch = französischen
Händel waren ein Quark, aus dem Niemand klug wurde,
dem sich's aber von Deutschland aus bequem zusehen ließ.
Ist es doch das heldenmüthige Rochelle, das angefeuert von
zwei Damen, Rohan's greiser Mutter Catharina von Par-
thenai und seiner Schwester Anna, dieweil er das Glaubens-
banner in Languedoc entfaltet, Soubise auf der englischen
Flotte ist, 10 Monate dieses Jahrs Frankreichs Macht, den
König und den Kardinal, die Marschälle Schomberg und
Bassompierre in einem Winkel von Aunis festhält. Im strengsten Winter hat Pompeo Targoni dem unbändigen Element,
so oft es auch seiner Kunst spotten will, Zaum und Gebiß
angelegt. Zweimal, im Frühling und im Herbst, sind die
Admirale Denbigh und Lindsay herbeigeeilt, ohne daß sie es
wagen oder vermögen, den Rost versenkter Barken zu durchbrechen, auf welchem der Damm ruht, durch den die Hafen-
mündung bis auf eine mit Ketten überspannte Oeffnung in
der Mitte vermacht wird — sie haben ihr Pulver verschossen
und verbrannt, aber ohne nur den Entsatz auszuschiffen, wieder das Weite gesucht. An Allerheiligen las Richelieu in
der ausgehungerten, halb ausgestorbenen Huguenottenstadt zu
Sainte=Marguerite Messe, aus ihren geschleiften Mauern schliff
er den Schlußstein zu seinem kühnen Gebäude französischer
Staatseinheit. Ein Triumph, um so rühmlicher für ihn, als
er, zu aufgeklärt um Religionsverfolger zu seyn, sich begnügte,
die Feueresse zu zerstören, in welcher die Pfeile des Bürger-
kriegs gespizt wurden, und um so wohlthätiger für sein
Vaterland, als er es für immer aus der Gefahr der Zerstücklung riß. Welch häßliche Flecken hatte ausländische Kabale
dem an sich reinen Kampfe für Gewissensfreiheit noch in lezter Entwicklungsstufe angehängt! Bei den Königlichen war
Spinola auf der Durchreise nach Madrid im Lager gewesen,
er hatte die Dammarbeiten gelobt, übrigens zur Bezwingung
des Meers schlechte Hoffnung gegeben, Friedrich von Toledo

war einen Augenblick auf der Rhede erschienen, um die spanische Flotte zur Mitwirkung anzubieten, und inzwischen empfingen die huguenottischen Häupter von dem katholischen König Sold und Aufmunterung zu Gründung eines unabhängigen Staats, bloß unter Vorbehalt der Rechtsgleichheit für die katholische Kirche. Am englischen Hofe munkelte man von einem protestantischen Fürstenthum zwischen der Loire und der Garonne als einer Erwerbung für Buckingham. Der streckte aber bald nach keinem Fürstenhut mehr die Hand aus: am 2ten September, im Begriff von Portsmouth nach Rochelle abzufahren, um es, wie er geschworen, zu retten oder zu sterben, war er, umringt von seinem Gefolge, von John Feltons Messer als Opfer der Volksrache gefallen. Schon bei ihm zielte es mit Spanien zum Frieden. Auf einer Sendung nach Holland, Lothringen und Savoyen, durch welche die Aufmerksamkeit der Franzosen zwischen ihren Nachbarn und Rochelle getheilt werden sollte, hatte Graf Jakob Carlisle wie zufällig durch den Maler Peter Paul Rubens eingeführt, der Infantin in Brüssel aufgewartet. Die unmittelbaren Verbindungen mit Olivarez waren auf dem Punkte wieder angeknüpft zu werden. Nach Buckinghams Ermordung und der Eroberung von Rochelle schwanden die Ursachen des Zerwürfnisses auch mit Frankreich. Den zulezt auslaufenden Admiral begleitete Walter Montague als Friedensherold, und ihm wurde an Ludwigs Hof alle Ehre angethan. In England wurden überhaupt Regierung und Nation mehr und mehr in sich gekehrt: wo sich der häusliche Zwist durch willkürliche Besteuerungen und Verhaftungen bis zu jener berühmten Beschwerdeführung steigerte, die das Parlament in der Bittschrift der Rechte zusammenfaßte, da war kein Beruf zu Kraftrollen auf dem allgemeinen Welttheater.

Was unter den auswärtigen Sachen die politischen Berechnungen des Kaisers und seines Feldherrn zunächst berührte, waren die Beziehungen zu Schweden und die Erbfolge in Mantua und Montferrat. Nach Gustav Adolf fragte vornehme Unwissenheit in Wien nicht viel, aber Wallenstein erkannte seit der Belagerung von Stralsund dringender als je die Nothwendigkeit ihm Beschäftigung zu geben außerhalb

Deutschland. Der italiänische Erbstreit wäre als Familienangelegenheit beizulegen gewesen, hätte sich nicht Frankreichs, Spaniens und Savoyens Eifersucht eingemengt. Der Rechtspunkt schien klar, die Hauptlinie war im Mannsstamm erloschen. Von den Brüdern Franz und Vincenz Gonzaga, die nach einander auf dem herzoglichen Stuhl saßen, war Niemand da als von dem Aeltern eine Tochter, Maria, und ihre Muhmen, Margareta, Heinrichs von Lothringen Wittwe und die Kaiserin Eleonora. Das Geschlecht wurde in zwei Zweigen fortgepflanzt, von dem Brudersenkel ihres Urgroßvaters Ferdinand von Guastalla und dem Bruderssohn ihres Großvaters Karl von Nevers. So sprach der Verwandtschaftsgrad offenbar für Nevers, außerdem war sein Sohn Karl von Rethel noch vor des Mantuaners Tod mit der Prinzessin Maria vermählt und von ihm zum Erben erklärt worden: daher er kurzweg von der Verlassenschaft Besitz nahm. Aber auch Guastalla und Margareta von Lothringen meldeten sich, er zu Mantua, sie zu Montferrat, das ein Weiberlehen. Die Kaiserin begünstigte ihrer Nichte zu Liebe den Herzog von Nevers, die Spanier erblickten in ihm nur den geborenen und erzogenen Franzosen, sie waren so frei ihr ins Ohr zu sagen, sie dürfe sich nicht als eine Gonzaga betrachten, sondern sey eine Habsburgerin, der das österreichische Interesse über Alles gehen müße, und empfahlen die beiden andern Bewerber. Für diese war auch Karl Emanuel von Savoyen, nicht sowohl, weil er als Großvater von mütterlicher Seite sich beleidigt fühlte, daß die Heirath ohne sein Vorwissen geschehen war, als weil ihm Aussicht gewährt wurde zu einigen fetten Bissen von Montferrat. Der Kaiser, als Oberlehnsherr in der Klemme zwischen den Bitten seiner Gemahlin und den überlieferten Staatslehren seines Hauses, ergriff das zweideutige Auskunftsmittel des Beschlaglegens auf die Fürstenthümer, unter Verweisung der Parteien auf den Weg Rechtens. Graf Khevenhiller, der sich eben mit dem Ehevertrag des Erzherzogs Ferdinand über Italien nach Spanien zurückbegab, nachdem der kastilische Stolz durch die Doppelkrönung des Prinzen in Ungarn und Böhmen zufrieden gestellt und nur noch die allerdings kitzliche Frage zu erledigen war, ob der Braut zuzumuthen sey, daß sie ihren Kapuziner Diego Quiroga als Beichtiger abdanke, um ihn durch eine Kreatur ihres Schwähers den Jesuiten Pignalosa zu ersetzen — er der Vertraute beider Höfe wurde mit den ersten Prozeßeinleitungen beauftragt. Wenn er jedoch in Mailand und Guastalla Besuche machte, Mantua aber überging, so erregte er zum Voraus nicht die beste Meinung von des Kaisers Unparteilichkeit. Das Erbaulichste war, daß Spanien und Savoyen, die keinen Ausschließungsgrund gegen Nevers wußten, als daß er und sein Vater gegen Kaiser und Reich gefochten und dadurch das Lehen verwirkt hätten, sich bei den kaiserlichen Abmahnungen so unfolgsam zeigten wie Nevers, er wollte sich des Besitzes nicht entäußern, sie sich nicht der Selbsthilfe. Der zur Aufrechthaltung des oberherrlichen Ansehens abgeordnete Graf Hans von Nassau-Siegen richtete nicht Mehr aus. Eleonora hatte Nevers sagen lassen, er könne auf des Kaisers Gerechtigkeit bauen und er erwiederte, dem Kaiser mißtraue er nicht, wohl aber den spanischen Ränken. Beide Theile zogen den Degen. Aus dem Erlös seiner französischen Güter hatte der Herzog sich zur Vertheidigung Geld gemacht, von den Alpen her, durch venezianisches und genuesisches Gebiet strömten ihm Soldaten zu. Der Marquis von Urelles warb ihm in Frankreich 12000 Mann Fußvolk und 1500 Reiter. Bis Diese zu Feld konnten, waren Gonzales de Cordova Statthalter in Mailand und Karl Emanuel nach rasch entworfener Theilung über Montferrat her, die Savoyer hatten Alba, Trino, Pontestura, Moncalvo, die Spanier Nizza della Paglia, Punzone, die ganze untere Markgrafschaft weggenommen und belagerten Casal. Als Urelles von Dauphiné nach dem Braitathal gegen Saluzzo vorrückte, warteten ihm die Verbündeten auf den Dienst, er konnte ihnen mit blutiger Anstrengung die Pässe nicht abringen und mußte über die Grenze zurück. Karl Emanuel wurde durch diesen Erfolg am Hof zu Madrid der Held des Tages: man nannte ihn des Königs rechten Arm, Italiens Vormauer, Spaniens Schild. Don Philipp hätte sich glücklich geschäzt, wenn er mit der Pike in der Hand bei seinem Vetter gestanden. Minder lustig sah es bei Casal aus. Cordova, der

ein Paar 1000 Mann bei Como brauchte, um Graubünden
und die Schweiz zu verschließen und eine größere Zahl in
Cremona zur Beobachtung Karls von Nevers, hatte mit
allen Zusendungen aus Genua, Sardinien, Sizilien und
Neapel kaum 12000 Streiter über den Po gebracht. Das war
zu Wenig zur Besetzung eines feindlichen Landes und für eine
Festung, in der Guron mit 4 bis 5000 Franzosen lag. Noch
schlimmer wards, als er 5000 Mann zum Zug an den Fuß
der cottischen Alpen abgeben mußte, war die Absperrung vor=
her mangelhaft, so hatte der Fuchs jezt mehr als ein Loch.
Da die Belagerten gut bezahlten, so kamen fortwährend,
selbst aus Piemont, Vorräthe und Volk hinein, Cordova
aber, ob er gleich in der Lombardei Städte, Speicher und
Zeughäuser bis zur Entblößung ausleerte, rannte sich immer
ärger in Noth, Nevers wehrte der Zufuhr auf dem Po, Guise
aus der Provence, ohnehin war ein kaltes regnerisches Miß=
jahr, und von der königlichen Kammer waren seit Monaten
die Zahlungen, von den genuesischen Wechslern die Vorschüsse
eingestellt. Hätte der Statthalter Casal nicht so gar auf die
leichte Achsel genommen, daß er sich Anfangs vermaß, ohne
Schwertstreich davon Meister zu werden und wäre es ihm
nicht um seinen Ruf gewesen — er hätte die Belagerung
aufgehoben, ehe ihm die Leute vor Hunger und Kummer
wegstarben oder ausrissen. Denn auch an seinem Bundesge=
nossen hatte er keine Freude. Der war mit seinen Aneignun=
gen keineswegs bei der Theilungslinie geblieben, er hatte
gegen die Abrede Trino in solchen Vertheidigungsstand ge=
sezt, daß Spanien auf diese Stadt bald so eifersüchtig werden
konnte wie auf Casal, und in dem treuen Genua hatte er
eine Verschwörung angezettelt, zur Ermordung des Doge
und des Senats beim Kirchgang am Ostermontag Ban=
diten gedungen. Wenn nun auch der Kaiser sich Karl Ema=
nuel und Cordova als angebliche Vollstrecker seiner Beschlag=
erklärung gefallen lassen wollte, Wer bürgt ihm, daß nicht
Nevers dennoch am Ende seinen Zweck erreicht? Casal ist
Cordovas Klippe und es scheint nicht, daß der Savoyer Das
sehr beklagt. Und wie denn, wenn der Sieger von Rochelle,
wie er kann und muß, die Königsfahne von Frankreich selber

nach Italien trägt, wenn hierauf der Tanz erst recht angeht und Spanien sein Oel schon verbrannt hat? Wozu hätte der Kaiser 100000 Mann unter den Waffen gehalten wenn nicht auch zu Lösung einer Frage, die, sofern sie die Herrschaft seines Hauses in Italien bedingt, ihm wichtiger ist als die Behauptung einiger Dünen und Marschländer? Wallenstein aber hat noch keinen Genuß gehabt von seinen neuerworbenen Fürstenthümern, er darf sich keinen versprechen, solange er beide nordische Monarchen gegen sich hat. Gelingt ihm die Aussöhnung mit dem Einen, vielleicht daß er in ihm, bei ihrer sonstigen Eifersucht, das Gegengewicht gegen den Andern findet, daß er den trotzigen Gegner niederdrücken kann, indem er den gefallenen emporrichtet.

Daß und warum Gustav Adolf von Polen los zu seyn wünschte, war dem Friedländer kein Geheimniß. Die Möglichkeit schwedischer Landungen in Pommern oder eines Einbruchs von Preußen her schwebte ihm beständig vor. Bei den von Winter zu Winter wiederkehrenden Friedensunterhandlungen an der Weichsel waren es nicht bloß Siegmunds Ansprüche auf den Thron Wasas, wo sich der Knoten schürzte, sondern Schweden, das die polnische Seeküste inne hatte, war für diesen Vortheil nicht so wohlfeilen Preises zu entschädigen, da der Zoll am Pregel allein jährlich $\frac{1}{2}$ Million Thaler abwarf. Gegen Ueberlassung von ganz Preußen hätte der Kurfürst von Brandenburg die Erstattung der schwedischen Kriegskosten unter Danzig's Mitverbindlichkeit übernommen, aber so wäre Polen vom Meer zurückgeschoben, seine Nationalwirthschaft den Fremden zinsbar geworden. So schon wurde die Handelssperre schwer empfunden, besonders von Danzig. An den Danzigern hatte der König vom vorigen Spätjahr eine Schlappe zu rächen. Als Gyllenhjelm damals mit der Flotte heimfuhr, hatte ihr Schiffshauptmann Arend Dickmann die schwedische Nachhut unter Nils Stjernsköld überrascht, ein Kapitän hatte, um nicht geentert zu werden, sich in die Luft gesprengt, der Unteradmiral war, als er dieses Beispiel nachahmen wollte, von einer Kugel getroffen worden und das Flaggenschiff mit seinem Leichnam den Danzigern in die Hände gerathen, wiewohl auch sie den Verlust Dickmanns

und vieler Leute zu bedauern hatten. Darum waren sie Diejenigen, mit denen Gustav Adolf, nachdem er wieder in
Preußen war, die erste Lanze brach. Im Fluß vor Weichsel-
münde ankerte das polnische Geschwader: da sahen sie plötzlich
das Ufer von schwedischen Kanonen bedeckt, zwei ihrer stärksten
Schiffe wurden in Grund gebohrt, die andern entflohen unter
die Mauern der Stadt. Er hätte ihr selbst noch derber zugesezt, als er sich aber im Werder ausbreitete, um sie von allen
Seiten einzuschließen, schüttete Wochenlang der Regen in
Strömen und nöthigte ihn aus den überschwemmten Niede-
rungen in's Innere. Ueber Marienburg, Garnsee zog er mit
15000 Streitern und 40 Geschützen der Oßa zu, von Mewe
auf dem linken Ufer der Weichsel Koniecpolski mit 8000
Polen nach Graudenz. Dort in unangreifbarer Stellung, auf
einer Insel der Oßa und zwischen Sümpfen blieben die Polen
stehen, der König, der sie vergeblich herausforderte, richtete
seine Waffen gegen Straßburg. Den Hofmarschall Dietrich
von Falkenberg entsandte er mit einem Streifhaufen auf
Beute über die Drewenz gen Masuren bis vor die Thore von
Warschau. Straßburg wurde beschossen, von Minen unter-
wühlt der Halbmond vor dem Schloß, Koniecpolski mit dem
Entsatz abgeschlagen: als die geborstenen Mauern am achten
Tag zugänglich waren, erfolgte die Uebergabe gegen freien
Abmarsch der Besatzung, immer noch zu früh in den Augen
des polnischen Feldherrn, denn er ließ über den Befehlshaber
Montague Kriegsrecht halten und diesen Franzosen enthaupten.
Freilich hätte längeres Verweilen im Binnenland den Schwe-
den verderblich werden können. Vor sich hatten sie einen
Feind, der jedes Treffen vermied, Menschen und Vieh weg-
trieb, rings einen Schauplatz der Verwüstung, ihre Maga-
zine waren ferne, die Wege bodenlos, eine Menge Lastthiere
umgekommen, in ihrem Rücken noch Besatzungen, welche die
Verbindung mit der Küste erschwerten. Franz Bernhard von
Thurn hatte in Neuenburg einen reichen Fang gethan, aber
Hermann Wrangels Anschlag auf Mewe war gescheitert, eine
Abtheilung unter Baudis vor Osterode durch die Uebermacht er-
drückt, er selbst, zerfezt an Armen und Beinen, gefaßt worden:
doch entkam er nachher und der König machte den Schaden

durch Einnahme des Städtchens wieder gut. Hätten die Polen nicht unter denselben Uebeln gelitten, wie mußten sie gejubelt haben über die Verlegenheiten des schwedischen Heers! Mörderische Seuchen, erzeugt durch schlechte Nahrung, Nässe und Frost lichteten seine Reihen. Zu Straßburg war Thurn als Obrister über die Besatzung zurückgeblieben: dieser jugendliche Kämpe, einer der Lieblinge Gustav Adolfs, der in ihm ein hohes Geschick ahnte, starb an den Masern, sein Vater Graf Heinrich Matthias verschaffte ihm zu Elbing in befreundeter Erde ein Grab, indem er sich mit den theuern Resten durch die polnischen Linien durchschlug. An der Ossa war bereits der Abgang über 5000 Mann. Bald wollte es mit dem groben Geschütz nicht mehr vorwärts: es wurde in Eylau gelassen unter tüchtiger Bedeckung. Waren die Schweden des Krieges satt, so waren es die Einwohner zweifach. Weil der König wußte, daß Siegmund nur durch die Stimme des Landes zur Nachgiebigkeit zu bewegen sey, hatte er manche Maßregeln der Härte genehmigt, die an sich nicht in seinem Charakter lagen. Häufig waren Plünderungen nicht bloß erlaubt, sondern befohlen worden. Dieser Feldzug, so ereignißarm er war, hatte die Polen belehrt, daß es sich um keine verächtliche Grenzfehde handle: sie hatten im Herzen ihres Reichs gezittert. Allenthalben wurden die Friedenswünsche lauter. Die Preußen, Stände und Städte, bestürmten den warschauer Hof durch Gesandtschaften; in Littauen, das Jakob de la Gardie und Gustav Horn für Gosiewski's Einfälle über die Düna büßen ließen, machte Christoph Radziwil auf eigene Faust Waffenstillstand. Siegmund steckte sich wieder hinter den Reichstag. Gustav Adolf konnte zuwarten: seine Schweden liebten, die preußischen Häfen zahlten den Krieg. Sein Land war nicht einmal durch Aushebungen übermäßig in Anspruch genommen, eine große Anzahl Soldaten lieferte das Ausland. Vom König Karl wurde ihm mit der Verleihung des Hosenbandsordens auch wieder Werbung in Schottland gestattet. Die Tapfersten der Verabschiedeten des dänischen Heers, die Mißvergnügten über kaiserlichen Dienst suchten in Schweden Cäsar und sein Glück. An der Ossa war der Rheingraf mit seinem Regiment zu ihm gestoßen — eine willkom-

mene Verstärkung für die Unternehmung gegen Strasburg.
Diese fahrenden Ritter, der alte Thurn, Camerarius in Haag,
all die ausgezeichneten Männer, die eine weitschauende Staatskunst an das schwedische Interesse zu fesseln wußte, so wie die
hüllenloseren Offenbarungen des kaiserlich-ligistischen Gewalt-
systems schärften zusehends den Blick auf Deutschland. Kaum
hatte Wallenstein den Fuß an den Ostseestrand gesezt, als der
König in geheimem Reichtags-Ausschuß die Gemüther auf
die Verwicklung in einen Kampf mit dem von Land zu Land
fortschreitenden Papismus vorbereitete, als er an Oxenstjerna
schrieb, alle Kriege in Europa seyen nunmehr in einander verwachsen und zu einem geworden. Nicht sowohl sein Beruf für
diesen großen Kampf als die Art seines Antheils war Gegenstand
der Ueberlegung in dem Briefwechsel mit dem Kanzler, der Winters in Preußen seine Stelle vertrat. Bevor die pommerische
Hansestadt an ihn kam, war der Entschluß, von Polen her den
Protestanten Rettung zu bringen, nahezu fertig. Polen, ein
ausgedehntes fruchtbares Land, voll offener Städte und Dörfer, durch seine Verfassung unmächtig und kraftlos, papistisch
gesinnt und geleitet, feindselig, wenn gleich Verträge bietend,
schien ihm der geeignete Ort, wo sich auf wallensteinische Weise
ein Heer sammeln ließe gegen Wallenstein. Bei Stralsunds
steigender Bedrängniß war er zweifelhaft, ob er nicht selbst
hin sollte: er hatte schon den Reichsrath benachrichtigt, daß
er für diesen Fall 9 Regimenter bestimmt habe. Da Dänemark mithalf, so unterblieb diese Heerfahrt, aber er entfernte
sich wenigstens solange nicht vom Meer, als noch seine Gegenwart dort nothwendig werden konnte: daher die Verzögerung
des Feldzugs in Preußen, der nicht vor'm September anfing
und im Oktober vorbei war. Die Besatzung in Stralsund
wurde inzwischen so vermehrt, daß sie keine Macht zu fürchten
hatte. Die Frage war nicht mehr, ob es fromme, sich in
Deutschland einzulassen, sondern wo es besser sey den Ver-
theidigungskrieg zu führen und wo den Angriffskrieg — in
Polen oder in Deutschland. Der Kanzler, ein kälterer Rech-
ner, hätte vorgezogen, seines Königs Größe im Norden zu
gründen: wie ihre Vorfahren die russische Herrschaft durch
Reval gebrochen, so sollte Stralsund der Grenzstein seyn, an

welchem des Friedländers Ehrgeiz zerschellen müßte. Sein
Bild von Deutschland war nicht lockend zu einer tiefern Einmischung in dessen Wirren, wenn er Schwedens Mittel mit
denen des Feindes verglich und seine Ansicht von der Nichtigkeit protestantischer Verbindungen nur zu wahr, auch verkannte
Gustav Adolf das Gewicht seiner Abschreckungsgründe nicht,
aber er leugnete, daß man durch Stralsund hinlänglich gedeckt
wäre, um nicht den Krieg nach Schweden bekommen zu können, da es den Kaiserlichen als Herren der Welt nicht an
einer Seemacht fehlen werde wie den Moskowitern, die kein
Ruder gehabt hätten und keinen Bootsknecht — er ließ nicht
unbemerkt, daß Wallenstein's und Tilly's Heere zwar stark der
Ziffer nach, allein zerstreut über entlegene Landschaften und
zersplittert in eine Menge Besazungen viel schwächer und die
Anführer durchaus nicht in der Stimmung seyen, einander
schnell beizuspringen — im Uebrigen war er geneigter zur Beweisführung mit der That als auf dem Papier, vertrauend
auf Gott, den Geber des Willens zum Beginn, der Kraft
zur Ausführung und des Glücks zu gutem Ende, und auf die
Hilfsquellen des Siegs.

Wie schmeichelhaft war es für Deutschland, gleichsam die Wetterseite von Europa zu seyn, von der finstere Wolken über den Welttheil hinzogen und nach der
die Steuermänner der Staaten bedächtlich lugten? Nach
diesem Ruhme trachtete man fürder auch. Die Zunft
der Sieger wollte Frieden, aber nicht um die gesezliche
Sicherheit herzustellen, sondern um ihren Raub in Gemächlichkeit zu verzehren, oder weil sie andere Ausbeutungen vor
hatte. So sehr die Bahnen des Kaisers, Wallensteins und
der Liga aus einander liefen — im Rennen nach Reichthum
und Macht begegneten sie sich. Ob die Tyrannei roher oder
gleißnerischer war, Was lag daran? Rechtsverkehrung und
Verfolgungssucht waren der Alp, dessen Druck auf Geist und
Herz der Großen jeden freien Gedanken, jede edelsinnige Handlung erstickte. Die Kirchen stritten sich um die Religion und
die Politik ergriff Salomons Schwert und vertheilte das Kind
zu willkürlichen Hälften unter beide Mütter. Max von Bayern
und seine pfäffische Liga konnten es dem Friedländer nicht ver-

zeihen, daß er ohne Komplimente seine und des Kaisers All-
gewalt an die Stelle der ihrigen gesezt, sie mochten nicht die
Gans seyn, die ihm die Eier ausbrütete. Sie hätten ihm
Meklenburg nicht gegönnt, aber eine Ehre war der andern
werth. Um dieselbe Zeit, da der Kaiser die Verpfändung von
Meklenburg unterzeichnete, hatte Graf Max von Trautmanns-
dorf zu München den Verkauf der Pfalz ins Reine gebracht.
Es war für alle Theile ein gutes Geschäft. Der Wittelsbacher,
der den Kaiser für den kurzen Feldzug gegen den böhmischen
Winterkönig mit 13 Millionen Gulden auf dem Kerbholz
hatte, erhielt an Zahlungsstatt die Oberpfalz nebst der' dieß-
seitigen Rheinpfalz als erbliches Eigenthum unter habsburgischer
Gewährschaft auf 30 Jahre, und da auf dem heidelberger
Bezirk die Kur haftete, so war eben damit seine' persönliche
Kurwürde stillschweigend in eine erbliche verwandelt. Der
Kaiser löste, ohne daß es ihm einen Kreuzer kostete, Oberösterreich aus, und die Oberösterreicher, obgleich der verhaßte
Herbersdorf ihr Vogt blieb, obgleich ihnen von Wien bisher wenig Landesväterlichkeit angediehen war, feyerten Freu-
denfeste, daß sie nicht mehr bayrisch waren, die Zurückgabe geschah am Sonntage Quasimodogeniti und da sagten
sie, sie fühlten sich wie neugeboren. Ueberall schien die blut-
gedüngte Saat des Parteigeists zur Ernte reif. Der Unersättliche
— er merkte nicht, daß seine Frucht eine giftige Wurzel hatte,
welche Die, so davon kosteten, berauschte und betäubte, daß
sie immer weiter ab der weisen Mittelstraße geriethen. Der
Kaiser vollendete die kirchliche Ausreinigung seiner Staaten
bis auf geringe Ausnahmen. Auch aus Innerösterreich mußten
die protestantischen Edelleute fort. Ihre Pfarrer und Schulmeister waren früher bei Henkersstrafe verbannt, sie selbst um
ihrer „unverbrüchlichen Treue willen" bei ihrem Glauben geduldet worden: dieses Verdienst wurde auch jezt noch gewürdigt
und ihnen deßwegen aus besonderer Gnade die Nachsteuer erlassen. In Böhmen hatte der Gewissenszwang einen Bauern-
aufruhr veranlaßt, der durch Waffengewalt gedämpft, mit
Köpfen, Nasenabschneiden und Brandmarken geahndet wurde.
Warum waren die Protestanten keine Juden? Während der
Kaiser Die in ihrem Handel und Wandel mit neuen Privi-

legien versah, schleuderte er gegen ein Christenthum, das nicht in seiner Weise war, noch heftigere Verordnungen, daß Keiner sich unterstehen solle, ketzerische Bücher zu besitzen oder den katholischen Unterricht nicht zu benützen, er erhöhte zum Besten der Priesterschaft die Salzabgabe um ein Viertheil und legte zu einem prächtigen Tempel der siegreichen Mutter Gottes auf dem Weißenberg den Grundstein. Von Mähren siedelten sich viele der vertriebenen Ritter und Herren nach Schlesien über, aber die schlesischen Freibriefe schützten auch nicht länger. Burggraf Karl Hannibal von Dohna und Georg von Oppersdorf durchzogen an der Spitze des Regiments Lichtenstein die Städte, schickten den Protestanten Einquartierung ins Haus, von der sie sich durch einen Beichtzettel loskaufen mußten, und Oppersdorf rühmte, der Apostel Petrus habe mit seiner Predigt 3000 Mann bekehrt, er weitmehr ohne Predigt. Kurfürst Max erfüllte die Oberpfalz mit trübseliger Mönchnerei, Tausende fleißiger Unterthanen verstieß er von der Heimath, die reichen Erzgruben und Hammerwerke standen still oder stürzten zusammen, die Landesverfassung zerriß er und warf sie von sich wie ein altes Kleid. Da war kaum ein Gau von Deutschland, wo nicht die Gegenreformation kecker erhobenen Hauptes einherschritt. Versuchsweise mußten allermeist die Reichsstädte herhalten. Frankfurt, Speyer, Hall, Aalen, Ulm, Memmingen, Regensburg, Nürnberg wurden wegen Herausgabe von Kirchen oder Klöstern bestürmt, in Colmar, Hagenau, Kaufbeuren katholische Magistrate eingesezt, die Prediger verjagt, den Straßburgern das Münster abgefordert, Dortmund sollte den Protestanten die freie Religionsübung entziehen, Hamburg den Katholiken sie gewähren. Die Augsburger bekamen eine kaiserliche Kirchenschau auf den Hals. In Lindau schmuggelte sich bei einer Uneinigkeit zwischen Bürgerschaft und Rath eine Abtheilung Soldaten ein, vernichtete die Verfassung und machte den Kaiser zum unumschränkten Herrn. Die Jesuiten verbreiteten ungestraft durch die Presse die schmählichsten Verleumdungen, aber von den lutherischen Zionswächtern war es gescheiter, wenn sie das Maul hielten. Von Kempten wurde die Auslieferung des Oberpfarrers Georg Zeämann wegen angeblich aufwieglerischer

Predigten, namentlich einer über den siebenten Psalm verlangt und Derselbe auf die Veste Ehrenberg in Tyrol abgeführt, von wo er nicht eher als nach 62 wochentlicher Haft auf oftmalige Verwendung Kursachsens und gegen angelobtes Stillschweigen loskam. Der würtembergische Theolog Theodor Thumm hatte vom Pabst als dem Antichrist und, unter unkluger Bezugnahme auf die Ehe Karls von Steiermark mit dessen Schwestertochter Maria von Baiern, von päbstlichen Erlaubnissen blutschänderischer Heirathen gesprochen, also den Kaiser in seinen Eltern beleidigt, er hatte geleugnet, daß man der Obrigkeit Gehorsam schuldig sey, wenn sie zum Abfall vom evangelischen Glauben zwingen wollte, und auch ihm hatte die Auslieferung bevorgestanden, hätte nicht die Gefangensetzung des Mannes auf dem Schloß zu Tübingen, fast bis an seinen Tod, so wie die polizeiliche Wegnahme seiner Schriften durch den Landesfürsten die Verfolgung begütigt. Johann Friedrich erfuhr diese Schonung, daß man das Demüthigende hier noch seiner Selbstbestimmung überließ. Gab es doch keinen süßern Triumph für die Papisten, als wenn der Protestantismus, seine rüstigsten Werkzeuge aufopfernd, Hand legte an sich selbst. Allein mit aller Schmiegsamkeit erlangte er in Betreff Dessen, was seine Hauptsorge war, der bestrittenen Klöster Lorch, Anhausen, Herbrechtingen und Reichenbach Nichts als einen ungewissen Aufschub der Urtheilsvollziehung. Umsonst war sein Kanzler Löffler in Prag gewesen und hatte für den Herzog das Verdienst angerufen, daß er — was Tilly bezeugen müsse — durch seine Lossagung von Mansfeld und dem Durlacher vor dem Tag von Wimpfen eigentlich der Erretter der katholischen Kirche in Schwaben sey, als wäre man dem Unverstand, der Einem wider Wissen und Wollen in die Hände arbeitet, zum Dank verpflichtet. Den Reichshofrath hätten klingende Gründe, ohne die Keiner Etwas suchen durfte, zur Milde gestimmt, aber Lamormains Gutachten war für Das, was er schnelle und strenge Gerechtigkeit hieß. Dieß hatte der Beichtvater vorgestellt, sey das einzige Mittel um die katholischen Fürsten, die sich in der Liga über Gebühr angestrengt hätten, bei gutem Muthe zu erhalten, ohnehin seyen sie durch die unglaublichen Ausschweifungen der kaiserlichen Kriegsvölker aufs Bitterste

gekränkt, und nur die zuverſichtliche Hoffnung des Wiederge=
winns der von den Kezern entriſſenen Güter und der
Wiedereinſetzung der Religion und des kaiſerlichen Richter=
amts in ihr urſprüngliches Anſehen könnte ihnen dieſe Laſten er=
träglich machen. Würden ſie getäuſcht, würden auch jezt, nachdem
das Reichsoberhaupt Sieger, die Gerechtigkeit ihrer Sache augen=
ſcheinlich ſey, die Urheber alles Uebels noch glimpflich behan=
delt, ſo müßten die Katholiken verdrießlich und dem Kaiſer
abgeneigt werden, was die Aufhebung der Liga, wo nicht
Schlimmeres zur Folge haben könnte. Woher hätte Ferdinand
die Kraft gehabt, ſo beredten Ermahnungen das Ohr zu ver=
ſchließen, er, dem ein Wink ſeiner Prieſter wie göttliche Offen=
barung war? Und das Wünſchenswerthe erſchien auch als das
Thunliche. Denn ſo viel, gerade und hinterrücks, der Angriffe
auf die Exiſtenz des Proteſtantismus wurden — kein zürnender
Geiſt, kein abwehrender Arm erhob ſich. Nur an dem nord=
weſtlichen Ende des Reichs, wo ſonſt die ungeheuerſte Ver=
wirrung herrſchte, wo ſeit bald zwanzig Jahren zwei fremde
Mächte eine Erbſchaft theilen halfen, die drei Fürſtenthümer
und drei Grafſchaften begriff, wo inzwiſchen der Erblaſſer ſo
vieler Herrlichkeiten in dem verödeten Palaſt ſeiner Väter zur
Mumie ward, überglücklich, daß man ihm täglich die Tafel
deckte, von der er die Armen ſpeiſen konnte, bis die Erben
Zeit fanden, dem vergeſſenen Sarg die lezte Ehre zu erweiſen —
nur in Rees, Emmerich und den andern cleviſchen Städten,
welche die Holländer als Brandenburgs Gläubiger und Be=
ſchützer inne hatten, wurde Unduldſamkeit mit Unduldſamkeit
vergolten, und wenn Wolfgang Wilhelm von Neuburg unter
den proteſtantiſchen Kanzeln Meſſe leſen ließ, ſo räumten die
Holländer die katholiſchen Kirchen für die Kalviniſten aus.
Was jedoch den Kaiſer von vornherein in die Schlingen des
jeſuitiſchen Umwälzungsplanes verſtrickte, war ſein eigenes
Intereſſe, das man aufs Innigſte einflocht. Kurfürſt Max
empfing die Pfalz, obwohl wittelsbachiſches Familiengut, als
Eroberung aus ſeiner Hand. So Wallenſtein Meklenburg,
ſein Vetter Graf Max, Ferdinands Oberſtallmeiſter, die wol=
fenbütteliſche Grafſchaft Reinſtein, der Oberhofmeiſter des
Königs von Ungarn, Chriſtoph Simon von Thun, die Graf=

schaft Hohnstein, Heinrich Schlick das magdeburgische Querfurt. Wo die Heere eingedrungen, war Alles dem Rechte
des Schwerts anheimgefallen zu Verkauf oder Versatz und
als Entschädigung für die Kriegskosten. Durch Anerkennung,
daß der Kaiser über die Pfalz unbedingt zu verfügen habe,
hatte der Kurfürstentag zu Mühlhausen diesen Grundsatz zum
Staatsrechte geweiht. War es unbescheiden, daß die katholische Partei, die seiner Machtvollkommenheit noch diese schöne
parlamentarische Huldigung dargebracht, nun auch ihren Lohn
begehrte? Hatten die Prälaten der Liga auf diese große protestantische Gantmasse, aus der er seinen andern Dienern Geschenke schöpfte, minder Anspruch? War die Bereicherung
der Kirche nicht zugleich eine Bereicherung des Kaiserthums —
Abbruch jener Landesherrlichkeit, die sich Selbstzweck war, zu
Gunsten eines Prinzips, das ohne zureichende weltliche Selbst-
ständigkeit sich inniger um die Säulen des Thrones rankte?
Mußte er billig aus Gründen der Staatsklugheit einiges Bedenken tragen, auf eine so tief ins Leben schneidende Maßregel
einzugehen als es war, wenn die ganze Ausbreitung des Protestantismus nach dem Religionsfrieden von Augsburg als fort-
während Kirchenraub verdammt, mithin der kirchliche Besitzstand
von etlichen und siebenzig Jahren in Frage gestellt werden sollte —
das päbstliche Organ der Gegenreformation in Oesterreich und
Deutschland, Caraffa, ließ sichs angelegen seyn, ihn auf einen
Punkt zu führen, wo er leichter vorwärts könnte als zurück.
Das Stift Hersfeld war bei Hessen-Kassel, den Administrator
Christian Wilhelm von Magdeburg, der landflüchtig in Ungarn,
Italien, Frankreich und Niederland umherirrte, hatte das
Dom-Kapitel abgesezt und den Coadjutor August von Sachsen
gewählt. Auf Caraffa's Betreiben wurde Erzherzog Leopold
Wilhelm Bischof von Passau, Strasburg und Halberstadt,
Abt zu Murbach und Deutschmeister, durch des apostolischen
Stuhls Gnade auch zum Erzbischof von Magdeburg und Abt
von Hersfeld erklärt. In dieser Anhäufung geistlicher Güter
in seinem Haus war für den Kaiser die Nöthigung, seinen
übrigen Eifer zu verdoppeln, wenn er nicht den Vorwurf hören
wollte, daß er nur fromm sey aus Habsucht, und den Protestanten war es ein Zeichen der auch die mächtigsten von ihnen

erwartenden Läuterung im Feuer der Trübsal. Daß man mit
dem Kaßler keine Umstände machte, war nichts Neues: Landgraf Moriz hatte, um der beharrlich verspürten, wiewohl
unverschuldeten kaiserlichen Ungnade, wie er sagte, entledigt
zu werden, noch mehr um der Nothwendigkeit eines Vergleichs
mit dem begünstigten Georg von Darmstadt überhoben zu seyn,
seinem Sohn Wilhelm die Regierung übergeben, und Dieser
hatte, während der Vater gegen jede Verzichtleistung Verwahrung einlegte, um den Preis der niedern Grafschaft Katzen-
ellenbogen und der Universität Marburg sich vor den reichs-
hofräthlichen Auspfändungen Ruhe verschafft. Aber daß man
schon auch den Kurfürsten von Sachsen vor den Kopf stieß,
verrieth einen Geist der Leidenschaftlichkeit, der das Ziel weit
überflog. Noch wollte und durfte man es nicht schlechterdings
mit ihm verderben: seine Klagen über die Friedländer, die
sich auch in Thüringen, Meißen und der Lausitz eingenistet
hatten, wurden von Niemand unterstützt wie von den katholischen Kurfürsten, von dem Bayer durch eine Gesandtschaft: sie gaben zu verstehen, daß von der Abhilfe die
römische Königswahl abhänge. Der Kaiser, dem es sehr am
Herzen lag, seinem Erstgeborenen die Nachfolge im Reiche zu
sichern, schickte daher Personen aus mit Vollmacht, dem Unfug
zu steuern und die Erpresser, besonders die Welschen, die
Verschlepper unermeßlicher Summen Goldes und Silbers ins
Ausland, zur Rechenschaft zu fordern, und da es darum nicht
besser wurde, sintemal sie die strafbaren Obristen zwar vorladen, aber Nichts dafür konnten, wenn Die sich so oder so
ausredeten, um nicht zu erscheinen, so that er sogar einen
Schritt, der ihn in Widerspruch verwickelte mit seinem Feldherrn — er befahl Collalto, von den 40000, die Mitteldeutschland brandschazten, 15000 zu verabschieden. So blind stand
die Liga vor der Zukunft, daß sie den Kaiser fort und fort
um die Entwaffnung plagte und ihn doch mit den Protestanten
bis an den Rand des Abgrunds drängte, ohne zu erwägen,
daß, wo kein Zurückweichen mehr möglich ist, die Verzweiflung
zum Schlachtgesange werden kann, der auch den Feigen begeistert. In Wien warf man sich nicht ganz so jählings in
diesen gewagten Handel: von Staats- und Kriegsmännern

wurden Gutachten eingeholt. Wenn Wallenstein der Unentbehrliche bleiben wollte, so konnte er nicht entgegen seyn: er brauchte da sein Pfund nicht zu vergraben. Doch gab es auch wohlmeinende Warner: Collalto prophezeite den Religionskrieg. Der Kaiser selbst verhehlte den ligistischen Kurfürsten seine Bedenklichkeiten nicht, indem er den Maynzer durch den Domherrn Reinhard von Metternich ermahnte, einen Bundestag zu berufen, um die Zulänglichkeit ihrer Wehrverfassung zu untersuchen, indem er sie erinnerte, daß sie sich für Das, was ihnen an Land und Gut zuwachse, wohl Einiges gefallen lassen dürften, indem er sich über Dinge, bei denen er sonst gerne seinem Kopf folgte, ihre Meinung, oder wenn er sie bereits kannte, zum Ueberfluß neue Erläuterungen ausbat. Sollten sie das Wiedersinnige nicht gefühlt haben, daß sie ihm zumutheten, den Harnisch abzulegen, während sie den Kriegsmantel über die Kutte schnallten? Ja, aber sie waren von Anfang dagewesen zu seinem Dienst, sie möchten auch jetzt diese Ehre ungetheilt. Mache der Kaiser mit Dänemark wie er will, und gebe er dem Pfalzgrafen und Angehörigen Etwas oder Nichts — Das ist ihnen gleichgiltig, wenn er nur einsehen lernt, daß die Wallensteinischen der Ruin des Reichs sind und er an der Liga und ihrem Heer genug hat, ob es gleich auch nicht aus den Rippen zehrt. Wallensteins Bedrückungen waren bei der Liga das dritte Wort, sie dachte nicht, daß Andere mit dem nämlichen Fug zu ihr sagen konnten: kehre du vor deiner Thür. Der Friede, wornach sie verlangte, war ein solcher, der den Kaiser entwaffnete wie der Krieg die Protestanten entwaffnet hatte, der sie die einzige bewaffnete Macht in Deutschland seyn ließ. Als die Kurfürsten zu Bingen über diese Vorkommnisse Rath pflogen, war unter den Gründen für Beibehaltung des Kriegsfußes auch der, daß sie vielleicht desselben benöthigt wären wider die gefährlichen Anschläge Wallensteins.

Unter diesen Aussichten versammelte sich im Eingang des Jahrs 1629 der Friedenskongreß zu Lübeck. Von König Christian waren abgeordnet die dänischen Reichsräthe Christian Friis, Jakob Ulfeld und Albrecht Scheel und die holsteinischen Landräthe Levin Marschall, Ditlev Ranzow auf Panker und Heinrich

4.°

Ranzow auf Schmoll, den Kaiser vertraten Wallenstein und
Tilly. Beide hatten ihre Unterbevollmächtigten gesandt, Jener
die Freiherren Hans Balthasar von Dietrichstein, Reinhard
von Walmerode und Hannibal von Schaumburg, Dieser den
Grafen Jobst Maximilian von Gronsfeld und Hans Christoph
von Ruppa. Der Eine hielt sich inzwischen in Güstrow auf,
der Andere zu Winsen und an verschiedenen Orten, mitunter in
Köln. Aus allerlei Ursachen war die Entwicklung der Begebenheiten langsam. Bis die Vollmachten ausgewechselt werden konnten, vergingen zwei Monate. Die Wallensteinischen hatten die
ihren von dem Herzog unterzeichnet, und sie lauteten auch nur auf
die Reichsräthe. Da die Dänen eine kaiserliche Unterschrift
und eine auf den König ausgestellte Beglaubigung vermißten,
so wurde Schaumburg nach Wien abgefertigt, und wie die
Urkunden da waren, behaupteten die Ligisten, es gebühre
sich, daß nun deßhalb auch mit Tilly Rücksprache genommen
werde, und Walmerode mußte ins bayrische Hauptquartier.
Nach Abmachung dieser Förmlichkeiten wollte kein Theil für
denjenigen angesehen seyn, der größere Eile hätte. Christian
hatte seine Gesandtschaft ermächtigt, einen Waffenstillstand zu
schließen, aber nicht auf länger als Januar und Februar, und
ohne ihn anzubieten. Das brauchte man nicht: denn nachdem
der Versuch, den Dänholm und Glückstadt durch Eisläufer auf
Fußeisen zu überrumpeln, fehl schlug, weil der Feind, der
Wind bekam, an vielen Stellen Löcher eingehauen hatte, die
leicht überfroren unter ihnen einbrachen — Denen, die nicht er-
soffen, ein Fingerzeig zur schleunigsten Umkehr — da war die
Winterstille von selbst zur Waffenruhe geworden. Als hierauf
mit den Friedensvorschlägen hervorgerückt wurde, war es als
meinten sie's einander in Uebertreibungen zuvor zuthun. Nicht
allein die Herausgabe der weggenommenen Provinzen, auch
volle Entschädigung der Unterthanen und den alten ungefähr-
deten Rechtszustand in Niedersachsen verlangten die Dänen.
Und die Kaiserlichen wollten mit nicht Weniger fürlieb nehmen
als mit Abtretung von Holstein und Schleswig, Ueberlassung
Jütlands an Kursachsen statt der Lausitz bis zum Abtrag der
Pfandsumme (der wahrscheinlich hätte auf sich warten lassen),
sodann sollte der König auf die geistlichen Apanagen seiner

Prinzen, überhaupt auf alle Rechte, Besitzungen und Anwart-
schaften im deutschen Reich und auf jede Einmischung in dessen
Angelegenheiten verzichten, die Kriegskosten bezahlen, dem
Kaiser und seinen Verbündeten so wie den Herzögen von
Lüneburg, Pommern und Gottorp die zugefügten Verluste ersetzen, Ferdinands Feinden den Sund sperren und seinen
Freunden ihn offen halten gegen ermäßigten Zoll. Auf solche
Bedingungen wären sie nie zusammen gekommen, aber es
waren bloße Schreckschüsse, jeder Partei zur Nachachtung, daß
es zu Nichts führe, wenn sie die Saiten zu hoch spanne.
Der König zumal war der richtigen Ueberzeugung, daß, wenn
er sich aus der bösen Geschichte leidlich herausziehen wollte, er
nicht mit der Miene eines Flehenden erscheinen durfte: daher
kaum der Frühling dämmerte, als er wieder zur See und im
Feld war. Bei Ruden besteuerten seine Mauthschiffe die Mündungen der Peene und der Oder, die Wismarer ließ er nicht
aus dem Hafen, in Lübeck sahen sie seine Masten schier vom
Fenster aus, die Kaiserlichen auf der Halbinsel bedrohte er
mit Landungen am östlichen, Morgan am westlichen Gestade.
Welchen Reiz hätte dieser Krieg für Wallenstein noch gehabt?
Ein Feind überall und nirgends, der jeden schwachen Punkt
erspäht, dessen Angriffen man nicht vorbeugen und dem man
den Rückzug auf die Schiffe nicht abschneiden kann, eine Eroberung, welche die Mühe nicht verlohnt wegen des Merk-
mals von Unsicherheit, der ihr anklebt und im Verhältniß zu
den Streitkräften, die sie einer anderwärts erfprießlicheren
Verwendung entzieht. Denn immer schneller trieben die Räder
der Zeit und höher schäumten die Wogen — es ist der Strom
des europäischen Völkerlebens, der sich ein neues Bett sucht,
und wo die kluge mächtige Hand, die es ihm gräbt, damit
er nicht tobender über die zerstörten Dämme dahin stürzt,
abermals seine Ufer mit traurigen Trümmern übersät? Dieser
Winter ist ein fleißiger Geschäftsmann. Die italienische Angelegenheit hat er plötzlich umgestaltet. Von Rochelle sind
25000 Franzosen auf dem Marsch gen Piemont: während Guise
mit einer Hälfte des Heeres über den Var auf Nizza rückt,
haben Richelieu und der König mit der andern im tiefsten
Schnee den Genevre übersteigen, Karl Emanuels Widerstand

gebrochen und ihm eine Uebereinkunft vorgezeichnet, vermöge
deren er die Schlösser von Susa und San Francesco und die
Straße nach Casal öffnet, Montferrat von ihm und den
Spaniern geräumt werden muß und er davon Nichts behalten
soll als Trino und so viel Gebiet als jährlich 15000 Thaler
werth ist. Cordova, dem Sturm allein nicht gewachsen, hat
sich zum äußersten Mißfallen seines Hofs diesem Entscheid
gefügt, zufrieden daß der schlaue Savoyer wenigstens dem
angesonnenen Bunde mit Frankreich, Nevers, Venedig und dem
Pabst entschlüpft, und schon im April ist der König, nachdem
er zu Susa die Glückwünsche der italienischen Fürsten empfangen und für Casal und die Alpenpässe Vorsorge getroffen hat,
auf dem Rückweg nach Languedoc, wo er Rohan und den
Huguenotten die lezten Sicherheitspläze entreißt, hernach aber
sie zu Gnaden annimmt. In Preußen ist Hermann Wrangel
im Februar mit 6000 Schweden über Osterode und Lauten-
burg vorgedrungen, hat den Kastellan Potowski bei Gorzno
besiegt, die Besatzung zu Strasburg mit Mannschaft und Nahrung erfrischt, die Vorstädte von Thorn verbrannt, und wenn
sich auch die Stadt selbst weder brandschatzen noch einnehmen
läßt, so hat er doch die Reichstagsherren zu Warschau so
verduzt, daß sie, die bisher von keiner Soldreichung an auswärtige Hilfsvölker wissen wollten, Wallensteins Anerbieten
eines kaiserlichen Heerhaufens nicht länger entgegen sind. Noch
ist die Einladung aus Polen nicht geschehen, und bereits
macht Arnim 10000 Mann marschfertig bei Neustettin, Briefe
auf Briefe spornen den Zauderer, und stündlich ist der Friedländer gewärtig, daß der Kaiser von ihm auch eine Truppen-
sendung nach Italien verlangt. An den Höfen von Madrid
und Wien erschöpfen Frankreich und der Pabst alle Feinheiten
der Ueberredungskunst, um wo möglich ohne Waffengewalt
den Habsburgern den mantuanischen Staatsprozeß aus der
Hand zu drehen, indem der apostolische Stuhl unter dem Vor-
wande des Vermittelns, wie früher im Veltlin, Schiedsrichter
seyn, der Kaiser statt oberherrlicher Machtübung sich mit Kenntnißnahme und Bestätigung begnügen soll, aber wo das Haus-
Interesse so deutlich spricht, hat auch der Respekt vor dem
Oberhaupt der Kirche, auch der Einfluß der Jesuiten seine

Grenze, und Wilhelm Lamormain, der den Krieg in Italien mißräth, ist in Spanien nicht über den Verdacht erhaben, daß er französisch gesinnt sey, so daß er, durch Khevenhiller von dieser Anklage unterrichtet, sich zur ausführlichen Rechtfertigung genöthigt sieht, ohne daß es ihm gelingt Olivarez von der Stichhaltigkeit seines Friedenssystems zu überzeugen, das darauf beruht, daß katholische Fürsten um der Religion willen ihre Zwiste nicht mit dem Degen ausfechten sollten, da der Graf-Herzog vielmehr einen Gesichtspunkt, der den Staatsgrund so gänzlich verkennt, einerseits für einen kaiserlichen Gewissens-rath zu theologisch findet, andererseits es mit der gepriesenen Frömmigkeit der Gesellschaft Jesu nicht reimen kann, daß sie einer mit Ketzerei befleckten Nation die Pforten des glaubens-reinen Italien überantworte, und zu besserer Vergewisserung des kaiserlichen Beistands nur um so nachdrücklicher zum Vergleich mit Dänemark ermahnt. Und der Kaiser — muß ihm denn alle politische Weisheit so weit herkommen? O nein, er hat mit den Fürsten der Liga in der Berathung fortgefahren, sein Kanzler Peter Rudolf von Strahlendorf hat bei ihnen einen Entwurf herumgeschickt, Mittel und Wege angebend der Zu-rückführung Deutschlands zur alleinseligmachenden Kirche, sie haben Wenig zu erinnern gehabt, der Maynzer Nichts als daß keine Zeit zu verlieren sey, Kurfürst Max hat nur bemerkt, daß der Vorsicht wegen gut seyn werde, wenn man auf den Kalvinismus nicht ausdrücklich losgehe, auch für jezt noch die Einbußen vor dem Religionsfrieden aus dem Spiel lasse, sein Sinn ist, daß die Umwandlung bei den kleinen Stiftern ihren Anfang nehme, wenn man nicht etwa, um dem Kurfür-sten von Sachsen auf den Zahn zu fühlen, sofort auch an das ohnehin meist schon in kaiserlichem Besitz befindliche Magdeburg wolle, und daß man bloß sage, außer dem augsburgischen Bekenntniß habe keines neben der katholischen Kirche auf Dul-dung Anspruch, wobei er auf versteckte Weise andeutet, daß ihm alle Entwicklungen des Lutherthums seit einem Jahrhun-dert mit dem Kalvinismus in gleicher Verdammniß sind, und da die Jesuiten Lamormain und Caraffa nicht ermüden, die Trommel zu schlagen und in die Posaune zu stoßen, so hat der Kaiser am 6ten März den zermalmenden Donnerkeil auf die Protestanten geschmettert. Wohl ihm, daß er der Liga diese Genugthuung giebt: Die sitzt beisammen zu Heidelberg auf dem Schloß, Hans Reinhard von Metternich führt für Kurmaynz den rheinischen, Graf Paul Andreas von Wolkenstein für Bayern den oberländischen Reigen, hier sind es Trier und Köln, Worms, Speyer, Straßburg und Osnabrück und die Abtei Fulda, dort Salzburg und das Deutschmeisterthum, Bamberg, Würzburg und Aichstädt, die Probstei Ellwangen und die Abtei Kempten, die den Schweif bilden des hochwürdigen Sanhédrin, der seiner Verdienste um Kaiser und Reich gar sehr bewußt ist, den es ärgert, daß man in Wien seiner überdrüßig zu werden scheint, daß den wallensteinischen Truppen Jegliches hingehen, den ligistischen die Einquartirung auf den reichsritterschaftlichen Gütern in Franken und Schwaben verboten seyn soll, der, obgleich den Frieden beständig im Mund, eine Reihe Beschlüsse faßt, woraus ziemlich erhellt, daß er seine Kriegsmacht, wenn er nicht anders kann, dem Kaiser zum Trotz aufrecht halten will, der sich deßwegen gegen die zugemuthete Quartierbeschränkung mit der Unmöglichkeit entschuldigt, den Bestand des Bundesheeres von Neuem zu 27000 Mann Fußvolk und 40 Reitercompanien festsetzt mit dem Grundsatz, daß die eroberten Länder wenigstens die Hälfte zu den Bedürfnissen beizusteuern und der Liga für die übrigen Kosten zu haften haben, mit der Aufforderung an den Kaiser, seine Generale anzuhalten, daß sie sich mit Tilly über die Quartiervertheilung verständigen, und mit der Weisung an ihn und seine Soldaten, nirgends zu weichen außer gegen Vorzeigung eigenhändiger kaiserlicher Befehle. Wie mag aber Freude im Haus gewesen seyn, als die Nachricht nach Heidelberg fliegt, die Schwergeburt des Restitutionsedikts sey glücklich vollbracht! So müssen alle europäischen Verhältnisse zusammenwirken, um Dänemark die Friedensarbeit zu erleichtern. Die Liga ist vergnügt, wenn der Kaiser seinen Truppen-Ueberfluß auswärts an Mann bringt, sie kann sich um so weidlicher in Deutschland tummeln, und Wallenstein ist auch nicht so links, daß er sich sogleich daheim völlig entkräftet oder die Ochsen hinter den Pflug spannt.

Man muß gestehen, König Christian nützte die Umstände

mit Talent. Sein Geist hatte die Unbefangenheit wieder
errungen, die ihn während des unglücklichen Kampfes manchmal verlassen zu haben schien. Seine Sprache zu Lübeck war
nicht im Ton eines Besiegten, sondern einer unabhängigen
Macht. Die Verbindung mit Schweden pflegte er nur in sofern
sie sein Ansehn hob. Er wollte diesen Nachbar weder zum
Beschützer noch zum Mittler. Beide Könige hatten in der
ersten Woche des März eine dreitägige Zusammenkunft auf
dem Pfarrhofe zu Ulfsbeck, Gustav Adolf (wie er in einem
Brief an Oxenstjerna selbst erzählt) war Wirth, es wurde
Wenig gegessen und viel schlechter Wein getrunken, der zudem
gefroren war, als er aber im Gespräch die Frage einfließen
ließ, wie der deutsche Krieg zu führen sey, machte Christian
ein langes Gesicht und versetzte: Was Schweden mit dem Kaiser
zu schaffen habe? Den Vorschlag zu einem engern Bündniß
lehnte er ab, weil er dazu seine Stände brauchen würde. Eben
so eine Vereinbarung über die Friedensmittel, weil er seine
Bedingungen bereits übergeben. Was er wünschte waren zwei
oder drei Schiffe, nicht weil sie nöthig seyen, sondern zu
Vermehrung des Rufs. Die Welt sollte glauben, daß, wie
ihnen die Vertheidigung Stralsunds eine gemeinschaftliche Sache
gewesen, sie auch fürder Hand in Hand gehen wollten. Der
König sah es daher ohne Zweifel nicht ungern, daß die Kaiserlichen keine schwedische Gesandtschaft in Lübeck zuließen, aber
wenn er in Schweden sogleich und lange nachher beschuldigt
worden ist, daß er selber diese Maßregel veranlaßt habe, so
ist Das eitel Gehäßigkeit: er dem daran gelegen war, sich
den Schein der Eintracht mit Schweden und dadurch der
größern Stärke zu geben, konnte doch diesen Schein nicht selbst
muthwillig zerstören wollen. Wallenstein bedurfte einer solchen
Einflüsterung nicht. Auch ohne daß er Wissenschaft hatte, daß
diese Gesandtschaft angewiesen sey, in Meklenburg wie allenthalben auf Herstellung des vorigen Standes anzutragen, konnte
er eine Vermittlung, die von Niemand verlangt und in den
kaiserlichen Vollmachten nicht vorgesehen war, als unstatthaft
betrachten, und wenn Hans von Lehausen beim Ansuchen um
Geleitsbriefe für Salvius und dessen Mitbotschafter Gabriel
Oxenstjerna und Hans Sparre alle Thüren verschlossen fand,

als er aber mit Notar und Urkundspersonen in den Sitzungs=
saal drang, um entweder seine Meldung zu machen oder sich
die Nichtannahme bezeugen zu lassen, mit dem barschen Be=
scheid von dannen ging, daß die Gesandtschaft Lübeck und den
deutschen Boden zu meiden habe, während Dietrichstein unver=
blümte Winke fallen ließ, daß ihm oder seinen Begleitern,
wo sie sich eines Aehnlichen erfrechten, eine Tracht Prügel
blühen dürfte, so begreift sich diese unmanierliche Abfertigung
aus des Friedländers Erbostseyn über die Vorfälle von Stral=
sund. Dahin zielte auch die Antwort, welche Salvius bekam,
als er sich von der Insel Langeland schriftlich an den Kongreß
wandte, vorstellend wie selbst barbarische Völker nicht nur die
Friedensgesandten, sondern kriegankündigende Heralde stets
ehrlichen Empfangs und Gehörs gewürdigt hätten, wie es
also doppelt befremde, wenn man sie, die in der besten Absicht
da wären, von einer Unterhandlung ausschließen wollte, bei
der die Freunde und Verwandten ihres Königs betheiligt seyen,
bei der doch auch von Stralsund die Rede seyn müsse, dessen
nicht gedacht werden könne ohne Schwedens zu gedenken:
Schweden, hieß es, solle seine Besatzung aus Stralsund weg=
thun, hernach möchten sie wieder anfragen. Damit brach
Salvius ab und Gustav Adolf trug diese Beleidigung in das
Sündenregister ein, das er sich von den Kaiserlichen anlegte,
wiewohl Diese mehr in der Form als in der Sache Unrecht
hatten: denn sie konnten ihre Abrechnung mit Dänemark allein
regeln, das späte Hinzutreten der Schweden hätte Nichts ge=
fördert und zur Anwaltschaft für das protestantische Deutsch=
land mußten sie vorher durch die Bluttaufe der Schlachten
befähigt seyn. War aber ihre Zurechtweisung den Dänen aus
Eifersucht willkommen, so war sie es auch aus Interesse, weil
man sich sonst nur um Meklenburg und dergleichen herum=
gezankt hätte, das der wunde Fleck war, in Bezug auf welchen
Wallenstein nicht mit sich scherzen ließ. Der König war für
das Schicksal von Meklenburg nicht unempfindlich, seine Mutter
Sophia stammte aus diesem Haus, und diese sehr verständige
hochbetagte Frau, der die kummervolle Lage ihrer Vettern nahe
ging, für die sie auf ihrem Schloß Nyköping in Falster
manches Wort der Fürbitte an die Kurfürsten schrieb, hatte

bei ihrem Sohne Geltung genug, daß schon um ihretwillen Nichts versäumt worden wäre, hätte er so hinausgewußt aus diesem Labyrinth. Wenn er die Herzoge stecken ließ, so wars, weil er sich außer Stand fühlte, sie militärisch oder diplomatisch herauszuwickeln, so ungeheures Unrecht widerfuhr ihnen indeß nicht, hatten sie ihn doch zuerst im Stich gelassen. Der König wählte seinen Standpunkt in den Gränzen des Möglichen und den hielt er kräftig und unverrückt fest. Zuvörderst galt es die Unverletzlichkeit seines Reichs. Mit dem Ansinnen von Länderabtretungen, mit der Einmengung so ungehöriger Dinge als einer kaiserlich = kursächsischen Pfandschaft baten seine Gesandten sie zu verschonen. Wegen des Sundzolls erklärten sie, es sey ein Hoheitsrecht der dänischen Krone, da leide der König keine Einrede. Bei den Stiftern, mit denen er seine Prinzen versorgt hatte, fußten sie auf die durch Wahl und Berufung erlangten Besitztitel, die von dem Kaiser eher geschüzt werden sollten als angefochten. Auf die Kosten= und Entschädigungsfrage erwiderten sie: die Kostenzuschiebung sey eine große Unbilligkeit, weil man den König nicht als Angreifer zu betrachten habe, und die Ersatzforderung rüttle eine Masse von Privatansprüchen auf, hoffentlich werde man, um das allgemeine Friedensgut nicht zu verhindern, die schlafen lassen, wenn es mit der Unterhandlung ungefärbter Ernst sey. Die Unterhandlung mußte von ihren Stelzen herab. Wallenstein und Tilly bereiteten in einem zu Güstrow unter Beziehung mehrer der Gesandten verfaßten Gutachten die Höfe von Wien und München auf die unvermeidlichen Nachgiebigkeiten vor. Sie legten Krieg und Frieden auf die Wage und der Friede sank schwer ins Gewicht. „Ungeachtet des Beharrens Dänemarks, daß es die verlorenen Provinzen wieder haben müße, sagten sie, sey die Freundschaft eines mächtigen Königs besser als ein gefährlicher Krieg. In Kopenhagen seyen Gesandte aus Frankreich, England, Holland und Schweden, freigebige Versprecher und emsige Aufreizer. Wenn so zahlreiche und gewaltige Feinde sich verschwüren zum Einstürmen auf Deutschland; wenn in den kaiserlichen Erbstaaten der gedämpfte, aber unter der Asche glimmende Brand neu aufloderte, wenn er die Fürsten und Stände des Reichs, die

durch langes Ungemach erbitterten Völker ergriffe, wenn die
tiefgrollenden Leidenschaften, angefacht durch das Restitutions=
edikt, mit dem noch unverglühten alten Haß aufgährend aus
den Gemüthern hervorbrächen — zu welch schrecklicher Plage
würde der Krieg anwachsen? Auch verdienten die Ereignisse
in Polen ein scharfes Augenmerk. Mit dem Hinneigen des
Glücks zu Schweden seyen den Türken, Tataren, Moskowi=
tern und Siebenbürgern alle Schleusen geöffnet. Um eine
Seeküste von 250 Meilen von Preußen bis an die Elbe mit
so vielen Häfen, Städten und Burgen und diesen Strom auf
beiden Ufern zu bewachen, brauche man ein fast unermeßliches
Heer in einer Gegend von so ausnehmender Armuth, daß sie
es nicht einmal ernähre. Leider zu wahr sey, daß sie keine
Schiffe, geschweige denn eine Flotte hätten: so könnten sie
nicht aufs Meer hinaus, an eine Unternehmung, von der man
Ehre habe, sey nicht zu denken, und der Soldat müsse im
Müßiggang der Besatzungsquartiere verrosten. Dabei ver=
möchten sie gleichwohl es nicht zu verbürgen, daß nicht der
Feind, im Besitz einer Flotte, die er täglich aus Schweden,
England und Holland verstärken könne, nach Belieben da oder
dort anlandete und sich eines Orts bemächtigte, ehe Hilfe ein=
träfe; weil der Seefahrer bei gutem Wind in wenigen Stun=
den ungleich größere Räume durchmesse als Landtruppen in
mehren Tagen. Im günstigsten Fall für den Kaiser gebe es
Nichts weiter zu besetzen, im günstigsten Fall für den König
sey die Aussicht, das Seinige wieder zu erhalten und Fremdes
dazu. Wenn es aber scheine, daß von den Städten und
Ständen des Reichs keine kriegerischen Auftritte zu befürchten
seyen, so seyen doch etliche durchaus schwedisch oder holländisch
gesinnt, andere sehr verstimmt. Darum lieber Friede und
‎in Deutschland als die Behauptung entlegener Er=
Indem sonach der Hauptanstand, die Länder=
ritigt wurde, waren die sonstigen Schwierigkeiten
ndlich. Der Streit, ob der Krieg gerechte Ver=
sen sey oder Treubruch gegen den Oberlehns=
Schleswig zu den verwirkten Reichslehen gehört
ie Entschädigungsforderung ließ man fallen.
der Gefangenen ohne Lösegeld, die unbe=

lästigende Räumung der Provinzen, die Niederschlagung der daselbst eingeleiteten Konfiskationsprozesse wurden zugestanden. Die herbsten Pillen wurden dem König überzuckert. Seine Entsetzung vom Kreisobristenamt geschah nicht mit dürren Worten, aber sie war enthalten in der eingegangenen Verpflichtung, sich in die Reichsangelegenheiten nicht zu mischen außer in seiner Eigenschaft als Herzog von Holstein. In Bezug auf Verden und Schwerin und die Anwartschaft auf Bremen wurde keine förmliche Entsagung verlangt, noch diese Erwerbungen durch eine Ungültigkeitserklärung gebrandmarkt. Die Zusicherung sich keine Stifter anzumaßen genügte — sie hatte für ihn das Unverfängliche, daß er seine Stifter von Rechtswegen zu haben gemeint war und nicht aus Anmaßung. Die Zusicherung, sich in den königlichen Landen Nichts anzumaßen, gab dagegen auch der Kaiser. Die verschämte Partie war der Artikel von den Bundesgenossen. Mächte, die der Krieg bloß nebenbei oder gar nicht berührt hatte, wurden einbegriffen, von kaiserlicher Seite Spanien und Polen, von dänischer Frankreich, Großbritannien und auch Schweden, wenn es wollte. Der Pfalzgraf hatte überall Unglück: neulich als er vom Haag nach Amsterdam fuhr, um zum Zeitvertreib die Schätze der Silberflotte zu beschauen, war sein Boot bei Harlem übersegelt worden, er hatte sich mühsam mit Schwimmen gerettet, aber sein ältester Sohn Heinrich Friedrich war ertrunken und zu Lübeck wurde sein Name vergessen. Für die Andern in Deutschland war von Wallenstein und dem Kaiser, die sich hier nirgends die Hände binden wollten, Nichts zu erlangen, als daß sie dem König beurkundeten und bekannten, er habe sich ihrer annehmen wollen, aber nicht gekonnt: es wurde die Aeußerung eingeschaltet, obwohl man mit angelegentlichem und standhaftem Eifer die Zusage zu erhalten gesucht, daß Fürsten und Stände nicht über ordentliches Recht beschwert werden sollten, so habe man sich doch bei der beständigen Entgegnung, daß kaiserliche Majestät ohnehin gegen Niemand unerlaubten Druck ausübe, beruhigen zu müssen geglaubt. Nur für Friedrich von Gottorp war die Zurückgabe der Insel Femern, seines Antheils an Sylt und Föhr und des in diesen Tagen von Morgan eroberten Nord-

strandes ausbedungen. So schritt endlich der Kongreß, nachdem er zwischen hinein auch die Freuden der Tafel und der
Jagd nicht sparsam genossen, am 22ten Mai zur Unterzeichnung.
Noch war der Friede bloß auf dem Papier. Dem König selbst
gereichte dieser Ausgang keineswegs zu völliger Genugthuung.
Als ihn seine Bevollmächtigten auf der Insel Taasing trafen,
zögerte er seine Zustimmung zu ertheilen. Er hätte den politischen Star haben müssen, um nicht zu merken, daß die
Kaiserlichen im Grund das Friedensbedürfniß eben so sehr
hatten als er. Der französische Gesandte Baron Herkules de
Charnassé, der ihm wegen Fortsetzung des Kriegs anlag, war
auch in München gewesen und hatte das katholische Deutschland ausgeforscht. Die Erwägung jedoch der Räthe, daß ja,
wenn die Zeiten sich besserten, sie auch die Rechte auf die
Stifter herstellen würden, und daß die niedersächsischen Stände
durch ihre Saumseligkeit und ihren Wankelmuth es nicht um
den König verdient hätten, daß er die Befreiung des Reichs
um ihretwillen versäume, bewog ihn zur Unterschrift. Aber
einen Augenblick nachher schiffte er mit dem Heere nach Angeln,
wo er in der Nacht bei Düttebull ans Land stieg. Schon
war Morgan mit 6000 Mann Fußvolk und 6 Reiterkompanien
von Nordstrand herübergekommen, vertrieb die Wallensteinischen aus Tondern und schlug sie bei Husum aus dem Feld.
Die Glückstädter entrissen ihnen Wilster. Der König hatte
zu Ohe an der Mündung der Schley sein Hauptquartier. Seine
Verbindung mit Morgan war eröffnet. Mit dieser Verlänge-
rung der Feindseligkeiten, bei denen sein besonderes Absehen
auf die gottorpischen Besitzungen ging, erzweckte er Dreierlei:
er rächte an seinen Vettern ihr unverwandtschaftliches Benehmen während dieses Kampfes, da Friedrich den Kaiserlichen
jeden Vorschub geleistet und sein Bruder Adolf der friedländische Obrist bereits um die Belehnung mit dem dänischen
Holstein gebeten hatte, er beschleunigte die Urkundenauswechs-
lung bei Wallenstein und Tilly und verschaffte sich das Vergnügen, daß er es war, der die lezten Kanonenschüsse abfeuerte.
Denn auf die Nachricht von diesen Thätlichkeiten in Schleswig
war Altringen, Mitunterzeichner des deutschabgefaßten Frie-
densinstruments statt des nach Wien abgeschickten Schaum-

burg, in solcher Eile von Güstrow nach Lübeck zurückgereist,
daß ihm die Pferde vor'm Wagen zusammenstürzten. Den
7ten Juni, als der König eben Schleswig und Gottorp angreifen wollte, wurde ihm der bestätigte Vertrag eingehändigt,
und in Lübeck wurde Morgens 8 Uhr desselben Tags der Friede
in den Straßen ausgerufen und von den Thürmen ausge-
blasen, in den Kirchen waren Dankpredigten mit Tedeum,
dreimal donnerten die Geschütze von den Wällen und eine
Stunde läuteten alle Glocken. Der König weilte noch vier
Wochen im Lager bei Ohe. Allermittelst räumten die Kaiserlichen die Halbinsel und seine bewaffnete Gegenwart trug bei,
daß es rasch und ohne Unordnung geschah. Im Ganzen hatten diese Gegenden weniger Schaden gelitten als andere, die
der Kriegsschauplatz oder in dessen Nähe waren. Ein französischer Reisender, der sich kurz nachher von Kopenhagen über
Land nach Eutin und Lübeck begab, sah in Hadersleben, Apenrade, Flensburg manche Brandstellen, aber die Einwohner
lebten, wie ihm vorkam, in Wohlstand und um die Dörfer
weideten zahlreiche Herden. Die Seesperre mag die Ver-
schleppungen erschwert und die unsichere Lage der Besatzungen
auf einer schmalen Landzunge in Angesicht feindlicher Flotten
die Soldaten zahmer gemacht haben. Vielleicht war es aber
mehr der Abstich gegen den Gräuel der Verwüstung in Deutschland, welcher diese Lande bald wieder in einem gewissen Flor
erscheinen ließ. Ach, auch ihnen waren es dunkle Prüfungs-
tage gewesen: während dieser 18monatlichen Besetzung hatten die Wölfe in Jütland so überhand genommen, daß man
Noth hatte sich ihrer zu erwehren, und fast hätten die Fremden den nordischen Wald mit einer neuen Art reißender Thiere
bevölkert, denn ein ungarischer Obrister hatte ein zur Jagd
abgerichtetes Paar Tigerkatzen mitgebracht, die, als er zu
Säby starb, herrenlos geworden, wieder verwilderten und
Menschen und Vieh anfielen. Zum Andenken an die über-
standene Trübsal und um Gott zu preisen, den wunderbaren
Helfer gegen den mächtigen Feind, der das Land so plötzlich
und so lange inne gehabt, gleichwohl aber die reine evangelische Religion und die Gewissen ungekränkt habe lassen müssen,
verordnete der König ein feierliches Dankfest, das mit der

jährlichen Verlesung des damaligen Gebets am St. Michaels=
tag, wie die im Verlauf des Kriegs eingeführten freitäglichen
Bußandachten, ein stehender Brauch in der dänischen Kirche
geworden ist, auch ließ er goldene und silberne Klipplinge
prägen, sie zeigten sein Brustbild mit der geschlossenen Krone
auf dem Haupt und auf der Kehrseite in lateinischer Sprache
die Inschrift: „Die Sache des Rechts triumphirt doch.“
War Das sein historisches Endurtheil oder ein frommer Wunsch?

Fünfzehntes Kapitel.
Pfaffenübermuth und Soldatenherrschaft.

Es ist eine häufige Erfahrung, daß die Menschen die
Quelle des Bösen, das sie thun, in Andern suchen: wenn es
zu ihrem Vortheil ausschlägt, sind sie stolz auf das Meister=
stück ihrer Klugheit, gehts schief, so ist es ein Teufelsspuck, den
man ihnen gespielt hat. Als Kaiser Ferdinand mit Unterdrückung
der Neugläubigen in Oesterreich und Böhmen das unabsehbare
Werk der Verwirrung anfing, war er umringt von auswär=
tigen und einheimischen Feinden, gegen die er kaum einige
Regimenter aufbieten konnte, desto mehr bewunderten die
Papisten seinen bigotten Starrsinn als gottseligen Heldenmuth.
Das Restitutionsedikt war eine gewagte aber keine neue Maß=
regel, es war die Verpflanzung des in den habsburgischen
Erblanden bewährten Systems nach Deutschland, und als er
es erließ, gab es daselbst bloß Sieger und Besiegte, sein
Wille war allmächtig, die protestantische Partei, von oben
gesehen in ihren Häuptern, muß sich noch schwächer und

erbärmlicher dargestellt haben, als sie in Wirklichkeit nach unten im Volke war. Die Rücksichten der Mäßigung, der Enthaltsamkeit lagen weit rückwärts. Der Kaiser und die Liga, die Heiligen des Hofs und der Kirche folgten dem Zuge ihrer Lüsternheit, der Tisch war gedeckt, die Gäste geladen, man durfte nur niedersitzen zur Mahlzeit. Die Unverdaulichkeiten kamen nach und damit Zweifel an der Güte der Maßregel, die man verleugnete oder Andern in die Schuhe schob, in der man bald nicht mehr das Heil der Kirche und des Staats erblickte, sondern eine Ferdinands Frömmigkeit gelegte Falle, wo nicht gar eine unmittelbare Einflüsterung Richelieu's, welcher den unbesonnenen Eifer der Geistlichkeit mißbraucht habe, um den Kaiser auf unversöhnliche Weise zu verfeinden. Leider henkte Khevenhillers Scharfsinn mit dieser Entdeckung etwas nach, namentlich wenn er so glücklich war, dem Kardinal das ganze Geheimniß seines Planes zur Demüthigung des Hauses Oesterreich abzulauschen, sofern Derselbe schon damals nichts Geringeres im Schilde geführt hätte als mit der einen Hand die Vereinigung des protestantischen Deutschlands, aller Mißvergnügten, Flüchtlinge und Verbannten unter dem Panier der Religionsfreiheit, und mit der andern Hand die Entzweiung des katholischen Deutschlands mit Oesterreich durch den Haß der wallensteinischen Tyrannei. Erst sollte dem Kaiser so lange von dem Soldatenunfug vorgejammert werden, bis er sich zur Entwaffnung bequemte. Und wenn nun seine Macht aufhörte furchtbar zu seyn, wollte Richelieu Deutschland mit Heereskraft überziehen, gute Worte nicht sparen noch Geld oder Gewalt, um die römische Königswahl auf Frankreich zu lenken, die geistlichen Fürsten hätte der Erzbischof von Trier zu belehren, daß sie eben so gut unter einem Bourbon als unter einem Habsburg Messe lesen könnten, Bayern hätte man mit Oberösterreich geschweigt, und Belgien mit Holland in eine Eidgenossenschaft verbunden wie die Schweiz, stark genug, um vielleicht den Spaniern beide Indien oder wenigstens den Handel dahin zu entreißen und sie in ihrem Winkel von Europa einzupfählen. Doch von so gefährlichen Dingen ließ man sich in Wien noch Nichts träumen. Das Restitutionsedikt trug eine so abstoßende Härte zur Schau als wäre der Protestantismus bereits aufs Gnadenbrod gesezt. Diese Auslegung des Religionsfriedens, die absichtlich auf seinen Vorläufer, den passauer Vertrag, also noch um weitere drei entwicklungsreiche Jahre, zurückgriff, erklärte jede Ausbreitung der Reformation nach dem Heumonat 1552 für null und nichtig, sie verfügte bei Strafe der Acht und Oberacht die Zurückgabe aller seitdem in nichtkatholische Hände übergegangenen Stifter und Kirchen nebst Zugehör, ohne Unterschied, ob es Theile evangelischer Landesherrlichkeiten, oder reichsstandschaftliche Herrschaften waren, und während sie vermöge jener verhängnißvollen Zeitscheide unzählige Kirchengebäude und Gefälle, Ländereien und Unterthanen katholischer Prälaten zueignete, verurtheilte sie die Häuser Kursachsen, Brandenburg, Braunschweig, Holstein und Pommern zum Verlust von Magdeburg, Bremen, Halberstadt, Minden, Verden, Lübeck, Ratzeburg, Camin, Brandenburg, Havelberg, Libus, Merseburg, Naumburg und Meißen, und der Bevölkerung dieser 14 weiland geistlichen Fürstenthümer blieb dann die Wahl, auch päbstlich zu werden oder auszuwandern: denn, wie der Kaiser erkannte, hatten die protestantischen Unterthanen katholischer Landesherren als solche kein Recht von ihnen zu fordern als das der Freizügigkeit. Was der Religionsfriede in dem Verhältniß beider Kirchen schwankend gelassen und nachher kein Kammergericht, kein Reichstag ins Klare gebracht hatte — das Reformationsrecht und der geistliche Vorbehalt waren jezt in schönster Harmonie, indem man nur wissen mußte, daß das Reformationsrecht das Recht bedeute, Protestanten katholisch zu machen — selbst Was weder Religionsgespräche, noch Synoden, noch Konkordienformeln vermochten, die Feststellung des ächten und gerechten Protestantismus war dem Kaiser gelungen, er hatte ihn gefunden in dem unveränderten augsburgischen Bekenntnisse und diesem deßwegen ausschließliche Ansprüche auf Duldung eingeräumt. Nicht minder praktisch war die Vollziehungsverordnung. Kaiserliche Vollmachtträger — gemeiniglich ein Prälat, ein Fürst, ein Graf, ein Ritter oder ein Gelehrter — sollten in jedem Kreis die Ordensobern versammeln und sich ein Verzeichniß ihrer Einbußen vorlegen lassen, hierauf die Inhaber von Kircheneigenthum einzeln

vorladen und es in Kaisers Namen zurückverlangen, auch so-
gleich die Güter, unbekümmert um Einreden der Verjährung,
des Kaufs oder daß sie im Rechtsstreit lägen, oder daß der
Reichstag zu entscheiden habe; mit oder ohne hergestellten Beweis, in lezterem Falle zu einstweiligem Genusse, an die
Orden überweisen mit Ausnahme der Kathedral- und Kollegial-
Kirchen; welche päbstlicher Verfügung vorbehalten wurden. Zur
Unterstüzung konnten sie die nächstgelegenen kaiserlichen oder
ligistischen Truppen herbeirufen und als Sporteln hatten die
Widerspenstigen obendrein die Nuzungen zu vergüten. Wozu
hätte man sich mit ängstlichen Förmlichkeiten geplagt? Als
dem großen Hort des Lutherthums Johann Georg von Sachsen
das Verfahren in dieser, sowie in manchen andern Sachen
denn doch zu bunt wurde, und er, wie wenn es sich um einen
gerichtlichen Prozeß handelte, mit Rechtsausführungen ent-
gegentrat; übrigens die Prophezeiung einfließen ließ, daß man
solcher Gestalt der Geistlichkeit mehr schaden als nüzen, sicher-
lich aber das Reich rettungslos zerrütten werde, indem die
Protestanten offenbar glauben müßten, daß es auf ihre Ausrottung abgesehen sey, so bekam er zur Antwort: kaiserliche
Majestät könne sich über den Begriff ihrer Machtvollkommenheit in keinen Streit einlassen. Vollstreckend, Was der deut-
liche Buchstabe des Gesetzes heische, erfülle sie ihren Eid, der
ihr über politischen Bedenklichkeiten stehe, und sie vertraue, der
Kurfürst werde dieser Pflichtübung der Gerechtigkeit selber
förderlich seyn, um so mehr, als das frühere Versprechen, seine
alten Stiftsbesitzungen nicht zu beunruhigen, in Kraft bleibe.
Gesandtschaften aus Schwaben und Franken richteten indeß
troz der Gegenvorstellungen der Bischöfe von Kostniz, Augsburg, Bamberg, Würzburg und Aichstädt so viel aus, daß
der Kaiser da, wo der Rechtspunkt ungewiß, die Inhaber nicht
sofort vertreiben und die vorher anhängigen Streitfragen den
Reichsgerichten nicht entziehen, sondern zu schleuniger Abur-
theilung empfehlen ließ. Damit freilich die Papisten irgendwo einen Rechtszweifel zugestanden, mußte es eine Sache von
eigener Bewandtniß seyn. In Augsburg hatten die Protestanten vor und nach dem passauer Vertrag jegliche Freiheit
gehabt, aber in dieser Stadt, einem lebendigen Denkmahl der

5 *

neuen Kirche, die hier ihr Glaubensbekenntniß abgelegt, hier im Religionsfrieden staatsrechtlichen Bestand errungen hatte, wurden sie — zum Hohn für Alle — ungehört verdammt, Ferdinand Sigmund Kurz von Senftenau kündigte ihren 14 Predigern die Entlassung an, in den Schulen wurde lutherisch Singen und Beten untersagt, ein Galgen vor dem Rathhaus erinnerte die Bürger an den schuldigen Gehorsam. In Würtemberg war die Reformation ebenfalls und zwar lange vor dem passauer Vertrag eingeführt worden, gleichwohl sollten die Klöster, weil Kaiser Karl im schmalkalder Krieg sie vorübergehend wieder mit Mönchen besezt hatte, dem Restitutionsedict verfallen seyn. Vergebens hatte Ludwig Friedrich von Mömpelgard, des kürzlich verstorbenen Johann Friedrichs Bruder und Herzog Eberhards Vormund, durch Gutachten der Universitäten zu Tübingen, Marburg und Freiburg seines Mündels Recht auf die eingezogenen Kirchengüter nachgewiesen, vergebens hatte er Schiedsmänner verworfen, unter welchen Sixt Werner Bischof von Kostniz, der vornehmste Betheiligte, mit Siz und Stimme war. Das beste Rechtsmittel waren Besazungen, die er in die Klöster warf, so daß die löbliche Theilungsbehörde, als sie mit 150 Reisigen vor Sankt Georgen erschien, mit langer Nase wieder abfuhr. Sie gedachte ihren Besuch später in größerer Gesellschaft zu wiederholen, für dießmal mußte sie sich gedulden. Ihr fehlte der militärische Nachdruck: denn während man zu Lübeck das Protokoll schloß, hatte Wallenstein die durch Schwaben gelagerten Banden, 24000 Mann zu Fuß und zu Roß, unter strengster Verheimlichung ihrer Bestimmung um Lindau zusammengezogen und mit Collalto nach Mantua beordert. Ueber Feldkirch führte Merode den Vortrab in das unbewachte Bündten nach Majenfeld, Chur, der Generalwachtmeister Graf Matthias Gallas folgte mit der Hauptmacht. In einigen Tagen waren alle Pässe genommen, beim Luziensteig, am Fläscherberg, vor den Brücken der Lanquart, bei Haldenstein, Reichenau, Fürstenau, Tiefenkasten und Camogask Schanzen angelegt und bemannt. Der Kern des wilden Haufens brauste über die Alpen. Seine Entfernung hatte die würtembergischen Klöster gefristet. Die Schergen des Restitutionsedikts waren überhaupt in Ober-

Deutschland bescheidener geworden. Die Pfändungen der fränkischen Ritterschaft mußten sie auf kaiserlichen Befehl vor der
Hand einstellen. In Strasburg wurden sie gut bewirthet,
aber mit der Erklärung abgefertigt, das Münster und die andern Kirchen hätten ihre Vorfahren für den Gottesdienst gestiftet und dazu würden sie verwendet. Sie begnügten sich
mit kleineren Trophäen, wie in dem armen Kaufbeuren, wo
fernd Pfarrer und Schulmeister, heuer die kezerischen Glocken,
Altarsteine, Kanzeln und Kirchenstühle weggeschafft wurden
und die Leute entweder auswandern, oder für jede Versäumniß einer katholischen Sonn- oder Feiertagspredigt um 1 bis
2 Hundertel ihrer Habe gestraft werden sollten, damit sie mit
erbaulicher Vorbereitung bis Pfingsten zu Beicht und Messe
könnten.

Der große Gerichtstag war jezt in Norddeutschland.
Natürlich war es nicht bloß geistliches Gut, das eingeklagt
und angepackt wurde, sondern nach jeder Art von Besitz streckte
der Fiskus seine krallenartigen Arme aus. Und Wer sündigte
nicht auf seine Rechnung? Von den fünf Heeren, die wider
den Kaiser gefochten, war die Beute der Schlachtfelder das
Wenigste, alle Bezüchtigten, daß sie Anhänger des Pfalzgrafen,
Mansfelds, des Durlachers, des Halberstädters, des Dänen
gewesen seyen, waren um ihr Vermögen, vorhandenes und zu
erwartendes, das Erbtheil der Kinder und das Wittthum der
Frauen gebracht. Gleich unfläthigen Harpyen stürzte ein
Schwarm Generale, Offiziere, Räthe, Schreiber, Emporkömmlinge vom Zufall mehr denn vom Verdienst ausgeschüttet über
Rittergüter und Herrschaften wie Sand über Papier, nachdem
kein Feind übrig und ihr Heißhunger in den Beraubungen der
Staatsverbrecher Böhmens, Oesterreichs und der Pfalz eher
gereizt als gestillt war, über Deutschland her. Hier hielten
die Schelme Sabbath und die Habsucht hatte Etwas von der
Eigenschaft des Mohnsaftes, der für den Augenblick stärkt,
aber auf die Dauer schwächt und in immer gesteigerten Gaben
genommen werden muß. Wallenstein selbst schlürfte von diesem berauschenden Trunk in vollen Zügen, und es war ihm
lieb, wenn die Herren wacker Bescheid thaten. Stolz und
Staatsklugheit nährten in ihm den Hang der Freigebigkeit:

sie war die Zierde seiner fürstlichen Würde, mit ihr verdun=
kelte er die alten Geschlechter und machte sie zu Bettlern, sie
war das Band der Treue seiner Soldaten und sein Panzer
gegen den Neid. Weil er fühlte, daß es nicht tauge, der ein=
zige Neuling unter dem hohen Reichsadel zu seyn, suchte er
nach Standesgenossen. Die Kaste der Lehensfürsten, die ihm
seine Unebenbürtigkeit nie vergaß, sollte gesprengt werden.
Sie sollte aufhören auf angestammte Länder und Völker zu
pochen, und wissen, daß sie Einen über sich habe, der sie er=
höhen oder erniedern könne und dessen Gnade wohl auch fähig
sey zu ergänzen, Was ihm an Vollblut abging. Die Schöpfung
einer unter die bemoosten Stammbäume hineinwachsenden
Militäraristokratie war eben so in seinem als des Kaisers
Interesse. Indem sie die Fürsten von selbstständigen Gebietern
zu betitelten Vögten herabsezte, Was sie ursprünglich waren,
konnte sie den Uebergang bilden von dem feudalistischen Wahl=
reich zu einer monarchischeren Verfassung, und indem Wallen=
stein die Männer dazu mit aus dem ligistischen Heere nahm,
verstärkte er nicht allein durch nebenbuhlerische Generale seine
politische Stellung, sondern er lockerte auch ihr bayrisches
Dienstverhältniß. Er hatte die Karte von Deutschland vor
sich ausgebreitet wie ein Stück Tuch, aus dem er sich und
seinen Obristen Fürstenmäntel schnitt. Friedrich Ulrichs Her=
zogthümer hatte er zunächst zur Verlosung bestimmt, Calen=
berg für Tilly, Wolfenbüttel für den Generalfeldzeugmeister
Pappenheim. Auf Abschlag der vermeintlichen Hinterlassen=
schaft des Halberstädters waren seinem Bruder Hohnstein,
Reinstein und Blankenburg abgenommen worden: jene beiden
hatte man an kaiserliche Günstlinge vergeben, dieses dem Gra=
fen von Merode versprochen. Da in dem Umstand, daß der
Halberstädter in kaiserlicher Ungnade gestorben war, kein hin=
länglicher Vorwand lag, um den Wolfenbüttler vollends aus=
zuziehen, so mußte anders Rath geschafft werden. Wegen
seiner Verschuldung im dänischen Kriege konnte man ihm mit
Fug nicht bei: er hatte noch zeitig bei Tilly um schön Wetter
gebeten und Der ihm in Kaisers Namen die Hand zur Ver=
söhnung gereicht. Die Frage war, ob er sich nicht nachher
wieder vergangen. Dieß auszumitteln unternahm Pappenheim.

Eroberer Wolfenbüttels, war er in dieser Stadt geblieben, er
hatte das Heft an sich gerissen, dem Herzog, einem Gefan=
genen in seinem Palaste, wurde es nicht so wohl wie den
Prinzen sonst, die kein Gesetz für ihre Uebelthaten straft und
die man wegen des Guten lobt, das ohne sie in ihrem Land
geschieht. Von Wallenstein war dem General der Auftrag
geworden, über das Verhalten des Herzogs und die Führung
seines Regierungsamts Nachforschungen anzustellen, und Pap=
penheim hatte ihn geradezu in Anklagstand versetzt, durch=
stöberte die Archive, verhörte Räthe und Hofgesinde. Wer
sich weigerte gegen den Landesfürsten zu zeugen, wurde mit
Zwang bedroht, Aussagen wie man sie liebte, wurden belohnt,
im andern Fall folgte Dienstentlassung. Mit drei der ver=
trautesten von Friedrich Ulrichs Räthen, Rautenberg, Etz und
Oberwald, reiste Pappenheim nach Güstrow. Hier wurde die
Untersuchung unter seinem Vorsitze fortgesetzt, jeden Abend er=
stattete er dem Friedländer Bericht. Von Rautenberg und
Etz war offenkundig, daß sie sich an Dänemark verkauft hat=
ten, und vor der Schlacht von Lutter hatte Tilly ihre Aus=
lieferung verlangt, der Herzog abgelehnt — um so fleißiger
luden sie jetzt auf ihn ab. Oberwald war ein ehrlicherer Mann:
ihn hatte man durch List aus seiner Freistätte zu Braunschweig
herausgekriegt und verhaftet. Allein aufopfernde Ergebenheit
gegen seinen Herrn hatte auch er nicht. Der feige Mieth=
lingssinn dieser Beamten ersparte ihm keinerlei Verlegenheit
noch Vorwurf. Daß seine und seiner Mutter Abmahnungs=
briefe an den Halberstädter wider ihren Willen im geheimen
Rath verfaßt und ungelesen von ihnen unterschrieben worden
seyen, daß er im Hauptquartier zu Rotenburg zu Gunsten
seines Bruders abgedankt, als aber das Hauptquartier in
Wolfenbüttel war, die Behörden an die Befehle des Königs
gewiesen und lange bloß zum Schein mit Tilly unterhandelt
habe — kurz über seine gründliche Geschäftsuntüchtigkeit und
aufrichtige Anhänglichkeit an Dänemark waren sie einstimmig.
Aber Das hatte er vor der Aussöhnung verbrochen, Mehr und
Späteres konnte mit allen Untersuchungspfiffen nicht auf ihn
gebracht werden. Gerne hätte Wallenstein auch den lünebur=
ger Zweig in die Anklage verwickelt, und um nicht Rücksichten

nehmen zu müssen, hatte er den Herzog Georg den italienischen Truppen zugetheilt, Rautenberg wußte jedoch Nichts auszuschwazen als daß der König öfters betheuert haben sollte, ohne das ewige Jammern Christians von Celle über Tilly's Bedrückungen wäre Dänemark nie eingeschritten. Mit diesem Erfund, der in Wallensteins Augen eine Verurtheilung rechtfertigte, eilte Pappenheim, von Rautenberg begleitet, nach Wien vor den Reichshofrath. Dem leuchtete die Sache sehr ein: alle Anschuldigungspunkte waren lautere Wahrheit, Friedrich Ulrichs Rückkehr zum Gehorsam Heuchelei, er einer der verstocktesten Empörer Niedersachsens, kaiserlicher Verzeihung völlig unwerth. So konnten die Vordersätze zu einer Achts-Erklärung lauten: sie kam nicht, der Schluß war vielmehr, daß man dermalen noch Gnade für Recht ergehen lassen wolle. Woher diese plötzliche Großmuth? Die Welfen hatten an dem Kurfürsten von Bayern einen Fürsprecher gewonnen, den die Bevorzugung seiner Generale nicht täuschte über den Sinn dieser Erhebung kaiserlicher Kriegshäuptlinge zu regierenden Fürsten zwischen der Weser und Elbe — eines Raub- und Schenksystems, das Nichts war als die Einfügung der lezten Glieder der bereits von der Oder bis zum Rhein und der Maas um Deutschland geschlungenen österreichischen Länderkette. Von bösartigen leidenschaftlichen Leuten, hatte Max dem Kaiser geschrieben, seyen gegen seinen nahen Verwandten den Herzog Friedrich Ulrich gefährliche Ränke angezettelt, um ihn durch ungeeignete Zeugen, ausgetretene oder verabschiedete Diener, just Anleiter und Urheber seiner angefochtenen Regierungshandlungen, um Ehre, Hab und Gut zu bringen, obgleich Seine Majestät gewiß nicht gemeint sey, daß mit Personen aus deutschem fürstlichem Geblüt so schnöde verfahren werden dürfe — er hatte den Friedländer nicht genannt, aber der Seitenhieb auf den gefürsteten Edelmann war verständlich und noch unzweideutiger seine Sprache mit Pappenheim, der außer der strengen Rüge, daß er sich unterfange, ohne Vorwissen und Erlaubniß seines Hofes einem vornehmen Reichsstand den Prozeß zu machen, die Weisung bekam, sich des fremden Auftrags, mit dem er sich nie hätte befassen sollen, schleunigst zu entäußern und dem Herzog von Braunschweig mit gebührendem

Respekt zu begegnen. Wallenstein war nicht der Mann, der
einen Gedanken, weil er auf Schwierigkeiten stieß, sogleich
aufgab. Da kein Verdammungsurtheil zu erlangen war, so
griff er den Faden an einem andern Trumm. Der Friede zu
Lübeck enthielt auch geheime Artikel: in einem solchen wurde
dem König von Dänemark eine Zollstätte bei Glückstadt bewilligt, in einem zweiten eine königliche Forderung an Friedrich
Ulrich von einem Darlehen auf das Amt Syke von 300000
Thalern dem Kaiser abgetreten. Nun hatte Tilly sein Gna-
dengeld von 400000 Thalern noch gut. Man bewirkte also,
daß Ferdinand ihm die dänisch=wolfenbüttelische Schuld über-
wies und den Rest auf die halberstädtische Erbschaft schlug.
Wallenstein rechnete fein. Calenberg und Wolfenbüttel gehörten in militärischer Beziehung der Liga, sie lieferten ihr einen
großen Theil der Bedürfnisse ihres Heeres. Wenn er daselbst,
wo er eigentlich Nichts zu sagen hatte, dem bayrischen Feldherrn zur Bezahlung verhalf, so gab er sich ihm gegenüber
das Ansehen eines Gönners und erweiterte durch die sanfteste
Nöthigung die Grenzen seiner Botmäßigkeit. Schade, daß
persönlicher Ehrgeiz Tilly's schwächste Seite nicht war. Wallenstein hätte ihm ein Pfandrecht auf Calenberg verschafft mit
der Hoffnung dieses Herzogthum zu behalten, Tilly begnügte
sich mit dem Versatz der Aemter Stolzenau, Syke und Steier-
berg, ließ sich zwar, als die Landstände die zugesicherte hälf-
tige Baarzahlung nicht aufzutreiben vermochten, in einigen
Gegenden huldigen, dankte aber für die angetragene Presser-
hilfe durch kaiserliche Kriegsvölker. Desto unverdrossener wandelte der Andere seine Bahn zur Größe. Ungeachtet die Warner riethen, den Bogen nicht zu hart zu spannen, erschien ein
paar Tage nach dem Frieden eine umständliche kaiserliche Bekanntmachung, wasmaßen die Herzoge von Meklenburg als
grobe Majestätsbeleidiger ihrer Lande verlustig und dieselben
an Wallenstein käuflich überlassen seyen zu Erblehen, worauf
er sofort Titel und Wappen davon annahm, und nachdem er
hier sein Haus beschickt hatte, gesellte er sich zu den Gerichts-
haltern des Restitutionsedikts. Für die Protestanten war es
ein Glück, daß weder Tilly noch Wallenstein so blind von
Eifer waren, daß Jener den Kaiserlichen oder Dieser den

Ligisten den Braten an den Spieß stecken wollte. Der geistliche Bevollmächtigte für das niedersächsische Kirchengut, Graf
Franz Wilhelm von Wartenberg Bischof von Osnabrück,
Gründer einer Jesuitenschule für Norddeutschland, überhaupt
ein wunderlicher Heiliger, der nicht nur alle obrigkeitlichen
Personen, sondern Aerzte und Barbiere, Buchhändler und
Buchdrucker auf die trienter Satzungen beeidigte, den Spül-
kelch durch den Küster reichen ließ und von einer Pfarrbiblio-
thek erwartete, daß sie eine deutsche und lateinische Bibel,
den canisischen Katechismus und, wenn es Einkommens halber
seyn könnte, einige Kirchenväter in sich begriff — er wurde
unbekümmert um so manche Verbindlichkeiten gegen den Lüneburger) von Celle in das Bisthum Minden eingesezt. Auch
das Erzbisthum Bremen hatte Tilly inne, aber der Pabst
hatte es zu allem Uebrigen dem Erzherzog Ferdinand Wilhelm
verliehen und da drängte es ihn nicht, das gefällige Werkzeug
zu seyn. Andererseits wurden die von dem Hochstift Hildesheim abgelösten Bezirke zurückverlangt, sie waren über ein
Jahrhundert bei Wolfenbüttel als Entschädigung für 10 Tonnen Goldes Kosten einer Achtsvollstreckung gegen einen land-
friedensbrüchigen Bischof, Friedrich Ulrichs Vater, Großvater
und Urgroßvater hatten darüber Lehnsbriefe empfangen und
ihm selber Ferdinand sie bestätigt, dennoch hatte das Kammergericht auf Erstattung sogar aller Nuzungen erkannt, so daß
der Herzog mit gutem Gewissen um das Armenrecht hätte
einkommen dürfen, aber so ungewogen ihm Wallenstein war,
mit der Bereicherung des Bayers in Köln sputete er sich auch
nicht. Was in Betreff Bremens geschah, waren vorbereitende
Maßregeln durch einen Ausschuß unter Lamormain, der sich
den Fiskal Gottes schelten ließ, und die Auflage an Hans
Friedrich von Holstein, das Erzbisthum zu meiden, in der
hildesheimer Sache wurde ein Revisionsgesuch zugestanden.
Im Magdeburgischen schien dagegen Wallenstein das Garn
auf dem Boden laufen lassen zu wollen. In dem Erzstift
wurde eine kaiserliche Verwaltung eingerichtet, die Stadt sollte
um 150000 Thaler nicht quitt seyn. Zu dieser Summe, die
man ihr abgezwackt, begehrte man Aufnahme und Unterhalt
eines Regiments. Als sie sich diese Ruthe nicht aufbinden

wollte, sperrte Obrist Beker die Zugänge, die Kroaten schnappten Markt= und Fischerkähne weg, die Schiffer erholten sich an friedländischen Getreidefuhren, die Bürger schloßen die Thore, die zuvor für die einzelnen Soldaten offen gewesen, sie jagten den Feind aus den Vorstädten Neustadt und Sudenburg, hieben rings umher die Bäume um und verbrannten die Gartenhäuser und das Dorf Krakau. Mit den wechselsweisen Freibeutereien begann ein förmlicher Belagerungskrieg, Umschanzung, Gefechte aus Kanonenweite und im Handgemeng, immer bedenklichere Anhäufung von Truppenmassen vor der Festung, nebenbei hin und her reisende Unterhändler, Christians von Anhalt und hansische Verwendung. Bald wars als würde mehr auf eine runde Summe Thaler abgehoben, die sich nach Laune steigerte oder verminderte, bald wurden die Friedensboten finster angeschnaubt, wie wenn Widerstand Aufruhr wäre, bald hatte Wallenstein Honig auf den Lippen und Galle im Herzen, die Magdeburger sollten ohne einen Heller Unkosten, denn das Erzstift zahle Alles, lediglich zum Zeichen ihrer Ehrfurcht vor dem Kaiser, einiges Volk herbergen, sie sollten nicht einmal Dach und Fach abgeben, sondern bloß auf dem Wall einen Plaz zu Zelten. Wie einfältig hätten sie aber seyn müssen, um sich einzubilden, sie hätten diese Gäste nicht auch zu Tisch, Keller und Bett? Um Mitte Sommers drohte der Streit zum ernstlichen Entscheid zu reifen: der Friedländer brach von Güstrow nach dem Lager auf. Doch in Wolmirstädt, zwei Meilen von Magdeburg, machte er Halt, überließ es Pappenheim, den Städtern die Köpfe zurecht zu sezen, und verlegte seinen kriegerischen Hof nach Halberstadt. Sey es, daß er eine Wiederholung fürchtete der Vertheidigungsgeschichte von Stralsund, wo die Einwohner troz der Pest, die unter ihnen wüthete, nachgerade ungescheut seinen Zorn reizten, so daß er ihnen durch den Obristen Haßfeld hatte sagen lassen, er werde mit Tilly kommen und nicht ruhen bis die Stadt sein sey, sie dürften dann darauf zählen, daß man die Soldaten nach Kriegsbrauch behandeln, sie aber sammt und sonders ins Meer werfen werde — sey es, daß ihm der damalige Fall zur Wizigung diente, es mit der Hansa nicht zu verderben, um von ihr Schiffe zu haben, wenn die Zerwürfnisse mit

Schweden, wie er nach den Nachrichten aus Preußen vermuthen mußte, weiter führten, da Arnims Absendung so beleidigend war wie seine Art sich zu erklären, als er auf Steno Bielke's Anfrage dem schwedischen Senat erwiederte, der Kaiser habe Ueberfluß an Mannschaft, die sein Schwager der König von Polen brauchen könne — oder sey es, daß er dem Kabinett einen Wink geben wollte, wie verkehrt es sey, theils das Heer schon zu entwaffnen, theils nach der Windrose zu zerstreuen und dem General die Rekrutirung zu verargen, weil so nothwendig mancher angebissene Zankapfel zurückbleiben müsse — das Ende vom Ganzen war, die hansischen Gesandten bewogen ihn, daß er von allen Forderungen „in Gnaden" abstand. Der 29ste September war den Magdeburgern ein Tag festlicher Freude: 28 Wochen umzog die kaiserliche Wagenburg ihre Mauern, über 2000 der Angreifer waren gefallen, von ihnen und ihren Knechten nur 136, und jetzt wurden die Schanzen geschleift, die Straßen waren wieder frei, die Städter mischten sich und das Kriegsvolk gleich alten Freunden, draußen kauften sie Butter, Kohl, Eier, Brod und Mehl ein, drinnen lief es in Kramläden und Schenken. Diesen Widerspenstigen war es erwünschter ergangen als den folgsamen evangelischen Domherren von Halberstadt. Für ihre erzherzogliche Wahl waren sie unter die Fittiche des kaiserlichen Adlers genommen worden. Sie glaubten nicht anders als daß der zugesicherte Religionsfriedensschutz sie wirklich schützen werde, aber die Restitutionsmänner mußten Das besser. Allerdings wegen unrechtmäßiger Gewalt, sagten sie, dürfe Jeder unbesorgt seyn, nur folge daraus nicht, daß das Restitutionsedikt für Halberstadt keine Bedeutung habe. Ihnen gegen ein Gesetz, das Nichts als die Erfüllung des Religionsfriedens wolle, einen Schutzbrief zu bewilligen sey dem Kaiser nie in den Sinn gekommen, und wäre auch nicht in seiner Macht. Da Wallenstein und Tilly, der Bischof von Osnabrück und der Reichshofrath Hans von Hyen diese feinen Ausleger waren, so half kein Gegengrund. Das Domkapitel wurde gesäubert, Kirchen, Klöster und Archive mußten ausgeliefert werden, mit Prozession und Hochamt wurde die Christwoche angetreten und die Kathedrale eingeweiht.

Der kaiserliche und der bayrische Heerführer waren noch in ziemlich gutem Vernehmen, als die Abneigung der Liga immer weniger sich verbarg. Während sie zu Halberstadt kameradschaftlich miteinander in die Messe gingen, war schon wieder ein Bundestag zu Mergentheim, beschäftigt mit Umtrieben zu des Friedländers Sturz. Dieser übersah das über ihm aufsteigende Gewitter nicht. Seine Freundschaft mit den Frommen um des Kaisers Thron erkaltete: er hatte auf seinen Gütern Klöster, Karthausen und Jesuitenschulen gestiftet, schickte den hochwürdigen Vätern Zöglinge aus Sagan und Meklenburg, ließ es zur Verherrlichung des Ruhms seiner Kirchlichkeit nicht an Verordnungen fehlen die Leute katholisch zu machen und überantwortete dann und wann einige unbotmäßige Ketzer den kaiserlichen Gerichten zur Bestrafung, allein er wollte die Pfaffen bei sich nicht zu Herren haben, liebte ihre Zwangsbekehrungen nicht, durch welche die Bauern nur aufrührisch wurden, und versagte ihnen dazu den weltlichen Arm. In Wien waren es erst verstohlene Flüstereien, aber Leopold in Insbruck hatte diesen Widersachern die Zunge gelöst. Weil von Collalto's Soldaten einige auf dem Marsch durch Vorarlberg zwei Häuser und eine Kirche plünderten, auch einen Bauer todtschlugen, wiewohl sogleich vier von den Thätern aufgeknüpft, der Kirche 150 und der Wittwe des Bauers 50 Thaler zugestellt worden waren, hatte der kaiserliche Bruder, uneingedenk Was er selbst als zuchtloser Bandenführer gefrevelt, ein gräuliches Klaglied angestimmt. „Seine Majestät, schrieb er an Ferdinand, könne sich nicht vorstellen, wie das Volk auf den Durchzügen hause. Auch er sey etliche Jahre dem Kriegswesen nachgezogen, und wisse gar wohl, daß es dabei ohne Schaden nicht ablaufe, wenn aber Mordbrennerei und Nothzucht, Ohren- und Nasenabschneiden, jegliche Unbild, um die armen Leute zu martern, Mode werden wolle — da sollten und könnten die Offiziere steuern. Nicht minder wisse er, daß man sich Mühe gebe, dergleichen Sachen Seiner Majestät auszureden, aber Was er sage, sey nur zu wahr, Fürsten und Kurfürsten müßten es bekräftigen. Seine Majestät dürfe dem treuen Bruder gewiß so viel glauben als Denen, die aus dem Schweiß und Blut der Unterthanen ihre

Beutel spickten, er könnte viele vornehme Offiziere nennen, die noch vor Kurzem eine traurige Figur gemacht und jetzt 3 bis 400000 Gulden in Baarschaft hätten, und zwar nicht vom Feind, sondern meist aus katholischen Ländern. Kein verständiger Mensch messe dem Kaiser Schuld bei, und er (der Himmel sey sein Zeuge) lasse sich die Rechtfertigung Seiner Majestät aller Orten zum Höchsten angelegen seyn, aber die Ungeduld fange an so groß zu werden, daß ihm sein Gewissen nicht erlaubt habe länger zu schweigen. Möchte Seine Majestät bedenken, wie es über Italien hergehen werde, wo man Alles vollauf finde. Da die Mehrheit der Soldaten, ja der Offiziere calvinisch oder lutherisch sey, so gnade Gott den überall zahlreichen Frauenklöstern. Eine gute Anmahnung an den Herzog von Friedland werde nicht schaden." Das war ein verhaltener Grimm, der nur auf Gelegenheit gepaßt hatte, um sich auszuschütten, und hätte der Erzherzog, indem er „um Gottes Barmherzigkeit willen und bei den heiligen fünf Wunden Jesu" seine Freimüthigkeit zu verzeihen bat, auch nicht versichert, daß er von den ansehnlichsten Personen oftmals um diesen Schritt angegangen worden sey, daß er aber nicht gewollt habe und denselben nunmehr bloß thue, weil man ihm das Messer an die Kehle seze, so war klar, daß fremde Eingebung aus ihm sprach. Das frömmelnde Sticheln auf Wallensteins unkatholische Kriegsverwaltung, die so falsch als gehässige Unterstellung als ob die protestantischen Länder von ihm begünstigt würden, die undankbare Mißkennung seiner Verdienste um das Erzhaus, das ohne ihn nicht so leicht von dem bayrischen Schlepptau los geworden wäre, um Deutschland zu unterjochen und Italien zu erschüttern, die Allgemeinheit der Herzensergießung und ihr geringfügiger Anlaß verriethen die ligistische Quelle. Der Groll von dieser Seite, mit welcher Leopold, der weiland Priester und Maximilians Restitutionsgehülfe in Schwaben, um so mehr sympathisirte, als neben dem gewaltigen Feldherrn die kleinen prinzlichen Ehrbegierden verstummen mußten, war bereits dahin gediehen, daß der schlimmste Argwohn die Gemüther beschlich. Eben damals hatte Wallenstein eine seltsame Warnung erhalten: es war ein Brief von dem Kanzler von Böhmen Wilhelm

Slawata mit dem Afterdatum aus Amsterdam statt des ächten aus Wien oder Prag, vielleicht um anzudeuten, daß Geschichten wie er sie melde eher aussähen, wie wenn sie aus einer feindlichen Hauptstadt wären. Dieser alte Bekannte von der utraquistischen Fensterscene schrieb nehmlich, „er habe von bedeutenden Männern, die vom ligistischen Heer kämen, erfahren, daß Tilly Befehl habe, den Friedländer beim Kopf zu nehmen und entweder einzusperren oder aus der Welt zu schaffen. Warum, lasse sich dem Papier nicht anvertrauen. Könnte er in der Stille den Herzog sprechen, so wollte er ihm Dinge offenbaren zum Erstaunen." Zwar hatte der Friedländer unbefangen entgegnet: „er wundere sich über das kindische Zeug. Sein Gebieter der römische Kaiser sey ein gerechter und erkenntlicher Herr, der getreue Dienste anders lohne. Tilly sey ein Cavalier, der es verstehe, die Aufwiegler zu Paaren zu treiben, gehe aber nicht mit Meuchelmord um. Bei den Herren aus dem Ort, von wo Slawata schreibe, seyen stets Lügen und Ränke im Schwang. Die Strafe werde nicht ausbleiben, und sie sollten schneller als ihnen lieb inne werden, ob er todt oder im Gefängniß sey oder nicht." Wenn er jedoch, so zuversichtlich sein Ton war, bald nachher Gegengift bei sich trug, so war Tilly schwerlich Derjenige, gegen den eine solche Verwahrung nöthig schien. Herzlich konnte ihr Verhältniß wegen der Verschiedenheit von Lagen und Persönlichkeiten nie werden, aber das zu Schroffe hatte sich abgeschliffen. Der Eine hatte seinen verlezenden Stolz gemäßigt, der Andere war durch die ihm zugedachte Ehre als Mitglied des neugefürsteten Reichsadels geschmeichelt, sie tauschten in politisch-militärischen Mittheilungen Rath und Beifall, Pappenheim machte die Zwischenperson. Hörte man ihn, so lobte Tilly Wallensteins Plane und Anordnungen und war zur Mitwirkung bereit, auch waren sie darin einig, daß kein dauerhafter Friede in Deutschland möglich sey, bevor der christlichen Mächte gesammte Waffen gegen das übelgesinnte Holland gewendet würden, und es gab ein Mittel zur Beseitigung aller Mißverständnisse — der Friedländer durfte sich nur in traulichen Verkehr sezen mit der bayrischen Durchlaucht. Aber Das war ihm zweimal wider die Hand: er hatte das Reichsoberhaupt im Sack und sollte

den Unterthänigen spielen gegen das Oberhaupt der Liga?
Da er diese Selbstverleugnung nicht über sich vermochte, so
ließ sie ihn seinen Weg allein gehen. Ihr Heer war Zuschauer, kaum wartete es der Grenzhut gegen Holland. Zu
Heidelberg hatte der Kaiser die Last des niederländischen Kriegs
auf ihre Schultern wälzen wollen, sie aber, deren Truppen
müßig in der Nachbarschaft standen, hatte jede Theilnahme
verweigert, weil sie in dem Ansinnen Nichts erblickte als den
Vorwand, ihr draußen Arbeit zu geben, auf daß Wallenstein
ungescheuter schalten könnte im Reich. Als die Bedrängniß von
Herzogenbusch durch Heinrich Friedrich von Oranien, der unversehens mit 24000 zu Fuß und 4000 zu Pferd vor dieser
Festung erschienen und trotz des zuströmenden Wassers binnen
12 Tagen unangreifbar verschanzt war, die erschöpften Spanier
und ihren neuen Obergeneral Heinrich von Berg zu den äußersten Anstrengungen antrieb, mußten 17000 Wallensteinische
unter Ernst Montecuculi nach Niederland, die Liga rührte
sich nicht. Auf den Fall eines Bruchs mit Frankreich hatte
Richelieu insgeheim ihre Zusage, daß sie den Kaiser nicht
unterstützen werde. In Wien muß man diese Stimmung nicht
sattsam geprüft haben, oder man hoffte sie durch das Restitutionsedikt zu verbessern, oder der vielbegehrte, von Heidelberg aus durch eine eigene Gesandtschaft angeregte Kurfürstentag
sollte die lezten Falten des Verdrusses ausglätten: denn dort
war man so aufgeblasen vom Gefühl kaiserlicher Unwidersteh-
lichkeit, daß der französische Krieg als Kleinigkeit behandelt
wurde. Als ob es noch herausfordernder Beleidigungen bedürfte, hatten die Kaiserlichen den französischen Geschäftsträger
bei den Bündtnern, Menin, in Chur verhaftet, und wie wenn
es nicht genug wäre, daß man Frankreich in Italien auf dem
Nacken hätte, war von Khevenhiller am madrider Hof der
Vorschlag geschehen, in den lothringischen Hochstiftern, wo der
Bischof von Verdun mit Androhung von Bannflüchen und sein
Schutzherr mit Einkommensentziehung sich über den Bau einer
Citadelle stritten, dem Bourbon auf den Leib zu rücken und
Jeden zu bewaffnen, der gegen diesen König losschlagen wolle,
gleichviel ob es Hugenotten seyen oder Katholiken. Aber
diese Entwürfe waren großartiger ersonnen als ausgeführt.

Vorläufig hatte es sein Bewenden bei drei Heerhaufen zur
glänzenden Stellvertretung der Kaisermacht im Ausland. Die
Reichslande Metz, Verdun und Toul wurden ihrer schmäh-
lichen Schutzherrschaft nicht entrissen, es kam nicht zum Versuch. Collato's Schaaren, die Pest in ihrer Mitte, sie selber
eine gräßlichere Geißel, streiften bis in die Vorstädte von
Mantua, der bewährtere Spinola hatte Cordova in der Statthalterschaft der Lombardei ersezt, er war nicht ohne beträchtliche Ausstattung mit Geld diesem Rufe gefolgt, bald hatte
er die französischen Besatzungen von Montferrat in Casal zu-
sammengedrängt, doch Casal war auch für ihn eine harte
Nuß. Von Wesel waren Berg und Montecuculi, um den
Oranier von Herzogenbusch wegzunöthigen, über die Yssel
gegangen nach der Veluwe, vor ihnen dürre Haide, offene
Landschaft, die Festungen jenseits der Ströme verwahrlost,
das Landvolk auf der Flucht, außer dem Flüßchen Eem und
der Vecht kaum ein Hinderniß bis Amsterdam, schon hatte
Montecuculi Amersfoort genommen und geplündert, bis aber
die Meinungen abgewogen wurden, ob man sich solle auf
Arnhem und Wageningen am Rhein oder auf Deventer und
Zütphen an der Yssel oder auf die Städte an der Südersee
werfen, ermannten die Einwohner sich, die Schleusen der
Grebbe und Vecht wurden aufgethan, die Besatzungen überall
verstärkt, Ernst Casimir von Nassau deckte mit 18000 Mann
Betuwe, 2500 Dänen unter Obrist Terens, 3600 für Schweden
geworbene Deutsche unter Dietrich von Falkenberg, Morgan
mit seinen Engländern, einige 1000 Schutters reihten sich zu
dem staatischen Panier, die Väter der Republik in Utrecht
beschleunigten und belebten die Vertheidigung, die Bürger
sprangen der Schatzkammer mit freiwilligen Gaben bei, und
inzwischen hatte der Befehlshaber von Emmerich, Otto von
Gent Herr von Diedem, das nachlässig bewachte Wesel überrumpelt, so ihres Centralpunkts und Waffenplatzes, ihrer
Vorräthe und ihres Gepäckes beraubt, rings Wüste, Wasser
und Festungen, hatten die Feinde zurück müssen und nicht
lange, so wankten von der Sappe die Mauern von Herzogenbusch und Grobbendonk entriegelte die Thore unter dem Jubel
einer außerordentlichen Volksmenge aus ganz Holland. Und

auch in Preußen wurde kein Licht aufgesteckt: der Feldzug
endigte mit der Unzufriedenheit aller Theilhaber. Arnim kam
mit leerer Kriegskasse und fand weder Sold noch Verpflegung.
Er war nicht für die Polen, die Polen nicht für ihn: sie hatten einen andern General gewünscht als diesen brandenburgischen Lehensmann und ehemaligen Obristen Gustav Adolfs.
In der Gegend von Thorn traf er polnische Commissäre, aber
statt Brod, das er in 6 Tagen nicht gesehen hatte, brachten
sie Vorwürfe, daß er ohne ausdrückliche Erlaubniß die Grenzen überschritten habe und wiesen ihn zurück auf Schwetz.
Dieser Empfang verleidete ihm vornherein den Dienst, die
Zumuthung Dörfer und Städte zu meiden und unter Zelten
zu wohnen milderte den unangenehmen Eindruck nicht. Als
er bei Graudenz zu Stanislaus Koniecpolski stieß, wollte keiner
der Generale sich unterordnen: dadurch, daß man jeden von dem
andern unabhängig, übrigens Arnim zugleich unter Siegmund
und Wladislaw stellte, wurden die Uebel eines getheilten Oberbefehls nicht entfernt. Durch ihre Vereinigung wurden sie
augenblicklich überlegen. Bei der Ungewißheit, ob sie nicht
einen Streich gegen das brandenburgische Preußen im Schild
führten, hatte Gustav Adolf seine Stellung bis Marienwerder
vorgeschoben, ihr Herabgehen an der Weichsel zwang ihn zu
einer rückgängigen Bewegung auf das feste Marienburg. Der
Fluß Liebe trennte seine und ihre Straße. Man war zwischen
Honigfeld und Stuhm. Der polnische Vortrab plänkelte mit
dem schwedischen Nachtrab. Durch einen nächtlichen Ritt war
aber eine polnische Abtheilung vorausgeeilt und hatte ein Gehölz besetzt, in dessen Nähe Gustav Adolf vorbei mußte.
Dahin hatte dieser den Rheingrafen beordert: er sollte den
Paß verlegen, jedoch wenn ihn der Feind schon hätte, sich nicht
zu tief einlassen. Allein der ungestüme Haudegen, der, wie
sein König es an jugendlichen Offizieren liebte, des Feuers
eher zu viel als zu wenig hatte, war bald in einen heftigen
Kampf verflochten, den die Polen hernach ausposaunten als
den Sieg bei Stuhm. In Wahrheit war es ein Drama in
zwei Aufzügen von sehr ungleicher Art: im ersten trugen
Arnim und Koniecpolski den Preis davon, denn sie hatten
nach und nach all ihre Reiterei entwickeln können. Der

Rheingraf büßte 10 Geschütze ein und etliche Standarten, seine
17 Geschwader wurden zersprengt. Im zweiten Akt war der
König auf dem Plaz: er sammelte Was zerstreut, und rief
herbei Was sonst von Truppen bei der Hand war, Fußvolk
hatte auch er keines, das seine war einen Tagmarsch voraus,
das polnische zu weit dahinten. Nun ging es wild her:
Gustav Adolf stürmte mitten unter die Feinde, schier hätten
sie ihn bekommen, ein kaiserlicher Kürassier hatte ihn am
Wehrgehenk, er streifte es über die Schulter und gab den
Hut drein, ein Anderer hatte seinen Arm erwischt und wollte
ihn fortschleppen, da flog der Rittmeister Erich Soop herbei
und schoß Jenen todt. Mag man einen König schelten, der
sich so in Gefahr begiebt — er that es mit der Ueberzeugung,
daß der Feldherr, ohne dem Soldaten den höchsten Begriff
von seiner Furchtlosigkeit einzuflößen, kein siegreiches Heer
bildet. Der Erfolg war lohnend: troz der anfänglichen
Schlappe wurden die Polen hinter Honigfeld zurückgejagt und
ob sie auch öfters ansezten — Gustav Adolf vollbrachte in
guter Ordnung seinen Rückzug. Aus Dem, was Arnim an
Wallenstein und der König an seinen Reichsrath schrieb, erhellt
für die Einen wie für die Andern ein Verlust von 2 bis 300
Mann, Beide mit gleicher Aufrichtigkeit erwähnen die 10
Stücke und Arnims Bericht ist eine achtungsvolle Anerkennt-
niß der Tapferkeit eines Gegners, der so artig war, den Kaiserlichen sagen zu lassen, er habe noch nie so warm gebadet,
doch freue ihn ihre Bekanntschaft. Unter den Wällen von
Marienburg und zu Großmausdorf lagen hierauf Schweden
und Polen verschanzt einander gegenüber. Eine Schlacht vermied Gustav Adolf, seinem Lager war Nichts anzuhaben, den
Kaiserlichen, die auf ein Vorwerk an der montauer Spize,
wo die Nogat von der Weichsel scheidet, ihr Absehen nahmen,
wurden die Flöße bei der Ueberfahrt zusammengeschossen,
manche tapfere Männer von der Fluth verschlungen, sie selbst
drüben mit einem Gegenbesuche überrascht und ihrer ein gut
Theil in die Pfanne gehauen, und Jakob de la Gardie's Ankunft aus Liefland gestaltete auch das Zahlverhältniß günstiger.
Der kleine Krieg an der Nogat dauerte noch einige Wochen,
aber Arnim verhielt sich fortan unthätig, er hatte wegen

Kränklichkeit seinen Abschied nachgesucht, seine Soldaten wollten nicht fechten, so lange ihr Guthaben nicht befriedigt würde, und auch für Koniecpolski sprieß kein Lorbeer. Ein Einfall in die fetten Werder wurde zurückgeschlagen, die Zufuhr aus Danzig durch die Besatzung von Dirschau vereitelt oder aufgefangen. Gustav Adolf beherrschte den Fluß: so war er geborgen. Die Polen hatten an Mangel, Seuchen und Ueberlauf keinen geringen Feind. Noch vor'm Herbst hoben sie ihr ausgehungertes Lager auf und marschirten wieder nach Graudenz, nicht ungeneckt von den Schweden, die 300 Rüstwagen erbeuteten. Sie waren aber auf Diese nicht so erbittert wie auf ihre Bundesgenossen. Den Feldmarschall bezüchtigten sie der Anstiftung der Meuterei unter den Truppen und eines verrätherischen Briefwechsels durch den Kurfürsten mit Gustav Adolf, den Truppen wollten sie die verursachten Beschädigungen an ihrer Löhnung abrechnen. Wallenstein und Siegmund sagten sich beißende Sachen. „Ohne die kaiserlichen Regimenter, behauptete der Herzog, wären die Polen von den Schweden unterjocht worden. Um so ungerechter sey es, daß sie ihre Erretter aus dieser Noth mit Beleidigungen überhäuften, sie verantwortlich machten für die Sünden ihrer ungezogenen Banden. Wenn Das der Dank sey, habe der König die Hilfe deutscher Nation künftig verscherzt." Der König erwiederte: „Der Kaiser könne nicht gemeint seyn, erzeigte Dienste vorzuwerfen, zumal solche, die den Zustand des Königreichs nur verschlimmert hätten. Auch er habe dem Kaiser vordem Unterstützung gesandt, nie aber Dessen sich gerühmt, und würde sich entfärbt haben, wenn sein Schwager darum eine botschaftliche oder schriftliche Danksagung nöthig gefunden hätte." Arnim übergab den Kommandostab an Julius Heinrich von Lauenburg und zog sich in sein Heimwesen in der Ukermark zurück: ungerne und nur weil Niemand wider Willen zu halten sey, hatte Wallenstein seine Entlassung genehmigt unter wiederholter Versicherung, daß er keinen bessern Freund habe als ihn, und auch nachher blieben sie in fleißigem Verkehr. Und die Polen — sie waren über die Nichtigkeit der spanischen Verheißungen, das Lästige und Unfruchtbare der österreichischen Hilfe aufgeklärt. Charnassé bot Frankreichs Vermittlung.

Da Frankreich und Großbritannien sich versöhnt hatten, so kam in der nehmlichen Absicht etwas später Sir Thomas Roe nach zuvor im Haag gepflogener Rücksprache mit Adam von Schwarzenberg, Dietrich von Falkenberg und Rusdorf. Zu Starygrod unter Zelten trat man zusammen. Wie gewöhnlich waren Spitzfindigkeiten des Ranges und des Ceremoniells die Einleitung. Die Schritte, die man entgegen zu gehen hatte, waren abgezählt, als sie aber vor einander standen, stierten sie sich an, da Jeder es unter seiner Würde hielt, dem Andern das Wort zu gönnen, wäre nicht dem Bischof von Culm und Großkanzler von Polen Jakob Zadzik Zipperleins halber das Stehen beschwerlich gewesen, daher er sagte: „damit die Höflichkeit bei uns anfange, wünschen wir euch einen guten Tag, ihr Herren Schweden." „Wir wollen nicht undankbar seyn ihr Herren Polen, versezte Oxenstjerna, wir wünschen euch einen guten Geist." Ueber Gustav Adolfs Königstitel war kein Streit mehr, hingegen zwischen Roe und Charnassé über den Vortritt. Von schwedischer Seite mischte man sich hier nicht ein, doch neigte der König zu Frankreich. Aber Was war Das alles gegen die materiellen Schwierigkeiten? Oft stockte die Unterhandlung, einmal war sie schon abgebrochen. Gustav Adolf verweilte nicht bis zum Schluß: er hatte mit seinem Schwager dem Kurfürsten bei einem stattlichen Bankett zu Fischhausen gelezt und war nach Stockholm gesegelt. Siegmund hatte sich vor der Pest, die in den Lagern war, nach Warschau geflüchtet, um seinen Bevollmächtigten näher zu seyn, war er nach Thorn zurückgekehrt. Ein förmlicher Friede widerte dem polnischen Stolz, der wenigstens den Trost haben wollte, daß die Opfer, die ihm auferlegt wurden, nicht für immer seyen. So unterzeichnete man am 26sten September einen sechsjährigen Waffenstillstand. Schweden gab Strasburg, Dirschau, Gutstadt, Wormdit, Melsack, Frauenburg, Mitau heraus, es behielt oder erhielt Liefland und den Küstensaum vom Ausfluß des kurischen Haffs bis zum Ausfluß der Weichsel mit den Städten Elbing, Braunsberg, Pillau, Lochstädt, Fischhausen, Memel und ihren Markungen; der Brandenburger bekam versatzweise zur Entschädigung Stuhm, Marienburg, Höft und den großen Werder) wiewohl diesen ohne die Dörfer

am frischen Haff, so daß alle preußischen Gewässer, mit Aus=
nahme des Hafens von Danzig, in schwedischen Händen blie=
ben. Jedermann sollte bei seinen Rechten und Privilegien,
Katholiken und Protestanten bei ihrer Religion geschüzt seyn,
die Gefangenen sollten ohne Lösegeld die Freiheit haben, Nie=
mand mit politischen Prozessen behelligt werden, der Handel
keinen Zöllen unterliegen als den üblichen vor dem Krieg.
Durch eine nachträgliche Uebereinkunft wurden die Danziger
in den Waffenstillstand einbegriffen, aber sie mußten sich an=
heischig machen, keine Kriegsschiffe ausrüsten, aus= oder ein=
laufen zu lassen außer etlichen, die sie zur Sicherheit ihrer
Kaufmannschaft brauchten, auch mußten sie von ihrem Zoll,
der wie der pillauer zu 5½ Prozent angesezt wurde, 5½ Pro=
zent an Schweden abgeben. Von diesem Vertrag war man
in Wien nicht erbaut. Man bedauerte nicht sowohl seine
traurige Nothwendigkeit, als daß man Polen nicht länger an
der Leine hatte. Siegmund entschuldigte sich mit dem Willen
seiner Stände, im Aerger über Arnim und Wallenstein hatte
er die habsburgische Blende unangefragt zerrissen. In Polen
selbst wurden die Bedingungen schwer empfunden und auf
dem Reichstag erhob sich das Geschrei gegen die Unterhändler,
sie hätten die Nation entehrt. Da brachte Zadzik die Tadler
zum Schweigen, indem er ausrief: „Beweist nur, daß die
Krone Polen im Stande gewesen wäre, den Krieg mit einiger
Aussicht fortzuführen, so lasse ich mir's gefallen, daß ihr uns
als Ehrlose den Schweden ausliefert und wieder zu den Waf=
fen greift.“

Das wichtigste Hinderniß seines Eingehens auf die grö=
ßere Laufbahn hatte Gustav Adolf also weggeräumt. Seine
Entschließung war früher gefaßt, allerdings noch nicht unbe=
dingt, aber insofern stand sie fest, als er nicht gesonnen
war, das Haupt vor einer kaiserlichen Uebermacht zu beugen,
die auf den Trümmern der Staatseinrichtungen Deutschlands
zur Weltherrschaft emporzuklimmen schien, oder den gering=
schäzenden Ton zu dulden, den man sich gegen ihn heraus=
nahm. Da er zweifeln konnte, ob die Kaiserlichen je sich zu
einem Friedenssystem bequemen würden, wie er es allein für
weise und ehrenhaft hielt, so galt es zum Voraus gerechtfertigt

zu seyn, wenn er wider den Kiesel schlug und der Funke
heraussprang. Schweden mußte belehrt werden, daß der Krieg
unerläßlich, die deutschen Fürsten und Völker, daß er gerecht,
daß Abwehr muthwilliger Beleidigung, Befreiung der Unterdrückten sein Zweck sey. Unter den Verhaltungsregeln, welche
Salvius für den Kongreß zu Lübeck empfing, war nicht vergessen, daß er den heilsamen Grundsätzen des Königs die
möglichste Kundbarkeit geben sollte, und als diese Gesandtschaft
mißlungen, hatte der König selber in Zuschriften an den Kurrath und seinen Schwager von Brandenburg dargelegt, wie er
gemäß göttlichem und menschlichem Gesetz auf Begehren des
von Pommern und der Hansa verlassenen Stralsunds aufgetreten sey als Schirmer einer ihm und seinen Vorfahren durch
Nachbarschaft, Religionsgenossenschaft und Handelsfreiheit
verpflichteten, gegen Verfassung, Privilegien und kaiserlichen
Befehl mit Erpressungen, trügerischen Verträgen, zuletzt mit
Feuer und Schwert verfolgten Stadt, die in seinem und aller
Ostseeländer Interesse zu keinem Raubnest habe werden dürfen
— wie die Kaiserlichen, denen er kein Leid gethan, seine
Briefe an den Fürsten von Siebenbürgen entsiegelt, seine
Freunde beraubt und nur nicht gar ausgerottet, seine Unterthanen geplündert und gefangen hinweggeführt, seinen Feinden
erst mit Waffen und Mannschaft, hernach ohne Kriegserklärung mit Heereskraft beigestanden, ja, wenn sie gekonnt, zu
Lübeck ihn und sein Königreich von der Gemeinschaft des
Menschengeschlechts ausgeschlossen hätten — wie augenschein-
lich ihr Dichten und Trachten auf nichts Geringeres gehe als
auf die Vertilgung des evangelischen Glaubens und die Er-
ringung einer maßlosen Gewalt in und außer Deutschland —
wie er einzig nach einem ehrlichen und dauerhaften Frieden
strebe, sonst aber genöthigt wäre, sich anders vorzusehen, nicht
zur Benachtheiligung der Deutschen, sondern zu seiner Sicherheit. Zum Beweis, daß man gegen die Katholiken an und
für sich keinen Groll hege und wohl auch um aus der Uneinigkeit der Kaiserlichen und der Liga Nutzen zu ziehen, war
Sten Bielke neben seinen Aufträgen an Wallenstein Ueberbringer eines sehr freundlichen königlichen Schreibens an
Tilly. Da Arnims Einmarsch in Polen dazwischen kam, war

die Reise des Gesandten in das kaiserliche Hauptquartier un=
terblieben und er hatte nur seine Briefschaften übermacht.
Tilly hatte mit aller Bescheidenheit seine Bereitwilligkeit zu
erkennen gegeben, dahin zu wirken, so viel an ihm sey, daß
die Eintracht erhalten werde unter den erhabenen Häuptern
der Christenheit, aber die Antwort der Kurfürsten zögerte bis
zum Bundestag zu Mergentheim und war sie begütigend,
ausgleichend? Nein, sie versagten in kleinlichem Uebermuth
dem König Rang und Titel. War Gustav Adolf um Kriegs=
vorwände verlegen — er hatte deren die Fülle. Man half
ihm, daß er sich in Deutschland auf die öffentliche Meinung
stützen konnte, und in Schweden, das von ihm gewöhnt war
durch das Schauspiel großer Unternehmungen geblendet zu
werden, hatte er sie ohnehin. Durch Sten Bjelke's Sendung
nach Stralsund, hatte der König gewollt, sollte der Senat
gleichsam mit eigenen Augen den Boden untersuchen. Als
noch bei Stuhm gefochten wurde, war die Volksstimme für
den deutschen Krieg: der Reichstag wünschte ihn so weit als
möglich von den Grenzen Schwedens und seine Last in Fein=
des Land. Die Städte hatten versprochen, 16 gute wehrhafte
Schiffe zu stellen vor Ende des Jahres. Nach des Königs
Zurückkunft aus dem Feld wollte er den Senat mündlich von
der Richtigkeit seiner Politik überzeugen. Zu Upsala pflogen
sie Rath: Was besser sey, ein Vertheidigungs= oder ein Angriffs=
Krieg? Es ist ein schriftlicher Aufsatz vorhanden über jene
Senatssitzungen, mehr lateinisch als schwedisch, eine Erwägung
der Gründe für und wider fast in logischer Form, darunter
Bemerkungen mehr von dem Gesichtspunkte des Eroberers,
wie sie von Eindruck waren auf die kriegerischen Schweden,
in Gustav Adolfs persönlichem Urtheil tiefe Blicke in die
Gegenwart, Ahnungen der Zukunft, der Ausdruck ernster aber
freudiger Ergebung in ein hohes Schicksal. Johann Skytte
hatte eingewendet, wenn der König Sieger sey, würden ihm
die Deutschen nicht anhängen, wenn er Unglück habe, davon
schleichen — ihm ward zur Antwort: „Deutschland werde der
Preis des Siegers seyn." Wiederum, als er entgegenhielt,
der König setze die Monarchie aufs Spiel, widerlegte ihn die
Aeußerung: „Alle Monarchien seyen von einer Familie auf

die andere übergegangen, ein Staat bestehe nicht durch einen Einzelnen, sondern durch die Gesetze." Der Senat entschied vollkommen für die Plane des Königs, der in Voraussicht der Langwierigkeit eines Vorhabens, dessen volle Entwicklung er vielleicht nicht erlebte, mit dieser Ermahnung schloß: „Machet eure Sache so, daß wenn nicht ihr, so doch eure Kinder davon einen guten Ausgang sehen, den Gott verleihe! Für mich ist keine Ruhe mehr zu erwarten, es sey denn die ewige Ruhe." Bei diesen Kabinetsverhandlungen waren praktische Maßregeln nicht versäumt worden. Aus den abgedankten polnischen Truppen wurden die Reihen verstärkt. Die Besatzung zu Stralsund wurde fort und fort vermehrt bis zu 9000 Mann. Die Schifffahrt nach Stolpe, Kolberg, Camin, Wolgast, Greifswald wurde verboten, die Häfen von Wismar und Rostock gesperrt. Wallenstein legte die Hände auch nicht in den Schoos. Da er Landungen befürchtete, so mußten Hatzfeld und Torquato de Conti ihre Sorge für die Küstenbewachung verdoppeln. Durch Reinhard von Walmerode erbat er sich Dänemarks Flotte zur Mitwirkung gegen Schweden auf der Ostsee und der Hansa machte er Hoffnung zur Abführung seiner Völker aus Meklenburg und Pommern, sofern sie ihn bei einem etwaigen Angriff von Außen mit Geld und Schiffen unterstützen wollte, aber die Hansa, so sehr ihrem Handel die Beruhigung dieser Länder Bedürfniß war, hatte allerlei Bedenklichkeiten bei seinem Vorschlag und König Christian erwiederte: Niemand als er und Schweden hätten auf der Ostsee zu befehlen. Eben so wenig wollten sie sich die Einlagerungen Holks gefallen lassen, der jetzt auf friedländische Bestallung um Pinneberg, Lübeck und Hamburg ein Regiment warb. Als der Herzog auf ein Lärmgerücht aus Stralsund Pappenheim um Hilfstruppen ersuchte, stellte Tilly 7 bis 8 Companien zu seiner Verfügung. Da war des guten Willens der Liga nicht zu Viel, und es schien nicht, daß sie sich bessern würde. Diejenigen am kaiserlichen Hof, denen es wie dem Spanier Oñate vorkam, daß die Pfaffheit in Deutschland zu lange Röcke habe, die man ihr knapper schneiden sollte, und die am liebsten die Liga entwaffnet hätten, damit auch die Katholiken gehorchen lernten — sie hatten zu Heidelberg

verfucht durch Einschränkung des ligistischen Militärgebiets
dem Grundsatz Eingang zu verschaffen, daß die Reichslande
bloß die Verköstigung der kaiserlichen Truppen schuldig seyen,
in Mergentheim wurde die Verwendung für die Quartier=
Befreiung der Reichsritterschaft erneuert, ob man ihr gleich
nicht besonders hold war, da eben Wolfgang Rudolf von Offa
eine Menge ihrer Mitglieder mit Hochverrathsanklagen ver=
folgte, aber die Liga verlangte vielmehr vom Kaiser einen
größeren Raum zu Verlegung ihrer Truppen, von denen sie,
um der Welt zu zeigen, daß sie nicht das Reich aussauge wie
Wallenstein, 20000 Mann auf ihre Rechnung nahm, und das
Ansinnen, das Bundesheer mit den Kaiserlichen zu vereinigen,
schlug sie in der Voraussetzung, man wolle es dem Friedlän=
der untergeben, rund ab. Aus Madrid ertheilten Khevenhiller
und der Kanzler Don Juan de Villela Nachricht von Eröff=
nungen durch Meister Rubens zum Frieden mit England; der
Stuart hatte dort verlauten lassen, daß ihm eigentlich die
Wahl weh thue zwischen Frankreich und Spanien, indem die
Herstellung der Pfalz auch durch Richelieu zu erreichen wäre,
der ein Bündniß gegen Spanien=Oesterreich auf dem Tapet
habe, dem Bayern nicht fremd sey, selbst wenn nach Umstän=
den die Pfalz als Opfer gefordert würde und dem Großbri=
tannien durch die Volksstimme genöthigt werden könnte sich
anzuschließen, daß er daher vernehmen möchte, ob sich nicht
leichter eine Verständigung erzwecken ließe mit Don Philipp.
Eine Hand sollte die andere waschen, verhälfe Spanien zur
Pfalz, so wollte Großbritannien in Holland zu Diensten seyn.
In der That war der Maler der Vorläufer einer englischen
Gesandtschaft und einer Uebereinkunft mit Olivarez, welcher
die Zurückgabe Dessen zusicherte, was Spanien von der Pfalz
besaß, und seine Fürsprache bei dem Kaiser wegen des Rests.
Von dem Stuart war es sehr vernünftig, daß er die geheime
Bedingung dieser Gefälligkeiten nach gründlicherer Ueberlegung
nicht unterschrieb, und ein Glück für ihn, daß seine Puritaner,
die ihn vorher wegen papistischer Neigungen in Verdacht
hatten, nicht erfuhren, welch auffallende Treulosigkeit er an
einem verbündeten protestantischen Land zu begehen im Be=
griff gewesen war. Denn er hatte sich mit dem katholischen

Könige verschworen zur Unterjochung Hollands, und Seeland
sollte das Blutgeld seyn. Freilich als ein andermal die Bel-
gier Lust zu haben schienen, das spanische Joch abzuschütteln,
war er auch dabei. So war die Politik. Der Eigennutz knüpfte
die unnatürlichsten Verbindungen und löste sie wieder über
Nacht: Treue und Glauben waren für Nichts. Die meisten
Staaten lagen in einem innern Aufreibungsprozeß, wo Ueberzeugung gegen Ueberzeugung, Recht gegen Recht, Gewissen
gegen Gewissen stritt. Das Testament des sterbenden Bethlen
bezeichnet den Geist der Zeit nicht übel: er hatte seine Gemahlin Katharina in Wien und in Konstantinopel empfohlen,
den Sultan, den Kaiser und den König von Ungarn je mit
40000 Dukaten und einem Pferd bedacht. Was mußte ein
Gustav Adolf, ein Richelieu ausrichten können, sie, ein unver-
rücktes Ziel vor sich, der König Staatsmann und Held, mit
verhältnißmäßig geringen Mitteln, aber überragend durch
sittliche Hoheit, der Kardinal alle Zug- und Spannkräfte einer
mächtigen Nation zusammenfassend? Rusdorf war in diesen
Tagen in Paris. Er sah ihn in seinem Glanz, seine Vorzimmer, Treppen und Thüren dichter umlagert als die des
Bourbon. Er hörte, wie man sich rühmte, seit Rochelle's
Fall gebe es Nichts, was für Frankreich unausführbar sey
durch Gewalt oder Klugheit, wie an einem Bund gearbeitet
wurde zwischen den Protestanten und der Liga, obgleich Christian von Dänemark gesagt haben sollte, eine Versöhnung mit
dem Teufel wäre möglicher. Man zeigte ihm ein Gemälde:
es war ein Schiff, Richelieu saß am Steuer, das Glück spannte
die Segel aus, der Monarch auf dem Vorderdeck schäckerte
mit einem Lamm auf den Knieen, seine Rechte hielt einen
Degen, der in der Scheide stak, hinter ihm stand die Sage,
die in die Posaune blies.

Sechszehntes Kapitel.

Gustav Adolfs Heerfahrt nach Deutschland, Wallensteins Sturz.

In erwartungsreicher Stille war die Morgendämmerung des Jahres 1630 angebrochen. Die Waffen rasteten, aber im Volke war das Vorgefühl, als hebe der Kriegstanz jezt erst recht an. Am Himmel, wurde erzählt, habe man kämpfende Heere gesehen, klirrende Schwerter gehört. Daß die Hoch= geborenen als Helden in den Windeln verehrt werden, war ferner kein Wunder: in Magdeburg sollte ein Kind in Gestalt eines Dragoners mit Helm, Stiefeln und Sporen und einer Tasche an der linken Hüfte, worin 2 Kugeln, zur Welt ge= kommen seyn. Doch wurde der neue Krieg nicht sowohl ge= fürchtet als herbeigewünscht. Nicht allein die Protestanten, die sich mit ihren leisen Hoffnungen überall anklammerten, öffneten sehnsüchtig das Auge gegen das aufgehende Nordlicht, auch die Katholiken, denen der Friede, wie ihn der Kaiser und seine Soldaten meinten, nicht minder unheilvoll ward, er= kannten die Wohlthätigkeit eines Umschwungs, und die Liga in ihrer Erbitterung gegen Wallenstein hätte sich auf die Schweden fast gefreut: ihr waren sie ein grober Keil auf einen groben Kloß. Ja, dem Pabst und den Fürsten Italiens erschien Gustav Adolf wie ein Schutzgott: sie hatten das Feuer im heiligen römischen Reich nach Vermögen geschürt, bis sie selber davon versengt wurden, da wieder mitten im Winter Richelieu mit den Mar= schällen La Force und Schomberg über die Alpen zog, Pignerol und Saluzzo besezte, Turin bedrohte, indeß Crequi mit dem Bourbon Savoyen eroberte, Spinola sich vor Casal abmühte, das kaiserliche Lager vor Mantua die Pest und alle Scheusale des

deutschen Kriegs ausspie —, nun waren sie von ihrem Wahn
geheilt und wenn Urban gekommen wäre, dem ketzerischen
Könige zu fluchen, so wäre er segnend gegangen wie Bileam.
Von den protestantischen Fürsten Deutschlands wagte noch
keiner Partei zu ergreifen, Wilhelm Georg von Brandenburg
war keines politischen Entschlusses fähig und Johann Georg
von Sachsen lebte der Einbildung, die Rolle einer Mittelmacht
zu spielen, aber von den kleineren Häusern hielten die meisten
nur an sich, weil sie sich nicht ungestraft hätten erklären können, die weimarer Brüder und der Kaßler brannten vor Verlangen nach einem Befreier, selbst Georg von Lüneburg, der
dänische Ueberläufer, dachte ans Umsatteln. Wallenstein hatte
sich von Halberstadt nach Gitschin begeben, ein Bauern-
Aufstand wegen kirchlicher Bedrückungen, der seine Gemahlin
nach Prag vertrieben hatte, wurde mit blutiger Strenge gedämpft. Das war es aber nicht, was seine Gegenwart er-
fordert hätte, wichtiger war ihm der nach Regensburg aus-
geschriebene Kurfürstentag. Der Kaiser hatte lange gezaudert.
Nicht unerheblich war die Ansicht, daß man mit Reichsver-
sammlungen sparsam seyn müsse, daß wenn es an sich bequemer sey ohne sie zu regieren, diese Regel um so mehr gelte,
nachdem so Manches geschehen, was keine Erörterung vertrage in Rede und Schrift. Umgekehrt war auch wahr, daß
wenn man die Gemüther nicht beschwichtigte, Haß und Argwohn und die Gefahr vor fremden Mächten immer höher
stiegen, daß die Gährungsstoffe unter der schweigenden Oberfläche verschlossen nur entzündlicher wurden zu gewaltsamem
Ausbruch, daß sie sich aber abklären konnten, wenn man Luft
und Licht zuließ. Und wie hätte der Kaiser auf dem Gipfel
seines Ansehens unbescheidene Zumuthungen zu scheuen gehabt?
Was ihm die Hauptsache war, gehörte in ein Kapitel, in
welchem den Menschen eine gewisse Schwäche natürlich ist:
er schmeichelte sich mit der Erfüllung eines väterlichen Wunsches, der Anerkennung der Reichsnachfolge seines Sohnes.
Schweden, wenn ohne Frankreich, machte nicht bang. Es
hieß in Wien: „wir haben halt ein Feindlein mehr,“ oder:
„lasset den Schneekönig nur herüber kommen, er wird bald
geschmolzen seyn.“ Mit der Friedensunterhandlung zu Danzig

war es keinem Theil Ernst als dem Dänen. Er, der es bereute, den Schweden Stralsund überlassen zu haben und ihnen die Gelegenheit nicht gönnte, auf einem Schauplatz Ruhm, vielleicht Macht zu erwerben, der für ihn so unglücklich war, hatte diese Komödie veranstaltet, Ferdinand, um Zeit zu gewinnen für die drängenderen Geschäfte des Kurfürstentags, that mit. Von dem Vermittler hatten sich Otto von Scheel und Martin von der Meden, von dem Kaiser Karl Hannibal von Dohna eingefunden. Sie harrten und harrten, kein schwedischer Gesandter kam. Orenstjerna hatte an dem Ort auszusetzen, Elbing wäre ihm anständiger gewesen. Als man den schriftlichen Weg einschlug, war Dohna nicht ermächtigt, den König von Schweden mit seinen Titeln zu ehren, und die Vorschläge, in denen der Reichskanzler sein leztes Wort einsandte, waren so, wie man sie macht, wenn man will, daß sie nicht angenommen werden, dem Kaiser wäre von seinen Siegen Nichts geblieben als die Mühe des unverweilten Räumens und Erstattens, selbst die Stralsunder hätte er für die Belagerung entschädigen müssen, und Schweden wäre bloß für die Herzoge von Meklenburg bis zu einer Million Thaler Bürge geworden, im Fall der Reichstag sie in eine Geldbuße verfällt hätte — so daß Dohna ausrief: „wenn Gustav Adolf als Sieger im Herzen von Deutschland stünde, Was könnte er weiter wollen?" Aber schon hatte Alexander Lesly die Feindseligkeiten begonnen und festen Fuß gefaßt auf Rügen. Desselben Tages, an welchem die Botschaften für Danzig an Orenstjerna abgefertigt wurden, hatte der Reichstagsausschuß ausgesprochen: „weil des Gegners Charakter unverläßig sey, scheine rathsam, daß Seine Majestät mit den Waffen nachfolge und den Vertrag unter den Helm bringe." Den Kurfürsten hatte der König zurückgeschrieben: „ohne die Betrachtung, daß auf Abhilfe seiner gegründeten Beschwerden Bedacht genommen seyn könnte, hätte er ihren Brief, da sie aus Absicht oder Versehen ihm einen Titel verweigerten, den er von Gott und seinen Vorfahren überkommen habe und bis ans Ende zu behaupten wissen werde wie seit 20 Jahren, gar nicht erbrochen. Sie hätten seine Voraussetzung getäuscht, würden ihm daher nicht verübeln, wenn er sein Recht anders suche als durch trügerische Unterhandlungen." Dieweil er rüstete, wurde die Rubrik der Bundesgenossen nicht vernachläßigt, noch war es mehr in vorbereitender Weise. Sir Thomas Roe hatte keinen Befehl, bestimmte Verpflichtungen einzugeben, der Stuart wollte nicht als Kriegführender auftreten, doch gewährte der Antrag des Marquis James Hamilton, 6000 Mann auf eigene Kosten ins Feld zu stellen, Aussicht auf mittelbare Theilnahme Englands. Mit Frankreich wurde ein Bündniß überlegt, zum Abschluß gelangte es nicht. Charnassé war angewiesen sich bitten zu lassen, nicht zu gestehen, daß Frankreich in der Sache ein Interesse für sich habe, nach seinen Redefiguren war Nichts leichter als die Unterhaltung eines Heeres in Deutschland, Gustav Adolf für alle Parteien, die Liga selbst eine Art Messias, bei ihm der Ruhm und Gewinn des Unternehmens und der Bourbon belohnt durch das Vergnügen, mit der Welt ein Bewunderer zu seyn seines königlichen Freundes. Mitunter hatte der Gesandte, um den König zu schrecken, als ob Frankreich die Hand abziehen könnte, den Gleichgültigen gemacht. Von Preußen war er nach Paris abgereist, aber in Kopenhagen hatte er sich eines Andern besonnen und den König wieder in Westeräs getroffen. Hinter diesen Lockungen durch Artigkeiten und Sprödethun versteckte sich der Uebermuth eines Gönners, der sich unentbehrlich glaubt. Denn als Jener mit den Bedingungen herausrückte, zeugten sie weder von Uneigennützigkeit noch von Achtung. Um einer Beisteuer willen von 3 bis 400000 Thalern sollte Schweden sich in der Zeit des Krieges binden und in der Wahl des Schauplatzes beschränken. Die Liga sollte zum Voraus unantastbar seyn ohne irgend eine Gegensicherheit, als daß man sie mit dem Kaiser gespannt wußte und daß eine Annäherung Statt gehabt hatte zwischen Frankreich und Bayern, Was aber für sie kein Hinderniß war, auf das protestantische Deutschland zu klopfen oder auf Schweden. So hätte Frankreich ohne ein Gewehr loszuschießen Wage und Richtmaß gehabt für Krieg und Frieden, es wäre Schwedens Schutzherr gegen den Kaiser und der Liga gegen Schweden geworden, es hätte die Einen durch die Andern gezügelt und nach seinem Willen gelenkt — Alles um eine Handvoll Thaler. Ei, hatte Gustav

Adolf gesagt, wenn ihr versprecht, ohne uns in Italien keinen Frieden zu unterzeichnen, oder wenn ihr durch die Champagne vordringt, wollen wir uns auf 6 Jahre verpflichten und ihr möget euer Geld behalten. Davon stand Nichts in Charnassé's Kalender, aber auch der König war zu stolz und zu klug, um auf die Freiheit seiner Bewegungen zu verzichten und ein Verhältniß zu knüpfen wie das eines besoldeten Generals oder eines Schützlings. Ueberdieß wie hätte er auf England rechnen, wie den Protestanten als Vertheidiger ihrer zeitlichen und ewigen Güter erscheinen können, wenn er mit Denen, die von ihrem Raub gemästet waren, dem Bayer und der Liga liebäugelte? Man trennte sich ohne ein Uebereinkommen, wiewohl mit der innern Gewißheit einer baldigen Verständigung. Die Franzosen brauchten ihr Geld nicht auf unbekannte Zinse anzulegen, und für Gustav Adolf hatte der Aufschub den Vortheil, daß, war einmal das Eis gebrochen, seine Freundschaft im Werthe stieg. Dann waren die nackten Ziffern nicht der alleinige Maßstab, die Kraft seines Geistes und sein Glück zählten auch. Um kein ungünstiges Vorurtheil zu erregen, wenn der geringe Umfang seiner Mittel ruchtbar würde, hatte er in den Unterhandlungen mit Frankreich jede genaue Angabe über die Stärke des in Deutschland zu verwendenden Heeres abgelehnt, einige Wochen vor der Abfahrt durfte Niemand ohne besondere Erlaubniß aus dem Land.

In Elfnabbens Hafen, in den Scheren von Südermanland, versammelte sich Schwedens Land- und Seemacht. Als das Heer gemustert wurde, waren es 92 Companien zu Fuß und 16 zu Pferd, gegen 15000 Mann, darunter 3000 Reiter. Diese waren Smaländer und Westgothen, an ihrer Spitze Peter Brahe und Erich Soop. Das Fußvolk befehligte Hans Baner: es waren zur Hälfte Schweden unter Nils und Joachim Brahe, Lars Kagg, Karl Hard, Axel Lilje, Georg Johansson, ein Regiment Schotten unter Donald Mackey Lord Rea, die Uebrigen Deutsche unter Kniphausen, Falkenberg, Mitschefals, Claes Dietrich Speerreiter. Dazu ein reicher Zeug, große Vorräthe von Kriegsbedarf bis auf Schaufeln, Spaten, Hacken und Schanzpfähle, das Geschütz gerühmt wegen der Leichtigkeit und Schnelligkeit seiner Bedienung und ausgezeichnet durch die mit Leder überzogenen kupfernen Kanonen, eine Erfindung Melchiors von Wurmbrandt. Obrist über diese Waffengattung war Leonhard Torstenson, ein noch junger Offizier, der aber schon einen Namen hatte in seinem Fach. Die Flotte bestand aus 28 Kriegsschiffen bis zu 40 Kanonen, einer guten Anzahl von Bojerten, Schuten und Frachtschiffen nebst vielen flachen Booten für Landung und Stromfahrten, je mit 3 Feldstücken und geräumig für 100 Soldaten. Sie bildete 4 Geschwader: eines führte der König und unter ihm Baner, die anderen Gyllenhjelm, Stubbe und Erich Ryming. Die lezten Tage entflohen in einem Strudel von Sorgen und Geschäften. Neben den tausenderlei Anschaffungen zu einem überseeischen Kriegszug gab es so Manches anzuordnen, damit durch die königliche Abwesenheit keine Störung in den Gang der Staatsmaschine kam. Gustav Adolf nahm seine Maßregeln wie ein Hausvater, der das Geschick seiner Familie unabhängig will von Dem, was ihm Menschliches begegnen kann. Den Reichsräthen Magnus Brahe, Jakob de la Gardie, Gyllenhjelm, Gabriel Oxenstjerna Bengtson, Claes Horn, Gabriel Oxenstjerna Gustavson, (des Kanzlers Bruder) Peter Baner, Hans Sparre, Claes Fleming, Hermann Wrangel übertrug er die Regierung; ihnen zur Seite und zur Oberaufsicht, namentlich über das Kriegs- und Finanzwesen, sezte er den Gemahl seiner Schwester Katharina, Johann Kasimir von Pfalz-Zweibrücken, ihm, de la Gardie, Wrangel, Skytte und dem Kanzler vertraute er die Sicherheit der Provinzen. Drei allgemeine Bußtage, festgesezt jährlich auf den ersten Freitag in den Monaten Julius, August und September, sollten die Herzen entzünden zu frommer Erhebung für das Heil des Vaterlands. Der Reichstag war nicht beisammen, aber viele Mitglieder waren in Stockholm, sie rief er zum Abschied vor sich. In einer Urkunde, die über den ganzen Gliederbau des Staats, die gerichtliche, bürgerliche und Militärverwaltung, die Befugnisse der Behörden, die Rechte und Pflichten der Krone und der Stände, das Verhalten bei einer Thronerledigung, ausführliche Vorschriften enthielt, hinterließ er ihnen den Grundriß einer Verfassung. Sein Töchterlein Christina auf dem Arme, empfahl er die Erbin des Reichs, und empfing für sie den Schwur der

Treue, sie empfingen für ihre bereitwillige Genehmigung der Erfordernisse dieses neuen schweren Kriegs seinen Dank und sein Lebewohl. „Bei dem Allwissenden, sprach er, könne er betheuern, daß es nicht Leichtsinn oder Liebhaberei sey, warum er wieder zum Schwert greife. Unerträgliche Beleidigungen seyen zu ahnden, flehende Glaubensbrüder zu retten vom päbstlichen Joch. Nach dem Sprichwort gehe der Krug zum Brunnen, bis er breche — so habe er oft für Schweden sein Blut vergossen, und bis jezt unter wunderbarem Beistande der Vorsehung alle Gefahren überwunden, aber auch seine Stunde könne schlagen. Darum bitte er Gott, wenn sie sich in diesem elenden und mühseligen Leben nicht wieder sehen sollten, daß sie sich finden möchten jenseits in dem unvergänglichen.“ Und indem er sich an die Umstehenden nach ihrer gesellschaftlichen Stufe einzeln wandte, wünschte er den Reichsräthen Erleuchtung von Oben zu weiser Erfüllung ihres hohen Berufs, dem Adel würdige Nacheiferung des einst so strahlenden, nun fast vergessenen Ruhmes der alten Gothen, ihrer Vorfahren, den Dienern der Kirche Reinheit der Lehre und des Wandels als Vorbildern des Volks in jeder geistlichen und bürgerlichen Tugend, den Bürgern und Bauern gesegneten Fleiß, fruchtbare Felder und volle Scheunen. Als die königliche Rede, rührend wie die bald verklungenen Laute einer Stimme, die man nie wieder hören soll, geendet hatte mit einem Gebet aus dem 90sten Psalm, war kein Auge thränenleer. Den Tag darauf — es war der vorlezte Mai — erfolgte die Einschiffung. Der Flotte wurde, wenn sie vom Sturm zerstreut würde, Oeland, im Nothfall Bornholm, als Sammelplatz angewiesen, ihre Bestimmung war Vorderpommern in der Richtung des westlichen Ausflusses der Oder. Was von übler Vorbedeutung hätte seyn können, war, als die Flotte schon segelfertig lag, die Ankunft einer Gesandtschaft aus Deutschland: Philipp Horn der Kanzler, Heinrich Heldebreke und Paul Friedeborn, Bürgermeister von Stettin, überbrachten von ihrem Herrn Komplimente und die Bitte, wenn es mit dem Kaiser zum Krieg komme, Pommern aus dem Spiel zu lassen, damit es nicht vollends zu Grunde gerichtet werde. Der König hatte ihnen sein Befremden nicht verborgen, daß sie, statt tapfer zu streiten für Religion und Freiheit, sich ihren Drängern in die Arme geworfen hätten, und ihm nun zumuthen wollten, daß er den Feind, der in ihrem Lande über schädlichen Anschlägen gegen Schweden und die Ostsee brüte, und von ihnen Nahrung, Geld, Gewehr, Roß und Wagen habe, nicht auch bei ihnen aufsuche, er ließ sie fürbaß ziehen nach Stockholm, und begab sich, um Bogislaw selber Antwort zu sagen, wieder auf die Flotte. Die Fahrt war langsam und beschwerlich: da der Wind beharrlich aus Südwest blies, konnte sie Anfangs nicht aus dem Hafen, und vom offenen Meere mußte sie, um ihre Mundvorräthe zu ergänzen, noch einmal zurück. Diesen gezwungenen Aufenthalt nützte der König zu allerhand Verfügungen: an Bord warf er Gnadengehalte aus für verdiente Soldaten und ihre Wittwen, bestätigte seine Schenkungen an die Hochschule zu Upsala, machte einen Erziehungsplan für seinen Sohn Gustav Gustavson, die Frucht einer Jugendneigung zu der schönen Holländerin Margareta Cabeljau, schrieb an die Bischöfe und Statthalter und den Kanzler in Preußen, an Diesen wie prophetisch sein Bedünken, daß dieses Kampfes Entscheidung wohl nicht in ungestümem Anlauf geschehen werde, sondern durch Länge der Zeit und Ueberdruß. Fünf Wochen war das Heer zur See, am Johannesfest, dem hundertsten Jahrestag der Ueberreichung des augsburgischen Bekenntnisses, ging die Flotte zwischen Ruden und Usedom gegen Einbruch der Nacht unter einem heftigen Gewitter vor Anker. Der von flackernden Blitzen und den feindlichen Wachfeuern längs der Küste geröthete Horizont und die Jubelfeuer erhöhten den Ernst des Augenblicks. Gustav Adolf, der hier die Vertreibung der Kaiserlichen von den befestigten Posten an der alten und neuen Fähre, dem neuen Tief und aus ganz Rügen erfuhr, stieg in eine Schaluppe, untersuchte die Gegend und befahl die Landung auf Usedom. Der Erste am Ufer, sank er betend auf die Kniee, nahm einen Spaten, und während die eine Hälfte der Mannschaft sich in Schlachtordnung aufstellte, gab er der andern das Beispiel der Arbeit an den Erdaufwürfen des Lagers, das eine von dem dänischen Einfall in Wolgast herrührende unvollendete Schanze und das Dorf Peenemünde in seinen Linien begriff. So wurden bis zum Morgen 11 Regimenter ausgeschifft, und Abends war das

gesammte Heer auf deutschem Boden. Geschütz, Troß und
Pferde kamen zulezt. Ein Theil der Flotte segelte, um Zufuh=
ren zu holen, wieder nach Schweden. Denn aus dem ausge=
sogenen Lande war Nichts zu schöpfen, und der König wollte
darthun, daß er den Krieg als Befreier führe und nicht als
Verderber. Darum ließ er unter Trommelschlag im Lager
bekannt machen, daß Keiner sich unterstehen solle, die Einwoh=
ner an Leib oder Habe zu beschädigen — bei schwerer Ahndung.
Die Soldaten, Krieger nicht von gestern, und ihm liebe Gefährten
in heitern und schlimmen Tagen, ermahnte er zur Genügsam=
keit und vertröstete sie wegen ihrer Entbehrungen auf den
Ueberfluß bei dem Feind, dem Zeugen ihrer Tapferkeit in Po=
len, er beseelte sie für die Größe der Aufgabe, Schweden
und Deutschland und der Religion den Frieden zu erringen,
zeigte ihnen seine Zuversicht und den Schimmer eines unsterb=
lichen Namens bei der Nachwelt. An die deutsche Nation er=
schien, lateinisch und deutsch, ein von Salvius verfaßtes Mani=
fest zur Nachricht, wie Niemand länger Frieden haben könne
als sein Nachbar wolle, wie die Nehmlichen, die Deutschland
mit Mord und Brand erfüllten, in ihrem von Jahr zu Jahr
zunehmenden unveranlaßten Haß gegen den König von Schwe=
den seine Feinde aufgereizt und unterstüzt, seine Gesandten
verhöhnt, und ihr Gift bis auf das baltische Meer ausgesprizt
hätten, wie Seine Majestät, obgleich von deutschen Fürsten
gewarnt und aufgefordert, das Feuer dämpfen zu helfen, weil,
wenn das Nachbarshaus in Flammen stehe, das eigene Unglück
nicht ferne sey, dennoch, um keinen Ausweg unversucht zu las=
sen, auch die Kurfürsten um ihre Vermittlung angegangen habe,
Was nicht vergeblich geschehen seyn würde, wenn das Böse
nicht so tief gewurzelt wäre, daß keine innerlichen Heilmittel
mehr kleckten, wie also dem König Nichts übrig bleibe denn
Gewalt gegen Gewalt, nicht zum Nachtheil des deutschen
Reichs, sondern einzig und allein zu seiner und seiner Freunde
Vertheidigung, zur Schirmung der allgemeinen Freiheit und
der Herstellung des Rechtszustandes vor dem Krieg. Alles
schickte sich trefflich. Im Besitz Rügens, konnte er schon ein
Paar Regimenter von Stralsund an sich ziehen, eine ähnliche
Verstärkung brachte schier gleichzeitig Gustav Horn aus Lief=

land. Außer Kroaten war kein Feind zu erblicken, und sie zerstoben wie Spreu, spurlos, hätten nicht Brandstellen ihre Flucht bezeichnet. In einer Schanze gegenüber Wolgast und an der Mündung der Swine lagen Kaiserliche in Besatzung, aber nirgends erwarteten sie den Angriff, dort stürzten sie in die Kähne, mehre mit solcher Hast, daß sie überpurzelten und ertranken, von hier entwichen sie nach Wollin, und da der König ihnen auf den Fersen war, über die divenower Brücke, die sie anzündeten, nach Camin. In wenigen Tagen war das Delta der Oder mit ihren 3 Mündungen und allen pommerschen Inseln in schwedischer Gewalt, die Verbindung des Königs mit seinem Reiche gesichert. Noch hatte er bloß den Schlüßel, um das Oderthal am Ausgang zu verschließen, der Schlüssel, der es ihm aufschließen sollte nach Innen, war Stettin. Während Abtheilungen über Peene und Divenow sezten, um Wolgast und Camin zu berennen, trug ihn eine zweistündige Fahrt 6 Meilen Wegs über das Haff die Oder hinauf. Plötzlich stand er vor den Mauern von Bogislaws Hauptstadt, der einzigen Stadt in Pommern, die keine kaiserliche Besatzung hatte.

Und wo war denn das friedländische Heer? Bei dem standen die Sachen wunderlich. Der Herzog war mit Bildung eines Lagers beschäftigt um Memmingen, fast in gleicher Nähe von München und Regensburg, er hatte 18,000 Mann, meist spanische Regimenter, an sich gezogen, und gebrauchte sie zu Vollstreckung des Restitutions-Edicts in Schwaben, Wolfgang Rudolf von Ossa half ihm die Ordensgeistlichen in den würtembergischen Klöstern wieder einsetzen, und nebenbei schärfte der Schreckenseindruck seiner Waffen die Beredsamkeit des Kaisers in der am Tag vor der schwedischen Landung eröffneten Kurfürstenversammlung. Die Obristen, die er an der Ostsee zurückgelassen, schienen bloß da zu seyn, daß sie sich besäckten. Dazu verschmähten sie kein Mittel, so ungerecht, plump oder schmutzig es war. Hatzfeld ließ sich, nachdem die Fundgruben ihrer Geldmacherei versiegten, von den pommerischen Ständen einen Bezirk Landes überweisen, Savelli die Ackergäule wegnehmen, und da sie Niemand kaufte, an den Abdecker verschachern die Haut zu 6 Schilling, und Torquato de Conti, der als Feldmarschall den Ton angab, hatte, als er erfuhr, daß die Stargarder mit einer Beschwerde an Wallenstein und den Kaiser gehen wollten, befohlen, den Leuten bei Erhebung der Kriegssteuern weder Aufschub noch Ausrede zu gestatten, und sollten sie bis aufs Hemd ausgezogen werden, auf daß sie doch auch Grund hätten zu klagen. Das fruchtbare Rügen hatten sie so ausgeleert, daß es in der Lage war, wo es eine starke Besatzung nicht ernähren, eine schwache es nicht behaupten konnte, und Gustav Adolf nachher etliche 100 Thiere hinschickte zur Erhaltung des Viehstamms. War der Besitz Rügens nothwendig für die Schifffahrt von Stralsund, weil die größeren Fahrzeuge wegen der Seichtigkeit des Gellen unter den Kanonen von Brandeshagen vorbeimußten, die mit den drüben aufgepflanzten ihr Feuer kreuzten, so hatte Lesly eine um so ernstlichere Veranlassung, den entscheidenden Schlag zu führen, als verlautete, es sey ein Verkauf der Insel an Dänemark im Wurf. Im Angesicht Götze's, der noch Schüsse über das Wasser that, aber keinen Nachen mehr hinüber brachte, war die lezte Schanze bei Güstow erobert worden. Diese Kämpfe hatten den Feldmarschall wie aus tiefem Schlaf geweckt. Aber als verzweifelte er seine Verbindungslinie zwischen Border- und Hinterpommern in dem erschöpften Küstenland gegen einen Feind zu vertheidigen, der Alles zur See beziehen konnte, hatte er seine Hauptmacht nicht hier, sondern in zwei Lagern zwischen Anklam und Stolpe an der Peene und bei Garz aufgestellt, er hatte sich auf diese Oderfestung und Greifenhagen gestüzt, war, unangesehen des Einquartierungsvertrags, der diese Pläze zur Sicherheit Stettins in pommerischer Gewahrsam ließ, drohend vor ihnen erschienen und hatte sie von Bogislaw ertrozt. Nur Stettin, das mit dem gegenüberliegenden, aber durch mehre Oderarme und einen Sumpf getrennten Städtchen Damm noch passender zum Aus- und Eingang gewesen wäre, hatte der Fürst höflich verweigert und in bessere Bereitschaft gesezt, die Kaiserlichen hofften jedoch durch Sperrung der Zufuhr und Verheerung der Umgegend dennoch davon Meister zu werden, und die Entdeckung, daß sie das Zwischenband der Brücken mit Pechtonnen zerstören wollten, um vorläufig wenigstens die östliche Stromseite in ihre Gewalt zu bekommen, lehrte die Besatzung auf der Hut seyn. Gleichwohl war Bogislaw Derjenige, der sich eher wie ein Wurm hätte zertreten lassen, als zu einer nachhaltigen Kraftäußerung aufgerafft: so sehr beherrschte ihn der Gedanke, daß jedes Widerstreben gegen Kaisers Allgewalt vergeblich, wo nicht des Schlimmern sey. Diese Furcht hatten selbst die Herzoge von Meklenburg noch nicht abgelegt: sie bauten auf die kurfürstlichen Fürsprecher zu Regensburg, und so lange dort einige Aussicht war, schielten sie kaum verstohlen aus ihrer Freistätte zu Lübeck nach der schwedischen Hilfe. Der Einzige, der sich schier zu schnell herbeimachte, war der vertriebene Magdeburger, Markgraf Christian Wilhelm. Von Hamburg aus hatte er den König mit Briefen bestürmt, und noch in Stockholm durch seinen Vertrauten Hans Stahlmann ein engeres Verhältniß anzuknüpfen gesucht: wenn man ihm glauben durfte, so lechzte das Erzstift nach seinem lutherischen Bischof, Männiglich wartete auf seinen Wink, um sich in den Waffen zu erheben, 200,000 Wispel Getreide, von den Kaiserlichen daselbst aufgespeichert, waren ihm so gut als gewiß, 3000 zu Roß und 10,000 zu Fuß — eher mehr als weniger — wollte er unter seine Fahnen sammeln, und sie, bevor der Feind es merkte, mitten im Lande haben, nur sollte Schweden die Kosten vorschießen, Kraut und Loth, Gewehr, Geschütz und Feldgeräth hergeben. Der König hatte das Abenteuerliche in diesen Entwürfen nicht übersehen: indem er sich wegen der Werbegelder mit den Bedürfnissen seines Heeres entschuldigte, hatte er, um den Boten nicht leer abzuspeisen, versprochen, für 100,000 Thaler Bürge und Selbstzähler zu seyn, und ihm zugleich Aufträge ertheilt zur Einleitung von Einverständnissen mit benachbarten Fürsten, so daß sie entweder miteinander losbrechen oder warten sollten, bis er ihnen die Hände reichen könne, allein der Markgraf, dem die Zeit zu lang wurde, war verkleidet nach Magdeburg gereist, und nach einigen Tagen, die er in der Stille zugebracht, von 6 Rathsherren gefolgt, in den Dom geritten, ließ zur Feier seiner Ankunft ein Tedeum singen, für Gustav Adolf und den Sieg seiner Heere beten.

So war zwar dem König schon im Beginn ein Bundesgenosse erstanden im Herzen von Deutschland, aber ein solcher, von dem er nur eine Sorge mehr hatte, wenn das Glück nicht besser diente als die Klugheit. Seine Hilfsquellen hier waren für jetzt die protestantischen Herzen, die ihm entgegen schlugen, und zahlreiche Arme, die von ihm Waffen verlangten, Schaaren wackerer Jünglinge und Männer, die, ehe er einen Schuh breit deutscher Erde hatte außer Stralsund, in dieser und in den noch ununterjochten Seestädten von Embden bis Lübeck zu seinen Fahnen schwuren, in der Hauptsache blieb er beschränkt auf die Kräfte seines Reichs und die Hilfsquellen, welche Oxenstjerna in Preußen schuf. Schweden war aber auch reichlich begabt mit dem Nerv des Kriegs. Der Boden erzeugte in Ueberfluß die Erze, woraus man Schwerter schmiedet und Kanonen gießt. Kugelbüchsen, deren Anschaffung noch anderswo so kostspielig war, Piken und Harnische lieferte der gemeine Gewerbsfleiß der Dörfer. Durch die Nation wehte ein streitbarer Geist, ihre Verfassung hatte Form und Charakter des Militärstaats mit aristokratischer Grundfarbe. Der Edelmann war geborner Soldat: er war zur Anwesenheit bei der Heerschau, und nach Maßgabe seines Güterertrags zu einfachem oder mehrfachem Roßdienst, und wenn unvermöglich, zum Dienst um Sold verpflichtet. Der Adel besaß außer den kirchlichen fast alle öffentlichen Stellen, und auch von diesen hatten viele die Eigenschaft von Kriegslehen. Das Heer war stehend und so verwachsen mit dem Staat, daß es auf die Reichstage Offiziere abordnete zur Adelskammer. Es ging hervor aus der Aushebung von Bauern und Bürgern der 10te Mann, jene für die Landtruppen, diese für die Flotte, oder aus Wehrverträgen mit den einzelnen Landschaften, denen mit der Aufbringung der Mannschaft dabeim auch deren Bekleidung und Verpflegung oblag. Eine Lieblingsidee des Königs war die Errichtung eines Landwehrsystems als einer an der Scholle haftenden und nach Gauen vertheilten Verbindlichkeit, sie trat unter seinen Nachfolgern vollständig in's Leben, er bahnte ihr durch Ansiedlung der Regimenter auf den Kronländereien den Weg. So erhielt er dem Ackerbau des ausgedehnten aber dünn bevölkerten Reichs eine Menge arbeitsamer Hände und gewöhnte seine Schweden das Soldatenleben nicht als faulen Müßiggang zu betrachten, er ersparte dem Schatz eine beträchtliche Ausgabe für Sold, und wenn er in's Feld

auckte, hatte er die Einkunft der Krone zur Verfügung gegen
den auswärtigen Feind, ohne daß er deßwegen das Land schutzlos zurückließ. Auf den Schultern einer freien Bauerschaft
war das Haus Wasa die Stufen des Throns hinangestiegen,
Gustav Adolfs Vater hatte durch Schaffot, Kerker und Verbannung die Selbstherrlichkeit der vornehmen Geschlechter gezügelt, die, als sie in Deutschland mit dem Begriff von mittelbarem
und unmittelbarem Adel genauer bekannt wurden, sich den Reichsfürsten vergleichen wollten, und den Unterthanentitel als knech-
tisch verbaten — er selbst hatte sich versöhnend über die Parteien
gestellt, die plebejische Skytte's und die patrizische des Kanzlers, und hielt beide kurz, er liebte (soll er gegen Sten Bjelke geäußert haben) weder die Schmeichelpfote der Einen, denen es
nichts Arges wäre, wenn sie den König gekrallt hätten, auch ohne
König zu hausen, noch den harten Händedruck der Andern, die
statt seiner das Ruder führen und einen König bloß zum
Schein haben möchten — er gab in lezter Instanz dem Adel
den Vorzug vor den Volksthümlern, die, wie er glaubte,
wenn sie zur Gewalt gelangten, in blutdürstige Ausschweifungen oder ruhmlose Zänkereien geriethen, aber diese Aristokratie
durfte keine abgeschlossne Kaste, sie mußte jedem Verdienste
zugänglich seyn. Vor einem König wie er verstummte die
Parteisucht: Schweden war für einen Mann. Der immer-
während Kriegszustand dieser Regierung nöthigte zu außerordentlichen Anstrengungen: Binnenzölle, Verbrauchs-, Mahl-
und Viehsteuern waren neu und drückend, es erregte Mißvergnügen, das da und dort zu unruhigen Auftritten stieg, als
Thore, Straßen und Brücken mit Schlagbäumen und Mauten
versehen wurden, und die kleinern Bach- und Windmühlen,
endlich gar die Handmühlen zu Verhütung von Unterschleif
eingehen sollten, einige Aufwiegler wurden hingerichtet oder
mußten nach Ingermanland (Schwedens Sibirien) wandern,
doch übte der König bei diesen Verirrungen, denen die Masse
der Nation fremd blieb, jede menschliche Nachsicht, und maß
oft die Schuld dem unzeitigen Schnurren und Pochen der
Beamten bei, that wohl auch auf eine zu lästige Auflage aus
eignem Antrieb Verzicht, wie er denn von den Handmühlen
bemerkte, daß sie hinlänglich versteuert seyen durch eine Ar-

dirt, von der Einem die Finger brannten, und Was das Schönste
war, die Bevorzugten entzogen sich keinem der allgemeinen
Opfer, und bei allen Schwierigkeiten der Lage, mitten unter
dem Waffengetümmel achtete er das ständische Bewilligungs-
recht. Ein so mächtiger Wille, ein so großartiger Ehrgeiz
hielt sich innerhalb der Gesetze, und wirkte im innigen Freund-
schaftsbunde mit Axel Orenstjerna, dem unverholenen Beken-
ner des altadeligen Freiheitsbegriffes von den Schranken des
Königthums, der drüber hinaus überall nur Tyrannei erblickte.
Nie gab's zwei stolzere Geister, die sich so wechselsweise ergänzten, beide von rastloser Thätigkeit, der Kanzler mehr nüchter-
ner Erwäger, wiewohl wie die Staatsmänner in schwedischem
Sinn nicht bloßer Schreiber und Gelehrter im Geschmack der
ihnen deßhalb verächtlichen deutschen Hofräthe, sondern nichts
minder gewandt in Handhabung des Schwerts, Gustav Adolf
kühneren Gedankenflugs, etwa Jenen tadelnd, daß er den
Laufenden zu oft hemme aber wieder begütigt durch seine Antwort, er habe des Königs Hitze dämpfen müssen, sonst hätte sie
ihm bald verzehrt. Denn Der ihm Das sagte, war der unermüd-
liche Förderer seines Werks. Wenn bei andern seiner Großen
(Jakob de la Gardie und Skytte nicht ausgenommen) Verweise vorkamen in der Art wie er einmal an einige Statthalter schrieb, er wisse nicht, warum sie Nichts von sich hören
ließen, ob aus Mangel an Tinte und Papier oder aus Leichtsinn und sträflicher Versäumniß, oder wenn da, wo er, Seele
und Mittelpunkt der Regierung, fehlte, die Rathsprotokolle
zuweilen melden, daß man kein Geschäft vor gehabt habe als
die holländischen Zeitungen zu lesen, oder wenn er Ermahnungen über Ermahnungen nach Stockholm schicken mußte, daß
man ihm die für den Feldzug bestimmten Grundzinse, Anleihen, Verwerthungen von Ländereien, Kupfer und finnischem
Getreide richtig übermachen solle — Orenstjerna ließ ihn nicht
in Stich. Seine ununterbrochenen Sendungen von Geld und
Mannschaft waren im Anfang die wichtigste Zubuße für den
König, der in beständiger Anfechtung war wegen Vermehrung
des Heers. Noch hatte er bloß einen Theil der kaiserlichen
Macht gegen sich und so war sie ihm der Zahl nach überlegen,
wie erst, wenn neue Schaaren aufgeboten wurden, wenn die

Liga, die hinter Elbe und Weser lauerte, ihren Degen in die Wage warf? Gegen diese Möglichkeiten mußte er gewappnet seyn. Aber er war ein Heerbildner, der sich in dieser Kunst auf Geheimnisse verstand, die ihm nicht Jeder nachmachte. Schon die äußere Erscheinung seiner Krieger stach merklich ab gegen die der Gegner. Die Kaiserlichen, einherziehend in unbehilflichen Haufen, (freilich meist kaum halb vollzählig, weil die Obristen und Hauptleute die andere Hälfte in die Tasche steckten) ein Regiment Fußvolk in 10 Companien zu je 300 Mann, die Reiterei in 5 Schwadronen zu je 150 — jenes bestehend gleichtheilig aus Pikeniren und Musketiren, aus Schwerbewaffneten mit Pickelhaube, Halbküraß und Bauchpanzer, Degen und zollbreiter zweischneidiger Lanze an eichenem oder eschenem Schaft von 15 bis 18 Schuh Länge und aus Leichtbewaffneten mit Pickelhaube, kurzem Schwert und 5 Schuh langem Feuerrohr nebst Gabelstock zum Auflegen — diese von viererlei Art, Kürassire auf riesigen Streithengsten mit bedertem Helm, beweglichem Visier, eisernem Hals-, Rücken- und Brustharnisch, Arm- und Leibschienen, Panzerhandschuhen, beschuppten Lederhosen, ungeheuren Stulpstiefeln und Sporrädern, hohem Sattel und einem Paar Pistolen in den Holftern, langem und breitem Schwert zu Hieb und Stoß, sodann Karabiniere noch geharnischt vom Haupt bis zur Brust, mit Büchse, Pistolen und Pallasch, dazu die Dragoner mit Flinte und Schwert, Kämpfer zu Fuß und zu Roß, und die Kroaten mit Stutzer und Hackmesser, furchtbarer den Einwohnern als dem Feind, sie Beide ungepanzert. Dagegen die Schweden in ihrer schlichten Bauerntracht, weite Jacken und lederne Koller, Winters ausgefüttert mit Schafpelz, die Offiziere ohne Ordensschmuck, die durch Farbe unterschiedenen Regimenter viel kleiner, aber mit gegliederterer Dienstordnung, gewöhnlich 8 Companien zu je 144 Mann und 4 Schwadronen zu je 66 — beim Fußvolk zwar auch noch Musketen mit Lunten aber ohne Gabelstock, statt des unbequemen Bandeliers und seiner Anhängsel von Pulverhorn, Kugelbeutel und hölzernen oder blechernen Käpselchen mit Ladungen, die Patrontasche, und statt der Weberbäume von Spießen Partisanen von 13 Schuh mit 4½ Zoll breiter nach oben zugespizter stählener Schneide, im Verhältniß zu

den Feuerwaffen wie 1 zu 2, einzige Schutzwehr der Helm —
bei der Reiterei Küraßiere und Dragoner, jene bloß mit
Brustpanzer, Karabiner, Pistolen und langem Degen, ihre Gewehre wie bei den Kaiserlichen schon mit Rundschlössern; diese
besonders zahlreich und geschickt zum Ueberfall, mit Flinten
wie die Musketire, kurzem Säbel und einem Beil am Sattel, hier aber alle Bewegungen einfacher, ungezwungener, die
Aufstellung 6 oder gar nur 3 Mann tief, dort 10, die Schwadronen angewiesen, nicht eher abzudrücken, als bis sie das Weisse
in Feindes Auge sahen, dann nicht so oft rechts und links ab-
schwenkend, um die hintern Glieder zum Schuß vorzulassen,
sondern rasch zur Klinge greifend und eine Pistole für's
Handgemenge aufsparend, bei der kaiserlichen Artillerie vorherr-
schend Ungethüme von Feuerschlünden, denen man bis zu 20
Pferden vorspannen mußte, bei der königlichen die leichten Feldstücke, die auf jeden gefährdeten Punkt gefahren werden konnten, die Musketire abgerichtet auch für die Geschütze und der
Kanonier dreimal feuernd bis der kaiserliche Musketier zweimal. Das war die Frucht der polnischen Feldzüge: der kleine
Krieg hatte die Truppen geschult und abgehärtet für den großen. Und vollends der moralische Kontrast — da waren die
Schweden wie von anderer Gattung. Gab es kein wallen-
steinisches Regiment, das nicht seinen Hurenwaibel hatte und
einen unermeßlichen Troß, der sich mit dem Laster noch fre-
cher spreizte als die hochmögenden Herren Soldaten selbst. So
hatte Gustav Adolf den Waffendienst durch Triebfedern der
Tugend und der Religion vermenschlicht. Seine von ihm
eigenhändig verfaßten Kriegsgesetze, die monatlich den Regimentern vorgelesen wurden, enthielten nicht allein sehr strenge
Vorschriften über die Pflichten der Tapferkeit, sie waren auch
Erläuterungssätze zu dem Grundsatz, daß man im Soldaten-
rock nicht schlechterdings außer oder über der Gesellschaft steht,
daß unnöthige Grausamkeit ihn schändet, Großmuth ziert.
Eine Schanze durfte nicht verlassen werden ehe der dritte
Sturm geschehen, vom Sturm nicht zurückgewichen ehe man
handgemein geworden, eine Festung nicht übergeben so lange
nicht Alles aufgezehrt war, Widerstand und Entsatz unmöglich
schienen; es war scharf verpönt im Feld zu plündern, ehe der

Feind völlig geschlagen oder bei Erstürmung von Städten
ehe Thore und Mauern besezt waren, und selbst da mußten
Kirchen, Spitäler, Mühlen, alle öffentlichen Gebäude (nunmehr
dem König gehörig) verschont und ohne höheren Befehl durfte
kein Stadel angezündet werden, die Strafen gingen von Gefängniß oder Eisen, Ritt auf dem hölzernen Pferd, Gaßen-
laufen, Absetzung und Ausstoßung bis zur Hinrichtung im
Fall von Auflehnung und Meuterei, Vernachläßigung der Wacht,
Verletzung von Sicherheitsposten, und bis zur schimpflichen des
Strangs, die den 10ten Mann nach dem Loose traf, wenn eine
Mannschaft, weil sie ihr Seitengewehr noch gebrauchen konnte,
aus der Schlacht floh, während die Uebrigen ohne Fahne dienen, vor dem Lager liegen und es reinigen mußten, bis sie
ihre Schmach ausgetilgt hatten durch eine muthige That. Der
König betrachtete sein Heer als einen Verein ehrbarer Menschen und Christen: darum übte er auch strenge Sittenzucht.
Wie er aber keine Verbrecher aufnahm, die rohen Raufereien
und Zweikämpfe, das garstige Fluchen und Schwören nicht
duldete, den Soldaten nur erlaubte ihre Frauen bei sich zu
haben und keine liederliche Dirnen, und auf gewaltsame An-
tastung weiblicher Ehre Todesstrafe gesezt hatte, so achtete er
auch in den zu Strafenden ihre sittliche Würde. Die das
Gefühl abstumpfenden Prügel hatte er verbannt, und selbst der
Gehorsam sollte ein vernünftiger seyn. Denn einem Obern
zu gehorchen, wo Etwas zum Nachtheil des Königs und des
Reichs befohlen würde, war ausdrücklich verboten: so viel
Urtheil wurde Jedem zugetraut. Die Regimentsprediger —
der König nannte sie gleich den Pfarrern seine Volkstribunen,
sie bildeten zusammen ein Feldconsistorium, und der Hofgeist-
liche war ihr Probst — weihten mit Morgen- und Abend-
segen das Werk. Sonntags und, wenn Gelegenheit war, auch
an einem Wochentage war Predigt. Diese Andachten waren
keine Kirchenparaden, sie waren Gottesverehrung, ernste, feierliche Aufblicke nach dem Lichte ewiger Wahrheit aus dem
wilden Gewoge der Zeit. Die Siegeszuversicht, die der grü-
belnde Wallenstein in einsamer Erforschung der Labyrinthe
des nächtlichen Sternenhimmels suchte, hatte der König gefunden: in der Ueberzeugung großer Seelen von ihrer Bestimmung

zu Werkzeugen göttlicher Vorsehung, und mit diesem demüthig stolzen Glauben erwärmte er die Gemüther seiner Soldaten, denen er zu sagen pflegte: fleißig gebetet sey halb gefochten. Wie schauten die guten Leute im Pommerland groß auf, als sie den Unterschied gewahrten zwischen dem königlichen und dem kaiserlichen Heer! Wo hatten die Wallensteinischen nicht das Oberste zu unterst gekehrt, gebubt und geschlemmt, und diese Schweden begnügten sich mit Hausmannskost! Die Geld hatten, kauften und zahlten, die keines hatten, nahmen fürlieb mit Dem, was man ihnen gab. Sie waren ein gelehriges, kühnes, behendes, nüchternes Volk, das Hitze und Kälte nicht scheute, das zimmern, schreinern, schmieden, backen, schustern, schneidern konnte. Und wenn sie ihr Lager aufschlugen, trieben sie nicht von allen Enden die Bauern her, damit sie ihnen karrten, sondern sie trugen das Erdreich zu wie Ameisen, labten sich mit Wasser und Brod, übervergnügt wenn der König für 20 Kübel voll statt des Trinkgelds ein Paßglas Bier reichen ließ, und erstaunlich schnell hatten sie sich so eingegraben, daß ihnen nicht leicht Etwas anzuhaben war.

Abgesehen von diesen Kunden, die sich wie ein Lauf-feuer verbreiteten durch Stadt und Land, war man in Stettin nicht unvorbereitet in Bezug auf schwedische Art und Weise. Schon im April hatte Gustav Adolf den pommerischen Edel-mann David von der Osten, hernach seinen Geheimschreiber Heinrich Schwalenberg als Dolmetscher seiner Gesinnung hin-geschickt. Sein persönliches Erscheinen war dem Gerüchte vor-ausgeeilt. Die Volkssage, die dieses Königs Haupt frühe mit einem wunderbaren Strahlenkranze umgab, meldet, das Wet-ter sey ihm zuwider gewesen, da aber das Gelingen wesentlich von der Geschwindigkeit abhing, weil zu befürchten war, die Kaiserlichen möchten den Vorsprung abgewinnen, so habe er mit gebeugten Knieen und gefalteten Händen göttlichen Beistand angefleht und alsbald frischer Wind seine Segel ge-schwellt. Durch zwei Kanonenschüsse, das Signal als auf dem Bleichplatze gelandet wurde, erfuhren die Stettiner seine Ab-fahrt und Ankunft. In dieser Hauptstadt befehligte Siegfried von Damitz ein Regiment von 1500 Pommern, von Dem kam ein Trommler zu fragen, Wessen der Herzog und die Stadt sich zu versehen hätten, mit Andeutung, die Schweden möchten sich nicht weiter nähern, sonst müßte er Feuer geben. Das sey keine Manier den König anzugeben, war die Antwort, der Obrist solle selbst herbei. Unterdessen hatte sich das Heer im Angesicht der Stadt schlachtfertig aufgestellt, der König, zu Pferd, ordnete Alles. Nicht lange so machten Damitz und einige fürstliche Räthe ihre Aufwartung, zugleich kamen auch viele Bürger, welche das anziehende Schauspiel lockte. Da gab es zweierlei Unterhandlungen: eine amtliche ohne Erfolg, indem der König den Abgeordneten eröffnete, er müße mit Güte oder Gewalt Stettins sich versichern, sie aber Nichts vorzubringen hatten, als daß ihr Herr in schuldigem Gehorsam gegen kaiserliche Majestät bisher treu verharret sey, daß er wünsche diesen Nachruhm in die Grube zu nehmen, daß ihm also der König eine Verlegenheit ersparen und sein gedrücktes Land verlassen möchte, worauf Dieser versetzte, es werde angemessen seyn, daß der Herzog sich auch herausbemühe. Glücklicher war er außeramtlich: er trat unter die Umstehenden, schüttelte Einem, von dem man ihm bemerkte, er sey Bürgermeister, die Hand, redete mit ihnen, wie er nicht um Land und Gut zu vermehren, deren er genug habe, sondern um Gottes und des evangelischen Glaubens willen über's Meer geschifft sey, wie sie in ihm nicht einen fremden Machthaber zu erblicken hätten sondern einen Freund, der sie erlöse von Mördern und Räubern, wie sie von seinen Soldaten geschirmt werden sollten aber nicht belästigt, und durch das Wohlwollen, das aus seinen Zügen sprach, und den Adel seiner Gestalt bezauberte er alle Herzen. Als Bogislaw, den man in einer Sänfte daher trug, die Angstgründe seiner Ergebenheit gegen den Kaiser wiederholt auskramte, hielt ihm der König die uralten wohlthätigen Verbindungen Schwedens und Pommerns durch Handelschaft und Vertrag, von der andern Seite das lebhafte Bild der erlittenen dreijährigen Mißhandlungen vor Augen, so wie den Umstand, daß es dem Herzog doch nichts hälfe, die Schweden abzuweisen, weil er dafür die Kaiserlichen haben müßte, bei denen er nur um so schlimmer fahren würde. Nach genommenem Abtritt mit seinen Räthen war Bogislaw nicht mehr so keck, dem König ein Wort vom Fortgehen zu

sagen, aber in Stettin wenigstens sollte man ihn in Ruhe
lassen, denn die Kaiserlichen wollten Das auch. Einen Entschluß zu faßen, vielleicht verantworten zu müßen, fiel dem
Kleinmüthigen gar zu schwer. Ob auch der König erinnerte,
wie Viel die Kaiserlichen in Pommern versprochen und wie
Wenig sie gehalten hätten, ob er auch betheuerte, er verlange
für sich Nichts als das Gebet und den Dank der deutschen
Völker und eine geringe Belohnung für seine Soldaten — der
Herzog schwankte zwischen Ja und Nein, bis der König kurz
erklärte: „Wer nicht für mich ist, ist wider mich," und zum
Beweis, daß man ihn gern oder ungern werde hineinlassen
müßen, machte er die schwachen Punkte der Festung nam-
haft. Und nach den Fenstern des Schloßes zeigend, aus denen
Kopf an Kopf neugierige Damen herausguckten, fragte er lächelnd: „Glaubt Ihr, Vetter, daß alle diese schönen Beschü-
perinnen 3 Minuten gegen eine einzige Compagnie meiner Da-
lekarlier aushalten würden?" „Nun in Gottes Namen,"
rief endlich Bogislaw. Zur Stunde gab man den Verabredungen die bindende Kraft eines Vertrags. Dieser lautete auf
ein beständiges Bündniß zu Schutz und fessellosem Verkehr
mit gegenseitiger Gangbarkeit der Münzen und Befähigung
der Unterthanen zum Heimathrecht in beiden Staaten, er war
ohne Abbruch durch ältere Verträge gültig auf 10 Jahre und
alsdann zu erneuern, war seiner Natur nach vertheidigend,
konnte aber, wenn der Zweck — Pommerns Befreiung und
Erhaltung bei reichsständischer und landschaftlicher Verfassung
— nicht anders zu erreichen war, angreifend werden, und verpflichtete jeden der Theilhaber, dem andern nach äußersten Kräften beizuspringen, nicht ohne dessen Wissen und Willen aus-
zutreten, der Herzog sollte sich mit Niemand irgendwie einlassen noch Gebietstheile, namentlich Rügen, veräußern dürfen,
der König verbürgte ihm die ungeschmälerte unentgeldliche
Wiedereinräumung aller eroberten oder zu erobernden pommerischen Plätze mit Einschluß Stralsunds, allein anlangend diese
Stadt unter Bedingung der Erledigung ihrer Beschwerden und
der Bestätigung ihres besonderen Vertrags mit Schweden,
und sofern Bogislaw ohne männliche Nachkommenschaft das
Zeitliche gesegnete, mit dem Vorbehalt, das Land unterpfändlich

so lange zu besetzen, bis entweder der Kurfürst von Brandenburg als muthmaßlicher Erbe dieses Uebereinkommen genehmigt und das Herzogthum ausgelöst hätte, oder wenn Anstände sich erhöben wegen des Erbrechts, bis der Streit geschlichtet und alle Kriegskosten an die Krone Schweden ohne
Zuthun und Belastung Pommerns erstattet wären. „Noch
Eins will ich Eurer Liebden empfehlen, hatte der König halb
im Scherz halb im Ernst zum Abschiede gesagt, Sie müßen
sich als Eheherr mehr anstrengen oder mir erlauben, daß ich
mich Ihnen zum Sohn anbiete." Es war ain Sonnabend
den 20ten Julius, eine Ehrenwache von 200 schottischen Musketieren geleitete die herzogliche Sänfte zur Stadt und besetzte
ein Thor. Das Heer folgte. Bald waren alle Posten besezt
und durch ausgeschiffte Artillerie verstärkt. So auch in Damm.
Die Soldaten wurden nicht einquartirt: sie schliefen unter
Zelten auf dem Wall, der König an Bord. „Ein Pelzman-
tel für den General und Stroh für den Soldaten, äußerte er,
wären treffliche Betten für die Unterthanen eines Königs,
dessen Ruhepolster eine Hängmatte sey." Der Sonntag war
der Erholung geweiht und der Religion: man sah den König
in der Hofkirche und zweimal beim Schiffsgottesdienst. Hierauf schritt er sogleich zur praktischen Entwicklung des Verhält-
nisses mit Pommern. Die Befestigungen von Stettin waren
in unzulänglichem Zustand: er rief den Stadtrath und die
vornehmsten Bürger zusammen, belehrte sie über die Nothwendigkeit die Stadt besser zu verwahren, schlug ihnen vor, damit die Arbeit rascher ginge, sie durch seine Soldaten verrichten zu lassen, die derselben gewohnter seyen, nur schien es
ihm billig, daß sie ein so gemeinnütziges Werk nicht ganz un-
sonst thun müßten, daher sollte die Bürgerschaft sich zu einer
mäßigen Zubuße verstehen. Dieß geschah. Jeder spendete
nach Vermögen oder legte selbst Hand an. In unglaublich
kurzer Zeit war nicht bloß rings um Stettin ein von dem
König entworfenes meisterhaftes System von Schanzen und
Basteien, sondern auch zur Sicherheit der Verbindung mit
Damm an der großen Reglitz, obgleich auf dem sumpfigen
Boden erst durch eingerammte Pfähle der Grund gelegt werden mußte, ein vierfaches Bollwerk aufgeführt und solcher

II.   8

Gestalt die Stadt zu einem Hauptwaffenplatz umgeschaffen.
Wegen der erforderlichen Veranstaltungen zu Verwirklichung
der Wehrgemeinschaft wurde das Nähere festgesezt. Dem Kö-
nig verblieb die unumschränkte Leitung des Kriegs. Alle
Pläze und Päße sollten ihm stets offen seyn, sey es zum
Durchzug oder zum Quartiernehmen oder um Besatzungen ein-
zulegen — nach Nothdurft. Das damizische Regiment, seiner
Fahnen wegen nachmals die weiße Brigade genannt, wurde
dem schwedischen Heer einverleibt, die Anwerbung etlicher
Regimenter zu Roß und zu Fuß von Herzog und Ständen
übernommen. Stettin empfing 4000 Mann Besatzung, der
König hatte den Unterhalt zu bestreiten, aber die Stadt zahlte
50,000 Thaler zur Feldkasse. Nicht Weniger steuerte die Landschaft, dazu 3½ Prozente der Fluß- und Seezölle. Eine
genaue Quartier- und Verpflegungsordnung regelte die Leistungen der Hauswirthe an die Mannschaften, jede Ueber-tre-
tung wurde unnachsichtlich geahndet. Die Offiziere hafteten
für den Schaden. Die innere Verwaltung hatten die herzoglichen Behörden nach wie vor, und in Abwesenheit des Königs
auch in Militärsachen Bogislaw die Obergewalt. Der schwedische Befehlshaber gelobte ihm Treue, der Fürst hatte die
Schlüssel zu Thoren und Zeughäusern und ertheilte das Lo-
sungswort. Aber Das war eine Ehre sonder Bedeutung: denn
ohne den General durfte kein Schlüßel umgedreht werden
und zum Ueberfluß bekamen die Soldaten noch eine geheime
dem Herzoge selbst unbekannte Losung. Der war demnach in
ziemliche Abhängigkeit gerathen. Für Pommern war das
Unglück nicht zu groß und übertriebene Enthaltsamkeit hier
von Seiten Gustav Adolfs wäre Unklugheit gewesen, eine
Verschwendung der Schätze seines Reichs aus bloß idealem
Vergnügen ohne Möglichkeit eines Ersazes oder eines Vor-
theils für Schweden würdiger eines romantischen Abenteurers
als eines Staatsmanns. Mit welchem Vertrauen hätte er
Viel einer Regierung überlassen können, die in gänzlicher
Selbstwegwerfung und Verwahrlosung des Landes ihre Unfä-
higkeit zur Schau trug, und die jezt, da sie sich unter seinen
Fittigen wieder fühlte, nicht so erpicht war auf Vertreibung
des Feindes als auf Geltendmachung ihres Ansehens in Stral-

sund? War es ihm zu verargen, daß er dem Ansinnen diese Stadt zum gebührenden Gehorsam gegen den Landesherrn an- zuhalten nicht ohne Weiteres entsprach, daß er Anstand nahm, die alte Privilegienfrage, vermöge deren sie da, wo sie sich selber vertheidigte, keine Beiträge zur Landesvertheidigung schuldig zu seyn behauptete, gegen sie zu entscheiden und sie durch Versetzung in die Lage einer bloßen Landstadt gleichsam dafür zu strafen, daß sie sich erdreistet hatte auf eigene Ge- fahr dem Friedländer zu trotzen, daß er vielmehr auf ihre Bitte, sie nicht einigen übelgesinnten Hofräthen aufzuopfern, die sie fast dem Feind in die Hände gespielt hätten und nun ihrer Freiheit berauben möchten, es ablehnte in der Sache thä- tiger zu seyn denn als Vermittler? Gustav Adolf hatte mit einem deutschen Fürsten einen Staatsvertrag abgeschlossen, der ohne Zweifel dahin führen konnte, daß ihm Pommern zuletzt anheim fiel, aber Was wars? Niemand wurde verletzt als etwa der lachende Erbe, der das Herzogthum nicht haben sollte außer gegen einen Beitrag zu den Kosten der Befreiung und der wohl auch nicht verdiente zu besitzen, Was seinetwegen hätte zu Schanden gehen können. Wäre selbst in das deutsche Verfassungswesen ein Loch gerissen worden, so war die Sünde verzeihlich: war doch diese Verfassung ein so dünnes Gewebe von Rechtskünsteleien, daß sich nur politische Mücken darin verfingen, daß die Gewalt entweder mit roher Faust durchschlug oder den Faden elastisch dehnte, bis sie sich jedem Unrecht an- schmiegte, und Wer dürfte leugnen, daß der Hader in Deutschland durch den hineingeschleuderten kirchlichen Höllen- brand zu einer jener Angelegenheiten der Menschheit wurde, da die Naturweisheit der Heldenkraft waltet, die älter ist als das Buchstabengesetz, und der Freiheit, die immer Recht hat?

Das pommerische Volk hatte keine Bedenklichkeit wegen Gustav Adolfs endlicher Absichten: es gab sich mit rückhalts- loser Liebe seinem Retter hin. Der durch feige Schranzen er- stickte öffentliche Geist richtete sich auf, erleichterte die militä- rischen Maßregeln. Eine Reihe Ortschaften rechts und links der Oder, Camin, Greifenberg, Treptow, Naugart, Ukermünde, Anklam (nach Aufhebung des Lagers) hatten die Kaiserlichen ausgeplündert verlassen, andere öffnete das Verständniß mit

8*

den Einwohnern. Bei Rügenwalde hatten 700 Schotten unter
Robert Monro auf der Fahrt von Pillau zum Heer Schiffbruch gelitten, Nichts gerettet als ihre Schwerter und Partisanen und einige nasse Musketen; überall umher war Alles
voll feindlicher Quartiere, aber ein herzoglicher Beamter ließ
sie bei nächtlicher Weile durch eine Hinterpforte ein und überlieferte ihnen Hafen und Stadt — bequeme Anhaltepunkte
für die aus Preußen erwarteten Verstärkungen unter John
Hepburn, dem Rheingrafen und Heinrich Baudis. In Stargard machte Damitz sein Probstück: hier war ein kaiserliches
Magazin, hier die Verbindungslinie zwischen dem Lager bei
Garz und den Besatzungen von Hinterpommern. Ein Bürger
war Führer. Die Nacht sollte den Ueberfall decken, obwohl
es aber, bis sie von Stettin hinübermarschirten, heller Tag
war und der Feind sie gewahr wurde; drangen sie über die
Ihna in die Stadt, Dufour's Soldaten, meist in einem Abschnitt am Sankt Johannstbor gelegen, unterhielten von dem
Gewölbe der anstoßenden Kirche und zwei Thürmen herab ein
heftiges Feuer, die Schweden erwiederten es von den benachbarten Dächern, sie hatten eine Mine geladen, um die Kirche
in die Luft zu sprengen, und an einem der Thürme, welcher
das rothe Meer hieß, die Thür eingeschossen, da wurde zu
unterhandeln begehrt und die Kaiserlichen durften mit Oberund Untergewehr, jedoch ohne brennende Lunten, abziehen nach
Garz. Gegen Colberg wurde noch nicht voller Ernst gebraucht.
Diese Festung beherrschte die Küste von Cassuben; in ihr hatten Conti und seine Gesellen ihre kostbarste Beute niedergelegt, das Hochstift Camin, zu dem sie gehörte, und die hinterpommerische Landschaft lagen dem König sehr an, ihnen diesen
Dorn aus dem Fuß zu ziehen; sie versprachen zu diesem Behuf ein Ansehnliches über ihre monatliche Beisteuer und stellten 200 Reiter und 1000 Musketire aus dem Landvolk zu seiner Verfügung, aber für einen Handstreich war der Platz zu
stark und eine größere Entwicklung von Streitkräften, einen
Angriff um jeden Preis hätte seine Entlegenheit nicht gerechtfertigt. Eine Absperrung, zu welcher Sperreiter beordert
wurde, schien genug. An Wolgast versuchte sich Kniphausen:
Die Stadt war bald über. Nicht also das auf einem Holm

in der eene erbaute Schloß. Da der Felsengrund neben dem Fluß nicht erlaubte Laufgräben zu ziehen, so mußte man sich mit Faschinenblendungen helfen, eine Brücke auf Flößen mit bedeckter Gallerie wurde mehrmals zertrümmert und bei 8000 Kanonenschüsse waren abgefeuert, als Hauptmann Schlechter, dessen Truppen von Bogislaw Philipp von Chemniz, dem Zeitgenossen und Geschichtschreiber dieses Kriegs, bezeugt wird, sie seyen seit des Königs Ankunft die Ersten als Soldaten den Schweden entgegengetreten, wegen ehrenhafter Uebergabe sich verglich. Um ein Kleines hätte Kniphausen durch geheime Anhänger Greifswald einbekommen: sie waren bereit ihm auf zumachen, wäre nicht sein Eintreffen durch einen abgeworfen en Steg, den er zuvor herstellen mußte, so verspätet worden, daß inzwischen der Feind wach wurde. Je allgemeiner diese Neigung des Volks zum Abfall und bei den Kaiserlichen die Furcht verrathen zu werden, desto grausamer das Joch ihrer entschwindenden Herrschaft, desto blutdürstiger der Krieg. Hatte Conti befohlen von Pommern in schwedischem Dienst keine Gefangenen zu machen, sondern sie als Aufrührer niederzusto ßen, so ließ der König die Kroaten als Wilde behandeln. Während er menschenfreundlich und gütig gegen Jedermann und nur Strenge übend, wo die Mannszucht es erheischte, diesem Gesindel von Landverderbern, das allen Unterschied zwischen Soldaten und Räubern verwischte, seinen Zorn auf gespart zu haben schien, rüttelten die Kaiserlichen das Maß der Ungerechtigkeit voll. Keine Schutzbriefe wurden mehr ge achtet. Penkun hatte einen von Conti, er war mit allerlei Brandschatzung redlich bezahlt. Vergebens — unter Vorwand des Durchzugs brach eine Rotte ein, zerschlug Kisten und Kä sten, fegte Schloß und Kirche, Häuser und Keller aus, und fuhr mit dem Raub davon. Das waren Deutsche, Nachlese hielten Kroaten. Da wurden die Leute um verborgenes Geld gemartert, Weiber und Mädchen, graue Mütter und unmün dige Töchter von den Wüstlingen zusammengetrieben wie das Vieh, bis in die Kirchhöfe nach Schätzen gescharrt, die Tod ten ausgegraben und die Lebenden begraben. Noch begab sich hier nicht das Schlimmste. Ungleich kläglicher ist die Leidens mähre von Pasewalk, aber auch sie eben ein Beispiel statt vieler. Diese Stadt hatte seit 3 Jahren mit Reiterquartieren ihre liebe Noth, neben dem wirthschaftlichen Aufwand betrugen die wochentlichen Umlagen 4 — 10 Thaler für einen Familienvater — Unkosten, die der Wohlhabende kaum erschwang und wegen deren mancher der Aermern von Haus und Hof lief. Wäre es nur nicht bunter gekommen! Allein als Conti das Heer bei Garz lagerte, wurden die Pasewalker zwar ihrer Gäste los, dafür aber beschwert mit 150,000 Thalern für Götze und sein Regiment, der, nachdem die Summe bis auf 3000 angeschafft war, noch 14,000 darauf schlug und damit sie zahlungsgeschmeidiger würden, den Bürgermeister, Stadtrichter und Apotheker nebst 15 der angesehensten Bürger als Geißel in's Lager schleppen ließ. Hier mußten sie liegen in Ketten und Banden, in Wind und Regen, ihre Nahrung war hartes Kleienbrod und die Würze der Gestank eines nebenan errichteten Kloaks, und bei ihnen daheim waren 20 Presser zurückgeblieben, die nicht aufhörten mit Schinden und Zwacken, obschon die Geängstigten sich aufs Aeußerste entblößten, um den unbarmherzigen Gläubiger zu befriedigen und, Was sie an Geld und Geldeswerth vermochten, Speck, Butter, Käs, Bier, Schuldscheine, edles und gemeines Metall darbrachten. Unter diesen Hatzen streiften zwei von Kniphausens Companien vor die Stadt, fanden die Thore sperrweit offen, die Presser, die nicht zum Wachtstehen da waren, nahmen Reißaus, und sie ergriffen Besitz. Wurde sofort auch fleißig gearbeitet um den Platz in wehrhaften Stand zu sezen, so war man doch, weil der Hände zu wenig, noch fern vom Zweck, als die Schreckenskunde erscholl, Götze sei im Anzug mit 3000 Mann. Gegen solche Uebermacht war kein Ankämpfen, schnell wurden die Wälle erstiegen, die Schweden zogen sich fechtend zurück ohne sonderlichen Verlust, denn nicht sowohl an sie als an die Stadt wollte man. Und da wurden die Gräuel von Penkun übertroffen, 5 Tage rasten kalte Mordgier, Wollust und Habsucht, die Straßen waren mit Leichen bedeckt zum Fraß für Hunde und Schweine, und als die Einwohner Nichts übrig hatten außer den nackten Wänden, zündeten die Soldaten daraus ein Lustfeuer an, umwandelten in geistlicher Vermummung die Marienkirche, und als die schöne große Glocke, dergleichen nicht war in ganz Pommerland, glühte und schmolz und der Thurm krachend einstürzte, riefen sie: „Ha, wie fein brennet Pasewalk!" Mordbrennen war damals gut deutscher Brauch, aber! Conti's welsche Kameraden mischten auch. Etwas von Banditentücke in ihre Kriegskunst. Der König wurde vor abgedankten kaiserlichen Offizieren, die Dienst suchen würden um ihm Schlingen zu legen, vor verkappten Jesuiten, die sich als verbannte Prediger einschleichen wollten um ihn zu vergiften, von Holland und Regensburg aus gewarnt. Bei seiner natürlichen Treuherzigkeit war er diesen Gefahren nur zu oft bloßgestellt und da das Werbungsbedürfniß unter der sich anmeldenden Menge keine allzugenaue Auswahl gestattete, so waren sie kaum zu vermeiden. Er sollte bald gewizigt werden. Unter den Uebergetretenen waren Giovanni Battista und Quinti del Ponte, Rittmeister und Obristlieutenant in Falkenbergs Regiment. Wie nun eines Tags der König mit 70 Pferden gegen Garz auf Kundschaft ausritt, hatten diese Schurken Conti benachrichtigt und 500 neapolitanische Küraſſiere waren ihm auf der Lauer. Hätte er nicht die Vorsicht beobachtet 200 finnische Reiter in der Stille folgen zu lassen, war Tod oder Gefangenschaft des Ueberfallenen Loos. Trotz ihrer verzweifelten Gegenwehr sah er von seinen Gefährten einen um den andern verbluten, sein Roß von Kugeln durchbohrt hatte ihn im Sturz zu Boden gerissen, das Häuflein war umringt: in diesem Augenblick kamen die Finnen, durch das Knallen der Büchsen aufgeschreckt, mit verhängtem Zügel angesprengt und vor ihren schwunghaften Streichen sanken die Neapolitaner wie Gras vor der Sense oder zerstoben. Quinti bekannte sich schuldig, indem er nach Garz entfloh. Battista, verhaftet, gestand, daß er oftmals nach der Pistole gelangt habe um den König zu erschießen, daß ihm aber jedesmal gleichsam die Hand erstarrt sey: er wurde im Lager vor Stettin, wo man noch nach Jahren seinen Galgen zeigte, aufgehenkt. Sonst unternahmen die Feinde nicht Viel: sie kamen hinter ihren verschanzten Linien nur hervor, wenn sie auf Plünderung ausrückten, und sie dort anzugreifen schien um so weniger zuträglich als es eine Stellung war, deren Eroberung jezt theuer hätte erkauft werden müſſen, die sie aber, wenn die Jahreszeit rauher wurde und Mangel eintrat, ohnehin nicht behaupten konnten. Darum um nicht müßig zu seyn und sie zu zwingen, ihre Macht zu vertheilen, richtete Gustav Adolf seine Blicke auf Meklenburg. Dem Feldmarschall Horn übergab er den Oberbefehl bei Stettin, er selbst ging mit dem Hauptheer auf die Flotte und da sie durch Gegenwind aufgehalten wurde, landete er am 20ten September unterm Jauchzen des Volks in Stralsund.

Zu Regensburg machten diese kriegerischen Ereignisse in Pommern im Anfang ungefähr den Eindruck wie der Lärm der Meereswogen auf Jemand, der sie vom trockenen Ufer hört. Die hohe Versammlung ließ sich deßwegen im Gang ihrer Berathungen und im Spiel ihrer Ränke nicht stören. Sie war ungemein zahlreich und wenn Deutschland im schönsten Flor gewesen wäre, hätte nicht mehr Gepränge seyn können. Ferdinand's Gemahlin, Prinzen und Prinzessinnen und ein Schwall von Kammer- und Kanzleiherren vom Obristhofmeister und Obristhofmarschall abwärts, die an 99 Tafeln gespeist wurden, die katholischen Kurfürsten, der Bayer mit seinem treuen Tilly, Abgeordnete der meisten Reichsstände, eine Menge Fürsten, Grafen und Herren, in Geschäften oder zum Vergnügen, Botschafter des Pabstes und der großen Mächte, verherrlichten das kaiserliche Hoflager im bischöflichen Palast. Aus England hatte sich Sir Robert Anstruther und mit ihm nach mühlich erhaltenem Geleit Rusdorf für den Pfalzgrafen, aus Frankreich Karl Leon Brulart und Franz Leclerc von Tremblay, bekannter als Vater Joseph der Kapuziner, eine Art Hausgeist Richelieus, eingefunden. Aber an der Saumseligkeit der Ligisten, die den Kaiser doch so sehr um diese Tagesatzung bestürmt hatten, und ihn jetzt auf sich warten ließen, konnte er gleich merken, daß ihre Willfährigkeit nicht gar groß sey. Seine erste Sorge in Regensburg war durch Eilboten die wiederholt dringende Einladung zu persönlichem Kommen an die Kurfürsten zu senden, die beweglichste an die von Sachsen und Brandenburg unter Verwahrung vor Gott und der Welt wegen alles Unglücks, das entstehen könnte, wenn sie nicht Folge leisteten. Ihre Anwesenheit wäre freilich erwünscht gewesen: sie hätte das protestantische Deutschland

glauben gemacht, die Nation werde nicht papistisch regiert und
Alles geschehe in den Grenzen der Reichsverfassung. Mit
dieser Täuschung wollten sie Nichts zu thun haben. Der
Sachse entschuldigte sein Ausbleiben mit der Nähe des Kriegsschauplatzes, der Brandenburger mit der Verheerung seines
Landes, das er bei seiner Rückkehr aus Preußen, in einem
Zustande angetroffen hätte, daß er es kaum noch kennete, aber
nicht wüßte, wie er daraus die Ausgaben bestreiten sollte für
eine weite Reise und den Aufenthalt an einem fremden Ort.
Wie hierauf der Kaiser nach Vorausschickung einer historischen
Darstellung der Lage des Reichs zu dem Schluß gelangte, daß
die Ursachen des Kriegs und die Hindernisse des Friedens
nicht bei ihm zu suchen seyen sondern in der Halsstarrigkeit
der Gegner, daher die Kurfürsten entweder die Schwierigkeiten
beseitigen helfen oder zu einer rechtschaffenen Vereinigung wider äußere und innere Ruhestörer ihrem Oberhaupt die Hand
bieten sollten — wie er ferner seine Milde rühmte gegen
Friedrich von der Pfalz, der keine der vorgeschlagenen Unter-
werfungsbedingungen erfülle, so daß es ihm nicht zu verdenken wäre, wenn er Demselben nachgerade die Gnadenpforte ver-
schlöße — wie er endlich allen Widersachern, die mehr auf
Deutschlands Uneinigkeit als auf ihre Macht bauten, den
Holländern, Anstiftern und Unterstützern jeglicher Empörung
im Reich, an dem sie fortführen in Westphalen sich zu vergreifen, dem König von Schweden, mit dem er eigentlich nie
in Ungüte eine Berührung gehabt habe, und Frankreich, wenn
es nicht abließe in der italienischen Angelegenheit die Hoheit
des Kaiserthums zu beeinträchtigen, nachdrücklich begegnen
wollte und dazu die Mittel verlangte, allein den Grund der
Beschwerden weniger in der Zuchtlosigkeit der Soldaten entde-
cken konnte als in der Noth der Umstände, indeß zum Troß
ständischen Rath zu Schöpfung ordentlicher Hilfsquellen für
den Krieg erbat — da war's wie bei einer Orgel, wo die Tasten gespannt sind und man den Blasebalg tritt. Im Nu zer-
fleischte eine wahre Katzenmusik von Klagen des Kaisers Ohr.
Hatte er an Dem genug gehabt, was ihm von den Gesandten
im Einzelnen vorgeleiert wurde, so bekam er es noch einmal
symphonisch zu hören von dem Kurrath. Bittschriften über

Bittschriften wurden eingereicht, voll schauerlicher Beschreibungen der erduldeten Drangsale, mit Schadenschatzungen, die bei Brandenburg 20 Millionen Thaler, bei Niederhessen 7, bei Pommern bloß für den Regierungsbezirk von Stettin 10 ausweisen und so allenthalben nach Verhältniß. Ein umfassendes Rundgemälde des Soldatenunfugs hatten die Pommern entworfen. Nicht allein daß sie 31,500 zu Fuß und 7500 zu Pferd, den Troß ungerechnet, zu verpflegen und zu besolden und großen Theils auch mit Waffen und Geschütz, Pulver, Eisen und Blei, Rüstwagen, Schüppen und Spaten zu versehen hätten, jammerten sie, sondern daß dabei die Einwohner auf alle Weise gepreßt und gehohnneckt würden, so daß nicht selten wenn eine Companie ihren Sold habe, weil keine Quittung zu erhalten sey, eine andere nachrücke, welche die nehmliche Forderung erhebe, oder daß man ihnen bei Rückständen von einigen Thalern 10, 20 und mehr Presser einlege, denen sie Lohn, zu fressen und zu saufen geben müßten, die wohl auch Fahrniß an Zahlungsstatt nähmen aber zu einem Spottpreis, etwa einen Zugochsen zu 2 Thalern, und damit Obrigkeit und Unterthanen unter gleicher Tyrannei seufzten, hätten die Kriegsknechte in fürstlichen Häusern die Zimmer in Ställe verwandelt, das Geräthe, die kupfernen Dachrinnen, zuweilen Holz und Stein auf den Abbruch verkauft, die fürstlichen Diener wenn sie nicht in Allem zu Gefallen wären, würden in Block gelegt, die Zölle und Gefälle und ach, die Wildbahnen seyen so herunter gebracht, daß ein friedländischer Hauptmann oder Rittmeister auf glänzenderem Fuß lebe als der Herzog, das entwaffnete abgeschundne Volk aber, dem sie jede ersinnliche Teufelei anthäten, um das lezte Schärflein von ihm zu erhaschen, könne sich den welschen Obristen nicht einmal verständlich machen, ja sie mißgönnten ihm den Frieden der Religion, verwüsteten Kirchen und Altäre oder polterten bei versammelter Gemeinde unter Trommel- und Pauckenschlag in das Heiligthum und übertäubten den Gottesdienst, und wenn sie den Menschen Nichts gelassen als das elende Daseyn, das Viele mit unsauberer Nahrung von Trebern, ungekochten Kräutern oder verrecktem Vieh fristeten, Andere freiwillig abkürzten oder in Hunger und Kummer endigten, so zögen sie wie in Rügen sengend und brennend davon, hinter ihnen Eindöden auf 5 und 6 Meilen. Von den protestantischen Beschwerden im Allgemeinen war der Kurfürst von Sachsen das Echo: er schien über dieses Kapitel ein entscheidenderes Wort sprechen zu wollen, sein Gesandter Graf Philipp Ernst von Mansfeld hatte dem Kaiser noch in Wien vorgestellt und mit Beispielen aus Nord und Süd veranschaulicht die Zerrüttung des Reichs, die eingerissene Gesetzlosigkeit, die stehend gewordenen willkürlichen Kriegssteuern, die Verkümmerung aller Gerechtsamen der Fürsten und Kurfürsten; die Ausdehnung der Gegenreformation nach Grundsätzen, bei denen seinen Glaubensgenossen jeder Vortheil des Religionsfriedens verloren ginge, er ließ zu Regensburg auf Abzahlung seines Guthabens von 62 Tonnen Goldes, Rechnungsablegung über die Verwendung der öffentlichen Gelder und Zurücknahme des Restitutionsedikts dringen und freute sich der ergötzlichen Nebenscene des Kurfürstentags — einer heftigen Fehde zwischen den Benedictinern und Loyolas Jüngern, da die begünstigte Gesellschaft Jesu unbekümmert um das historische Recht überall auf die fettesten Pfründen Jagd machte und er aus diesem Frosch- und Mäusekrieg folgerte, daß Beide kein Recht hätten auf die Stifter. Ehe aber der Kurrath die kaiserlichen Anträge beantwortete, mußten sie mancherlei Kritik in Gesprächen und Druckschriften erfahren. Der Eingang, hieß es, borge den Schein des Friedens, der übrige Text athme Drohung und Krieg. Unter jenem Schein verstehe man die Herrschaft des Hauses Oesterreich und die bisherige Geduld werde als schnöde Dienstbarkeit gedeutet. Wollte man nicht Waffen haben gegen das Vaterland, wider den Feind hätte man sie längst nicht mehr nöthig. So lasse man die Soldaten, just als ob sie die Gebieter wären und die Fürsten ihre Knechte, fort und fort das Reich brandschatzen und verwickle es in alle Privathändel der Habsburger in Niederland, in Italien, in Polen. Habe Ferdinand seinem Schwager Siegmund ein Heer zu Hilfe geschickt, so sey er nur mit gleicher Münze bezahlt, wenn der König von Schweden seinen Vettern den Herzogen von Mecklenburg, die überdieß ungehört verurtheilt worden seyen, seinen Arm leihe. Die Rechte des Reichs schütze man vor, aber Revers würde sie nicht in

Unehren halten, und wenn die Holländer sich einiger Orte
bemächtigt hätten, so seyen es solche gewesen, die sonst den
Spaniern in die Hände gerathen wären und lediglich weil Die
gegen Holland Nichts ausrichteten und in Mailand einen französischen Prinzen nicht zum Nachbar haben wollten, sey Collalto über die Alpen, Montecuculi über die Yssel marschirt.
Von Dem, was der Pfalzgraf verbrochen, sey das ärgste Geschrei: nun er hätte von Böhmen wegbleiben können und möge
für seine Keckheit eine Strafe verdient haben, ohne Zuziehung der Stände hätte sie aber nicht verhängt werden sollen und wenn ihm nicht in der Hauptsache Genugthuung wi-
derfahre, werde es nie fehlen am Zunder der Zwietracht, Spa-
nien-Oesterreich werde eifersüchteln mit Bayern, Katholiken
und Protestanten einander in den Haaren liegen. Diese Vorwürfe, sofern der katholische Gesichtspunkt nicht entgegen stand,
eigneten sich die Kurfürsten an und kleideten sie in das Gewand einer amtlichen Erwiederung, der sie ihre Gegenanträge
anfügten. Sie gingen nicht auf einmal, jedoch zusehends freier
mit der Farbe heraus. Unter den verbindlichsten Versicherungen, daß den Kaiser persönlich kein Vorwurf treffe, verdammten sie seine äußere und innere Politik, jene als übereiltes
Trutzbieten, diese als physisch und moralisch verderblich für
Kinder und Kindeskinder, sie waren für unverweilte Beile-
gung des Zwistes mit Frankreich und nicht dafür, daß man
sich verfeinde mit den Holländern, vor denen Deutschland gute
Ruhe habe, sobald er von Spanien erlange, daß es die Grenzen
nicht überspringe, insonderheit daß es von der Rheinpfalz ab-
lasse, sie wollten, wenn anders der Bruch mit Schweden nicht
noch durch ein entgegenkommendes Benehmen abzuwenden wäre,
ihren Beistand nicht versagen, nur müßte die Stärke der Truppen, deren er in seinen Erbstaaten haben möge nach Belieben, für das Reich in Gemeinschaft mit ihnen bestimmt,
ohne Verwilligung der Kreise keine Kriegssteuern erhoben
und die Frevler zur Rechenschaft gefordert werden, sie verlangten für den Pfalzgrafen Begnadigung, für die Herzoge von Meklenburg den Rechtsweg, für die Reichslande das
Aufhören der eigenmächtigen Schatzungen, Pfändungen und
Veräußerungen und der dem zuständigen Richter entzogenen

Konfiskationsprozesse, vor Allem die unversehrte Wiederaufrichtung der Verfassung und dadurch der Eintracht zwischen
Haupt und Gliedern, die nicht zurückkehren könne, solange sie,
die Säulen des Kaiserthums und der Quell, von welchem es
ausfließe, ihres Ansehens beraubt seyen und die wichtigsten Dinge
ohne sie ins Werk gesezt würden; sie eiferten gegen das unbändige Kriegsvolk und dessen ausländische Generale, die jeder
göttlichen und menschlichen Ordnung spotteten; die sich mit ihnen an Geburt und Rang nicht messen könnten, und vor denen sie die Kniee beugen sollten, sie erwähnten des Friedländers mit keiner Silbe, aber sie ersuchten den Kaiser um Er-
nennung eines geachteten, anerkannten und Vertrauen einflö-
ßenden Reichsfürsten zum Feldherrn, der angewiesen werde,
nach ihrem oder wenigstens des nächst gesessenen Kurfürsten
Rath und den Gesetzen zu verfahren, und nicht nach Einge-
bungen der Laune, Was keine Mode sey für Deutschland.
Als Ferdinand sein Gesicht zu dieser Strafpredigt in freundliche Falten zwang, über Das, was nicht ungeschehen zu machen war sein Bedauern ausdrückte, die Kriegführung künftig
mit den Ständen zu überlegen versprach; das hierin Versäumte
mit den Ueberraschungen der feindlichen Anschläge entschuldigte und die schönste Hoffnung gab, daß, sowie von Reichs
wegen für die Verpflegung des Heeres gesorgt wäre, jegliche
Beschwerden von selbst wegfielen, auch kein Bedenken trug,
die bereits angeblich hergestellte Zucht, die weder Soldaten
noch Offiziere ungestraft verletzen dürften, zu loben und zu bemerken, daß er sich zu der Liga des Gleichen versehe; übrigens
den Ständen gerne Gehör schenke und Abhilfe gewähre, wenn
sie gegen seinen Feldhauptmann ein Besonderes auf den Herzen hätten, da ergoß sich eine Fluth verhaltenen Zornes über
Wallenstein. Die Unstatthaftigkeit seiner Anstellung nach
meist überstandener Gefahr mit mehr als kaiserlicher Allgewalt
aber ohne Geld; seine unmäßige Hoffart, Habgier und Verschwendung, seine Härte und sein Stolz wurden rücksichtslos
gezeichnet, in ihm wurde die Wurzel entdeckt von allen Drang-
salen, Schanden und Lastern einer finstern Zeit, man fragte, Wer
denn die Feinde seyen, gegen die man jezt Lärm blase, wenn
nicht Diejenigen, die er durch seine Anmaßungen dem Reich

aufgehalst habe, man wiederholte trocken die Bitte um seine Absetzung. Und wie auch der Kaiser, dem es ungefähr zu Muthe war wie Jemand, der mit der einen Hand seine andere abhauen soll, sich stemmen, wenden und drehen mochte, stets das Ende vom Lied war diese Absetzung. Unerwartet konnte ihm Das nicht seyn: schon vor der Zusammenkunft hatte der Erzkanzler Anselm Casimir Wamböld von Umstatt, kein schlechterer Ligiste als sein Vorfahr Georg Friedrich von Greifenklau, zu erkennen gegeben, wenn der Dictator bleibe, werde man Wenig oder Nichts ausrichten in Regensburg. Die Kurfürsten wußten wohl, warum sie einen so dreisten Ton anstimmten: ihre Kühnheit keimte aus ihrem Einverständnisse mit Frankreich. Brulart und der Kapuziner waren bei ihnen beglaubigt wie bei dem Kaiser, und obgleich Dieser es übel nahm, daß er hier nicht der alleinige Vertreter des Reichs seyn sollte, hatten sie ihren Wandel zu den Kurfürsten, begrüßten sie in feierlicher Auffahrt. Am kaiserlichen Hof waren Wallensteins Freunde und sein Einfluß nicht müßig, waren Staatsmänner, die an seine Verdienste um die Befestigung der Macht des Erzhauses, seine Militärschöpfungen aus Nichts erinnerten, die es ungereimt fanden, den unvergleichlichen Zähmer dieses wilden Thiers, das man Heer hieß, zu verstoßen in den Wehen eines zweifachen Kriegs und ihn, an dessen Winken die Soldaten hingen, vielleicht zur Rache zu reizen durch solchen Undank, die Scharfblick genug hatten, um zu begreifen, daß Wallenstein nicht das wirkliche Ziel war, sondern daß die Pfeile der Liga höher flogen, ja Eggenberg hätte am Liebsten durch Vernichtung des Restitutionsedikts Schweden und die Protestanten versöhnt und das Gehässige jener Maßregel auf die katholischen Kurfürsten gewälzt. Einige meinten, wenn der Herzog nach Regensburg käme, die Gegner von der wahren Beschaffenheit der Sachen unterrichtete und seine Vollmachten freiwillig einschränkte, so ließe sich noch Alles zurecht bringen. Um die bei Meklenburg obwaltende Schwierigkeit zu beseitigen, schlugen sie vor, dieses Land zu kurfürstlicher Verfügung zu stellen und ihn mit den Lausitzen zu entschädigen, einen Theil der kursächsischen Forderung sollten die wendischen Fürsten als Preis ihrer Einsetzung bezahlen, er den Rest baar. Doch ihm erlaubte ebenso

wenig sein Stolz einen demüthigenden Schritt zu thun als
dem Kaiser seine Frömmelei sich von den Ligisten und der Prie-
sterpartei zu trennen, die ihre ehrgeizigen Plane hinter den
Zauberspiegel des Friedens verbargen und vor denen selbst seine
Gewissensräthe Lamormain der Beichtvater und Johannes Wein-
gärtner der Hofprediger in der Angst seyn mußten, verschrieen
zu werden, wenn sie ihm nicht bald alle Zweifel gelöst hätten.
Auch wirkte auf seine Nachgiebigkeit der Umstand, daß es gelang einen Samen von Argwohn gegen die Treue seines
übermächtigen Unterthans in sein Gemüth zu streuen, der oft
die Hofbefehle hingelegt haben soll mit den Worten: „Seiner
Majestät ziemte besser sich mit Jagd und Musik zu beschäftigen als mit Krieg und Soldaten.“ Und Was muß der Kaiser nicht selber zu leiden gehabt haben von dem Uebermuth der
friedländischen Völker, wenn er, auf den so Viel einstürmte,
einen Augenblick alle Sorgen des Reichs schwinden lassen
konnte, um bei dem Feldherrn förmliche Klage zu erheben über
einen unverschämten Wachtmeister, den Verderber einer seiner
Beizvögel? So sagte Ferdinand zulezt zu der angesonnenen
Abdankung ja, nicht ohne Betheuerung seiner Unschuld, wenn
Unheil daraus erwüchse. Eine neue Verlegenheit war die
Vollziehung des Beschlußes. Erschien es wie ein Wunder,
daß der Kaiser den Kurfürsten gehorchte, so war fast noch
größeres Staunen, daß Wallenstein dem Kaiser gehorchte. Bei
der Ungewißheit, wie der Herzog und die Truppen, deren sämmtliche Offiziere seine Kreaturen waren, die Beleidigung auf-
nehmen würden, hatte man zwei seiner besten Freunde den
Hofkanzler Hans Baptist Grafen von Werdenberg und den
Kriegsrath Gebhard von Questenberg gewählt, daß sie ihm
auf die schonendste Weise die Entlassung nebst der Fortdauer
kaiserlicher Gnade ankündigen sollten, sie hatten einen feinge-
drechselten Vortrag eingelernt, als sie aber etwas weit ausholten,
wurden sie von ihm, den sein Vetter Max auf ihren Besuch
vorbereitet hatte, unterbrochen, auf dem Tisch lag ein Papier
mit Ferdinands und des Wittelsbachers Horoskop, das las er
ihnen vor und sprach: „Ihr Herren! Aus den Gestirnen könnet ihr selbst sehen, daß ich eure Botschaft kannte. Der Geist
des Kurfürsten von Bayern regiert den Geist des Kaisers.

Daher kann ich ihm nicht gram seyn, wiewohl es mich
schmerzt, daß er sich meiner nicht nachdrücklicher angenommen
hat. Ich werde Folge leisten." Diese philosophische Gelas-
senheit war erkünstelt, aber er behauptete sie mit männlicher
Selbstbeherrschung. Dem Kaiser schrieb er mehr danksagend
denn empfindlich: er gedachte nicht sowohl der Entbindung von
der Feldherrnwürde als des in ihrer Bekleidung genossenen
Zutrauens und empfahl seine reichsfürstlichen Lande höhem
Schutz. Die Abgesandten wurden freigebig bewirthet und beschenkt — Werdenberg mit dem prächtigsten neapolitanischen
Zelter aus seinem Marstall, Questenberg mit 2 reichgeschirrten
Postzügen je von 6 Hengsten meklenburgischen Gestäts. Gegen
den Herbst brach er von Memmingen auf und zog über Nürnberg gen Böhmen. Es war nicht das Trauergeleit eines gefallenen Großen, der sich mit den spärlichen Trümmern seines
Glanzes in der Abgeschiedenheit begräbt: 800 Pferde, eine
Menge Edelleute, Offiziere, Soldaten, die in ihm den Versor-
ger mancher Wittwen und Waisen verdienter Krieger ehrten
oder an das Glück Dessen glaubten, der nach der Volkssage mit
den überirdischen Mächten im Bunde stand, waren in seinem
Gefolge, 24 Kämmerer, 60 Junker, ein Troß von Trabanten,
Mundschenken und Vorschneidern, Stall- und Küchebeamten
bildeten seinen Hofstaat. Auf vorausgeschickten Befehl wurden seine Paläste zu Gitschin und Prag zur Aufnahme zahl-
reicher Gäste eingerichtet, die Wände mit Seide, Damast oder
vergoldetem Pergament tapeziert, die Keller mit österreichischen
und ungarischen Weinen, für den Herzog mit gutem Bier
gefüllt, Ballhäuser, Reitbahnen, Parke, anmuthige Gärten und
Springbrunnen angelegt. Aus Italien, Deutschland und den
Niederlanden hatte er Künstler berufen, daß sie seine Zimmer
und Säulenhallen schmückten mit Gemälden und Frescobildern
aus der mythischen und astrologischen Dichterwelt. Im hoch-
gewölbten Prunksaale des prager Schlosses sah man seine
Heldengestalt an der Decke gemalt, vier Flügelrosse gingen vor
seinem Triumphwagen, ein Stern funkelte über dem lorbeer-
umkränzten Haupt. Jezt war seine Sonne unter den Horizont von Deutschland hinabgesunken, aber mit Senno, dem
Seher, harrte er ihres Wiederaufgangs.

Siebenzehntes Kapitel.

Neue Erhebung der Liga, schwedische Fortschritte.

Mit Wallensteins Sturz waren weder die Prüfungen für den Habsburger vorbei, noch der Haß der Kurfürsten gegen ihr Opfer gekühlt. — Als sie hörten, wie die Sendung nach Memmingen abgelaufen war, erklärten sie: „daß Friedland kaiserlicher Majestät sein Amt anheim stelle, sey von ihm sehr vernünftig. Wenn er sie als Feinde erkenne, die ihn bei dem Kaiser verklagt hätten, so urtheile er richtig. Allerwegen sey ihre Meinung, daß er ein Reichsfürstenplacker sey, von dem man billig zurückfordere, was er von ihren Unterthanen erpreßt und von den Ständen des Reichs an sich gerissen. Sein Güterbesitz in den österreichischen Erbstaaten gehe sie nichts an, die Herzoge von Meklenburg aber müßten nach den Reichsgesetzen schuldig erfunden werden, oder ihr Land könne ihm nicht verbleiben." Vielleicht hätten diese neuen Volkstribunen sofort einen großen Ersatzprozeß angefangen im Namen der ausgesogenen Provinzen, allein die Zeit drängte und sie hatten nöthigere Geschäfte. Zuvörderst mußte der Oberbefehl vergeben werden. Kurfürst Max, der Kriegsobriste der Liga, hätte die doppelte Bürde nicht gescheut, auch der Kriegsobriste des Kaisers zu seyn. Die Uneingeschränktheit der Vollmachten so anstößig in Wallensteins Hand, wäre dann nicht mehr ver-

rk.   9 faffungswidrig gewesen. Die in ihm den paffendsten Nachfolger erblickten, rühmten sein Kriegsglück, seine Erfahrenheit, seine Einsicht, seine Verwandtschaft mit Habsburg. Natürlich war Das nicht der Gesichtspunkt Ferdinands und seiner Staatsmänner. Ho, ho, dachten sie, der Bayer hat dem Kaiser nicht getraut, und der Kaiser sollte ihm trauen, er sollte, Was der Vater dem Sohne nicht thäte, alle Gewalt sonder Gegengewicht in ihm vereinigen, das Haupt sich in gänzliche Abhängigkeit setzen von einem Glied? Dazu hatten sie ihn im Verdacht, daß er nach der römischen Krone trachte; sie erinnerten, wie schon die Liga dem kaiserlichen Ansehen schade, wie herrisch er selbst mit diesen seinen Genossen umging, wie hart er sie in Umlagen und Rechnungen hielt, wie rasch er gegen die Säumigen mit Androhung von Zwangsmaßregeln, von Beschlaglegen auf Güter und Einkünfte war, ferner wie gewagt es seyn würde, Demjenigen das Bollwerk kaiserlicher Macht zu überantworten, der den Kaiser bei jeder Gelegenheit tadle, ihm widerspreche und entgegen handle, weil, Wer das Schwert habe, unfehlbar auch den Beutel erlange und mit diesen Beiden Herr sey, der Andere möge thronen noch so hoch. Bei Bayerns alter Mißgunst gegen Oesterreich, einer glühenden Kohle unter der Asche, bei dem widerspenstigen Geiste der Liga, die nach allen Ueberlieferungen einer behutsamen Politik nicht länger hätte fortbestehen sollen als die Umstände, die sie hervorgerufen hatten, weßhalb auch Spanien seit Jahren ihre Auflösung betrieb, schien es um so unkluger, die ohnehin kaum zu zügelnde Lüsternheit eines übermächtigen Fürsten mit einer Kriegsgewalt zu bewaffnen, die er werde ungehindert zu seinem Privatnutzen mißbrauchen können und nicht so leicht sich wieder nehmen lassen wollen, es war ihnen, als würde dem Kaiser zugemuthet, daß er auf Siegesehre, Krone und Zepter verzichte, daß er sein Haus erniedrige unter ein fremdes Haus, und die Regierung des Reichs, das Recht über Krieg und Frieden abtrete an den katholischen Bund. Daher machten sie bei den Kurfürsten den Versuch, ihnen den König von Ungarn als Reichsfeldherrn anzuschmeicheln. Ausgezeichneten Verstand, tapferes Gemüth, Fleiß und Wachsamkeit priesen sie als die ihn zu dieser Stelle befähigenden Eigenschaften, sie glaub-

ten, seine Person werde dem geliebten und verehrten Oheim
von Bayern angenehm seyn, die Vertheilung der Macht
Kursachsen nicht mißfallen; und Was ihm an Erfahrung
mangle, komme nach. Wollten ihn die Kurfürsten zugleich
zum römischen König kiesen, so wäre es noch besser für seine
Wirksamkeit. Das war süß eingestrichen; aber diese Murrer
hatten an dem Prinzen Allerlei auszusetzen, namentlich daß er,
ohne regierender Herr zu seyn, vor ihnen den Vortritt heischte,
und daß er im Grunde ein Strohmann gewesen wäre, dessen
sich der Kaiser so oder so hätte bedienen können, ohne Gewährschaft für das Reich. Nach manchen unlustigen Erörterungen
vereinigte sich die Wahl auf einen Dritten, der außerhalb der
Bewerbung war, aber den Widerstreit der Ansprüche Bayerns
und Oesterreichs durch seine Leistungen für Beide einigermaßen
zu besänftigen schien — Tilly. Der greise Ueberwinder in so
vielen Schlachten, erzählt man, habe, weil er lieber in klöster-
licher Stille auf seinen Lorbeeren ausgeruht hätte, Alter und
Gebrechlichkeit vorgeschützt, vor einem allzuverlängerten Krieg
gewarnt als einem Spiel, das heute der Gewinner nicht auf-
gebe, weil seine Begierde gereizt sey, morgen der Verlierer
nicht, weil er sich erholen möchte, so daß man nicht aufhören
könne wie man wolle, bis endlich das wetterlaunische Glück
umschlage und Gewonnenes hinraffe und Eigenes. Wenn er
seine Umstände mit denen seines Gegners verglich, so hatte er
noch ergiebigeren Stoff zu sehr erheblichen Betrachtungen.
Gustav Adolf in blühender Jugend und Lebensfrische; angebe-
tet von einem begeisterten Heer und den protestantischen Völkern, kein höherer Wille über ihm, er über die Tage hinaus,
da das Herz in Kampfeswonne sich berauscht und von Siegen träumt. Als er den Bitten Maximilians und der Geistlichkeit nachgab, trat er in zweier Herren Dienst, Bayern hatte
mittelst seiner auch auf das kaiserliche Heer Einfluß, aber für
ihn war die Einheit des Oberbefehls doch nur scheinbar, von
Wien hatte er als aufgedrungener General eher Hemmungen
denn Wohlwollen zu erwarten; und daß man sich plötzlich spudete
der oft verhaltten Klage über unmäßigen Wehrstand abzuhel-
fen und die Truppen bis auf 39,000 Mann verminderte, daß
man eine Verpflegungsordnung erließ und die Stände einlud;

sich auf Kreistagen zu versammeln, um Beisteuern zu bewilligen, war eine zweideutige Zuvorkommenheit, die man etwa
so verstehen konnte: wir haben die Truppen nicht mehr für
uns allein, sehe die Liga zu, ob sie Wenig oder Viel braucht,
damit sie mit Schweden fertig werde, und wie sie von den
Ständen Geld bekommt.

So unterschiedliche Mißhelligkeiten zwischen Kaiser und
Liga unterliefen, in einer Hinsicht war ihr System in Harmonie, nehmlich gegenüber den Protestanten. Durch eine deren
Interessen gewährte Genugthuung hätte man dem schwedischen
Krieg den Stachel genommen, aber da war die kleinste Nachgiebigkeit zu Viel. Ferdinand und die Kurfürsten schrieben
Friedensermahnungen an Gustav Adolf, verwunderten sich über
seine Empfindlichkeit, er leugnete, daß er ihm je zu nahe getreten wäre, und beschwerte sich über den ohne vorherige Ab-
sage erfolgten Angriff, sie suchten zu beweisen, daß, wenn Jener auch Kränkungen erlitten, sie immerhin nicht von der Art
seyen um den Bruch zu rechtfertigen mit dem heiligen römischen Reich. Diese Sanftmuth war ein Aushängeschild zur
Beschwichtigung des protestantischen Nordens, auf den der neue
Kriegsdruck wieder am empfindlichsten fiel, denn die Briefe
enthielten nicht den geringsten Vorschlag zur Aussöhnung und
da die Kurfürsten gleichsam als die Vornehmern ihre Titel
vorsezten, der Kaiser wie bei einem Vasallen die Anredeform:
„Unser Fürst und Euer Liebden" wählte, so erregten sie Nichts
als abermals einen armseligen Rangstreit. In der meklenburgischen und der pfälzischen Sache war ihre Fürsprache nicht
minder eine Täuschung. In Bezug auf die Herzoge behauptete der Kaiser sey noch ein Uebriges geschehen, indem er nach
seinem oberrichterlichen Urtheil eine von ihnen herausgegebene
Schutzschrift durch seine Räthe habe prüfen lassen, und sie begnügten sich mit dem Wunsche, der Prozeß möchte nachträglich
an's Kammergericht gebracht oder sonst vermittelt werden.
Anstruther und Rusdorf, der Pfalzgraf selbst in den unterthä-
nigsten Schreiben hatten sich ganz und gar zu Füßen gelegt,
sie baten inständig, das Vorgefallene Fridrichs verleiteter Jugend zu verzeihen, sie hätten für das, Was ihm und seiner unschuldigen Familie vergönnt worden wäre, als für ein Werk der

Barmherzigkeit gedankt, gleichwohl war der Kaiser nicht zu
bewegen, daß er die Acht aufhob oder nur erklärt. Was dem
armen Prinzen für alle Demüthigungen und Entsagungen, denen Derselbe sich unterwerfen wollte, von seinen Ländern werden solle, und die Kurfürsten beruhigten sich bei der magern
Zusicherung kaiserlicher Bereitwilligkeit ihm nach Erfüllung
der mühlhauser Bedingungen Gnade zu ertheilen und fürstliche Azung aus der überrheinischen Pfalz. In der kirchlichen
Frage war der Wahlspruch: kein Rückschritt vom Prinzip des
Restitutionsedicts. Ueber tiefe Wirren, die einen Verein, der
sich die Miene gab, dem Reich den Frieden zu schenken, allermeist beschäftigen mußten, wurde bloß Privatunterhandlung
gepflogen. Die Protestanten waren nicht unbescheiden: sie
wollten sich das Restitutionsedict gefallen lassen, aber es sollte
nicht über den 25sten September 1555, den Tag der Bekanntmachung des Religionsfriedens hinaus zurückgreifen, die Verhältnisse sollten gesetzlich geregelt werden und die Ausscheidun-
gen des militärischen Faustrechts ungültig, auch ein Landesherr nicht verbunden seyn, die Mönchsorden in die heimfälli-
gen Klöster aufzunehmen, sondern sie mit den Einkünften ab-
fertigen oder auskaufen können. Für die Kurhäuser Sachsen
und Brandenburg verlangten sie eine Berücksichtigung, zu der
ihr hervorragendes Ansehen, Sachsen empfangene Verheißungen zu berechtigen schienen: bei ihnen sollte der Heimfall erst
nach 50 Jahren eintreten. Was sie erlangten, war die Vertröstung auf eine Zusammenkunft in Frankfurt zum Behuf
einer Abrede wegen eines geordneteren Verfahrens und die
einstweilige Einstellung der Restitutionsklagen, eben so bezeugte
man sich geneigt, jene Ausnahmsfrist auf 40 Jahre zu genehmigen, denn da Kurfürst Johann Georg andeutete, er könnte
veranlaßt seyn, eine Tagsatzung zu halten mit seinen evangelischen Mitständen, so war man nicht ohne Furcht wegen Ent-
stehung eines Gegenbunds unter der Aegide Sachsens. Hier
wurde demnach die Hauptschwierigkeit vertagt. Mit einigem
Zuwarten war beiden Theilen gedient: die Katholiken hätten
sonst die ganze protestantische Partei aufgejagt, so brauchten
sie ihre Entschließung nicht zu übereilen wie der Bogen straf-
fer oder weicher zu spannen sey, und die Protestanten gewun-

nen einen Aufschub, indeß sich im Feld entscheiden konnte, ob
die schwedischen Loose für oder gegen sie fielen.

Emsiger bemüht war die Liga um Beendigung der Feh-
den am Mincio und Po. Sie that mit einem Stein zwei
Würfe: dafür, daß Frankreichs Freundschaft ihrem Hader mit
dem Kaiser Nachdruck verlieh, unterstüzte sie Frankreichs Absichten dort, und dadurch, daß sie Deutschland von einem Krieg
entlasten half, der es in Unkosten sezte für Spanien-Oester-
reich, wollte sie sich den Rücken frei machen gegen Westen zu,
um des Reiches ganze Kraft ostwärts zu wenden, sie bedachte
aber nicht, daß ihre Stellung zu Richelieu eine andere wurde,
so wie sie die kaiserliche Fahne aufsteckte, daß sie alsdann nur
einem verschmizten Nebenbuhler die Hände frei gemacht hatte
zur Einmengung am Rhein. Und Das war ein Fehlwurf. Der
Kaiser hatte sich in Italien verrannt, ja er nicht allein. Was
an einem Ort hereinkam, ging am andern wieder hinaus und
seine Siege konnten ihn nicht einmal freuen, denn sie wurden
seiner Gemahlin zu bitterem Herzeleid. In den ambrosiani-
schen Lobgesang über Mantua's Fall mischten sich Eleonoras
Thränen über den Untergang der Herrlichkeit ihres Hauses.
Das Schicksal der Stadt hatte abgehangen von den Zufuhren
und der Tapferkeit Venedigs. Links am Mincio herab lagerten die Truppen der Republik, aber zwischen Saccaria Sagredo
ihrem General, dem Herzog von Candale, der eine französische
Hilfsschaar führte, und dem militärischen Rathgeber bei Nevers,
Marschall von Estrees, war keine Uebereinstimmung, die Pest
wüthete so schrecklich, daß Sagredo ihr zu entfliehen täglich
sein Quartier wechselte und nicht nur die unaufgeklärte Menge
die Wirkungen der Seuche häufig dem Teufel und den Giften aus
seiner Küche zuschrieb, sondern auch die wohlweise Obrigkeit die
eingebildeten Giftmörder zu Dutzenden aufgreifen und unter Martern hinrichten ließ. Als die Venezianer langsam sich anschi-
cken, die feindlichen Linien bei Goito zu durchbrechen, werden
sie von Gallas nach Valeggio und Peschiera gepeitscht und in
einer schönen Sommernacht — es war am 18ten Julius — hat
Altringen Brücken, Leitern und Sprengbüchsen bereit, ein
Haufen rückt gegen die Halbmonde des Pradelladamms, ein
anderer fährt über den See, der die Stadt umschließt, über-

fällt die Wacht an der abgehobenen Sankt-Georgsbrücke, belegt sie mit Bohlen und sprengt das Thor. Während die Vertheidiger dem Damm zulaufen, ergießt sich auf entgegengesezter Seite die Fluth der Stürmer unaufhaltsam durch die Gassen, Nevers, sein Sohn und die Prinzessin Maria mit ihrem Säugling retten sich halbangekleidet in das Hafencastell und von da durch Vergünstigung Altringens nach Ferrara, Mantua aber mit seinen Kirchen und Palästen, mit den überall her zusammengeflüchteten Reichthümern und Allem, was die Prachtliebe der Gonzaga in Menschenaltern gesammelt hat, wird eine Beute des rohen Siegers, der die seltensten Denkmale der Kunst, deren Werth er nicht ahnt, vertrödelt, die kostbarsten Vasen und Kristalle wegen des Bischens Gold oder Silber, das daran ist, zerschlägt, den deutschen Namen stinkend macht durch ganz Italien. Und Was hatte der Kaiser oder Wer überhaupt Etwas davon? Karl Emanuel, der Pförtner der Halbinsel, war gemeint gewesen, die Besorgniß, daß er die Franzosen einlassen könnte, und das Verdienst, wenn er sie abhielte, zu benützen, um den Schiedsrichter zu spielen, er hatte den Kardinal mit Versprechungen abspeisen wollen, wenn ihre Erfüllung fern stand, und mit Ausflüchten, wenn sie zur That werden sollten, bis er ihn, wie Richelieu sagte, gleich einem gespießten Wallfisch am Haspel gehabt hätte, die Spanier hatten ihn deßwegen auch zappeln lassen, als die Franzosen den Stiel umdrehten, Mantuas Befreiung, statt durch seine Bundesgenossenschaft, in seinem Land suchten, und jezt war er auf die Nachricht von Eroberung der Stadt bei dem Gedanken, daß er die Zeche werde zahlen müssen, so betroffen, daß ihn ein hitziges Fieber aufs Krankenbett warf, von dem er nicht wieder erstand. Bei Spinola verursachte die Begebenheit mehr Eifersucht als Vergnügen: er hatte geschworen, binnen 40 Tagen müsse Casal über seyn, aber an Toiras fand er einen zu braven Gegner und durch die Fortschritte der Franzosen, zumal als auch Montmorency und D'Effiat mit dem Heer, das Savoyen eingenommen, den Montcenis übersteigend zu dem Heer von Piemont stießen, war er immer wieder genöthigt, die Belagerung zu schwächen, hatte der Savoyer über ihn zu klagen so er über Collalto, der, vom Kaiser

emächtigt zu Anknüpfung einer mit der regensburger gleich-
zeitigen Unterhandlung, wenig darnach fragte, daß der alte
Degen seine Ehre verpfändet hatte vor Casal. Wie sich daher bei Collalto zu einem Waffenstillstand anließ und alle
Mühe vergeblich war, ihn davon abzubringen, da war in Spinola das quälende Bewußtseyn, man werde ihm in Madrid
Erfolglosigkeit als Unfähigkeit anrechnen und einen Flecken
werfen auf seinen wohlbegründeten Ruf, darüber in Verzweiflung wurde er krank, und gab unter lauter Jammern im Ir-
reden über den Waffenstillstand und Collato den Geist auf,
Der aber soll gesagt haben: „Die Vernunft, die keine andere
neben sich dulden wollte, hat sterben müssen als Unvernunft.“
Nach diesem Hintritt war es den Franzosen leichter, den Krieg
zu beschließen nach ihrem Sinn. Collalto, der, mit der Hals-
darre behaftet, schon einen Fuß im Grabe hatte, der neue
Herzog von Savoyen, Victor Amadeus, den der Ehrgeiz nicht
kizelte den unglücklichen Kampf zu verlängern, bei dem für
ihn eher Aussicht war sein Land zu verlieren, jedenfalls es zu
Grunde zu richten, als sich an Montferrat zu bereichern, Spinolas Ersatzmann Santa-Cruz, von den Deutschen der General mit dem großen Rosenkranz getauft (denn o ritt er herum
während er die Kriegssachen an Gallas überließ) — sie waren
nicht zum Voraus einer Verständigung entgegen. Der Waffenstillstand wurde also richtig: er schien für beide Theile vortheilhaft. Toiras mit Vorräthen und Mannschaft auf der
Neige drang auf schleunigen Entsatz und diesen vermochte das
durch Gefechte und Pest geschmolzene Heer nicht. Nun wurden Stadt und Schloß den Spaniern eingeräumt, er behielt
die Citadelle, durfte seine Kranken und Verwundeten und
seine Reiterei zur Erholung in die umliegenden Dörfer verlegen und wurde solange mit Lebensmitteln versehen, er hatte,
wenn nach Verfluß der bis zum 15ten October erstreckten Frist
im Laufe dieses Monats kein Entsatz käme, die Uebergabe der
Citadelle, im umgekehrten Fall sie die Zurückgabe von Stadt
und Schloß angelobt, aber mittlerweile mußte Graf de Sault
mit dem ritterschaftlichen Nachbann der Dauphiné und Marschall Marillac mit dem Heer der Champagne eintreffen oder
es konnte Friede werden. Wirklich war dieser zwei Tage vor

jenem Ziel in Regensburg unterzeichnet worden, allein ungeachtet diese Zeitung von Stunde zu Stunde erwartet wurde,
brachen jezt die Franzosen in drei Haufen, jeder unter einem
der Marschälle, die Tag für Tag im Oberbefehl abwechselten,
zusammen über 20,000 Mann stark, während Marquis von
Tavannes mit 8000 Turin beobachtete, auf der Ebene von
Saluzzo zum Entsaß auf, unterwegs erreichte sie ein Eilbote
mit einer Abschrift des Vertrags, nichtsdestoweniger sezten sie
verwerfend den Artikel, nach welchem die Spanier nicht früher
hätten Casal verlassen müssen als zwei Wochen nach der kaiserlichen Belehnung des Herzogs von Nevers, ihren Marsch
fort. Ungehindert zogen sie über Raconigi, Sommariva, Ca-
rale, an Asti vorbei, in das sie einige Schüsse hineinfeuerten,
vor Casal stand Heer gegen Heer in Schlachtordnung. Schon
hatten die Reiter das Schwert entblößt und die Pistole in
der Hand, die Offiziere des Fußvolks waren abgestiegen, Toiras
rüstete sich zum Ausfall, die Feuerschlünde hinter der Brustwehr des spanisch-deutschen Lagers zum Losdonnern, ein Zusammenstoß schien unvermeidlich, als der päbstliche Ritter
Julius Mazarini, der geschäftige Unterhändler, der so oft
zwischen den streitenden Parteien hin und her gereist war,
nochmals angestochen kam und halt, halt! rief. Die zum tödtlichen Streich erhobenen Arme sanken schlaff zurück, die Wahlstatt, die zum Berathungssaale wurde, betraten die Feldherren
Frankreichs und Spaniens mit glänzendem Gefolge bis zu 30,
von der einen Seite die Marschälle Schomberg, La Force und
Marillac, von der andern Santa-Cruz, Philipp Spinola, Graf
Serbellon und die Herzoge von Noquera und Lerma, sie tauschten Höflichkeiten und Umarmungen und wurden einig, daß
man Casal einer einheimischen Besatzung und einem kaiserlichen
Bevollmächtigten überlassen wolle, daß die Spanier nach der
Lombardei, die Franzosen nach Saluzzo und Pignerol, und
nachdem die Belehnung in 6 Wochen geschehen wäre, nach Frankreich zurück sollten den regensburger Schlüssen gemäß. Hintennach merkte Santa-Cruz, daß die Franzosen ihn zum Nar-
ken gehabt hatten, indem nicht der Bevollmächtigte, sondern
sie in Casal herrschten, seine Offiziere und Soldaten, vornehmlich die Deutschen, äußerten lauten Unwillen, daß man vor

einem abgematteten Feind ohne Geschütz schmählich gewichen sey, und im beklemmenden Gefühle seiner Verantwortlichkeit in Madrid zauderte er, den Rest der Eroberungen in Montferrat auszuliefern, verschlimmerte aber das Uebel. Die Franzosen legten wiederum von ihren Truppen nach Casal und bei einem neuen Gezerre von Unterhandlungen war für sie weniger Gefahr auf dem Verzug als für den Kaiser, der unter den anwachsenden Schwierigkeiten seiner Lage sich nach und nach darein ergeben mußte, daß selbst dann noch, als von ihm und den Spaniern in den Alpen und jenseits Alles zurückerstattet war, in Casal unter dem Vorwand der Entschädigung für den Kriegsaufwand und in Pignerol vermöge eines Schutzvertrags mit Savoyen die fremden Besatzungen blieben und auch die Pässe in Graubünden, mithin allenthalben die Schlüssel Italiens in französische Hände geriethen.

Der Triumph nicht sowohl der französischen über die spanisch-österreichischen Waffen als ihrer Politik war vollständig. Früchte trug dieser Friede bloß Frankreich, wenn nicht anders der Kaiser so bescheiden war, sich außerordentlich glücklich zu schätzen, daß der Erbe von Mantua angehalten wurde, es abzubitten, dem oberherrlichen Urtheil vorgegriffen zu haben, aber deßwegen hätte er nie eine Trommel zu rühren gebraucht. Das mochte noch hingehen, wäre nicht der lezte Betrug ärger gewesen denn der erste. In Italien war es nicht so sehr des Kaisers als das spanische Interesse, das verlezt wurde, freilich mußte ihm auch hier die Rücksichtslosigkeit der Kurfürsten wehe thun, die ihn dermaßen zur Unterschrift drängten, daß der Botschafter des katholischen Königs Don Carlos, Doria Herzog von Tursi, welcher angewiesen war, keiner Abfindung mit Nevers beizustimmen und vielmehr eine Achtserklärung gegen ihn zu verlangen, nicht Zeit hatte, neue Verhaltungsbefehle einzuholen. Allein unter den Friedensbedingungen war eine, die, wenn sie gewissenhaft erfüllt wurde, für die Nachtheile in Italien doch einigen Vortheil in Deutschland bot, und auch diese war blauer Dunst. Brulart und der Kapuziner hatten vor der Versammlung zu Regensburg in süßlicher Rede ausgekramt, wie die Könige von Frankreich, selbst dem vornehmsten der deutschen Gaue entsprossen und oftmals zu kaiserlichen Würden erhoben, stets

eine besondere Liebe gehabt hätten zu dem heiligen römischen
Reich, so daß man sie eher von Geburt eingepflanzt als nachher entstanden nennen könnte, und wie demnach der dreizehnte
Ludwig durch gegenwärtige Sendung Nichts bezwecke als Deutschlands Wohlfahrt, weil Könige und Fürsten, wenn sie einander
in wichtigen Dingen ihre Dienste weigerten, nicht jener ächte
Abglanz aller Tugenden seyen, der sie seyn sollten, sondern
Spiegeln gleich, die, obschon mit Gold und Edelgestein verziert, kein treues Bild darstellten, und also sich und andern
unnütz — sie wollten, als man sie beim Wort nahm, um die
Verhältnisse zu Frankreich nicht bloß in Italien auf diesen
freundschaftlichen Fuß zu setzen, zwar sich entschuldigen, daß
ihre Vollmacht so weit nicht reiche, daß sie nicht wüßten, wo
außerdem Zwist obwalte zwischen dem König und dem Kaiser,
daß es gerade wäre, wie wenn ein Arzt zu einem Kranken berufen würde, daß er ihm das Fieber vertreibe und auf einmal
Jemand begehrte, er solle ihn von der Wassersucht oder von
einem Uebel heilen, das Derselbe gar nicht hätte — da aber
der Kaiser glaubte, Der wäre kein unverständiger Arzt, der
nicht bloß den Krankheitsstoff aus einem Theile des Körpers in
einen andern leite, und Der wäre ein ungeschickter Staatsmann,
der auswärts Frieden machte, damit er leichter daheim angegriffen werden könnte, so hatten sie vorgeschlagen, die umfas-
sendere Vollmacht nachschicken zu lassen, inzwischen in der Unterhandlung fortzufahren und den Abschluß zu beschleunigen,
weil sonst irgend ein Zwischenfall bei Casal Alles vereiteln
könnte, indem sie hinzufügten, daß sie die Gesinnung ihres
Hofs nicht kennen müßten, wenn sie zweifelten, daß eine allgemeine Friedensverbürgung dessen vollen Beifall haben
werde. Der religiöse Charakter und die Betheurungen des
Kapuziners waren dem Kaiser für Brief und Siegel. Die Folge
war Casals Rettung durch den Waffenstillstand und alle die
halben Maßregeln, die das spanisch-kaiserliche Heer im entscheidenden Augenblick lähmten, während das französische Kräfte
sammelte, hernach in der Friedensurkunde die einbedungene
Verpflichtung für Frankreich, Kaiser und Reich auf keinerlei
Weise zu beleidigen und jeder Unterstützung ihrer Feinde mittelbar oder unmittelbar sich zu enthalten, unwidersprochen von

Paris aus so lange der Irrthum bequem war, bald frischweg
verworfen auf den Grund einer Vollmachtsüberschreitung.
Während die Fürsten in Regensburg einem Vertragsartikel,
der alle Hoffnungen ihrer Widersacher auf Frankreich niederschlagen sollte, die größte Oeffentlichkeit gaben, ließ König
Ludwig durch Charnassé im schwedischen Hauptquartier versichern, daß er keineswegs gewillet sey, seine Verbündeten aufzuopfern, sondern daß sie auf seinen Beistand zählen könnten
mehr als je. Vater Joseph büßte den unbezahlbaren Fehler
in seiner Klosterzelle, die Verbannung vom Hof war aber ein
Schmerz von kurzer Dauer, und als dem Kaiser zu spät die
Augen aufgingen, soll er gesagt haben: „ein armes Mönchlein habe ihn durch seinen Rosenkranz entwaffnet, und sechs
Kurhüte in die Kapuze gesteckt." Das Mönchlein hatte ihn
in jeder Beziehung an der Nase herumgeführt, auch durch Umtriebe gegen die Königswahl. Umsonst daß Eggenberg die
Kurfürsten und die Stellvertreter von Sachsen und Brandenburg in ihren Wohnungen aufsuchte, ihnen von des Kaisers
leidender Gesundheit, den Ungelegenheiten einer Reichsverweser-
schaft, den Vorzügen des Hauses Oesterreich und der Würdig-
keit des jungen Ferdinand erzählte, die Einen lehnten das Ansinnen ab, weil sie keinen Auftrag hätten, die Andern nahmen diese und jene Ausrede, sie behaupteten nicht wählen zu
können, weil die Wahl nirgends geschehen dürfe als in Frankfurt
und nach vorher ausgeschriebenem Wahltag oder weil es eine
Wahl mitten unter Bewaffneten wäre, von der es heißen
würde, sie sey nicht frei gewesen. Als der Kaiser um Mitte
Novembers nach Wien zurückreiste, standen Rechnung und Ge-
genrechnung über das Ganze der Ergebnisse in Regensburg
so: Von ihm hatten die Kurfürsten so ziemlich alle ihre Forderungen erlangt, er von ihnen vorm Auseinandergehen Etwas,
was nichts kostete als ein Fläschchen Oel — für seine Gemahlin die Ehre der Krönung.

Nachdem die Liga ihren Willen hatte, war für sie die
schwierige Frage, wie die errungenen Vortheile benützen?
Sie hielt noch in Regensburg selbst Tagsatzung, sie beschloß
das Bundesheer auf seinem Bestand von 30,000 Mann zu
lassen, es zu Führung des schwedischen Kriegs zu verwenden,

aber so wenig gedachte sie auf ihre Parteizwecke zu verzichten; — es sollte seine abgesonderte Verfassung behalten. Ueberhaupt handelte sich bei ihr mehr um einen Wechsel der Personen denn des Systems: an den Ausbeutungen des Reichs fand sie Geschmack wie Wallenstein, von Regensburg nahm Tilly den kaiserlichen Befehl mit, daß die ihm in Calenberg verpfändeten Besitzungen untersucht, wenn der Ertrag geringer sey als der Zins von 400,000 Thalern, bis zu dieser Summe vergrößert und als Eigenthum überwiesen werden sollten; und er war ein so trefflicher Wirthschafter, daß versichert wird, er habe in 4 Jahren seine Zinse auf 2 Millionen gebracht. Seine militärische Aufgabe war nicht so vielversprechend: erst mußten die Truppen aus ihrer Zerstreuung durch Deutschland zusammengetrommelt, aus den ausgezehrten Landschaften die Kriegsbedürfnisse herbeigeschafft werden, und er hatte nicht die Wünschelruthe seines Vorfahrs. Diese Ungewißheiten des kaiserlichen Heers in dem Mittelzustand zwischen der Erledigung und Wiederbesetzung des Feldherrnamts förderten und spornten Gustav Adolfs Thätigkeit. Doch hatte sein Vorhaben in Meklenburg bloß einen kleinen Anfang von Erfolg, den ursprünglich beabsichtigten doppelten Schlag mit Flotte und Heer auf Wismar und Roslok vernichtete der unnachlassende Gegenwind an der Küste, die nur schmales Fahrwasser zwischen Untiefen, Inseln und Vorgebirgen hat. Bevor er sich für den Angriff von der Landseite entschied, hatte er Heerschau im Hainholz, von da ging er über Bart und Damgarten an die Reckenitz, die zwischen Pommern und Meklenburg fließt. Da war eine Brücke und ein dicker viereckiger Thurm, von dem alten Seeräuber Störtebeke erbaut, diesen Paß hatten die Kaiserlichen verwahrt durch Schreckschanzen auf beiden Ufern, aber hüben drangen die Schweden stürmend ein, erwürgten racheglühend für Pasewalk, Was ihnen aufstieß, oder stürzten die Mannschaft von den Zinnen, Die drüben streckten auf die Begrüßungsschüsse aus einigen Booten das Gewehr. Nach geringem Widerstand erlag Ribnitz. Aus diesem meklenburgischen Gränzstädtchen erließ der König einen Aufruf an die Einwohner des Herzogthums, daß sie sollten umkehren zu ihrer von Gott und Natur gesezten Obrigkeit, sich bewaffnet schaa-

ren um ihn, die Wallensteinschen fahen, schlagen, verjagen.
Wo nicht, dräuete er, so werde er sie züchtigen als Meineidige
und Abtrünnige. Die Rostoker wurden insbesondere ermahnt,
diese Verräther an ihrer Freiheit, die sich kaiserliche Besatzung
schelten ließen, nicht länger zu dulden; den Kaufleuten und
Schiffern unter ihnen wurde bedeutet, wenn sie sich der Knecht-
schaft schmiegten, wären sie unwerth der Handelsprivilegien
in seinen Staaten. Hier war es auch, wo ihm Ferdinands
Schreiben aus Regensburg eingehändigt wurde: Es freue ihn,
sagte er dem Ueberbringer; daß der Kaiser doch an ihn habe
schreiben wollen. Er werde sichs überlegen und antworten,
sobald (fügte er lächelnd hinzu) die Wunde es erlauben werde,
die er von einem Adler in Preußen habe, von der sein Arm
noch steif sey. Nachdem kam Allerlei in die Quere. Im
Westen von Meklenburg zwar waren kriegerische Bewegungen,
die des Königs Unternehmen zu begünstigen schienen. Mittelbar galt Das auch von Dänemarks Fehde mit Hamburg. Hätte
ihm bei zu scharfem Anstreifen an Holstein Christians Eifersucht einen Spuck spielen können, so war Der jezt auf der
Elbe beschäftigt. Die Hansa hatte sich wegen des Unvermögens
der meisten Städte ihren Bundespflichten zu genügen im Früh-
jahre aufgelöst und Hamburg, Lübeck und Bremen allein waren wieder in einen neuen Verein getreten, der Däne hatte
diesen Zeitpunkt für gelegen erachtet, die Elbe seinen Zöllen
zu unterwerfen und die Hamburger zu zwingen, sich ihm erb-
unterthänig zu bekennen, er war sehr verwundert, als die
Städter ein Geschwader bemannten und seine Mautschiffe bei
Glückstadt überfielen, wegfingen oder vertrieben, noch mehr
als er mit 40 Segeln den Strom hinauflief und sie ihm mit
einer Flotte von 30 entgegen fuhren, die Schlacht boten.
Während die Ufer der niedern Elbe von wirkungslosem Kanonendonner erdröhnten, indem er mit seinen schwerern Schiffen
den Kampfplatz nicht geschickt wählen konnte, und sie Wetter
und Fluth gegen sich hatten, pflanzte weiter oben an der Elbe
Franz Karl von Lauenburg die schwedische Fahne auf. Dietrich
von Falkenberg, der, um die Angelegenheiten von Magdeburg
in bessere Ordnung zu bringen und der königlichen Partei in
Mitteldeutschland Anhänger zu gewinnen, mit militärischen und

diplomatischen Vollmachten über Hamburg dahin abgegangen und troß des von den Kaiserlichen auf seinen Kopf gesezten Preises in bäuerlicher Verkleidung wohlbehalten am Ort seiner Bestimmung angelangt war, hatte dem Lauenburger eine Bestallung ertheilt. Die Fürsten von Meklenburg hatten, da ihre Erwartung von dem Kurfürstentag allmählig schwand, von Lübeck aus unter der Hand durch Anleihen und Versprechungen ihr Scherflein beigetragen und hätten drob fast, weil ein Pulverwagen mit ihrem Wappen in unrechte Hände fiel, aus ihrem Asyl fortmüßen, so daß der König schon ein Schiff zu ihrer Verfügung bei Träbeinünde bereit hielt. Der ganze Plan sollte durch Feigheit und Talentlosigkeit schimpflich zu Waßer werden. Boizenburg, Lauenburg, Neuhaus waren von Franz Karl eingenommen: da sezte Pappenheim, der dieses neue Feuer nicht vor seinen Augen um sich greifen laßen wollte, über den Strom, der Lauenburger mit Zurücklaßung seiner Kriegsvorräthe hinter den Wällen von Neuhaus unter Obhut einer Besaßung, die vor Ankunft der Feinde ausriß, eilte straks auf Raßeburg, das er einbekam im Schatten der Nacht mit Ausnahme der Hofburg seines Bruders August des regierenden Herzogs. Raßeburg an einem ansehnlichen See, der es nahezu umgiebt, hatte zwei Zugänge, einen über eine hölzerne Brücke und einen zweiten am Schloß vorbei, beide wurden von Pappenheim, der hinter ihm her war, gesperrt, denn Herzog August, im Namen des Kaisers aufgefordert, bewilligte den Ligisten Einlaß. Der Andere, dem es drinnen, wo er wie der Vogel im Bauer saß, angst und bang wurde, wollte, da ihm Pappenheim nur eine Viertelstunde Bedenkzeit ließ, in einem Kahn über den See entfliehen, wurde aber durch Kanonenschüße vom Gestade und aus dem Schloß zurückgenöthigt, und mußte sich, Roß und Mann, auf Gnade und Ungnade ergeben, wobei ihn theils die Versicherung des Generals tröstete, daß er weder für sein theures Leben zu fürchten habe noch ewiges Gefängniß, theils der Vorbehalt einer Ersaßklage auf 10,000 Thaler an seinen Bruder, der sich anheischig gemacht habe das Schloß Niemand zu öffnen, also an dem Unfall Schuld sey. Auch in Rostock nahmen die Sachen eine verkehrte Wendung. Die Bürger hätten große Lust gehabt, ihre kaiserliche Besaßung, die mit ihnen die Wachen gemeinschaftlich hatte, mit einer schwedischen zu vertauschen, aber sie roch Lunte und zog mehr Volk heran, das sollte allerdings nur truppweise zugelassen werden zum Durchmarsch nach Dobberan, wie jedoch die Vordersten hineinwaren, drückten die Uebrigen nach, bemächtigten sich der Stadt, entwaffneten die Bürgerschaft und von Garz her durch etliche Regimenter verstärkt, bildete der Oberbefehlshaber in Meklenburg, Herzog von Savelli, vor Rostock ein Lager. So waren einerseits die Stützen gewichen, auf welche der König gebaut hatte, andererseits der Feind so mächtig durch Zahl, so geborgen durch feste Stellungen und Plätze, daß es, dieweil noch zu Viel rückwärts zu ebnen war, rathsamer schien einige fernere Entwicklungen zu gewärtigen als sich in Meklenburg zu verstricken. Baner blieb als Gränzhüter und umschanzte Damgarten und Ribniß, Gustav Adolf, um ungestörtere Muße zu haben für die angehäuften Kabinetsarbeiten, nahm seinen Aufenthalt in Stralsund.

Eine Masse von Sorgen und Entwürfen durchwogte des Königs Haupt, und erheischte von ihm Entschließungen und Ausfertigungen mancherlei Art. Die Rückschreiben an Kaiser und Kurfürsten wurden abgeschickt. Jenem, indem er sich auch schlechtweg der Anrede: Euer Liebden bediente, bemerkte er, man müsse in Wien ein kurzes Gedächtniß haben, daß man nicht wisse, daß er beleidigt sey, denn Das wäre der Sonne mit der Fackel vorgeleuchtet, wenn er es beweisen wollte, oder daß man ihm die Unterlassung einer Kriegserklärung vorwerfe, als hätte man bei Arnims Angriff in Preußen so viele Umstände gemacht, als würde bei Abwehr ungerechter Gewalt der Krieg durch Herolde und nicht durch sich selbst angesagt oder als hätte er seine Beschwerden nicht oft und deutlich kund gethan. Gegen das deutsche Reich hege er keine Feindschaft; hätten ihn dessen Händel nicht berührt, daß er im Fall gewesen wäre, auf seine eigene Sicherheit und die Freiheit der Ostsee bedacht seyn zu müssen, er hätte sich nicht eingemischt — ihm sey kein Zweifel, daß die Mißhelligkeiten hätten beigelegt werden können, wenn man hätte seine Gesandten in Lübeck anhören wollen und nicht in Danzig die Unterhandlung an einen Ort geknüpft, an dem es für sie wegen daselbst obschwebender

Zwiste unpassend war zu erscheinen — er wäre auch jezt zu einer gütlichen Auskunft geneigt, vorausgesezt die Herstellung der Rechte seiner Verwandten, Freunde und Nachbarn der Fürsten und Städte Deutschlands, eine billige Genugthuung für die erlittenen Kränkungen und die verursachten sehr beträchtlichen Unkosten, und daß solcher Gestalt die Gefahr für sein Königreich beseitigt würde — aber bloße Redensarten kämen zu spät, zu tief sey der Schaden in den Laken gerissen. Die Kurfürsten tadelte er wegen ihrer jedesmaligen Versehen im Kanzleistyl, wobei man meinen könnte, Feinde der öffentlichen Ruhe führten für sie die Feder, um die Mittheilungen zu erschweren zwischen ihm und ihnen. Daß sie die Unbilden, über die er sich beklage, nicht ganz und gar gutbießen, äußerte er, sey ihm angenehm zu vernehmen, nur hätten sie auch auf Abhülfe sinnen und nicht Alles verringern und gleichsam entschuldigen sollen. Ihm zumuthen nun wieder abzuziehen sey kein Vorschlag. Von besonderer Bedeutung war dieser Abstecher nach Meklenburg mit der augenblicklich eingetretenen Kriegspause für die Entwicklung der politischen Verhältnisse und die Vorbereitungen auf den Feldzug des kommenden Jahrs. In Frankreich wurde Graf Lenoue und Baron Semur beglaubigt um Truppen zu werben, dem Bourbon und dem Kardinal schrieb Gustav Adolf, er wundere sich, daß Charnassé den Vertragsabschluß durch grillenhafte Förmlichkeiten verzögere, wenn er verlange, daß die französischen Titel auch in der von Schweden auszufertigenden Urkunde zu oberst stehen. Das sey an sich ohne Belang und könne weder die eine noch die andere Majestät erhöben oder erniedrigen, aber als König halte er es für Pflicht, auch Kleinigkeiten nicht zu vernachläßigen, welche die königliche Würde beträfen, und lieber möge aus dem Vertrag Nichts werden, ehe er der Würde Etwas vergebe, die er überkommen von Gott und seinen Vorfahren. Durch Falkenberg war er mit den Fürsten von Weimar und Cassel, durch Salvius mit dem Administrator von Bremen, mit Georg von Lüneburg, den Städten Braunschweig, Hildesheim in geheimem Verkehr, Camerarius hatte den Generalstaaten angezeigt, daß sein Gebieter einen Rubicon überschritten habe, welcher das weite Meer sey, daß er zu ihnen vertraue, sie würden nicht

durch Wünsche allein, sondern thatsächlich mitwirken zu den
edlen Anstrengungen Dessen, der ihre Feinde von Holland
ablenke und durch Waffen erstrebe, Was unerreichbar durch
Briefe und Botschafter — nicht irgend einen Privatvortheil son=
dern das Wiederaufleben der öffentlichen Freiheit und des Han=
dels, seine und ihre Wohlfahrt und das Beste Aller. Im
Briefwechsel mit Oxenstierna besprach er Plane, Hoffnungen
und Befürchtungen: von ihm, seiner Verwaltung, seinem Eifer
und Fleiß, hauptsächlich aus der Ausbeute des Getreidever=
kaufs, erwartete er Mittel und Wege zur Fortsetzung des
Kriegs in großartiger Weise, sein Rath galt ihm Mehr als
der Andern insgesammt, von seiner Treue war er versichert,
daß er nicht das Mehl für sich behalten und ihm die Kleie
lassen werde, dem Ausharrenden verhieß er unsterblichen Ruhm
und dem Freund empfahl er, so ihm Schlimmes zustieße, sein
Andenken und seine Familie, eine rathlose Mutter und eine
unerzogene Tochter, unglücklich wenn sie selbst regierten, und
von Gefahren umringt wenn sie regiert würden; er selber zu
gleichem Freundschaftsdienst erbötig, sofern er der Ueberlebende
wäre, er war voll Zuversicht in die Gerechtigkeit und das Ge=
lingen seines Werks, aber auch voll Ergebung in den Willen
Gottes; weil (so waren seine Worte) der Ausgang der Sün=
den wegen ungewiß, und ungewiß auch die Tage der Men=
schen. Sein Gedanke war, bis zum Frühjahr 5 Heerhaufen
im Felde zu haben: einer von 21,300 zu Fuß und 6300 zu
Pferd unter ihm sollte, längs den Kanten der Ostsee aufge=
stellt, in Meklenburg vordringen, ein zweiter und dritter zu=
sammen ungefähr eben so stark unter Horn und Max Teufel
dem Obristen seines Leibregiments sollten Pommern und die
Verbindung mit Preußen schirmen, Brandenburg bewachen,
Schlesien öffnen, ein vierter von 18,000 Mann unter Falken=
berg und dem Magdeburger sollte das Elbethal behaupten, den
Kurfürsten von Sachsen und Brandenburg Aufmunterung und
Gelegenheit verschaffen zum Anschluß, ein fünfter, dem er die
Hilfsschaar einiger niedersächsischen Stände, die britische Ha=
miltons, 3 Regimenter aus Schweden, 2 aus Finland einver=
leiben wollte, war nach der Weser bestimmt. So groß die
Schwierigkeiten des Unterhalts so beträchtlicher Truppenmas=

sen, unüberseßlich schienen sie nicht: hatte er das Erforderliche zum Beginn, so konnte er ja in der Folge aus den Ländern selbst schöpfen; Pommern fand er noch nicht ganz ausgesogen und Meklenburg wider Vermuthen in gutem Stand.
Wie hätte der König Zeit und Umstände in der Hand haben
müßen, um sagen zu können, so und nicht anders sollten die
Fugen in einander greifen? Noch waren Das kühne Vorder-
säße ohne Schluß. Die Fürsten des protestantischen Deutschlands brannten vor Begierde seine Siege zu feiern, aber sie
hatten keine Eile seine Schlachten zu schlagen und ließen ihn
gerne das Schwerste selbst vollbringen. Ein einziger der regierenden Herren trug ihm jezt schon Bundesgenoſſenſchaft
an — Landgraf Wilhelm von Heſſen: von Dem kam ein Abgeordneter Hermann Wolf, Der klagte die Noth des kaſſel'ſchen
Hauses und bat den König als einen vom Himmel berufenen
Retter um seinen Schuß. Die Grundlinien eines Vertrags
wurden entworfen, der wichtig werden konnte: der Landgraf
versprach die Herzoge von Weimar und Würtemberg, den
Markgrafen von Culmbach, die Grafen der Wetterau, die
Städte Nürnberg, Frankfurt und Straßburg in den Bund
zu ziehen, und Schweden hatte der Habgier deutscher Fürſten
einen Köder hingeworfen in der Gewährleiſtung aller Eroberungen, die sie mit ihren Truppen in den Ländern der Liga machen würden, aber zwischen der Idee und der Ausführung lagen Berge und Ströme und Wilhelm mußte vorläufig erſucht
werden, sich nach äußerstem Vermögen näher herbei zu thun.
An den Lüneburger ging der schwediſché Beſtallungsbrief mit
einem Jahresgedinge von 5000 Thalern ab und auch er zauderte
noch mit dem Gegenschein. Gesandtschaften aus Oldenburg
und Berlin hielten um Neutralität an. Dem Schwager Kurfürsten antwortete Guſtav Adolf: Ihr sollt sie haben, allein
wir verstehen sie mit einer Bedingung. Entweder vergönnt
ihr uns Was den Kaiserlichen, Päſſe, Sammelpläße und
Quartier, Kriegssteuern und Zufuhr nach gleichem Maß oder
ihr schafft den Feind aus dem Land, gebt ihm Nichts, wenn
ihr so wollt, werdet ihr von uns ungeschoren seyn. Unver-
blümter war seine Sprache gegen den Grafen Anton Günther.
Kriegsdrangsalen vorzubeugen, bemerkte er, sey Neutralität von

10*

allen das letzte Mittel. Die Kaiserlichen würden sie einem Vasallen nie im Ernst bewilligen und wollte man den übrigen Reichsständen den Antheil an den Kriegslasten aufbürden, der des Grafen Land träfe, den es aber kraft der Neutralität nicht leisten dürfte, würden sie sich ergebenst verbitten. So würde die Neutralität den beliebigen Auslegungen der Katholischen nicht entgehen und lediglich zu einem Griff werden um den Einen die Hand, mit der sie ihren Vortheil fassen könnten, zu binden, den Anderen sie frei zu lassen — zum unwiederbringlichen Ruin der Evangelischen. Wenn der Graf sie also wolle, dürften die kaiserlich = ligistischen Völker bei ihm keinerlei Unterschleif finden noch Vorschub, er müßte sich vom kaiserlichen Hof beurkunden lassen, daß man ihn für diesen Fall seiner Lehensleistungen an das Reich enthebe, er müßte sich in solche Vertheidigung setzen, daß er einem Neutralitätsbruch von dieser Seite nachdrücklich begegnen könnte, und versprechen alsdann die königliche Hilfe zu empfangen und zu erwiedern.

Natürlich konnte der Kurfürst diese Bedingungen nicht erfüllen, noch weniger der Graf. Sie waren eine bittere Ironie auf die Verschrobenheiten und Selbstsüchteleien der protestantischen Partei. Hätte der König diese Neutralitätsgesuche genehmigt, so hätte sich Einer um den Anderen mit ähnlichen gemeldet, und je nach dem Ausschlag der Ereignisse Ergebenheit oder Abfall dem Meistbietenden versteigert. Ohnehin hätte er nur dem bewaffneten Neutralitätsbunde vorgearbeitet, in welchem Kursachsen die Protestanten zu vereinigen beabsichtigte, sein Erscheinen wäre ihnen recht gewesen, weil sie sich sonst aus ihrer Erstarrung nicht empor richten konnten, sie hätten die Ernte, aber nicht des Tages Last und Hitze mit ihm getheilt. War doch das Benehmen der Magdeburger, die sich ihm in die Arme geworfen hatten, fast wie von Leuten die glauben, die Freiheit sey eine Frucht, die ihnen das Glück, ohne daß sie darum die Glieder zu regen brauchten, in den Schoos schüttele. Sie hatten sich von dem Administrator, ehe sie ihn aufnahmen, ihre Privilegien bestätigen und erweitern lassen, und ihn verpflichtet, nicht nur für jeden Schaden zu haften, der aus ihrer Verbindung erwüchse, sondern die

Kurfürsten von Brandenburg und Sachsen, die Generalstaaten und die Hansa als Bürgen zu stellen, auch wenn Einer von ihnen in Bedrängniß oder Gefangenschaft geriethe, ihn auf markgräfliche Kosten auszulösen und zu befreien. Da von den friedländischen Besatzungen, Was nur immer entbehrlich schien, damals nach Meklenburg und Pommern abberufen worden war, so waren seine Aufgebote der Ritterschaft und Dienstmannen nicht ohne Erfolg, und es hatte ihm, ob er gleich mehr mit goldenen Worten auszahlte als mit baarer Münze, bei der Aussicht auf leichte Beute nicht an Zulauf gefehlt, bald hatte er einige tausend Mann beisammen, und ohne viel Wesens Wolmirstädt, Wanzleben, Schönebeck, Salza, Egeln, Calbe, Staßfurt, Wettin, Halle und Querfurt nebst den meisten andern Städten und Aemtern des Erzstifts, selbst Ortschaften der Grafschaft Mansfeld, in seiner Gewalt, aber es war ein kurzer Spaß. Denn auf das Geschrei von dem Anmarsch der Kaiserlichen ließ er in Halle, wo ihn die Salzknechte eingelassen, er aber die Moritzburg nicht hatte bezwingen können, Alles im Stich, und als sein Obrister Niklas Bock, der etliche Fähnlein Reiter und Musketire angeworben, die Stadt zum zweitenmal überfiel, wurden sie von den Kaiserlichen auf dem Rückzug ereilt, zersprengt und über die kursächsische Grenze gejagt. Das Schloß Mansfeld hatte Bock durch eine Art trojanisches Pferd, das in einer Strohfuhre bestand, überrumpelt, es ging wieder verloren, und so nach und nach alle Eroberungen, die auf dem Land umher aufgespeicherten Vorräthe, hinreichend für Magdeburgs Nothdurft auf viele Monate, wenn sie zeitig in die Festung gebracht worden wären, so wie die vereinzelten Rekrutenabtheilungen, und während der Feind seine Kreise enger und enger zog, waren Magistrat, Bürgerausschuß und Geistlichkeit unter sich uneins, der Administrator, ohne Geld und Kredit, talentlos und unbeliebt, jammerte, daß der König nicht plötzlich zur Stelle war und alle Versehen wieder gut machte, Falkenberg, der im Spätjahr den Karren schon verführt antraf, that sein Möglichstes um die Vertheidigungsanstalten zu regeln, die Gemeinde hatte einige Companien in ihrem Sold, die lieh sie her, aber von Vorschüssen, von unentgeltlichen Diensterweisungen, von Einquartirung in der Stadt wollte sie Nichts wissen, und seine einzigen Hilfsquellen waren, wenn ihm auf Streifzügen ein Fang gelang und Was in schwedischen Wechseln über Lübek und Hamburg zufloß. Nicht ohne Rücksicht auf Magdeburgs Lage war der Versuch in Meklenburg geschehen. Diese Lage verschlimmerte sich, als statt Wolfgangs von Mansfeld, der als kaiserlicher Statthalter auf der Morizburg saß, der kühne erfahrenere Pappenheim, von Ratzeburg das Elbethal hinaufrückend, die Kriegsleitung übernahm. Noch durfte die Stadt, weil der Winter vor der Thüre war und auch Pappenheim über keine sehr bedeutende Mittel verfügte, nur standhaft und auf der Hut seyn, so war keine unmittelbare Gefahr. Dazu ermahnte sie Gustav Adolf, indem er allerwegen für ihre Unterstützung und Erhaltung Sorge zu tragen versprach. Soweit beruhigt konnte er um so unbekümmerter die Gründe walten lassen, die ihn bewogen, den entscheidenden Schlag zu führen zur Säuberung Pommerns.

Zwischen den Lagern von Stettin und Garz war, seit der König fort war, wenig Erhebliches vorgefallen. Einmal gleich im Anfang, hatte Conti einen Anlauf genommen, war aber von Horn so derb bewillkommt worden, daß er ihm nicht zum zweiten Male kam. Dann hatten sich die Berührungen beschränkt auf Vorpostengefechte, Raufereien beim Futtersammeln oder wenn man den Kroaten ihr gestohlenes Vieh wieder abtrieb. Ein Schauplatz wichtigerer Ereignisse schien die Gegend von Colberg zu werden, als Kniphausen den preußischen Regimentern entgegengeschickt wurde und Ernst Montecuculi theils ihre Vereinigung verhindern, theils Colberg Luft machen und wie man muthmaßte, Contis Gepäck daselbst abholen sollte. Die Kaiserlichen waren durch die Neumark auf Schievelbein marschirt, aber bereits hier verursachte die hartnäckige Tapferkeit einiger hundert Schotten einen verdrießlichen Aufhalt. Das mit stürmender Hand angegriffene Städtchen ging in Rauch auf, und zur Uebergabe des Schlosses aufgefordert, erwiederte Monro: Von Uebergabe stehe Nichts in seinem Verhaltungsbefehl. Wie Jene sich Colberg näherten, hatten Kniphausen und Baudis die Vereinigung bewirkt, Horn aus Stettin Verstärkung zugeführt, Montecuculi's Feldmusik klang an ihr Ohr, sie waren fertig zu seinem Empfang, wenn er es wagte durchzubrechen. Die Schweden brachten hinter einer Anhöhe bei Gustin die Nacht unterm Gewehr zu, eine halbe Stunde davon bei Wartkow der Feind. Da wurde in der Frühe um 3 Uhr von den Runden angezeigt, man höre trommeln, der Schall entfernte sich, und es wurde wieder still. Die Kaiserlichen hatten den Rückmarsch angetreten. Morgens beim Nachsetzen war ihnen Baudis mit der Reiterei bald auf dem Nacken, aber es war ein trüber Novembertag, dazu fiel ein dicker Nebel, daß man keinen Schritt vor sich sah, Freund und Feind einander nicht unterscheiden konnten, oder Kameraden auf Kameraden feuerten, je und je hielten sie Stand, und die Reiterei prallte an ihren Vierecken ab, und so schlugen sie sich die Haide entlang, als der sinkende Abend sie der Verfolgung und der Niederlage entzog. Diese Bewegung in Hinterpommern hatte ihren Gegenstoß an der meklenburgischen Grenze; sie waren dort nicht glücklicher. Baner sollte Demmin einschließen: dadurch hätte er die Gemeinschaft Savelli's mit dem Hauptheer durchschnitten. Nun Der nach Ankunft der Hilfe aus Garz in der Mehrheit war, schwoll ihm das Herz von Kampfeslust, der König war von Stralsund herbeigeflogen und als die Kaiserlichen, die an Reitern allein bei 3000 zählten, in ausgedehnten Linien einherzogen, um den Feind zu umwickeln, hatte Dieser, der die ungetheilte Ordnung seiner Heersäule mitten durchzurichten schien, schnell abgeschwenkt, sie überflügelt und aus ihren eigenen Kanonen beschossen. Viele erlagen dem Schwert oder wurden gefangen, der Rest rettete sich ohne Geschütz und Gepäck nach Rostock. Da unterdessen der Winter sich mit ungewöhnlicher Strenge einstellte, so hätte Conti gerne warme Quartiere gesucht, und die Feindseligkeiten so lange ausgesezt. Nachdem der Uebermuth seiner Soldaten rings um Garz eine Wüste gemacht hatte, spürten sie die Nachweben. Die Nahrungsquellen waren vergeudet, sie hatten Mangel an Schießbedarf und zweckmäßiger Kleidung gegen die grimmige Kälte. Siechthum und Ausreißen nahmen überhand. Auf Contis Einladung war eine Zusammenkunft schwedischer und kaiserlicher Abgeordneten halbwegs zwischen beiden Lagern. Die Leztern hatten eine Mahlzeit zuberettet, als der Becher herum ging huben sie an: zwar scheuten sie keinen Feind, wären auch mit Volk und dem Nothwendigen versehen, weil es jedoch Winter werde, sollte man sich einige Ruhe gönnen. Ueberdieß hätten sie gute Hoffnung, daß ein annehmbarer Friede nicht ferne sey, irrten sie, so möge man im Frühling wieder im Feld seyn und einander redlich unter die Augen treten. So artig waren sie nie gewesen, aber die Andern ließen sich nicht beschwatzen. Wir sind Soldaten Winters wie Sommers, antworteten sie, thut, Was euch gefällt, wir werden nicht feiern. Der König wollte, daß Das nicht umsonst gesagt war. Nach Stettin zurückgekehrt, verordnete er eine Bußandacht, hernach musterte er das Heer in Damm. Er hatte die preußischen Truppen, darunter die sehnlichst erwartete deutsche Reiterei, jezt bei sich. Bei den Kaiserlichen hatte Conti, des nordischen Himmels und des unerquicklich gewordenen Krieges satt, abgedankt, um sich in seinem Vaterland in den bequemeren Dienst eines päbstlichen Generalkapitäns zu begeben, Hannibal von Schaumburg, der ihn ablöste, hatte zu besserer Verpflegung den größten Theil seiner Macht, zumal die Reiterei, um Piriz herum, in die Neu- und Uckermark verlegt. Greifenhagen blieb mit 2500 Mann, mit 6000 Garz besezt. Am Christabend erschien der königliche Vortrab vor Greifenhagen, das Heer folgte auf dem Fuß nach, und bevor wieder der Morgen graute, donnerte das grobe Geschütz, auf Prahmen die Oder hinaufgefahren und sogleich aufgepflanzt, aus 30 Feuerschlünden auf die Stadt. Don Fernando von Capua, der Befehlshaber, hätte zuweilen geprahlt, er werde nach Stettin kommen, und den Grafen von Thurn und die Verräther beim Kopf kriegen, dießmal war er kleinlaut, schon am vorherigen Tage hatte er zur Vorsicht seine Fahnen nach Garz bringen lassen, wenn gleich Das eine schlechte Aufmunterung war für die Soldaten, und mit seinem Trotz war es völlig vorbei beim Anblick der geborstenen Mauern, er kam nach Stettin, aber als Gefangener auf der Flucht nach Garz und verwundet auf den Tod. Die Mannschaft war meistens über die Reglizbrücke entwischt, aber unter einem solchen Eindruck des Schreckens, daß der Brückenkopf bei Marwitz am westlichen Oderarm — die sehr befestigte Stellung, in

der die Kaiserlichen den Sommer über ihr Hauptlager gehabt
hatten — beim Ansprengen schwedischer Reiter ohne Schuß oder
Schwertstreich verlassen, die Brücke selbst in Brand gesteckt
wurde. Und wie breit und tief noch immer der Stromesarm
die Heere trennte, Schaumburg hielt auch in Garz sich
nicht mehr sicher, er zerstörte seine Magazine, ließ sein Kriegsgeräth nebst etlichen Geschützen, die er wegen Unzulänglich-
keit der Vorspann nicht fortschaffen konnte, in's Wasser werfen, und zündete die Stadt an. Von den Trümmern ergriff
Alexander Lesly von Stettin aus Besitz. Der Rückzug auf
beiden Ufern der Oder war allgemein, auf dem linken nach
Frankfurt, auf dem rechten Landsberg zu. Baudis jagte ihnen
über Piritz nach, die Straße war mit Waffen, Gepäck und
Todten besäet. Manche von den Kroaten, die mit Gold und Silber gespickte Gürtel um den Leib oder goldene und silberne
Platten auf der Brust trugen, die mit silbernen Knöpfen an
den Röcken und mit derlei Beschläg an Sattel und Zeug,
Säbel und Pistolen prangten, wurden ihres Schmucks elendig-
lich entkleidet. Die über Küstrin zogen, fanden, wenn sie
nicht noch auf dem langen Dammweg durch die Moräste des
Zusammenflusses der Warta und Oder ereilt und erschlagen
wurden, ihr Heil in der Dienstfertigkeit des brandenburgischen
Obristen von Kracht, der ihnen die Festung öffnete und den
Schweden einen Riegel vorschob. Während der Kurfürst, der
die Pflicht aber nicht die Kraft hatte sein Land gegen Schaumburgs aufgelöste Banden zu schützen, sich doch endlich einer
Bekanntmachung erkühnte, die neben der Ermahnung an die
Unterthanen, daß sie den rechtschaffenen Soldaten allen guten
Willen erzeigen sollten, das Gebot und die Erlaubniß enthielt,
die Frevler zur Bestrafung an die Regimenter oder die Landesbehörden einzuliefern oder Gewalt mit Gewalt abzuwehren,
entriß er ihre Ueberbleibsel dem Untergang. So verhaßt ihre
Tyrannei und so froh man war, ihrer los zu werden, noch
fiel die Furcht vor dem kaiserlichen Namen so schwer ins Gewicht als die Eifersucht gegen Schweden. Dieß erfuhr der
König auch in Lübek. Peter Blume mit dem Geschwader vor
Wismar war nach dem Gellen gesegelt, um sich zu erfrischen
und mittlerweile hatte die kaiserliche Flotte auf stralsunder

und andere Schiffe gekreuzt, als aber Blume das Admiralschiff König David von 40 Kanonen auf die Rhede von Trave= münde scheuchte, wo es ihm nicht hätte entgehen können, tra= ten die Lübecker zwischen ihn und seine Beute, obwohl Sal= vius vorstellte, .es sey hier die nehmliche Bewandtniß wie mit einem Wild, das der Jäger, der es auf seinem Grund und Boden angehezt habe, auch verfolgen dürfe in ein frem= des Revier. Trotz dieser Lauheit der ihm durch Interessen und Sympathien verwandten Partei war der König siegreich auf allen Punkten, bloß die Angelegenheiten Magdeburgs ge= stalteten sich nicht besser. Mitten unter den Fortschritten an der Oder langte eine neue Hiobspost an: 1000 Markgräfliche hatten das kaum zuvor eingenommene Neuhaldensleben an Pappenheim wieder verloren, dem sie, um mit heiler Haut da= von zu kommen, Waffen und Pferde hatten zurücklassen und geloben müssen, daß sie nie und nimmermehr gegen den Kai= ser dienen wollten. Diese Einbuße schmerzte doppelt, weil sie die Magdeburger, die keinen Ueberfluß an Truppen hatten, empfindlich schwächte und wegen der Schimpflichkeit des Ver= gleichs. Mit dem Lauf der Ereignisse im Ganzen hatte der König Ursache zufrieden zu seyn: er feierte daher zu Stettin den Neujahrstag mit einem Dankfest in allen Kirchen.

Achtzehntes Kapitel.

Tilly's Auftreten gegen Gustav Adolf; Anschlüssigkeiten der protestantischen Fürsten.

Die Erstlingsthaten des Jahres 1631 waren mehr politischer als kriegerischer Art. Gustav Adolf suchte die Neumark zu decken, einige Reiterregimenter wurden um Landsberg herum gelegt, um den räuberischen Streifereien der dortigen Besatzung Einhalt zu thun, kleine Abtheilungen wurden ausgesandt, die aufräumten, wo noch hin und wieder feindliche Ueberreste waren, die insonderheit auf die Kroaten lauerten, bei denen oft ein braver Landsknecht seinen Beutel füllte. Unter Zusage der Sicherheit rief der König die zum großen Theil flüchtigen Einwohner an ihren Heerd zurück, sie sollten ihrer Nahrung nachgehen, und von Dem, Was sie entbehren kaunten, seinem Heere zufließen lassen, die Unfolgsamen drohte er für Feinde des Vaterlandes zu erklären. Die Aufforderung war nicht vergeblich. Die Bevölkerung machte sich wieder ansäßig, die neumärkischen Stände steuerten Getreide und Geld. Tilly war von Halberstadt vor Magdeburg gegangen: er kündigte dem Administrator und der Stadt an, daß ihm der Kaiser den allgemeinen Oberbefehl übertragen habe, daß er ihnen rathe, von ihrem unverantwortlichen Benehmen abzustehen und die

Waffen niederzulegen, sonst habe er Mittel, sie zum Gehorsam zu bringen, die ihnen schlecht bekommen dürften. Beide gaben herzhaft Bescheid. Sie rühmte ihre Treue, nannte ihren Widerstand eine höchst nothwendige Einwendung gegen unverschuldete verfassungswidrige Bedrängniß, hoffte, da sie einer kaiserlichen Entschließung gewärtig sey, von ihm nicht weiter behelligt zu werden. Der Markgraf entgegnete, er habe vor Tilly's Befehlshaberschaft allen Respect und möchte sie ihm noch ansehnlicher wünschen, könne aber Niemand Befugnisse einräumen, die nicht in den Reichssatzungen begründet, sondern gegen sie und mit seinem christlichen Gewissen, seinen fürstlichen Würde und den Gerechtsamen der anderen vornehmlich der evangelischen Reichsstände in Widerspruch wären, er würde sich mithin an die Abmahnung nicht kehren, warne ihn vielmehr, auf daß Dinge unterwegen blieben, die Nichts seyen als ein Mißbrauch des kaiserlichen Namens, und verberge ihm nicht, daß er bei der Unmöglichkeit von dem Kaiser zu erlangen Was recht und billig, sein Bestes thun werde, um sich und seine Unterthanen aus schändlicher Sklaverei der Seele und des Leibs zu erretten durch Gottes Macht und den Beistand des Königs von Schweden. Vielleicht hätte Tilly sich nicht lange mit Worten herum gezankt, denn Magdeburg in der Nachbarschaft der von Kursachsen nach Leipzig ausgeschriebenen protestantischen Tagsatzung, die hier den Kern eines Gegenbundes finden konnte, war ein zu gefährlicher Punkt im Rücken, wenn er gegen den König vordrang. Aber hielt ihn die Wichtigkeit des Platzes an der Elbe fest, so trieben ihn Schaumburgs Jammerberichte vorwärts. Dieser General, Märtyrer der Fehler seiner Vorgänger und ihres Systems, klagte in Wien, daß er ohne Geld und Brod keine Zucht handhaben könne, daß Soldaten und Offiziere, zu Hunderten zusammen gerottet, vermummt, plünderten, sengten und brennten, daß er, wenn es mit diesem Unwesen nicht anders werde, lieber abdanke als zusehe oder gar mithelfe, er benachrichtigte den Oberfeldherrn, daß er nicht über 4000 Reiter und 8000 Mann Fußvolk vermöge, daß er fürchte, Landsberg werde nicht zu behaupten seyn, weil Das, was Obrist Kratz verlange, er selbst nicht besitze und wenn er auch von dem Dutzend Kanonen, den

8 oder 9 Zentnern Pulver und 2 bis 300 Zentnern Lunten die er noch habe, abgeben wollte, keine Rosse da wären zum Fuhrwerk, er begehrte von ihm mindestens 3 frische Regimenter und beschwor ihn, einen Mann nicht zu Schanden werden zu lassen, dem das Wenige auf dem Spiel stehe, was er an Ehre erworben habe in Jahren. Einige Monate Waffenstillstand wären deßhalb den Kaiserlichen und Tilly sehr willkommen gewesen. Da das Heer der Liga während der Umtriebe zu Regensburg sich nicht vom Fleck gerührt hatte, um dem Kaiser recht lebhaft das Gefühl der Verlassenheit einzuprägen, wenn er nicht auf ihre Bedingungen eingehe, so war Tilly wie Conti und Schaumburg von dem Winterfeldzug überrascht und brauchte zu Vervollständigung seiner Rüstungen Zeit. Man steckte sich in dieser Verlegenheit hinter Georg Wilhelm von Brandenburg: die katholischen Kurfürsten, Christian von Dänemark hatten ihn um seine Vermittlung ersucht. Die friedfertigen Bemühungen des Dänen entsprangen aus alter Eifersucht und zunehmendem Neid auf Gustav Adolfs Kriegsruhm, ja man hatte in Wien Hoffnung, daß er bestimmt werden könnte, Schweden den Fehdehandschuh hinzuwerfen. Wallenstein, von Lübek her mit ihm befreundet, er, den alle Welt mit dem kaiserlichen Hof in peinlicher Spannung glaubte, dem Tilly einen Liebesdienst zu erweisen meinte durch Mittheilung eines französischen Zeitungsblattes, das den Herzog bezüchtigte, er führe Tücke im Schild und ein schwedischer Sendling habe ihm eine goldene Kette überreicht, das er aber als alberne Posse an Questenberg übermachte mit Berufung auf ein spanisches Sprichwort, welches besagt: „es denken die Bösewichter, Jedermann sey von ihrem Gelichter —" er bearbeitete den König Christian in dieser Richtung, schmeichelte ihm mit glänzenden Aussichten auf Ländererwerb aus der großen Fundgrube der Konfiskationen (die also nicht sobald versiegen sollte), nebenbei hätte er Stücke von Meklenburg an ihn verkaufen mögen, und Ferdinand, der nachher alle Schritte genehmigte, verlangte nur, die Unterhandlung sollte nicht in seinem, sondern des Friedländers Namen geschehen. Umgekehrt hatte auch Gustav Adolf Gründe, warum er die Eröffnungen, mit denen man ihm entgegen kam, nicht

schlechterdings von der Hand wies. Noch vereinzelt wie er war, und im Begriff gegenüber zu treten dem nie besiegten Feldherrn, mußte er sich fragen, ob er nicht schon an einem Ziele sey, über das er ohne neue Verbündete nicht hinaus dürfe, zu furchtsame oder zu eigennützige Freunde mußten wissen, daß sie es ihm verleiden würden, sich allein voran zu wagen, und daß er Halt machen könne. Oder wenn das Zurückweichen auf der eingeschlagenen Bahn ein Gedanke war, den sein Geist nur als eine äußerste Nothwendigkeit ertragen hätte, so könnte ihm doch eine Unterhandlung, sofern sie zu genauerer Erforschung der Sachlage diente, nicht unlieb seyn, selbst eine Waffenruhe nicht, vorausgesezt, daß auch den Magdeburgern, für die er keine unmittelbare Hilfe hatte, ihre Wohlthat zu gut kam, und daß ihm Gelegenheit wurde, allgemach seine Bundesverhältnisse zu verbessern. Mit Brandenburg war Nichts anzufangen. Der kurfürstliche Kanzler Sigmund von Götze, der beauftragt war, den König zu einer Aeußerung zu veranlassen über die Bedingungen, unter denen er zum Frieden geneigt wäre, hatte ihm etwas spät die freie Benützung des Passes bei Küstrin angeboten, und dafür zu Abwendung von Schaden und Gefahr solche Verpflichtungen gegen den Kurfürsten und dessen gesammtes Land angesonnen, daß Jener bemerkte, er nehme das Anerbieten mit Dank an und sey zu Gegengefälligkeiten bereit, nur habe der Paß, nachdem dem Feind durchgeholfen worden, den Werth nicht mehr, daß er sich deßwegen mit allen möglichen Verbindlichkeiten belasten möchte. Friedensvorschläge erwarte er, und wenn es der andern Partei Ernst sey, so werde sie damit nicht säumen, selber sie zu machen, fühle er keinen Beruf. Dann hatte er den Kurfürsten zu einer wirklichen Vereinigung eingeladen, bei der Dieser keine der gewünschten Sicherheiten vermissen sollte. Sein Bevollmächtigter in Berlin, Obrist Joachim Mitzlav, hatte selbst auf den Fall von Bogislaws Ableben die Ausfolgung der pommerischen Erbschaft zugesagt, der Kurfürst aber auch jezt gebeten, ihn mit Zumuthungen zu verschonen, vorschützend seine Obliegenheit gegen Kaiser und Reich, und daß er sich dürfe in Nichts einlassen, was ihn trennen würde von Kursachsen und den Gesammtinteressen der Evangelischen und unfähig machen künftig zu vermitteln, daß diese Genossenschaft ihm unausbleiblichen Schaden brächte, fast ohne Vortheil für den König, sintemal seine Länder erschöpft, und die Konfiskationen dermaßen an der Tagesordnung seyen, daß sie von etlichen Leuten als eine Grundfeste kaiserlicher Machtvollkommenheit angesehen werden wollten. Inzwischen waren ergebenheitsvolle Briefe aufgefangen worden, welche Adam von Schwarzenberg wechselte mit Papisten, und Gustav Adolf hatte sie nach Berlin geschickt zur Nachricht für den Kurfürsten, daß, wenn diese Vertraulichkeit hinterrücks seiner Statt gefunden, er sich vor untreuen Dienern hüten könne, oder wenn mit seinem Vorwissen, er es entschuldige, daß der König mit Erklärungen zurückhaltend sey. Dagegen wurde der Bundesvertrag mit Frankreich im Hauptquartier zu Bärwalde am 23sten Januar unterzeichnet. Charnassé, welcher fürchtete, bei dem erbärmlichen Zustand des kaiserlichen Heeres möchte am Ende Tilly durch Zugeständnisse dem Krieg vorbeugen, gab die Einbildung auf, in der Vertragsform für den Bourbon einen Vorrang anzusprechen vor dem König von Schweden, er war es zufrieden, daß Bayern und der Liga die Neutralität bewilligt wurde, aber nicht geradezu, sondern sofern sie sich ausdrücklich anheischig machten, keinen Akt der Feindseligkeit öffentlich oder heimlich gegen Gustav Adolf und dessen Verbündete zu begehen, keinem Beschluß ihrer Widersacher beizustimmen, die Uebereinkunft sollte Gültigkeit haben bis zum März 1636 mit der Verbindlichkeit für Schweden 30,000 Mann Fußvolk und 6,000 Reiter in's Feld zu stellen, für Frankreich, jährlich eine Million Livres beizutragen, und 360,000 für das verflossene Jahr, nach Schwedens Gutdünken zahlbar in zwei Posten zu Paris oder Amsterdam, mit gegenseitiger Gestattung der Ausfuhr von Kriegsbedürfnissen und der Werbung, und mit dem eingestandenen Zweck der Vertheidigung ihrer gemeinschaftlichen Freunde, der Wiederherstellung der unterdrückten Reichsstände, der Aufrechthaltung der Unabhängigkeit des baltischen Meers und des Oceans, der Niederreißung der Zwingburgen auf beiden Küsten und den rhätischen Alpen. Offenbar war der materielle Gewinn aus diesem Vertrage für Gustav Adolf gering, desto bedeutender die moralische

Wirkung. Diese Million nebst den mitversprochenen jährlichen
400,000 Livres von der Republik Venedig reichte nicht für
den kleinern Theil der Truppen hin, beliefen sich doch ein
Paar Monate nach der Landung auf Usedom, als das Heer
noch wenig zahlreich war, die Ausgaben der Feldkasse, wie er
seinem Reichsrath vorrechnete, ohne die Kosten für die Reiterei auf 30,000 Thaler an jedem 10ten Tag, überdieß waren es
beengende Rücksichten auf Frankreich, nicht daß er in Bezug auf
die Religionsverfassung Deutschlands die Beobachtung der
Reichsgesetze und der katholischen Kirche, wo er hinkäme, ihre
ungeschmälerte Freiheit verbürgte, denn diese Vertragsbestimmung
war seines aufgeklärten Geistes würdig, wohl aber, daß seine
innigere Theilnahme an den Schicksalen des evangelischen
Glaubens (ein Beweggrund, den er immerhin mündlich gebrauchte) aus seinen Staatsschriften verschwand, und er so eines
der kräftigsten Hebel auf die Gemüther sich beraubt sah. Mit
dem Anschluß legte Charnassé einen Wechsel auf die fälligen
300,000 Livres auf den Tisch, Richelieus Politik hätte ihre volle
Entwicklung gehabt, wären seine Sendboten in Dresden und
München sogleich auch so glücklich gewesen, daß sie die Häupter der katholischen und protestantischen Partei zur Neutralität
vermocht und dadurch den Krieg beschränkt hätten auf einen
Zweikampf zwischen Schweden und Oesterreich. Die Einflüsterungen waren sehr lockend: sie sollten, hieß es, Zuschauer
bleiben, aber mit den Waffen in der Hand, so hälfen sie mittelbar den Kaiser demüthigen, könnten stets mit Genehmigung Frankreichs den Frieden bewirken und den Ehrgeiz des
Königs auf das gebührende Maß zurückführen. Dieß sey, recht
verstanden, die Aufgabe für beide Theile. Daß die Einen Partei
ergriffen, die Andern nicht, gebe schwerlich an. Wären die Protestanten bei Schweden, so müßten die Katholischen bei dem
Kaiser seyn, und da sey weniger gewiß, daß sie den Frieden
erlangen als daß sie ihr Vaterland zu Grunde richten würden.
Setze die Liga ihr Heer aufs Spiel, so werde sie den ganzen
Kriegsschwarm auf den Hals bekommen, der König mit den
über die Zurückforderung der Kirchengüter erbitterten Protestanten ihre allwärts offenen, noch unversehrten Grenzen über-
fluten, Wallenstein aus Rache den Kaiser mit Schweden

versöhnen und ihr Verderben vollenden. Richelieu war gemeint, den Kaiser klein zu machen, nicht Schweden oder irgend Etwas in Deutschland groß: darum war die französische Unterstützung karg und wurde durch Kabalen verkümmert, die lediglich dahin zielten, die schwedische Tapferkeit zu hetzen wie einen Bullenbeißer, dem man gelegentlich wieder den Maulkorb umthut. Gleichwohl durfte sie der König nicht verschmähen, war es auch nur um des Ansehens willen, das ein Bündniß mit einem mächtigen Königreich seiner Sache gab. Er selbst nahm eine zuversichtlichere Haltung an. Richelieu hatte den Vertrag nicht für die Oeffentlichkeit bestimmt, aber Gustav Adolf überschickte eine Abschrift davon dem Kurfürsten von Brandenburg und ließ ihm sagen: da man seine Friedensbedingungen haben wolle, so wisse er keine bessern als die Grundlagen seiner Unterhandlung mit Frankreich. Von Berlin wanderten Abschriften zu dem Erzkanzler in Mainz, dem König von Dänemark und nach Wien, bald las man das Geheimniß gedruckt in ganz Deutschland.

Der äußerst harte Winter hatte den Waffen einen Augenblick Stille geboten. Der König hatte die vornehmsten seiner Generale, Horn und Baner, zu dem diplomatischen Geschäft mit Charnassé verwenden können. In den ersten Tagen des Februars geriethen die Heere wieder in Bewegung. Tilly war mit vier Regimentern nach der Oder gezogen. Oßa, der kaiserliche Kriegszahlmeister, hatte dem dringendsten Mangel abgeholfen, der Feldherr tilgte die Löhnungsrückstände, besichtigte die Festungswerke von Frankfurt und Landsberg, musterte die Truppen. Horn, in beobachtender Stellung um Soldin und Piritz gegen Stargard zu, bewachte mit 9000 Mann die Neumark und Hinterpommern, der König hatte Garz in wehrhaften Stand gesezt, durch eine Verschanzung am rechten Oderufer den Paß bei Küstrin versperrt, für die übrige Macht war abermals Damm der Sammelplatz. Von hier aus wurde die Belagerung von Kolberg verstärkt, in Stettin, wo er den Festungsbau nicht so beschleunigt fand, wie er gehofft hatte, der Aufseher über die Arbeiten, der die Schuld auf den tief gefrorenen Boden schieben wollte, mit Gefängniß gestraft und ihm bedeutet, in nothwendigen Dingen gelte keine Ausrede, je schwieriger sie seyen um so mehr müsse man sich anstrengen. Sein Marsch ging auf das östliche Meklenburg und Vorderpommern. Das war kein lustiges Reisen durch Eis und Schneegestöber, aber der lange Zug leichter und grober Artillerie, den er bei sich hatte, wurde durch die Schlittenbahn gefördert. Vor den meisten Orten bedurfte er dieser Maschinen nicht: der Schrecken seiner Erscheinung öffnete ihm Thore und Mauern. Prenzlow, Klempenow, Treptow hatten die Kaiserlichen vorher verlassen. Neubrandenburg schien Franz Marazani, als die Schweden gegen Nacht sich zeigten, vertheidigen zu wollen, aber ehe der Tag anbrach oder eine Kanone ankam, war es mit der Uebergabe richtig. In Loiz war Pedro Peralto in schimmerndem Stahlgewand vor die Damen des Schlosses hingetreten und hatte geschworen, er wolle kein Hundsfott seyn wie Der und Jener, sondern als wackerer Kämpe für seinen Kaiser fechten bis auf den lezten Mann, indeß, von einigen Feldschlangen angezischt, ließ er sich von den Damen erweichen, hängte seinen Heldenschmuck wieder an den Nagel, gehorsam dem Wink des Königs, der ihn zu sich herausbeschied, und so zahm, daß er das Gesicht nicht verzog, als ein schwedischer Glücksritter nach der goldenen Kette tappte über seiner Brust. Malchins bemächtigte sich Hans Moltke, der Rittmeister, mit List: er brachte einen Haufen Bauern zusammen, Die mußten rings umher Feuer anzünden und ein Trompeter zeigte in der Stadt an, der König sey mit dem ganzen Heer da, Die drinnen sollten also, so lieb ihnen ihr Leben sey, die Gewehre ablegen und herauskommen, hierauf wurden sie von 36 Reitern (mehr hatte Jener nicht) in Empfang genommen und weggeführt. In der Regel verglich man sich mit den Besatzungen auf freien Abzug, dabei wurde ihnen eine genaue Marschlinie vorgeschrieben und eingeschärft, daß sie sich aller Gewaltthätigkeit gegen die Einwohner zu enthalten hätten. Daß sie auch eine Zeit lang nicht gegen Schweden dienen sollten, war kaum nöthig auszubedingen, denn die Mehrzahl stellte sich unter die königlichen Fahnen, so daß durch diese Eroberungen nicht allein der Besitz und die Kriegsvorräthe vergrößert wurden, sondern das Heer selbst. Als der König vor Demmin rückte, war Kniphausen mit einiger Mannschaft aus den vorderpommer'schen

Besatzungen zu ihm gestoßen, und nach den Verzeichnissen von Kranken und Gesunden, die er sich von den Obristen pflegte vorlegen zu lassen, hatte er 15000 Streiter. Demmin am Einflusse der Tollense und Trebel in die Peene konnte zu schaffen machen: Savelli mit seinem und dem holk'schen Regiment lag in der Stadt, sie war einer der Waffenplätze der Kaiserlichen und von ihnen durch Außenwerke noch mehr befestigt, das Schloß in Mitten eines tiefen Morastes mit einem starken Thurm und einer Schreckschanze daneben und nirgends zugänglich als auf einem schmalen Damm mit Brücken, die abgeworfen waren, galt für unüberwindlich. Aber in einer und derselben Nacht langte der König an, wurden die Geschütze aufgepflanzt und näherten sich die Blendungen, am Morgen stürmte Obrist Teufel einen Halbmond, den ihm ein heftiger Ausfall aus der Stadt nicht wieder entriß. Der Angriff auf das Schloß traf Kniphausen, ihm bahnte der Frost den Uebergang über den Morast, auf den bloßen Versuch eines Anlaufs etlicher Rotten Musketiere räumten sie das Schloß, steckten es in Brand und sofort aus der Schanze vertrieben und in dem Thurm mit einer Mine bedroht, streckten sieben Holk'sche Kompanien das Gewehr. Ihre Fähnlein ließ der König über seinen Stückbetten wehen, ein Gruß aus allen Kanonen unter Pauken und Trompeten gemahnte die Stadt, daß die Reihe an ihr sey. Savelli, dem es für seine gestohlenen Reichthümer bange war, begehrte jezt wegen des Abzugs zu unterhandeln, und der König, froh eines so wichtigen Platzes am vierten Tage Meister zu werden, erschwerte sein Vorhaben nicht, er verabfolgte ihm sogar zwei Kanonen auf den Weg und das Gepäck des Verräthers Quinti del Ponte, der sich vor der Berennung weislich aus dem Staube gemacht hatte, oben drein, begnügte sich mit den 500 Wispeln Korn, 440 Zentnern Pulver, 36 Geschützen und Was sonst zurück blieb und sagte zu ihm beim Abschiede spöttisch: „es sey schön, daß ein so glänzender Hofmann seinen herrlichen Sitz in Italien missen könne, um sich in Deutschland dem rauhen Waffenhandwerke zu widmen.” Gegen die Umstehenden aber, dem Weggegangenen nachblickend, äußerte er: „er möchte seinen Kopf mit dem Savelli's nicht vertauschen; wenn Der sein Diener wäre, müßte er springen, doch werde ihm wohl Nichts geschehen, denn solche Leute hätten an Ferdinand einen frommen Herrn." Nicht günstiger urtheilte von ihm Tilly. Der Obergeneral hatte erwartet, daß Savelli sich wenigstens drei Wochen hielte, und im schlimmsten Falle sollte er nach Rostock. Als er sich im kaiserlich-ligistischen Lager einfand, wurde ihm die Entlassung angekündigt und er nach Wien gewiesen, um sich zu verantworten. Dort saß er einige Monate in Haft, so sehr aber Tilly auf seine Bestrafung drang, am Hof herrschten mächtigere Einflüsse: Savelli legte geheime Befehle vor, wonach er so ausgesuchte Soldaten nicht aufopfern durfte, und der Kaiser tröstete ihn für Tillys Zorn durch eine Anstellung im diplomatischen Fach.

Mit der Uebergabe von Demmin am 25sten Februar war dem König ein Stein vom Herzen. Der Platz wäre ihm fast zu theuer zu stehen gekommen: als er, dessen Gewohnheit es war, allenthalben mit eigenen Augen zu sehen, mit dem Fernrohr in der Hand die Umgebungen beschaute, war das Eis unter ihm gebrochen und er bis an die Achseln eingesunken. Dieser Unfall hatte jedoch nur seine Geistesgegenwart und Abhärtung in's Licht gesezt. Ein Schotte, Kapitän Dumaine, hatte ihm zu Hilfe eilen wollen, er aber, indem er Dem winkte, ruhig zu seyn, hatte sich unter einem Kugelregen herausgearbeitet, triefend mit dem Schotten an einem Wachtfeuer geplaudert, im ungeheizten Zelte sich mit Speise und Trank erquickt und dann erst umgekleidet. Was rührten diese königliche Kriegersnatur Mühseligkeit und Gefahr? Hätte nicht Tilly nachgerade sich aufgemacht, so würde wohl auch Greifswald, das lezte Vollwerk kaiserlicher Macht in Vorderpommern, wenn schon der Obriste daselbst, Franz Ludwig Perusi, weil zum Aeußersten entschlossen, zinnerne Nothmünzen prägen ließ und mit Errichtung von Vertheidigungsanstalten fortfuhr, die nachmals von Gustav Adolf selber bewundert wurden, gegen Baners drohende Aufforderungen nicht allzulange standhaft geblieben seyn. Nun der ligistische Feldherr, durch die sich häufenden schwedischen Siegeskunden aufgeschreckt, um nicht gar Meklenburg zu verscherzen, aus dem Lager vor

Magdeburg und den schlesischen Besatzungen ein Heer an der Havel zusammenzog und über Rauen und Ruppin gen Norden vordrang, hemmte er den Arm des Städtebezwingers. Der König ergriff Maßregeln der äußern und innern Sicherheit. Damit die befreiten Lande empfänden, daß es mit ihnen nicht allein anders sondern in Wahrheit besser geworden sey, erließ er eine strenge Quartierordnung, nothwendig für die Mannszucht, die ausartete, je mehr seine Leute sich aus den Wallensteinischen ergänzten, und für ihre Verpflegung nicht minder ersprießlich als für die Wohlfahrt der Provinzen, die, der Bedrückung im Einzelnen überhoben, desto leichter zum Abschluß von Leistungsverträgen zu bewegen waren, wobei schonende Vertheilung der Lasten die Kräfte zu Rathe hielt. Offizieren und Soldaten wurde verboten, von den Beherbergern Mehr zu fordern als Lagerstatt, Holz, Licht, Essig und Salz. Den Offizieren insbesondere war man bloß einfache Wohnung schuldig, uneingereihten Offizieren auch die nicht, und für ihre Unterkunft so wie für die der Privatdiener hatten Die zu sorgen, zu deren Gefolge sie gehörten. Schutzwachen durfte Keiner aufdringen, und sie mußten sich mit der gemeinen Zubuße begnügen. Pferde und Fuhren brauchte man nicht zu verabfolgen außer gegen baare Bezahlung oder Vorzeigung eines Scheins des Königs oder eines Generals, und nicht weiter als auf eine Station. Wenn Soldaten sich ohne Paß von dem Standort ihrer Companien entfernten, oder wenn sie Pässe hatten, aber sich Ungebührliches erlaubten, durfte man sie festnehmen und zur Verantwortung einliefern, nur so, daß die Beförderung ihrer etwaigen Briefschaften nicht darunter Noth litt. Beschädigungen von Kirchen, Schulen und Spitälern, Beleidigungen gegen Geistliche, die weder mit Einquartirung noch sonst beschwert werden durften, oder Störungen des Gottesdienstes waren auf's Schärffte verpönt. Auch landesherrliche und adeliche Häuser, wenn nicht die Kriegsregel ein Anderes heischte, waren quartierfrei. Oeffentliche Beamte, Bürgermeister und Rathsherren (diese in den Städten mit dem Einquartirungsgeschäft beauftragt), Unterthanen jedes Standes sollten in ihrem Eigenthum, Beruf und Gewerbe, in Handel und Wandel, draußen und daheim ungekränkt und

ungehindert seyn, kein Befehlshaber eines Platzes sollte sich
erdreisten, Zoll zu erheben von Personen oder Sachen — nach
dem Erfund bei Leibes- oder Lebensstrafe, oder unter Verbindlichkeit zum Ersatz. Da der König über Beobachtung
dieser Verordnungen ernstlich wachte, so konnte er, der Anhänglichkeit des Volks bewußt, mit gesteigertem Vertrauen
dem Anmarsch des Feindes entgegen blicken. Seine militärischen Vorkehrungen aber traf er so. Horn mit der Mehrzahl
seiner Truppen mußte über die Oder zurück: ihm ward die
Aufgabe, Demmin und Anklam und den Lauf der Peene zu
decken. Die verschiedenen Eingänge nach Vorderpommern von
Stolpe bis Tribsees wurden durch Schanzen, der Fluß durch
Kanonenboote aus Stralsund geschlossen, und weil das in der
Geschwindigkeit befestigte Anklam ein eben so wichtiger als
schwacher Punkt war, mit dessen Besitz Tilly die beiden Pommern und den König von seinem Feldmarschall getrennt hätte,
so hatte Gustav Adolf eine Stellung genommen bei Pasewalk,
um ihn im Rücken zu fassen, wenn er versuchte durchzubrechen.
Inzwischen war Dieser über die meklenburgische Grenze gerückt
und hatte zum Einstand zu Feldberg im Blut von 50 Schweden, der Besatzung des Schlosses, das Schwert gefärbt. Den
14ten März erschien er vor Neubrandenburg. Nach des Königs
Plane mußten die vorliegenden unhaltbaren Orte, wie Friedland, Treptow, bei Tillys Annäherung geräumt und die Besatzungen hinter die Peene zurückgebracht werden, die auch an
Kniphausen deßhalb ergangene Botschaft war aber aufgefangen
worden. Der Generalmajor glaubte daher die Feinde um
jeden Preis aufhalten zu müssen, um dem Hauptheer Zeit zu
verschaffen zu tüchtigerer Vorbereitung. Neubrandenburg war
nicht viel Mehr als ein ummauertes Dorf, er hatte 2000
Mann ohne Artillerie, mit diesen geringen Mitteln bot er
Trotz. Die anständigen Bedingungen, die er wiederholt und
am 6ten Tage noch, nachdem drei Angriffe mißlungen, eine
Viertelstunde vor dem allgemeinen Sturm, von Tilly hätte
haben können, wurden verworfen: da stürzten die Kaiserlichen, an ihrer Spitze Montecuculis Neffe, Graf Raymund,
ein 23jähriger Jüngling, mit solchem Ungestüm auf die durchlöcherte Mauer, daß sie ungeachtet der angestrengtesten Gegen-

wehr sie überwältigten. Von Gasse zu Gasse und von Haus
zu Haus raste die Wuth des Siegers wider die tapfern Vertheidiger. Kniphausen, der sich mit Gemahlin, Tochter und
Sohn und einigen Frauen von Rang auf das Rathhaus zurückgezogen, wenige Offiziere und 60 Fußknechte waren die
einzigen Ueberlebenden von den 2000. Neubrandenburg war
Tillys Rache für Demmin — der erste beträchtliche Verlust,
den der König in Deutschland erfuhr. Ihn schmerzten die 9
seiner Fahnen, die er vermißte, er war empört über die grausame Niedermetzlung seiner Soldaten. „Den alten Korporal,
soll er geäußert haben, werde er lehren, wie man den Krieg
menschlich führe und nicht auf Kroatenweise." Was ihn trösten konnte, war die eine Woche früher erfolgte Einnahme
von Kolberg. Nach 5monatlicher Belagerung, als die Mundvorräthe nahezu aufgezehrt, die Hoffnung auf Entsatz ent-
schwunden war, hatte Franz Mörs dem Obristen Boëtius die
Stadt übergeben. Just im rechten Augenblick: denn 3 Tage
nachher hätte die Ankunft von Schiffen aus Wismar und
Rostock, wiewohl ihnen Erich Hanson Ullsparr mit Galeeren
das Einlaufen von der Rhede in den Hafen verlegt hatte,
später die Nachricht von dem Schicksal Neubrandenburgs den
Widerstand verlängert. Diese Eroberung gab den Schweden
54 Geschütze und eine Menge Kriegsfahrniß, noch mehr — sie
machte sie zu unbehelligten Gebietern in Hinterpommern und
eine ansehnliche Streitmacht wurde dadurch anderswo verwend-
bar. Die 1500 Mann Besatzungstruppen durften mit klin-
gendem Spiel, jedoch ohne Feldzeichen abziehen, und bekamen
2 Vierpfünder, worauf das friedländische Wappen prangte,
nebst einer Tonne Pulver und 40 Wagen mit, aber sei es,
daß sie sich, wie behauptet worden, gegen ihre Bedeckung be-
drohlich hatten verlauten lassen, oder war es Erbitterung über
die Würgerei in Neubrandenburg, oder nach der beliebten Art
sich aus dem Feinde zu rekrutiren nur ein Schreckmittel, um
sie zum Uebertritt in schwedischen Dienst zu vermögen — sie
wurden unterwegs angehalten und entwaffnet. Allein der
König verfügte ihre Loslassung und Sperreuter geleitete sie,
mit Ausnahme von 400, die sich unterstellten, zum Land
hinaus.

Was sollte Tilly? An der ruhmvollen Vertheidigung eines armseligen Vorpostens hatte er einen Vorgeschmack der Schwierigkeiten, die seiner warteten, wenn er sich in's Innere dieser Länder vertiefte und auf den Kern der schwedischen Macht stieß. Seine Absicht, mit den dort noch übrigen kaiserlichen Besatzungen eine Verbindung zu eröffnen, war gescheitert. Wingerski, der während des Kampfes mit Kniphausen 1000 Reiter aus Rostok zuführen wollte, war bei Plau von dem Rheingrafen gepeitscht worden, und hatte mühsam als Flüchtling den Rückweg gesucht. Einem andern Obristen, Kronberger, hatte Baner heimgeleuchtet. Zum Unterhalt seiner Truppen durfte er auf keine Hilfsquellen rechnen als auf die, so er aus entlegenen Magazinen schöpfte, und von diesen konnte ihn eine Flankenbewegung des Königs trennen. Tilly weilte nicht länger in Neubrandenburg, als bis die Stadt ausgeraubt und die Ringmauern niedergerissen waren, dann wandte er sich rückwärts auf Zechlin und Ruppin. Schon hatte auch der König sich auf's Neue in Marsch gesetzt. Zu Stettin ließ er zwei Schiffbrücken zimmern, eine größere und eine kleine, jene breit genug für 5 Reiter neben einander, sie wurden die Oder hinaufgeschickt, zwischen Vierraden und Schwedt zusammengefügt und ein Lager aufgeschlagen, das eine Meile im Umfang hatte und umschlungen war von einer Kette von Schanzen und einem Arm des Stroms. Tilly hätte diese Arbeiten zerstören mögen, und beorderte den Grafen Rudolf Kolloredo mit 25 Schwadronen auf Kundschaft, Der aber fand das Werk so vorgeschritten, daß er unverrichteter Dinge umkehrte, nicht ohne unangenehme Begleitung, da ihm die schwedische Reiterei auf den Fersen war bis Bernau. Als wäre es von jedem der Heerführer darauf abgesehen, den Gegner auf ein verschiedenes Schlachtfeld zu locken, so begab sich der Ligiste wieder vor Magdeburg, indeß der König die Brücken und das grobe Geschütz auf Kähne, die Regimentsstücke, bei 200, auf Wagen lud, und nach Frankfurt aufbrach. Das Heer, 12000 zu Fuß und 120 Fahnen Reiter, zog längs beiden Ufern, auf dem dießseitigen befehligte er persönlich, drüben Horn. Zersprengte Kroaten waren ihre Vorläufer. Am Sonnabend vor dem Palmfest, Vormittags 10 Uhr, stand

Gustav Adolf unter den Wällen von Frankfurt. Tags zuvor
— den Schweden von spaßhafter Vorbedeutung, daß es in
ihrem Kalender der erste April war — hatte der eben angelangte
Feldmarschall Rudolf von Tiefenbach aus Schaumburgs Händen den Oberbefehl über die 7000 Mann starke Besatzung
übernommen, und unter Mißbilligung der späten und man-
gelhaften Vorkehrungen seines Vorgängers unverweilt die Häuser, Hütten und Keltern in den Weinbergen, und die Vorstädte nebst Kirchen und Mühlen in Brand stecken, die Thore
verrammeln lassen. Auf den dampfenden Trümmern sezten
sich die Schweden fest. Einen Ausfall durch das gubner
Thor wiesen sie blutig zurück. Die Nacht über waren sie
mitten unterm feindlichen Feuer so fleißig mit Graben, daß
sie am andern Morgen ziemlich geborgen in der Erde steckten.
Die Frühstunden waren der kirchlichen Erbauung und dem
Gebet geweiht. Nach der Predigt wurden die Geschütze aufgepflanzt, der König vervielfältigte sich mit Rath und That,
legte, wo es galt, frischweg Hand an. Weil die Beschießung
zögerte, bildeten die Kaiserlichen sich ein, der König fühle,
daß er denn doch zum Angriff zu schwach sey, sie schmähten
und schimpften, hängten eine Gans über den Wall herunter,
und schrien: „Nur her, ihr Strömlingsfresser! Habt ihr
schon eure Lederkanonen vor Hunger aufgespeist?" Sie sollten
von ihrem Uebermuthe geheilt werden. Die Sappe arbeitet
fort, und um Mittag ist sie im Spitalgarten am gubner
Thor, bald wird man der Außenwerke Meister, worauf der
König mit den Donnerschlägen von 12 Feuerschlünden, die er
selber richten hilft, an die Pforte pocht. Während er hier und
auf andern Punkten die Kanonen auf die Stadt spielen läßt, und
Tiefenbach im Begriff steht, auf dem Marktplatz 2000 Fußknechte und 1000 Reiter zu versammeln zu einem zweiten Ausfall, hat ein Lieutenant, Andreas Auer aus Pegau, der bei
einer Truppenabtheilung ist, die unter dem Schuz der Artillerie im Rauch und Getümmel das Thor anlaufen soll, eine
nachläßig besetzte Stelle des Walls erspäht, nimmt eine
Sturmleiter, und klimmt hinan. Ein verwegenes Häuflein
folgt ihm. Noch hätte der König nicht gestürmt, aber da er
den glücklichen Anfang sieht, will er den Soldaten ihre Freude

nicht verderben, und heißt nachrücken. Die Kaiserlichen wer=
den vom Wall vertrieben, das Thor von innen gesprengt, und
Freund und Feind dringen zusammen in die Stadt. Auf die=
sen Lärm werden an allen Ecken die Leitern angesezt und die
Mauern überstiegen. Umsonst ist jede Mühe der kaiserlichen
Offiziere, ihre Völker zu ordnen und ihnen Muth einzusprechen
— Baudis mit seinen Dragonern rennt Alles vor sich nieder.
Die ganze Masse wälzt sich im wirren Knäul von Roß und
Mann, Wagen und Kanonen der Oderbrücke zu, die dieses
Gedränge nicht faßt, das sich also zerrt, pufft und hinabdrückt,
daß manche Opfer der Fluß verschlingt. Zweimal geben die
Kaiserlichen mit der Trommel das Zeichen, daß sie zu parla=
mentiren wünschen — dieser Ton trifft ein taubes Ohr. Was
den erbitterten Soldaten vor die Klinge kommt, wird nieder=
gestoßen. Neubrandenburgisch Quartier, ist die Antwort,
wenn Einer um Gnade fleht. Am ärgsten war das Mordge=
wühl in den Gassen nach der Oderbrücke zu: da lagen die Er=
schlagenen in solchen Haufen, daß man schier davor nicht
wandeln konnte, und die Entronnenen waren dermaßen
angstgehezt, daß sie den wohlverwahrten Brückenkopf am
rechten Oderufer freiwillig preisgaben, das Ende der Brücke
abbrannten, die Geschütze in's Wasser warfen, und auf ihrer
Flucht nicht eher rasteten als in Großglogau. Bei 1700
Leichen ließ der Stadtrath von Frankfurt beerdigen, darunter
viel vornehme Offiziere, doch waren, als die wildeste Hitze
vorüber, noch 800 Gefangene gemacht worden. Die mit
Tiefenbach Geretteten mögen aber nicht über 2000 gewesen
seyn, und sie hatten Zeug und Heergeräth im Stich gelassen,
Schwedens Trophäen mit 24 Fahnen, 21 Kanonen bereichert.
Der König hatte nicht umhin gekonnt, nach Kriegsbrauch den
Stürmern eine 3stündige Plünderung zu gestatten. Wie sie
dieses Maß überschritten, that er kräftig Einhalt. Mit Stöcken
und bloßen Degen fielen die Officiere über die Unfolgsamen
her, etliche der Frechsten ließ er aufknüpfen. Sechzehn Häu=
ser waren unter diesen Unordnungen im Feuer aufgegangen.
Dagegen wurden den Bürgern, welche 6 Regimentern Quar=
tier zu geben hatten, Wein und Korn aus der kaiserlichen
Hinterlassenschaft ausgetheilt. Am andern Tag war eine Dank=

feier für den leicht errungenen Sieg. Der wackere Auer wurde mit 1000 Thalern und Beförderung zum Rittmeister belohnt. Da man nicht versäumen durfte, gegen Tilly auf der Hut zu seyn, der wirklich bereits zum Entsatz unterwegs war, aber durch den Fall der Festung überrascht stracks vor Magdeburg zurück ging, so wurden die Befestigungen eilig ausgebessert, die Wälle mit Sturmbalken versehen, die Pfahlwerke hinten mit Erde beworfen, vorn mit Wasen bekleidet, bis Crossen hinauf alle Nachen weggenomen und nach Frankfurt gebracht, Lesly daselbst zum Befehlshaber bestellt. Zur Abrundung seiner Eroberungen von der Ostsee bis Schlesien fehlte dem König allein noch Landsberg, der Schlüssel der Warta und der Neumark, ein bequem gelegener Platz, um ihn im Rücken zu beunruhigen. Hans Philipp Kratz der Obristwachtmeister hauste dort mit 3000 Mann Fußvolk und 1500 Dragonern, kaum 2000 Musketire und 800 Reiter hatte der König, als er dahin zog im Vertrauen auf sein gutes Schwert und das Glück, das ihm nicht log. Eine Anhöhe mit einem Vorwerk, Kuhschanze genannt, welche die Stadt beherrschte, schien unzugänglich wegen ihrer sumpfigen Umgebung, aber ein landsberger Hufschmid zeigte zu einer Floßbrücke über die Warta den passenden Ort, und diente als Führer durch den Morast auf Pfaden, wo die Kaiserlichen nicht gedacht hatten, daß Jemand durchkäme, so daß der König plötzlich zwischen der Stadt und der Kuhschanze stand, diese von jener abschnitt und zur Uebergabe zwang. Der junge Kratz wurde in einem Ausfall erschossen. Der Besatzung, die nun die Flügel hängen ließ, bewilligte Gustav Adolf gegen das Angelobniß binnen 8 Monaten nicht gegen ihn zu dienen, freien Abzug nach Großglogau mit 4 Feldstücken und ihrem Troß von Dirnen, deren sie hälftig so viel zählte als Soldaten. Eine hübsche Probe — diese Lagerwirthschaft — von der sittlichen Beschaffenheit des einst so furchtbaren wallensteinischen Heers, denn Die zu Frankfurt und Landsberg waren der Ausbund. Und welch ein Abstich bei den Schweden, wenn einer von Gustav Adolfs Obristen, Monro, in seinen Denkwürdigkeiten als etwas Besonderes erwähnt, daß der König am Abend des 26ten April zum Preis der Einnahme von Landsberg Baner, Baudis und

andern Oberoffizieren erlaubt babe, sich in seiner Gegenwart
bei einem Glas Wein zu erlustigen, ohne übrigens mitzuzechen,
und wenn hinzugefügt ist, es sey seine Art gewesen, selten zu
trinken und nie viel.

Nach einigen Tagen war das Hauptquartier wieder zu
Frankfurt. Eine dringende Sorge beschäftigte jezt den König —
es war Magdeburgs Lage, die sich verschlimmerte von Tag
zu Tag. Sogleich nach dem Sieg am Palmfest hatte er an
den Administrator und die Bürgerschaft geschrieben, sie zur
Standhaftigkeit ermuntert und benachrichtigt, wenn sie ihm
noch ein paar Monate Frist gönnten, hoffe er die allgemeinen
Verhältnisse in so gedeihlicher Entwicklung zu sehen, um
ihnen mit Erfolg Beistand leisten zu können, weil er alsdann auch seine Truppen vollends beisammen haben werde.
Hatte er aber einen Theil der Erwartung einer günstigeren
Gestaltung des protestantischen Gemeinwesens an die Berathungen der Versammlung in Leipzig geknüpft, so war Das
eine kecke Voraussezung. Konnte ihm doch nicht unbekannt
seyn, daß der Hauptheld in diesem politischen Drama Kurfürst Johann Georg keiner von jenen edeln Geistern war, die
wie die Kerze sind die sich verzehrt, indem sie Andern leuch-
tet. Als Nimrod und Schlemmer allerdings suchte er seines
Gleichen, sein weidmännisches Talent hatte bloß einen Nebenbuhler an dem Kaiser Ferdinand, Beide führten über die
Schlachten, die sie den Freisassen des Waldes lieferten, förmliche Tagbücher, die sie einander als Neujahrsgruß mitzuthei-
len pflegten, der Sachse übertraf noch den Habsburger, denn
2700 Stück Roth- und Schwarzwild sammt Wölfen, Bären,
Luchsen und Füchsen von der Hand oder vor den Augen Seiner Durchlaucht erlegt, kamen durchschnittlich auf ein Regie-
rungsjahr. Bei seinen Gelagen floß der merseburger Brei-
hahn in Strömen, und es war üblich, Tafel zu halten, bis
Kurfürst, Hofräthe und Kammerjunker weggetragen werden mußten oder vom Stuhle taumelten. Wer mit ihm zu thun hatte,
mußte die Zeit wahrnehmen: wollte man ihn von einer Entschließung abbringen, so wurden in den Frühstunden die besten
Geschäfte gemacht, denn in den Nachwehen den Rausches war er
kleinlaut. Und wiederum Wer ihn zu kühnen Thaten aufgeräumt

brauchte, mußte ihn Nachmittags haben, wenn er nicht mehr am ersten Becher war. Gewohnheit und Interesse, wurzelnd ursprünglich in einer gewissen Familiendankbarkeit für die Erhebung seines über das erneſtiniſche Haus, hatten ihn ſeither an Habsburg gekettet, er war dieſer Bahn treu geblieben, ſelbſt als ſie Vielen ein Abweg ſchien zum Pabſtthum. Der Hofpfaffe Hoe von Hoenegg, der mit dem ganzen Anſehen des ſchwarzen Mannes auf ihn einwirkte, in deſſen Furcht der Kurfürſt aufgewachſen war, hatte ſein lutheriſches Gewiſſen geſchweigt, das ſich wieder regte, als er bei Verloſung der calviniſtiſchen Beute leer ausging. Was konnten ihn die Lauſitzen als ablösbares Pfand freuen, da Max die Pfalz als erbliches Beſizthum empfing! Den Ausſchluß ſeines Sohnes von dem Erzſtift Magdeburg hatte er als unmittelbare Beleidigung empfunden und gleichſam als Warnung, daß das Reſtitutionsedikt am Ende auch mit ſeinen ältern Stiftsgütern nicht zu viel Umſtände machen werde. Als die Schweden immer ſiegreicher um ſich griffen, erinnerte er ſich mit lebhafterer Beſchämung der herkömmlichen Schutzberrlichkeit Kurſachſens über die evangeliſche Kirche, ſein Neid erwachte, daß ein Anderer als er der bewunderte Erretter ſeyn ſollte, und er ermannte ſich zu dem Gedanken ſelber es zu ſeyn. Seine Rathgeber Hoe und Arnim hatten dazu Gründe für ſich: Jener, weil er ſeine Dienſte dem wiener Hof verkaufte, mußte wünſchen Sachſens Bedeutung und damit ſeinen eigenen Werth wieder zu erhöhen, und Dieſer, welcher kurfürſtlicher Feldmarſchall geworden, aber mit der kaiſerlichen Kriegsverwaltung noch wegen eines Guthabens von 264,050 Gulden in Abrechnung war, verbeſſerte ſeine Ausſichten als Gläubiger. Ihr Plan war bei allen Klügeleien der Selbſtſucht nicht ohne geſunde Ideen. Johann Georg, im engern Bunde mit den proteſtantiſchen Ständen — ſo ſchmeichelten ſie ihm — könne die Wage richten zwiſchen den feindlichen Parteien, ohne von dem Kaiſer abzufallen brauche er nur die Miene anzunehmen, als wolle er ſich Schweden nähern, ſo werde Derſelbe aus Beſorgniß, man möchte gegen ihn den Ausſchlag geben, dem Kurfürſten Jegliches bewilligen, die Lauſitzen, Magdeburg und die jülicher Erbſchaft. Die bewaffnete Neutralität, um die ſich handelte, konnte ſich dem

Vaterlandsfreunde als ein Mittel empfehlen zu Vermeidung oder Beschränkung der ausländischen Einmischungen, die immerhin ein betrübendes Ereigniß waren, und wenn sie auch durch einen Mann geschahen vom Charakter Gustav Adolfs. Die kursächsische Staatskunst schien sogar von dem guten Willen beseelt, der evangelischen Kirche den innern Frieden zu schenken. Nicht nur sämmtliche Vertreter des protestantischen Deutschlands, gleichviel ob von Luthers oder Calvins Lehre, selbst Pfalzgraf Ludwig Philipp, des unglücklichen Friedrichs Bruder, waren geladen, sondern der Brandenburger und der Kaßler brachten ihre Hofprediger mit, und während die weltlichen Herren über ihre Vertheidigungsmaßregeln rathschlagten, hielten die calvinischen Theologen Johannes Bergius, Johannes Crocius und Gottlieb Neuberger mit Hoe und dessen lutherischen Kollegen Heinrich Höpfner und Polykarp Leyser vertrauliche Gespräche. Hoe baderte nicht um die berüchtigte Eintrachtsformel, die Andern nicht um die unbedingte Gnadenwahl, beide Theile fanden, daß sie über das augsburgische Bekenntniß so ziemlich übereinstimmten, sie verglichen sich über die Person und die Doppelnatur des Heilandes, zweifelten nicht, daß man sich auch über den Begriff des heiligen Abendmahls werde vergleichen können und versicherten einander ihrer christlichen Liebe. Die Versammlung selbst war zahlreich und glänzend: 15 Fürsten und Grafen waren mit stattlichem Gefolge da, gegen 30 Reichsstände hatten Bevollmächtigte geschickt. Nur wenige, wie Darmstadt, Holstein, Hamburg, Regensburg hatten die Einladung abgelehnt, mitunter weil sie nicht anders konnten. Ungeladene Gäste wurden nicht angenommen, überhaupt in der Stadt Niemand geduldet, der sich nicht auszuweisen vermochte über die Ursache seines Aufenthalts. Johann Georg übte strenge Polizei: die Thore wurden mit starken Wachen belegt, jede Nacht die Schlüssel in der kurfürstlichen Schlafkammer abgegeben, die Straßen mit Ketten gesperrt. Vorwand der Zusammenkunft war, daß man sich über die wichtigsten Vorkommnisse bei der bevorstehenden frankfurter Vergleichshandlung voraus verständigen wolle, aber Hoe's Eröffnungspredigt und seine Anwendung des Gebets um Vertilgung der Widersacher des Volkes Gottes

aus dem zum Text gewählten 83sten Psalm waren eher in
einem Ton, als beabsichtige man einen Krieg auf Leben und
Tod mit den Katholiken. So böse war es jedoch nicht gemeint: man kaute an den alten Beschwerden über das Restitutionsedikt, die unausgesezten Einlagerungen, Werbungen,
Durchzüge, Erpressungen, Beschlagnahmen, Confiskationspro-
zesse, man trumpfte unter den ergebenheitsvollsten Bitten um
Schonung und Gerechtigkeit mit scharfen Redensarten auf,
indem dem geliebten und verehrten Oberhaupt nicht undeutlich
vorgeworfen wurde, es scheine ohne Reichsverfassung regieren
und Fürsten und Länder zu Grunde richten zu wollen, man
erklärte sich bereit zu gütlicher Beredung, aber auch entschlossen, sich nicht länger jenem Druck zu unterwerfen, und begehrte
von dem Kaiser, daß er es gnädig genehmige, wenn man fürderhin
Gewalt abtreibe mit Gewalt — übrigens unbeschadet des schuldigen Gehorsams gegen Seine Majestät. Ein eigentliches Bündniß
mit organisirtem Wehrsystem kam nicht zu Stande, sondern nur
auf den Fall, daß der Kaiser keine Abhilfe, die Liga keine
befriedigende Zusage gewähre, wurde ausgemacht, sich in einige
Bereitschaft zu sehen, die einzelnen Lieferungen von Truppen
und Kriegsbedürfnissen wurden zwar bestimmt und wenn alle
Theilnehmer an diesen Beschlüssen nebst Denjenigen, denen
man den Beitritt offen hielt, ihre Obliegenheit erfüllt hätten,
so möchten 40 bis 50,000 Mann auf den Beinen gewesen seyn,
aber wie die Streitkräfte für die genossenschaftlichen Zwecke
ordentlich verwendet und wie die politische und die militärische
Leitung geführt werden sollten — all' Das war unentschieden
geblieben. Andere Maßregeln, die künftig nöthig scheinen
könnten, waren einem Ausschuß vorbehalten, der erst nach
Bewerkstelligung der Rüstungen ins Leben zu treten hatte und
welchem Fürsten zugetheilt waren wie der König von Dänemark, von welchem man nicht wußte, ob er mit dem Ausschuß mehr zu schaffen haben wollte, als mit der Tagsatzung.
Gegenseitige Handbietung wurde als allgemeine Verpflichtung
anerkannt, ja Kursachsen versprach die seinige noch insbesondere
jedem Mitglied, das am Werben gewaltsam verhindert würde,
allein mit dem verfänglichen Beisaz, sofern sie zu verantworten sey. Nicht minder schwankend und zweideutig war das

Benehmen gegen Schweden. Die Tagsatzung hatte schwedische Unterhändler in Leipzig zugelassen, aber nur heimlich und ohne amtlichen Charakter. Bogislaw Philipp Chemnitz und Die mit ihm waren, hatten diese Weisung: entweder sollten sie die Versammlung bewegen, ihre Waffen mit den königlichen zu vereinigen zu Schutz und Trutz, oder schiene es ihr zu gewagt, den Namen der Neutralität geradezu aufzugeben, so sollten sie antragen auf eine Verbindung unter der Hand, die darin bestünde, daß man dem Könige monatliche Geldspenden zufließen ließe, Städte und Festungen öffnete und seine Werbungen begünstigte, umgekehrt jeden Vorschub den Kaiserlichen verweigerte. Weil diesen Herren im Ganzen weder auf dem einen noch dem andern Wege beizukommen war, klopfte Chemnitz bei Einzelnen an. Da fehlte es nicht an Sympathie und mancher Same wurde ausgestreut, der später fruchtbar aufging. Wilhelm und Bernhard von Weimar mit dem Kaßler hätten große Lust gehabt die Maske abzuwerfen, aber man stieß sich an dem leidigen Geldpunkt. Ein Bundesheer zu errichten waren sie bald einig, und Wilhelm war der Mann, der den Oberbefehl übernehmen wollte, nur sollte der König, der doch selber Geld suchte, auch dazu das Geld vorstrecken. Die protestantischen Fürsten hatten eben noch nicht gelernt, einer Sache, die in so hohem Grade die ihrige war, anders zu dienen als miethlingsweise. Am angelegentlichsten bemühte sich Chemnitz um Kursachsen, um ein Anlehen von einigen Tonnen Goldes herauszuschlagen oder wenigstens einen Beitrag zur Unterhaltung und Verstärkung der Besatzung von Magdeburg. Die Unterhandlung wurde in das tiefste Geheimniß gehüllt, des Kurfürsten Geheimenräthe durften sie nicht einmal inne werden, nur sein Stallmeister Dietrich von Taube. Chemnitz ließ alle Federn springen, er bestürmte mit Schilderungen der Noth des Kurfürsten Herz, mit Versprechungen seinen Verstand. Er stellte vor, wie der König nicht um Deutschland in einen neuen Model zu gießen, sondern als Erhalter und Schirmer kein Interesse habe als das gemeinsame des Glaubens und der Freiheit, deren Untergang man sonst vor Augen sehe, wie ihm fremder Beistand entbehrlich wäre, wenn Schweden sich an der Küste behaupten wollte, weil es Das sich allein könnte, wie aber für die Aufgabe sey, den Kriegsschauplatz von den Evangelischen zu entfernen und in die katholischen Länder zu versetzen, weßhalb seine Freunde ihm wohl helfen dürften. Der Kurfürst empfing gerührt diesen Zuspruch, verehrte und bewunderte Gustav Adolfs edle Gesinnung, war erbötig zu treulicher Mitwirkung, wenn aber die Worte zu Handlungen werden sollten, wich er aus und entschuldigte sich mit den Pflichten gegen Kaiser und Reich. Was Chemnitz und die Magdeburger, die der Tagssatzung auch ihre Anliegen klagten, von dem Kurfürsten erlangten, war, daß er der Stadt nicht zuwider seyn wollte bei verstohlenen Rekrutenwerbungen in Sachsen und dem Ankauf von Getreide und Schießbedarf. Offenbar war ihm die Tagssatzung bloß ein Schreckmittel, um von dem Kaiser Privatzugeständnisse zu erzwingen, und der Kaiser, der sie hätte auseinanderjagen können, ließ sie vorläufig schwatzen und ihr Papier verkritzeln, einige Aufwallungen des protestantischen Elements waren ihm nicht unlieb wegen der darin enthaltenen Aufforderung für die Liga zu selbstthätigerem Antheil an dem Kampf, wiewohl Kurfürst und Kaiser vergessen zu haben scheinen, daß man den Teufel nicht an die Wand malen darf. Freilich würde voreiliges Dreinfahren auch von der Folge begleitet gewesen seyn, daß manche Protestanten keine Wahl gehabt hätten, als sich jählings dem König von Schweden in die Arme zu werfen. So aber wurde auch die kleine Entwicklung, die man der kursächsischen Staatsweisheit gestattete, wiederum die Aufrechthaltung des Restitutionsedikts der Liga ins Gewissen geschoben und dadurch Richelieu's Plan, sie und Bayern unter dem Schein der Neutralität von dem Kaiser zu trennen, zur Unmöglichkeit gemacht. Die schwachmüthige Tagssatzung, auf welcher es hieß, bellen aber nicht beißen, hatte sich nach acht wochentlichem Beisammenseyn an demselben Tag, an welchem Frankfurt fiel, aufgelöst. Sie mußte viel Hohn über sich ergehen lassen. Camerarius gab in einem Brief an Oxenstierna diesen kursächsischen Rathschlagungen das Zeugniß: Eins sey da gewiß, daß Niemand verdurste. Was aber von den kühnen Entwürfen, die bei schäumenden Humpen ausgeheckt würden, am andern Morgen, nachdem der Dunst verflogen sey, übrig

bleibe, wisse der Himmel. Die Jesuiten ergoßen sich in
gereimten und ungereimten Wizeleien. Sie spotteten: „Die armen lutherischen Fürstelein halten zu Leipzig ein Conventelein.
Wer ist dabei? Anderthalb Fürstelein. Was wollen sie an-
fahn? Ein winzig Kriegelein. Wer solls führen? Das schwedisch Königlein. Wer wirds Geld geben? Das sächsisch Bier-
görgelein. Wer wird sich freuen? Das pfälzisch Frizelein.
Warum ists zu thun? Um sein heidelbergisch Nestelein."

Neunzehntes Kapitel.

Magdeburgs Untergang, Vernichtung der kursäch-
sischen Neutralität.

So lange Tilly, des Königs Fährte-folgend, zwischen
Elbe und Oder hin und her zog, ward Magdeburg von Pappenheim unvollkommen berannt. Der erkannte auch, daß so Nichts
auszurichten sey, daher er die Probe machte, ob nicht etwa
durch die Aussicht auf 400,000 Thaler und einen Grafentitel
Falkenbergs Hartnäckigkeit zu überwinden wäre. Damit kam
er aber bei dem schwedischen General übel an. Der Bote
wurde genöthigt das Vorbringen vor Urkundspersonen zu
wiederholen und mit der Antwort entlassen: wenn Pappenheim
Schurken und Verräther brauche, so werde er sie leichter bei
sich selbst finden, ihn solle man mit derlei Zumuthungen verschonen oder gewärtig seyn, daß dem Versucher statt einer
goldenen Kette eine hänfene Halsschnur zum Lohn werde. Die
Magdeburger hatten ihrer jungfräulichen Stadt noch einen
Gürtel von Außenwerken umgelegt, bei 20 in der Ausdehnung
mehrer Stunden längs der Elbe hinauf an beiden Ufern,
zumal auf der brandenburger Seite, theils zur Offenhaltung
der Stromschifffahrt, theils der Verbindung mit Sachsen. Sie
wähnten sich so sicher, daß sie eine ihrer Schanzen Trotztilly
tauften, eine andere Trotzpappenheim, sie konnten um so ge-

troster seyn, als zwischen Pappenheim und Wolfgang von Mansfeld, den Befehlshabern des rechten und linken Ufers, keine Freundschaft, vielmehr Mansfelds Bestreben, seine Statthalterschaft in eine erbliche Burggrafenwürde zu verwandeln, für den Andern ein bedeutender Stoff zur Eifersucht war. Obgleich nach und nach dichter umgarnt, hatten sie doch einen ziemlichen Spielraum behalten: sie streiften nach Gommern und Barby bis über die sächsische Gränze, wo der Kurfürst in der Stille sorgte, daß sie Etwas fort zu schaffen fanden für Küche und Speicher, nur sollte es den Schein haben, als hätten sie's geraubt. Für den Hauptgang der Ereignisse wollten freilich einige glückliche Ausflüge nicht Viel besagen: denn nachdem des Administrators anfängliche Truppenmacht sich in kleinen Unternehmungen aufgerieben, reichte die noch vorhandene Mannschaft kaum zu nothdürftiger Besetzung der weitläufigen Werke hin, und nach außen wurde bloß geabenteuert. Einmal sollten 200 Centner Pulver (kein überflüssiger Artikel in Magdeburg) heimgeholt werden: da hörte der abgeschickte Offizier, daß Graf Ladron bei Dessau die Elbe herabkomme, wandte sich dorthin, überfiel und tödtete diesen kaiserlichen Obristen und dessen ganzes Gefolge, allermittelst war aber die Pulverfuhre zum unwiederbringlichen Schaden der Feinden in die Hände gerathen, er konnte nicht mehr zurück und mußte sich mit seiner Abtheilung nach Sachsen werfen und der arme Schelm, gewissenhafter als Viele seines Standes, da er sich in der Hoffnung eines Funds wichtiger Papiere getäuscht sah, so wie aus Reue über die verletzte Dienstpflicht und das unnöthig vergossene Blut, erkrankte und starb am hizigen Fieber, in welchem es ihm war, als sey er auf der Kegelbahn und Ladrons und der Erschlagenen Schädel seyen die Kegel. Ein andermal wurde der Ritter Chiesa, einer der Helden von Mantua, erwischt und niedergehauen und bei ihm wirklich Briefschaften angetroffen, die nicht ohne Aufschluß für die Magdeburger waren, namentlich ein Schreiben von Mansfeld nach Wien, einerseits durchspickt mit beleidigenden Bemerkungen über die Umtriebe in Leipzig, die Knickerei und Feigheit des Kurfürsten von Sachsen und seiner Mitkeßer und sofern ein geeignetes Aktenstück um einen unverläßigen Gönner gefälliger

12 *

zu machen, andrerseits der Inhalt eine Schilderung Pappenheims als eines winkelzügigen, eigensinnigen Menschen, der
nirgends an die Hand gehe und sich einbilde, die Elbe ab-
graben zu müssen, um trockenen Fußes in die Festung hinein
zu stürmen und folglich ein verrätherisches Zeugniß der Zwietracht im feindlichen Lager. Vor dem 9ten April war keine
Gefahr, aber an diesem Tag begann eine Reihe regelmäßiger
Angriffe am Flusse abwärts auf den Kreuzhorst, den Prester,
den krakauer Thurm, Bukkau, das rothe Horn, welche nach
einander genommen oder von den Vertheidigern, bevor sie die
Möglichkeit der Rückkehr in die Festung verloren, preisgegeben
wurden. Nach dreiwöchentlichen Anstrengungen waren die
Außenwerke sammt und sonders weg, denn auch das stärkste
von allen, die Zollschanze über der Brücke, hatten sie geräumt,
ein Sturm zu Wasser und zu Land war zwar hier den Belagerern mißlungen, indem ihrer eine gute Anzahl an den
Mauern die Köpfe zerschellte oder mit den Fahrzeugen auf
dem Sand und an den Pfählen aufstieß, weil aber zu fürchten war, Tilly möchte die Brücke zerstören, so daß Die drüben
auf sich selbst beschränkt gewesen wären, hatte Falkenberg,
der mit seinen Leuten geizen mußte, diesen Posten nach dem
Durchschnitt an der Stadt zurückgehen und die Planken ab-
heben lassen. Mit 2000 Landsknechten und 250 Reitern —
diese Handvoll Truppen war nach diesen Vorkämpfen über geblieben — wäre ihm die Vertheidigung von Neustadt und
Sudenburg zu schwer gefallen: darum waren, mit Zustimmung
der Bürgerschaft, diese Vorstädte in Brand gesteckt worden
und Pappenheim, nachdem er mit 4 Regimentern auf der
Schiffbrücke bei Schönebeck die Elbe überschritten, schlug auf
den Ruinen der Neustadt sein Lager auf.

Es war am 4ten Mai. Magdeburgs alterthümliche Wälle,
Mauern und Thürme und das kaiserlich-ligistische Heer be-
fanden sich nunmehr ohne weitere Scheidewand einander gegenüber. Der König hatte neuerdings aus Frankfurt die Stadt
ermahnt, nur 3 Wochen noch auszudauern, so gedenke er im
Verein mit Kursachsen seine Maßregeln so zu nehmen, daß
sie werde zufrieden seyn. Dieß waren Wechsel auf lange Sicht,
wo Hannibal vor den Thoren stand. Leider barg sie unsaubere

Elemente in ihrem Schoß, welche auch die steigende Noth nicht ausschied. Die kaiserlichen Offiziere rühmten sich nachher, sie hätten jeden Abend aus der Stadt Bericht gehabt über die Vorgänge des Tags, über die Stärke der Wachen in der nächsten Nacht, ihre Vertheilung und Ablösung und die Stunde, da man sich wollte zur Ruhe legen. Der städtische Dienst war für die Soldaten ein saures Brod: lange durften sie nicht in die Stadt, und als sie draußen fertig waren, mußten sie unter freiem Himmel schlafen, an Zelten war kein Mangel, aber die Einwohner weigerten sich deren herzuleihen. Eben so wenig gebrach es an gesunden Nahrungsmitteln, hätte nicht schmuzige Gewinnsucht damit zurückgehalten, sie verschlechtert und vertheuert. Der Uebelstand war, daß, weil Niemand verkaufen wollte außer gegen baares Geld oder Unterpfand, einer künstlichen Steigerung der Preise nicht von Obrigkeit wegen vorgebeugt wurde, gleichwie bei einiger Beaufsichtigung des Verpflegungswesens kein verfälschtes Bier hätte geliefert werden dürfen, das Ursache war, daß die Ruhr einriß. Sogar der Pulverlieferung hatte sich der Wucher bemächtigt. Während ihre evangelischen Bundesverwandten zu Hamburg und Braunschweig ganze Schiffsladungen von Kriegsbedürfnissen zu Tilly brachten, gab es unter den Magdeburgern selbst Jübler, die, um höhere Zinse zu erzielen, ihre Pulvervorräthe verheimlichten, als bereits eine klägliche Sparsamkeit eintreten mußte in der Bedienung des groben Geschützes. Auch war an der Festung, wo Allerhand hätte ausgebessert werden sollen, Nichts voruntersucht worden und die kundigen Offiziere entdeckten das zu ihrem Schrecken im Augenblick des Rückzugs in die Stadt. Dennoch blieb im Allgemeinen das Vertrauen ungeschwächt. Das Selbstgefühl uralter hanseatischer Handelsblüthe und Gemeindefreiheit, der Abscheu vor dem Pabstthum, die Erwägung, daß Kursachsen und das protestantische Deutschland das höchste Interesse hatten für die Unversehrtheit eines so mächtigen Bollwerks ihrer kirchlichen Unabhängigkeit, die Erinnerung an vormaligen glücklichen Widerstand, des Königs Wort und der Ruf seiner Siege hielten die Gemüther frisch. Falkenberg versammelte die Offiziere auf dem Rathhaus, wies die Posten an. Den Heideck an der Sudenburg und die Linie bis ans

Brückenthor, gegen Mansfeld und den Herzog Adolf von Holstein, nahm er selbst unter seine Obhut, von da, längs der Neustadt, befehligte Generalmajor Karl Huno von Amsteroth gegen Pappenheim bis ans Fischerufer. Dieses Ufer bekam die Schifferzunft zu vertheidigen, den Werder nebst Elbethor und Brücke Obristlieutenant Troft, den Gebhard und die neue Bastei hinter dem Dom der Administrator. Die Soldaten wurden in die Zwinger und den Unterwall verlegt, die Bürger auf den Oberwall, sämmtliche 18 Viertel zur Nachtwacht, den Tag über die Hälfte. Als Tilly, ehe er mit den Belagerungs= arbeiten vorrückte, nochmals aus Westerhausen Briefe an Falkenberg, den Administrator und den Stadtrath schrieb, warnend vor längerer Vorspiegelung fremder Hilfe und einem unzeitigen Starrsinn, der nur die Soldaten auf die Schlacht= bank führen, die Bürger mit Habe, Weibern und Kindern in's Verderben stürzen würde, den also der König selbst nicht loben könne, wurde erwiedert: man werde thun, was Gewissen und Ehre zuließen, er möchte einen Waffenstillstand vergönnen und erlauben, mit den Kurfürsten von Sachsen und Brandenburg und den Hansestädten Rücksprache zu pflegen. Damit es je= doch nicht schien, ihr Geist sey erloschen, verlangten die Bür= ger, daß man ausfalle und Dieß geschah gleich des andern Tages dreimal nach der Neustadt und vom Werder aus, sie streckten ein Schock Feinde in Staub, erbeuteten Gewehre, Schanzkörbe, Schippen und Spaten, hätten schier Pappenheim hinter einer Mauer ertappt.

Um auf diese Ausfälle, die sie öfters wiederholten, eine Hoffnung zu bauen, hätten sie größere Streitkräfte haben müssen, aber unter dem Schutz der halbzerstörten Häuser und der Keller näherten sich die Laufgräben und mit aller Tapfer= keit konnten sie es nicht verhindern. Auf einen Waffenstill= stand war Tilly nicht eingegangen und auch die schon zuge= sagten Geleitsbriefe für die Gesandtschaften blieben unausge= fertigt, sintemal es außer Zweifel war, daß sie bloß einen Aufschub bezweckten zur Erleichterung des Entsatzes. Denn da waren vorher mancherlei Schwierigkeiten zu ebnen. Vor sich die ungebrochene sieggewohnte Macht der Liga, hinter sich Tiefenbach mit dem Rest des friedländischen Heeres und den

Hilfsquellen der kaiserlichen Erbstaaten, zur Seite das zweideutige Kursachsen — durfte der König sich nicht ohne die gemessenste Vorsicht von der Oderlinie entfernen, an der er seine feste Anlehne hatte, über die hinaus er nicht so viel Truppen beweglich machen konnte, daß er mit gleichen Waffen focht. Die gerade Straße nach Magdeburg führte auf die Zollschanze zu, hier aber war keine Brücke mehr, und sie im Angesicht eines solchen Feindes herstellen war gewagt, vielleicht unmöglich, auch wenn es ihm auf eine Schlacht nicht ankam. Mußte er deßhalb entweder ober= oder unterhalb Magdeburg den Elbeübergang vollbringen, so lagen zwei Straßen vor ihm: eine über Wittenberg und Dessau, die andere über Altbrandenburg, diese durch ein erschöpftes Land, jene unbenützbar ohne die Einwilligung Johann Georgs. Welche dieser Richtungen er einschlug — um nicht Alles aufs Spiel zu setzen, mußte er der Freundschaft der beiden Kurfürsten versichert seyn. Mit ihrer Neutralität war ihm nicht gedient, diese taugte überhaupt nicht in sein System. Jüngst hatten wieder die Grafen von Oldenburg und Ostfriesland darum nachgesucht, sie hatten einen kaiserlichen Kanzleibescheid vorgelegt, daß Einlagerungen und Kriegssteuern bei ihnen sollten aufhören, sobald sie das Gegenversprechen hätten, daß die verlassenen Orte nicht würden von den Schweden besezt werden, gleichwohl, obschon der Fall wegen der Entlegenheit ihrer Besitzungen nicht an sich, sondern einzig wegen des Beispiels praktisch war, hatte der König ihre Bitte nicht zugestanden, außer unter einer schwerlich zu erfüllenden Bedingung, der Gewährleistung nämlich für die Unverlezlichkeit dieser Uebereinkunft gegen welcherlei Vorwand. Keine Neutralität, war demnach Staatsgrundsatz bei Gustav Adolf, und wie er seinen Schwager und dessen Nachbar kannte, hatte er zweimal Recht. Wäre ihm Schlimmes begegnet, sie hätten den Kaiserlichen ihre verdächtige Treue bethätigt und um die Wette auf ihn eingepaukt. Allerdings war es keine Frage, daß ihre Mitwirkung für Magdeburg den völligen Bruch mit dem Kaiser herbeiführen konnte und daß der König im Grund Das wollte, immerhin aber durften sie, wenn die leipziger Beschlüsse einen Sinn haben sollten, sich dem Entsatz nicht entziehen oder mußten ihn allein unter=

nehmen, schon durch den moralischen Eindruck eines männli-
chen Auftretens konnten sie hoffen, das Aeußerste abzuwenden,
lief es nicht ohne Kampf ab und war er glücklich, so konnten
sie sich auf die abgedrungene Vertheidigung beschränken, die
man ihnen alsdann wohl auch zu gut hielt, während sie dem
evangelischen Körper nicht durften Rippen und Knochen zer-
brechen lassen und sich dabei verwundern, daß er nicht mehr
aufrecht stand. Und waren sie höheren Rücksichten unzugänglich, so war es doch kein Großes, wenn sie sich für ihre Fa-
milieninteressen in einige Kosten sezten, der Brandenburger
für seinen Oheim den Administrator, der Dresdner für die
Anwartschaft seines Sohns. Indem der König den Leztern einlud, den Ruhm der Befreiung Magdeburgs mit ihm
zu theilen und seine Sachsen an die Mulda bei Dessau rücken
zu lassen, um ihm, der von der Gegenseite auf den Brückenkopf an der Elbe los wollte, die Hand zu reichen, womit das
Ansinnen verbunden war wegen Verabfolgung von Mund-
und Kriegsvorräthen aus Wittenberg gegen Wechsel auf Hamburg und Amsterdam, musterte er das Heer bei Friedewalde
und zog mit 10 Fußregimentern und der Reiterei auf Köpenik.
Bereits in Frankfurt hatte er wegen Einräumung Küstrin's
und Spandau's unterhandelt. Küstrin mit 150 Kanonen auf
den Wällen, gefüllten Magazinen und einem Zeughaus zur
Ausrüstung von 20,000 Mann, war ein gefährlicher Punkt
in seinem Rücken, wenn es ihm wie früher verschlossen und
den Kaiserlichen geöffnet wurde. Spandau, das Spree und
Havel beherrschte, konnte seine Verbindung mit der Oder
stören. Bevor er einen Schritt vorwärts that, wollte er hier
Sicherheit. Auf Georg Wilhelms abschlägige Antwort wurde
das Begehren in Berlin erneuert durch Absendung zuerst des
Grafen Hans Philipp von Ortenburg, hernach des Feldmarschalls Horn mit dem Hofrath Jakob Steinberg, die dem
Kurfürsten ein Bündniß antrugen nach den Bestimmungen
der Vertragseinleitung mit Hessenkassel, dazu das Versprechen
der Zurückgabe der Festungen, sowie das über Magdeburg
schwebende Gewitter vorüber sey. Alle seine Pläze, ließ Jener
zurückmelden, ständen zur Verfügung, nur Spandau und
Küstrin nicht, doch wolle er einen feierlichen Eid schwören,

daß dem schwedischen Heer auch dort eine Zuflucht nicht verwehrt werden solle, deren es, geschlagen, verfolgt, könnte bedürfen. Possen, dachte der König, nahm 5 Fähnlein Reiter und 1000 Musketiere nebst 4 Geschützen und ritt Berlin zu. Eine Viertelmeile vor der Stadt empfing ihn sein Schwager mit dem Hof, in einem Wäldchen hatten sie eine Unterredung. „Ich habe," sprach er, „dem Kurfürstenthum einen Dienst geleistet, der eine Erkenntlichkeit werth ist. Daß die Kaiserlichen es größtentheils verlassen haben, verdankt es mir. Ich werde auch machen, daß sie nicht so leicht wieder da sind. Was die Unterthanen von ihnen erdulden mußten, haben sie von meinen Truppen nicht zu befahren. Fällt aber Magdeburg, so wälzt sich der Krieg mit verdoppelter Wuth nach den Marken zurück." Während Georg Wilhelm mit seinen Räthen einen Abtritt nahm, unterhielt sich der König mit der verwittweten Pfalzgräfin Mutter und ihrer Tochter, der Kurfürstin, und diese Frauen vermochten ihn, daß er, als die Erklärung abermals verneinend lautete, statt unverweilt nach Köpenik abzureisen, sich ein Nachtlager gefallen ließ. Noch verstritt man sich Tags darauf vom frühen Morgen bis Abends 9 Uhr, Gustav Adolf, der seinem Schwager die peinlichste Verlegenheit ansah, soll gesagt haben: „Ich kanns dem Kurfürsten nicht verdenken, daß er traurig ist. Daß ich mißliche Sachen verlange, leugne ich nicht. Allein Was ich verlange, ist nicht für mich, es ist zum Besten des Kurfürsten, seiner Lande und Leute, ja der ganzen Christenheit." Und gegen seinen Begleiter, den Herzog Johann Albrecht von Meklenburg, gewendet fuhr er fort: „Mein Weg geht auf Magdeburg. Will mir Niemand beistehen, so trete ich alsbald den Rückmarsch an, biete dem Kaiser den Frieden und mache mich auf nach Stockholm. Ich bin gewiß, der Kaiser trifft mit mir einen Vergleich, wie ich ihn mir nur immer wünschen mag. Aber vor dem jüngsten Gericht werdet ihr Evangelischen angeklagt werden, daß ihr für Freiheit und Glauben Nichts habt thun wollen, und die Vergeltung wird wohl auch dießseits nicht ausbleiben. Denn ist Magdeburg hin und ich bin fort, so sehet zu, wie es euch ergehen wird." Inzwischen war das schwedische Heer an der Spree herabgerückt und hatte Berlin

umlagert. Dieser Anblick mag der entscheidende Ueberzeugungs-
grund gewesen seyn, der die kurfürstlichen Zweifel endlich hob.
Hinsichtlich Küstrins hatte es bei der Zusicherung, daß man
im erforderlichen Fall öffnen werde, sein Bewenden, über
Spandau aber kam man überein, es solle eine königliche Besazung einnehmen, davon 500 Mann auf Löhnung des Landesfürsten, so zwar, daß ihm alle Hoheitsrechte und für die Noth
ein Asyl, Bauveränderungen und Verwendung der Vorräthe
seiner Erlaubniß, seinem Oberhauptmann und den Beamten ihre
Verrichtungen und dem Kurhause versprochenermaßen die Herausgabe vorbehalten blieb. Axel Lilje mit 1000 Mann löste die
brandenburgische Besazung ab, das Heer lenkte nach Potsdam.
Die kaiserlichen Posten in Altbrandenburg, Rathenow und
der Umgegend wichen über die Elbe auf Magdeburg, Hans
Kratz, des landsberger Obristwachtmeisters Vater, der mit
einem ansehnlichen Haufen Reiterei in und um Zerbst stand,
in die Verschanzungen vor Dessau, wo er Alles vorbereitete,
daß sie auf das erste Lärmsignal mit der Brücke konnten in
die Luft gesprengt werden. So, schien es, war der Hauptanstand bei dem Entsaz beseitigt, ungehindert konnten die
Schweden an die Elbe gelangen, es handelte sich nur davon,
wie hinüber zu der bedrängten Stadt. Alle Brücken hatte der
Feind besezt oder zerstört, zur Fortschaffung des schweren Zeugs
konnte der König sich nicht wie bisher der Schiffe bedienen
und an starken Zugpferden fehlte es ihm, der einzige Weg,
auf dem er diesen Ballast nicht hätte nachschleppen müssen,
wäre durch Meißen gewesen, und hier verweigerte man ihm
nicht nur vornweg jede militärische Beihilfe, sondern Zufuhr
und Durchmarsch. Sein Kriegsvolk, hatte der Dresdner entgegnet, brauche er für sich selbst, wenn er sich entblößte, könnte
er die aus Mantua heimkehrenden Truppen auf den Nacken
bekommen. Durchlassen durch sein Land dürfe er die Schweden
auch nicht, Das würde ein Eintrittszettel seyn zugleich für Tilly.
Eben so bedaure er, keine Lieferungen machen zu können, denn die
versage er dem Kaiser nicht minder, gegen den er Pflichten
habe. Diese Pflichten waren das Wenigste, aber Johann
Georg erhob sich nirgends über die Sphäre gemeiner Klugheit, er hatte gegen Charnassé geäußert, er besorge, der König

suche Nichts als seine Vergrößerung — Wer diese Fremdlinge werde hinausgehen heißen, wenn man ihnen überall aufmache und sie einmal warm säßen — Wer dafür bürge, daß die Gesinnung des Königs, wenn sie auch jezt rein sey, nicht später ausarte oder, daß wenn er stürbe während des Kriegs, der schwedische Senat dieselben großmüthigen Ansichten hege? Auch Tilly hatte gewarnt vor Gustav Adolf als einem ausländischen Fürsten, der mit seinen fremden Kriegsschaaren lediglich Privatzwecke verfolge und wenn er an die Elbe vordränge, den Kaiser nöthigen würde, gleichfalls mehr fremde Völker ins Reich zu rufen, und ob auch der König heilig betheuerte, er wolle keinen Mann in eine sächsische Stadt legen, ob er bewies, daß die bloße Thatsache der leipziger Versammlung ihrem Urheber bei dem Kaiser den Hals breche, daß aber die Truppen aus Italien ihre Furchtbarkeit verlören, wenn die Feinde bei Magdeburg den Treff hätten, während es ihnen sonst wenige Mühe koste, die lose protestantische Vereinigung auseinander zu werfen, ob er Eilboten über Eilboten sandte, Briefe über Briefe schrieb — die kursächsische Pfiffigkeit war und blieb hinter einen Berg von Entschuldigungen und Ausflüchten verschanzt. Nicht die Drohung, daß er dann eben die Segel bei Zeiten einziehen müsse und das Verhängniß dieser Länder nur beklagen könne, nicht die Verantwortung, die er auf die Seele Derer lud, die ihn in diesem christlichen Unterfangen so schnöde im Stich ließen, nicht der Wink, den er fallen ließ, daß er geneigt wäre, Kursachsens Ansprüche auf das Erzstift zu unterstützen, nicht der Ton der Entrüstung noch der sanfte Vorwurf erweichten diese harten Köpfe. Die Bitte zulezt um eine Unterredung unter vier Augen war gleichfalls fruchtlos.

Unter diesem diplomatischen Gezerre war viel edle Zeit vergeudet worden und in Magdeburg war der Stundenzeiger schneller gelaufen. Am 16ten Mai war das schwedische Hauptquartier in Potsdam eingetroffen und am 17ten hatten die Belagerungsarbeiten den Rand des Festungsgrabens erreicht, von 8 Battungen spielten die Kanonen auf die Stadt, und so ununterbrochen vom Sonnabend bis Montag. Auf die Seite zwischen der Neustadt und Sudenburg gegen das Feld zu wurde kein Angriff gerichtet, hier war Magdeburg am besten verwahrt und Tilly begnügte sich mit einer Reiterwacht. Auch an den bedrohten Punkten war die Gefahr sehr ungleich, die Beschießung überhaupt von mittelmäßiger Wirkung. Eine Menge Bomben und Granaten, die hineingeschleudert wurden, plazten ohne beträchtlichen Schaden für Menschen und Gebäude — sey es, daß innen gute Löschanstalten oder außen schlechte Zieler waren — das Feuer vom Zoll auf den Werder schien unterhalten zu werden bloß zur Andeutung, daß die Stadt von drüben her Nichts zu hoffen habe, die Werke am Heideck waren von solcher Gediegenheit, daß keine Kugel ein größeres Loch schlug als sie war und manchmal eine auf der andern stecken blieb, aber an der Neustadt hatte Pappenheim nach heftigen Kämpfen sich in dem trockenen Graben festgesezt, der Wall war thalhängig und ohne Streichwehr, folglich leicht ersteigbar. Als am Montag Mittag der Kanonendonner schwieg, war das äußere Gemäuer ziemlich durchschossen, dagegen fast unversehrt der Erdwall und nirgends eine eigentliche Sturmlücke: denn der Thurm an der hohen Pforte hatte, da er zu Boden gebracht wurde, nicht mit seinem Schutt, wie Pappenheim gemeint, den Graben ausgefüllt, sondern war seitswärts gesunken und hatte den Wall erhöht. Andere Zeichen wieder waren den Belagerern günstig. Der Bürgerschaft wurde je länger je mehr der beschwerliche Dienst zur Last. Keiner wollte angestrengter seyn als der Andere, die Reichen, die ihr Gesinde schickten, wurden von den Armen, die mit ihrer Person bezahlten, um diese Stellvertretung beneidet, viele der Vornehmern waren im Verdacht kaiserlich gesinnt zu seyn und durften selten oder nie auf den Wall. Mit den Posten wurde zu wenig gewechselt. Weil das Herkommen jedem der Viertel seinen bestimmten Ort zuwies, so wollten Diejenigen, die keinen Feind vor sich hatten, mit Andern, denen der Feind Tag und Nacht auf dem Hals war, nicht tauschen. Diese wurden abgemattet und verdrossen, Jene faul und nachläßig und führten lieber das Bierglas als Muskete und Doppelhaken. Dabei war das Pulver so rar, daß sie es auf Handmühlen malen mußten. Um so unbegreiflicher war ihre Verachtung der Gefahr, sie glich der Sicherheit des Nachtwandlers am Abgrund, aber auch Tilly befand sich in einiger Verlegenheit. In der Dämmerung des Abends versammelte er einen Kriegsrath. Noch war der am Sonntag mit einer lezten Aufforderung in die Stadt abgegangene Trompeter nicht zurück. Drin hatten sie noch keinen Entschluß gefaßt, ob sie schriftlich oder durch Abgeordnete wegen der Bedingungen anfragen wollten, sie eilten nicht mit der Antwort, weil es wahrscheinlich war, daß so lange kein Hauptschlag gegen sie versucht werden würde, und in der Erwartung dieser Gestundung, wo nicht in der Annahme, daß der Feind schon im Begriff sey, die Belagerung aufzuheben, waren sie bestärkt worden durch Abführung mehrer Geschütze vor'm Heideck. In der That waren im Kriegsrath die Ansichten getheilt, dem Feldherrn selbst schien das Gelingen eines Sturms nichts weniger als ausgemacht. Pappenheim widersprach, andere Obristen stimmten ihm bei. Einer erinnerte an die Eroberung von Maestricht: diese war geschehen in den Frühstunden, nach durchwachter Nacht hatten die Vertheidiger geglaubt, die Gefahr sey vorbei und wurden im Schlaf überrascht. So entschied man sich auf kommenden Morgen für den allgemeinen Sturm. Die Nacht über war das kaiserliche Lager nicht müßig. Tilly ermüdete die Besatzung durch blinden Lärm, der bald da bald dort entstand, wie wenn jede Minute der Tanz angehen könnte, die Befehlshaber trafen ihre Vorkehrungen, Pappenheim ließ Leitern an den Wall anlegen, Staffeln einhauen, Staketen ausreißen. Gegen Tag wurde es still, es wurde 5 Uhr, kein Feind regte sich. Hatten sie sich nicht herangewagt im Deckmantel der Nacht, wie sollten sie's im Angesicht der Sonne? Da ritt Falkenberg um den Trompeter abzufertigen aufs Rathhaus, die Hälfte der Bürger, Viele waren seit 16 Nächten unter den Waffen gestanden, wurde heim entlassen, auch ein Theil der Soldaten und die Offiziere, die nicht gerade ordentlichen Dienst hatten, begaben sich zur Ruhe. Draußen harrten sie der Losung zum Sturm, als Tilly nochmals einen Kriegsrath rief. War es der neu aufsteigende Zweifel an dem Erfolg, dieweil sie noch keine Sturmlücke hatten und der König in einem oder zwei Tagmärschen da seyn konnte, oder war es, daß er Bedenken trug, eine Stadt, nahe am Fall, die ihm, wenn er sie ganz und

heil in seine Gewalt bekam, einen unschäzbaren Waffenplatz
versprach, Preis zu geben den Verwüstungen des Soldaten=
grimms? Pappenheims Ungestüm sträubte sich auch dießmal
gegen die kältern Erwägungen des Feldherrn. Während das
Schwert über ihren Häuptern hing, kosteten die Magdeburger
Augenblicke des langentbehrten Schlafs, die Meisten nur, um
zu erwachen in den Armen des Todes. Tilly hatte den Mann=
schaften Rheinwein einschenken lassen, sie hatten weiße Arm=
binden und das Feldgeschrei: Jesus=Maria empfangen, aber
er zauderte noch und hörte zwei Messen, wollte vielleicht die
Zurückkunft des Trompeters abwarten, als Pappenheim den
ungeduldigen Regimentern, die eine Uebergabe durch Vertrag
um ihr Beuterecht betrogen hätte, die Schranken öffnete. Ge=
gen 7 Uhr gab er mit 6 Kanonenschüssen das Signal. Im
Nu klettern die Pappenheimischen am Graben hinauf, die
Reiter sind abgesessen, ein Wachtposten von 15 Mann am Fuß
des obern Walls wird verjagt, die Brustwehr überstiegen. Von
da gehts im Lauf auf das neue Werk und die hohe Pforte
los. Nun wird es aber ein wilder Zusammenstoß. Aufge=
schreckt durch den Ruf: Feinde in der Stadt, womit sich das
Knallen der Musketen, Mörser und Kartaunen und bald der
dumpfe Klang der Sturmglocken vermischt, ist Falkenberg vom
Rathhaus herbeigeflogen und mit einem aufgerafften Haufen
den Eindringern entgegengestürzt. Die Bürger sind aus dem
Bett nach Kleidern und Wehren gesprungen, schaaren sich zu
ihren Fähnlein. Am neuen Werke entspinnt sich ein wüthen=
des Gefecht, und die Stürmer, nachdem über ein Hundert
die blutige Erde küßt, werden auf den Wall zurückgeworfen,
aber einstweilen haben Andere an der hohen Pforte angeklopft,
wo die Augen der Wächter trunken von Schlaf sind, und wie
Falkenberg auch dort steuern will, wird er von einer tödtlichen
Kugel durchbohrt. Und von unten drücken sie nach, so daß
der Wall schwarz ist von Sturmleitern und Volk, nach und
nach haben sie den ganzen Wall eingenommen bis ans Kröken=
thor, gegen das Adolf von Holstein umsonst anrennt, die
Markgräflichen werden von hinten angefallen und übermannt.
Wäre die Hut an der Neustadt sorgfältiger bestellt gewesen,
so wäre der Angriff entschieden fehlgeschlagen, denn alle

andern Punkte bewährten ihre Widerstandsfähigkeit. Nach dem Geständniß kaiserlicher Offiziere hätte Falkenberg bloß 500 Reiter gebraucht oder die Bürger mußten nicht so zerstreut seyn, so hätte er den Schwall ohne Weiteres wieder hinausgeschleudert. Sein Fall vernichtete die Einheit und das Ansehen des Oberbefehls. Zwar traten Amsteroth, Troſt, Wudrich, Schmidt und andere tapfere Hauptleute furchtlos in seine Fußstapfen und in der ersten und zweiten Stunde schwankte die Wage vor und zurück zwischen der innern Mauer und dem Wall, als aber auch von ihnen Einer um den Andern dahin sank, als Pappenheim, auf dem, weil er eigenmächtig losbrach, das volle Gewicht des Kampfes geruht hatte, in dessen Reihen selbst nicht geringe Verwirrung war, einmal im Besitz eines Thors, den Holsteiner einlassen konnte, da wogten die Sturmsäulen unaufhaltsam auf die Stadt. Die Kanonen auf den Wällen wurden einwärts gekehrt, die Vertheidiger zogen sich in die Gassen zurück. Hier, aus den Fenstern, von den Dächern sezten sie den verzweifelten Streit fort, bis Pappenheim befahl, Pechkränze an die Häuser zu heften, bis die ausgefahrene Artillerie das Pflaster fegte, bis die Reiterei einsprengte und die betäubte Menge wie Schafe ohne Hirten vor sich hertrieb. Allgemach, als schon Pappenheim halb in der Stadt war, hatte auch Mansfeld am Heideck, Tilly am Werder angesezt, die Vertheidigung dieser Posten war bei dem von der Neustadt her erschallenden Hilferuf sehr geschwächt, doch wollte es nirgends voran, erst als Bürger und Soldaten sahen, daß Alles verloren sey, ließen sie die Arme ermatten, die Thore wurden von innen aufgethan und von allen Seiten schlugen die Fluthen des Verderbens über Magdeburg zusammen.

Zwischen 11 und 12 Uhr hatte jede Gegenwehr aufgehört. Die Anführer waren erblaßt im Tod, Wenige, meist mit klaffenden Wunden bedeckt, gefangen. Falkenbergs Leichnam war von der Wahlstatt in ein Gebäude in der Nähe gebracht worden und mit diesem verbrannt. Der Administrator, der einen Schuß im Schenkel und einen Partisanenstich im Kopf hatte, wurde mit Kolbenstößen von der Mähre geschmissen, fast bis aufs Hemd ausgezogen und ohnmächtig auf zwei Piken

in Pappenheims Zelt getragen. Die Stadt war ein Schauplatz des Grauens und Entsetzens. Die Einwohner hatten
von Glück zu sagen, wenn die Rotten, die jetzt in ihre Häuser
eindrangen, Deutsche waren, es war doch möglich, daß ein
Flehen ihr Ohr rührte, aber die Wallonen und Kroaten kannten kein Erbarmen. Wie Raubthiere, die nach Beute die
Zähne fletschen, die, wenn sie Blut geleckt haben, desto uner-
sättlicher nach Blut dürsten, erfüllten sie die Straßen mit
Mordgebrüll, untermischt mit den Angst- und Schmerzens-
lauten der Unschuld und Schönheit, des blühenden Lebens
und des verwelkten. Einige Verräther hatten, um das Rache-
schwert von sich abzulenken, kaiserliche Adler ausgehängt, aber
die Rasenden machten keinen Unterschied. Die Wuth der
Elemente war nicht so furchtbar als die Bosheit der Menschen: als ein heftiger Wind sich erhob, der aus der Asche
einiger Häuser ein Feuer anblies, das die Stadt in eine Wolke
von Brand und Rauch hüllte, da waren Hunderte und Tausende,
die erwarteten lieber in frommer Ergebung in verrammelten
Verstecken von Kirchen, Dachkammern, Gewölben den nahen-
den Flammentod, als daß sie wären hervorgekommen und
hätten um Gnade gebettelt. Wozu Das auch? Wenn diese
Kannibalen nicht blindlings würgten, so war es nur entweder,
daß sie ein schweres Lösegeld zu erpressen hofften, oder daß sie
einen Leib nicht tödten wollten, ohne ihn vorher entehrt zu
haben: sie spießten die Säuglinge in der Wiege, sie verstümmelten ihre Opfer und ließen sie so liegen, daß sie weder leben
noch sterben konnten, man sah Frauen und Jungfrauen, die
vor ihren ekelhaften Umarmungen ins Wasser, ins Feuer
sprangen — man sah Kinder, die noch an den Brüsten todter
Mütter saugten — Kinder die unter Leichen saßen und riefen:
ach Vater, ach Mutter — Häuser wo das Blut an den Wänden herabrieselte. In der Sankt-Katharinenkirche, wo Betstunde
gewesen war, fand man die Reste von 53 Weibern und Mädchen: noch hatten sie die Hände gefaltet, aber die Kroaten
hatten ihnen die Köpfe abgehauen. Manche dieser Räuber
hatten in ihrer Gier nach verborgenen Schätzen in den Kellern
oder in ihrer Beneblung vor den Fässern das Prasseln der
Flammen und das Krachen der Balken überhört und wurden

unter'm Schutt begraben. Am beklagenswürdigsten waren
die Frauen und so viele Töchter im zartesten Alter, welche die
Unholde mit sich schleppten, als sie in Mitten ihres abscheulichen
Tagewerks aus der zum Vulkan gewordenen Stadt, aus der
Glühhitze, von der das Blei, das Kupfer von den Kuppeln
der Kirchen schmolz, ins Lager fließen mußten, die sie zur
Schande aufgespart hatten, verschacherten, verschenkten, ver-
mietheten. Zeitgenossen melden von Tilly, er habe vor in Sieg
dem Heer in der Plünderung Magdeburgs die Reichthümer von
sieben Königreichen versprochen, und als es bei der Eroberung
einigen Offizieren zu bunt geworden sey, daß sie ihn gebeten
hätten, dem Blutbad Einhalt zu thun, habe er erwidert:
Kommt in einer Stunde dann will ich sehen, was zu machen
ist, der Soldat muß für Müh und Gefahr Etwas haben —
diese Erzählungen mögen Erfindungen seyn des Parteigeistes
der ins Schwarze malt, aber gewiß scheint, daß, nachdem er
an die Erhaltung der Stadt nicht mehr denken durfte, es
seine Politik war, daß ihr Untergang zum abschreckenden Beispiel für alle Welt so gräßlich seyn sollte als möglich. Mit
den Gebäuden fühlte man einiges Mitleiden, für das Liebfrauenkloster warben die Mönche Löscher und um den herrlichen Dom zu retten bot Tilly selber Mannschaft auf — die
Ketzer ließ er schächten und braten. Gegen Nacht war die
schönste Stadt Mitteldeutschlands mit all den Palästen reicher
Kaufherren, stattlichen Stiftern und Klöstern, 6 Pfarrkirchen
und ihren Thürmen ein ungeheurer Steinhaufen, nur der
Dom und das Liebfrauenkloster nebst etlichen Nachbarswohnun-
gen und 130 Fischerhütten an der Elbe hatten diesen Tag ver-
wehen überdauert. Am Mittwoch mit dem Frühesten kehrten
die Soldaten zu dem unterbrochenen Jubelfeste zurück, sie
nannten die magdeburger Hochzeit. Sie fingen an den
Schutt wegzuräumen über den Kellern: allda gab es große
Vorräthe von Speck, Würsten, Schinken, geräuchertem Rind-
fleisch, Käse, Butter, Brod, Semmeln, Früchten aller Art,
Bier, den edelsten spanischen Weinen, kostbaren Stoffen, Gold
und Silber, Kleinoden und Geschmeiden dermaßen, daß in
Jahr und Tag kein Mangel gewesen wäre, und über diese
Behälter des Ueberflusses, die voll lagen von Erstickten, fielen

sie mit solchem Heißhunger bei, daß mehr als Einem dieser
Schatzgräber in dem verpesteten Qualm Odem und Seele
schwand. Die Masse vergnügte sich mit Fressen und Saufen,
sie hatten ihre verruchte Kurzweil mit den Leichnamen, steckten
Kerzen daran oder bedienten sich ihrer als Bank darauf sie
einander Gesundheiten zutranken, und gemeiniglich, wenn sie
sich toll gegaukelt hatten, endigte der Spaß damit, daß man
den Fässern den Boden einschlug. Noch diesen ganzen langen
Tag und die folgende Nacht brachten Die, welche ihre Zuflucht
in den Dom genommen, — bei 1000 Personen, Einige Bürger
und Soldaten die Uebrigen, Weiber und Kinder — ohne
Nahrung, zu und in beständiger Sorge, daß die Wütheriche
doch zulezt mit Brechstangen kommen und die Thüren zer-
trümmern könnten. Am Donnerstag wurden diese Unglücklichen
ihren Todesängsten entrissen. Tilly ritt vor den Dom, kündigte unter Trommelschlag an, daß ihnen das Leben geschenkt
sey. Reinhard Bake der Domprediger trat dem Gewaltigen
entgegen und empfahl ihm auf den Knien seine Leidensgefähr-
ten zu Gnaden. Der ließ die Verschmachtetsten mit Wasser
und Brod laben und die Bürger mit ihren Angehörigen in
Gewahrsam bringen bis zur Entrichtung des Lösegelds, die
Soldaten hieß er in der Kirche warten, besichtigte sie damit
keine Ausreißer durchschlüpften, zankte sie aus, daß sie ihre
Schanze nicht besser verwahrt hätten und trug ihnen kaiserliche
Bestallung an. Nicht eher, als am Sonnabend, da der Feldherr seinen Siz in die Stadt verlegte, also am 5ten Tag seit
sie außer dem Gesez war, wurden Mord und Plünderung
förmlich eingestellt mit der Bekanntmachung, daß Wer noch
am Leben, das Recht habe zu leben und daß, Was von Habe
vorhanden, wieder Eigenthum sey. Und hin und wieder kroch
ein Verschollener, mehr Gespenst als Mensch, erbärmlich an-
zuschauen, aus einem Loch hervor und wurde ein armer An-
siedler auf den Ruinen seines Vermögens. Die Gefangenen
kamen allmählig zurück, bald hatten sie Güter verscharrt die
nicht entdeckt worden waren und mit denen sie sich loskaufen
konnten, bald hatte auswärtige Freundschaft die benöthigten
Summen vorgestreckt. Der Preis war nach den Begriffen von
einer reichen Stadt, als ob die Geschändete Das noch wäre,

hoch genug bestimmt; sonst konnte der Krieger sich mit einem Monatssold auslösen und so ein Jeder nach diesem Verhält- niß seines Einkommens, von den Magdeburgern wurde der Zehnsache verlangt. Selbst einzelne Großmüthige ließen sich dafür theuer bezahlen. Von einem Geistlichen an der Katha- rinenkirche, Christoph Thodänus, hat man eine rührende Be- schreibung dieser unheilschwangeren Tage und seiner Rettung durch den Obristwachtmeister Don Joseph de Aynsa, den Amts- nachfolger des berüchtigten Quinti, del Ponte, welcher im Sturm geblieben war. Der würdige Pfarrer war, als man schon in den Straßen focht, in den Gasthof zum langen Halt gerufen worden, um einen sterbenden Obristen mit den Tröstun- gen der Religion zu versehen, auf dem Weg hatten ihn bange Frauen umringt, die seinen Rath begehrten, denen er keinen wußte als daß sie sollten beten zu Gott, den schwer Ver- wundeten hatte er getroffen auf dem Estrich gebettet in einem Gemach, das voller Gewehre hing, draußen feuerten sie auf das fliehende Volk, daß sich das Haus anfüllte mit Pulver- verdampf. Seine junge Gattin mit der Magd war ihm nach- geeilt und zog ihn in eine hintere Stube. Nicht lange so polterte eine Bande herein und forderte Geld. Da er keine Dukaten hatte, nahmen sie mit seinen 6 oder 7 Thalern für- lieb, 2 Thaler und ein Paar silberne Löffel hatte die Magd zu sich gesteckt; damit wurde eine neue Bande beschwichtigt. Wie Welle auf Welle folgten sich die Räuber und schnaubten: »Pfaff, Geld her!« Ein leibhafter Teufel, mit zwei Musketen auf den Schultern und einer Kugel in jedem Backen, wollte durchaus von keiner Entschuldigung hören, blies die Lunte an, schlug an, die Frau dazwischen springend wand das Rohr empor, daß die Kugel in die Wand fuhr, und ihre silbernen Miederhaken, die sie abschnitt, besänftigten alsdann den Eisen- beißer. Je und je übte das Priestergewand einen schützenden Zauber. Sie hatten sich, um dem Ankauf weniger ausgesetzt zu seyn, zu oberst auf die Bühne gemacht. Nachdem unten überall aufgeräumt war, tappte es die Treppe herauf, der Vorderste schwang eine spitzige Keule auf den Pfarrer, ließ jedoch ab, als ihm ein Kamerad zurief: "Was willst du? Du siehst ja, daß es ein Prediger ist." Nicht so leicht kamen sie

mit einem andern dieser Gesichte zurecht. Der Hau... ...
die Schläfe und auf den Kopf, daß das Blut über den weißen
Kragen und den Rock spritzte, und wie die Frau darüber weh-
klagte, hätte er sie, wenn der Degen nicht abgeglitten wäre,
durchrannt. Da sie Alles gelassen ertrugen, ließ er sich endlich
verständigen, daß sie hier nicht zu Hause seyen, daß er mit
ihnen gehen möchte, so wollten sie ihm geben, was sie hätten.
„Nun, so komm, Pfaff, entgegnete er in gebrochenem Deutsch,
will dir's Wort sagen, Jesus-Maria ist das Wort, wenn du
das sagst, thut dir Soldat Nichts.“ Die Frau faßte seinen
Mantel und so traten sie ihre Wanderung an. Auf diesem
Gang wurde ihrer ein Offizier gewahr, es war Anna. Der
schrie zu dem Landsknecht: „Kerl, mach's mit den Leuten daß
es zu verantworten ist,“ und nach einigem Besinnen zu der
Frau: „Greift meinen Steigbügel, nehmt euren Herrn am
Arm und führt mich in eure Wohnung, ihr sollt Quartier
haben.“ Zu dem Geistlichen sagte er, etwas leiser, mit der
Hand winkend: „Ihr Herren, ihr Herren, ihr hättet es wohl
auch anders machen können.“ Wie sie sich dem Pfarrhaus
näherten, kam gerade Einer heraus mit drei schönen Frauens-
kleidern auf der Achsel, sie schwiegen still. Anna kündete die
Herberge den unberufenen Gästen, ersuchte die Frau
Zimmer für ihn bereit zu halten und hieß sie mit ihrem Herrn
hineingehen und ihn verbinden bis ein Feldscherer zu haben
seyn würde, gab ihr auch an was sie zum Verband nehmen
solle, und stellte zwei seiner Leibschützen vor das Haus. Diese
Wächtern wurde mit kaltem Braten und gutem Bier aufgewartet, und weil sie sich beschwerten, sie würden um die Beute
verkürzt, jedem zwei Rosenobel verehrt. Diese Bescherung
versetzte sie in eine angenehme Laune, sie bemerkten, wenn der
Pfarrer etwa einen lieben Bekannten hätte, sollte er ihn holen
lassen, denn jetzt habe es keine Noth, und wenn die herum-
schwärmenden Soldaten zudringlich werden wollten, ward ihnen
bedeutet, der Obristwachtmeister sey im Quartier und sie
durften brummend abziehen. Anna hatte sich theilnehmend
bei der Familie nach ihrem Wohlergehen erkundigt und war
wieder weggeritten, um zu sehen was geschehen könne das
Feuer zu dämpfen; er war schnell wieder zurück und hatte

gesagt: „Frau nehmet mein Pferd beim Zaum und euren Herrn bei der Hand und führet mich zur Stadt hinaus oder wir müssen Alle verbrennen." Und sie hatten, Was sie von ihren noch übrigen Sachen in der Geschwindigkeit zusammenpacken konnten, in den Keller gethan und die Thüre mit Erde beworfen, die Frau hatte einen Kirchenrock, die Magd eines Nachbars Kind, das im Hof spielte, auf den Arm genommen und weil die Thore in Flammen standen, mußten sie die Richtung einschlagen nach dem erstürmten Wall. Da schritten sie hin über das frischgepflügte Leichenfeld, durch Tausende von Soldaten, durch das dummfanatische Gesindel der Kroaten, denen beim Anblick eines Predigers der Kamm schwoll, daß es nach ihm hauen, schießen, stechen wollte und der Obristwachtmeister und die Diener, die sie umgaben, Mühe hatten zu wehren. Im Lager wurden sie nicht von Allen gelästert und verhöhnt, einige Offiziere sahen sie mitleidig an und Einer sagte auf lateinisch: „Ich bedaure euch, denn ich bin auch vom augsburgischen Bekenntniß." Apnsa bewirthete sie freundlich, sie mußten an seiner Tafel speisen, er wies sogar dem Pfarrer den Ehrenplatz an über seinem Kaplan, aber das Nächste war, daß er fragte, Was wird mir dafür — daß er sichs gefallen ließ, als sie erwiederten, sie hätten das Ihrige an Geld und Silbergeschirr vergraben, hofften es werde nicht gefunden worden seyn, Das solle er haben — daß er die Magd mit Soldaten abschickte es zu suchen, und nach glücklicher Herbeischaffung des Schatzes die Thaler auf den Tisch schüttete mit den silbernen Bechern und Alles behielt bis auf die neuen Miederhaken, die er der Frau zurückgab nebst einem Thaler Zehrung nach Hamburg. Manche Gefangenen erlangten auch ihre Freiheit wohlfeiler. Ein in der Nacht vor Tilly's Quartierveränderung ausgebrochener Lagerbrand fraß nicht allein ein hübsches Stück des unsauber erworbenen Mammons, sondern das darob enstandene Getümmel gewährte Jenen Gelegenheit zur Entweichung, so auch dem schwedischen Unterhändler Hans Stahlmann, der hart saß. Diese Flüchtlinge fanden gastliche Aufnahme in protestantischen Städten, mitunter eine bleibende Unterkunft, zahlreich waren sie in Hamburg, wo der öffentliche Haß sie an Tillys Pulverlieferern Bertram Pappe und Ge-

noſſen rächte, und der arme Thobänus hatte nach einigen
Wochen wieder eine Pfarrei und predigte zu Rendsburg. In
Betreff der Zerſtörung hätten ſich die Kaiſerlichen hintennach
gerne weiß gebrannt. Daß weder Pappenheim noch Tilly den
Wahnſinn hatte, ſie zu wollen, darf man ihnen glauben, wenn
aber die Magdeburger beſchuldigt wurden, ſie hätten dem
Soldaten ſeine Ernte nicht gegönnt und deßwegen Lager und
Stadt angezündet, ſo war Das die Anklage des durſtigen
Wolfs, dem das Lamm den Bach trübt. Einen Theil der
Schuld trägt immerhin ein unſeliges Verhängniß: denn un-
gleich mehr Menſchen als das Schwert verderbte das Feuer.
Wie viel, iſt nicht auszumitteln, nach einer ſehr mäßigen
Ziffer über 20,000. Darunter war der regierende Bürger-
meiſter Martin Brauns. Die drei andern Bürgermeiſter
Georg Kühlwein, Georg Schmidt und Hans Weſtphal (ſämmt-
lich bei der gänzlichen Erneuerung der Behörden kurz vor der
ſchwediſchen Landung durch den Wahlſieg der eifrig proteſtantiſch-
markgräflichen Partei ans Ruder gebracht ſtatt des kaiſerlich
geſinnten alten Raths) waren unter den Gefangenen. Um mit
Zuverläßigkeit die Berechnung zu machen, müßte man außer
der Bürgerliſte auch die Zahl Derjenigen kennen, die in der
Feſtung eine Freiſtätte gefunden: es ſollen deren bei 4000 geweſen ſeyn. Einſtimmiger ſind die Berichterſtatter darüber,
daß der überlebenden Bürger nicht über 400 waren. Gegen
14 Tage waren 4 Wagen beſchäftigt, Leichen zu laden, welche
Mansfeld in die Elbe werfen ließ. Den Ketzern und Auf-
rührern gebührte kein ehrliches Begräbniß.

Mit dreimaliger Löſung der Geſchütze und einem Tedeum
im Dom hatte Tilly die Einöde Magdeburgs zu einer katholiſchen Stadt umgetauft. Dem Kaiſer ſollte das Vergnügen
werden, den Adminiſtrator in Wien zu ſehen, wo ihn die Jeſuiten ſo gründlich in die Schule namen, daß er für den Titel
eines Oberſtjägermeiſters mit anſehnlichem Gehalt den evangeliſchen Glauben abſchwur und zu einem theologiſchen Werk
für ſeine neue Kirche den Namen borgte. Seit Trojas und Jeru-
ſalems Brand, prahlten die Sieger, ſey kein ſolches Strafgericht ergangen. Pappenheim frohlockte, er gäbe dieſen Ruhm
nicht um eine Million. Aber es war eine Brandfackel, die

nicht minder verderblich in die katholische als in die protestantische Welt schlug; hier Trauer und Entsetzen, Unwille
und Abscheu und das heiße Gefühl der Rache, dort in den
besonneneren Geistern die Ahnung, daß nachgerade das Vaterland an einem Abhang angelangt sey, da man die Maschine,
die man Staat nennt, den Strang abwickeln lassen muß, bis
er aus ist und die Wucht der Räder Alles zermalmt. Zwischen
Tilly und Pappenheim erweiterte sich die Kluft der Eifersucht.
Pappenheim schob bei dem Kaiser die schwere Bezicht auf
seinen Feldherrn. Derselbe habe ihn beim Sturm vorsätzlich
im Stich gelassen und dadurch 1000 seiner besten Soldaten
hingeopfert, er hätte sich Seine Majestät und die kaiserlichen
Frauen zu Augenzeugen gewünscht, um aus ihrer Hand für
sich und seine tapferen Spießgesellen den Ritterdank zu empfangen — als ob es für Diese ein besonders liebliches Schauspiel gewesen wäre, wenn sie der Nothzüchtigung der Frauen
und Jungfrauen Magdeburgs hätten anwohnen dürfen. Auf
der andern Seite gerieth auch Gustav Adolf durch dieses Ereigniß in eine mißliche Lage. Nicht nur, daß ihn das namen-
lose Elend jammerte, sondern da der dessauer Brückenkopf
am Tage vor Magdeburgs Fall unangegriffen aufgegeben
worden war, mußte er den scheinbaren Vorwurf erfahren, daß
er hätte helfen können, aber geträndelt habe, bis es zu spät.
Böse Zungen waren geschäftig, hierin einen Treubruch aus-
zugrübeln gegen eine verbündete Stadt. Ja die Vermuthung
wollte laut werden, er habe absichtlich dieses Aeußerste nicht
verhütet zu Veranschaulichung der Folgen der Gleichgültigkeit
protestantischer Fürsten. Diese Einflüsterungen konnten ihm
die Herzen der Protestanten entfremden: er beugte dem übeln
Eindruck vor durch eine Schutzschrift, in welcher er darlegte,
wie die Magdeburger, wenn sie weniger kargten, so lange
bloß Pappenheim mit geringen Streitkräften da, und die Landschaft noch fast allenthalben unbesetzt war, leichtlich mochten ihre
Stadt uneinnehmbar machen, wie er nach Umständen beigesprun-
gen, auch unangesehen der Schwierigkeiten willig gewesen sey zum
Entsatz, wie ihnen aber, weil jedes Versprechen eine Bedingung
voraussetze, nehmlich die Ausführbarkeit, nicht geholfen seyn
konnte mit einem bloßen Versuch, der auf die Gefahr hätte

geschehen müssen, den Karren umzuwerfen, bevor er Gewißheit hätte, ob er die Kurfürsten zu Freunden habe oder zu
Feinden.

Wie sehr aber dem König Magdeburgs Eroberung in die
Quere kam, bewies, deutlicher als das Bedürfniß sich zu
rechtfertigen, seine rückgängige Bewegung auf Spandau. Nach
dem Vertrag mußte er diese Festung jezt herausgeben, und
damit hätte er mit einem Mal den Boden wieder verloren
bis an die Oder. Es galt, den Kurfürsten zu vermögen, daß
er ihn seines Worts entband. Ein Wink von ihm, daß er
ohne Spandau auch die Marken schuzlos lassen werde, schien
Anfangs diese Wirkung zu haben. Als er in Berlin zu wissen
that, Magdeburg sey hin durch Schuld Derer, die ihm so un-
verantwortliche Hindernisse geschaffen hätten, und Spandau
stehe zu Befehl, indem er von da, wo seine guten Absichten
verkannt würden, sich hinwegzuwenden gedenke an geeignetere
Orte hoffend, den Argwöhnischen das Maul zu stopfen und
wünschend, daß sie in Brandenburg seines Beistands möchten
entrathen können — siehe da wurden sie nicht wenig verblüfft.
Die Rückkehr der Kaiserlichen und ihres eisernen Jochs vor
Augen, sandte Georg Wilhelm, um den König umzustimmen,
die Geheimenräthe Levin von Knesebek und Kurd Bertram
von Pfuel ins schwedische Lager. Das war der Punkt, auf
welchem Gustav Adolf ihn haben wollte: denn nun konnte er
seine Bedingungen stellen. Sie waren — völlige Vereinigung
der Gemüther und der Waffen. Dieses Ansinnen brachten
sie, von Graf Ortenburg begleitet, umgehend nach Berlin.
Aber so Knall und Fall sollte er sie nicht überrumpeln. Bei
näherer Ueberlegung fanden sie es vielmehr nicht unwahrschein-
lich, daß, wenn sie Spandau zurücknahmen, Tilly zwischen
der Oder und Elbe, oder wenigstens an der Spree und Havel
oder doch um ihre Hauptstadt und Festungen das Feld frei
lassen würde, und dieser Ausweg paßte zu ihrem furchtsamen
System. Der Kurfürst dankte daher für das Bündniß und
erbat sich Spandau wieder aus, oder zum Mindesten Bedenkzeit, um sich zu bereden mit seinem Landschaftsausschuß und
Kursachsen. Blieb der König mit dem Heer, so war man
zur Zufuhr erbötig. Zog er es vor, sich anders wohin zu

versagen, so wollte man sich nicht anmaßen, eine Entscheidung
zu bestreiten, die in seinem Belieben stund; man hoffte mit
Hilfe Sachsens zur Selbstvertheidigung zu erstarken, zugleich
von der Gegenpartei eine redliche und beständige Neutralität
zu erlangen, und wenn es Noth that, behielt man sich vor,
ihn herbeizurufen. Gut, sagte der König, so mag die Unterhandlung wegen der Vereinigung auf Kursachsens Entschließung
ausgesezt seyn, damit wir aber nicht aufgehalten sind an
der Havel hinab dem Feind entgegen zu rücken, gebt ihr
der spandauer Uebereinkunft die Ausdehnung, daß ihr die
Festung in unserer Verwahrung laßt, bis entweder unser Heer
wohlbehalten hinter dieselbe zurückverlegt oder der Feind, der
gegenwärtige und künftige, dahin gebracht ist, daß er uns den
Rückzug nicht mehr abschneiden kann. Versicherungen und
Gegenversicherungen waren ausgewechselt, als sich zeigte, daß
der Kurfürst die Frist anders verstand als der König. Nach
schwedischer Ansicht wurde Kursachsens Antwort bloß abge-
wartet, um hernach die Bundesfrage wieder vorzunehmen.
Jener behauptete, die Verbindlichkeit der Zurückgabe der
Festung sey bis dahin festgesezt, auch fürchtete er, unter dem
künftigen Feind könnte der Dresdner gemeint seyn. Da der
König einwendete, eine solche Fristerstreckung hätte keinen
Werth, weil der Besitz Spandau's dadurch von sächsischem
Gutdünken abhängig, ihm also nicht über Nacht verbürgt
wäre, so wurde die Festung mit dürren Worten zurückgefor-
dert. Und nicht genug — der König wurde ohne Umschweif
ersucht, sein Heer aus den Marken zu entfernen, wo es überall nicht zu Bekämpfung des Feindes, sondern zur Plage der
Unterthanen sey, es wurde ihm bemerkt, daß man nicht glaube,
noch einen Unterhaltungsbeitrag für seine Besatzung in Spandau schuldig zu seyn, da der Landschaden sich weit höher be-
laufe, daß man ihm Küstrin öffnen wolle, aber nur in den
von Brandenburg zu bestimmenden Fällen und nicht länger
als für den Augenblick der Gefahr, daß man überhaupt
wünsche, fortan mit Quartieren, Werbungen und Beisteuern
verschont zu werden. Diese Anzüglichkeiten wurmten Gustav
Adolf und er sprach aus einem höhern Ton. Spandau, erklärte er, solle sein Schwager haben, nicht aber die Neutralität,

diese erlaube weder die Kriegführung wegen der Lage des Kurfürstenthums, noch vermöchte der Kurfürst sie aufrecht zu halten. Wenn sie sich erinnern wollten in Berlin, wozu er sich Pommerns wegen erboten, ob es gleich Errungenschaft der schwedischen Waffen sey, so brauchten sie für ihre Privatinteressen nicht zu zittern. Daß das Land Noth gelitten, dessen dürften sie nicht ihn, der wehre wo er könne und in dieser kurzen Zeit mehr blutige Strafen verhängt habe als in zwanzig Jahren, sondern sie müßten Die anklagen, die den Leuten Sand in Schuhe und Strümpfe schütteten, daß sie nicht vorwärts kämen. Hätte man ihm nicht bis auf die gemeine Nothdurft Alles erschwert, so würden nicht so viele Ausschweifungen begangen worden seyn, die vornehmlich daher rührten, daß die Reiter selbst hätten für ihre Verpflegung zu sorgen gehabt. Uebrigens lasse er sich nicht irren; für die evangelische Freiheit sey er in die Schranken getreten, von dieser Aufgabe werde er um Brandenburgs willen nicht abstehen. Der Kurfürst solle wählen zwischen der Freundschaft des Königs und der Tyrannei des Kaisers, wolle er bei Schweden und dem evangelischen Wesen verharren, so dürfe er auf treue Dienste zählen, wo nicht, so solle er gegen Aushändigung aller und jeder königlichen Verpflichtungsbriefe Spandau zurückempfangen, dann aber nicht erwarten, daß man irgend noch Rücksichten beobachte oder mit Pommern und den eroberten Theilen der kurfürstlichen Lande anders verfahre als nach Kriegsbrauch. Das sey zu erwägen, in drei Tagen begehre er Antwort, keine Antwort werde als Kriegserklärung betrachtet. Diese gebarnischte Zuschrift, mit deren Ueberreichung der Botschafter am berliner Hof Graf Heinrich Matthias von Thurn beauftragt war, der die Weisung hatte, sich zur Abreise bereit zu halten, verfehlte ihren Eindruck nicht. Adam von Schwarzenberg hatte sich vor den Schweden davongeschlichen und war in Holland, aber der Prophet hatte seinen Mantel zurückgelassen. Arnim war von Dresden herübergekommen, er wurde als Dolmetscher der brandenburgischen Neutralität — sie war ja das Echo der kursächsischen — nach Spandau abgefertigt. Taktloser hätten sie in Berlin ihren Mann nicht aussuchen können: denn wie sollte er, einer der

Hemmschuhe auf der leipziger Tagssatzung und seither, bei
Schweden gut angeschrieben seyn? Wie Arnim anhub Beweise
auszukramen, daß es dem Gesez der Ehre, einer Erbverbrüderung und den Reichssatzungn zuwider liefe, wenn der Kurfürst
seine Festungen Fremden anvertrauen wollte, wie er all die
hausbakenen Rechtsgründe wiederholte, unter welchen die
Kleinstaaterei gegenüber der Macht ihre Schwäche zu verbergen pflegt, da versezte der König: er habe sich beflissen, seinem Schwager Land und Leute wieder zu verschaffen aus
feindlicher Gewalt. Das sey die wahre Ehre, das Uebrige
eitel Wind. Wenn der Kurfürst um das Seinige käme, wäre
es mit der andern Ehre bald nicht weit her. Auf die
Reichsverfassung dürfte es der Mühe werth seyn sich zu berufen, wenn Kaiser und Stände darnach lebten und nicht Jeder
nur nach seinem Vortheil fragte, und die Erbverbrüderung
könnte verbieten die Festungen zu veräußern oder zu ver-
schenken, nicht aber sie in verläßige Hände zu geben, wodurch
ihre Erhaltung würde gesichert und Was sonst verloren ginge
wieder beigebracht. Mit diesem Bescheid reiste Arnim zurück.
Die Sache war auf dem alten Fleck, außer daß der Kurfürst
einen Nachtrag zu seiner Antwort folgen ließ, in welchem er
alle kränkenden Ausdrücke milderte oder bestens erläuterte,
gleichwohl aber darauf bestand, daß er durch die leipziger
Beschlüsse gebunden sey, daß man ihm um so weniger zumuthen sollte sich davon zu trennen, als bei dem Unvermögen des Landes sein Uebertritt für Schweden fast ohne Nutzen,
mithin gewiß nicht nothwendig, hingegen für Brandenburg
überaus schädlich wäre. Der Faden war bis auf den mürb-
sten Flocken abgesponnen, der König brach ihn ab, er übergab
Spandau und zog mit dem Heer vor Berlin, ein Trompeter
voraus mit der Aufforderung die Thore aufzuschließen, weil
man sonst für Nichts gut sey, weder für Blutvergießen noch
Plünderung. Die Mündungen von 90 Feuerschlünden, gegen
das Schloß aufgepflanzt, hatten eine wundersame Beredsamkeit. Die Damen schlugen sich wieder ins Mittel und in so
viel Stunden als man zuvor Tage verschwendet hatte, war
ein Bündniß unterzeichnet. Brandenburg überließ Spandau
für die Dauer des Kriegs, eben so Küstrin so oft es dem

König dienlich däuchte. — eine Zusage auf deren Erfüllung die kurfürstliche Besatzung Mann für Mann beeidigt werden mußte — und spendete monatlich 20,000 Thaler. Der König erneuerte die früheren Gewährleistungen, befreite von Lieferungen zu Gunsten der kurfürstlichen Hofhaltung etliche Kreise sammt der Uker- und Mittelmark, und versprach den Unterhalt der Reiterei aus Pommern und Meklenburg zu beziehen. Dem Kurfürsten war es unbenommen, sich nebenbei, wenn er Lust hatte, für die leipziger Neutralität zu wäffnen, nur durfte er dem König keine Knechte abspannen. Diese Bedingungen waren so vortheilhaft für Schweden, daß die geheime Andeutung einer innigern Verbindung der Häuser Wasa und Zollern kein unerheblicher Gesichtspunkt dabei gewesen zu seyn scheint. Gustav Adolfs Erbtochter vermählt mit dem Kurprinzen Friederich Wilhelm hätte freilich Alles ausgeglichen. Zur Feier der Aussöhnung war Tafel im Schloßgarten bis tief in die Nacht. Der berliner Staatskunst gereichte es zu großer Beruhigung, sagen zu können, man habe sich bloß der Gewalt gefügt. Daß mit den aufgepflanzten Stücken nicht zu spassen sey, wurde noch besonders einleuchtend gemacht, als der König nach dem Fest Morgens 2 Uhr mit einem Gruß aus allen Stücken Abschied nahm. War es Vergeßlichkeit, weil etwa Offiziere und Soldaten ein Glas über Durst getrunken, oder eine kleine Rache der Feuerwerker dafür, daß man den Handel über drei Wochen herumgezogen, die Geschütze waren noch immer der Stadt zugekehrt und als sie losgingen wurden zum Schrecken der Einwohner einige Dächer abgedeckt.

Nachdem diese wichtige Angelegenheit am 21ten Junius in Ordnung war, rückte Baner mit dem Heer wieder an der Havel hinab, nahm von Spandau, Altbrandenburg, Rathenow Besitz. Tilly hatte in Magdeburg die Festungswerke ausbessern lassen, 5000 von den Pappenheimischen wurden hineingelegt und errichteten sich Hütten auf dem Wall. Die Welt konnte glauben, die feindlichen Feldherren, die so lange mit geballten Fäusten um einander herumliefen, würden endlich zum Streich kommen. Allein Jeder hatte so viel Achtung vor seinem Gegner um das Glück nicht herauszufordern, Beide zauderten, weil sie ihre Kräfte noch nicht beisammen hatten, der König im Hinblick auf 8000 Mann welche [illegible]lin aus Schweden, auf 6000 welche Hamilton aus Britannien zuführen sollte, Tilly in Erwartung der italienischen Truppen und der frischen Aushebungen der Liga, die seine Streitmacht mehr als verdoppelten. Ihre Zurückhaltung war nicht bloß Berechnung der Klugheit, sie waren mit unter das Gebot der Noth. Die leipziger Beschlüsse, obgleich eine krankhafte halbe Maaßregel, hatten von einer Grenze Deutschlands zur andern die Protestanten aufgeregt, selbst die Stände Niedersachsens, die vor den Besatzungen der Liga kaum mucksen durften, waren auf einem Kreistag zu Lübeck beigetreten; durch Thüringen, Hessen, Franken, Schwaben bis Straßburg hatte man sich zu einer Schilderhebung ermuthigt. Tilly mußte bloß das Nest sauber halten, oder es war Gefahr, daß er sich in einen zweifelhaften Kampf mit dem König verwickelte, indeß hinter ihm eine neue protestantische Union aufschoß und ihm vielleicht über den Kopf wuchs. Diese Verhältnisse konnten sich sehr erwünscht gestalten für Gustav Adolf, doch war Nichts darauf zu bauen, die meisten dieser Waffenbrüder waren blinde Nachbeter Kursachsens, die sich lediglich an ihm putzen wollten, nicht einmal mit den Höfen von Weimar und Kassel hatte er schon einen festen Vertrag, Abgeordnete von beiden waren längst bei ihm in Potsdam gewesen, er hatte ihnen nur den Trost gewähren können, daß ihre Glaubensgenossen unter allen Umständen auf ihn rechnen dürften, daß insonderheit Herzog Wilhelm, wenn er wegen seiner Befehlshaberschaft aus dem Land vertrieben würde, sichere Aufnahme in den Seinigen in Schweden nebst 10,000 Thalern Jahresgehalt haben solle; aber er war nicht im Stande ihr Geldgesuch zu genehmigen, und hatte sie mit dem Bescheid entlassen, die Fürsten möchten eben so gut seyn und die Mittel zu den Rüstungen vorstrecken oder auf ihn entlehnen. Ueberhaupt war er nie in einer so drückenden Geldklemme, als während dieses Sommers. Alle seine Briefe nach Stockholm und an den Kanzler waren voll Klagen über die Sparsamkeit der Zuflüsse von Haus; der Kornhandel in Preußen gewährte lange nicht die versprochene Ausbeute und wurde deßwegen bald wieder freigegeben, den Reichsräthen wurde vorgeworfen, sie zahlten mit Redensarten

onten wollten sich bisweilen geschehener Bewilligungen nicht erinnern und setzten ihn in die Verlegenheit den Soldaten durch die Finger sehen zu müssen, wenn sie Monate hindurch ohne Sold, unleidliche Erpressungen verübten. Auch die auswärtigen Beisteuern gingen langsam ein und nicht in dem gehofften Maß. Die Holländer hatten sich ziemlich spät zu 50,000 Gulden des Monats verstanden, Frankreich, das im Mai auch mit Max von Bayern ein Schutzbündniß abgeschlossen und ihm die Kurwürde verbürgt hatte, mußte erst durch eine Gesandtschaft, welche Bengt Oxenstierna, des Kanzlers Neffe übernahm, um das Geld begrüßt werden, und ein anderer Sendbote, Ritter Christoph Ludwig Rasch, der Venedig und die Eidgenossenschaft ansprechen sollte, brachte nachmals über die Alpen die Entschuldigung zurück, daß die Republik nicht im Beginn des Friedens Italiens neues Mißtrauen ausstreuen möge, zudem von Pest und allerlei Ungemach heimgesucht sey, und in der Schweiz war mit den katholischen Kantonen, die ihre alte Verbindung mit Oesterreich vorschützten, gar Nichts anzufangen. Genf und die evangelischen Stände wollten Werbung gestatten. Vorläufig bildete also die Elbe wie durch stillschweigende Uebereinkunft die Scheidelinie zwischen den Kriegführenden, es war eine Art Waffenstillstand, den Jeder nach seiner Weise nützte, den König, um die Unterwerfung von Pommern und Mecklenburg zu vollenden, Tilly zu Dämpfung der Aufstände in seinem Rücken. Dieser hatte noch mehr Eile; als Gustav Adolf von Berlin abreiste um sich über Freienwalde auf der Oder nach Stettin zu verfügen, war er schon vor 8 Tagen mit der Mehrzahl seiner Truppen gegen den Harz aufgebrochen.

Den Kaiser und die Liga hatte die Keckheit der Protestanten in Leipzig ernstlicher berührt, als dieser haltungslose Versuch eigentlich verdiente. Aber sie hielten es für vernünftig, das Gießbächlein zu dämmen, ehe es über die Ufer schwoll. Waren sie nicht auf der Hut oder gaben sie nach, so sahen sie bereits im Geist den passauer Vertrag mit seiner schönen Auslegung dem Restitutionsedikt zerrissen, das Uebergewicht und den Grundbau der Alleinherrschaft ihrer Kirche, die Frucht so vieler blutigen Anstrengungen, zertrümmert. Johann

Georg hätte sie von des Kaisers Entpflichtung der protestantischen Tagssatzung freundlich in Kenntniß gesetzt, die Antwort war gewesen — ein unverblümtes Verdammungsurtheil. Als eine Anmaßung der Selbsthülfe, zu welcher einzelne Beschwerden nicht berechtigen könnten, die überdieß ohne sein Verschulden durch die Entziehung des verfassungsmäßigen Beistands von ihren Widersachern — fast hätte er gesagt, von ihnen selbst — veranlaßt seyen, hatte der Kaiser all ihre Beschlüsse für null und nichtig erklärt, befohlen, die Waffen niederzulegen und seinen Völkern den unentbehrlichen Unterhalt zu liefern, im Weigerungsfall mit ernster Ahndung gedroht. Der Kurfürst von Brandenburg hatte sich wegen Leipzigs und Spandau's zumal verantwortet; hätte nach Wien geschrieben er sehe nicht ein, was das für ein Unrecht sey, wenn die Evangelischen, nach Erduldung unsäglicher Mißhandlungen, einige Sicherheitsmaßregeln ergriffen, Natur und Gesetz verböten es Privatpersonen sogar nicht, und bei den Katholischen habe der Kaiser selber Nichts dawider einzuwenden, das Abgehen mit Schweden thue ihm leid, aber er habe müssen, denn erst habe man ihm die Vertheidigung seines Landes entzogen, Jahre lang die Verköstigung vierer Tausende zu Roß und zu Fuß aufgebürdet und den Unterhalt seiner schwachen Festungsbesatzungen fast unmöglich gemacht, hernach und Magdeburg zu verderben ihn gegenüber dem König schutzlos gelassen doch werde er in seiner Treue gegen kaiserliche Majestät nimmer wanken. — Diese Entschuldigungen wurden unzulässig gefunden und dem Kurfürsten bedeutet, er solle zu seiner Unterthanenpflicht zurückkehren, sich mit den Kaiserlichen vereinigen und bedacht seyn, daß er Spandau wieder bekäme. Ferdinand hatte die Herablassung gehabt, sich durch einen Gesandten, den Geheimenrath Hans Ruprecht Hegenmüller, bei dem Kurfürsten von Sachsen gleichsam zu rechtfertigen, unter schmeichelhafter Anerkennung seiner anderwärtigen Verdienste ihm das Vertrauen geschenkt, daß er zur Vermittlung des schwedischen Zerwürfnisses die Hand bieten und die Einsicht haben werde, seine Mitstände von falschen Schritten abzuhalten, deren Urheberschaft ihm nicht zur Last gelegt werden sollte, aber die Rechtfertigung umfaßte auch das Restitutionsedikt

daß ein bewährtes Heilmittel dieses zerrüttenden Uebels des Reichs, des ruchlosen Antastens geheiligter Eigenthumsrechte, eine helle Leuchte der Wahrheit und Gerechtigkeit hieß. An alle Theilnehmer an der Tagsatzung und ihre Dienstmannen waren scharfe kaiserliche Abmahnungsschreiben ergangen. Max und die geistlichen Kurfürsten hatten dem sächsischen Amtsbruder ihr Mißfallen und Befremden ausgedrückt: die Katholischen, meinten sie, hätten die öffentliche Noth mitgetragen, oft davon über Gebühr, aber hie sich gegen kaiserliche Majestät aufgelehnt, wie man in Leipzig habe beschließen können den Kaiser im Augenblick eines feindlichen Einbruchs, nicht allein hilflos zu lassen sondern an der Erhaltung des Reichs durch Sperrung der Pässe und Zufuhren zu hindern, sey unbegreiflich, ihren Bund hätten sie mit Wissen und Willen des Reichsoberhaupts gestiftet und zu seinem Besten gebraucht und wenn sie dann und wann Andern hätten beschwerlich werden müssen, so sey es mit seiner Ermächtigung geschehen und an Orten, die der Feind zum Sitz des Kriegs erwählt habe, wo es nicht anders möglich gewesen wäre, sie begehrten keine Neuerungen, nein einfach den Religionsfrieden und das Restitutionsedikt, das gewissermaßen der Religionsfriede selber sey, und über dessen Vollziehungsform sie sich gerne in Frankfurt verständigen wollten. Die Liga hatte sich zu Dinkelsbühl versammelt, jede Abweichung vom Religionsfrieden verworfen, abermals eine Ausrüstung von 2 Regimentern zu Fuß und 2000 Reitern angeordnet. Mit der Feder allein hätten sie das halbgezückte protestantische Schwert nicht entwaffnet. Da war aber, nach Mazarini's verbesserter Auflage des regensburger Friedens zu Chierasco, Mantua geräumt worden und eben damals, als Tilly nach Magdeburgs Fall anfing den Protestanten Mitteldeutschlands die Lehre vom Gehorsam einzuprägen, war Graf Egon von Fürstenberg mit dem italienischen Heer an dem Bodensee angelangt. Sein erster Schlag fiel auf die Reichsstädte Kempten und Memmingen: sie mußten dem leipziger Verein entsagen, sich mit 120,000 Gulden von der Plünderung loskaufen, Besatzung einnehmen. Ulms hätte er sich schier durch Verrath bemächtigt: einige Katholiken hatten einen unterirdischen Gang

aus dem deutschen Haus zu einem Pulverthurm an der Mauer
gegraben, den sie anzünden wollten, der Anschlag wurde aber
durch eine Stallmagd, die dahinter kam, vereitelt und die
Verschwörer verhaftet. Weil Ulm für sich doch Nichts machen
konnte, umging es der Gräf und zog über die Alp nach Mün=
singen, Reutlingen auf Tübingen, wo der Regierungsver=
weser von Würtemberg, Herzog Julius, mit 8000 Mann
Landwehr und Soldaten im Lager stand. Der Herzog, ein
tapfererer Jäger als Krieger, kaum ansichtig der fürstenbergi=
schen Schaaren, die sich bei 20,000 Mann schlachtfertig ins
Neckerthal herab schwenkten, warf seine protestantischen Frei=
heitsideen ab wie der Hirsch die Geweihe nach der Brunst.
Seine Völker wurden abgedankt, entweder unter die kaiserli=
chen Regimenter gestekt, oder eidlich verpflichtet nie mehr
gegen den Kaiser zu dienen, das Herzogthum wurde mit Liefe=
rungen für das Heer, mit einer monatlichen Zubuße von
28,000 Gulden für Besazungstruppen, von 10,000 für die
Feldkasse angelegt, und die Ulmer, die ihm einige Fähnlein
hatten schicken wollen, mochten wieder umkehren, Schlammers=
dorf, der mit einer Hilfe aus Hessen im Anzug war, mußte
3000 Knechte und 6 Kompanien zu Pferd, auf schwedischen
Sold angeworben, mit denen er nun nirgends hinauswußte,
bei Nördlingen auseinander laufen lassen. Mit des Würtem=
bergers Niederlage ohne Schuß war Oberdeutschland von
der kursächsischen Neutralität getrennt. Die Ulmer bequemten
sich dann auch und gaben in ihrer Grafschaft Geißlingen
Quartier und blechten. Und so die Andern alle, Herren und
Städte. Badendurlach wurde von Ossa, dem Befehlshaber
von Vorderösterreich zurechtgesezt, er hatte auch die Straß=
burger einschüchtern wollen, daß sie ihr Volk sollten verab=
schieden, aber sie beriefen sich auf ihr altes Vorrecht als
Grenzstadt. Die fränkischen Kreißstände hielten gerade Sitzung
zu Nürnberg: sie warteten nicht auf den militärischen Augen=
schein, sie kamen mit einer Gesandtschaft entgegen, sie baten
ab, sagten ab, dankten ab und blechten. Nur aus Kulmbach
gingen ungefähr 1000 Mann nach Meißen hinüber. Wie
Frösche aus dem Sumpf hatten sie allenthalben die Köpfe
hervorgestreckt, patsch — hatten sie sich untergeduckt. Nicht

ganz so leichte Arbeit hatte Tilly. Gegen Sachsen wurde noch ein glimpfliches Verfahren beobachtet, wiewohl mit zunehmender Spannung: die kurfürstlichen Gesandten, Miltiz und Wolkersdorf, die er auf dem Marsche traf, konnten ihn nicht aufhalten durch die Vertröstung auf die vermeintlichen Aussichten der frankfurter Vergleichshandlung die auf den 3ten August anberaumt war, und Johann Georg ließ sich nicht bewegen seine Rüstungen einzustellen, er berieth sich mit seiner Landschaft zu Dresden über die Erfordernisse der Lage, empfing reichliche Beiträge an Geldern und Früchten, jegliche Aufmunterung zu kräftigem Widerstand. Dabei ermangelte er nicht, den Kaiser und Wer es hören wollte für und für seines aufrichtigen deutschen Gemüths zu versichern, so wie seiner Bereitwilligkeit, bei der leipziger Sippschaft dahin zu wirken, daß sie in den Schranken der Reichsgeseze bleibe. Tilly sezte den Marsch durch den Harz fort. In den Schluchten des Gebirgs erlitt er bedeutenden Verlust durch den Haß der Bevölkerung. Alle die sich vom Weg verirrten oder nicht schnell genug folgten, Manche mit unglaublichen Summen besackt, wurden von den Bauern umgebracht. Als er ein Regiment zurücksandte zur Abholung eines Wagenzugs aus Wolfenbüttel, fanden sie so viele Todte in den Wäldern, als wäre da eine Schlacht geschehen. Die Thüringer mußtens büßen: niedergetretene Fluren und Brandstätten bezeichneten seine Bahn. In Tonna rissen sie der Wittwe des lezten Grafen von Gleichen Ringe und Armspangen vom Leib, Frankenhausen wurde neben der Plünderung noch angezündet. Wilhelm von Weimar war gen Leipzig geflohen: sein Ansuchen um Unterstützung hatte Kursachsen abgelehnt, ihm wurde der Aufenthalt vergönnt, aber seine Mannschaft hatte er an der Grenze entlassen müssen. Vor Erfurt machten sie Halt. Erfurt, Thüringens stärkste Festung mit großen Vorräthen, stach ihnen in die Augen. In ihren Händen konnte es eine Zwingburg werden für die sächsischen Häuser, ein Angriffspunkt gegen Niederhessen und eine Vormauer für die Stifter am Main. Tilly ließ sich jedoch durch eine erkleckliche Gabe begütigen und der Schwarm tobte vorüber. Bisher hatte Tilly nur Fanghiebe ausgetheilt, die Schneide hatte er für den

Kaßler aufgespart. Der war mit Bernhard von Weimar nicht müßig gewesen, die Landgraffchaft in tüchtige Wehrverfassung zu setzen, längs der Werra und zwischen Kassel und Ziegenhain lagerten 10,000 Hessen. Aus Mühlhausen entbot er ihm seine Meldung: sie heischte die Verabschiedung der 10,000, die Uebergabe der Hauptstadt und Festungen, die Einquartirung von 5 Regimentern, Lieferungen an das kaiserliche Heer, daß er sich erklären solle, ob er Freund oder Feind? „Er sey weder Freund noch Feind," war die Antwort, „fremdes Volk einzunehmen sey er nicht gesonnen, am wenigsten in der Hauptstadt, das Seinige habe er selbst nöthig, gedenke es also nicht zu verabschieden, es seyen überdieß junge Soldaten, die sich mit Tilly's alten nicht vertragen würden, sollte ihm deßhalb Gewalt angethan werden wollen, so werde er sich zu vertheidigen wissen, übrigens habe er einen guten Rath: wenn es dem Grafen von Tilly an Unterhalt gebreche, dürfe er nur nach München gehen, dort sey Ueberfluß." Eine so spitzige Sprache war Tilly nicht gewohnt, es schien, er werde seine volle Galle über Hessen ausschütten. Schon hatte er sich Eschwege zum Hauptquartier ausersehen, von wo er auf Kassel los wollte, schon war Graf Otto Heinrich Fugger mit den neugeworbenen ligistischen Völkern von der andern Seite herbeigerufen, Streifparteien stießen auf einander und die Dorfbewohner flüchteten auf 7 und 8 Meilen. Horch, da schallten Gustav Adolfs nahende Tritte wie ferner Donner am Horizont hin und lenkten Tillys Blicke nach der Elbe zurück.

An diesem Strom sowohl, als nach Schlesien zu, an dessen Grenzen Horn waltete, hatten in des Königs Abwesenheit die Waffen nicht durchaus geruht. Vorpostengefechte und Ueberfälle, um einander die Quartiere auszuleeren, waren an der Tagesordnung. Kottbus, wo Niklas Bok wieder ein Regiment gesammelt hatte, das er für den königlichen Dienst drillte, wurde von Götze nächtlicher Weile überrumpelt, die Stadt jämmerlich geplündert, die Rekruten zerstreut, doch fanden nachher viele sich mit ihrem Obristen in Beeskow wieder zusammen. Horn rächte diese Schlappe durch den Ueberfall von Grünberg, wo's den Kaiserlichen an die Naht ging.

14 *

Diese hatten auch den Anschlag Croffen zu verbrennen, aber
die gedungenen Brandstifter wurden ergriffen und gehenkt.
Westwärts verbreiteten sich die Schweden bis an die Brücke
vor Magdeburg und die Thore von Havelberg, besetzten den
befestigten Dom auf der Höhe vor dieser Stadt. Baudis
und Ortenburg überschritten mit ihren Reitern die des trockenen Sommers wegen seichte Elbe, vernichteten eine pappen-
heimische Abtheilung in Werben, kehrten mit Beute und Gefangenen zurück. Ein Flußbad bei Erhitzung nebst starkem
Trunk darauf sollte ihnen übel bekommen: sie erkrankten gefährlich, den abgehärteten Baudis rettete der Fleiß der Aerzte,
Ortenburg, ein hoffnungsvoller Jüngling, starb zu großem
Leidwesen des Königs in Berlin. Der König selbst hatte auf
seinem Ausfluge nach Pommern keine schlechten Geschäfte gemacht. In Stettin erwartete ihn ein Botschafter aus Moskau,
Fedor Andreowicz: Der hielt um Erlaubniß an für den Czaar
Michael in Schweden Waffen aufzukaufen und einige Frach-
ten der allezeit feilen deutschen Landsknechte durch Ingermanland einzuführen zum Krieg gegen Polen, aus der ganzen
Sache wurde Nichts, denn den Russen raffte eine giftige
Seuche weg, aber bei der Stimmung, welche diese Gesandtschaft verrieth, durfte der König hoffen, daß die beiden Nachbarn um so eher ihn ungeschoren lassen würden, und der Prunk
dieser reichgeschirrten Pferde und Lakaien des Stellvertreters
eines scythischen Selbstherrschers vermehrte nicht wenig das
schwedische Ansehen in den Augen der erstaunten Pommern
und aller Spießbürger. Greifswald sollte sofort ernstlich
belagert werden, Ake Tott wurde dazu beordert und der König
wollte dabei seyn. Auf der Hinreise ereilte ihn die Nachricht
die Stadt sey über. Er kam nur um die Einsicht zu erlangen,
daß der Platz viel hätte zu schaffen machen können. Aber
Peruss war gleich beim Anrücken der Schweden, da er auf
Kundschaft ausritt, in einen Hinterhalt gerathen: man hielt
ihn für „gefroren,“ der erste Schuß soll auch nicht gehaftet
haben, ein zweiter war so gepfeffert, daß er genug hatte. Die
Besatzung, ohne ihren erfahrenen Führer, hatte nach eröffneten
Laufgräben wie Wohlstandshalber noch einige Mal die Klingen
gemessen und gegen Abzug nach Rostok die Stadt geräumt.

Ein verdrießlicher Zwischenfall trübte das erfreuliche Ereigniß. Der den Abziehenden bis Loiz beigegebene Geleitsmann, ein Rittmeister Schmidt, scheint Derjenige gewesen zu seyn, der sie verlockte, daß sie die Richtung auf Havelberg einschlugen, in der Priegnitz wurden sie vom Obristen Hall als Vertragsbrüchige behandelt, ihr Befehlshaber Heinrich Drachstädt mit einer Anzahl Reitern wurde zusammengehauen, das Fußvolk, 1500 Mann, gezwungen die Waffen zu strecken und eingereiht. Dieses Soldatenpressen war nicht nach dem Geschmack Gustav Adolfs. Ihm lag an seinem Ruf von Treue und Redlichkeit, dieser Zauber bildete die größere Hälfte seiner Macht. Zuvörderst entledigte er sich daher eines Akts der Gerechtigkeit: er gebot den strafbaren Rittmeister, der sich inzwischen aus dem Staub gemacht hatte, mit seinen Mitschuldigen lebendig oder todt ins königliche Lager zu liefern. Die nicht aus eigenem Antrieb blieben, wurden auf freien Fuß gestellt, bloß unter der Bedingung, zu bescheinigen, daß sie ihr Recht, wenn sie sich verletzt glaubten, bei dem König allein verfolgen und sich schlimmer Nachreden enthalten wollten. Dann beschränkte er die Besatzungen, nachdem kein Feind mehr in Pommern war, auf das richtige Maß und verfügte über die verwendbaren Völker. Einen Theil ließ er an die Havel abgehen, die Uebrigen behielt Tott, den er zum Feldmarschall erhob. Sie waren nach Meklenburg bestimmt. Einige Companien hatten die verbannten Herzoge um Hamburg und Lübek angebracht und truppweise nach Stralsund übergeschifft, sie hatten vor Greifswald Dienste gethan und mit ihnen war Johann Albrecht. Adolf Friedrich, der noch mit 1100 Knechten und Reisigen bei Lübek stand, wollte von dort entgegen kommen. Nicht ohne Sorge war der König wegen zweideutiger Bewegungen der dänischen Flotte an den pommerischen Küsten, auch darüber wünschte er sich in der Nähe aufzuklären. Auf eine Anfrage in entschiedenem Ton wurden die beruhigendsten Versicherungen gegeben. So hatte seine Reise in militärischer wie in politischer Beziehung ihren Zweck erreicht. Während die Pommern mit einem allgemeinen Dankfest ihre Befreiung und den Jahrestag seiner Landung feyerten und an diesem halben Tag die Festzüge in Stockholm mit 46 kaiser-

lichen Fahnen durch die Straßen prangten, rückten Tott und
der Herzog in Meklenburg ein und der König war wieder
in der Mark, hatte Heerschau bei Tremmen. Und allwärts
in neuem Schwung entwickelte sich seine Thätigkeit. Baner
mit der Mehrheit des Fußvolks sollte die begonnene Befestigung Altbrandenburgs beschleunigen, mit der Reiterei und
2000 ausgesuchten Musketiren brach er nach der Elbe auf.
Die Lezteren wurden in Jerichow gelassen, mit den Andern
durchforschte er die Gegend bis vor Magdeburg. Ein kaiserlicher Posten in Burg hatte sich über den Fluß zurückgezogen.
Das ganze rechte Ufer fand er sauber. Pappenheim mußte
gefaßt seyn ihm den Uebergang zu wehren, aber er gewahrte
nur die Geschwader im Revier und nicht die Musketire die
unterhalb Jerichow übersezten, mit der flüchtigen Uferwacht
in Tangermünde eindrangen und das Schloß erstürmten. Bis
Magdeburg hinauf wurde auf Kähne und Fähren Beschlag
gelegt: damit hatte man bald eine Schiffbrücke. Eine Schanze,
die sich von dem dänischen General Fuchs herschrieb, wurde
ausgebessert: so war man gegen die Pappenheimischen geborgen. Indem der König in Tangermünde beschäftigt war sie
aus ihren Standquartiren in den umliegenden Ortschaften zu
vertreiben, fiel aber sein Blick auf Werben. Eine beobach-
tende Stellung hier schien ihm geeigneter zum Empfang Tillys,
der durch Pappenheims Berichte aufgeschreckt im Anmarsch
war. Vor allen Dingen mußte er Havelberg haben, wo noch
etliche feindliche Companien lagen. Baner, der allmälig mit
dem Fußvolk nachkam, leitete vom Dom den Angriff. Troz
eines wohlgenährten Feuers aus der Stadt stürzten sie, das
Wasser bis unter die Arme, durch den Fluß hinüber. Wer
die Waffen nicht wegwarf, wurde niedergemacht. Nun im
Besiz der Havel von den Quellen bis zur Mündung, ließ der
König die Schiffbrücke von Tangermünde herabbringen und
bei Werben überlegen. Am 22ten Julius bezog er daselbst
ein Lager.

Dieses Lager, am Zusammenfluß der Havel und Elbe
vereinigte alle natürlichen Vortheile eines Kriegsplatzes. Was
abging um es unüberwindlich zu machen, ergänzte Gustav
Adolfs Kunst. Die Rückseite und die Flanken deckte die Elbe

die sich im Bogen von Osten nach Westen krümmt, die Vor-
derseite ein alter Damm und in einem Vorsprung links die
mit Mauern und Thürmen versehene Stadt, rechts Sümpfe
und Gebüsch. Der Damm wurde in einen Wall verwandelt
mit Blenden, Auslaßpforten und Gräben und so verlängert,
daß er die Stadt umfing. Um auch von drüben her unangefochten zu seyn, wurde nicht nur der Zugang der Brücke ver-
bollwerkt und eine Hut von 1000 Mann gegen Dömitz aufgestellt, sondern auch im Winkel der Landzunge eine mächtige
Schanze aufgeworfen, deren Geschütz beide Ströme bestrich.
So hatte er sich die Zufuhr aus den Marken und Meklenburg gesichert, und wenn er einen Helfer brauchte, war Tott
nicht fern, der nach Güstrow, Blzow, Schwan nur hatte hinein-
spazieren dürfen, der sich aber nachher näher der brandenburgischen Grenze hielt, wo ihn die Eroberung von Plaw, Mirow
in einigen Anspruch nahm. Noch eine andere mehr politische
Rücksicht empfahl diese Ortswahl — es war die Nachbarschaft
der braunschweigischen Lande und des Erzstifts Bremen. Georg
von Lüneburg schielte herüber, um sich dem Siegeslauf
des Königs anzuschließen sobald er über die gefährlichsten
Preußsteine hinweg wäre, der Administrator Johann Friedrich
dem es bevorstand das schöne geistliche Herzogthum mit einem
schmalen Jahresgehalt vertauschen zu sollen, war so eben durch
einen Vertrag mit Salvius schwedischer Schützling geworden
und hatte auf seinen holsteinischen Aemtern Werbungen veranstaltet, Tilly zwar hatte ihm im Erzstift selbst die Rüstungen verleidet durch den Obristen Reinacher, der einen Landtag
berief und die Einsaßen für den Kaiser in Pflicht nahm, aber
da Hamilton Befehl hatte seine Engländer an der Weser zu
landen, für die bereits ansehnliche Vorräthe von Pöckelfleisch,
Zwieback und Bier in Bremen und Hamburg aufgehäuft waren,
da man sich auf Zusage Wilhelms von Nassau mit einer holländischen Truppenhilfe schmeichelte, so war alle Aussicht in
diesen schwachbesezten Ländern mit Erfolg aufzutreten. Doch
das war ein Plan im Ei, die Umstände konnten ihn zur Geburt reifen aber auch in der Schale ersticken. Einstweilen
bereitete der König für Tilly den Willkomm: er hatte ihm
eine Ueberraschung schon auf dem Marsch zugedacht. Bei

dem Grundſatz, an dem er unverbrüchlich hielt, keine haltba-
ren Punkte unbeſezt hinter ſich zu laſſen, hatte er ungeachtet
der Verſtärkung aus Pommern, weil die Beſatzungen durch
faſt ganz Brandenburg wieder in Abzug kamen, nicht über
12,000 Mann über die Elbe gebracht. Mit Dieſen konnte er
einem doppelt ſo ſtarken Feind keine Schlacht bieten, aber er
wußte, daß beim kaiſerlichen Heer die Reiterei gewöhnlich
ziemlich voraus ſey, konnte ſich vorſtellen, daß auf der ermü-
denden Wanderung keine zu ſtrenge Wachſamkeit Regel ſeyn
werde — darauf baute er einen Anſchlag auf Tilly's Vortrab.
Bei Arneburg muſterte er Abends 2 bis 3000 Küraſſiere und
Dragoner, Die ritten in der Nacht bis Belden eine Meile über
Tangermünde. Es war Sonntag: der König wohnte dem
Gottesdienſt bei, Nachmittags brachten die Späher Kunde,
die Regimenter Montecuculi, Holk und Bernſtein hätten, bloß
zwei Meilen von da, in Burgſtall, Angern und Reindorf
Quartier gemacht. Alsbald brach er wieder auf, gegen Nacht,
eine Stunde vor Burgſtall, theilte er ſeine Schaar in drei
Haufen. Montecuculis Reiter in Burgſtall waren die Nächſten: ehe ſie aufſitzen konnten, hatte ſie Baudis am Kragen.
Wer laufen konnte, lief oder wurde niedergeſtoßen. Durch
das Schießen waren aber Die in den andern Dörfern aufge-
ſtört worden: als der Rheingraf auf Angern, der König auf
Reindorf anſprengte, fanden ſie den Feind im Freien aufge-
ſtellt. Da ward es ein wirres Kampfgetümmel, der Schrecken
wirkte wie das Ungeſtüm des Angriffs, die Dörfer hatten ſie
in Brand ſtecken laſſen, damit ob dem Plündern die Ordnung
nicht zu Schanden würde, Holk und Bernſtein wurden geworfen, Dieſer getödtet, der ganze Troß fortgeſcheucht in wilder Flucht. Die Dunkelheit, die Nähe der feindlichen Hauptmacht ſezten der Verfolgung ein Ziel. Die Kaiſerlichen hatten
ein Drittheil Leute, eine Menge trefflicher Pferde, all ihr
Gepäck eingebüßt. Unter den Trophäen waren 2 Standarten
von Holk, eine mit dem Bild der Glücksgöttin und dem Wahl-
ſpruch: „ſeyd unverzagt,“ die andere mit einem bloßen Schwert
das eine Natter umſchlang und der Inſchrift: „Unter dieſen
Führern.“ Auch der König, der ſelber in Gefahr, von einem
ſeiner Offiziere, Harald Stake, herausgehauen worden ſeyn

soll, betrauerte einen schmerzlichen Verlust: sein junger Vetter, Pfalzgraf Carl Ludwig von Lauterek, hatte einen holkischen Fähndrich vom Gaul geschossen, und dafür hatte ihm dessen Waffenbruder zwei Kugeln in die Brust gesenkt. Die Sieger ritten in der Nacht zurück nach Belden, wo sie etwas rasteten, hernach gemächlich nach Stendal und am folgenden Tag waren sie wieder in ihren Standquartieren um Werben. Tilly wurde durch diese derbe Zurechtweisung vorsichtig, der Marsch bewegte sich fortan in Reihe und Glied, langsam unter beständigem Geplänkel mit den umschwärmenden Schweden. Noch auf der vorlezten Station in Tangermünde wurde 3 Tage ausgeruht. Es war Dienstag, den 5ten August, als er im Angesicht des schwedischen Lagers erschien. Die Nacht und der andere Tag verflossen ohne daß sich Besonderes zutrug, außer daß Tilly eine breite Schlachtlinie vor dem Lager entfaltete und einige Duzend Schüsse hineinthat. Auf Mittwoch Nacht hatte er einen großen Schlag vor. Verräther hatten versprochen, die Stadt anzuzünden, das Geschütz zu vernageln: in der Verwirrung hoffte er Meister zu werden. Wirklich war die Artillerie drin verstummt, ein ungeheurer Holzstoß loderte auf: es war, als stehe Werben in Flammen. Und in dichten Zügen rückten sie an, sie hatten keine Ahnung, daß der König die Schelmerei entdeckt hatte und sie sich in ihren eigenen Listen fangen sollten: denn als sie gegen den Graben kamen, hagelte es aus Kanonen und Musketen, die Reiterei brach hervor und jagte sie mit eiserner Geißel. Der Rückzug hätte können zur Niederlage werden: glücklicher Weise hatte Tilly einen tüchtigen Reiterhaufen in der Nachhut, der die Weichenden unter seine Fittige nahm. Noch war mit dem Alten nicht gut scherzen. Dieser abermalige nächtliche Strauß, der ihn mehre 1000 Mann gekostet haben soll, hatte die Schweden um so streitlustiger, die Kaiserlichen im Bewußtseyn ihrer Ueberlegenheit und ihres Feldherrn um so wüthender gemacht. Als sie am Morgen aus der Stadt mit der Reiterei ausfielen, hatten sie die Kroatenwacht leicht niedergerannt, wie aber im kaiserlichen Lager Lärm wurde, die Kürassiere sich in Steigbügel schwangen, die Kanonen von den Schanzen spielten, wurde es ein tolles Geraufe ohne anderes Ergebniß als daß man Soldaten opferte. Wie homerische Helden stürzten Baudis, Bernhard von Weimar, der, kaum angekommen, als Freiwilliger mitfocht, ins Handgemenge, unter dem Herzog wurden zwei Pferde erschossen, Baudis stieß einem kaiserlichen Offizier den Degen durch den Leib mit solcher Heftigkeit, daß ihm Nichts als der Griff und eine Spanne von der Klinge in der Faust blieb, eine Kugel schlug ihm ein Spornrad vom Fuß, eine andere den Sattelknopf weg, sein Pferd sank von vier Kugeln durchbohrt, zwei Bursche hatten ihn gepackt, als sein Knappe, ein Edler von Wildenstern, den Einen niederstreckte, worauf er auch den Kameraden abschüttelte. Tilly hatte verboten Quartier zu geben, die Erbitterung der Kaiserlichen vergriff sich noch an den Leichen, welche die Soldaten und Feldbarbiere verstümmelten. Hätten sie einen Triumph gehabt, würden sie großmüthiger gewesen seyn. Auch der König lobte seine Offiziere nicht, daß sie sich so von der Hitze hatten hinreißen lassen. Aber daß Denen in Werben mit Gewalt Nichts anzuhaben sey und daß er auch vor diesem Nest nicht liegen bleiben könne, war dem kaiserlichen Feldherrn nachgerade klar. Die geschickte Auswahl Werbens hatte sich glänzend erprobt. Der König hatte die Flüsse offen, Tilly zehrte sich auf. Von Meklenburg und der untern Elbe war er abgeschnitten, von der lüneburger Heide Nichts zu erholen, das Land disseits der Elbe ausgesogen, Was er aus den Erzstiftern Magdeburg und Halberstadt bekommen konnte, wurde von schwedischen Streifparteien, die alle Wege bis Jerichow hinauf unsicher machten, nicht selten weggefangen. Tagreisen weit mußte das Futter für die Pferde gesucht werden, in Tangermünde waren 30,000 Brode verschimmelt, weil man sich nicht getraute sie fortzuschaffen. Selbst das Wasser aus der Elbe im Lager wurde mit Geld bezahlt. Unter diesen Umständen begab sich Tilly am Freitag auf den Abmarsch. In Tangermünde schien er festsitzen zu wollen, er legte Verschanzungen an, schlug eine Brücke über den Strom. War er vielleicht gemeint, das Kriegstheater auf das rechte Ufer zu versetzen? Aber dort waren alle Plätze von Belang in schwedischen Händen, Sachsen, das grüne Weide hatte, war gesperrt und gleiche Ursachen erzeugten gleiche Uebel. Nach

einigen Tagen räumte er Tangermünde und die Altmark un-
ging nach Wolmirstädt, wo er nach 4wochentlicher Ritter-
fahrt wieder eintraf. Pappenheim schrieb an Georg Wilhelm:
aus Freundschaft für die arme Altmark habe er Tilly vermocht sie zu verlassen, der Kurfürst möchte Sorge tragen, daß
sie nicht von den Schweden besezt werde, oder die Kaiserlichen
würden, sobald sie mit den italienischen Völkern vereinigt
wären, nicht lange aus seyn.   Durch diese Vereinigung sollte
auch Kursachsens Störrigkeit geschmeidigt werden. Fürstenberg
hatte der leipziger Unparteisamkeit in Süddeutschland den
Schwanz abgehauen, mit Kursachsen nahm man ihr den Kopf.
Daß der Kaßler sich noch spreizte, daß hin und wieder einer
der kleinen Mißvergnügten mit den Schweden verstohlen liebäugelte — hatte dann Wenig auf sich: einige politische Nacht-
falter wehten keine Sturmwolken zusammen mit ihrem Flügel-
schlag.   Hatte man nur den Dresdner wieder im Gleis, so
konnte man unbekümmert auf den König los.

Zwanzigstes Kapitel.

Kursachsens Uebertritt zu Schweden, Schlacht bei Breitenfeld.

Durch Tilly's Entfernung bekam Gustav Adolf Muße zu
Staatssachen und mancherlei Verrichtungen, wodurch eine
heilsame Krisis vorbereitet oder gefördert wurde. Alle Verhältnisse gestalteten sich zum Bessern. Die Pest, die in seinem
wie in Tilly's Heer wüthete, hatte in Mitten der höchsten
Sommerhitze aufgehört. Maria Eleonora und Hamilton
waren mit Truppen, Bengt Oxenstjerna von Lyon troz der
Kabalen eines baierischen und des kaiserlichen Gesandten Ferdinands von Kurz, welche die Ausbezahlung zu hintertreiben
suchten, mit den französischen Geldern angelangt. Von der
Königin rühmte man es als ein Zeichen ihrer Herzhaftigkeit,

daß sie sich von Fortsetzung ihrer Reise nicht hatte abhalten lassen, obgleich ein mit Geschütz und Kriegsbedarf beladenes Fahrzeug, Wasa genannt, noch am schwedischen Gestade bei stillem Wetter und ohne bemerkbaren Leck plötzlich untergegangen war, Was von böser Vorbedeutung schien. Sie war in Wolgast ans Land gestiegen und wohnte einige Zeit im dortigen Schloß. Wider Verhoffen war auch der Marquis nach der Oder gesegelt: er führte zu seiner Entschuldigung an, daß er es nicht habe wagen dürfen seine Rekruten an einer feindlichen Küste auszusetzen, wogegen von anderer Seite gemuthmaßt wurde, der König von Dänemark, welcher Schweden nicht gerne in dem Erzbisthum, der anwartschaftlichen Versorgung eines seiner nachgebornen Prinzen, hätte festen Fuß fassen sehen, habe dahinter gesteckt. Die Engländer waren auf 40 Lastschiffen unter Geleit von 2 Kriegsbooten von Yarmouth abgefahren, auf der Höhe von Helgoland steuerten sie nach dem Sund. Von Helsingör aus hatte Hamilton dem König Christian seine Verehrung bezeugt, ein Empfehlungsschreiben des königlichen Neffen von Großbritannien überreicht. Als er in Peenemünde landete, war sein Volk von stattlichem Aussehen, gut gekleidet und genährt, seine persönliche Erscheinung mehr die eines Fürsten als eines Kriegsmanns. Die Erwartungen, die er erregte, waren nicht geringer als die Ansprüche die er machte. Er hatte eine große Anzahl kleiner Kanonen von seiner Erfindung bei sich, eiserne 4pfünder von 4 Schuh Länge, 625 Pfund Gewicht und zweispännig, die sich auch so bewährten, daß sie die Lederkanonen bald verdrängt hatten, es waren ihm deßhalb in Schweden 100 Schiffspfund Roheisen und Hämmer zur Bearbeitung versprochen worden, und in Stettin zog er ein in einer prächtigen Kutsche, die war ausgeschlagen mit rothem Sammt und Goldborten, außen mit goldenen Buckeln verziert, seine Lakaien trugen Röcke von Scharlach mit seinem goldgestickten Wappen auf Brust und Rücken, 40 Edelknaben, 36 Hellebardiere, 200 Leibschützen bildeten sein Gefolg. Gustav Adolf war ärgerlich über die eigenmächtige Abänderung des Wegs, er hatte aber diese britische Hilfsschaar so ganz ohne lästige Verbindlichkeiten, denn weil vielleicht der überfeine Stuart, der im Hintergrund stand, die noch nicht aufgegebenen diplomatischen Bettelein Arnmuthers in Wien zu beeinträchtigen fürchtete, war nur im Allgemeinen die Befreiung der unterdrückten Fürsten und Stände Deutschlands und nicht ausdrücklich der Pfalz als Zweck der Unterstützung ausgesprochen worden, daher der König seinen vereitelten Plan vergaß, 4000 Mann, der Verabredung gemäß, von der neuen schwedischen Sendung unter den Befehl des Marquis stellte und ihm seine Bestimmung in Frankfurt anwies. Dadurch war Horn dort entbehrlich und er konnte ihn an der Elbe gebrauchen. Diese Verstärkung sollte auch Meklenburg zu gut kommen. Hier war nach kurzer Beschießung das Schloß Schwerin gefallen, aber die drei Hauptfestungen Dömitz, Wismar und Rostok hatten noch fremde Besatzung. Die Herzoge hätten zuvörderst Dömitz, den Schlüssel der Westgrenze, haben mögen. Da dem König wegen der Verbindung mit Schweden die Seestädte wichtiger waren, so schritt Tott zur Belagerung von Rostok, begnügte sich mit Einschließung der andern. In Rostok war nicht mehr Haßfeld der Befehlshaber: ein Gelehrter, Jakob Varmeyer, eines der Opfer der Habgier dieses Leuteschinders, hatte die That der Judith gegen Holofernes nachahmend, während der Obrist ihm einen Reisepaß ausfertigte, ein verstecktes Beil hervorgelangt, den am Schreibtisch Sizenden durch einen Streich auf den Kopf betäubt, den Kopf mit einem Messer vom Rumpf getrennt und in einen Sack gewickelt hinausgetragen; er war, zur Haft und auf die Folter gebracht, mit der Erklärung gestorben, daß er Nichts bereue. Auf die Vertheidigung des Platzes war diese Katastrophe ohne Einfluß: der Generalwachtmeister Birmond hatte die rothe Fahne aufgepflanzt, die Bürger entwaffnet, nicht 2 oder 3 durften zusammenstehen, des Friedländers Kanzleien, Räthe und Diener hatten bei ihm ihr leztes Asyl. Gleich die Schänze vor Warnemünde, dem Hafen von Rostok, trozte einem Angriff zu Wasser und zu Land, bis die Soldaten meutrisch wurden. So lange warteten die Herzoge nicht, um wieder die Zügel der Regierung zu ergreifen. Es war eine freundliche Abwechslung unter den Scenen des Kriegs, als Gustav Adolf ihre Wiedereinsetzung mitzufeiern sich aus dem Feldlager nach Güstrow begab. Rathsherren und Ge-

meinde, Bürgerausschüsse aus andern Städten, die Ritterschaft, Pfarrer und Schulmeister in ihrem besten Staat waren
eine Meile vor der Stadt versammelt. Von den Thürmen
wurde das Lied geblasen: „Eine feste Burg ist unser Gott,"
die Glocken läuteten und da sie die Fürsten begrüßten, er-
schallten Pauken und Trompeten und allerlei Saitenspiel,
weihten fromme Weisen den Augenblick des Wiedersehens nach
herber Trennung. Die Herzoge aber wandten sich dankend
gegen den König. Und jubelnd wogte der Zug in die Stadt.
Voraus Geistlichkeit und Bürger, 800 vom Adel zu Pferd
mit 8 Fahnen worauf das Landeswappen und schöne Reime,
die zwei Herolde der Fürstenthümer Güstrow und Schwerin in
blauem Sammt, die Pferde mit grünem und weißem Federn-
schmuck, sodann Hans Albrecht in schwarzem Gewand, hinter
ihm 36 Trabanten mit Schlachtschwertern, der König in grünem Kleid und schwarzem Hut mit blauer und weißer Feder,
vor ihm 6 Kesseltrommeln und 36 Trompeter in dreierlei
Farben, blau, grün und weiß, neben ihm 24 Trabanten und
auf jeder Seite 18 Reiter, nach ihm Adolf Friedrich in
blauem Sammt, weiter Bogislaw von Pommern und ihm
rechts Ulrich von Dänemark, links Wilhelm von Kurland,
hinter ihnen die Söhne der meklenburgischen Herzoge mit
Baudis und Streif, zum Beschluß 130 Wagen mit Frauen
und 1800 Reiter. Bis ans Thor war das Geläute traurig
gewesen wie bei einer Leiche, jezt wurde es fröhlich und so
bis man in der Kirche war. Die Textesworte waren aus dem
126sten Psalm: „Die mit Thränen säen werden mit Freuden
ernten." Wiederum unter Glockengeläute gings aufs Rathhaus. Der König erklärte den Unterthanenverband zu Wallenstein aufgelöst, die Herzoge bestätigten die Landesfreiheiten
und empfingen die Huldigung. Das gemeine Volk sollte auch
sein Vergnügen haben. Goldene und silberne Schaumünzen
mit den Brustbildern der Herzoge und auf der Kehrseite mit
einem Pelikan der sich in die Brust hackt wurden ausgewor-
fen, auf dem Markt 20 Faß Wein ausgetheilt und 40 Faß
Bier und Brod aus 20 Wispeln Getraide, und des Königs
Wille war, daß die Mütter auch ihren Säuglingen von dem
Wein zu trinken geben sollten, auf daß Kinder und Kindeskinder

eingedenk wären dieses Tags der Heimkehr ihrer uralten
Fürsten.

Gustav Adolf verweilte nicht allzulange bei diesen fried-
lichen Zerstreuungen, denn immer entschiedener wurden die
Aussichten kriegerischer Thätigkeit in Mitteldeutschland. Mit
Errichtung eines thüringisch-hessischen Bundesheeres wurde es
Ernst. Das französische Geld fand eine nützliche Verwendung.
Bernhard von Weimar ist als schwedischer Regimentsinhaber
von dannen gereist: er hat Auftrag 8 Regimenter zu werben
und nach Hessen zu führen. Landgraf Wilhelm, obschon von
Fugger bedroht, hat sich auch nach Werben aufgemacht und
am 22sten August wird das zu Stralsund entworfene Schutz-
und Trutzbündniß unterzeichnet. Der Landgraf erkennt den
König gewissermaßen als Schutzherrn und über sich und sein
Land dessen Kriegsgewalt, die er jedoch in stellvertretender
Eigenschaft mit einem königlichen Rath zur Seite zurück-
empfängt — er ist schuldig eine Streitmacht zu bilden und zu
unterhalten nach Vermögen, auf Verlangen seine Vasallen
aufzubieten und mit aller Strenge gegen die Säumigen und
Ungehorsamen zu verfahren, wobei ihm der König mit einer
Art oberlehensherrlicher Rechtspflege an die Hand gehen wird —
Städte und Festungen werden dem König, ob in Anzug oder
Rückzug, ob mit einzelnen Truppen oder ganzen Regimentern
jeder Zeit geöffnet und bei nöthig erachteter Verbesserung oder
Ausdehnung der Werke können von den Unterthanen Dienstleistun-
gen gefordert werden — sofern die Landgrafschaft theilweise oder
ganz besetzt werden müßte, soll es geschehen unbeschadet der
fürstlichen Hoheitsrechte, und so daß Streitigkeiten, die sie
unter einander bekämen durch je zwei Schiedsrichter, die einen
Obmann wählten, geschlichtet würden, auch nicht länger als die
Umstände erheischen und mit möglichster Schonung der Einwohner, die Nichts zu reichen haben als Licht und Holz nebst
Stroh und Pferdefutter — überhaupt werden Landgraf und
König für einen Mann stehen, die Feinde des Einen sollen
auch die Feinde des Andern seyn, der König wird, ehe dem
niederhessischen Hause derjenige Besitzstand wieder geworden ist,
den es vor den böhmisch-pfälzischen Unruhen gehabt hat, weder
mit dem Kaiser und der Liga noch sonst Frieden schließen, er

wird vielmehr behülflich seyn, etwaige Eroberungen in den Ländern der Liga zu behaupten und umgekehrt wird dieses Haus dem König, wenn er die österreichischen oder andere Staaten überziehen will, von seinen Völkern so viel abgeben als es entbehren kann — dem Landgrafen ist gestattet, Bundesgenossen aufzunehmen unter gleich vortheilhaften Bedingungen, wenn sie sich binnen 3 Monaten melden und nicht erst nachdem die Gefahr vorbei ist, aber er gelobt; sich in keine neuen Verbindlichkeiten einzulassen ohne Genehmigung des Königs und daß dieser Vertrag jedem älteren vorgehen soll. Im Bündniß mit Frankreich war der Liga zur Neutralität Hoffnung geworden, in dem Vertrag mit Hessen waren ihre Länder den Protestanten als Siegespreise ausgesetzt, wie reimte sich Das zusammen? Nun, Gustav Adolf brauchte nicht eben ein Sternseher zu seyn um voraus zu wissen, daß es für die Liga keine Stellung gab außerhalb des Kampfes: er hatte dem katholischen Zartgefühl des Kardinals jene Klausel zugestanden, sie aber durch eine Gegenseitigkeit bedingt, welche die Liga nicht gewähren konnte noch wollte, er hatte damit auch nicht zuerst das Eroberungspanier aufgesteckt, die Zwingherrschaft des Kaisers und der Liga, diese Aechtungen und Konfiskationen aus blinder Eingebung des Hasses und der Rache unter dem Deckmantel des reichsobrigkeitlichen Ansehens, das aus der Gerechtigkeit einen Moloch schuf, dem man die Opfer ungezählt in die Arme legte, dieses Restitutionsedikt das halb Deutschland auf den Kopf stellte, da die Soldaten nicht bloß Tempel von Menschenhänden gemacht, sondern die Pfaffen den Tempel Gottes, die Gewissen, entweihten — Was war Solches, wenn nicht ein Eroberungsrecht von der scheußlichsten Sorte? Wer von ihnen durfte klagen, wenn es bald hieß: Auge um Auge, Zahn um Zahn? Und Das wars nicht einmal, denn keiner der Protestanten beabsichtigte einen Kreuzzug gegen die Heiligenschreine und Altäre, sie begehrten nicht nach dem geistlichen Schatz der andern Kirche, sie nahmen mit den materiellen Gütern fürlieb. Tilly, der auf alle Schritte der protestantischen Fürsten aufmerksam war, weil er einsah, daß so wie sie irgendwo einen Trag- und Ruhepunkt gewonnen, die Menge gerne als Strebepfeiler sich anschloß,

hatte kaum von Wilhelms Anwesenheit im schwedischen Lager
Nachricht, als er es versuchte, ob, wenn nicht der Landgraf,
doch seine Unterthanen einzuschüchtern wären, daher er und
Fugger die Landschaft verwarnten und ermahnten, sich von
einem Fürsten loszusagen, der ein Verschwörer sey mit den
Feinden des Reichs, und sich weislich zu hüten, daß sie nicht
selber kaiserliche Gnade verscherze. Dieser Zuspruch wollte
bei den guten Hessen nicht verfangen: sie hatten seit Jahren
die Gnade mit Löffeln gegessen, der Becher des Zorns konnte
nicht bitterer schmecken, und sie hielten sich um so inniger zur
protestantischen Sache. Vorläufig hatte es mit ihnen keine
Noth. Der Landgraf wurde von dem Kurfürsten Johann
Georg, dem er im Vorbeigehen einen Besuch abstattete, wegen
der schwedischen Freundschaft nicht mehr so scheel angesehen,
er konnte gleich nach seiner Zurückkunft den Angreifer machen
und überrumpelte das ligistische Frizlar, fragte Nichts nach
des Erzkanzlers Klage auf Friedensbruch die erhoben wurde
in augenblicklicher Ermanglung des gewohnten Rechtsmittels
der Selbstgenugthuung. Aber am schlimmsten daran war jezt
der Sachse mit seiner alleingebliebenen Neutralität: er, der
die Einbildung gehabt hatte, sich ungestreift zwischen den Parteien durchzuhalftern, sah die goldene Mittelstraße da sich
so säuberlich wandelte zur breitgetretenen Heerstraße, zum
Brennpunkt einer großen Begegnung feindlicher Elemente werden. Gegen Ausgang Augusts nahete von allen Seiten krie-
gerisches Getümmel den Grenzen des Kurstaats: Tilly war
nach Eisleben vorgerückt, wo Fürstenberg mit 45 Kompanien
zu Fuß und 32 zu Pferd zu ihm stieß, Altringen mit der
zweiten Abtheilung der italienischen Truppen, 8000 Mann
stark, war von dem geängsteten Nürnberg her im Anzug, auch
Tiefenbach rührte sich gegen die Lausitz und der Kurfürst hatte
aus Besorgniß, der Verbindung mit Schweden, die ihm nachgerade von Wichtigkeit war, beraubt zu werden, seine Regimenter aus den Umgebungen von Leipzig in ein Lager vor
Torgau, der König selbst, während Werben unter Obhut von
Baudis blieb, zu besserer Wahrnehmung der Gelegenheit sein
Hauptquartier vorwärts nach Altbrandenburg verlegt. Ehe
das Schwert gezogen wurde das den Knoten zerhieb, hatte

Tilly bei dem Kurfürsten noch den Weg der Güte eingeschlagen durch eine Gesandtschaft. Hans Reinhard von Metternich
Bisthumsverweser von Halberstadt und Otto von Schönburg
der Feldzeugmeister hatten ihm zu Gemüthe geführt: „wie es
die Auflösung des Reichs wäre, wenn Stände nach Belieben
zu allgemeinen Verhandlungen Tagsatzung halten und sich in
Kriegsverfassung begeben dürften — wie es seltsam sey, kaiserlicher Majestät treue Anhänglichkeit betheuern und doch keinen
Feind nennen können, dem diese kostbare Kriegsverfassung
gälte, als das wider Schweden versammelte kaiserliche Heer —
wie er am wenigsten Anlaß zu Beschwerden habe, da seine
Lande stets geschont worden — wie er um so übler thäte, als
Andere sich auf sein Beispiel beriefen, wie er demnach, dieweil
die Gnadenthür offen stehe, zum pflichtgemäßen Gehorsam
zurückkehren, von diesen verzweifelten Anschlägen nicht nur
selbst ablassen, sondern auch den Theilnehmern abrathen und
sein Kriegsvolk sammt den ständischen Verwilligungen zur
Verfügung stellen möchte." Der Kurfürst hatte die Gesandten
stattlich bewirthet und über der Tafel scherzend geäußert: „es
scheine, daß man an das lang aufgesparte sächsische Konfekt
wolle, man pflege aber beim Nachtisch allerhand Schauessen
und Nüsse aufzutragen, daran könne man sich die Zähne aus-
beißen." Sein Bescheid an Tilly war: „wegen des leipziger
Schlusses habe er sich beim Kaiser hinlänglich gerechtfertigt,
bitte es ihm nicht übel zu nehmen, wenn er dabei verharre,
seine Verdienste um das verehrte Oberhaupt seyen weltkundig
und durch kaiserliche Dankschreiben, durch verheißene Belohnungen vielfältig anerkannt, in dieser Gesinnung habe er nie ge-
strauchelt, werde nie straucheln. Was er überall erstrebe und
worauf er auch bei seinen Mitständen beständig hinarbeite sey
die Befestigung der Gesetze, der Eintracht und des Friedens —
befremden müsse es ihn, daß eine Kriegsmacht, welche den
König von Schweden bekämpfen sollte, sich an seinen Grenzen
zusammen ziehe, daß täglich und stündlich Gerüchte, die leider
durch die bereits an den kurfürstlichen Ländern und sogar
Tafelgütern verübten Gewaltthätigkeiten bestätigt würden, zu
seinen Ohren kämen, daß man in Sachsen mit Heereskraft ein-
fallen wolle um ihn niederzuwerfen gleich den Andern — er

könne nicht denken, daß der Kaiser als ein gerechter Herr und seine Mitkurfürsten, die ihr Kriegsvolk dabei hätten, dieser Meinung wären, noch daß Tilly als ein berühmter Held dazu rathen könnte — diese Feindseligkeiten seyen um so unverantwortlicher, als eine Gesandtschaft von ihm sich anschicke nach Wien abzugehen und man in Frankfurt in einer Vergleichshandlung begriffen sey, sie würden nur die Erbitterung steigern und wo Das hinführen müßte, darüber lasse sich die Rechnung leicht machen." Indem Tilly sein Hauptquartier in Halle nahm, hatte er sein Ansinnen schriftlich wiederholt: unter Bedauern, daß an einigen Orten geplündert worden sey, Was künftig unterbleiben solle, hatte er erklärt, „Ausflüchte könnten nicht genügen, wenn der Kurfürst stillsitze aber den Kaiserlichen keinen Paß, keine Lebensmittel gönne, lähme er sie und stärke den Feind, bei solcher Bewandtniß könnte das Heer in diesen Gegenden nicht unterhalten, nirgends eine Bewegung mit Sicherheit unternommen werden, Seine Durchlaucht müsse sich dem Gebot fügen oder der Vollstreckung gewärtig seyn." Während aber Johann Georgs Antwort zögerte, war Pappenheim Lieferungen beizutreiben mit 6000 Mann und 8 Kanonen vor Merseburg erschienen, verjagte die kurfürstliche Besatzung, überschwemmte die Gauen an der Saale und Elster, verbrannte Freiburg und Mücheln, brandschatzte Weißenfels, Pegau, Naumburg und Zeiz. Jezt erwiederte der Kurfürst: „zum Dank für vieljährige Beweise ungefärbter Treue habe er also Nichts als barbarische Verheerung des Landes, Wehklagen der Unterthanen die nach Erlösung seufzten, schimpfliche Mißhandlung der Beamten, denen die Köpfe mit Stricken zerrüttelt und die Daumen geschraubt würden, und für sich keine Wahl als Maßregeln zu ergreifen, die ihm nie wären in Sinn gekommen, wegen deren er aber hoffe vor Gott und der Welt entschuldigt zu seyn, da er troz Allem fortwährend keinen sehnlichern Wunsch habe, als werkthätig zu zeigen, wie redlich er es meine mit dem geliebten Kaiser."

Tilly's Betragen könnte unbegreiflich scheinen. Wollte er den Kurfürsten dem Könige in die Arme nöthigen? Das wohl nicht. Aber die Abneigung des Sachsen gegen Schweden war

bekannt, seine Ergebenheit gegen Habsburg hatte schon so
harte Proben bestanden, warum nicht auch diese? Immerhin
war ein Abfall von den leipziger Beschlüssen, ernstlich verlangt, wahrscheinlicher als ein Abfall zu Schweden, hätte nur
Hoe bloß von den Jesuiten und nicht auch von Richelieu
Geld empfangen. Wenn aber auch Tilly befürchten mußte,
daß aus einem unbequemen Zuschauer ein erklärter Gegner
würde, so konnte er doch nicht anders. Jemehr der Kaiser
Kriegshaufen in Marsch sezte, desto größer wurde für den
Feldherrn die Verlegenheit der Verpflegung. Die Nahrungsquellen in den Stiftern Halberstadt und Magdeburg reichten
für so viele Mäuler nicht aus, Zufuhren von der Weser und
aus Westphalen waren aus zu weiter Hand, Brandenburg
und die untere Elbe hatten die Schweden gesperrt, war er
von Kursachsen verlassen, so hätte er, gerade da man am ehesten
erwarten durfte, er werde dem König endlich zu Leibe gehen,
nichts Gescheideres zu thun gehabt, als daß er mit der
Faust im Sack dem ganzen nordöstlichen Deutschland den
Rücken kehrte und all die eiligen Zuzieher rechts umschwenken
ließ. Wollte er Das nicht — und es zu wollen wäre ihm
keine geringe Beschämung gewesen — so mußte er um jeden
Preis Kursachsens sich bemächtigen. Daß er nicht rascher
war zur That, lag in der Zwitternatur seines Auftrags. Dieser Auftrag war ein halb politischer, er konnte gegen einen
der ansehnlichsten Reichsfürsten, den gewesenen Freund der
noch immer versicherte es zu seyn, nicht einschreiten ohne eine
Art verfassungsmäßiger Höflichkeitsformen, hätte er die besondern Befehle seines unmittelbaren Herrn des Kurfürsten
von Bayern vorher einholen können, so durfte er überhaupt
nur alsdann mit den Waffen einschreiten, wenn Johann Georg es selbst hatte zum Bruch kommen lassen, denn auf seinen
Bericht über die Einnahme von Merseburg erhielt er — freilich viel zu spät — aus München die Weisung, womöglich
wieder einzulenken und zufrieden zu seyn, wenn er durch
Sachsen freien Durchmarsch erlange, sofern man aber in Wien
auf Zwangsmaßregeln bestünde, dazu die Völker des Kaisers
zu verwenden und nicht der Liga. Auch der Dresdner fand
nicht sogleich den Uebergang aus der politischen in die mili-

tärische Ordnung: so wenig er sich gekitzelt fühlte durch die
Ehre zuletzt verspeist werden zu sollen, salbaderte er noch in
dem Kanzleistyl der Unterthänigkeit, die Schlange hatte sich
gehäutet, gebahrte sich aber als steke sie in dem alten Balg.
An demselben Tag an welchem Pappenheim Merseburg auf-
forderte — es war der 5te September — hatte Arnim zum
dritten Mal Postpferde nach Altbrandenburg genommen. Des
Königs stolzester Wunsch war erfüllt: Kursachsen, das ihn
von sich gestoßen, suchte ihn auf. Darum griff er aber nicht
mit beiden Händen zu, er wägelte nicht über seinen Entschluß,
nur war es an ihm Bürgschaften zu begehren. Das erste
Mal hatte Arnim Nichts zurückgebracht als ein frostiges
Beileid mit der Bemerkung, daß der Kurfürst selbst Schuld
sey an Allem, daß wenn er früher vertraut hätte, er weder
jezt in dieser Lage wäre noch Magdeburg gefallen, daß dem
König Niemand zumuthen werde, sich für einen Fürsten aufzuopfern, dessen Räthe an den wiener Hof verkauft seyen
und der ihn ohne Zweifel im Stich lasse, sobald der Kaiser
die Stirn entrunzle und seine Soldatenüberlast wegthue. Das
zweite Mal hatte Arnim um Mittheilung der Bedingungen
gebeten, unter welchen man Hilfe erhalten könnte, er hatte
der weisen Vorsicht des Königs bescheidentlich Beifall gezollt
und Der hatte erwiedert: Ja, aber ihr schickt den Kurprinzen,
daß er unter mir dient, räumt Wittenberg ein, zahlt meinem
Heer 3monatliche Löhnung und liefert die Verräther in eurem
Geheimenrath aus. Als dem Kurfürsten Das gemeldet wurde,
hatte er ausgerufen: „Nicht Wittenberg, sondern Torgau,
ganz Sachsen soll ihm offen stehen, mein Sohn, ich selbst
will sein Geißel seyn, seine Leute sollen den Sold haben, er
die Verräther, er nenne sie." Gustav Adolf wollte nicht un-
großmüthig seyn: ohne ein Wort weiter zu erwähnen von
Geißeln und von Bestrafung treuloser Rathgeber versprach er sich
der Befreiung Sachsens zu widmen, ermäßigte den Kostenbeitrag
auf eine Monatslöhnung und die Ernährung des Heers während es für das Land kämpfte, dem Kurfürsten wurden alle seine
Hoheitsrechte verbürgt und er bloß verbindlich gemacht auf die
Dauer der Gefahr seine Völker mit den Schweden zu vereinigen

und dem König die Ausführung des gemeinschaftlich entwor=
fenen Kriegsplans, sowie für den Nothfall des Rückzugs die
Vertheidigung der Elbefestungen zu überlassen, wobei Jeder
dem Andern das Wort gab, daß er nicht ohne ihn handeln
und vertragen wolle. Dieß geschah den 10ten des Monats.
Am 13ten gingen die Schweden, 13,000 zu Fuß 8850 zu
Pferd, zu Wittenberg über die Brücke und der König sagte zu
den Söhnen der Hochschule: „Von euch ist das Licht zu uns
gekommen, weil es aber bei euch verdunkelt worden ist, müs=
sen wir zu euch kommen es wieder anzuzünden." Des andern
Tags bei Düben auf der Heide trafen sie zusammen mit
18,000 Sachsen, die aufjauchzten zu dem schönen Waffenbund —
sie alte Krieger mit gebräunten verwitterten Gesichtern, die
Jacken abgetragen und bestäubt vom Marsch und dem Schlafen
auf nackter Erde, die Kurfürstlichen nette Bursche, die Offiziere
mit wallenden Federbüschen, Gewehre und Kleider schmuck
und blank. Wer war muthiger als Johann Georg, un=
geachtet des demüthigen Absagebriefs an Tilly, der fast wie
eine Klage über verschmähte Liebe lautete? In Düben wurde
Rasttag gehalten und Kriegsrath. Seit einem Tag und einer
Nacht schallte von Leipzig her der Kanonendonner. Tilly
hatte zuerst von Halle aus die Stadt mit Reitern eingeschlos=
sen. Weil sie Miene machte sich nachdrücklich zu vertheidigen,
war er mit gesammter Macht davor gerückt. Hans von der
Pforten, der kurfürstliche Obrist, hatte die Vorstädte in Asche
gelegt und die Kaiserlichen mit Kugeln vom Löschen hinweg=
geschreckt, dann aber fingen sie an mit Feuermörsern zu spie=
len und Tilly hatte sich höchlich vermessen, er werde diesen
Trotz beugen und wenn er das Schwert noch tiefer müßte in
Blut tauchen als zu Magdeburg. Da Johann Georg von
Leipzig dieses Schicksal abwenden, so bald als möglich den
Kriegsschauplatz aus Sachsen entfernen wollte, so drang er
unverzüglich auf eine Schlacht. Bei jedem Zaudern sah er
das wachsende Verderben seines Landes, die besten Provinzen
ausgebeutet vom Feind und den Rest desto länger belastet mit
dem Unterhalt der Schweden. Der König betrachtete die
Frage vom Standpunkt der Feldherrnklugheit. Ihm schien
es ungewiß, ob Tilly aus seiner günstigen Stellung vor

Leipzig herauszulocken seyn werde, wo man ihm Nichts an-
haben, er sie aber so ermüden könnte, daß sie vielleicht einen
gefährlichen Rückzug antreten müßten im Angesicht eines
mächtigen Feindes. Eher rathsam, glaubte er, wäre es, wenn
sie ihn auf der Seite von Halle umgingen, die Stadt und
die Morizburg nähmen, Merseburg angriffen und ihn so im
Rücken faßten, auf daß er selbst die Schlacht böte. Hatte
Gustav Adolf wirklich diese Bedenklichkeiten, oder wollte er
die Entschlossenheit seines Bundesgenossen prüfen, dem Vorwurf der Täuschung vorbeugen — er verheimlichte nicht, verringerte nicht die Größe des Einsatzes in diesen Glückstopf.
Das sey kein Kleines, sprach er, eine Krone und zwei Kurhüte auf Einen Wurf! Schwedens Krone zwar, wenn sie auch
durch den Untergang des Heeres und seiner Person einen
empfindlichen Verlust erlitte, hätte noch eine Schanze vor
sich, das rauschende Meer, eine tapfere Flotte, wohlverwahrte
Grenzen und inner Landes ein zweites Heer, aber die Kurhüte
könnten gewaltig wackeln, wo nicht gar springen. Den Sachsen rührten diese Möglichkeiten nicht. So werde er allein
schlagen, brauste er auf. Was sollte der König? Mußte er
sich nicht freuen über diese edle Ungeduld? Ohnehin wenn sie
sich nicht spudeten, wurden die Kaiserlichen noch durch Altringen verstärkt, von dem sie wußten, daß er bereits bei Erfurt
war. Der Brandenburger, von dem Sachsen mitgebracht,
scheint seine Stimme im Rath nicht sonderlich geltend gemacht
zu haben, er buhlte auch nicht um Waffenruhm und empfahl
sich seinen kühnen Freunden, diese aber zogen in Schlachtordnung, die Schweden rechts, die Sachsen links, auf Leipzig.

Am Abend des 16ten einem Dienstage lagerten sich die
vereinigten Heere auf den Feldern um Kleinwolkau, 3 Stunden von Leipzig. Mit dem Entsatz der Stadt war es vorbei:
Tilly hatte der Kürze halber leidliche Bedingungen bewilligt,
und Hans von der Pforten kam ihnen mit den 4 Besatzungs-
companien entgegen. Jeder der Heerführer benützte die Zwischen-
zeit bis zur Entscheidung in vorbereitender Weise. Der König
hatte richtig geurtheilt — Tilly, der sich zu rühmen pflegte
er gehe nicht ins Wasser wo er nicht auf den Grund sehe,
war nicht gesonnen die ehernen Würfel zu werfen, wenigstens

nicht vor Altringens Ankunft. In Leipzig war er im Trockenen, er beherrschte das Land und zehrte vom Fett des Feindes,
und wozu eine Eile die gewagt, gegen ein Zaudern bei dem
man im Vortheil war? Aber nicht also dachte Pappenheim
und die jüngern Haudegen, diese Logik war ihnen zu furcht-
sam, die Sachsen als Neulinge waren ihnen für Nichts, und
hatten sie sich bei Werben mit dem König gemessen ohne die
Fürstenbergischen, so glaubten sie sich mit den Siegern von
Mantua ihm mehr als gewachsen. Sie meinten, man solle
sich glücklich schätzen, daß die Schweden endlich aus ihren
Fuchslöchern hervorkröchen, denn Tücke und Hinterhalte seyen
bisher ihre Triumphe. Doch schien Tilly durch diese Gründe
nicht umgestimmt: er befahl, das Lager bei Eutritz, einem
Dorf hart vor Leipzig, mit Schanzen und Gräben zu umgeben und Geschütze aufzupflanzen, und am andern Morgen
waren diese Arbeiten ziemlich voran. Im schwedisch-sächsischen
Lager war nur ein Gedanke — die bevorstehende Schlacht. Der
König ritt durch die Reihen, redete mit den Soldaten freundlich, ertheilte Belehrung und Ermahnung, zeigte insonderheit
den mitunter schlecht berittenen Reitern wie sie mit den kaiserlichen Kürassieren und ihren Streithengsten umzugehen hätten,
indem er als Regel einprägte, wenn sie dem Mann wegen
der Rüstung nicht gleich unter die Rippen kommen könnten,
nach den Pferden zu stoßen, den Degen in der Wunde weidlich
herumzudrehen und sie aufzuzerren, so würden Roß und Mann
über den Haufen stürzen. Arnims Schlachtplan für die Sachsen hatte er genehmigt. Die vornehmsten seiner Offiziere
hatte er bei sich im Zelt versammelt, überlegte mit ihnen die
Anordnungen der Schlacht, erwärmte sie mit dieser Beredsamkeit der Ueberzeugung, welche die Seele trunken dahinreißt,
die Willenskraft stählt, sie mit dem Glauben an ein hohes
Geschick erfüllt. „Wenn sie andere Soldaten wären, hub er
an, als seine redlichen Waffenbrüder, deren tapferes Gemüth
er aus so manchen Proben kennete, wäre es vielleicht nöthig
mit Worten Muth zu machen. An ihren freudigen Geberden
sehe er, daß sie kein Verlangen trügen als nach dem Feind.
Fern sey es, die Bedeutung der Sache und des Gegners herab-
zuwürdigen, er thäte ihnen Unrecht wenn er voraussezte daß

sie sich durch Schwierigkeiten abschrecken ließen, wenn er ver-
gäße daß nie eine Lage so mißlich gewesen die sie gescheut,
keine Gefahr so groß, die sie nicht unter seiner Leitung furchtlos bestanden hätten, wenn er das geringste Mißtrauen hegte
als ob nicht Jeder vom Höchsten bis zum Niedersten wetteifern
werde in Pflichttreue. So sage er es rund heraus und auch
die Sachsen, wenn schon nicht so versuchte Soldaten, sollten
es hören, da sie gewiß nicht würden zurückbleiben wollen, wo
die Wohlfahrt ihres Vaterlandes davon abhänge — sie hätten
einen mächtigen und starken Feind vor sich, einen zuversicht-
lichen und kampfgewohnten Feind, einen Feind, der in lang-
wierigen Kriegen schier von Nichts als Siegen wisse, je ge-
priesener aber dieser Feind, desto glänzender ihr Ruhm ihn
zu überwinden. Denn all diese Siegesehre, die Errungenschaft vieler Jahre, könne für sie der Gewinn weniger Stunden
seyn. Nicht zum ersten Mal begegneten sie diesem Feind,
daß sie nicht einige Erfahrung hätten Was an ihm sey, jedenfalls die, daß sie mit ihm fertig werden könnten, wie sehr er
sich auch in die Brust werfe. An Zahl seyen sie gleich wo
nicht etwas überlegen und die gute Sache, besser als Tausende
in Reihe und Glied, sey auf ihrer Seite. Noch schreie der
Schutthaufen Magdeburg um Rache gegen die mit Schanden
und Lastern befleckten Mörder, und sie, Streiter nicht für
Menschen und das Zeitliche sondern für Gottes Ehre und
Lehre und die bedrängte mit Vernichtung bedrohte wahre
Religion, sollten zweifeln, der Allmächtige, ihr wunderbarer
Geleiter über so viele Berge, Thäler und Ströme, werde auch
jetzt von oben herab ihren Händen Kraft und Sieg verleihen
wider so frechen Uebermuth? Nein, Gott werde mit ihnen
seyn und die Feinde in Staub treten — er sey's in seinem
Gewissen versichert. Und habe unter Offizieren und Mannschaft zuweilen die Scherzeäußerung verlautet, selig würden
sie bei dem König wohl aber nicht reich — nun, wenn sie sich
dießmal ritterlich hielten, hätten sie neben den ewigen auch
die zeitlichen Güter zu gewarten. Verwüstetes Freundesland
sey allerdings kein Ort gewesen zum Erwerb überflüssiger
Reichthümer, aber vor Leipzig sey nicht allein ein Lager ge-
spickt mit Raub, sondern mit einem einzigen glücklichen

Ruck hätten sie auch die Pfaffengasse offen." Dieser Wink
der Schlußrede war nicht der schwächste Theil der königlichen
Beweisführung: stets ist die Menge empfänglich für edlere
Triebfedern, sie ist dankbar wenn man die Vorhalle der
geheimen Irrgänge der sinnlichen Natur mit Bildern der Tu-
gend schmückt, wenn nur die Bahn der Tugend nicht allzu
dornigt ist. Noch eine andere nicht unwichtige Stütze des
Selbstvertrauens waren allerlei Erscheinungen, die man als
Zeichen und Vorbedeutungen nahm, die freilich nicht auf die
Nachwelt gelangt seyn mögen ohne Beimischung späterer
Fantasie=Erzeugnisse der Volkssage, welche oft die Rolle des
rückwärtsblickenden Propheten spielt. Ein Umschwung der
Dinge lag in der Meinung wie Gewitterschwüle in der Luft.
Zu Aschersleben sollten wiederholt zwei Heere am Himmel
gesehen worden seyn die sich gegen einander bewegten durch
die Sonne, das eine von Mittag, das andere von Mitternacht:
der Führer des Heeres von Mitternacht war ein Mann in
einem Talar mit Köcher und Bogen, der schnellte einen Pfeil
auf den Führer des Heers von Mittag, daß er niederfiel. Zu Wittenberg auf dem Wall hatten die nächtlichen Schildwachen einem
Reiter nebst zwei Soldaten mit brennenden Lunten und einem
schwarzen Hund zugerufen Wer da, der Reiter hatte geantwortet Runde und dabei höhnisch gelacht, sie hatten in ihm
Tilly erkannt aber gemerkt daß die Gestalt ein Gespenst war,
und als sie zum dritten Mal vorüberschwebte war sie ohne
Kopf. Zu Hildesheim hatten die Jesuiten die ihnen voraus
gewisse Niederlage der Schweden auf die Bühne gebracht:
der Theatertilly hatte den Theaterkönig derb ausgescholten wegen seines Erdreistens wider Kaiser und Reich, wie Derselbe
aber in den Sand gestreckt werden sollte, war er hurtiger
gewesen und hatte die mit Pulver geladene Pistole dem Schein-
tilly unter der Nase abgefeuert, der gegen den Text des Stücks
so zusammenschrak, daß er vom Gaul purzelte. Und wenn
man ihnen vollends erzählt hätte von Tilly's Kriegsrath in
der leipziger Vorstadt in dem Haus eines Todtengräbers, dem
einzigen das dort noch stand, und von den mit Särgen bemal-
ten Wänden bei deren Anblick die tapfersten seiner Offiziere
ein unwillkürliches Grausen beschlichen, oder von dem Gesicht

das der König gehabt haben soll in der Nacht vor der Vereinigung bei Düben, da es ihm war als ringe er mit Tilly
der sich hartnäckig wehrte und ihn in den linken Arm biß,
bis er entrüstet, daß ein schwacher Greis dem Jugendlichen
die Stange halten wollte, ihn an den Haaren erwischte und
auf die Erde schleuderte. Das waren Träume und Schatten,
aber sie entsprangen aus dem dunkeln Grunde des Daseyns,
dem die Thaten entkeimen wie dem Blatt die Blumen, der
Puppe der Schmetterling. Der Glaube oder Aberglaube waren
Gewichte in der Wagschale des Erfolgs.

Als am Mittwoch Vormittags die protestantische
Macht näher rückte und Pappenheim die Bewegung des Feindes auszukundschaften 2000 Kürassiere verlangte, gab sie Tilly
ungern und mit dem ausdrücklichen Verbot des Einlassens in
ein Gefecht. Ruhiges Beobachten war des Feldmarschalls
Sache nicht: der Schweden ansichtig werden und einhauen
war Eins. Nicht lange so kam Nachricht, Pappenheim brauche
noch 2000 Pferde, sonst könne er nicht ohne Gefahr zurück.
Da soll Tilly in die Zornesworte ausgebrochen seyn: „dieser
Mensch werde ihn noch um Ehre und Ruf und den Kaiser
um Land und Leute bringen,“ um jedoch die Einlage nicht
zu verlieren mußte er sie verdoppeln. Es war beim Uebergang der Lober, wo es die ersten Schläge absetzte. Der Raum
war, auch nachdem sie über den Bach waren, so beengt, daß
der König weder seine Reihen noch die Artillerie recht entwickeln konnte. Gleichwohl stemmte sich Pappenheim umsonst.
Ueber die Lober geworfen hatte er mit der Verstärkung den
Befehl erhalten, nunmehr so lieb ihm sein Kopf sey zurückzu-
gehen, allein er war zu sehr verwickelt, als daß er ohne Weiteres
hätte Folge leisten können. Wollte Tilly nicht seine schönste
Reiterei in den Wind schlagen, so mußte er selbst auf den
Platz. In der Frühe hatte er das Heer vor dem Lager aufgestellt, war vor der Linie auf und abgeritten, hatte die Soldaten an die Geschichte ihrer Siege erinnert und an ihren
beständigen Wunsch den Feind einmal vor der Klinge zu haben
außer seiner Brustwehr von Schanzen und tiefen Flüssen, er
hatte verächtlich hingewiesen auf die Sachsen und die Schweden —
Jene in schimmernden Waffen aber unerfahren in dieser Haß,

auf die sie nur wacker losklopfen dürften, so würde der Spreu
von den Kernen stieben — Diese noch athemlos vom Marsch
arme, nackte, halbverhungerte Schlucker auf elenden Kracken
wie die kaiserlichen Troßbuben keine hätten, die sie mit ihren
Hengsten beim ersten Prall zerstampfen würden, und nachdem
er sie empfohlen dem Schutze der heiligsten Gottesmutter die
nimmer dulden könne daß Ketzer den Katholischen obsiegten
in einer Feldschlacht, zogen sie allgemach über Lindenthal,
Groß- und Kleinwiddericz hinaus in die von den Straßen nach
Eulenburg und Düben durchschnittene Ebene. Auf einer sanften Anhöhe, hinter sich ein Gehölz, vor sich das Geschütz
nahmen sie ihren Posten, zu einem Treffen geschaart in
großen Vierecken, die Reiterei auf den Flanken die sich ausdehnten von Seehausen bis Breitenfeld. Unterdessen schob
sich das Vorgefecht vor gegen Podelwicz, Pappenheim hatte
dieses Dorf angezündet damit es den Königlichen nicht zum
Anhalt diente, diese aber entfalteten jetzt zwischen hier und
Göpschelwicz ihre kunstreiche Schlachtordnung. Sie bildeten
zwei Treffen jedes mit einer Nachhut, der König und Baner
befehligten auf dem rechten, Horn auf dem linken Flügel,
Max Teufel im Mittelpunkt. An Horn, aber nicht unmittelbar, wahrscheinlich weil der König jedem Theil sein Verdienst
rein ausscheiden wollte, schloßen sich, Fürstenberg gegenüber,
die Sachsen an, 6 Regimenter zu Fuß und 6 zu Roß unter
Arnim und dem Generalwachtmeister Rudolf von Bindauf.
Die Feldherren hatten die Losung gegeben, der Eine wiederum
das katholische „Jesus Maria,“ der Andere das protestantische
„Gott mit uns.“ Die Kaiserlichen hatten Hüte und Helme
mit weißen Bändern, die Schweden mit Laub geziert. Der
König eines Haupts länger denn alles Volk, Hoheit mit
Milde paarend in dem edlen Antlitz, im grauen Rock mit
weißem Hut und grüner Feder, ritt einen Schecken, Tilly
eine kleine, hagere, steife Figur im grünen Atlaskleid mit
rothbefiedertem spitzem Hut hielt unbeweglich auf seiner Warte.
Aber er, der die Grille hatte, sich der Welt als das furcht-
bare Ebenbild des Herzogs von Alba darzubieten, soll erblaßt,
seine Augen noch greller geworden seyn, er soll nicht sogleich
vermocht haben Pappenheim und den Generalen die verlangten

Befehle zu ertheilen, als die Schlachthaufen daherwogten über das Blachfeld und er die Keckheit und Sicherheit ihrer Bewegungen, die Neuheit ihrer Stellungen sah. Schier noch außer Schußweite eröffnete er ein Kanonenfeuer das ohne große Wirkung war und von dem König erst nachdrucksamer erwiedert wurde, nachdem er einen gewissern Schuß hatte. So wurde es 2 Uhr Nachmittags. Blendend stach die Sonne und der Südwest wirbelte aus den frischgepflügten Aeckern Staubwolken den Schweden ins Gesicht. Indem der König durch eine Ausbeugung links diesen Uebelstand vermeiden wollte, erschaute Pappenheim diesen Augenblick, überlangte den schwedischen rechten Flügel und suchte, gefolgt von des Holsteiners Fußregiment das aber nicht gleichen Schritt halten konnte, mit seiner Reiterei vornen und von der Seite durchzubrechen. Da bewährte Gustav Adolf seine meisterhafte Taktik wie die Truppen ihre Schultüchtigkeit. Denn unterm Anrücken der Pappenheimischen läßt er den Rheingrafen mit der Nachhut und einige Abtheilungen des Hintertreffens rechts schwenken und alsbald starrt eine neue Schlachtlinie entgegen in einem rechten Winkel an das Vordertreffen angefügt, welche die bedrohte Flanke schirmt. So oft auch Pappenheim einsprengt — seine Küraffiere, obwohl sie den Kern und die Mehrheit der kaiserlichen Reiterei ausmachen, sind unmächtig gegen die leichteren schwedischen Geschwader, die unterstützt durch die Zwischenreihen von Musketieren und die überall vertheilten Regimentsstücke dastehen — eine unerschütterliche Mauer, wenn ein Angriff abzuschlagen ist, ein Sturmbock wenn einer geschehen soll. Hier auf der Flanke schwankt noch die Wage, aber die Holsteinischen, abgerissen und vereinzelt im Bereich des Vordertreffens, werden nach bewundernswürdigem Widerstand übermannt, decken fast Mann für Mann mit ihren Körpern die Wahlstatt. Tilly hatte diese Gegend des Schlachtfeldes ihrem Schicksal überlassen: er mit der Masse des Fußvolks hatte mittlerweile auf dem andern Flügel über die schwedische Linie hinausgegriffen und war auf die Sachsen gefallen, die sich mit Fürstenbergs Reiterei mühsam herumschlugen. Dem Kurfürsten half es nichts, daß sich zuvor eine weiße Taube als unfehlbare Verkündigerin des Siegs auf eine seiner Standarten gesezt haben soll: die Sachsen geriethen nach kurzem Gefecht in Verwirrung, warfen schaarenweise die Gewehre weg, er selbst floh unaufhaltsam nach Eulenburg, Arnim in rathloser Bestürzung zu dem König Bericht zu erstatten, Verhaltungsbefehle zu holen und Hilfe für die wenigen seiner Truppen, die noch standhaft waren. Schon wurden nach Wien Siegesboten abgefertigt, Flüchtlinge, Verfolger und Plünderer verbreiteten sich über die Ebene, auch unter den schwedischen Troß fuhr der Schrecken und die Knechte lenkten nach Düben. Der hinkende Bote sollte nachkommen. Durch Arnims Niederlage war die linke Flanke der Schweden entblößt, ehe aber der vordringende Feind sich von den Sachsen herüberwinden kann, läßt der König mit rascher Geistesgegenwart die Hornischen links umbiegen, so, daß sie Tillys Flanke zugekehrt sind, während die noch verfügbaren Brigaden des Hintertreffens und die Nachhut an den zurückgekrümmten Flügel antreten, den sie in der Richtung der Hauptlinie in der Art verlängern, daß sie den Kaiserlichen gegenüber stehen. Die verschiedenen Abtheilungen der schwedischen Schlachtordnung waren demnach in ein Treffen eingerahmt, nur waren die Rollen getauscht: weil man auf beiden Flanken focht, hatten Die in der Hauptlinie gleichsam die Nachhut. Man war auf dem Punkt der Entscheidung, sie war heftig bestritten und äußerst blutig. Die Fürstenbergischen waren in dem Strauß mit den Sachsen nachläßiger geworden im Schließen ihrer Glieder, eine Anzahl hatte sich im Nachsetzen zerstreut, die Wiedergesammelten die auf die Schweden los sollten wurden unschwer auseinandergejagt. Desto furchtbarer war der Zusammenstoß mit Tillys Fußvolk. Vor diesen ergrauten Kriegern hatte Deutschland gezittert, einem Stärkern weichen müssen war ihnen unbekannt. Die meisten Offiziere, welche die Schweden einbüßten, empfingen durch sie den Tod. Aber immer ungestümer stürmte es ein, und da auch Pappenheims Kürassiere bälder als seine Hitze sich abkühlten, die Schwerter schartig geworden waren an jener Mauer von Stahl und Feuer und Baner ihre verdünnten und zerrissenen Haufen gegen Breitenfeld vor sich hertrieb, so verordnete der König auf der ganzen Schlachtlinie eine Bewegung vorwärts: Und in einem

Anlauf hatten sie den Hügel: erstiegen, die Truppen bei der Artillerie suchten das Weite, das schwerfällig auf dem Fleck haftende Geschütz hatte den Kaiserlichen nicht viel genützt, nun wurde es gegen sie selbst gerichtet und Was noch Stand hielt davon zerschmettert. Bei der Auflösung des Heeres fehlte wenig so wurde Tilly mit in den Untergang verwickelt. Im Gewühl hatte ihn ein Rittmeister von des Rheingrafen Regiment, der lange Fritz, erkannt und zerpaukte ihm Kopf und Schultern mit dem Pistolengriff: er hätte ihn getödtet oder genöthigt sich gefangen zu geben, wäre nicht Herzog Rudolf von Lauenburg gewesen der dem langen Fritz eine Kugel durch beide Ohren schoß. Nur 4 Regimenter Wallonen waren noch aufrecht in dem Alles überstürzenden Strom: sie erreichten kämpfend das Wäldchen, Manche schon am Boden wehrten sich auf den Stümmeln, so waren sie geschmolzen auf 600, welche die einbrechende Dämmerung der völligen Vernichtung entzog. Mit ihnen traf Tilly in der Nacht in Halle ein: er hatte drei Schüsse bekommen, aber sie waren nicht durch den Panzer gegangen und hatten nur schmerzhafte Quetschungen verursacht, daher der Wundarzt daselbst, der ihn verband, behauptete, er müsse gefroren seyn. Pappenheim, bemüht von den Trümmern zusammenzulesen Was er konnte, übernachtete unfern vom Schlachtfeld und er hatte wieder 40 Schwadronen, wiewohl nicht über 1400 Streiter zählend, beisammen, als er zu dem über Halberstadt nach den Weserfestungen eilenden Tilly stieß. Mit 18 Regimentern zu Roß und 17 zu Fuß, etwa 34,000 Mann, da mehre dieser Regimenter bloß durch einige Kompanien vertreten wurden, war der kaiserliche Feldherr in die Schlacht gezogen — Das war der Rest. Allerdings war nicht Jeder, der vermißt wurde, darum für ihn verloren, denn die Nacht, die Nachbarschaft Leipzigs und der Pleissenburg, die Hans Voppel noch unter dem Donner der Schlacht übergeben hatte, beschränkte die Verfolgung und viele der Entronnenen fanden sich nach und nach wieder zu seinen Fahnen. Was er nicht wieder fand, war sein Ruhm und seine Heiterkeit. Bei 8000 seiner tapfersten Soldaten verbluteten auf der Wahlstatt oder erlagen ihren Wunden und auf der Flucht, sein ganzer Zeug, 27 Kanonen mit gar mancher

Herren Wappen gestempelt, nebst allen Packwagen, über 100 Feldzeichen, eine ungeheure Beute, sintemal auch die ärmsten Knechte mindestens ihre 10 Dukaten werth gewesen seyn sollen, waren der Preis des Tages. Die Sachsen hatten 3000 Todte, die Königlichen gegen 2000. So erbittert war der Kampf und ein solcher Wetteifer der Tapferkeit der verschiedenen Nationen, wie denn auch Gustav Adolf den Schweden und Deutschen in seinem Heer dieselbe Anerkennung gezollt hat, daß ungefähr gleich viel höhere Offiziere auf beiden Seiten umgekommen sind — bei den Kaiserlichen die Generale Schönburg, Erwitte, Holstein (Dieser tödtlich verwundet und gefangen) und die Obristen Baumgarten, Grotta, Bongard, Aynsa, bei den Sachsen die Generale Bindauf und Starschädel, die Obristen Löser, Dieskau, Lamminger, bei den Schweden Generalmajor Teufel, die Obristen Hall, Callenbach, Aderkas, Damitz. Den groben Soldatenstoff ergänzte der König aus den Gefangenen, deren Uebertritte so zahlreich wurden, daß er vor Ende der Woche 7000 Mann mehr auf den Listen hatte als an der Brücke zu Wittenberg.

In dieser Zeit war auch Kursachsens Befreiung vollendet. Johann Georg, von Eulenburg zurückgerufen, empfing, da er Vorwürfe erwartete, zu seiner angenehmen Ueberraschung den freundlichen Dank des Siegers, zwar nicht für seine Thaten, aber für seinen guten Willen zur Schlacht und in der Freude seines Herzens, wird gemeldet, habe er seinem Verbündeten beim Festschmaus seine Dienste zur Erwerbung der römischen Königskrone zugesagt. Ihm wurde Leipzig anbefohlen: die Stadt war mit Flüchtlingen überfüllt, sie hatte Wanglers Regiment zur Besatzung. Nach einigem Besinnen willigte Der in die Uebergabe: Was zum Heer aber nicht zur Besatzung gehörte, der Generalzahlmeister Reinhard von Walmerode, die Obristen Coronini, Blankart und andere Offiziere, auch einige katholische Priester blieben kriegsgefangen, die Besatzung durfte abziehen mit Sack und Pack jedoch ohne Sang und Klang und so, daß die Evangelischen unter ihnen zurückbehalten wurden, daß es von den Katholischen keinem verwehrt werden durfte, kurfürstliche Dienste zu nehmen und daß die Uebrigen schwören mußten, daß sie fortan nie gegen den

König und den Kurfürsten die Waffen tragen wollten. Der König, den Feinden auf den Fersen, wandte sich nach der Saale. Vor Merseburg traf er ihrer bei 5000 auf verspätetem Rückzug: sie wurden in die Pfanne gehauen oder gefangen und untergesteckt. Merseburg, Halle und die Moritzburg öffneten die Thore. Die Besatzungen, in der Wahl zwischen Urfehde oder dem schwedischen Fahneneid, folgten meist dem neuen Glücksstern. Merseburg wurde dem Kurfürsten überantwortet. Die Haller und die magdeburgischen Stiftsbeamten leisteten dem König den Eid der Treue. Die Stadt wurde von ihm in ihren Privilegien, die Behörden in ihren Verrichtungen bestätigt, Hans Stahlmann als Kanzler eingesezt. Die Fürsten von Anhalt begaben sich in seinen Schutz. Sie machten sich verbindlich für eine monatliche Kriegssteuer, und sofern er die Anlage einer Schanze oder Schiffbrücke in ihrem Gebiet nöthig erachtete, daß das Werk auf ihre Kosten geschehen solle. Dafür ernannte er Ludwig von Köthen zu seinem Statthalter in dem Erzstift. Während der König dieses geistliche Land in Verwaltung nahm, hatte der Kurfürst die leipziger Sache in Richtigkeit gebracht und kam nach Halle, um mit ihm Raths zu werden, Was fürderhin zu thun.

Einundzwanzigstes Kapitel.

Siegeszug nach Franken und an den Rhein, Einfall in Böhmen, Wiedererhebung Wallensteins.

Der Tag von Breitenfeld hatte alle Verhältnisse der Parteien in Deutschland umgekehrt, er stürzte die Liga von der Höhe ihrer Ansprüche, hob die Protestanten zu unbegrenzten Hoffnungen. Das Bildniß des Königs in unzähliger Vervielfältigung verbreitete sich in jede Hütte, sie trugen es am Hals und auf der Brust, sie verehrten ihn wie einen vom Himmel gesandten Engel. Den Katholiken kam der Schlag so unerwartet, daß viele an der Möglichkeit zweifelten: Glei

mund von Polen soll gesagt haben, Gott der Herr könne doch
kein Lutheraner geworden seyn! Bei der Vergleichshandlung
zu Frankfurt wurde noch die unbedingte Gültigkeit des Restitutionsedikts und der Entscheidungen des Kaisers in Sachen
des Religionsfriedens behauptet, damit war es schnell aus.
Die Versammlung schloß ihre dickleibigen Protokolle und ging
ohne Abschied auseinander. Was die Verlegenheit steigerte
war, daß man auch auf die Spanier im Augenblick nicht
sonderlich rechnen durfte: denn in derselben Woche, in welcher
Tilly's Lorbeeren welkten, war ihnen eine große Schiffsaus-
rüstung unter Johann von Nassau und Barbanzon in den
Gewässern von Willemsstad vernichtet worden, Santa-Croce
mit der Hauptmacht vor Bergen-op-Zoom hatte nach Ant-
werpen zurück müssen, das ihm aus der Lombardei nachge-
schickte Volk hatten Die in Emmerich, Rees und Wesel über
die Maas gejagt. Ein neuer Kampfgenosse zwar bot sich
dar: Herzog Carl von Lothringen, des Wittelsbachers Neffe,
ein leichtsinniger Wildfang, noch ungewiß ob er den Tempel
des Ruhms in Frankreich betreten sollte oder in Deutschland,
in der Fehde der Königin-Mutter und Gastons von Orleans
mit Richelieu oder im Dienste von Habsburg, hatte 16 bis
17000 Mann auf die Beine gebracht und geschmeichelt mit
einem Kurhut, da ja der sächsische oder brandenburgische durch
den Reichsbann erledigt werden konnte, sich nach der Pfalz
und dem Main gewendet. Allein Der mit seinen ungeübten
Rekruten war ein schwaches Pfropfreis auf einen dürren
Stamm! Indeß wurde jede Maßregel getroffen, welche die
Umstände heischten oder erlaubten. Der Kaiser, von Slawata
mit der Schreckenskunde überrascht, wie er sich eben des Abends
von der Jagd zur Tafel begeben wollte, war ruhig und mit
guter Eßlust, ohne daß ihm die Mitspeisenden Etwas anmerk-
ten niedergesessen, hatte aber in selber Nacht überall hin, wo
er Truppen wußte die er zu Tilly weisen konnte, Eilboten
abgefertigt. So groß das Unglück schien — und es schien
Anfangs größer als es war, weil man das unmittelbare Vordringen des Feindes gegen Oesterreich befürchten mußte —
so war gleichwohl der Eindruck der Bestürzung nicht ohne
Beimischung von Schadenfreude über die Demüthigung des

Bayern, welche sehr verzeihlich war wegen seines zweideutigen Zusammenflüsterns mit Frankreich. Einer widerwärtigen Vormundschaft quitt, fühlte man sich um so weniger gedrückt durch die Nothwendigkeit der Vertheidigung, als sie das Mittel wurde wieder auf eigenen Füßen zu stehen. Der feige Vorschlag den Hof nach Grätz zu flüchten wurde von Ferdinand verworfen, er ließ vielmehr die Festungswerke von Wien und all den Plätzen, die man bedroht glaubte, schleunigst ausbessern und verstärken. Da es sich darum handelte, die Kosten für ein zu errichtendes selbstständiges Heer aufzubringen, so wurden die Landtage in den verschiedenen Provinzen mit außerordentlichen Forderungen angestrengt, selbst die Geistlichkeit, Bauernknechte und Mägde nicht mit Abgaben verschont. Der Adel, besonders die durch Konfiskationen bereicherten Familien, die Dietrichstein, Eggenberg, Michna, Strälendorf, nicht minder der Bischof von Wien, die Jesuiten wetteiferten in Unterzeichnung freiwilliger Gaben bis zu 100,000 Gulden. Der Kaiser schaffte eine Anzahl überflüßiger Kammerherren und Lakaien ab, der König von Ungarn und Böhmen und seine Infantin (sie noch in den Honigmonden ihres so sauer gewordenen Ehebunds) versprachen 300,000 Thaler. Anton Rabatta Landvogt von Gradiska bereiste Beiträge zu sammeln die Hauptstädte Italiens, Peter Pazman Erzbischof von Gran, der sich in Rom den Kardinalshut holte, und Savelli sollten den Pabst bestürmen, Khevenhiller den madrider Hof, Arnold von Clarenstein den polnischen Reichstag. Das Heer zu finden schien fast nicht so schwer als den Feldherrn dazu. Einige vermessene Räthe wollten den Kaiser selbst ins Feld rücken lassen, oder doch seinen Erstgebornen, an dem sie urplötzlich einen verborgenen Schatz von Vernunft, Tapferkeit, Geschicklichkeit und Freundlichkeit entdeckt hatten. Die Majestät aber regierte lieber unsichtbar aus dem Kabinet, als daß sie sich der persönlichen Berührung mit einer ungeschlachten Menge oder den Glauben an ihre Unübertrefflichkeit der Gefahr einer Vergleichung aussezte, hingegen dem Prinzen hätte ein kleiner Vorlauf auf der Heldenbahn nichts geschadet, es war nur die Frage, woher einen General bekommen, der ihm den Wagen lenkte und die Ehre ließ. Man dachte an Wallenstein:

16*

Pappenheim hatte nach der Schlacht an ihn geschrieben, er
sehe lediglich Einen durch den dem Werk Mühe von Grund
aus geholfen werden — dem Herzog. Auch in Wien wurde
sein Name genannt. Gegen seine förmliche Betrauung mit
dem Oberbefehl gab es mancherlei Bedenken. Dem Prinzen
zur Seite wäre er dem Kaiser recht gewesen. Wird er wollen,
wie wird er wollen? Das war der Knoten, und wie man die
Sache drehte und wie hart es war, sich zu bitten herabzulas-
sen gegen einen beleidigten Unterthan, immer wieder kam
man auf ihn zurück, und er that desto spröder, je mehr er
sah, daß man seiner bedürfte. Hätte man ihn in Wien, so
hoffte man durch den Zauber kaiserlicher Gegenwart Alles von
ihm zu erlangen. Sein Neffe, Graf Max, überbrachte ihm
eine Einladung; er entschuldigte sich. Questenberg ging schon
einigermaßen mit der Farbe heraus. Dieser Minister schrieb
an Wallenstein, ob er noch in Briefwechsel sey mit Arnim,
ob er etwa Rath wüßte wie Kursachsen vom Bündniß mit
Schweden abzuziehen wäre, und ob er nicht für sich die Versöhnung einleiten möchte, und diese Erkundigung geschah nicht
ohne einen stechenden Rückblick auf die Tonangeber zu Regensburg, die damals so keck und jetzt so kleinlaut, nicht ohne
das gefällige Eingeständniß des großen Mißgriffs, nicht ohne
Seitenhiebe auf Tilly, der nicht sein ganzes Heer auf dem
Schlachtfeld hätte haben sollen, damit er nicht zu den Ueber-
bleibseln, die er zusammen klaube, auch die Besatzungen der
Städte nehmen müßte, wodurch er Alles aufs Spiel setze.
Bald übermachte Eggenberg Geleitsbriefe und Vollmacht. So
weit war Wallenstein dienstwillig. Während so die Staatskunst das Ihrige versuchte um den Sturm theilweise zu beschwören, war Tilly trotz seiner Wunden unermüdlich beschäftigt, sich wieder mit einer streitbaren Macht zu umgeben, aller
Orten, wo er durchkam, Anschläge hinterlassend mit Bezeichnung der Sammelplätze für die Zersprengten. Halberstadt
gewährte eine kurze Rast. Dann wurden den Stadtbehörden
die Thorschlüssel eingehändigt unter Vermahnung, sie dem
Kaiser treu zu verwahren, wie wenig er darauf zählte beweist
die Auswanderung von Dompfaffen, Mönchen und Nonnen —
ein logistischer Einfuhrartikel den er wieder mitnahm. Auf

dem Marsch über Osterwick, Schlade, Bockenem nach Alfeld erbeutet er 4 Feldstücke aus Wolfenbüttel, beim Uebergang der Weser bei Corvey die Regimenter Rittberg, Farnsbach und Sulz mit 3 Companien zu Pferd und 12 Geschützen vom Kurfürsten von Köln, andere Nothdurft aus Hameln. Gronsfeld wurde mit etlichen 1000 Mann zur Bewachung der Weser aufgestellt, das geistliche Gefolg in den westphälischen Klöstern untergebracht. Tilly selbst zog über Höxter, Borgholz, Warburg auf Frizlar. Hier vereinigte er sich mit Altringen und Fuggen. Bei Fulda war Heerschau, just 4 Wochen nach der Schlacht: da hatte er wieder 18,000 Soldaten zu Fuß und 180 Geschwader Reiterei. Niederhessen wurde unbarmherzig gezüchtigt. Der Landgraf mußte sich auf seine Burgen verkriechen, er seufzte, daß er zu früh losgebrochen, daß er verlassen sey vom König. Doch Geduld, es war an den Ligisten für ihren Heerd zu zittern, sie sollten draußen nicht allzulange mehr überlästig seyn. Ein ängstlicher Nothschrei rief Tilly nach Franken.

Als nehmlich der König und der Kurfürst zu Halle rathschlagten über die Fortsetzung des Kriegs, waren sie darüber bald einig gewesen, daß man dem Feind nicht nach Niedersachsen folgen dürfe: dort war protestantisches Land, und daß die Andern von dem Becher der Trübsal, den sie so oft eingeschenkt hatten, nun selber kosten sollten, schien billig. Auch machte es keinen Streit, daß man die verbündeten Heere trennen müsse, um die Waffen zumal in die österreichischen Staaten zu tragen und in das katholische Deutschland, nur hätte Johann Georg gerne die Liga auf sich genommen und den Kaiser den Schweden überlassen. Nicht so der König: er glaubte nicht, daß Arnim der Mann wäre für Tilly zusammen mit Altringens und Fuggers Schaaren, er verglich ihn mit Fechtkünstlern, die manchmal trefflich sind in Handhabung des stumpfen Rappiers, aber so wie es scharf geht der Schulregeln vergessen und die meisten Schläge bekommen. Als leichter und darum für die Sachsen passender betrachtete er das Geschäft mit dem Kaiser. Der hatte außer den 10 oder 12,000 Tiefenbach'schen kein Feldheer, unter seinen Unterthanen spukte mit dem weichenden Kriegsglück wieder der erstickte Protestantismus und Spuren von Gährung verriethen den innern Schaden, der Kurfürst hatte den Schlesiern für ihre Gewissensfreiheit sein Wort verpfändet, er konnte es jezt lösen. Warum Gustav Adolf aber die Rollen so vertheilte, Das hätte noch allerhand Ursachen sonst. Kursachsen und Frankreich waren sehr in der Laune sich an die Spitze neutraler Parteien zu stellen, Richelieu hätte seine Fittige über die katholischen Reichsstände ausgebreitet, Johann Georg über die protestantischen, sie hätten sich vielleicht mit einander verständigt und der König hätte den Strauß mit Habsburg so ziemlich allein auszufechten gehabt. Hätte seine und des Gegners Kraft sich wechselsweise aufgerieben so lachten sie in die Faust, blieb der Sieg dem König treu so standen sie als Diejenigen da die seinem Schlachtroß den Kappzaum anlegten, schlug der Wind um so konnten sie, die Ungeschwächten, dazwischen treten und Beiden das Gesetz geben. So war wirklich Richelieu's Plan in seiner doppelten Eigenschaft als Bundesgenosse Bayerns und Schwedens: den König wollte er gegen Oesterreich hetzen, Bayern und die Liga von Oesterreich entfernen um den Kaiser zu erniedrigen, wiederum wollte er Bayern und die Liga an sich ketten, um sie, wenn Schweden zu mächtig würde, gegen den König zu gebrauchen, so Alt klein erhalten und durch Freund und Feind Frankreichs Größe kauen. Diesem Plan sollte Charnassé in München Eingang verschaffen durch die Einflüsterung, wenn Max mit der Liga unter den Waffen bleibe aber zuschaue, bis Oesterreich und Schweden sich verblutet hätten, so habe Bayern in lezter Instanz das Schiedsrichteramt. Ging es nach dem Wunsch der Franzosen, daß die Liga die Stellung einer bewaffneten Neutralität einnahm, oder beharrte sie als kriegführende Macht — in jedem Fall wäre der König, wenn er sich in Oesterreich vertiefte ehe er der Hilfsquellen des schon darniederliegenden Feindes in Deutschland versichert war, um die Leitung des Ganzen betrogen worden, er hätte seine Bundesgenossen hier verloren, wider Willen das Uebergewicht der katholischen Partei neu befestigt. Wollte er also nicht für Andere arbeiten, so mußte er vorerst die Liga für Frankreich unbrauchbar machen, bei ihr winkte eine unermeßliche Erb-

schaft von Gütern der todten Hand', hatte er damit seine
Macht vermehrt, seine Anhänger belohnt, so war er menschlichem Ermessen nach Herr des Schicksals des Kampfes, er
konnte unbesorgt wegen ungeeigneter Einmischung mit der
Heerfolge von Deutschland gegen Habsburg ziehen. Wilhelm
von Weimar, als Sprecher der thüringisch-hessischen Genossenschaft, unterstützte des Königs Beweisgründe im Kriegsrath: er und seines Gleichen hatten Nichts in Oesterreich zu
suchen, aber sie harrten der Ankunft der Schweden in Oberdeutschland um über die geistlichen Herrschaften herzufallen,
diese Füchse unter des Löwen Gewand hingen an der protestantischen Freiheit, wie die Kaiserlichen an den Konfiskationen und dem Restitutionsedikt. Der Kurfürst sah sich
überstimmt: so ärgerlich es ihm war, dem Kaiser gegenüber
zu stehen und nicht mehr die Nothwehr vorschützen, mit
Redensarten von Ergebenheit um sich werfen zu können —
er mußte wohl. Noch überlegte er, wie die Sache anzugreifen
sey, als der König, nachdem er aus den Truppen Pommerns,
Meklenburgs und der Marken eine Abtheilung unter Baner
zum Schutz der Eroberungen an der Elbe gegen Wolfgang
von Mausfeld vor Magdeburg zurückgelassen, auf der Straße
von Erfurt nach dem Main aufbrach.

Eine Gesandtschaft von halb politischem halb militärischem
Charakter, Hofrath Martin Chemnitz und Rittmeister Marx
von Relingen, waren seine Vorläufer: sie sollten bei dem
Markgrafen Christian zu Bayreuth einsprechen, allenthalben
die Gemüther vorbereiten. Der Besitz einer zusammenhängen-
den Kette von Städten bildete seine Heerstraße von der Ostsee, sie sollten sie verlängern bis Nürnberg, Ulm, Straßburg.
Von großer Wichtigkeit war, wie man mit Erfurt zurecht
kam. Die Stadt mit protestantischer Gemeinde und Selbst-
regierung, jedoch unter der Schirmherrschaft des sächsischen
Gesammthauses und gewissermaßen auch des Kurfürsten von
Maynz, von dem eine Gefällverwaltung und Kanzlei nebst
einer Pflanzschule von Mönchen und Jesuiten in ihren Mauern
oder auf ihrem Gebiet war, hatte sich unter den Triumphen
der katholischen Partei leidlich durchgewunden durch Unterthänigkeit gegen das geistliche Oberhaupt der Liga, das die

Prediger in's Kirchengebet einschloßen, sie wagte nicht dem schwedischen Heer die angesonnenen Quartiere und Lieferungen zu verweigern, verbat sich aber die ihr von dem Weimarer angekündigte königliche Besatzung. Mit diesem Anliegen und um auch die katholischen Insaßen zu Gnaden zu empfehlen, erschienen ihre Abgeordneten vor Gustav Adolf. Er, der für die Städte die Regel festsetzen wollte, übernahm es selbst, die Erfurter auf den Weg zu leiten und zwar nicht sowohl mit Zwang als durch bürgerfreundliche Ueberredung im Bewußtseyn, daß jedes seiner Worte an sie Wiederhall hatte in ganz Deutschland. Daher antwortete er nicht kurzweg abschlägig sondern bedauerte die Nothwendigkeit, zeigte ihnen die Versicherung fester Plätze so unentbehrlich wie das liebe Brod, ihre Verwahrlosung gemeinschädlich, für die Einwohner selbst verderblich, getröstete sie mit dem Beispiel der Fürsten, die sich Das auch hätten gefallen laßen müßen, gab zu verstehen daß er ihrer leichtlich mit Gewalt Meister werden und statt aller Rücksichten das Kriegsrecht walten laßen könnte weil sein Feind der Maynzer behaupte ihr Erbherr zu seyn, beruhigte sie übrigens wegen ihrer Gerechtsamen und Verfassung und erklärte, daß er aus unwandelbarer Gewogenheit für seine evangelischen Mitbrüder ihnen Nichts zumuthen werde als das schlechterdings Unvermeidliche, daß die Besatzung zum Besten des thüringer Landes sey also auf deßen gemeinsame Kosten, daß er ihrer Fürbitte zulieb seine Milde auch auf die Katholischen erstrecken wolle, daß er sich nur in Bezug auf die Güter und Diener des Erzbischofs eine besondere Entscheidung noch vorbehalte, immerhin eine solche daß Dieser Ursache haben dürfte seinen Haß gegen ihn zu mäßigen, daß sie sich demnach bereit halten möchten zur Aufnahme etlicher Völker zu Fuß und zu Roß, die voraus müßten, damit er die Posten schon gehörig bestellt antreffe. Weil sie meinten, Das werde nicht nöthig seyn, diesen Dienst zu versehen hätten sie Bürger und Soldaten genug, versezte er, so sey ers gewohnt gewesen von jeher, nirgends habe er die Bestellung der Wachen Fremden anvertraut noch sich deßhalb Maß und Ziel vorschreiben laßen, es heiße in einem lateinischen Sprichwort: Sey man sein eigener Herr, brauche man Andere nicht. Vielleicht hätten die Weitläufigkeiten noch kein Ende gehabt, da kam der Weimarer vor der Stadt angefahren, natürlich wurde aufgethan, und während die Kutsche in der Einfahrt wie zufällig etwas anhielt, holte ihn ein Kürassierregiment ein, bemächtigte sich der Thore und des Markts. Als Tags darauf der König einzog, bewillkommt von den Behörden, die ihm die Gesunkenheit des mehr auf Ackerbau als Handel beruhenden städtischen Nahrungsstandes klagten, bezeugte er sein Mitleiden, erinnerte sie aber, daß sie dessenungeachtet keine Bauern seyen sondern Bürger, denen gebühre zu fechten für die Freiheit ihrer Stadt, die, wenn sie müßig bleiben wollten in diesem Kampf gegen die Unterdrücker des Glaubens und der Gerechtigkeit, sich schämen müßten vor ihren Voreltern den Erbauern so stattlicher Thürme und Wälle, hinter denen sie nur dann sicher seyn würden, wenn sie sich an einem benachbarten Beispiel spiegelten, um einige Ausgaben und Mühe nicht zu scheuen zur Vervollständigung ihrer Wehr. Damit, Was er einigen Abgeordneten gesagt hatte, auch die Andern hörten, forderte er den löblichen Rath sammt allen Vorstehern der Innungen und Zünfte zu sich ins Quartier, und hier, in Gegenwart der vornehmsten Personen seiner Umgebung, nahm er sie unter die Wirkung seiner volksthümlichen Beredsamkeit. „Manche unter ihnen, begann er, würden sich wundern, warum er, der in Frieden daheim seyn könnte in seinen Königreichen und Erblanden, so weit über Wasser und Land aufsuche Gefahr und Ungemach dieses Kriegs. Nicht Ehrgeiz und Vergrößerungssucht, die öffentlichen und heimlichen Nachstellungen der Feinde, ihr Widerstreben gegen jegliche Billigkeit hätten ihn bewogen die Waffen zu ergreifen, und wider allgemeines Verhoffen, ja sein eigen Vermuthen habe der Allgütige sie so gesegnet, daß es gelungen, theure Religionsgenossen zu retten aus erbärmlicher Sklaverei des Leibes und der Seele. Unverkennbar habe Gott ihn berufen und mit Muth, Kraft und Sieg ausgerüstet zu einem herrlichen Werk der Befreiung. Pommern und Mecklenburg, die Marken, Kursachsen, das Erzstift Magdeburg und andere Landschaften seyen der Dränger ganz oder meistens los, der Beförderung evangelischen Gemeinwohls sey ein großer Schritt geschehen. Dieweil aber noch

Viel zu thun übrig sey, dürfe man nicht jammern und klagen,
müsse man Hand anlegen freudig und mit Gebet. Die Evangelischen hohen und niedern Stands seyen gleichsam eingeschifft in einem Fahrzeug, segelten auf einem wilden wüsten
Meer, umgetrieben vom Sturm. Da zieme sich nicht, daß
ihrer Etliche fleißig arbeiteten, indeß Andere dem Ungewitter
zusähen und ihrer Gemächlichkeit pflegten, Alle müßten helfen
nach Kräften und wohl auch einen Theil der Ladung über
Bord werfen, wenn es nicht anders seyn könnte daß sie ihr
Leben bärgen und das Schiff. So sey es mit der Religion
und der Freiheit: wenn sie an die Wahrung dieser Güter einen
Theil ihres Vermögens sezten, verlohne sich reichlich nicht
allein dadurch daß sie hernach das Ihrige in Sicherheit zu
genießen hätten, sondern durch die Segnungen Gottes der
ihnen gewißlich vergelten werde, Was sie zur Ausbreitung
seiner Ehre und seines Worts vom Zeitlichen in die Schanze
schlügen. Wäre Das nicht seine Gesinnung, begehrte er bloß
Sicherheit für sich, und hätte er sich nicht geweiht dem höhern
Beruf, längst hätte er einen guten Frieden haben können, um
so mehr nach so glänzendem Sieg. Noch sey er frisch und
gesund, Was aber über ihn verhängt seyn sollte, so trage er
die Zuversicht in sich, daß ihm überall Nichts begegnen könne
als Was zu seinem Frommen gereiche, wenn gleich es schiene
nach menschlicher Vernunft das Aergste zu seyn, sogar würde
er sich glücklich preisen, wenn ihn der Weltheiland würdigte,
Widerwärtigkeiten, Wunden und Tod zu dulden um seines
Namens willen. Desgleichen müsse Jedweder denken, ob im
Feld oder zu Haus: denn Wer ein Opfer scheue für die allgemeine Sache, wäre mitschuldig wenn diese zu Grunde ginge,
würde für den Feind sparen und hätte die Verlezung des Gewissens, den Schaden am ewigen Heil obendrein. Seines
Theils falle er Niemand gerne beschwerlich, wisse auch, daß sie
seit Jahren große Summen zu bezahlen gehabt hätten, freilich
nicht damit ihnen davon ein Gutes erwiesen würde, er wünschte
es wäre möglich sie jeder Bürde zu überheben, aber die Feinde
trachteten mit Ernst das Verlorene wieder zu gewinnen, er
habe tapfere Offiziere und Soldaten eingebüßt, müsse die
Lücken ersetzen, dazu brauche er Geld. Das sage er damit sie,

wenn er eine Leistung begehren müsse, nicht ungeduldig würden in Betracht der Unerläßlichkeit. Auch werde er wegen etwaiger Anordnung einer Verbrauchssteuer und derlei kriegsbräuchlicher Deckungsmittel mit Einigen von ihnen Rücksprache nehmen und sie beim Einzug unterstützen. Eben so wäre ihm Nichts lieber als daß er die Vertheidigung der Stadt ihnen selbst überlassen, all sein Volk fortführen könnte wider den Feind, so daß nicht da und dort starke Besatzungen zurückbleiben müßten, aber wie sollte er Das? Sie hätten so viele Leute in ihrer Mitte denen man nicht über den Weg trauen dürfe, und was es für ein Unglück wäre für sie, für das evangelische Gemeinwesen, wenn dieser Ort überrumpelt würde, wolle er sie nicht belehren. Ohne Besatzung wären sie in äußerster Gefahr. Sobald die Lage der Dinge es gestatte, werde er sie ihnen abnehmen und unterdessen sorgen, daß die Unterhaltung nicht auf ihnen allein laste, und daß sie zufrieden seyn könnten mit der Mannszucht. Leider seyen seine Soldaten nicht durchaus wie sie seyn sollten, vordem hätte keiner in einem Weinberg eine Traube angerührt ohne Erlaubniß, jezt seyen aber freche Gesellen darunter, sonderlich von den Uebergetretenen vom Feind, wenn aber Die Unfug anfingen, so werde er ihnen danken, so sie Die nicht als Soldaten achteten sondern festnähmen und mit rechtlicher Strafe belegten, so daß es mithin in ihre Hand gegeben sey, ob sie Schafe bei sich haben wollten oder Wölfe. Ihre Festungswerke habe er angeschaut und müsse ihre Vorfahren darum loben, denn er stände nicht an mit wenigem Volk den Platz wider große Feindesmacht zu vertheidigen; weil es aber mit Belagerungen jezt anders sey als ehedem, müsse man auf bessere Befestigung bedacht seyn. Bereits habe er ihrem Baumeister die Punkte zu Errichtung neuer Werke angegeben, sie möchten sich ohne Verzug daran machen und den Nutzen erwägen, vorab den, daß je verwahrter die Stadt, desto bälder die Zurückziehung der Besatzung. Ueberhaupt meine er es mit ihnen redlich, wird es denn seine Weise nicht seyn Städte zu drücken oder an Rechten zu verkürzen, sondern vielmehr ihren Wohlstand zu erhalten und zu vermehren (Was er mit Riga beweisen könne, das er mit den Waffen bezwungen) und wenn sich

Gelegenheit biete ihnen, an Rechten zuzulegen oder ihren
Handel in Aufnahme zu bringen, werde es an ihm nicht
fehlen. Daß sie durch ihn in ihrer Freiheit nicht geschmälert
werden sollten, dafür hätten sie sein königliches Wort, aber
sie könnten noch zu vollkommenerer Freiheit gelangen, könnten
die dem Maynzer zuständigen Rechte für die Stadt erwerben. Wie sie von ihm versichert seyn dürften, daß er sie nie
im Stiche lasse, so rechne er auf ihre Treue — wie sehr möchten sie daraus erkennen, daß das Liebste was er auf Erden
habe, seine Gemahlin kommen werde, um einige Zeit unter ihnen
zu wohnen." Ein solcher Redner war unwiderstehlich. Den Er-
furtern war Alles genehm, wie es der König wollte, sie gelobten ihm hold und gewärtig zu seyn auf die Dauer des
Kriegs und er stellte über seine Gewährschaften Brief und
Siegel aus. Um vollends der Mann des Volkes zu werden,
erklärte er die evangelischen Kirchen- und Schuldiener unter
seinen unmittelbaren Schutz und von Einquartierung und
jeder Kriegsbeschwerde frei. Auch die Katholischen hatten sich
seiner Huld zu erfreuen, er bestätigte ihnen die ungehinderte
Religionsübung, doch wurden sie besonders in Eidespflicht
genommen, von der sie versprechen mußten sich durch keine
päbstliche oder bischöfliche Gewalt entbinden zu lassen, und
während er auf einem Umritt in der Stadt an Einige von
ihrer Klerisei freundliche Worte richtete, wurden die Jesuiten,
die sich ihm zu Füßen geworfen, rauh angelassen, ihnen bedeutet: sie sollten aufstehen, er kenne sie und ihre politischen
Aufhezereien, sie hätten vor Gottes Richterstuhl blutige Thaten
zu verantworten, es würde für sie besser seyn, wenn sie sich
emsiger mit Brevier und Rosenkranz beschäftigten. Bewährte
er in diesem Betragen gegen die Mitglieder der alten Kirche
eine feine erleuchtete Staatsklugheit, so nicht minder in
der Art, wie er die Ansprüche seiner Anhänger zügelte
durch ihre wechselseitige Eifersucht. Sonst hätte ihm die hab-
gierige Aristokratie, die zu seinen Fahnen flog, Nichts gegönnt
als das Vergnügen des Beutevertheilens. Die Brüder von
Weimar lüsterten nach Erfurt nebst Zugehör als einer an-
nehmlichen Abrundung ihres kleinen Herzogthums, einer Abschlagszahlung für ihr Bündniß, das hier die Weihe der

Form erhielt. Indem er den Herzog Wilhelm zu seinem Statthalter und General des in Thüringen anzuwerbenden Heeres ernannte, näherte er dessen Absichten der Verwirklichung, aber in den Rechten der Stadt die er bekräftigte, zu deren Erweiterung er Hoffnung gab, in dem schirmvogteilichen Verband mit dem herzoglichen wie dem kurfürstlichen Sachsen, den er in ihrem Huldigungsschwur erneute, in der Umwandlung der maynzischen in eine kursächsische Kanzlei, sezte er ihm eine Schranke. Dadurch, daß Graf Georg Ludwig von Löwenstein mit 3000 Mann in Besatzung, Jakob Steinberg als königlicher Stellvertreter bei dem Statthalter zurückblieben, sicherte er sein oberherrliches Ansehen.

Die ersten Oktobertage hatte der König in Erfurt zugebracht. Daß die Zusage strenger Mannszucht nicht umsonst sey, zeigte sich noch im Augenblick des Aufbruchs: ein Soldat, der im Hause eines katholischen Einwohners ungestraft plündern zu dürfen glaubte, wurde ergriffen und auf dem Marktplatze gehenkt. Das Heer zog in zwei Haufen: einer unter dem König über Arnstadt, Ilmenau, Schleusingen auf Königshofen, Schweinfurt und Würzburg, der andere unter Baudis mehr rechts über Meiningen, ebenfalls der Pfaffengasse zu. Abgerechnet die Schwierigkeiten des Wegs durch den thüringer Wald, zu welchem sie 3 Tage brauchten, glich der Marsch einem militärischen Spaziergang. In der Grafschaft Henneberg, wo noch die frischen Spuren von Altringens übler Wirthschaft, in Schweinfurt wurden sie als Befreier aufgenommen. Im Hochstift Würzburg hatte man versucht einen Landsturm zu bilden, nachdem aber vor Königshofen eine Rotte Bauern zusammen gehauen worden war, übergaben Die in der Festung auf eine bloße Drohung den Platz mit allen Vorräthen. Nach 8tägigem Marsch erreichten sie Würzburg. Das Thor zur Vorstadt schlugen sie mit Aexten ein, vom Schloß blizten die Kartaunen, aus der Stadt fielen bloß einzelne Schüsse, noch desselben Abends bevollmächtigte man einen Abt und einen Rathsherrn an den König, der seinen Generalzahlmeister Melchior von Falkenberg und den Obrist Meerrettig hineinschickte. Diese Offiziere wurden im Gasthof zum goldenen Falken stattlich bewirthet, der Schloßhauptmann Adam Heinrich Keller von Schleitheim leistete zur Abendmahlzeit Gesellschaft. Nichtsdestoweniger wären sie fast in Gefahr gerathen, denn draußen hatten die Soldaten manches Faß Wein erbeutet, dabei thaten sie sich gütlich, waren aber nicht allzu vorsichtig mit Feuer und Licht, so daß ein Brand entstand, Mönche und Pöbel vor dem Gasthof zusammenliefen und über Verrath schrien und sich nicht eher besänftigen ließen als bis sie sahen, daß die Schweden selber löschten. Am Morgen besetzte der König die Stadt, schritt sofort zur Belagerung des Schlosses. Das war kein geringes Stück Arbeit. Die Marienburg auf einem 400 Fuß hohen Hügel hatte 1500 Mann Besatzung, sie war auf der jähabschüssigen Flußseite unnahbar, von der Brücke standen nur noch die Joche und den Zugang feldwärts deckte ein Halbmond, getrennt von dem innern Schloß durch einen tief in den Fels eingeschnittenen Graben. Unter einem Kugelregen sezte Axel Lilje auf Nachen über und bemächtigte sich der Vorstadt unter dem Schloß, zugleich drang Sir Jacob Ramsay an der Spitze seiner Schotten über die nothdürftig hergestellte Brücke — nicht ohne daß manchem wackern Kämper der Bart versengt wurde. Neben dem König, der hinter dem Stadtthor aus einem Guckloch den Angriff beaufsichtigte, schlug eine Kugel in die Mauer, daß ihm der Kalk ins Gesicht stob. Der unebene steinigte Grund erschwerte das Vorrücken der Laufgräben, am 5ten Tag — es war der 18te October — wurde das Geschütz auf der Bettung entblößt, einige Schüsse vertrieben die Feinde aus dem Wartthurm in der Mitte des Bergs und unaufhaltsam ihnen nach, Liljes Regiment voran, erstiegen die Schweden auf Sturmleitern den Halbmond. Der Schloßhauptmann hatte für die Flüchtigen die Zugbrücke niedergelassen, aus Furcht aber, die Verfolger könnten mit eindringen, nicht das Hauptthor sondern nur eine Nebenpforte aufgemacht, so stockte die Menge in dem engen Raum der bald über und über voll Leichen lag, die Ketten konnten wegen der Last nicht mehr aufgezogen werden, das Thor wurde gesprengt und unter dem Ruf: magdeburgisch Quartier! verbreitete sich bis in die Kirche das entsezliche Gemezel. Auch ein Paar Duzend Mönche, die nicht bloß mit geistlichen Waffen gefochten, waren unter den Erschlagenen. Bei 100 Frauen und Nonnen hatten auf der Marienburg ein Asyl gesucht, sie blieben unangetastet. Der Schloßhauptmann wurde von Torstenson gerettet gegen das Versprechen, die verborgensten Gewölbe anzuzeigen, und als der König, nachdem der Sturm vorüber war, in den Schloßplatz trat, hemmte er die Würgerei und aus den dichten Mahden des Todes erhob sich da und dort Einer den nur die Angst niedergeschmissen hatte. Die Sieger fanden außer 30 groben Geschützen und einem wohlversehenen Zeughaus in Hülle und Fülle alle Herrlichkeiten eines üppigen geistlichen Hofs, eine gefüllte Schatzkammer, prächtiges Tafelgeräthe, in den Stallungen die edelsten Pferde, mehre 1000 Fuder Wein namentlich von dem trefflichen 1624ger Gewächs in den Kellern, Reichthümer und Kostbarkeiten aller Art. Wie nach Königshofen, so hatten auch hieher Viele vom Adel und der Geistlichkeit ihre beste Habe geflüchtet. Was dem Bischof gehörte, betrachtete der König als sein Eigenthum. Die Bibliothek schenkte er der Hochschule zu Upsal. An die Bürger von Würzburg befahl er das Ihrige zurück zu geben, aber er durfte es nicht zu genau nehmen, durfte dem Ochsen der da drischet nicht das Maul verbinden und das Wenigste mag wieder in die rechten Hände gekommen seyn. Mußte er doch selbst von Dem was ihm zugefallen mit den Soldaten theilen. Einige sollten ihm eine Kasse ins Quartier tragen: da brach, wie wenn sie es darauf angelegt hätten, der Boden, er sah wie sie das Geld emsig auflasen, wie ihnen aber dabei manche blanke Dukaten in die Tasche glitschten und sagte lachend: „Was kann ich machen? Die Schelme wollen ihren Zoll haben."

Die Sachen ließen sich nach allen Seiten erwünscht an. Der vor Kurzem erst auf den bischöflichen Stuhl erhobene Franz Hatzfeld hatte noch nicht überall im Hochstift die Huldigung empfangen so war er entwichen, um so füglicher nahm der König das herrenlos gewordene Land für sich in Besitz. Auf den Kampf folgte ein friedliches Staatsgeschäft: Bildung einer Regierung für das Herzogthum Franken aus Inländern und königlichen Dienern unter dem Feldmarschall Horn, als Statthalter, Abfassung von Verzeichnissen der

Bevölkerung und Einkünfte, Vorladung aller Lehenträger, Amtleute, Schulzen, Magistrate und Gemeinden zur Erfüllung der Unterthanenschuldigkeit, Vermehrung der alten Privilegien durch ein neues Recht — allgemeine Gewissensfreiheit. Von den evangelischen Ständen des fränkischen Kreises erschienen Gesandte, baten um Schutz, unterzogen sich einer Beisteuer, da der König jedes Neutralitätsgesuch als Feindseligkeit behandelte. Die Nürnberger, denen zuvor Altringen sehr bündige Verpflichtungsscheine abgetrozt hatte und neuerdings ein kaiserlicher Kabinetsbote, Poppe aus Amberg, mit schönen Verheißungen schmeichelte, hatten gleichsam gezwungen seyn wollen: sie waren unschlüssig bei den königlichen Anträgen, bis Oxenstirn einen scharfen Absagebrief hervorlangte und im großen Rath vorlas, worauf man sich einstimmig für Schweden erklärte und Graf Heinrich Wilhelm von Solms in Stadt und Umgegend zwei Regimenter warb. Da die Katholischen nachgerade einsahen, daß die nordischen Ketzer keine Menschenfresser seyen, so erholten sie sich von ihrem Schrecken, manche bequemten sich. Georg Fuchs von Dornheim Bischof von Bamberg war um einen Vergleich bemüht. Der König heischte die Auslieferung der Festungen Kronach und Forchheim, die Abberufung der bischöflichen Truppen vom katholischen Heer, eine Buße von 8 Tonnen Goldes und Monatszahlungen gleich den bisherigen an die Liga. Schon nach Schwaben hinüber streckte er seinen Arm, Rälingen hatte im weitern Verlauf der Sendung an die Reichsstädte den kleinen Krieg gemacht und einem kaiserlichen Werboffizier bei Günzburg 10,000 Gulden abgesagt, er selbst schrieb an den Regierungsverweser von Würtemberg, die schwäbischen Stände hätten bis jezt nur dem Gegentheil gedient, sie hätten die Wahl ob sie ihn zum Beschützer haben wollten oder als Feind. Diese Verhältnisse entwickelten sich als wäre kein Tilly in der Welt. Der war noch bei Fulda, als die Marienburg fiel. Den Herzog von Lothringen hatte Franz Haßfeld bei Worms mit dem Anerbieten seiner Schätze angefeuert zur Rettung seiner Hauptstadt, aber der König war flinker gewesen als Beide. Nach ihrer Vereinigung bei Miltenberg zählten sie gegen 40,000 Mann, waren also an Köpfen den Schweden überlegen. Daß dennoch Nichts von Belang geschah, schien unbegreiflich und veranlaßte die entgegengeseztesten Beschuldigungen. Insgemein traute man Tilly zu, daß er seine Scharte hätte auswetzen mögen durch eine Schlacht wenn er eine hätte wagen dürfen, aber die Einen — und Das waren fast alle Katholischen — sagten, er habe geheime Befehle gehabt aus München, die Andern — und Das waren die Bayern — deuteten an, die Befehle seyen von Wien, Brüssel und verwandten Orten gewesen, auf daß er sich sollte für die kaiserlichen Lande sparen. Mit dem Verdruß über seine Unthätigkeit hatte sich den Ligisten der Argwohn, als seyen sie um Bayerns willen preis gegeben worden, so tief eingeprägt, daß Kurfürst Max noch nach Jahren sich rechtfertigen zu müssen glaubte durch Veröffentlichung seines Briefwechsels mit Tilly. Wenn die Veröffentlichung vollständig war, so würde allerdings jenes Benehmen mehr als ein durch die Umstände gebotenes erscheinen. Der Feldherr war in seinen Berichten voll Sorge über die Schwierigkeiten der Verpflegung, die Truppen erkrankten vom Genuß des Obsts und der Trauben da sie häufig sonst Nichts hatten, sie ermangelten der angemessenen Kleidung für die späte Jahreszeit, sie vergingen wie der Schnee an der Sonne. Die Protestanten, weil sie Muth gefaßt, die Katholiken aus Furcht sich den Feind auf den Hals zu ziehen, versagten ihm die Hilfe. Seine Herrschaft währte nicht einen Tag hinaus über den Schrecken der sie gegründet hatte. Die Königlichen hatten vor ihm unendlich voraus: ihm war Franken ein gelobtes Land, sie die im Norden oft Nichts hatten als eine Wassersuppe von schwarzem verschimmeltem Brod, machten sich ihre kalte Schale in der Sturmhaube aus Wein und Semmeln. Indem er, einzig auf den Rückweg nach Bayern bedacht, an der Tauber hinaufzog gegen Ansbach und Dinkelsbühl, waren ihre Quartiere sich oft ganz nah, die Schweden wachsamer, neckischer, stets bereit zu Ueberfällen, brachten ihm bei Wertheim, Creglingen, Rothenburg empfindliche Schlappen bei, verleideten dem Herzog von Lothringen ein so ruhmloses als mühseliges Kriegshandwerk, daß er von Tilly Abschied nahm und zu Erholung nach München reiste.

II.   17

Nicht bloß wo der König persönlich waltete, beflügelte
seine Thatkraft den Lauf der Ereignisse, die Allmacht seines
Namens und seines Geistes schien in die Ferne zu wirken.
Während er den Süden von Deutschland in seine Bahn lenkte,
vervielfältigten sich auch im Norden die Erfolge seiner Waffen
und seiner Politik. Die Siegeskunde von Breitenfeld hatte
die Uebergabe von Rostok beschleunigt: der Besatzung, die
noch durch keine Noth gedrängt war, hatte Tott die vortheil-
haftesten Bedingungen zugestanden mit Einschluß der wallensteinischen Beamten, als aber Mansfeld die Abgezogenen
gegen Halberstadt bedroht hatte, waren sie von Baner in
Wanzleben erwischt worden und ihrer bei 2000 unter die
schwedischen Fahnen getreten. An der untern Weser zwar
war Hans Friedrich von Holstein zu frühe losgebrochen.
Reinacher und Gronsfeld nahmen ihm Verden und Langwedel
wieder ab, von seiner ungeübten Mannschaft entrann ein
kleiner Rest nach Bremen. Dagegen hatten die Herzoge von
Braunschweig und Lüneburg um den königlichen Schutz angehalten, Friedrich Ulrich war aus der Gefangenschaft zu Wolfenbüttel entflohen und hatte Baners und des Kanzlers Beistand
erfleht, Georg hatte zu Errichtung von 6 Regimentern Befehle in Würzburg eingeholt und der niedersächsische Kreistag zu
Hamburg war wenigstens dahin mit Salvius überein gekommen, daß sie, um das kaiserliche Joch abzuschütteln, 6000
Knechte und 500 Reisige ausheben und sie nöthigen Falls zu
den Schweden stoßen lassen wollten. Der Kanzler hatte Bach,
Münden, Höxter besetzt, griff gegen Paderborn zu und im kur-
kölnischen Westphalen um sich. Wenm hatte schier den König
selbst verdunkelt. Anfangs schien es anders. Denn die hamil-
tonische Hilfsschaar, die durch Seuchen, Ungewohnheit des
Landes und der Lebensart vom Sommer bis zum Herbst auf
ein Sechstheil zusammenschmolz, hatte den Tiefenbachischen
an der Oder nur schwach die Stange gehalten, sie waren in
die Lausitzen eingefallen, plünderten oder brandschatzten Städte
und Dörfer, die Kroaten streckten bis vor Dresden. Dieser
wüthende Angriff hatte den Unschlüssigkeiten des Kurfürsten
nach der Wiedereinnahme von Leipzig ein Ende gemacht. Die
Sachsen rückten gegen Tiefenbach vor und obgleich dieser

auf Wallensteins Eingebung angewiesen wurde die Mark-
grafschaften unverweilt zu räumen, obgleich Spaniens Botschafter am wiener Hof Carbareita eine Aussöhnung zu vermitteln den Obristen Heinrich Paradis von Erscheide an Johann Georg absandte, so war doch eine Privatunterhandlung
höflich abgelehnt worden und Arnim sezte den Marsch fort
nach Böhmen. Zwei Schreiben Wallensteins mit der Bitte
um eine Unterredung auf der Grenze blieben unbeantwortet.
Schluckenau, Tetschen, Aussig, Leutmeriz, Raudniz, die Städte
links des Erzgebirgs ergaben sich ohne Widerstand. Das war
die Frucht kaiserlicher Gewissenstyrannei: noch im Frühling
dieses Jahrs hatten die Bauern vom Joachimsthal nur mit
dem Spieß in der Hand die Jesuiten abgewehrt. Am 10ten
November standen die Sachsen vor Prag — nicht ohne Erstaunen, daß auch hier kein ordentlicher Feind sich sehen ließ.
Arnim, eine Kriegslist vermuthend, näherte sich behutsam,
aber in der Stadt war keine Besatzung, keine Behörde mehr
als die Vorstände der Bürgerschaft. Maradas hatte den
Herzog von Friedland um Rath gefragt und zur Antwort
erhalten: „Thut Was Ihr wollt, ich habe Nichts zu befehlen,
also auch Nichts zu rathen.“ Mit ihm hatte die ganze vornehme Welt ihren Bündel geschnürt. Tags darauf wurden die
Thore geöffnet: Arnim verhieß Sicherheit den Personen, dem
Eigenthum, dem Glauben, selbst die Unterthanenpflicht gegen
den Kaiser wurde den Bürgern vorbehalten, er forderte Nichts
als Quartier. Mit eigenen Gefühlen mögen die Häupter
der protestantischen Auswanderung Heinrich Matthias von
Thurn, Wenzel von Ruppa, Lorenz von Hofkirchen, die
Schwelle der Stadt beschritten haben — seit 11 Jahren geächtet
und unstät in allen Landen, jezt zurückkehrend mit einem frem-
dem Heer und ihr erster Anblick die Köpfe ihrer Freunde noch
aufgeheftet über der Moldaubrücke! Thurns eiligstes Geschäft
war, daß er die traurigen Ueberbleibsel herabnehmen und an
geheimer Stätte des Nachts begraben ließ. Auf die Ein-
dringlinge in ihre Besitzungen fand natürlich der Eigenthums-
schutz keine Anwendung: die katholisch gewordenen Güter
wurden wieder protestantisch, Thurn lobte Michna's Haus-
hofmeister, daß er ihm sein Haus in gutem Stand erhalten

17 *

habe mit der Bemerkung, wenn sein Herr da wäre würde sein Kopf nicht übel auf das Brückenthor passen. Doch vor Wallensteins Haus wurden Schildwachen gestellt, dessen Besitzungen hatte auch auf dem Marsch Niemand antasten dürfen. Unter den Festlichkeiten des Einzugs schrieb Arnim an den Herzog, er möchte Ort und Stunde der Zusammenkunft bestimmen. Als der Kurfürst nach einigen Tagen nachkam, nahm er seine Wohnung nicht auf dem Hradschin sondern in dem lichtensteinischen Palast, des Kaisers Zimmer und Kunstkammer wurden versiegelt und bloß die Kanonen nach Dresden abgeführt. Die Evangelischen durften sich nicht des Doms anmaßen, sie mußten sich mit 4 der kleinern Kirchen begnügen. Sogar die Jesuiten wurden geduldet. Erst einige Wochen später, nachdem aufgefangene Briefe einem verrätherischen Anschlag auf die Spur geholfen hatten bei dessen Verfolgung Hofkirchen der Stadthauptmann in den Klöstern ein Pulver- und Gewehrmagazin entdeckte, mußten etliche 100 Mönche und Jesuiten aus der Stadt. Der Kurfürst war nach Dresden zurück. Die mündliche Verhandlung zwischen Arnim und Wallenstein hatte Statt zu Kaßniz bei dem Grafen Trczka dem Schwager des Herzogs 4 Meilen von Prag: der Gegenstand war der Friede, nebenbei vertrauliche aber leise Berührungen der Tasten gegenseitiger Ehrsucht. Der Krieg schleppte sich träg. Tiefenbach aus Schlesien herbeigerufen konnte nur wenig Einhalt thun. Die Sachsen spielten den Meister in dem nordwestlichen Winkel des Königreichs das Elbethal hinauf bis Nimburg und von da bis Eger. Das Volk begierig die Fesseln des aufgezwungenen Pabstthums zu zerreißen wartete sehnlichst des Fortgangs ihrer Waffen, schon meinten die Spötter sie vergößen lieber Wein und Bier als Blut, denn Gallas in Pilsen blieb unangefochten; die entlegeneren Festungen Tabor und Budweiß ohnehin. Das waren zerbrechliche Rothanker, ein stärkerer schien Wallenstein. Das Gerücht man werde ihm von Neuem den Oberbefehl übertragen hatte sich bis nach Bayern verbreitet und den Kurfürsten bewogen seinen Kanzler Joachim von Donnersberg nach Wien zu schicken mit Einwendungen gegen diese Anstellung. Noch war die Frage nicht Was man ihm übertragen sondern Was er übernehmen wolle. Zögernd und nur auf Ferdinands wiederholtes Ersuchen hatte er sich um dessen Eröffnungen näher zu seyn nach Znaym begeben, Eggenberg bemühte sich das Mißverständniß zu heben so gut er konnte, betheuerte der Kaiser habe den Herzog nicht abgedankt aus Mißachtung seiner Verdienste, habe sogleich gefühlt und es nachmals erfahren daß er mit ihm den kostbarsten Edelstein in seiner Krone verliere, aber sowie verlautete daß der Oberbefehl ihm unter oder neben dem kaiserlichen Erbprinzen zugedacht sey, soll Wallenstein gesagt haben, eine solche Gewalt wollte er nicht und wenn Derjenige ein Gott wäre mit dem er sie theilen müßte, und das Jahr verging ehe er sich zu Mehr verstand als zu dem Versprechen binnen 3 Monaten ein Heer auf die Beine zu bringen, wiewohl ohne Titel und Amt des Feldherrn.

Thätiger in Benutzung des Siegs war Gustav Adolf. Kaum empfing er die günstigen Nachrichten aus Böhmen, so hatte er keine Rast noch Ruhe länger in Würzburg. Am Tage der Einnahme von Prag hatte Christoph Haubald mit etlichen 100 Kürassieren und Dragonern Hanau überrumpelt: sie waren Tag und Nacht geritten und des Morgens in der Dunkelheit wurden Graben und Wall erstiegen hinterm Schloß, die Wachen und Wer unter den Waffen war niedergehauen; die Thore in der Altstadt aufgeschlossen, nach der Neustadt zu gesperrt und die Kanonen auf diese gerichtet bevor die Kaiserlichen dort nur glauben wollten, daß der Lärm von den Schweden seyn könne. Von dem Grafen Moriz Philipp, dem sie auch als Landesherrn den Fahneneid geschworen, begehrten sie zu wissen Was zu machen sey, obgleich krank wurde er auf den Wall geführt, auf seinen Bescheid aber er sey ein gefangener Mann der sich selber nicht berathen könne geschweige Andere legten sie die Waffen nieder. Unter den Gefangenen waren mehre von Tilly's höheren Offizieren, sie pflegten hier ihrer Wunden aus der breitenfelder Schlacht. Die Soldaten nahmen meist Dienst. Ungesäumt errichtete Haubald einen Werbeplatz, schrieb Lieferungen aus in den umliegenden katholischen Ortschaften, forderte die Städte, Ritter und Grafen der Wetterau und des Westerwalds zu Leistungen auf. So war die Straße nach dem Rhein offen,

8 Tage nachher der König bereits mit 20,000 Mann dahin auf dem Marsch. Eben damals war Tilly von Ansbach, wo er die Pferdeställe und das Zeughaus geleert hatte, nach Gunzenhausen gezogen. Pappenheim mit ihm gänzlich zerfallen hatte vom Kurfürsten Max die Bestimmung erhalten, mittelst einiger Truppen aus dem Erzstift Köln, Westphalen und Niedersachsen gegen Baner und die Hessen zu beschützen, die Lothringer durch den Marschall Laforce in Moyen=Vic bedroht wandten ihren Sinn heimwärts. Desto leichter schien es für Horn mit einer mäßigen Macht Franken zu decken, desto ungehinderter konnte der König sich vom feindlichen Hauptheer entfernen. Dem Kaßler hatte er Befehl geschickt am Rhein zu ihm zu stoßen, es hätte dieser Machtentwicklung vielleicht nicht bedurft. Denn vor Aschaffenburg und den Städten an beiden Ufern des Mains brauchte er sich nur zu zeigen, die Besatzungen nahmen Reißaus oder gingen mit. Besonders rücksichtsvoll verfuhr er in den Gebieten des fränkischen und rheinischen Adels, ließ sich nicht selten entschuldigen wenn er eines betrat. Diese Herren, die in ewigen Händeln und Prozessen mit den geistlichen Fürsten lebten, durch deren Einfluß am kaiserlichen Hof und bei den Reichsgerichten sie häufig benachtheiligt wurden, versprachen gute Bundesgenossen zu werden. Das kurmaynzische Steinheim überließ er an die verwittwete Gräfin von Hanau Katharina von Oranien, dafür leistete der Sohn der schwedischen Sache bei den Grafen der Wetterau Vorschub. Frankfurt und Landgraf Georg von Darmstadt erhoben Schwierigkeiten. Gegen den Eidam des Kurfürsten von Sachsen durfte er nicht zu streng seyn: er bewilligte ihm die Unparteismkeit noch das Vermächtniß des väterlichen Testaments, um aber Andern die Berufung auf diesen Vorgang zu benehmen fügte er bei es geschehe in Anerkennung der verdienstlichen Bemühungen für den Frieden zu dessen Vermittlern er sich und den Markgrafen von Culmbach von evangelischer, den Erzherzog Leopold und den Pfalzgrafen Wolfgang Wilhelm von katholischer Seite vorgeschlagen hatte, doch mußte Georg freien Durchzug gestatten und seine Festung Rüsselsheim einer königlichen Besatzung übergeben, zuerst wie es schien nur auf so lange bis Maynz erobert wäre,

vermöge einer Nachauslegung aber bis zum Ausgang des
Kriegs, wiewohl Beides ohne Beschwerung seiner Unterthanen
und Beeinträchtigung seiner Landeshoheit. Von den Frank-
furtern hatte Philipp Reinhard von Solms Einlaß begehrt.
Ihre Abgeordneten trafen den König in Offenbach. Da sie
ihrer Privilegien und Messen erwähnten die ein schwedisches
Bündniß gefährden würde, da sie baten doch vorher mit dem
Kurfürsten Erzkanzler Rücksprache nehmen zu dürfen, zürnte
der König: Was Messen und Erzkanzler wo sichs um Glauben
und Freiheit handle! Jezt sey er der Kurfürst von Maynz,
er wolle ihnen so kräftigen Ablaß ertheilen. Es thue ihm
leid ungefällig seyn zu müssen, aber Deutschland sey ein sehr
kranker Körper, der brauche bittere und starke Arzneien, er
könne ihnen das Unangenehme nicht schenken. Sie hätten
fortgemarktet, als er in voller Schlachtordnung vor Sachsen-
hausen erschien. Was wollten sie nun? Sie mußten auf-
machen, der König besezte mit 600 Mann die Vorstadt, rückte
über die Mainbrücke in die Stadt mitten durch die dichten
Fenster- und Straßenspaliere, die er mit entblößtem Haupt
rechts und links grüßte, wieder zum hockenheimer Thor hinaus
auf Höchst. Die Frankfurter bei denen er ab- und zugehend
die Kaisergemächer im Braunfels zum Quartier nahm, waren
über seine Leutseligkeit entzückt, um so mehr als er es außer
in Nothfällen bei der geringen Besatzung bewenden lassen
wollte und als Gegengabe für die Schirmvogtei neben den
Rechtsgewährschaften die Herstellung der Handelssicherheit
versprach. Nach Höchst wurden fort und fort Ladungen von
Artillerie und Kriegsbedarf, Volk und Gepäck den Main herunter
gebracht, eine Menge Schiffe daselbst gesammelt und mit
Brustwehren von eichenen Dielen versehen, allerlei Schanzge-
räthe verfertigt. Anselm Kasimir konnte sich nicht täuschen:
der nächste Schlag mußte Maynz gelten. Zur Verhütung
eines Angriffs vom Main aus hatte man an der Mündung
dieses Flusses Pfähle eingerammt und Schiffe mit Steinen
versenkt, zugleich wurde 2000 Spaniern aus den pfälzischen
Besatzungen die Vertheidigung der Stadt anvertraut, freilich
nicht der kurfürstlichen Person, denn die segelte in Gesellschaft
ihrer besten Schätze und des wormser Bischofs nach Köln.

Die Schweden lagen in und um Kassel im Angesicht von Maynz, spanische 40 bis 70fünder schoßen herüber. Königliche Abtheilungen schlugen die Spanier aus dem Rheingau hinaus, entwaffneten die katholischen Bauern, das Ländchen wurde um 45000 Thaler gebrandschazt, seine Abgaben an den Maynzer floßen künftig in die königlichen Kassen. Herzog Bernhard bemächtigte sich der Burg Ehrenfels und des Mäusethurms bei Bingen. Wahrscheinlich wäre in dieser Gegend der Uebergang über den Strom bewerkstelligt worden, wenn dieses Vorhaben nicht eine Abänderung erlitten hätte durch die Zeitungen aus Oberfranken. Am 27ten November war des Königs-Einzug in Frankfurt, am 29ten hatte sich Tilly durch eine plötzliche Seitenbewegung über Schwabach auf Nürnberg geworfen, forderte Unterwerfung, Geld und Brod. Das Gerücht von seinem Anmarsch hatte den kriegerischen Wetteifer erregt der Bürgerschaft mit den Soldaten, sie hatten ihre Gärten und Landhäuser zerstört um Schanzen anzulegen, bei einer Musterung zählte man 30,000 wehrhafte Männer von 18 Jahren und darüber. Man begegnete sich in Ausfällen und Scharmützeln, so oft der Feind auf Schußweite kam wurde er mit Kugeln begrüßt. Dieser entschlossene Geist konnte den König wegen einer Belagerung beruhigen, doch wollte er die Stadt nicht in dieser Gefahr laßen. Schon war er auf dem Weg zum Entsatz und der Vortrab in Hanau angelangt als er inne ward Tilly habe sich wieder davon gemacht. Die Stadt durfte sich glücklich schätzen: denn wie er weg war, brach unter dem Gewicht der aufgepflanzten Kartaunen ein Stück vom Zwinger und füllte den Graben aus — ein Loch weit genug zu einer Sturmlücke. Tilly's Umkehr am 6ten Tag war so eilfertig, daß bepackte Wagen, geschlachtete Kälber und in den Zelten gedeckte Tische zurückblieben. Aber in seinem Heer herrschte große Sterblichkeit unter der doppelten Einwirkung rauher Witterung und geistiger Herabstimmung, das Verlangen nach den Winterquartieren war allgemein, und um das Mißgeschick zu krönen hatte ein aus den ulmer Unionstruppen gepreßter Büchsenmeister, indem er zu den Nürnbergern überging, ihm die Pulverkarren in die Luft gesprengt. Tilly theilte sein Heer in zwei Haufen: den einen

schickte er in die Oberpfalz und an die böhmische Grenze um
die Sachsen abzuhalten, den andern führte er nach Nördlingen
und an die Donau. Die Lothringer entließ er vollends nach
Haus. Einige Entschädigung fand er in Wülzburg, das er
durch Einschüchterung der Wittwe des Markgrafen Joachim
Ernst, die dort mit ihren Kindern Hof hielt, überkam. Diese
Festung wurde in seinen Händen ein Vorwerk für Eichstädt
und das Vertheidigungssystem des Kurfürsten Max, der nicht
nur der Pfalz wegen durch Donnersberg sein Pfandrecht auf
Oberösterreich in Erinnerung brachte, sondern für Altbayern
zitterte, der zwar gerne noch einmal die Liga angespannt hätte,
den sie aber auf der Tagssatzung zu Ingolstadt ziemlich ein-
sam ließ.

Dem König brachte der Dezember noch keine Winterquartiere. Den Hessen wies er dießseits des Rheins Maynz gegenüber ihren Posten an, er ging über Darmstadt nach Stock-
stadt und Gernsheim. Die auf den Grund alter Pfandschaft
dem Maynzer zugeeigneten pfälzischen Städte an der Berg-
straße wurden von den Spaniern verlassen. Am 16ten dieses
Monats fuhr er auf einem Nachen eine Viertelmeile oberhalb der Sternschanze bei Oppersheim über den Rhein. Er
war die Oertlichkeiten zu besichtigen ans Land gestiegen als
einige Reiter ansprengten so daß man schnell mußte zurück
rudern. Um 6 Uhr folgenden Morgens sezte Nils Brahe mit
300 Musketiren des Leibregiments über: die 2 Fahrzeuge
dazu hatte ein niereinsteinischer Schiffer geliefert. Ein mar-
morner Löwe auf hoher Säule behelmt und mit einem bloßen
Schwert in der Kralle verherrlichte nachmals die Stelle des
Uebergangs, aber jezt war es eine ängstliche Stunde für Gustav
Adolf. Denn wie leicht mochte diese kleine Schaar überwältigt
werden ehe die Barken hin und zurück seyn konnten mit neuer
Fracht! Wirklich wurden sie alsbald dreimal von einem
Schwarm Reiterei angefallen, sie wankten nicht, und nach
einer zweiten Ausschiffung suchte der Feind das Weite, störte
die Landung nicht mehr. Als das Heer drüben war, rückte
der König auf Maynz los. Oppenheim hielt nicht lange auf,
es wurde erstürmt, die Einwohner halfen redlich mit die
Spanier todt zu schlagen. Maynz schien der Statthalter in

der Pfalz Dan Philipp de Silva nicht so wohlfeilen Kaufs aufzugeben, nachdem jedoch die schwedischen Laufgräben vom Jakobsberg her und vorm Stephansthor in 3 Tagen bis unter die Kanonen des Platzes vorgeschoben waren, wollten es die Spanier auf keinen Sturm ankommen lassen, verglichen sich am 23sten auf freien Abzug nach der Mosel und überantworteten die Stadt mit ihren 80 Kanonen auf den Wällen, den reichen kurfürstlichen Speichern und Kellern der Gnade des Königs, der sie huldigen ließ und ihr schwere Bußen ansezte — 200,000 Gulden dem Domkapitel und der Geistlichkeit, 120,000 der Bürgerschaft, 30,000 den Juden, der das Aergerniß gab einer lutherischen Predigt in der Schloßkirche des Oberpriesters des katholischen Deutschlands da man sang: Erhalt uns Herr bei deinem Wort, der' aber im Uebrigen die kirchliche und bürgerliche Ordnung nicht antastete. Die Zeit um Weihnachten und Neujahr war überhaupt auf allen Punkten eine der ergiebigsten für die schwedischen Waffen. Aus Meklenburg verschwanden, indem Dömiz und Wismar übergingen, die lezten Spuren der wallensteinischen Unterjochung. Wismar zumal war wegen ansehnlicher Vorräthe von Kriegs= und Schiffszeug ein fetter Fang, und weil entdeckt worden daß Obrist Gramm, auf welchen Tott schon wegen dessen Zögerungen nach Verfluß der zur Anfrage bei Tiefenbach vergönnten 4wöchentlichen Frist böse war, vertragswidrig Takelwerk verkauft, Kanonen vergraben, weil er überdieß einen schwedischen Offizier der ihm Truppen abspänstig machen wollte hatte erschießen lassen, wurde auch an der auf dem Marsch eingeholten Besazung ein Gewinn erzielt von 2000 Soldaten. Pappenheim zwar wetterleuchtete noch einen Augenblick im Elbeland, die Schweden wichen hinter die Saale und Schrecken war um die Ruinen von Magdeburg. Aber es war bloß um von dem unwirthbaren Ort auf immer zu scheiden, um Was nicht fortzuschaffen war zu verderben oder zu zerstören, Brücken, Mühlen und Schiffe zu verbrennen und das eingelegene Volk nach Wolfenbüttel abzuführen, worauf Baner von der Stadt Besiz ergriff, die zerstreuten Einwohner zurückrief, der König sie mit Freiheiten begabte und Unterstüzung zum Wiederaufbau ihrer Häuser. Doch der Glanzpunkt waren

die Thaten im Süden. Der Rheingraf säuberte das linke
Rheinufer bis an die Mosel hinab, der Kaßler und sein
Obrist Konrad von Uffeln das rechte bis gegen die Lahn.
Dort fielen Simmern, Bacherach, Oberwesel, Boppard, hier
Königsstein, Caub, Gudenfels, die Pfalz im Rhein in schwedi-
sche Gewalt. Unter den Kaiserlichen und Spaniern war
Furcht und Zagen. Plätze, die sie seit den Unfällen des pfälzi-
schen Hauses in ununterbrochenem Besitz hatten, Wetzlar,
Friedberg, Gelnhausen, Worms, Stein, Speier, Germersheim,
Neustadt, Landau, Weißenburg räumten sie ohne Schwertschlag.
In Worms hatten die Lothringer solche Eile, daß sie ihr
Pulver in eine Grube schütteten und anzündeten, wodurch die
von ihnen mißhandelte Stadt noch mehr beschädigt wurde.
Mannheim, diese mühsame Eroberung Tilly's, entriß Bernhard von Weimar dem Spanier Maraval mit 300 Reitern,
die sich für Kaiserliche ausgaben die verfolgt würden: so
Morgens vor Tag eingelassen hieben sie die Welschen nieder,
nahmen die Deutschen gefangen, der Stadthauptmann und
sein Fähndrich kauften sich los, wurden aber für ihre Nach-
lässigkeit zu Heidelberg standrechtlich geköpft. Inzwischen drang
auch Horn von Würzburg über die Tauber, Jaxt an den
Neckar vor. Mergentheim widerstand Horns Reitern denen
die Artillerie auf den schlechten Wegen nicht hatte nachkommen können, nach einigen Schüssen von grobem Schrot wurde
dieser Deutschmeistersitz ein schwedisches Kriegsmagazin und
Gustav Adolf betrachtete sich als Inhaber des Ordens und
seiner Balleyen. Während der Feldmarschall durch eine Streifpartei Windsheim nahm und die Verbindung mit Nürnberg
sicherte, zog er selbst durch das weinsberger Thal auf Heilbronn. Bei seinen Einverständnissen in der Stadt wäre er
mit den verhaßten Lothringern die daselbst sorglos hausten
vermuthlich durch einen Handstreich fertig geworden, aber er
wollte der evangelischen Bürgerschaft die unvermeidliche Unordnung eines nächtlichen Ueberfalls ersparen, den Namen
seines Königs mit dem reinen Charakter des Befreiers in
Schwaben einführen. Daher zeigte er sich im hellen Tages-
lichte vor der Stadt, forderte sie durch einen Trompeter auf.
Die Lothringer stellten sich trotzig an, allein als in der

nächſten Nacht die ſtark beſezte Mühle auf dem Stadtgraben
erbrochen und von da ſcharf hineingefeuert wurde, ließen ſie
ſich an den Rhein geleiten und Altringen, der einige Regimenter in Würtemberg überwintern, die Stadt retten ſollte,
lenkte wieder um. Die Heilbronner bekamen 500 Musketiere
ins Quartier, eine Niederlage von den benachbarten Frucht-
käſten und neue Feſtungswerke, aber die Thorſchlüſſel behielt
der Rath und an den Thoren blieb neben der militäriſchen
eine Bürgerwacht zu Erhebung der ſtädtiſchen Gefälle. Da
mit Heilbronn auch Neckarſulm, Wimpfen fielen und allenthalben die Werbtrommel gerührt wurde, ſo war auch von dieſer
Seite ein ſchöner Anfang gemacht zur völligen Erledigung des proteſtantiſchen Deutſchlands zu der im Süden bald Wenig fehlte als
Kreuznach, Frankenthal und Heidelberg. In einem Jahr hatte
das Flügelroß des Siegs den König getragen von den Ge-
ſtaden der Oſtſee bis an die Grenzen von Elſaß, und es war
von ihm keine Prahlerei an Karl von Lothringen die Warnung
zu erlaſſen, daß er ſich der Einmiſchung in die deutſchen Angelegenheiten zu enthalten habe, ſonſt werde man ihn zu Haus
zu finden wiſſen. Der Herzog ſollte wahrlich das Abenteuern
ſatt haben. Ohne Ehre im Feld brachte er nur traurige
Trümmer ſeines Heeres über den Rhein und dieſe um ſo
zuchtloſer, ſo daß noch ein Theil durch die Stadtkompanien von
Straßburg und die elſäßiſchen Bauern aufgerieben wurde.
Als er bei Kehl über die Brücke ritt, ſoll Einer ſeinem Pferd
einen Peitſchenhieb verſetzt haben mit den Worten: „Durchlaucht, es muß ſchneller gehen wenn man vor dem großen
Guſtav Adolf flieht.“

———

Zweiundzwanzigstes Kapitel.

Einbruch in Schwaben und Bayern, Verlust Böhmens.

Zu Frankfurt und Maynz verlebte Gustav Adolf die ersten Wochen des Jahrs 1632. Ein Schwarm von Gesandten, Fürsten und Herren die sich um seine Huld bemühten oder um Abwendung des Kriegs, umgab ihn mit dem Glanz eines Kaiserhofs. Oft soll es geschehen seyn, daß er an einem Tag 20mal Gehör ertheilte und Bescheid. Weil er Nürnberg inne hatte den Aufbewahrungsort der deutschen Reichskleinode und Frankfurt die Wahlstadt, wurde ihm bemerkt er habe nun einen guten Schritt zur Kaiserkrone gethan, worauf er lächelnd versezt haben soll, so weit gehe sein Ehrgeiz nicht, er könne sich mit dem Stückchen Land zwischen Belt und Rhein begnügen, aber wäre er auch noch so uneigennützig gewesen, hätte er es vereinbar gefunden mit seiner Königspflicht unvergütet Schwedens Einkünfte und Unterthanen zu vergeuden zum Frommen einer fremden Nation, in welche Hände hätte er denn das angefangene Werk der Befreiung überantworten können ohne befürchten zu müssen daß es alsbald wieder zerfalle, daß sein Rücktritt nicht einmal Deutschland nütze sondern der Raubsucht einiger Fürsten, den Franzosen, jedem nächsten Besten der in seine Lücke einstand? Das Schicksal, das ihn vorwärts trieb auf wunderbarer Bahn, nöthigte ihn auch zu Grundlegungen dauernder Herrschaft. Maynz wurde stärker befestigt, stehende Schiffbrücken über beide Ströme geschlagen, am Ausfluß des Mains Gustavsburg oder wie die Soldaten sagten Pfaffenzwang erbaut. War ihm bisher die Leitung so vieler Unterhandlungen, wobei er nur einige Geheimschreiber zu Gehülfen hatte, neben dem Kriegswesen obgelegen, so erhielten die Staatsgeschäfte jezt in der Person Oxenstjerna's einen mehr selbstständigen Mittelpunkt. Der König, dem die zweifache Bürde zu schwer wurde, hatte ihn

aus Preußen berufen, der briefliche Verkehr war ein schwacher
Ersatz für den mündlichen Rath Dessen der nicht der Diener
sondern der mitdenkende, mitfühlende Freund war, der bei
ihrer Begegnung zu Frankfurt nur Eins anders wünschte —
daß er Seine Majestät hätte begrüßen mögen in Wien. Der
schwedische Reichskanzler trat gleichsam an die Stelle des
deutschen Erzkanzlers, empfing als bezeichnendes Geschenk des
Maynzers Bibliothek. Damit es dem König ganz heimisch
würde, kam auch seine geliebte Eleonora, er zog ihr entgegen
nach Hanau, sie flog in seine Arme mit dem Ausruf: „so ist
endlich Gustav Adolf ein Gefangener,“ unterm Donner der
Kanonen und Festgepräng der Bürger stiegen sie ab im Braunfels. Das war ein Sonnenblick durch finstere Wolken. Allerdings hatte auch der Friede seinen Fürsprecher, aber Wen?
Den Landgrafen Georg von Darmstadt, der wie sein Vater
spanisch-österreichische Löhnung genoß, den der König zur
Erheiterung der Anwesenden des heiligen römischen Reichs
Erzfriedensstifter zu betiteln pflegte, zu dem er, wenn er ihm
im Spiel Geld abnahm, sagen konnte: „Das Geld freut mich
doppelt, weil ich es gewonnen habe und weil es kaiserliches
Geld ist.“ Von mehr Bedeutung als diese Wohldienerei ohne
Ansehen waren Frankreichs Bestrebungen der Liga die Neutralität zu verschaffen. Der Bischof von Würzburg hatte sein
Unglück in Paris geklagt. Bei der halb spanischen Bigotterie
seines Hofes durfte die Politik des Kardinals nicht schlechtweg
als eine protestantische erscheinen, er hätte damit dem Neid
die Waffen in die Hand gegeben zu seinem Sturz. Allein er
begünstigte überhaupt das protestantische, das schwedische Interesse nur scheinbar: er wollte nicht das österreichische Uebergewicht vernichten um ein anderes zu schaffen als das französische, darum beschränkte er seine Theilnahme vornherein
auf eine dürftige Geldhülfe die ihm denn doch erlaubte gelegentlich ein Wort darein zu reden, bald hätte er freilich
Lust gehabt das Heer das den Lothringer züchtigen sollte von
dort nach Elsaß zu schicken, um das seit den grauen Tagen
Dagoberts unzweifelhafte Anrecht Frankreichs auf diesen Gau
(wie man sich auszudrücken beliebte) und die natürliche Rhein-
gränze herzustellen, oder Was beim Licht besehen das Nehmliche

gewesen wäre die Schweden bei ihren Triumphen zu unterstützen, aber Gustav Adolf verbat sich sowohl ein Kriegsvolk
dem er Nichts zu befehlen gehabt hätte, als die Schande daß
es hieße, er habe Deutschland nicht befreit sondern zerstückelt.
Ohne Weiteres dort zuzugreifen wagte Richelieu nicht: ihn
lähmten die Verschwörungen des Herzogs von Orleans und
Mangel an tüchtigen Generalen die nicht Hugenotten gewesen
waren oder es noch waren, und dann hätte er den Krieg mit
dem Kaiser gehabt ohne den König, der wahrscheinlich kein
solcher Thor war um nicht lieber, Was er gleich konnte, einen
vortheilhaften Frieden mit Habsburg zu machen, als der
Mauerbrecher für die Franzosen zu seyn. Eben so wenig
wagte er es, Bayern und die Liga unmittelbar in seine Obhut
zu nehmen. Kurfürst Max hatte es erwartet vermöge ihres
Bündnisses. Da wurde aber scharf unterschieden zwischen den
Verbindlichkeiten gegen ihn und den älteren gegen Schweden
und er belehrt, daß die Vertragswohlthat bloß dem Ange-
griffenen zu gut komme der nicht selber Angreifer sey, daß sie
ihm also nicht zu gut komme, weil er es sey. Richelieu hatte
dem Kurfürsten eine Nase gedreht, dem König sollte er keine
drehen. Wenn er ihn zu seiner Puppe machen wollte so hatte
er sich arg getäuscht. Eine Einladung nach Metz lehnte
Gustav Adolf für seine Person stolz ab, da er erfuhr daß der
Kardinal den Bourbon vertreten würde. Die Entführung
eines Unterhändlers der Königin-Wittwe aus der Gegend von
Maynz über die französische Gränze veranlaßte eine ernstliche
Beschwerde über Gebietsverletzung. Als Marquis de Brézé und
Charnassé das Neutralitätsgesuch vorbrachten, sperrte der König
sich nicht, aber Wer wollte es ihm verdenken, daß er Bedingungen
vorschrieb? Gut, hatte er erwiedert, wir lassen den Herzog von
Bayern und seine Verbündeten unangefochten, nur verlangen wir
daß sie Alles unverweilt zurückgeben Was sie von den Evangelischen an sich gerissen seit 1618, daß die Gefangenen ausgewechselt werden ohne Lösegeld und ihre Völker abgedankt
bis auf 10 oder 12000 Mann, die sie auf ihrem Gebiet als
Besatzungen haben mögen aber nicht vereinigt zu einem Heer,
daß sie sich öffentlich und heimlich enthalten den Unsrigen
Abbruch oder dem Gegner Vorschub zu thun und den Durch-

zug Beiden vergönnen oder Keinem, wenn sie Das wollen so
werden wir den Mitgliedern der Liga, deren Länder nicht bereits
gänzlich der Eroberung anheim gefallen sind, in welchem Fall
sie bis zu einem allgemeinen Entscheid uns verbleiben müssen,
namentlich den Kurfürsten von Trier und Köln das Ihrige
zurückerstatten, nicht minder dem Bayer die Unterpfalz bis
zum Austrag des unter französisch=englischer Vermittlung einzu=
leitenden Vergleichs. Ausgenommen überdieß von der Heraus=
gabe hatte er die Kaiserstadt Speier den Sitz des Kammer=
gerichts, und von der Neutralität den Bamberger, der ihm
demüthig Kratzfüße gemacht und wiederum die Backen aufge=
blasen hatte, sobald Tilly zur Hand war. Da Max sich in
sofern beifällig erklärte als die Wiedereinsetzung auf alle
katholischen Bundesfürsten erstreckt würde, so verwarf der
König dieses Ansinnen als eine Frage nicht der Neutralität
sondern des Gesammtfriedens, bewilligte aber auf die Bitte
der französischen Gesandten, welche sich anheischig machten
die bayrische Zustimmung zu seinen Bedingungen einzuholen,
einen 14tägigen Waffenstillstand, eigentlich nur dem Heer
eine kleine Ruhezeit die durch den Vorbehalt, daß deßwegen
keine schon begonnene Berennung eines Platzes aufzuheben
sey, selbst für die Zwecke des Kriegs nicht verloren ging.
Besser, wiewohl auch nicht vollkommen, glückte es Richelieu
mit dem Kurfürsten von Trier und Bischof von Speier. Denn
Gustav Adolf brauste hoch auf ob der Einbildung des geistli=
chen Herrn als ob zur Neutralität Nichts erforderlich sey
als die Verleugnung der Liga nebst der Berufung auf den
Schutz des allerchristlichsten Königs und dem Prahlen mit
40,000 Franzosen, er bekannte seinen Unglauben in Betreff
der angeblichen Nichttheilnahme an der Liga ob sie auch durch
hundert Priestereide betheuert wäre, und empfahl ihm einen
gespickten Beutel zu rüsten wenn zu den 40,000 Franzosen
auch die Schweden kämen, im Erzstift selbst war Niemand
französisch gesinnt als der Kurfürst, der mit seinen kirchlichen
und weltlichen Ständen, insonderheit den Metternich die er
des Unterschleifs in Kirchengütern zieh, während man ihn
eines betrügerischen Reliquienhandels beschuldigte, mit dem
Kaiser gegen dessen Richtersprüche er sich auflehnte, mit

den Spaniern die sie vollziehen sollten, kurz mit aller Welt
entzweit war und nur den Pabst auf seiner Seite hatte; und
wollten die Franzosen ihre Schirmvogtei zu Trier, Ehrenbreitstein und Philippsburg antreten, so mußten sie sich erst mit
den Schweden über die Austreibung der spanischen Besatzungen
verständigen, welche die kurfürstlichen Unterthanen eigenmächtig
aufgenommen und vor denen der Haderer hatte landflüchtig
werden müssen. Auch Wolfgang Wilhelm von Neuburg wegen
seiner jülichschen Besitzungen, die Stadt Köln meldeten sich zur
Neutralität — Jener mit der Versicherung, daß er dem Krieg
ferne gestanden, sich von der Liga getrennt habe, Diese mit
der Hinweisung auf die ihr auch in den niederländischen Unruhen stets angediehene Schonung. Der König schien nicht abgeneigt zu willfahren, da er jedoch den nähern Anschluß Hollands
im Auge hatte, so wollte er weder gegen den Herzog eine Verpflichtung eingehen die ihn gehindert hätte die Feinde dahin
zu verfolgen, noch gegen die Kölner außer wenn die Evangelischen mit den Katholiken bei ihnen gleich gestellt würden,
so daß die Sache sich in die Länge zog und nach Veränderung
des Kriegsschauplatzes zerschlug.

Nicht geringere Schwierigkeiten bot die Erhaltung, die
Befestigung der Verhältnisse mit der protestantischen Partei.
Wegen der Pfalz gerieth der König mit dem englischen Gesandten Sir Heinrich Vane hart zusammen. Der war ihm
schon in Würzburg in den Ohren gelegen, daß er stracks den
verbannten Friedrich in sein Erbe einsetzen möchte; jetzt war
ein Theil davon in des Königs Gewalt, und derselbe Stuart,
dessen Friedensschluß mit Spanien seinen Verwandten schlechtweg preisgegeben, beeilte sich einfach zurückzufordern Was durch
schwedische Waffen erobert war und ihres Schutzes noch lange
nicht entbehren konnte, zum Dank hätte Gustav Adolf Nichts
gehabt als den armseligen Rest von der verwahrlosten Schaar
Hamiltons, der, ohne Ersatzmannschaft von Haus, sich auf
einem schwedischen Werbeplatz herumtrieb und noch den Dünkel
hatte sich mit Baner um den Oberbefehl an der Elbe zu
streiten. Als der Gesandte sich erklären sollte, Was Großbritannien für den Pfälzer und das protestantische Interesse
thun werde, hatte er keine Vollmacht. Auf die Anstellung

eines englischen Hilfsheers wie weiland des mansfeldischen entgegnete er: Das wäre für die Pfalz zu Biel als Kaufpreis. Und doch, welche Zumuthung für ihn in Mitten eines weitaussehenden Kampfes der alle seine Kräfte in Anspruch nahm, daß er umsonst sollte den Vortheil aus der Hand geben, die französische Begehrlichkeit für die Liga zu zügeln durch das Interesse einer protestantischen Großmacht für die Pfalz. Einstweilen lud er den Pfälzer zu sich ein, der sich auch sogleich nach feierlicher Verabschiedung von den Generalstaaten, die ihn mit Reisegeld versahen und einer Bedeckung bis an die hessische Gränze, nach dem königlichen Hoflager aufmachte, wo man ihn als böhmische Majestät empfing. An Würtemberg, das noch von Tilly's Soldaten und Pfaffen überschwemmt war, hatte der König auch Nichts, außer daß er die Bekanntschaft des Kanzlers Löffler machte, der ihm so gut gefiel, daß er sich seine Rathsdienste für Orenstjerna erbat. Auch mit Kurbrandenburg war noch kein engeres Bündniß. Im Herbst hatte Salvius in Berlin den Schwager angegangen und war mit Ausflüchten abgespeist worden. In Frankfurt erneute der König dem Kanzler Götze die Bundesanträge, erhöhete ihren Reiz durch den Vermählungsplan: er versprach den Kurprinzen, damit Derselbe frühzeitig sich die Liebe der Schweden erwerben könnte, mit seiner Tochter zu erziehen, ihn zum Kurfürsten von Maynz zu machen und zum Herzog von Franken, gegen so glänzende Aussichten war die begehrte Verzichtleistung auf die pommerische Anwartschaft eine bloße Sache der Form, eine aufgeklärte Staatskunst mußte diese Gemeinschaft freudig ergreifen als einen Wink der Vorsehung zur Ausgleichung der Interessen Deutschlands und Schwedens: Der Hausgeist des brandenburger Hofes Adam von Schwarzenberg erblickte darin, obwohl für sich Katholik, sintemal die Braut lutherisch war, eine calvinische Gewissensfrage die er vertagen ließ bis zur Vereinigung der beiden protestantischen Rechtgläubigkeiten. Wenn hier alberne Kabalen die Verschmähung einer großmüthigen Gabe bewirkten, so konnte es der Kurfürst von Sachsen nicht vertragen, daß die deutschen Beisteuern alle in die königliche Kasse floßen. Während es nur von ihm abhing Böhmen und Schlesien auszubeuten, spielte er im kaiserlichen Land den Ueberbescheidenen, ließ sich aber beigehen im protestantischen Deutschland noch auf den Grund der verschollenen leipziger Schlüsse Gelder erheben zu wollen, wogegen der König vorstellte, daß ja so die Länder mit doppelter Ruthe gestrichen würden, indem denn doch das Hauptheer, auf welchem die Wohlfahrt der evangelischen Gesammtheit beruhe, nicht verkürzt werden dürfe. Je häufiger er solcher Gestalt bei seinen Verbündeten die Erfahrung machte, daß mit der verminderten Gefahr für die Einzelnen auch ihre Bereitwilligkeit zu Opfern für das Ganze schwand wo nicht in hemmende Eifersüchteleien sich verkehrte, um so mehr wurde ihm, wenn er nicht bei jeder Dienstforderung wieder das Markten haben wollte, eine Politik zum Bedürfniß welche die Schutzgenossenschaft störriger Anhänger unmerklich mit den sanften aber dehnbaren Fesseln der Lehensgerechtigkeit umschlang. Was war es auch Unerhörtes, wenn einige Städte ihrer Reichsstandschaft, einige Fürstenhäuser dieser Hoheitsrechte entkleidet worden wären, die sie von schwachen Kaisern erschlichen hatten und in diesen stürmischen Zeiten nicht behaupten konnten? Alle die Landesherrlichkeiten, welche in Deutschlands Geschichte verwachsen waren, hatten keinen andern Ursprung, viele deutsche Fürsten waren nicht allein Vasallen des Kaisers, und Gustav Adolf durfte nur entweder selber Reichsstand werden so war in dem Unterthänigkeitsverband mit ihm überall kein Bruch in die deutsche Verfassung, oder wenn er die Idee eines protestantischen Kaiserthums verwirklichte, so war ein strafferes Vasallenverhältniß das Mittel, daß es kein Schattenkaiserthum wurde. In diesen Schutzverträgen keimte für Deutschland der Entwicklungsprozeß zu einem Staatskörper den die Hilflosigkeit der Kleinstaaterei je und je erleichterte, öfter ihre Mannigfaltigkeit erschwerte oder vereitelte — eine wahre Herkulesarbeit, nur mehr mit dem Kopf als mit der Faust, da alle Pausen des Kriegs benützt werden müßten um die losen Nationalelemente, ohne zu plötzliche und unsanfte Berührung ihrer Besonderheiten, zu sammeln und zu beseelen mit der Einheit eines Willens. Nach Zeit und Ort wechselten daher Fassung und Inhalt dieser Verträge sehr, bald wurde ihre Dauer genau bestimmt bald nicht, bald einzelne

Bedingungen nur angeregt und auf nachherige Vereinbarung ausgesezt, mehr oder weniger war die Anerkennung seiner oberherrlichen Kriegsgewalt und einer Beisteuerpflicht der Kern von allen. Bei den Herzogen von Meklenburg wurde diese Anerkennung schon bündiger, sie auch für künftige Kriege Schwedens zu Hilfeleistungen verpflichtet und Salvius hatte die Abtretung von Warnemünde und Wismar verlangt, obwohl sie aber dem König Jegliches verdankten, widerstanden sie soweit und Adolf Friedrichs Reise nach Frankfurt hatte den Erfolg, daß es vorläufig bis zu Ausgang des Kriegs bei dem Besazungsrecht und dem Genuß eines außerordentlichen Einfuhrzolls verblieb. Die welfischen Fürsten hätten sich unbekümmert um gesezliche Spizfindigkeiten sein Schwert als Richter gefallen lassen in ihrem Rechtsstreit mit dem Kurfürsten von Köln und dessen Bastard Franz Wilhelm von Wartenberg Bischof von Osnabrück um die Hochstifter Minden und Hildesheim, als sie unterschreiben sollten sie wollten diese Verleihungen von Schwedens Königen zu Lehen tragen und sie für ihre Schuzherren erachten, schrien die wolfenbüttel'schen Räthe auf: „Das wäre die Vernichtung der Reichsverfassung!" Das Schlimmste war, daß der Streitgegenstand zuerst von Pappenheim erobert seyn mußte, sonst wäre ihnen vielleicht die Klausel minder anstößig gewesen. Die schwedischen Unterhändler hatten vergessen, daß Schuzverhältnisse durch die Dauer von selbst zur Unterthänigkeit werden, sie hatten der reifenden Zeit vorgegriffen. Der Irrthum war indeß verzeihlich: war doch unter der deutschen Junkerschaft — der hohen und niedern — ein solcher Heißhunger nach Aemtern, Klöstern, Abteyen, Herrschaften, und je vornehmer der Mann desto stärker der Appetit, daß der König es nicht vermeiden konnte manchmal Hoffnungen zu nähren oder wenigstens nicht zu widersprechen deren Erfüllung weder beabsichtigt noch möglich war, daß es also scheinen mochte sie würden in Bezug auf die Form des Besizes nicht heikler seyn als des Erwerbs. Für fette Bissen von der katholischen Beute ihren Namen auf der schwedischen Lehentafel zu sehen hatten sie gerade keinen Widerwillen, daß sie sich auch in ihren Stammgütern als abhängig betrachteten vom König mußten sie langsam gewöhnt werden. Seiner

Staatskunst fehlte es im Allgemeinen an dieser Geschmeidig-
keit nicht: sie zeigte sich nirgends so deutlich als in der Art
wie er die meisten der großen Munizipalstädte gewann. Allerdings war er ihr Gönner aus Grundsatz der sie eher durch
Vortheil als durch Zwang an sich zu ketten suchte, denn sie
waren seine Wachtposten in den Herrenländern und die Fürsten
die sich geschmeichelt daß er so gefällig seyn werde sie ihnen
in Amtsstädte zu verwandeln, hätten wohl die Rechnung ohne
den Wirth gemacht. Aber jene Freibürgerschaften hatten eine
begreifliche Scheu vor der Gesellschaft der Großen die ihnen
selten ersprießlich war, ihr Weichbild, ihre Handelsstraßen
waren der Gesichtskreis ihrer politischen Welt. Die Mächtigsten von ihnen hatten sowohl Tilly's und Wallenstein's Heere
von ihren Mauern abgehalten als die früheren Führer der
protestantischen Partei, ihm fielen sie auf den verschiedensten
Punkten zu. Nicht nur stellten die Ulmer ihre Soldaten —
bei 1200 Mann — unter einen königlichen Befehlshaber,
ihre Landwehr und ihren Schiffszeug zu seiner Verfügung und
bahnten ihm so den Weg über die obere Donau, wofür er
sie der Einlagerungen überhob und die deutschherrlichen und
andere katholische Stiftsgüter und Einkünfte auf ihrem Gebiet ihnen zutheilte, sondern auch Lüneburg und das stolze
Braunschweig das sich noch der welfischen Landesobrigkeit
weigerte bewilligten ihm das Besatzungsrecht, Braunschweig übernahm zudem Ausrüstung und Unterhalt von 400 Musketieren,
Lübek verstand sich zu 1000 und einer Beisteuer auf 6 Monate,
Bremen deßgleichen auf so lange zu einer Beisteuer, es
öffnete seinen Truppen die Weserpässe und nöthigenfalls zum
Rückzug seine Vorstädte, sogar aber nur companienweise und
unter Aufsicht den Durchmarsch durch die Stadt und erkannte
sich dem König treupflichtig als oberstem Leiter des evangelischen Gemeinwesens in Deutschland. Bloß die Hamburger
lehnten jede Beihilfe ab, sie gebrauchten ihre Händel mit
Dänemark zum Vorwand. Mittelbar waren diese Händel
auch ein Dienst, weil sie dem König Christian zu schaffen
machten, der trotz seiner festlichen Begehung des Tags von
Breitenfeld sich bei den schwedischen Fortschritten sehr unbehaglich fühlte, Polen und Russen, Holländer und Spanier

verſöhnen wollte, ſo daß zu guter Lezt alle Widerſacher Schwedens die Hände frei gehabt hätten. Ihn bei Laune zu
erhalten mußte Baudis ſeine Urlaubreiſe nach Holſtein bis
Kopenhagen verlängern, ihn im Namen Guſtav Adolfs zur
Theilnahme am Krieg einladen, ſeiner Mitwirkung verſichern
um den däniſchen Prinzen die verlorenen Hochſtifter wieder
zuzuwenden.

Unter dieſen politiſchen Erörterungen war die Friſt der
Waffenruhe verſtrichen. Charnaſſé gab aus München gute
Vertröſtung, aber ein aufgefangener Brief des Kurfürſten
Max an Pappenheim dem er darin Wechſel übermachte, ſezte
Bayerns Entſchluß das Kriegsglück fürderhin zu verſuchen
außer Zweifel. Pappenheim hatte ſich auch an den Waffen-
ſtillſtand nicht gekehrt: er hatte nach ſeiner Entfernung von
Magdeburg die abtrünnigen Welfen geängſtigt bis Wilhelm
von Weimar und Baner ihm vereint zu Leibe gingen. Im
Hintergrund wurde noch gerüſtet, die Vorderſcene war bald
allenthalben wieder erhellt von der Flamme des Kriegs. An
der Moſel rührten ſich die Spanier. Die Höfe von Wien
und Madrid hatten einen innigeren Waffenbund geknüpft,
aber auch zwiſchen Frankfurt und dem Haag waren Geſandte
hin und hergewandert Kornelius van Pauw und Bengt
Oxenſtjerna, und wenn auch der Oranier den Ruhm der Bekämpfung des ſpaniſchen Belgiens lieber ungetheilt für ſich
behielt weil das holländiſche Intereſſe die Schwächung dieſer
Macht und nicht ihre Vernichtung, vielweniger ihre Uebertragung auf Schweden oder Frankreich erforderte, ſo war er
doch einig geworden des Königs Bewegungen in Deutſchland
durch eine größere Unternehmung in den Niederlanden zu
unterſtützen, daß die Spanier hier beſchäftigt ihn dort nicht
ſonderlich ſollten ſtören können. Bis an die Gränzen von
Europa wurden diplomatiſche Minen und Gegenminen geführt. In Warſchau wo Siegmund auf den Tod darnieder
lag wurde der öſterreichiſchen Partei die ſchwediſche Chriſtoph
Radziwils, den Erbanſprüchen der polniſchen Waſa auf die
ſchwediſche Krone eine Bewerbung des ſchwediſchen Waſa um
die polniſche Krone entgegengeſezt. Sollte dieſe Bewerbung
Mehr ſeyn als ein Schreckſchuß ſo war Jakob Rußel dazu

nicht der rechte Mann, der sie statt unter der Hand in amtlichen Briefen an den Reichstag begann deren Annahme vor Erledigung des Throns Hochverrath gewesen wäre, zwar lautete es wie prophetisch wenn er der Republik Polen, so die Vereinigung beider Kronen nicht erfolge, von allen Nachbarn geschworenen Untergang verkündigte sobald das Stundenglas werde abgelaufen seyn, aber Was besser als dieser vorschnelle Warner Gustav Adolfs preußisch-liefländische Provinzen gegen die Einflüsterungen der Kaiserlichen schützen half, waren die Erschütterungen die jede Thronveränderung für ein Wahlreich mit sich bringt wenn es schon von dem regierenden Haus nicht abgeht und ein bevorstehender Krieg Polens mit Rußland. Ein anderer schwedischer Unterhändler Paul Strasburger hatte sich durch Polen zu dem Fürsten von Siebenbürgen begeben: sein vorzeigbarer Auftrag war einige Streitigkeiten über das Leibgedinge der Wittwe Bethlens zu vermitteln, insgeheim sollte er mit Ragoczy wegen einer Schilderhebung in Ungarn Abrede treffen, und einen ähnlichen Auftrag, doch mehr in ausforschender Weise, hatte er nach Konstantinopel. In Italien war das schwedische Interesse unvertreten, ohne daß darum das kaiserliche unbedingte Geltung hatte: Die noch frische Erinnerung an die Gräuel von Mantua dämpfte die Begeisterung für den Habsburger der den Freistaaten und Fürsten Italiens bang machte mit dem Einbruch eines neuen Alarich, zu dessen Abwehr sie sich mit ihm verbinden sollten. Außer dem Vetter in Toscana entschuldigten sich alle mit ihrem Unvermögen oder beschränkten sich auf eine winzige Geldhilfe. Selbst bei dem Pabst war wenig Eifer, Spaniens Botschafter Kardinal Borgia hatte in der Versammlung der Kardinäle gegen Richelieu und den König von Frankreich als Begünstiger der Ketzerzunft den Kirchenbann angerufen, die Bedrängnisse des Erzhauses und der Religion dem heiligen Vater auf das Gewissen gelegt, Urban hatte zornig erwidert es sey lächerlich mit Gothen und Vandalen um sich zu werfen da man seit einem Jahrhundert in Rom und Italien keine ärgere Wütheriche gesehen habe als Spanier oder Kaiserliche, und das Ende vom Lied war gewesen daß er den dreisten Sprecher schweigen hieß, aus der apostolischen Kammer eine milde Gabe spendete und desto freigebiger mit feinem geiftlichen Schatz, mit Abläffen, Prozeffionen und Gebeten um Vertilgung der Ketzer war. So beruhten also die Hoffnungen von Habsburg hauptfächlich auf der Heeresschöpfung des Herzogs von Friedland. Sie war im großartigsten Maßstab. Mit einem Federzug wurden ein Dutzend Generalwachtmeifter und Feldzeugmeifter ernannt, 300 Werbebriefe unterzeichnet. Isolani nahm die Anwerbung von Kroaten, Terzka von Kosaken, Merode von Wallonen, Julius Rangoni und Kornelius Bentivoglio Ankäufe von Harnischen in der Lombardei auf fich. Alle Hilfsquellen der öfterreichischen Lande ftanden ihm zu Befehl. Vermöglichere Offiziere fchoßen zu Kompanien, zu Regimentern die Koften vor, fie verfprachen fich von des Herzogs Glück, feiner Großmuth reichen Zins. Tüchtige gediente Leute lockte das hohe Handgeld bis zu 25 Thalern, andere die Ueppigkeit des Soldatenlebens, eine Menge Gefindel wurde ohne Umftände aufgegriffen und untergefteckt. Die taufendzüngige Sage vergrößerte die Rüftungen auf 70 Regimenter. Während weithin feine Werbtrommel erschallte, hatte Wallenftein fchon auch einen politischen Zündfaden gezwirnt, der von Znaym mitten in das Lager zweier der mächtigften Verbündeten Schwedens reichte. Mit den Sendboten des Herzogs von Orleans brütete er über einem Bürgerkrieg in Frankreich, mit Arnim über Kurfachsens Abfall — fie nanntens den Frieden. Die Sachsen faßen in Böhmen als ob fie all der Kriegslärm nichts anginge, fie behelligten ihn nicht im Geringften. Man konnte fie für Kaiferliche halten auch wo fie den Charakter als Feinde nicht verleugneten: denn nachdem fie den angetroffenen Ueberfluß liederlich verpraßt, fich Mangel und Seuchen zugezogen hatten, fingen fie an die Einwohner aufs Blut zu quälen, Taufende von Pragern ließen ihre Wohnungen leer ftehen und fie machten nur die Wiederkehr der öfterreichischen Herrschaft immer wünschenswerther. Doch war es dem Kurfürften Johann Georg nicht ganz wohl zu Muth. Wer ftand ihm dafür, daß Wallenftein nicht bloß fchön that bis er den Fuß im Steigbügel hatte? Ein Friede in Baufch und Bogen war ihm auch nicht anftändig, er hätte jedenfalls einen haben mögen ohne den geiftlichen Vorbehalt. Die Verlegenheit war groß, zu Torgau hielt er mit dem

Brandenburger Rath. Sie erwogen die Fragen in Kreuz und Quer, sie zeigten einander alle Krümmungen des Labyrinths aber keinen Ausgang; sie hätten die Beschaffenheit des Friedens leichter ausgeklügelt als eine zuverläßige Bürgschaft. Diese einzig in dem Wort des Kaisers suchen schien der Zutraulichkeit zu viel. Sie dachten an Frankreich, an den Pabst. Allein in Frankreich war Gährung fort und fort, Richelieu könnte gestürzt werden und der Bourbon durch kaltes Eisen den Rest bekommen wie sein Vater, und der Pabst der den Protestanten der Antichrist wär, von dessen Hoftheologen gelehrt wurde, daß man Ketzern keinen Treuglauben schuldig sey, paßte auch nur halb. Sie dachten an einen Stillstand auf 15, auf 20 Jahre, aber der war für den Kaiser und die Liga gut, nicht für sie die Nichts zurückzuempfangen hatten. Sie konnten auch den König nicht mit einer nackten Danksagung heimschicken, und wenn er einigermaßen Erkenntlichkeit erwarten durfte, woher sollte man sie nehmen? Von den Aufwieglern und Unruhestiftern war bald gesagt, nicht aber Wen man darunter zu verstehen habe. Eines war klar, daß sie einem Angriff von Wallensteins Macht nicht gewachsen waren, daß sie den König mit Manier abschütteln wollten und ihn nicht entbehren konnten. Und neue Verlegenheit — wenn der König Hilfe sandte und seine persönliche Berechtigung zum Oberbefehl einem seiner Generale übertrug, ziemte es den Kurfürstlichen auch Dem sich unterzuordnen, hatte nicht Arnim gedroht, daß er so nicht diene? Wenn man Alles zusammenfaßte, so war über Gebühr geschwazt, Nichts ausgemacht, weder Friede noch Krieg gefördert. Der Brandenburger, der neuerdings etliche 1000 Mann auf die Beine gebracht, war noch der Mutbigere: er hatte wenn die Sachsen mitthun wollten einen Streich gegen das entblößte Schlesien vor. Johann Georg hatte auch dazu keinen Magen: er wagte seine Völker nicht im Großen zu gebrauchen, nicht im Kleinen.

Gustav Adolf hätte keine Augen im Kopf haben müssen wenn ihm die Zweideutigkeit dieser Menschen und Dinge entgangen wäre. Auch auf seine Rechnung wurden Friedensvorschläge in Umlauf gesezt. Hebt, hieß es, das Restitutionsedikt auf, gebt kirchliche Rechtsgleichheit in Stadt und Land, laßt Protestanten und Katholiken bei den Stiftspfründen zu, stellt die Verhältnisse in der Pfalz, in Böhmen, Mähren und Schlesien auf den alten Fuß, ruft die Verbannten zurück und jagt die Jesuiten fort, wählt Den der des Reichs Erretter ist aus endloser Verwirrung zum römischen König, so wird er seine Aufgabe gelöst haben und die Waffen niederlegen. Unmöglich konnte die schwedische Partei solche Bedingungen als Grundlage von Unterhandlungen betrachten außer mit einem völlig besiegten Feind, daß davon die Welt unterhalten wurde war zur Beschwichtigung ungeduldiger Friedenssehnsucht. Was den König anlangte so erkannte er, daß noch kein Heil sey denn im Schwert. Schon im Februar, unangesehen seines Schwalls von Kabinetssorgen, hatte er die Schleusen wieder geöffnet. Tott war aus Meklenburg über die Elbe gerückt, Horn auf Bamberg, er selbst wie es schien beabsichtigte zunächst die Schlußarbeit in der Pfalz. Lustig überall flogen die schwedischen Fahnen vorwärts. Eine nach Kreuznach und Frankenthal bestimmte Verstärkung peitschte der Rheingraf über die Mosel zurück, bereicherte den schwedischen Trophäenschatz mit 8 spanischen Standarten. Kreuznach wurde genommen, die Stadt im Sturm, das Schloß durch Uebereinkunft nachdem ein Loch in die Mauern gesprengt war. Aus Baden und dem Rheinthal bis Lichtenau und Drusenheim hinauf wurde ein Werbebezirk gebildet für den Pfalzgrafen Christian von Birkenfeld. Bamberg hatten die Kaiserlichen und die bischöfliche Geistlichkeit verlassen, die Bürger bereits gegen Horns Vortrab erbötig zur Uebergabe waren anderes Sinnes geworden als ein Haufen Landwehr zur Hilfe erschien. Sie büßten's durch eine schlaflose Nacht: denn geschwind war ein Thor erbrochen, die Landwehr entfloh in der Dunkelheit, zu Fuß und zu Roß wogte es in die Stadt. Während sie aber auf das Schlimmste gefaßt seyn mußten hatten die Soldaten auf den Straßen unter den Waffen gewacht, erst am Morgen wurden einige Herrenhäuser, die Dompfaffen und Jesuiten ausgeplündert, den Karmelitern und Kapuzinern die sich ruhig in ihren Klöstern verhalten hatten, dem gemeinen Volk und dem weiblichen Geschlecht widerfuhr kein Leid. Der nachgekommene Feldmarschall war Deß nicht wenig erfreut: er

belobte die Mannszucht der Truppen, schalt die Bürgerschaft
wegen ihrer Treulosigkeit derb aus, nöthigte sie zur Huldigung
und feierte das Ereigniß durch evangelischen Gottesdienst im
Dom. An der untern Elbe wurden Verden, Ottersberg, Buxtehude
von Tott und dem Administrator von Bremen zurückerobert,
den Dänen in Glückstadt hatten die Kaiserlichen mit Freyburg
einen Köder hingeworfen, auch sie wurden von dem Administrator vertrieben, dann zum Behuf der Belagerung von Stade
mit bewaffneten Schaluppen die Schwinge gesperrt. Und da
auch Pappenheim vor den Königlichen über die Weser gewichen
war in die Grafschaft Lippe, so hatten sie mit Güte oder
Gewalt Goslar, Nordheim, Göttingen und das Eichsfeld
einbekommen. So überlegen aller Orten war dieses Auftreten,
daß die Liga für die lezten Trümmer ihrer Macht zitterte.
Eine plötzliche Wendung gewann Alles durch Tilly's Einschreiten am Main. Regengüsse abwechselnd mit heftigem Frost, die
Festungen Kronach und Forchheim die nur beobachtet werden konnten hatten Horn ein Ziel gesteckt. Als Tilly auf Dornheims
angelegentliche Bitte mit 20,000 Mann wovon freilich fast
die Hälfte bayerische Landwehr war über Neumarkt, Altdorf,
Lauf an der Regniz herabzog, waren die zu Vertheidigung
der offenen Bischofsstadt neuangelegten Schanzen noch unvol-
lendet, Horn, dessen kleines Heer nicht wenige Rekruten zählte,
hätte vornweg den Platz geräumt, aber der schwedische Krieger-
stolz seiner Offiziere verschmähte einen Rückzug ohne Kampf,
die Hoffnung auf Wilhelm von Weimar, den der König von
Pappenheims Verfolgung herbeigefordert, erhöhte das Selbst-
vertrauen. Am 8ten März zeigten sich ligistische Reiter in
einem Gehölz vor der Stadt, nicht lange so war die Nachricht
da, Tilly's ganzes Heer sey im Anmarsch. Horn hatte die
Außenposten besichtigt und verstärkt, unglücklicherweise wurde
sein Verbot des Einlassens in ein Gefecht zu spät befolgt, die
auf der forchheimer Straße vorgeschobene Reiterei handgemein
geworden wurde auf das Fußvolk in einer unausgebauten
Schanze gedrängt, dieses mit fortgerissen, hinter den Flüchtlingen stürzten die Ligisten über die Regniz in die Stadt.
Bei der Weitläufigkeit des Platzes war die Besatzung sehr ver-
zettelt: doch befand sich der Feldmarschall schnell an der Spitze

einiger alten Truppen mit denen er den eingedrungenen Feind
über die Brücke zurückschlug, sie zerstörte und den Uebergang
streitig machte bis Artillerie und Gepäck auf dem Main eingeschifft waren, und während ein Theil seiner Völker über
Hallstatt jenseits des Stroms den Rückweg nahm, begab er
sich auf Eltman zurück und dort hinüber nach Haßfurt wo
man sich vereinigte und sammelte. Die Katholischen ermangelten nicht diesen Unfall der schwedischen Waffen als eine
völlige Niederlage auszuposaunen, die Hunderte des Verlustes
zu so viel Tausenden zu steigern. Horn strafte sie dadurch
Lügen, daß er in Haßfurt Rasttag hielt, daß er den feindlichen
Regimentern, die sich nach Herstellung der Brücken bis in die
Dörfer hinter Zeil vorgewagt hatten, in der Nacht auf Wald-
wegen mit der Reiterei in den Rücken kam und mehre Quartiere mit Feuer und Schwert verwüstete, daß er nun erst den
Rückzug langsam fortsezte nach Schweinfurt.

In der Stellung zwischen dieser Stadt und Würzburg
hatte Horn von Tilly Nichts zu fürchten, aber der Glaube
an die schwedische Unbesiegbarkeit war doch wankend geworden.
Da schien es an der Zeit, daß der Löwe sich wieder selber vom
Lager erhob. Briefe des Königs an die Schweinfurter und
den fränkischen Kreis ermahnten zur Beharrlichkeit, meldeten
seine Ankunft. Auch Baner empfing jezt den Ruf nach Franken. Zwar hatten die Sachen in den Rheingegenden und in
Niedersachsen noch keine rechte Festigkeit. In Breisach war
Offa, der unter Aufbietung des dritten Manns in Vorderösterreich längs des Oberrheins streifte, in Verbindung mit
den Besaßungen von Heidelberg und Philippsburg dem Birkenfelder da und dort ins Geheg ging und ihm das Rekruten-
schulen verderbte, von der Mosel her drohten die Spanier mit
stärkerem Einbruch, und kaum waren Baner und Wilhelm
von Weimar von der Weser fort, so fühlten Uslar und Lars
Kagg Pappenheims schwere Hand, Jener mit den Hessen
wandte sich nach Göttingen, der königliche Obrist nach dem
Magdeburgischen, in Höxter hatten sie bei der Hastigkeit der
Abfahrt ihre Kanonen in der Weser begraben, Eimbek wurde
mit glühenden Kugeln beschossen und hatte Mühe die Plünderung abzukaufen, Was sie in Grubenhagen und dortherum

inne hatten stand auf dem Spiel, hätte nicht die Gefahr
Stade's die ihrige abgelenkt. Indem aber der König den
Kanzler Orenstjerna als seinen Stellvertreter am Rhein zurückließ und ihm zur Seite den Herzog Bernhard und den
Pfalzgrafen Christian mit beträchtlicher Truppenzahl die sich
durch Zulauf aus den umliegenden Landschaften fortwährend
vergrößerte, hatte er für die Nothdurft gesorgt, und in der
Eingränzung durch eine militärische Linie an der Elbe hinauf
bis Thüringen und Hessen, bei beschränkten Mitteln und dem
widerstrebenden Charakter der Bevölkerung konnte auch der
kühne Unternehmungsgeist eines Pappenheim nur im Einzelnen
dem evangelischen Wesen schädlich, nimmer gefährlich werden.
Und alle Erfolge des Parteigänger-Kriegs hier — Was wären
sie gewesen im Angesicht der großen Entscheidungen die sich
vorbereiteten im Süden? So gewaltig war der schwedische
Kriegsgott nie über die Bühne geschritten. Ueber 20,000 zu
Roß und zu Fuß hatte der König zu Aschaffenburg gemustert,
als Horn in Kitzingen und bald nachher auch Baner und
Wilhelm von Weimar zu ihm stießen, waren es gegen 40,000
Streiter. Dieser Macht Stange zu halten war Tilly nicht
Mannes genug. Kurfürst Max, Anfangs ungewiß wohin der
Rückzug besser wäre nach Böhmen oder nach Bayern, wurde
zulezt durch die Sicherheitsrücksicht für sein Land bestimmt,
weil man ja nicht wissen konnte ob der König sich würde
durch eine Seitenbewegung Tilly's nachziehen lassen und nicht
vielmehr die Gelegenheit wahrnehmen um über die Donau
vorzudringen und den Lech. Das waren bittere Stunden für
das Oberhaupt der Liga: der schlaue Wittelsbacher dessen
finstere Politik so lange aus unerreichbarer Burg ihre Pfeile
geschnellt, der Seckelmeister des katholischen Deutschlands der
sein Land blühend und seine Kassen voll hatte, sollte sich jezt
selbst vor den Riß stellen und wo er sich nach einem Beistand
umsah da war Niemand als Wallenstein der Hassende und
Gehaßte, Stolz mußte sich vor Stolz beugen, bayerische Eilboten flogen nach Wien und Znaym, sie fanden den Herzog
in Mitten eines unermeßlichen Heergetümmels, Alles marsch-
und schlachtfertig, aber ihn das Schwungrad der ungeheuern
Maschine unbeweglich, unerbittlich, und so war er troz der

inständigen Handschreiben des Kaisers und seines Sohns, troß der Beredsamkeit ihrer Gesandten des Bischofs Anton von Wien und Quiroga's des Beichtigers der Königin von Ungarn, so blieb er bis Ferdinand ihm gleichsam Krone und Zepter zu Füßen legte, Tropfen um Tropfen schlürfte er die Wolluft der Rache. Max konnte sich über seinen guten Freund nicht täuschen um eine Anstrengung für sich zu erwarten, aber er erwartete sie für Bayern als Vormauer von Oesterreich. Unterdessen ergab er sich darein den ersten Sturm allein zu bestehen. Zwischen beiden Heeren floß die Regniß. Die Bayern, einige Märsche voraus, rückten von Forchheim über Erlangen auf Neumarkt, der König über Windsheim auf Fürth. In 14 Tagen hatte er seine Völker vom Rhein und aus Niedersachsen zusammengezogen vor der Stadt, von der er bekannte daß sie das Auge Deutschlands sey. Es war am lezten März — feierlich eingeholt von Bürgermeistern und Rath, begrüßt von den Männern in ihrem Waffenschmuck, umwogt von Tausenden einer jauchzenden Menge, welche Freudenthränen vergoßen beim Anblick des protestantischen Helden, ritt er mit Friedrich von der Pfalz und einem glänzenden Gefolge von Fürsten und Obristen durch die Thore von Nürnberg. Prächtige Geschenke, darunter 4 Kartaunen und 2 silberne Becher in Gestalt einer Erd- und Himmelskugel wurden überreicht, ein kostbares Bankett war bereit. Der König ließ es nicht an Gegengaben fehlen: die deutschherrlichen und katholischen Kirchengüter innerhalb ihres Gebiets theilte er der Stadt zu, seiner geschärften Straßenpolizei verdankte sie neues Leben in Handel und Wandel, unter schwedischem Geleit reißten ihre Kaufleute auf die frankfurter Messe, durch die hinreißende Kraft seiner Rede, die Anmuth seines Betragens eroberte er ihre Herzen vollends. „Ihre Verehrungen," sagte er zu den Rathsherren über der Tafel, „seyen ihm werth wegen der Seltenheit und der kunstreichen Arbeit, noch werther ihre Anhänglichkeit an die evangelische Sache. Von der möchten sie sich durch Nichts abwendig machen lassen, nicht durch Verzagtheit noch Bethörung von eitler Leidenschaft, besonders nicht durch den Mammon den Gößen der Welt. Der Kaiser mit Spanien und dem Pabst

zum Verderben der Evangelischen verbunden sey ein mächtiger
und listiger Feind, werde verheißen, drohen, schrecken, werde
Frieden und Ruhe bieten aber eine Ruhe die in ewige Unruhe
stürze, einen Frieden der ewiger Unfriede sey mit Gott. Sie
sollten bedenken, daß über der Erdkugel die Himmelskugel,
über dem Zeitlichen das Unvergängliche nicht vergessen werden
dürfe, daß sie Väter dieser unvergleichlichen Stadt, Nachkommen durch Klugheit, Treue und Liebe zum Vaterland berühmter Vorfahren und Erben ihres Vorrangs unter ihren Mit-
bürgern seyen die in ihre Fußstapfen treten und das Ruder
so führen müßten wie sie es könnten vor der Christenheit und
dem göttlichen Richterstuhl verantworten an jenem großen
Tage. Hätten sie auch bisher Viel auszustehen gehabt, Gott
um der Sünden willen Viel über sie verhängt, dennoch wenn
sie sich vorstellten Was das Schicksal ihrer Weiber und Kinder
wäre und Aller die ihnen theuer so sie in Feindes-Hand geriethen, müßten sie den Allmächtigen preisen der nur ihre
Beständigkeit auf die Probe gesezt habe, nicht seinen Zorn
über sie ausgeschüttet sondern sich ihnen erwiesen als ein ge-
waltiger Hort in jeglicher Trübsal. Was wunderbarer sey
als wie sie erhalten worden durch die Blindheit des Feindes
der sie und die andern Städte hätte unterjochen können und
es unterlassen? Was wunderbarer als daß er der sich eher
des jüngsten Tags versehen hätte denn daß er in ihre Stadt
käme, das erwählte Rüstzeug seyn müsse bei diesem Werk?
Er sey ein Prediger wie sie Gott nicht alle Tage schicke —
ein Prediger nicht bloß zum Trösten sondern zum Helfen.
Wie sie nun von ihm überzeugt seyn dürften, daß er erfülle
Was er versprochen wenn ihm Gott fortan Gnade verleihe,
wie er weder eine Gefahr noch den Tod gescheut auch künftig
nicht scheuen werde, so möchten sie nicht minder das Ihrige
thun, einen guten Kampf kämpfen und Glauben halten. Er
sage Das nicht weil er an ihnen zweifle, er wolle nur ihren
Eifer spornen. Würden sie noch Etwas dulden und tragen so
könne der Segen nicht ausbleiben, ihre Stadt werde grünen
und wachsen nicht allein jezt an Vermögen und Ehre, sondern
an Ruhm bei der Nachwelt und an reichem Antheil an den
unverwelklichen Kronen der Ewigkeit." Nach Tisch nahm der

König die Festungswerke in Augenschein, am Abend war er
wieder beim Heer: es war allermittelst an Nürnberg vorbei-
gezogen nach Schwabach. Da Tilly aus den nürnberger Ortschaften Geissel mit sich geschleppt hatte, so wurden um ihre
Loslassung zu erzwingen einige Kapuziner verhaftet. Und
weiter, den Bayern auf der Ferse, gings nach Neumarkt,
indeß sie aber eine Zuflucht suchten unter den Wällen von
Ingolstadt schwenkte der König auf Donauwörth.

Donauwörth auf dem linken Ufer der Donau war einer
der Schlüssel von Bayern. Von freien Reichsbürgern zu
bayerischen Amtssaßen herabgesezt und seit 24 Jahren unter
papistischem Religionszwang hätten die Einwohner sich des
Kurfürsten gern entäußert wäre ihnen nicht eine starke Besatzung auf dem Nacken gesessen unter Rudolf von Lauenburg,
der auf des Königs Aufforderung entbieten ließ er könne mit
Nichts dienen als mit Kraut und Loth und der Degenspitze.
Die Bayern schoßen auch tapfer heraus, suchten durch Ausfälle
die Annäherung zu hindern. Als jedoch unverweilt ihre Schanze
auf dem Schellenberg erstürmt und von dieser Anhöhe ihr
Geschütz zum Schweigen gebracht wurde, als der König den
Obristen Hepburn über die Werniz entsandte und die Stadt
auch von der Westseite einschloß, da sank ihnen der Muth.
In der Nacht hörte man Pferdegetrappel und Wagengerassel
auf der Donaubrücke. Der König, voraussehend daß sie die
Finsterniß benutzen würden zum Entwischen, hatte seine Artillerie
gegen die Brücke gerichtet auf die er sogleich aus allen Stücken
losdonnerte. Durch diese Spießruthen mußten sie hindurch,
die Andern die sich über die Werniz retten wollten liefen
Hepburns Musketieren in den Schuß, wurden getödtet oder
gefangen. Für die Schweden war diese Flucht das Signal
sich auf die Stadt zu stürzen, sie schlugen die Thore ein,
hieben nieder Wer sich noch in Waffen betreten ließ. Auch
ohne Plünderung ging es nicht ab bis der König hineinkam
und steuerte. Am Morgen zählte man in und um die Stadt,
besonders auf der Brücke, bei 500 Leichen. Ueber die Donau
war also der Weg gefunden, es galt jezt Meister zu werden
auch des Lechs. Zuvor traf der König einige nöthige Vorkehrungen. Donauwörth wurde der evangelischen Kirche

zurückgegeben, durch die Gefangenen die Verschanzung des Schellenbergs verbessert, Abtheilungen besezten Dillingen, Lauingen, das Donauthal bis Günzburg und Ulm. Die Schwierigkeiten begannen am Lech. Dieses breite reißende Alpwasser, die strenge Scheide zwischen der Bayern und Schwaben Land und Volk, war angeschwellt durch die Schneeschmelze der Frühlingssonne, die sparsamen Brücken bis Augsburg waren abgehoben, auf und ab reitende Patrullen hüteten das Ufer. Augsburg hatten die katholischen Stadtpfleger vor Kurzem den Bayern in die Hände gespielt und Diese hatten zu allen Mißhandlungen des Restitutionsedikts die evangelische Bürgerschaft entwaffnet. Tilly mit dem Heer, bei dem Max selbst angelangt war, lag zwischen Thierhaupten und Rain, rückwärts die Aicha, rings Schanzen und Verhacke, Sumpf und Wald. Der König nach aufmerksamer Untersuchung der Beschaffenheit des Flusses hatte dem bayrischen Lager gegenüber eine Stelle erschaut die ihm die passende schien zum Uebergang, theils weil sie das jenseitige Ufer um ein Paar Klafter überragte das daher von dort wirksamer bestrichen wurde, theils weil der stark herüber gekrümmte Lech eine Landzunge bildete nach welcher eine Brücke gelegt werden konnte unter dem Schutz eines Kreuzfeuers. Die erfahrensten Offiziere, unter ihnen Horn, äußerten Bedenklichkeiten. „Wie, entgegnete der König, wir haben über die Ostsee und so viele Ströme gesezt und sollten uns vor diesem Bach fürchten!" Seine Anstalten waren des Vorhabens würdig. Vor der Landzunge wurde ein mit Laufgräben verbundenes Dreieck von Bettungen errichtet, 72 Geschütze aufgepflanzt. Und unter dem fürchterlichen Kanonenfeuer das drüben Alles ferne hielt und in die Bäume schlug daß es ein Krachen und Splittern war wie von unzähligen Holzärten (der König soll selber gegen 60 Schüsse abgebrannt haben), unter dem Pulverqualm den er noch verdichten ließ durch den Rauch von angezündeten Reisbündeln und Pech, wurde Tag und Nacht an einer Brücke gezimmert. Am 3ten Tag — den 15ten April 9 Tage nach der Einnahme von Donauwörth — waren die Böcke eingerammt und die Brücke fertig. Die Ersten auf den Balken, waren 300 Finnen so geschickt in Handhabung des Spatens als der Muskete: der König hatte jedem 10 Thaler geschenkt, dafür tummelten sie sich so wacker daß die Brücke bald durch einen Halbmond verwahrt war. Zugleich waren ober- und unterhalb Furten entdeckt worden und Reiterei und Fußvolk überschritten zumal den Fluß. Wiederholt stürmten die Bayern an: sie konnten den verlorenen Boden nicht wieder gewinnen, in immer größerer Anzahl sezten sich die Königlichen drüben fest. Als am folgenden Morgen der König mit ganzer Macht auf bayerischem Gebiet stand, fand er das feindliche Lager verlassen, aber so verwundert über die Trefflichkeit der Stellung als über den Entschluß des Kurfürsten sie aufzugeben rief er aus: „Wäre ich der Bayer gewesen, nimmer würde ich gewichen seyn daß ich meinem Widersacher die Thür aufsperrte in mein Land, und hätte mir eine Stückkugel Bart und Kinn gestuzt." Max war jezt sein eigener Feldherr: Altringen war von einer Kopfwunde betäubt, Tilly dem eine Falkonetkugel den rechten Schenkel über dem Knie zerschmettert hatte, wurde in einer Sänfte getragen, wo er von einer Ohnmacht in die andere fiel. Während die Bayern auf ihrer traurigen Wanderung nach Ingolstadt die mehr Flucht als Rückzug war noch ziemlich Haar lassen mußten, wurde die Nothbrücke abgebrochen, dagegen zu Rain, zu Neuburg die sich ohne Widerstand ergaben die Brücken wieder hergerichtet und mit Schanzen versehen. Die Pfalzgräflichen von Neuburg hatten um Neutralität angehalten der König aber erwiedert, sie hätten für seine Feinde die Gefälligkeit gehabt ihnen Kanonen zu leihen, so würden sie auch für seine Soldaten Brod und Bier haben. Panischer Schrecken war durch ganz Bayern. Die kurfürstliche Familie mit ihren kostbarsten Habseligkeiten flüchteten nach Werffen und Salzburg. Unaufgehalten rückte der König nach Lechhausen und Friedberg hinauf vor Augsburg, eben dahin Torstenson auf dem schwäbischen Ufer mit dem groben Geschütz nach Oberhausen und an die Wertach. Augsburg, das den obern Lauf des Lechs und das südöstliche Schwaben beherrschte, versprach eine wichtige und leichte Eroberung. Der König, der nicht anders erwartete als daß er ohne Gewalt zum Ziel kommen müsse, hatte zwar bei Lechhausen zwei Brücken geschlagen und Kanonen auffahren lassen, that aber, obgleich die Bayern — freilich auf sehr unschuldige Art — ihr Pulver verknallten, keinen Schuß, sondern ermahnte die Bürgerschaft sich der Besatzung zu entledigen und Horn schrieb an den kurfürstlichen Stadthauptmann, er möchte sich in Güte bequemen weil doch die meistens aus Landwehr bestehende Besatzung der doppelten Aufgabe eine mißvergnügte Bevölkerung zu zügeln und die geringen aber ausgedehnten Werke zu vertheidigen nicht gewachsen, auch kein Entsatz zu hoffen sey. Nachdem man über die Räumung einig war, hatte der König noch die inneren Angelegenheiten der Stadt und sein Verhältniß zu ihr zu regeln. Die Stadt wurde in ihre Verfassung mit protestantischer Obrigkeit wieder eingesezt, ihr Gesammtbeitrag zu 20,000 Thalern des Monats bestimmt, zu einer umfassenderen Befestigung der Plan entworfen. Die Katholiken wurden nicht unglimpflich behandelt: sie hatten die Protestanten ihrer Kirchen und Schulen beraubt die mußten sie zurückgeben, in ihrem ursprünglichen Besitz blieben sie ungeschmälert. Zur Wiedereröffnung des evangelischen Gottesdienstes begab sich der König in feierlichem Zug aus dem Hauptquartier zu Lechhausen in die Stadt nach Sankt Anna, wo manches Auge in Thränen schwamm als der Hofprediger Jakob Fabricius aus dem 12ten Psalm die Textesworte wählte: „Weil denn die Elenden zerstöret werden und die Armen seufzen, will ich auf, spricht der Herr, ich will eure Hilfe schaffen daß man getrost lehren soll.“ Aus der Kirche bewegte sich der Zug nach dem Weinmarkt vor Marquard Fuggers Haus: Gustav Wolf sah aus den Fenstern, unten war die Bürgerschaft zur Huldigung versammelt, Philipp Sattler der Geheimschreiber, verlas die Eidesformel und die Bürger schwuren dem König und der Krone Schweden treu, hold, gehorsam und gewärtig zu seyn und zu leisten was Unterthanen ihren natürlichen Herren schuldig sind. Dieser Bürgereid wurde von den Scharfsinnigen die in die Innergründe und Hintergründe der schwedischen Politik zu blicken wähnten als ein verrätherisches Zeugniß betrachtet, daß es dem König mehr um die Ausbreitung seiner Herrschaft als um die Freiheit seiner Religionsgenossen zu thun sey, eine ihm zu Ehren in Augsburg geprägte Denkmünze welche die alte Augusta anagrammatisch in Gustava umtaufte, und sie die Wiege des neuen Glaubens, als die Hauptstadt eines neuen Reichs zu bezeichnen schien, vergrößerte den Lärm. Etwas Besonderes enthielt diese Huldigung eigentlich nicht: er hatte sie allerdings von andern Reichsstädten die zu ihm als Verbündete traten nicht gefordert, sonst aber überall wo ihm das Eroberungsrecht zustand, sie schloß die Zurückgabe beim Frieden nicht aus und daß sie in Augsburg dieses Aufsehen machte, war nur ein Merkmal der mit seinen Erfolgen zunehmenden Eifersucht unter der protestantischen Partei selbst. Und weil es in Augsburg neben den ernsteren Staatsgeschäften auch festliche Lustbarkeiten gab bei welchen der König einige schöne Bürgerinnen zum Tanz führte, so hatten sich die Katholischen sogar geträumt, die Stadt könnte für ihn und sein Heer ein Capua werden, aber schon zogen etliche seiner Schaaren weiter am Lech hinauf und von Ulm aus an der Iller, bemächtigten sich des augsburgischen Bisthums bis Füssen, bedrohten von Landsberg her Oberbayern wie von Memmingen und Kempten die fruchtbaren Landschaften am Bodensee, und am vorlezten April wehte die Königsfahne im Lager vor Ingolstadt.

Während der König den Kurfürsten von Bayern auf dem Korn hatte, erlitt das protestantische Waffenglück allerlei Schwankungen auf den verschiedenen Punkten des vielfach verzweigten Kampfes. Am Rhein fühlte und klagte Oxenstierna daß man vornehmen Herren keine wichtigen Posten anvertrauen sollte, weil sie sich über Befehle, Verweise und Kriegsgerichte erhaben dünkten und bloß nach ihrem Gefallen und Vortheil handelten, er hatte diese Erfahrung gemacht an den ihm beigegebenen hochfürstlichen Generälen die es fast unter ihrer Würde erachteten einem schwedischen Edelmann zu gehorchen und sich auch mit einander nicht vertrugen. Andererseits schienen die Spanier nur gewartet zu haben bis der König sich entfernt hatte: dann waren ihrer 10,000 zu Fuß und 3000 zu Roß unter dem Grafen Hans von Emden in die Pfalz eingebrochen, Cordova mit einem zweiten Heerhaufen war auf dem Marsch nach Trier, Ossa hatte am Osterabend Durlach den Hauptsammelplatz für die Aushebungen in Würtemberg und der Markgraffschaft übersammelt und die Rekruten

mitgenommen, viele Ortschaften hatten als unhaltbar preisgegeben werden müssen, andere wurden es durch Verwahrlosung,
so selbst Speier das die Bürger rüstig vertheidigten als Wolf
Ewert von Horneck eine Feigheit beging die er ohne Fürsprache der Königin mit dem Kopf gebüßt hätte, daß er nehmlich, als schon Herzog Bernhard zum Entsatz in der Nähe
war, für die Besatzung sich auf Abzug verglich und die Stadt
ihrem Schicksal überließ die dann auch sammt dem Kammergericht trotz ungeheurer Brandschatzung jämmerlich ausgeplündert
wurde. Vor Stade hatte Pappenheim die Königlichen hinter
Hadeln und Horneburg zurückgedrängt, nicht ohne daß ein
Vorwurf der Nachläßigkeit auf Tott fiel der deßhalb unter
dem Vorwand einer Badreise abdankte und Baudis zum Nachfolger erhielt. Nichts destoweniger war Pappenheims Lage
nachgerade so geworden, daß er nicht hoffen konnte sich daselbst
länger zu behaupten. Die Unterhaltsquellen waren erschöpft,
durch Kraggs und des Lüneburgers Anzug auch seine Zufuhren
gefährdet, daher er erst Stade dem König von Dänemark anbot und da Dieser um nicht mit Schweden in Mißhelligkeit
zu gerathen das Geschenk ablehnte, sich mit der Besatzung
zum Abmarsch entschloß, die zu schwerfälligen Stücke vernagelte
oder versenkte, sich bei den Einwohnern wegen der verübten
kirchlichen Bedrückung entschuldigte und seine Kranken ihrem
Wohlwollen empfahl. So sah das Frühjahr das untere Weser-
und Elbeland von Feinden frei. Doch diese Begebenheiten
berührten nur oberflächlich den Kreis der Zeit. Verhängniß-
voller gestalteten sich die Verhältnisse in Sachsen und Böhmen.
Am Hof zu Dresden kreuzten sich Rathschläge und Ränke
seltsam. Von der Gränze von Bayern hatte Gustav Adolf
den Grafen Philipp Reinhard von Solms an Johann Georg
abgefertigt um dessen Mitwirkung zu erlangen für den allgemeinen Kriegsplan bei dem bevorstehenden Auftreten Friedlands. Des Königs Vorschläge gingen von Voraußetzung
dreier Möglichkeiten aus: entweder daß der Herzog sich mit
ganzer Macht auf den König wärfe oder auf den Kurfürsten
oder daß er sich zwischen Beiden theilte. Im lezteren dem
minder wahrscheinlichen Fall, glaubte er, würden sie ohne
einander aufkommen, weil der Feind wenn schon zum Länder-

verwüsten hinlänglich versehen mit Kosaken, Ungarn und Kroaten, doch an derjenigen Mannschaft keinen Ueberfluß habe mit der man Festungen gewinne und Schlachten schlage. Eine Verabredung treffen wollte er für die zwei andern Fälle; indem er bereit war, wenn die mährische Gewitterwolke sich gegen Sachsen entlüde, mit der Hauptmacht zu Hilfe zu kommen da ein mäßiges Heer zur Deckung der Pässe an der Donau und am Lech, in Augsburg und Ulm hinreichend schien, wünschte er umgekehrt, wenn er den ganzen Schwarm in Bayern nach sich zöge, auch auf den Kurfürsten rechnen zu dürfen. Je nachdem es so oder so zuträfe, sollte der Kurfürst entweder in fester Stellung seine Truppen zusammenhalten bis der König da wäre oder daraus zwei Haufen machen, einen zur Verwendung nach Umständen in Böhmen oder Schlesien, den andern größern um ihn über Cham an die Donau vorrücken zu lassen. Dieweil die Schweden dem Feind in Bayern zu schaffen geben würden, sollten die Sachsen das linke Ufer des Stroms säubern, damit die Bauern in Oberösterreich, die nochmals für ihre Religion die Waffen ergriffen hatten, Luft bekämen. Es waren triftige Gründe, warum Solms auf Vereinigung des kurfürstlichen mit dem königlichen Heer drang. Nicht allein daß wallensteinische Ohrenbläser in Dresden Alles aufboten um den schwedischen Bund zu trennen, daß sie den König bald des Trachtens nach unumschränkter Gewalt zeihen, bald auf die Gunst hindeuteten welche der Pfälzer und die Brüder von Weimar bei ihm genoßen um den Wink fallen zu lassen er werde wohl auch in dem herzoglichen Hause von Sachsen die Kurwürde herzustellen gemeint seyn, sondern bei Arnim war es nicht anders als wäre der Bund schon getrennt dermaßen daß er dem Kurfürsten selbst einen Augenblick verdächtig zu werden schien, der mit Solms davon sprach wie wenn er Lust hätte die Anführung seines Heeres an einen schwedischen Feldmarschall zu übertragen — etwa an Gustav Horn oder Hermann Wrangel. Da war außer den Zusammenkünften mit Friedland ein ewiges Brief- und Botensenden über das die sächsischen Offiziere den Kopf schüttelten, und in einigen zwischen Arnim und Hans Georg Sparre gewechselten Schreiben, die von Hofkirchen aufgefangen, an Solms mitgetheilt und von ihm vorgelegt wurden, waren wirklich Aeußerungen des wallensteinischen Vertrauten die muthmaßen ließen, daß noch anderes Garn am Zettel war als das eingestandene ehrliche Friedenswerk, auch hatte Arnim in einer Nachschrift sich höchlich ausgebeten daß die Briefe Nichts enthalten möchten als Was der Kurfürst lesen dürfe. Und Was wars? Arnim wurde im kurfürstlichen Geheimenrath vernommen, seine Entschuldigung daß er für die groben Brocken in Sparre's Briefen nicht könne, die Betheurungen seiner Treue wurden genehmigt, ihm urkundlich ein Rechtschaffenheitszeugniß ausgestellt und er zur Fortsetzung des Friedensgeschäfts nach Böhmen zurückgeschickt. Wallenstein hatte dem Kurfürsten weiß gemacht er habe Vollmacht den Protestanten ungestörten Besitz ihrer kirchlichen Erwerbungen vor und nach dem passauer Vertrag anzubieten, noch waren Sachsens Verpflichtungen gegen Schweden zu neu, die Unehrenhaftigkeit einer plötzlichen Loßsagung wäre zu schreiend gewesen, obgleich aber Johann Georg erklärte er könne und wolle sich nicht einseitig einlassen gab er jenen Einflüsterungen fort und fort Gehör und auf die angetragene Waffenvereinigung keine oder eine ausweichende Antwort. Von dem Herzog wurde in Dresden und Wien zumal Komödie gespielt: als er noch den Spröden machte den man schier kniefällig angehen mußte wenn er nur einen Tag über die 3 Monate den Oberbefehl behalten sollte, hatte er die Sachsen in Schlaf gelullt und gleichsam halbwegs zum Lande hinausgeschoben. Ein Blick in seinen endlich um Mitte Aprils mit Eggenberg abgeschlossenen Dienstvertrag hätte ihnen allerdings aus dem Traume helfen können: die Verleihung so unerhörter Allgewalt an einen Unterthan war kein Vorzeichen des Friedens. Denn wenn der Kaiser sich seiner Hoheit entkleidete um ein Heer errichten zu lassen dem er Nichts zu befehlen hatte und einen Oberfeldherrn zu ernennen der sich die Anwesenheit des Thronfolgers im Feld ausdrücklich verbitten durfte — wenn er Demselben eine offene Anweisung auf die österreichischen Lande zu Quartier und Rückzug, auf ihre Einkünfte zu Sold und Verpflegung bewilligte, wenn er ihm ein Erbland als ordentliche Belohnung, als außerordentliche die Lehensherrlichkeit über alle zu erobernden Provinzen zuschreiben, dazu das Herzogthum Meklenburg neu versichern mußte, wenn er die Befugniß Güter einzuziehen in Deutschland und Gnaden zu gewähren so unbedingt in dessen Willkür gab, daß weder Reichshofrath noch Kammergericht darein reden sollten und das Reichsoberhaupt nur in sofern ein Strafurtheil mildern könnte als Leben und Ehre nicht aber Vermögen in Frage stände — wenn dieser Oberfeldherr sich solche Titel und Machtvollkommenheit obendrein von der Krone Spanien ertheilen ließ, so war Das die unverschleierte Rückkehr zu der vordem zu Regensburg gestürzten Soldatenherrschaft, in deren Interesse demnach Habsburg gern oder ungern die persönlichsten Opfer nicht zu theuer fand. Wohl hatte Wallensteins Politik ihre Tiefen da vielleicht die Eingeweihten nicht ganz auf den Grund schaueten, immerhin Was davon zu Tage lag hätte für die Sachsen genug seyn können zur Erinnerung daß er schwerlich der rechte Friedensstifter sey. Wenn sie aber auch nicht Frieden schloßen so that doch kein Theil dem andern weh. Daß ihnen allmählig von der leichten friedländischen Reiterei der Raum etwas verengt wurde, brachte sie nicht auf, und als Wallenstein von der Heerschau zu Rakonicz am 14ten Mai vor Prag erschien, hatte Arnim, als ob er besorgte Hofkirchens Hartnäckigkeit möchte einen zu heftigen Zusammenstoß veranlassen, Diesen zuvor mit zwei Regimentern abgefordert. Weniger höflich war es freilich, daß nachdem einige Kanonenschüsse vom Weißenberg die Stadt geöffnet, die Besatzung beim Abzug von Hradschin gezwungen wurde Fahnen und Obergewehr zurückzulassen, aber an Waffen hatte der Herzog einigen Mangel und die Fahnen brauchte er um den Wienern ein neuerdings ungewohntes Paradevergnügen zu machen, im Uebrigen verleugnete sich seine Freundschaft auch da nicht indem er sie ihre Wagen mit Gepäck und Beute undurchsucht ins Lager zu Leitmeritz abführen ließ, selbst Ausreißer nicht zurückhielt. Und wiederum ein oder zwei Wochen schlichen die Füchse um einander herum und erneuten zwischen Leitmeritz und Prag ihren friedseligen Verkehr, schier wäre damit aus Scherz Ernst wäre das sächsische Lager auf der Seite von Brix und Aussig umgangen und von Meissen abgeschnitten worden, weil jedoch Arnim die vielleicht nur scheinbare Falle vermied und unverkehrt mit dem Heer nach Pirna entwischte, so verdiente er sich beim Verlust Böhmens noch den Ruhm eines meisterhaften Rückzugs. Nur die Besatzungen in Elbogen und Eger waren zurück, sie buhlten auch mehr um den Preis kluger Selbsterhaltung als gefährlicher Tapferkeit und Wallenstein schickte sie mit Sack und Pack ihrem schlauen Feldmarschall nach. Binnen 4 Wochen war von der sächsischen Eroberung keine Spur übrig in Böhmen und diesen Zweck hatte er vollständig erreicht auf eine Art welche die schonendste war für einen Feind der sich so schön eignete ein nützlicher Freund zu werden, ja der auf der Gegenpartei bleiben und doppelt nützlich seyn konnte als ihr auflösendes Element.

So gering Gustav Adolfs Meinung von Arnim war, Das hätte er sich wahrscheinlich nie eingebildet, daß die Sachsen so gleichsam aus Böhmen würden hinausgeblasen werden. Wenn ihn sein gutes Glück nicht verließ und sie nur ein Wenig den Feind beschäftigten, so mochte er noch in manche Stadt einziehen ehe er Wallensteins Dazwischenkunft zu befürchten hatte die möglicherweise seiner Bahn eine neue Richtung gab. Aber spuden mußte er sich schon und vor Ingolstadt war ein heißer und schlüpfriger Boden. Indem der König seinen Angriff auf das rechte Donauufer beschränkte hatte er es nicht sowohl auf diese Festung als auf ihren Brückenkopf abgesehen: hätte er diesen und Regensburg gehabt so wäre des Wittelsbachers Verbindung mit Böhmen und Oesterreich zerrissen, sein Heer aus Bayern ausgesperrt gewesen und das Land den fremden Waffen anheim gefallen von selbst. Was die häckeliche Sache zu erleichtern versprach waren Einverständnisse — in der Reichsstadt unter der protestantischen Bürgerschaft, in der Festung mit Wolmar Farensbach einem alten Gesellen der als kurländischer Feldobrister im liefländischen Krieg mit den Schweden gefochten, nachher ohne die Bekanntschaft ganz abzubrechen sich in verschiedener Herren Dienst umhertrieb. Dießmal vereitelte die Wachsamkeit des Feindes Alles. Als Horn sich Regensburg näherte erfuhr er daß er stracks wieder umkehren könne: die Kurfürstlichen waren ihm zuvor gekommen. Gleich bei der Bewegung der Schweden gegen den Lech hatte Max durch die bayerischen Kreisstände daselbst die Aufnahme des Obristen Salis mit 1500 Mann erlangt, da sie aber der Stadtobrigkeit schwören und ihr die Posten an den Thoren überlassen mußten so hatte diese Besitznahme unzureichend geschienen. Eines Morgens war eine Companie früher als sonst wie zu den gewöhnlichen Waffenübungen ausgerückt, hatte die bürgerliche Thorwacht übermannt, auf ein Signal mit der Trommel waren die draußen versteckten Bayern in hellen Haufen herbeigestürzt, hatten unter Mord, Raub, Nothzucht und Erpressung die Einwohner entwaffnet, ihnen ein Joch aufgelegt von ungemilderter Härte auch nachher troz kaiserlichen Fürworts. Und vor Ingolstadt ward zwar ein Außenwerk erstürmt hingegen ein nächtlicher Angriff auf den Brückenkopf blutig abgeschlagen, Farensbach hatte durch zu eifriges Bemühen um den dortigen Posten und das gleichsam geflissentliche Gefangenwerden seines Dieners gegen sich Verdacht erregt und war in Haft gesezt worden. Tilly unter den Händen der Wundärzte die ihm vier Knochensplitter auszogen erlebte die Freude über den glücklichen Anfang des Widerstands in Ingolstadt und die Versicherung Regensburgs, ungebeugten Geistes mitten unter den Leiden einer 73jährigen morschen Hülle hatte er das Augenmerk seines Gebieters auf Nichts so sehr als die Erhaltung dieser beiden großen Bollwerke gerichtet, Regensburg, Regensburg auf den entfärbten Lippen schied er am lezten Aprilabend aus der Welt. In den Stimmen an seinem Grab begegneten sich die gemischten Eindrücke von 14 Jahren eines erbitterten Kriegs. Die Einen, die seine eiserne Faust auf ihrem Nacken gefühlt, sahen ihn sterben den Tod eines Tyrannen und sein Schmerzenslager umschwebt von den Schatten der erwürgten Magdeburger, die Andern denen sein Name das Siegesbanner ihrer Waffen und ihrer Kirche war, vor Allen sein Beichtvater und Lobredner Adlzreitter der bayrische Geschichtschreiber, verherrlichten seinen Hingang fast wie den eines Heiligen, sie wurden nicht müde des Preisens der Tugenden Dessen, der noch jüngst von sich rühmen durfte er habe nie ein Haupttreffen verloren, nie ein Weib erkannt, nie sich im Trinken vergessen, den diese selbe Strenge gegen sich selbst das allgemeine Haschen nach Vermögen und Ehre verachten, die Nichtausfertigung des Fürstendiploms

von einem kaiserlichen Geheimschreiber mit 500 Thalern er-
kaufen ließ — sie erzählten von seinem väterlichen Verhältniß als Feldherr, von seiner Großmuth gegen die Tapferkeit die er nicht selten aus eigenen Mitteln, in seinen treuen
Wallonen noch durch eine Verehrung von 60,000 Thalern aus
seinem Nachlaß belohnte — von seinen Vermächtnissen an
die Mutter Gottes zu Oettingen, in deren Kapelle er einen
diamantenen Halsschmuck von der Infantin Isabella und 1000
Rosenobel (ein Geschenk der Stadt Hamburg) für eine tägliche
Seelenmesse stiftete — endlich von seiner christlichen Gelassen-
heit im Todeskampfe da er den ermattenden Muth mit dem
Bibelspruch auffrischte: „Auf dich Herr habe ich vertraut, ich
werde in Ewigkeit nicht zu Schanden werden." In der That
wenn die kalenbergische Schenkung das bedeutendste Erbstück
seines Neffen des Grafen Werner war, so hatte Tilly der
wallensteinischen Unersättlichkeit gegenüber eine anerkennungs-
werthe Enthaltsamkeit bewiesen und wenn auch Menschenliebe
in seinem mönchischen Christenthum keine Stelle fand war
er doch unter den Verwüstern Deutschlands vor und nach ihm
keiner der schlimmsten. Im bayrischen Heer ließ sein Tod
eine unersetzliche Lücke, aber sein Rath wurde gewissenhaft
befolgt. Statt daß die Truppen in Vertheidigung der einzelnen Theile Bayerns zersplittert wurden, sparten sie ihre Kraft
für die Donaufestungen mit der Gewißheit, daß dann etwaige
Verluste wehrlosen Landes nur vorübergehend waren. Der
König überzeugte sich auch bald daß ohne förmliche Belagerung, wozu es an Muße gebrach, nicht Viel zu machen sey:
die kahle flache Umgegend bot keinen Schutz als einiges Dorn-
gebüsch, die einzige Erhöhung war ein Auswurf auf dem
das Hochgericht stand, das einzige Obdach eine Abdeckershütte
und eine Mühle. Je weniger die ordentliche Führung von
Laufgräben der schwedischen Ungeduld zusagte, einen desto
furchtbareren Spielraum hatte die feindliche Artillerie, besonders bewährte eine lange Kanone die Feige genannt vom
Thurme der Frauenkirche ihren gegen Sebastian Schertel und
die Schmalkalder erworbenen Ruf eines auf Meilenweite
sichern Schusses. Täglich wurden Wagen mit Verstümmelten
nach Neuburg gebracht. Dem König da er sich die Oertlich-

keit zu durchforschen vorwagte wurde das Pferd unterm Leibe
erschossen, so daß er sich auf der Erde wälzte in Sand und
Blut. Sein Gefolge war mehr erschrocken als er der mit der
scherzenden Bemerkung aufsprang, daß der Apfel noch nicht
reif sey, und ein anderes Pferd bestieg. Die Kugel war ihm
an der Wade vorbeigegangen, eine andere riß neben ihm dem
Markgrafen Christoph von Durlach den Kopf vom Rumpf.
Tief bewegt vom Tod des tapferen Jünglings der seit einigen
Tagen beim Heer war ritt der König ins Lager zurück. Wie
die Fürsten und Obristen ihn glückwünschend umringten, zeigte
er ernsten Blickes auf das kaum noch blühende jezt geknickte
Leben mit welchem die schöne Hoffnung eines ergrauten protestantischen Streiters ins Grab sank, da gedachte er der
rauchenden Kugel die ihm so nahe gegrafet, die nach so vielen
Wunden die er vorm Feind empfangen abermals mahnte des
alten Bundes der Sterblichkeit und des Gesetzes der Natur
die nicht fragten ob Einer ein Hochgeborener sey der Zepter
und Krone trage mächtig in Waffen und Sieg oder der ärmste
Soldat, die vielmehr Ergebung forderten in den Willen der
göttlichen Vorsehung die wenn sie ihn auch aus der Zeitlich-
keit abriefe darum die gerechte Sache nicht verwärfe sondern
einen Andern erwecken und mit Verstand, Tapferkeit und
Glück begaben könnte, der sich des Schaden Josephs annähme
und diesen Kampf für Religion und Freiheit fortführte
ans ersehnte Ziel. Da fiel es ihm auch schmerzlich auf die
Seele daß so manche Derer die er aus dem Staub emporge-
richtet hatte in welchem sie sich krümmten vor der Liga, zum
Dank an seinem besten Ruhm mäkelten wie wenn Alles von
ihm aus gemeinem Eigennuz geschehen wäre, mit edlem Unmuth erhob er sich gegen diese Einflüsterungen, er nahm zu
Zeugen Gott und sein Gewissen, die Fürsten die er ohne
Entgeld wieder eingesezt, die Tonnen Goldes aus seiner
Schatzkammer die dieser Krieg verschlungen, seine Gläubiger
zu Frankfurt und anderswo, sein vergangenes und künftiges
Leben, die bestandenen und noch zu bestehenden Mühseligkeiten,
ob er Bereicherung gesucht habe für sich selbst und nicht überall
die Wohlfahrt seiner Glaubens- und Bundesgenossen, die
Sicherheit seiner Lande und den Sturz der Zwingherrschaft

des Hauses Oesterreich. Wenn dieser Böswilligen etwelche unter den Anwesenden wären, vor solcher Rede verstummten sie, einhellig beschworen Alle, Viele mit Thränen den König, ein Leben zu schonen auf dem das Heil beruhe von Millionen protestantischer Christenheit, sie gelobten aufs Aeußerste mit ihm auszuharren, ihm zu folgen als ihrem Obern wohin es sey.

Ueberhaupt trafen mehre Umstände zusammen um sein Gemüth in eine leidenschaftlichere Spannung zu versezen. Von München war der französische Gesandte am kurfürstlichen Hof Saint=Etienne mit einem neuen Neutralitätsgesuch für Bayern, aus Kopenhagen Tage Tott und Christian Thomasson im Auftrag des Königs von Dänemark mit einer ungelegenen Friedensvermittlung angelangt. Jener schwazte von Maximilians Versöhnlichkeit, seiner hohen Achtung für Gustav Adolf, Diese kleideten ihr Anbringen in Bezeugungen des Frohlockens über seine Siege und des Bedauerns, daß der König ihr Herr nachdem er selbst ins 5te Jahr, zulezt von Jedermann verlassen, für die evangelische Freiheit gekämpft, nun durch Vertrag gebunden außer Stande sey den ferneren Kampf mitzumachen, sie versicherten feierlich daß er um Alles in der Welt nicht die Nachrede auf sich laden möchte man sey von dänischer Seite dem löblichen Unternehmen Schwedens hinderlich gewesen, weil aber doch die Geschicke des Kriegs wandelbar so begehrten sie zu hören ob es nicht unangenehm wäre wenn er den Grund legen hälfe zu einer Ausgleichung, natürlich einer dauerhaften und ehrenvollen, zu Schwedens und der andern Evangelischen Genugthuung? Gustav Adolf der nach den vorgefallenen Reibungen trotz aller gleißnerischen Flausen zu gut wußte woher bei seinem Nachbar der Wind wehte als daß er ihn gerne zum Vermittler hatte, der aber seine Empfindlichkeit verbergen mußte über diese Friedenssalbaderei ins Blaue die zu Nichts diente denn die Leichtgläubigen zu bethören und ihn in ein falsches Licht zu stellen als wäre in Deutschland nicht der unausgetobte Sturm sondern er der den Sturm machte, er erkannte mit Dank die freundliche Absicht, bekannte sich einverstanden und wünschte nur die Mittel und Wege schon gefunden und zwar wenn er bloß

von sich ausginge je bälder je lieber, weil ihm die Last bei
der Niemand recht mit angreifen wolle schier zu schwer werde,
er erließ es übrigens Dänemark sich seinetwegen Sorgen zu
machen da er glaubte seine Waffen seyen von Gott hinlänglich
gesegnet, daß er keine Vorunterhandlung bedürfte um mit
Ehre und Vortheil vom Schauplatz abzutreten und auf geraume
Zeit vor'm Kaiser Ruhe zu haben, allein einen Dienst bezeich-
nete er welchen Dänemark leisten könnte, wenn es bei den
evangelischen Ständen dahin wirkte sich zuvörderst in einen
festen Bundeskörper zu vereinigen, denn erst wenn sie aus der
Vereinzelung in der Einer nach dem Andern unterdrückt werden könne heraus wären, werde der Friede vernünftig, Dänemarks Vermittlung wahrhaft fruchtbar und ruhmvoll seyn.
Diese Dänen waren mit einer artigen langen Nase heimge-
schickt. Noch übler kam der Franzose weg. Die Zumuthung
war auch stark, Max hatte die Feindseligkeiten wieder eröffnet,
kürzlich war ein kaiserliches Schreiben an ihn aufgefangen
worden in welchem 50,000 Wallensteinische zur Hilfe versprochen wurden, und der König, der dem Angreifer nach
Bayern gefolgt war, sollte sich hier an der Gränze im Namen
Frankreichs Halt zurufen, seinen gerechten Zweifel an der Aufrichtigkeit des Kurfürsten durch die Behauptung niederschlagen
lassen, der Ueberfall zu Bamberg sey ohne dessen Willen geschehen,
lediglich auf Anliegen des Bischofs. „Ei," versezte der König,
„der Bayer, hat seine Landwehr dabei gehabt und wenn Tilly
gegen Befehl gehandelt, warum hat er ihn nicht bestraft?
Mag Wallenstein kommen auf den er pocht, so wird Bayern
nur um so eher zu Grunde gerichtet, uns kann Das gleich-
gültig seyn." Nochmals hub Saint-Etienne an des Kurfürsten
Lob zu singen, da fuhr der König auf: „Wollt Ihr nicht auch
die Laus laben, daß sie ein treues, beständiges und nützliches
Thier sey das dem Menschen das unnöthige Blut abzapft?
Ich kenne nunmehr den Bayer und seinen Pfaffenschwarm, er
trägt doppelt Tuch; bald wendet er das Blaue heraus bald das
Rothe darauf das burgundische Kreuz das weiß und roth ist,
er mischt die Farben wie er will, aber den König in Schweden
wird er nicht zum zweiten Male betrügen." Als der Unterhändler sich beigehen ließ mit anmaßender Vertraulichkeit

dieses Vorurtheil wegzuklügeln, andeutend Frankreich hätte wohl auch Macht seinen Wünschen mit 50,000 Mann Nachdruck zu geben, unterbrach ihn der König entrüstet: „Ich verzeihe Euch Eure Unwissenheit. Ihr gebraucht Euch der französischen Zungenfreiheit gar zu viel, vergeßt mit wem Ihr redet und an welchem Ort Ihr redet. Ich bin den leichtfertigen französischen Ton nicht gewohnt. Ich muß Euch sagen, daß ich mit Eurem König auf besserem Fuß bin als Ihr Euch einbildet. Ihr seid von ihm nicht zu mir gesandt, habt keine Beglaubigung. Aber seine 50,000 würden mich nicht schrecken wenn er mir die Freundschaft aufkünden wollte: er dürfte sich nicht einmal herausbemühen, ich könnte ihm mit 100,000 nach Paris entgegen kommen. Auch die Kaiserlichen haben mir den Kastorhut, den sie mir in Preußen abgenommen haben, bei Leipzig theuer bezahlt. Im Nothfall ist der Großtürke mein guter Freund, er ist nicht schlimmer als die Papisten mit ihrer Abgötterei.“ Der Franzose war zäh: er entschuldigte sich, bat wenigstens die Bedingungen anzugeben unter welchen die Neutralität würde gewährt werden. „Gut,“ erwiederte der König, „der Bayer soll unangefochten bleiben wenn er sein Kriegsvolk bis auf weniges auf der Stelle abdankt aber es nicht dem Kaiser überläßt, und wenn er schwört 3 Jahre lang sich aller Anschläge gegen uns zu enthalten. Oder wenn ihm Das nicht gefällt, gebe er freien Durchzug in Ingolstadt, erstatte unsern Bundesgenossen Was er von ihnen hat und leiste gebührende Bürgschaft, daß er dem Feind keinen Vorschub thun wolle.“ Da der Andere meinte, die Abdankung werde keinen Anstand haben sofern die Truppen dem Kurfürsten und nicht dem Kaiser oder der Liga angehörten, so wurde ihm vom König der endliche Bescheid er verstehe diese Unterscheidungen aber man werde ihn damit nicht am Narrenseil herumführen bis Wallenstein da sey, innerhalb 24 Stunden müsse der Vertrag geschlossen seyn, wo nicht so verfahre er in Bayern nach Kriegsrecht. Eine Antwort kam nicht, Max verlegte sein Lager nach Regensburg und der König wandte sich nach dem Innern von Bayern. Die Ingolstädter aber scharrten den gefallenen königlichen Leibschimmel aus und bewahrten ihn ausgestopft auf der Burg zum Andenken an die tägige Berennung. Sie berechneten den Verlust der Schweden zu 3000 Mann, sie jubelten daß sie der erste Damm gewesen an dem sich die Wogen ihres Siegeslaufs gebrochen.

Für den Kurfürsten von Bayern war der Süßigkeit des Triumphs etwas Wermuth beigemischt. Ingolstadt freilich hatten sie nicht erobert zumal weil eine Festung ohne auf der Hauptseite angegriffen zu seyn gar nicht belagert heißen konnte, und wenn es ein Scheinangriff war um ihr Vorhaben gegen Regensburg zu verdecken so hatte er es vereitelt. Bedachte er aber daß jezt sein liebes Bayern in die Gasse mußte, daß er Nichts dabei konnte als von Weitem zusehen bis es etwa dem Friedländer beliebte sich herbei zu machen so fühlte er lebhafter denn je die Veränderlichkeit menschlicher Dinge. Den Trost hatte er, daß das Vordringen der schwedischen Waffen in Länder in welchen die alte Kirche noch in starrer Abgeschiedenheit bestund und der frommen Einfalt jeder Ketzer für ein Höllenbraten galt an dem sich das Fegfeuer abverdienen ließ, daß hier wo es keinen religiösen Zwiespalt, weder Unterdrücker noch Unterdrückte gab, eine fremde Besitznahme im Geist der Bevölkerung selbst schwer zu überwindende Hindernisse fand. Dieß war nicht nur im eigentlichen Bayern der Fall sondern auch in Oberschwaben, in den zahlreichen Stiftsherrschaften und den österreichischen Vorlanden deren Bauerschaft, ein derbes Geschlecht, um so treuer an ihren Regierungen hing je milder in diesen entlegenen Besitzungen das habsburgische Zepter und nach dessen Beispiel auch der Krummstab war. Kaum war ein Aufruhr bei Weingarten gedämpft und der kaiserliche Obrist von Schwenden ihr Anführer von den Bauern selber ausgeliefert worden so rotteten sie sich bei Bregenz und im Algäu, überrumpelten die schwachen Besatzungen von Wangen und Ravensburg, mezelten nieder Was ihnen in die Hände gerieth. Und wiederum als ein Aufgebot aus Ulm, Augsburg und den größern Städten sie bei Kempten zu Paaren trieb erhielten sie Aufmunterung durch Ossa der mit 4000 Mann von Breisach auszog, Memmingen bedrohte, da es aber in guter Obhut, sich auf Biberach warf. Zwar richtete er auch da Nichts aus: denn hatten ihn die Katholischen aus dem Stadtrath eingeladen so liefen die Evangelischen, selbst

die Weiber, auf die Wälle, schlugen zwei Stürme ab wobei
mitunter siedendes Waffer und Steine ihre Waffen waren,
und da auch schwedischer Entsatz nahete so hob er eilig die
Belagerung auf. So behaupteten die Königlichen allenthalben
ihr Uebergewicht, aber dieser kleine Krieg hatte in seinem
Gefolge Blutrache und Verwüstung und Auflösung der Mannszucht. Fast noch wilder ging es in Bayern her — nicht in
förmlichen Aufständen weil die bei der Uebermacht des Königs
nicht hätten aufkommen können, allein in tückischen Nachstellungen und grausamen Ermordungen, indem die Einwohner,
wo sie einzelne oder mehre Soldaten erlauerten, sogar wenn
es Schutzwachen waren die sie sich erbeten hatten, henkermäßig
über sie verfielen und sie als zerhackte und zerfezte Krüppel
liegen ließen bis der Todesengel lindernden Balsam in ihre
Wunden goß. Der König hatte durch eine strenge Quartierordnung ein erträgliches Verhältniß zu schaffen gesucht: er
hatte den Soldaten verboten ohne Paß mit Ober- oder Untergewehr sich von den Quartieren zu entfernen, die Offiziere
für den Schaden verantwortlich gemacht, die Unterthanen ermächtigt die Frevler aufzugreifen und der Militärbehörde zu
überantworten zur Bestrafung. Auch als Klagen um Klagen
über diese Barbareien einliefen sträubte sich seine großmüthige
Seele gegen ein System der Vergeltung bei dem so oft der
Unschuldige für den Schuldigen büßen muß, hielt er noch —
aber welches feldherrliche Ansehen hätte Das lange vermocht? —
Ausbrüche der Rache zurück die heftig in den Soldaten kochte.
Einmal schien er mit sich im Kampf ob er nicht sollte ein
Strafbeispiel geben das die Wirkung haben könnte das Volk
zur Besinnung zu bringen. Bei Mossburg hatte er sich des
Uebergangs der Isar versichert, dann war Horn auf Landshut
gerückt. Trotzig hatten sie den angebotenen Vergleich ausgeschlagen, zitternd da es nicht eine vermeintliche Streifpartei
sondern die feindliche Hauptmacht war: die unter ihren Mauern
stand öffneten sie die Thore, ihre Besatzung war über die Isar
entflohen, der Feldmarschall nahm darin Herberg, die Truppen ließ er unter Zelten auf den Wiesen am Fluß. Noch
hatte Gustav Adolf, in Moosburg zögernd, über ihr Loos
nicht entschieden. Adel, Geistlichkeit und Rathsherren der

zweiten Hauptstadt von Bayern waren ihm vor die Juden-
pforte entgegen gezogen, hatten sich flehentlich zu seinen Füßen
geworfen, er hieß sie aufstehen, würdigte sie keines Anblicks
und ritt fürbaß. Als der Bürgermeister Spielsberger mit
den Abgeordneten neben dem Pferd laufend seine Anrede vollendet hatte, sagte der König: „Wenn ich der Gräuel gedenke
die ihr an meinen Soldaten verübet, weiß ich schier nicht ob
ihr Menschen oder wilde Thiere seyd, ihr schneidet ihnen
Ohren und Nasen ab, Hände und Füße haut ihr ihnen ab
und also mörderisch und schändlich gehet ihr mit ihnen um,
was soll ich denn euch Barmherzigkeit erweisen, wie soll
ich jezt mit euch umgehen?" Auf ihr Erwiedern, sie wüßten
von solchen Mordthaten Nichts, könnten Anderer Missethaten
nicht tragen, hätten zu Dergleichen nie gerathen noch geholfen,
begehrten Gnade und Barmherzigkeit, fuhr er fort: „Daß ihr
Solches nicht vollbracht, ist des Glückes Schuld. Hättet ihr's
thun können so wäre es von euch ebenfalls geschehen. Ich
hätte eurem Fürsten kein Wasser in seinem Lande getrübt,
denn was hat ihn die Noth angangen daß er mich zu Bamberg
aus meinem Hauptquartier geschlagen? Habe ich nicht mit
ihm zu selber Zeit unterhandelt, und weil ich vorn mit ihm
unterhanple schlägt er hinten auf meine Truppen. Ist Das
redlich?" Diese Vorwürfe waren zunächst für Max, aber
Landshut der Versammlungsort der bayrischen Stände war
ihm der Vertreter der politischen Meinung des Landes. Darum wurde nicht beachtet daß der Bürgermeister sich mit
Unkenntniß entschuldigte und er entgegnete mit dem Spruch
des römischen Dichters: „Könige pflegen der Thorheit, die
Büßenden sind die Achäer. Und Was ist's, fügte er hinzu,
wenn euer Fürst sich mit den Kaiserlichen verbindet und der
Kaiser mir den Kopf zerschlägt, werdet ihr nicht in die Faust
lachen? Was hab ich davon wenn ich euern Steinhaufen er-
halte? Sagt mir eine Ursache die mich bewegen soll euch zu
verschonen, sagt was hab ich bei Gott zu verdienen wenn ich
euer schone, verdient habt ihrs mit Feuer und Schwert ver-
tilgt zu werden." Alle waren wie vom Donner gerührt, nur
Einer erkühnte sich aufzuschreien: so könne sich die Sanftmuth
des Königs nicht verleugnen, eine solche Grausamkeit gegen

unschuldige und gehorsame Bürger wäre nie erhört worden in ganz Deutschland. Finster, ohne ein Gnadenzeichen zu gewähren der geängsteten Stadt, war er die Straße hinabgeritten vor das Schloß. Die Szene war ihm selbst so peinlich gewesen, daß ihn im Durchschreiten der kurfürstlichen Gemächer eine Uebelkeit befiel, daher er sich auf eine Bank legte und einen Trunk Bier verlangte. Wenn seine Zorneshitze noch nicht überwunden war, so ward sie es durch ein Naturereigniß das ihn lebhafter errinnerte daß die Rache Gottes sey. Wie er wieder zur Stadt hinausritt brach ein entsetzliches Gewitter aus, worauf er dem Feldmarschall befahl die Leute aus ihrer Ungewißheit zu reißen und sich auf eine Kriegssteuer abzufinden. Auch begab er sich ohne Aufenthalt nach Moosburg zurück und sah Landshut nicht mehr. Der Marsch ging auf Freising, München. Den Münchnern war es unheimlich zu Muthe: sie kannten den Groll des Königs gegen Bayern und die haßwüthigen Rathschläge der Fürsten in seinem Gefolge die ein Brandopfer haben wollten für Magdeburg. Saint-Etienne, der ihm nach Freising entgegen gereist war, erhielt auf seine Fürbitte zur Antwort, sie sollten sich freiwillig unterwerfen und Alle und Jede, Laien und Priester, keinen Schaden leiden, wo nicht so werde man der bösen Anschläge eingedenk seyn, die bei ihnen ausgebrütet worden. Da sie Umschweife machten so bewegte sich das Heer wieder vorwärts. Man war im Angesicht Münchens als die Stadtältesten kamen und demüthig die Schlüssel überreichten. In Schlachtordnung waren sie angerückt, das Fußvolk lagerte vor den Mauern, die Reiterei vertheilte er in die Dörfer, an der Spitze von 3 Regimentern zog er am Mittag des 17ten Mai durch die Thore von Maximilians Hauptstadt und stieg mit dem Kurfürsten Friedrich und dem Pfalzgrafen August von Sulzbach auf der Hofburg ab. Hepburn, ein guter Katholik, hatte sich das Befehlshaberamt in der Stadt ausgebeten, er hielt auf strenge Mannszucht. Jedes geistliche Haus bekam 4 Wachen, weltliche und kirchliche Geschäfte hatten ihren Fortgang. Am Himmelfahrtsfest besuchte der König nach einer evangelischen Dankpredigt in der Schloßkapelle auch die katholischen Kirchen, er wohnte der Messe an, ließ sich mit dem Vater Rektor des

20 *

Jesuitenkollegiums in ein lateinisches Gespräch über die Abend=
mahlslehre ein, erzeigte eine so liebenswürdige Freundlichkeit
gegen Jedermann, daß die Jesuiten prahlen konnten er habe
ihren Orden über die Maßen gelobt und protestantische Murrer
schon anfingen ihn mit dem König Salomo zu vergleichen
dem Sinnverkehrten auf dem Gipfel des Glücks. In München
das er wegen des Kontrastes mit der unfruchtbaren Umgebung
einem goldenen Sattel auf dürrem Klepper verglich waren sie
von ihm bezaubert: er wandelte unter ihnen wie daheim,
richtete an Diesen und Jenen Fragen, freute sich einer treffen=
den Antwort, entgegnete mit heiterem Scherz, streute Geld
unter die Menge wenn er ins Gedränge kam, sie strömten zu
seinen militärischen Schauspielen aufs Feld, bewunderten seine
Kunst rascher und mannigfaltiger Aufstellungen und Schwen=
kungen, sie waren noch mehr erstaunt wenn er vom Pferd
sprang einem Musketier das Gewehr von der Schulter nahm
und Verhalten und Handgriffe vormachte je nachdem die Trup=
pen stehend, knieend oder gebückt, neben oder hinter einander
schießen sollten. War seine Härte gegen Landshut der Ausdruck der
Gesinnung seines Heeres, so folgte er in München dem Trieb
seiner wohlwollenden Natur, und wäre es möglich gewesen
seine persönlichen Berührungen allwärts zu vervielfältigen, er
hätte wie das Land so auch die Herzen erobert. Sein Freund
der Pfälzer der sein schmählich verheertes Schloß zu Heidel=
berg nicht vergessen konnte, auch Wilhelm von Weimar soll
ihm stark angelegen haben den Bayer in seiner Hofburg mit
gleicher Münze zu bezahlen. Der König wollte ihn eher be=
schämen: er bewunderte die Schönheit des Gebäudes, erkun=
digte sich bei dem Kastellan nach dem Baumeister und als ihm
der Kurfürst selbst genannt wurde, konnte er zwar den Wunsch
nicht verbergen diesen Baumeister zu haben um ihn in Stock=
holm zu beschäftigen, nahm es aber nicht übel daß der Kastellan
sich die Gegenbemerkung erlaubte der Baumeister werde sich
davor zu hüten wissen, und den Rachsüchtigen bedeutete er
wenn die Schweden auch Nachkommen der alten Gothen seyen
so brauchten sie doch nur deren Tapferkeit nachzuahmen und
nicht ihre sprichwörtlich gewordene Zerstörungslust. In der
reichen Kunstsammlung und Bibliothek wurden nachher werth=

volle Gegenstände vermißt, ihm bezeugten die Zeitgenossen daß er sich davon Nichts zugeeignet habe und Manches scheint nach Weimar gewandert zu seyn. Viel Vergnügen machte ihm der Fund einer Anzahl neu verfertigter Soldatenröcke von blauem, grünem und gelbem Tuch womit er etliche Regimenter bekleidete, und noch mehr eine Entdeckung im Zeughaus: Da standen Laffetten umher aber die Stücke waren fort, der König dachte gleich sie würden nicht weit seyn und ein Trinkgeld löste einem Arbeiter die Zunge. Der Fußboden wurde aufgebrochen, lustig rief er aus: „stehet auf von den Todten und kommet zum Gericht," denn siehe ein ganzes Arsenal lag aufgeschichtet unter den Dielen, er sezte sich selbst zu den Bauern die zum Ausgraben befehligt waren, belehrte sie über die Handhabung des Hebels und ermunterte sie durch eine Handvoll Gold, und nach und nach kamen 140 Kanonen und Mörser zum Vorschein darunter 82 von der allergrößten Gattung, 50 ganze und doppelte Kartaunen, 12 mit den Namen der Apostel und ein Riese von einer Kanone die Sau betitelt, zum Theil Trophäen aus Böhmen und der Pfalz, von weiland dem Halberstädter und dem König von Dänemark, sogar einige mit dem Wappen seiner Ahnherren, und in einem Stück eine volle Ladung nicht von Eisen oder Blei sondern von 10,000 Dukaten. Diese Artillerie ließ der König nach Augsburg abführen. Dorthin nahm er auch 42 Geistliche und Bürger als Geißel mit für den Rückstand an der Brandschatzung von 300,000 Thalern. Landshut hatte 200,000, Freising 30,000 zahlen müssen oder Geißel stellen. Bisher waren diese Lande eine glückliche Insel gewesen wo man die Leiden der Zeit bloß vom Hörensagen kannte, um so ergiebiger war eine zweite Frucht dieses Einfalls der mehr den Charakter einer Steuererhebung als einer bleibenden Besitznahme hatte — die Ausbeute an Mundvorräthen besonders von den Speichern und aus den Kellern des nach Tyrol geflüchteten Bischofs von Freising. Der Kurfürst hatte zur Rettung seines Landes Nichts versucht als daß er dem Feind Reiterei in den Rücken schickte, einmal gegen Freising wo ihr ein grober Empfang wurde, ein andermal München zu unter dem Feldzeugmeister Hans Philipp Kraz von Scharfenstein der jezt der bedeutendste unter den

bayrischen Generalen war, der aber nur bis Pfaffenhofen
kam von wo er auf die Nachricht daß die Schweden die er
nach des Königs Entfernung zu überraschen hoffte, gegen ihn
im Anzug seyen, schleunigst sich nach Ingolstadt zurück begab.

Wenn das erwartungsvolle Deutschland vielleicht den
Glauben hatte die Kriegsfluth werde sich von Bayern nach
Oesterreich wälzen, so bezeichneten Lagen und Ereignisse eine ganz
andere Bahn. Ja wenn der Kurfürst nachgerückt und in einer
Feldschlacht besiegt worden wäre, aber davor bewahrte ihn
die Besonnenheit des sterbenden Tilly. So war es auch, abgesehen davon daß der König damals noch nicht errathen
konnte wohin Wallenstein sich wenden würde, seine Art nicht
über Flüsse und an Festungen vorbei ohne gesicherte Anhalts-
punkte unter einer feindseligen Bevölkerung blindlings vorzu-
schreiten, sich gleichsam in die Brandung zu stürzen auf gut
Glück des Durchkommens oder Untersinkens. Maximilians
stille Seufzer waren ihm wohl bekannt, er wußte aber auch
daß der große Zauberer seinen Schützling nicht ausstehen konnte,
daß er ein Arzt war der einen Kranken heilen soll und ihn
auf die Folter spannt. Hatte doch der Bayer Anfangs froh
seyn müssen, daß Wallenstein nur Altringens Schaar nicht
abberief. So lange demnach ihre Vereinigung in weiter Ferne
stand, war der König unbekümmert einer bloßen Möglichkeit
vorzubeugen der Unternehmung in Bayern nachgegangen.
Allein nach und nach langten die Hiobsposten aus Böhmen
an und allerlei Bewegungen im Lager vor Regensburg ließen
ihn schließen daß die Vereinigung wirklich im Werk sey. Zuvörderst hatte er die schwäbischen Angelegenheiten besser zu
ordnen. Georg Friedrich von Hohenloh zu Augsburg war
sein Kreishauptmann in Schwaben, er und Sir Patrick
Ruthven Befehlshaber in Ulm, der Obrist Georg Christoph
Tupadel und andere Unteranführer waren mit ihren schwachen
Abtheilungen kaum im Stande die wichtigeren Plätze zu behaupten, zur Beherrschung des platten Landes bedurfte es
einer ordentlichen Kriegführung. Der König hatte hierzu
den Herzog Bernhard bestimmt dessen hochfliegender Geist einen
freieren Spielraum heischte, wenn er so nützlich werden sollte
wie er nach seinen Talenten konnte. Der war auch nicht faul,

überfiel von Isny aus den Grafen Hannibal von Hohenems in Bregenz, und brachte Tod oder Gefangenschaft über dessen Regiment, traf bei Weingarten auf Ossa und jagte ihn mit Verlust von 5 Standarten nach Lindau. Um von der schweizer Seite unbehelligt zu seyn wurden die Eidgenossen durch eine königliche Zuschrift um Schließung ihrer Alpenpässe ersucht wenn etwa italienische Kriegsvölker herüber wollten. Allermittelst waren die Anzeichen immer drohender geworden, so daß der König schon im Begriff von Memmingen nach Ulm zu reisen diesen Gedanken aufgab, plötzlich die Truppen von der Isar zurück um Augsburg zusammenzog und gegen Rain und Donauwörth aufbrach. Was ihn besonders zur Eile spornte daher er von allen Fußregimentern einen Theil der Mannschaft zu Roß und Wagen fortschaffen ließ, war daß die Bayern Miene machten ihm den Rückweg nach Franken zu versperren. Dieses Vorhaben vereitelte seine Schnelligkeit, für Weißenburg kam er doch zu spät. Die Besatzung geschreckt durch die Uebermacht des Angriffs und das Belagerungsgeschütz aus Wilzburg hatte den angebotenen Abzug genommen, Jene aber unter Vorgeben daß sie vertragswidrig Kriegsvorräthe, städtische Güter und Personen durchschwärzen wollten hatten sie beim Abzug niedergehauen oder zum Dienst gepreßt, die Stadt selbst der sie alles Liebe und Gute versprochen ausgeplündert, Frauen und Jungfrauen mißhandelt und ihrer bei 100 nebst den angesehensten Bürgern und den Predigern weggeschleppt in der Meinung daß sie für die landshuter Geißel zahlen sollten. Entrüstet über diese Treulosigkeit schrieb der König an den Kurfürsten er solle entweder Kratz bestrafen oder man werde sich auch nicht an die Uebereinkunft mit München binden, aber Das war eine Drohung welche Max nachdem sie München geräumt hatten, nicht sehr fürchtete. Als das schwedische Heer um Mitte Juny's wieder um Nürnberg stand, war die Gestalt der Dinge diese. Zwei abgesonderte Heerhaufen je von 6000 Mann waren zur Bewachung des Lechs und Oberschwabens, Herzog Bernhard im Allgäu, Banner um Donauwörth zurückgeblieben. Herzog Wilhelm sollte in Thüringen Truppen sammeln, August von Sulzbach und Jakob Löffler den kursächsischen Hof verständigen, über dessen einseitige Unter-

handlungen mit Wallenstein der König mehr und mehr in
Sorge war. Horn, Oxenstierna's Eidam, mit dem also voraus-
sichtlich der Kanzler auskam, hatte den Oberbefehl am Rhein
erhalten. Unmittelbar vor seiner Ankunft war dort eine
günstigere Wendung eingetreten. Das Vordringen des Oraniers
von Nymwegen an der Maas hinauf gegen Venlo und Mastricht
nöthigte die Spanier des Grafen von Emden nach Brabant
zurück, Oxenstierna hatte den Birkenfelder über Berg, Thal
und Wald nachsetzen lassen, Der hatte sie vor Lautereck eingeholt es aber nicht für klug erachtet sich mit dem Fußvolk
zu sehr der Mosel zu nähern um nicht dort auf Cordova zu
stoßen der ihn in einen ungleichen Kampf hätte verwickeln
können, so waren sie unter mühsamer Abwehr der Reiterei
des Rheingrafen und des Obristen Torsten Stalhanske nach
Verbrennung einiger 100 Packwagen in kläglicher Abmattung
nach Trier entwischt. Die Straßburger, zwischen den Zudringlichkeiten der Kaiserlichen, der Lothringer und der Franzosen
in der Klemme, hatten ein engeres Bündniß geknüpft; Artillerie und Geld bewilligt, unter Geleit ihrer Schützen durch
die feindlich besetzte Markgrafschaft Baden dem König als
erstes Pfand der Treue eine Reiterkompanie geschickt. Damit
war die Gelegenheit gegeben am Oberrhein festen Fuß zu
fassen, als Vorbereitung dazu begann Horn die Austreibung
der Spanier aus dem Kurfürstenthum Trier mit der Belagerung von Koblenz. Verwirrter sah es in Oberfranken und
noch mehr im nördlicheren Deutschland aus. Von Stade
hatte Pappenheim den Schauplatz seiner Thaten wie durch
Zauber nach Hessen verlegt, die Landgräflichen auf Kassel zurückgeworfen, ihre Werbeniederlagen in den Ortschaften längs
der Werra aufgehoben, sie hatten ihm 6 Schwadronen in
Witzenhausen aufgerieben, als sie aber Volkmarsen wieder
nehmen wollten 9 Fahnen und 5 Geschütze eingebüßt, das
Eichsfeld war in seiner Gewalt, Thüringen zitterte, doch
zwangen ihn Georg von Lüneburg und Baudis durch einen
Angriff auf das Schloß Kalenberg zur Umkehr nach der Weser.
Im Bambergischen waren einige neuerrichtete königliche Regimenter die sich unterstützt von Kreistruppen mit den noch
übrigen feindlichen Besatzungen herumbezten, sie hatten Bam-

berg und Forchheim eingeschlossen wobei es wechselsweise nicht
ohne Pässe ablief, härter war Claes Hasvert Befehlshaber
in Königshofen den Kronachern zu Leib gegangen, hatte, obschon ihm die Landwehr von Culmbach und Coburg zweimal
davon lief, bis unter die Kanonen des Platzes Laufgräben
geführt als Markgraf Christian bei Erscheinung des bayrischen
Heers in der Oberpfalz seine Mannschaft zum Schutz von
Bayreuth abforderte, worauf der schwedische Obrist der allein
Nichts vermochte auch den Karren stehen ließ. Der König
war den Bayern die an der Naab nach Weiden hinaufrückten
nachgefolgt, hatte ihnen Sulzbach wieder entrissen; Aber der
Vorsprung war zu groß, schon hatten sie friedländische Verstärkung.   Da er sie weder einzeln zum Schlagen bringen
noch ihre Vereinigung hindern konnte so verweilte er ein paar
Tage bis er Kundschaft hatte ob er oder Kursachsen das gemeinschaftliche Ziel sey. Darüber konnte bald kein Zweifel
obwalten: die friedländische Politik den Kurfürsten Johann
Georg zu beschmeicheln und einzuschläfern war so offenbar
daß zu Eger durch den Ausrufer bekannt gemacht wurde es
solle sich Niemand an seinen Landen oder Leuten vergreifen.
Dem Wittelsbacher war Das natürlich recht, auch hätte er
jezt keinen eigenen Willen haben dürfen, er mußte vielmehr
den Schein annehmen als sey er ein Herz und eine Seele
mit Wallenstein der ihm diese Rolle der Selbstverleugnung
keineswegs erleichterte. Jedermann war begierig wie sich diese
junge Zärtlichkeit beim ersten Zusammentreffen gebehrden
würde, aber Max war nicht umsonst bei den Jesuiten in die
Schule gegangen, während der friedländische Stolz keinen
Schritt entgegen that und Etwas darin suchte ihn wie der
Mächtige den Hilfsbedürftigen herankommen zu lassen, hatte
er von seinem Verlangen geschrieben die aufrichtige Zuneigung
seines Gemüths persönlich zu erkennen zu geben, er hatte
seine Völker zu des Herzogs Verfügung gestellt und sich nur
das Feldherrnamt vorbehalten für den Fall daß er sich allein
schlagen wollte, und als sie einander im Angesicht der Welt
umarmten, wollten scharfe Beobachter in Wallensteins Miene
einen leisen Anflug von Schadenfreude bemerken, dem Kurfürsten bezeugten sie die vollkommene Meisterschaft in der

Kunſt zu heucheln. Ehe die erbauliche Komödie zu Eger in
den lezten Tagen dieſes Monats aufgeführt wurde war des
Königs Entſchluß gefaßt. Gegen die bayriſch-kaiſerliche Hauptmacht war die ſeinige zu ſehr außer Verhältniß um ſie in
offenem Felde zu bekämpfen: ſo mußte er irgendwo eine feſte
Stellung nehmen bis er von ſeinen zerſtreuten Streitkräften
ſo viel beiſammen hatte, daß wieder ein Gleichgewicht war.
Wäre für ihn der Geſichtspunkt ſeiner Sicherheit der einzige
geweſen ſo hätte er der bequemeren Zufuhr wegen dieſe Stellung an der Donau oder am Main gewählt, dann aber konnte
Nürnberg eine zweite Auflage von Magdeburg werden oder
in den Händen der Feinde der Schlußſtein eines Feſtungsſy-
ſtems von Kronach und Forchheim bis Wilzburg, Eichſtädt
und Ingolſtadt, ein gut Theil von Mitteldeutſchland und der
Zugang zu den habsburgiſchen Landen wären ihm verſchloſſen,
ſeine großen militäriſchen Linien zwiſchen dem Süden, Weſten
und Norden zerſtückelt worden. Darum kündigte er den Nürnbergern an, daß er geſonnen ein Lager unter ihren Mauern
zu beziehen um Alles an die Erhaltung ihrer Stadt zu ſetzen.
Dahin ging nun das Heer langſam an der Pegniz hinab.
Sulzbach wurde geräumt, die pfalzgräflichen Beamten, Bürger
mit Weibern und Kindern zogen mit. Seine Vorausſicht
rechtfertigte ſich. Hatten die Feinde, um ihn auf eine falſche
Spur zu leiten, erſt ſich angeſtellt als wollten ſie die Richtung
auf Adorf, Oelsniz nach Meiſſen einſchlagen, ſo waren ſie
bald hinter ihm her. Bereits bethätigten ſie das Bewußtſeyn
ihrer Ueberlegenheit durch eine keckere Kriegsweiſe. Ueber-
gabsverträge verletzen ſchien Mode zu werden. In Sulzbach
hatten ſich die Bayern nicht an dieſe Form gekehrt und da-
ſelbſt gewirthſchaftet wie in Weißenburg, die Schweden hatten
der bayriſchen Beſatzung freien Abzug zugeſagt und ſie unter-
geſteckt. In Hersbruck wurde ein Abgeſandter Ragoczy's abgefertigt: der Siebenbürger war einem Waffenbunde nicht
entgegen, nur hatte er keine Luſt loszubrechen bevor ihm die
Schweden die Hand bieten konnten, Was allerdings vorläufig
einer Ablehnung gleichkam. Hier waren auch die erſten Vor-
poſtengefechte in welchen ſie, gewohnt den Feind zu verachten
und vorſchnell, zuweilen Schaden litten. Einsmals hatten die

Friedländschen Gefangne gemacht sie aber nachher mit kaltem Blut getödtet. Einem der tapfersten königlichen Offiziere Tupadel wurde in einem tollkühnen Angriff auf den friedländischen Vortrab, nach zuvor glücklichem Einbruch unter die Kroaten, ein Dragonerregiment zusammengehauen, er mit dem Rest gefangen. Der König war nach Nürnberg vorausgeeilt und beschleunigte die Vertheidigungswerke in die nach und nach die Truppen einrückten. Da Tausende von Bürgern und Bauern Tag und Nacht arbeiteten so erhoben sich schon nach zweimal 24 Stunden mächtige Schanzen um die Stadt. Indeß schaarten Wallenstein und der Bayer ihre Heere um Neumarkt.

Dreiundzwanzigstes Kapitel.

Kämpfe vor Nürnberg, Schlacht bei Lützen.

Nürnberg mit einer Kette von Schanzen die auch Vorstädte und Gärten umfaßten, mit Gräben von 12 Schuh Breite und 8 Schuh Tiefe, mit Hornwerken oder Halbmonden an den Eingängen und 300 Feuerschlünden auf Thürmen und Wällen, hatte ein achtbares Ansehen gewonnen. In diesem Umkreis war noch Raum für das Landvolk der Umgegend und dessen bewegliche Habe. Um alle Veranstaltungen zu treffen hatte der König anderthalb Wochen Zeit gehabt. Am 1ten July fingen die Arbeiten an, am 10ten hielt der Herzog von Friedland Heerschau zu Neumarkt, entzückt beim Anblick der vor ihm sich entfaltenden unabsehbaren Reihen soll er frohlockt haben: „In 4 Tagen muß sichs zeigen, Wer, ich oder der Schwede, in Deutschland Herr ist," aber in ehrerbietigem Abstand zog er über die Rednitz und schlug auf den Anhöhen am Fluß zwischen Dambach und Stein Dreiviertelstunden von Nürnberg im Angesicht der Stadt sein Lager auf. Nicht lange so war auch er bis über die Zähne verschanzt. So lagen also Beide einander gegenüber, Keiner wagte den entscheidenden

Schlag zu führen: Wallenstein nicht weil er die Schweden in ihren festen Stellungen hätte angreifen müssen, sie nicht weil sie um die Hälfte schwächer waren denn wenn gleich die angebliche Musterung von 200 Fahnen Fußvolk und 300 Schwadronen nach prahlerischer Ueberschätzung schmeckte so zählten jedenfalls die Kaiserlichen zwischen 40 und 50,000 Streiter, die Königlichen kaum über 20,000. Gustav Adolf hatte den Vortheil sich auf eine reiche und mächtige Stadt zu stützen, aus den Bürgern von 18 bis 40 Jahren hatte er eine Stadtwehr gebildet in 24 Companien je mit einem Buchstaben des Alphabeths auf ihren Fahnen die abwechselnd zu 8 den innern Wachtdienst versahen, an Korn war Vorrath auf Jahr und Tag, täglich wurden aus den städtischen Magazinen 40,000 Pfund Brod fürs Lager gebacken später bei vermehrten Mäulern aber verminderten Gaben 50,000, hätte nur die Pegnitz für mehr Mahlmühlen Wasser gehabt. Wallenstein mußte seinen Lebensbedarf weiter herholen allein durch starke Besatzungen in Schwabach, Neumarkt, Ansbach und Forchheim beherrschte er den Lauf der Rezat und Regnitz und die Straßen nach Regensburg und Ingolstadt, Max hatte mehre 1000 Wagen geliefert, so war ihm die Zufuhr aus Schwaben, Bayern und Franken unbenommen während die Andern lediglich noch die verwüstete Oberpfalz offen hatten. Was den Unterhalt der Heere erschwerte war ihr ungeheurer Troß insonderheit von Weibern deren das wallensteinische Lager mindestens 15,000 enthielt, bei den Schweden waren ihrer verhältnißmäßig weniger denn die Prediger duldeten keine Dirnen, doch war man auf Ehfrauen eingerichtet und hatte sogar ordentliche Feldschulen. Aber die Hauptverlegenheit blieb die Ernährung so vieler 1000 Pferde nicht bloß der Reiterei sondern der Marketenter und des Fuhrwesens. Die sandigen Gaue umher waren in Kurzem so kahl als ob die Heuschrecken sie abgefressen hätten: da mußten die Futterschneider ihre Ausflüge ausdehnen fort und fort bis gegen Kastel, Amberg und Erlangen, man lauerte auf einander hinter allen Büschen und oft brachten sie statt Haber oder Gras blutige Köpfe zurück. Es war eine stündliche Balgerei, so ermüdend als unbelohnend, heute Diesen morgen Jenen verderblich, aber erträglicher für die Kaiserlichen wegen ihrer

Ueberlegenheit an leichter Reiterei und geeignet die Kroaten
zu Ehren zu bringen. Den König wurmte die ruhmlose Unthätigkeit zu der er sich verdammt sah, er hatte mit dem Ver-
fall der Mannszucht zu kämpfen und dem Unmuth der Soldaten, bei den deutschen Truppen mit Ausbrüchen von Meuterei
die ihn nöthigten 200,000 Thaler zu borgen um ihre Sold-
rückstände zu berichtigen, da sie erklärt hatten sie würden sonst
nicht fechten. Die Nürnberger ließen ihn nicht im Stich:
sie legten die Summe zusammen aus freiwilligen Beiträgen,
ihre Obrigkeit wurde Bürge für Anlehen und Zins zu 6 von
100. Ueberhaupt waren die unglaublichen Opfer der Stadt
würdig seiner Anstrengungen für ihre Rettung, sie liebten den
leutseligen frommen König, sie fühlten sich gehoben durch
die Achtung des Helden aus dessen Lager der Zuruf an sie
erging:

> Nürnberg des Reiches Zierd auserkoren,
> Der Feind hat dir den Tod geschworen.
> Doch Gott sich gnädig zu dir wendet,
> Aus Schweden dir einen Vater sendet,
> Der für dich unterm Himmelssaal
> Wacht mit all seiner Helden Zahl.
> Drum hilf daß ihnen Nichts gebricht,
> Ihr Wohlstand dein' Erlösung ist.
> Gern Magdeburg jetzt Alles thät,
> Wenn nicht nach Schad' der Rath zu spät.

Wenn aber auch Nürnberg redlich aushielt und er gewiß
war im Wettstreit der trägen Widerstandskraft am Ende ob-
zusiegen so hatte er, je länger nichts Erhebliches geschah, den
unsichtbaren aber gefährlichen Feind einer jungen Macht zu
fürchten — die Schwankungen und die Ungunst der öffentlichen
Meinung. Schon währte der Tanz um Nürnberg gegen einen
Monat, die Welt hatte von zwei Kolossen geträumt die sich
zermalmend auf einander stürzen würden, aber weil der Friedländer sagte es sey der Schlachten genug und man müsse jetzt
die Sache anders angreifen, ward sie langweilt durch die ein-
förmige Fehde um Futtersack und Brodkorb. Zwei Begebenheiten schienen bedeutender. Im Rücken des kaiserlichen Lagers
war die nürnbergische Feste Lichtenau durch ihre Lage an der

Jetzt geschickt zu Hemmung der feindlichen Zufuhren und vom König den Verstärkungen aus Schwaben zum Sammelplatz bestimmt. Ihr städtischer Befehlshaber Scheurl muß aber an dem schwedischen Waffenglück bereits verzweifelt haben denn er übergab seinen Posten ohne dringende Ursache an den Herzog dessen Brandschatzer dadurch Freibursch bekamen weit und breit. War der Streich dem König empfindlich so nicht minder den Kaiserlichen die Antwort indem er den schlimmen Eindruck zu verwischen Freistadt überfiel. Hier waren aus Bayern, der Oberpfalz und dem Hochstift Aichstädt 1000 Stück Schlachtvieh und mehr als 1000 Fuhren Brod, Mehl und Salz, Hans Georg Sparre der Generalwachtmeister war mit beträchtlicher Reiterei und 500 Musketieren unterwegs um den Schatz ins Lager zu geleiten. Da machte sich Tupadel mit etlichen Schwadronen nächtlicher Weile auf, unbemerkt gelangten sie hin, Sprengbüchsen und Leitern ansetzend, niederhauend Wer sich wehrte und eiligst wurden die Rosse aus den Ställen geholt, Alles zusammengerafft oder vernichtet und mit einem langen Zug von Wagen und Ochsen verließen sie den brennenden Ort. Sie würden gleichwohl von ihrem Raub nicht Viel eingeheimst haben, wäre nicht der König in der Nachhut gewesen zwischen Burgthan und Wendelstein wo er auf Sparre stieß dessen Reiterei unschwer zerstreute aber mit dem Fußvolk in einem Gehölz in ein hitziges Treffen verwickelt wurde das Einigen aus seiner nächsten Umgebung das Leben kostete. Sparre's Niederlage war vollständig: seine Musketiere wurden fast sämmtlich getödtet, er selbst der sich in einem Morast versteckt hatte von seinem Hausnarren verrathen und gepackt. Dieses Vorpostengefecht und der Fang wären unter andern Umständen keines besondern Aufhebens werth erachtet worden, jetzt verordnete der König ein allgemeines Dankfest, 3 Reitern verehrte er für 3 eroberte Standarten je 100 Thaler und seinen wackern Schützen die den Wald gesäubert Mann für Mann einen Thaler, den Offizieren größere und kleinere Brustbilder. Tupadel, unter allerlei für den König verbindlichen Redensarten von Wallenstein aus der Haft entlassen, hatte ihm solcher Gestalt als tapferer Soldat sein Gegencompliment gemacht und mit dem Ausgehungertwerden hatte es einstweilen keine

Noth. Freilich dem Adler dem die Schwingen gelähmt sind ein armer Trost daß ihm wenigstens die Nahrung nicht ausgeht!

So war es kein Geringes was Wallenstein durch die bloße Stellung seines Heeres erreicht hatte — der König inmitten seiner Fortschritte war mit einem Mal dahin gebracht daß er nicht vom Fleck konnte, daß er um sich Luft zu machen seine Völker allenthalben zusammenbieten und darum manches Errungene Preis geben mußte. Aber sie konnten nicht plötzlich da seyn, auch nicht immer ohne zu großen Nachtheil gleich marschfertig werden. Namentlich hatte in Bayern und dem angränzenden Schwaben in des Königs Abwesenheit die gedämpfte Kriegsflamme um so heftiger wieder aufgelodert als nun der mildernde Geist fehlte und der gebietende Wille der sich zwischen dem fanatischen Haß der Bevölkerung und dem Rachegrimm der Soldaten ins Mittel schlug. Hunderte von Ortschaften waren im Rauch aufgegangen. Die Friedberger hatten ihre schwedischen Schutzwachen tüchtig bezecht und die Kratzischen eingelassen die sie erwürgen halfen, und Baner der unmittelbar von Augsburg aus das Städtchen wieder bemeisterte ließ Bürger und Besatzung über die Klinge springen, Weiber und Kinder aufs Feld hinaustreiben, die Häuser plündern und abbrennen. Am Bodensee hatte Bernhard von Weimar neue Zuckungen des Aufruhrs im Blut der Bauern erstickt, Weingarten, Ravensburg und Wangen waren gefallen und nur ein Anschlag auf Lindau gescheitert, gegen Ueberlingen und Zell verbreiteten sich seine Schaaren als ein Aufstand zwischen Iller und Lech, der Verlust von Landsberg und Füssen an Kratz und die Erzherzoglichen Leopolds ihn nach diesen Thälern rief. Und von Landsberg, wo der Obrist Andreas Cochtiezky mit der Reiterei noch dem Schwert entronnen, waren ihm Abgeordnete entgegen gekommen mit den Schlüsseln der Stadt und knieender Abbitte, Füssen hatte er erstürmt, der Gefangenen bei 1000 waren übergetreten, die Angst der Flüchtlinge wirkte ansteckend bis ins Gebirg, in den Schanzen von Ehrenberg liefen die Vertheidiger davon, der Bruder des Kaisers hielt sich zu Insbruck nicht mehr sicher. Diese schönen Aussichten sollte Bernhard schwinden lassen, er wandte sich an die Fürsprache Baners und Oxenstjerna's, aber die Befehle des Königs lauteten unzweideutig. Am Rhein, in Thüringen und Hessen waren schon eher einige Truppen entbehrlich. Dort hatten zwei Sommermonate die Verhältnisse mehrfach zum Bessern verändert. Horn hatte dem unnützen Herüber- und Hinüberschießen zwischen den Spaniern in Koblenz und den Franzosen auf Ehrenbreitstein nach 8tägigem Kampf ein Ende gemacht: er hatte die Spanier und die Liga genöthigt die Stadt und den größten Theil des Erzstifts zu räumen und gegen Erstattung der Kriegskosten und unter Vorbehalt des freien Passes auf Mosel und Rhein die Franzosen in Besitz gesetzt, so daß Marschall D'Estrees als er mit dem Heer aus Lothringen über den Westgau nachkam fast bloß noch vor Trier einige Beschäftigung fand, nachdem er sich mit Denen zu Philippsburg nicht befassen wollte die auf das Geheiß des abtrünnigen Kurfürsten die Bestung zu überliefern erwiedert hatten sie werde für den Kaiser bewahrt. Richelieus bewaffnete Dazwischenkunft in dieser beschränkten Form war nach Verlegung des Hauptkriegsschauplatzes nach Mitteldeutschland nicht unwillkommen: sie bildete eine Wehrlinie gegen die Spanier in Luxemburg, Horn konnte von seiner Macht abgeben und behielt übrig zu einer Unternehmung am Oberrhein. In Niedersachsen hatten Baudis und der Lüneburger augenblicklich das Uebergewicht erlangt. Von Kalenberg zwar waren sie auf Hildesheim zurückgewichen und Pappenheim mit 12000 zu Fuß und 4000 zu Roß hatte ihnen daselbst die Schlacht geboten. Um ein Drittheil Fußvolk schwächer hatten sie nicht angebissen, und da er die Stärke ihrer Stellung zu schätzen wußte, so hatte er nicht lange an den Nägeln gekaut sondern die Besatzungen aus Kalenberg, Peine und Steinbrücke herausgenommen, diese schwer zu vertheidigenden Plätze theilweise geschleift und war, wohl auch in Berücksichtigung seiner Selbständigkeit um nicht zum Hauptheer nach Franken zu müssen, auf Einladung der Infantin Isabella bei Polle über die Weser durch den Westerwald auf Köln und vor Mastricht gezogen. Während er mit einer bei den Feldherren dieses Kriegs nicht seltenen Eigenmächtigkeit einem abenteuerlichen Ruhme nachjagte den ihm die Mißgunst der Spanier überdies vereitelte die sich, ob

auch Maſtricht darüber zu Grunde ging, nicht rührten als die
Deutſchen im Sturm auf die holländiſchen Belagerungswerke
ihr Blut verſprizten, ja die ihm noch zum Hohn als ob er
ein bloßer Miethling wäre Geld, Geld zuſchrieen, und bis
er ſofort um eine Narbe reicher und um 2000 Soldaten ärmer
ſpurlos verſchwindend wie die Furche des Schiffes auf der
See die 50 oder 60 Meilen zurückmaß, waren die Königlichen
vor Duderſtadt gerückt das ihnen ſehr hätte zu ſchaffen machen
können wenn die zahlreiche Beſatzung wie ſie eine Landplage
für die Umgegend war nicht auch unbändig geworden wäre
gegen ihre Offiziere, und weil ſie ihre Kräfte nicht zerſplittern
wollten hatten ſie die doppelten Wälle und Mauern nicht be-
ſezt ſondern damit da nicht wieder ein Raubneſt würde nieder-
geriſſen. Auch war über die katholiſchen Bauern im Eichsfeld
die ſich den Raubzügen der Pappenheimiſchen angeſchloßen ein
Strafgericht ergangen in üblicher Art — durch Verbrennen
der Dörfer. Hernach hatte ſich der Lüneburger mit der Hälfte
des Heers getrennt: er hatte ſeine Waffen gegen Wolfenbüttel
gekehrt, Baudis durch heſſiſches Volk verſtärkt gegen Paderborn, das Rachefeuer von Volkmarſen leuchtete auf die Unterwerfung einiger Städte Weſtphalens. Gronsfeld, Pappenheims
Stellvertreter, war nicht im Stand dieſen Beiden Einhalt zu
thun geſchweige Heſſen oder Thüringen zu beunruhigen, daher
ſowohl Wilhelm von Weimar als der Landgraf die Mehrzahl
der Truppen dem König zuführen konnten.

Selbſt von Johann Georg kam Hilfe, wiewohl der Pfalzgraf von Sulzbach ſofern er ein innigeres Vernehmen auf-
richten ſollte nicht glücklicher war als Solms. Die Botſchaft
an Johann Georg war eine Anfrage wegen des Charakters
der gepflogenen Unterhandlungen, wie der Friede werden
ſolle und unter welchen Bürgſchaften und Was die Intereſſen
wären die in ſeinen Augen die Fortſetzung des Kriegs rechtfertigen würden, ſodann die Beſprechung des Plans eines allgemeinen proteſtantiſchen Bundes und die Vorbereitung der
Bundesverfaſſung zum Vortrag an die Geſammtheit, nöthigen
Falls die Schärfung des kurfürſtlichen Gedächtniſſes für ver-
geſſene Verpflichtungen. Daß Sachſen einen Privatfrieden
ſuche hatte der Kurfürſt geleugnet, aber die vorgeſchlagene

II.   21

Vereinigung aller Evangelischen in einen wehrhaften Körper unter Schwedens Aegide wollte ihm nicht in den Kopf. Wenn der König glaubte ohne diese Gewährschaft wäre ein Friedensschluß eitele Uebereilung, so hätten Jenem die ordentlichen Vollziehungsmittel der Reichs- und Kreisverfassung genügt, jede weitere Maßregel war nur gleichsam ein Same neuer Zwietracht und also vom Uebel. In den Abfindungsgrundsätzen die er aufstellte, war er gerade nicht allzudemüthig wenigstens Was die Kirchengüter betraf. Alle streitigen Punkte des passauer Vertrags sollten im Sinn der protestantischen Fürsten ausgelegt werden, Was sie sich seit der Reformation und während des Kriegs zugeeignet und worauf sie ein Recht durch Kapitelswahl oder Wahlvertrag hätten gleichviel ob es reichsständische oder auf ihrem Gebiet gelegene Herrschaften seyen sollte ihnen verbleiben, es war wie wenn er sich einbildete daß man Das als das Wesentliche der frankfurter Vergleichshandlung bloß zu sagen und den Katholischen Zeit, Ort und Personen zu einer Beredung zu bezeichnen habe um versichert zu seyn daß sie sich auch hinsichtlich der Duldung des Lutherthums in ihren Ländern und der Schlichtung der pfälzischen Händel so wie bei etwaigen besondern Anliegen einzelner Stände billig finden lassen würden. Der König, den der Sachse stillschweigend verabschieden zu wollen schien nach vollbrachtem Tagewerk, hatte deßhalb ein Wort über seine Ansprüche auf Erkenntlichkeit nicht für überflüssig gehalten, er hatte erinnert wie er Deutschland angetroffen, wie einige Fürsten entsetzt oder verjagt waren, andere ihre Länder nur noch dem Namen nach hatten, die meisten in den Reihen der Feinde oder als ihre Helfer gegenüber gestanden und mit den Waffen bezwungen worden, er hatte erklärt daß er nicht gemeint sey alle Eroberungstitel streng zu behaupten, daß er zumal an Kursachsen und Hessen die selber auf dem Posten gewesen keine Ansprüche mache für den geleisteten Beistand, daß er insgemein lieber Freundschaft erzeige als mit Zumuthungen beschwerlich falle, daß er aber doch von dem Kurfürsten hören möchte, welche Ansprüche Derselbe als begründet betrachte, welche nicht, und ob er erwarten dürfe wie dereinst in der Geschichte so auch von den betheiligten Menschen seine Treue und Mühe gewürdigt zu sehen und für die erwiesenen Wohlthaten nicht schimpflich beseitigt zu werden. Unter dieser Voraussetzung wäre er auch nicht entgegen gewesen wenn sie ihn wollten zurücktreten lassen und dem evangelischen Körper selbst ein Haupt geben. Der Kurfürst war über diese Anmahnung stutzig und er der in der Politik keine Idee von Großmuth hatte, der den König seinen Bundesgenossen und Beschützer mit den kleinlichsten Ränken und Selbstsüchteleien quälte daß Dieser in beständiger Besorgniß war von ihm verrathen zu werden, hatte die Naivetät ihm zu sagen er möchte in dem Bewußtsein rettender Aufopferung und in der Freundschaft und Dankbarkeit der Fürsten seine Genugthuung finden, und wie groß dieser leztere Gewinn sey war der Dresdner ein lebendiges Beispiel. Schloß er auch eine materielle Genugthuung nicht aus sintemal er sich darüber nicht täuschen konnte daß in den Verhältnissen der Staaten die Uneigennützigkeit ihre Gränze hat oder ein Unrecht gegen das eigene Vaterland wird, so war er so leise auf diesen Punkt und erkünstelte eine solche Scheu vor jeder Äußerung die seinen Mitständen bei der Friedensberedung vorgreiflich scheinen könnte, daß er nur im Allgemeinen versprach die königlichen Ansprüche zu unterstützen soweit ihm Das Gewissens, Ehre und Standes halber möglich und verantwortet seyn werde, fast aber schien es als wolle er die allerdings den Eroberungszweck verneinenden ursprünglichen Erklärungen Gustav Adolfs, ob sie gleich im Entwicklungsgang der Begebenheiten und im Interesse der aus den Chaos neuzuschaffenden Ordnung von selbst anders bestimmt werden mußten, dahin gedeutet wissen, als habe Schweden auch dem Kaiser und der Liga gegenüber zum Voraus auf Entschädigung verzichtet, denn statt daß er die Nothwendigkeit anerkannte dem noch ungebeugten oder frisch erwachten Uebermuth der Feinde die bis jezt bloß auf Trennung der Protestanten hinarbeiteten mit allem Nachdruck zu begegnen, salbaderte er von erträglichen Bedingungen die man ihnen anbieten solle. Beifälliger war in Berlin die evangelische Bundesfache aufgenommen worden und man erbat sich zeitige Nachricht um die zu veranstaltende Versammlung beschicken zu können, doch hatte auch der Dresdner Etwas gethan — er hatte dem König eine

21 *

Sendung von 4 Regimentern unter Hofkirchen bewilligt. Das
war keine Ueberanstrengung: so lange die Gefahr Sachsen
näher schien hatte der König und zwar abermals durch den
Sulzbacher sich zum persönlichen Beistand angekündigt, so
konnte der Kurfürst nachdem das Blatt sich gewendet ihn auch
nicht ganz stecken lassen. Und Dienstfertigkeit war es nicht
allein: der Gegendienst zu dem er ihn brauchte war nicht
ferne. Mit Wallensteins Abzug aus Böhmen stockte die
Friedensunterhandlung und weil der Kurfürst noch nicht ganz
mürb war hatte er mit ihm ein anderes Verfahren versucht,
indem er aber die schlesischen Völker auf die Lausitz losließ
hatte er ihm selbst eine kleine kriegerische Anwandlung beigebracht. Arnim hatte die Angreifer auf Sittau zurückge-
trieben wo ihn Schaumburg festen Fußes erwartete. Da
wollte er sich nicht aufhalten, hatte durch eine rasche Seitenbewegung über Sagan nach der Oder mit stürmender Hand
Großglogau überwältigt, war dem Obristen Götze der mit
10 Fahnen zu Fuß und 6 zu Roß in Besatzung lag über die
Brücke nachgedrungen vor den Dom, hatte ihn von drei
Stückwällen beschossen und die Uebergabe erzwungen auf die
Bedingungen von Prag. Der erste Schritt in Schlesien war
geschehen, zum zweiten und dritten bedurfte Arnim der Mitwirkung von Bundesgenossen.

Seit Hamilton fort war befehligte James Mac Duwal
an der Warta und der schlesischen Gränze und diese war auch
von 2 oder 3 brandenburgischen Regimentern bewacht. Die
Brandenburger in der Angst vor einer kaiserlichen Heim-
suchung waren immerdar an den Sachsen daß sie ihnen von
der beengenden Nachbarschaft helfen möchten, sie hatten sich
selbst in Schlesien umgethan und waren nach Crossen zurückgedrängt worden, vom König war die Antwort noch aus und
die Sachsen hatten unter allerlei Vorwänden die Waffenver-
bindung abgelehnt. Kaum hatte Arnim Glogau genommen
so war er bedroht von Marabas und dessen Obristen Götze,
Schaffgotsch, Illo die mit 15000 Mann im Anzug waren,
und nun bemühte er sich um Das was er vorher verschmäht
hatte. Die Brandenburger in Erwägung, daß wenn die S...
sen unterlagen auch die Marken überschwemmt wurden

somit nicht allein die Gefahr zu theilen sondern auch den Vortheil waren alsbald bereit und forderten Duwal zum Anschluß auf. Der getraute sich nicht ja oder nein zu sagen; er reiste zu Sten Bjelke dem königlichen Gesandten am Hofe zu Stettin, und hier wurde ausgemacht er solle mitziehen aber nur wenn die Brandenburger ihm untergeben würden. Denen wars genehm. Von Züllichau zogen sie auf Glogau. Eine Meile vor der Stadt machten sie Halt. Zuvörderst mußte entschieden seyn wie man sich zu einander stellen wollte. Duwal verlangte Besetzung und Verwaltung der Eroberungen für gemeinschaftliche Rechnung, gleiche Truppenverpflegung und in seiner Person Anerkennung des königlichen Vorrangs. Drob gab es Anstände über Anstände. Die Gütergemeinschaft wurde nicht verworfen, aber eine Ausnahme mit Glogau als einer bloß sächsischen Eroberung ausbedungen und die Rangsfrage war auch anstößig. Duwal erklärte er werde nicht von der Stelle gehen. Arnim hatte seinen Generalwachtmeister Kaspar von Klitzing entgegen geschickt, in der Nacht kam er selbst. Vergebens verschwendete er seine Wohlredenheit. Duwal beharrte dabei, er müsse eine selbstständige Verbindungslinie mit seinen Standquartieren haben, von dieser Kriegsregel werde er nicht abgehen, wenn die Seinigen Glogau nicht mitbesetzen dürften, werde er in Carolath bis auf anderweitige Weisung des Königs und aus Berlin warten. Als man sich auf ein gemeinschaftliches Besatzungsrecht in der Stadt mit Vorbehalt des Domhofs für die Sachsen verglichen hatte, entstand eine neue Schwierigkeit. Arnim langte ein Papier aus der Tasche und Duwal sollte unterschreiben daß er schuldig sey Glogau wieder zu verlassen sobald man von sächsischer Seite das Zusammenhandeln nicht mehr nöthig finde. Natürlich regte er keine Feder an. Ueber den wichtigsten Punkt — den Oberbefehl — scheint eine Uebereinstimmung nicht einmal zum Versuch gediehen zu seyn: man begnügte sich mit der Abrede die Unternehmungen mit einander zu berathschlagen, die Beschlüsse sollte jeder Theil durch seine Truppen ausführen. Dennoch wurde die Vereinigung vollzogen. Bei der Musterung zählte man bei 16000 Mann, über die Hälfte waren Sachsen und diese vornehmlich überlegen an Reiterei. Dieß ereignete

sich um Mitte Augusts. Eben damals waren die Verstärkungen für den König aus Meissen, Thüringen und vom Rhein
in Kitzingen zusammengetroffen, mit 15000 zu Fuß und 9000
zu Roß brach Oxenstjerna nach Windsheim auf, daselbst stießen
Baner und Herzog Bernhard zu ihm und die Kaiserlichen die
an dem Main hinabgelärmt hatten waren stiller und einge-
zogener geworden, hatten das Magazin von Neumarkt doppelt
zu bedauern. Damals war auch Horn an dem Neckar hinaufgerückt, der Stadthauptmann zu Heidelberg Heinrich von
Metternich und die Philippsburger wurden von dem belagerten
Wisloch hinweggeschreckt, Montecuculis Reiter die ihnen zu
Hilfe kommen wollten in einen Hinterhalt gelockt und ihrer
bei 1000 aufgerieben. Montecuculi Befehlshaber im Elsaß
hatte durch die ligistischen Völker aus Koblenz und dem Erzstift Trier Zuwachs und Muth bekommen zu einem Ausflug
über den Rhein: der Regierungsverweser von Würtemberg
hatte 6000 Knechte und 800 Reiter beisammen meist Landwehr mit der er sich nicht aus dem Schwarzwald hervorwagte,
die Kaiserlichen hatten Bretten geplündert und Knittlingen
verbrannt, aber jezt flohen sie über Hals und Kopf bei Philippsburg über den Strom zurück nach Oberelsaß, Horn folgte
dießseits auf Stollhofen und Straßburg. Inzwischen ging
es in Franken und Schlesien nicht weniger vorwärts. Oxenstjerna hatte drei Wege vor sich und der König hatte ihm die
Wahl anheim gestellt: entweder über Ansbach und Roth wobei
freilich der Verlust von Lichtenau ein Uebelstand war, oder
gerade auf das friedländische Lager zu um sich davor zu ver-
schanzen, oder über Neustadt an der Aisch durch das Aurach-
thal nach Bruck. Dieser dritte Weg wurde eingeschlagen und
ungefährdet zurückgelegt. Daß Wallenstein Nichts that die
Vereinigung zu hindern wurde ihm zum Vorwurf gemacht,
aber ein Angriff mit getheilter Macht wäre nicht rathsam
gewesen dazu war ihm Oxenstjerna zu stark, und auf den Fall
daß er um sich ganz auf ihn zu werfen das Lager aufgehoben
hätte wären Die in Nürnberg nachgerückt. Die draußen waren
wenn sie angegriffen würden angewiesen sich nur einen Tag
zu halten und so hätten sie ihn zwischen zwei Feuer gesetzt.
Eher zum Verwundern war daß Arnim und Duwal mit

einander verheeren erfochten konnten, da doch der Eine das
Widerspiel vom Andern war. Auf dem Marsch gegen das
kaiserliche Lager bei Steinau führte Duwal den Vortrab, und
Arnim fing einen Zank an, indem er die Regel aufstellen wollte,
daß zwischen beiden Heeresabtheilungen Vor- und Nachhut
abwechseln sollten, Tag für Tag. Als Duwal Steinau's sich
bemächtigt hatte und das Städtchen drob in Asche gelegt, das
Lager voll Verwirrung, schon der Troß im Aufbruch begriffen
nach Breslau war, schien Arnim einverstanden, daß dem Feind
keine Frist zu gönnen sey um wieder zu sich zu kommen; jedoch
nach Empfang eines Schreibens durch einen kaiserlichen Trom-
ler hatte er seine Meinung geändert, er verweigerte den Königlichen Unterstützung, und der Angriff mußte auf den andern
Morgen verschoben werden, Was die Wirkung hatte, daß der
Feind sich in der Nacht durch Verhaue deckte, und man ihm
nicht mehr so leicht bei konnte. Als hierauf das verbündete
Heer sich anschickte, die Oder zu überschreiten, hatten sie aus
Furcht von beiden Seiten gefaßt und von Breslau abgeschnitten zu werden ihren Posten aufgegeben. Duwal hatte ihre
Nachhut im Lager zersprengt, einiges Volk über den Fluß
geschifft und auch dort ihre Verschanzungen übermannt. Sie
waren in vollen Rückzug so daß sie gewissermaßen zur Verfolgung einluden, Duwal begehrte die Reiterei solle nachsehen,
Arnim willigte ein, zögerte ein Paar Stunden und erwiderte
es sey zu spät. Unter den Mauern von Breslau im Winkel
der Ohlau und der Oder wollten sie ausruhen, da war ihres
Bleibens auch nicht: die Bürgerschaft versicherte daß sie gut
kaiserlich sey, aber sie schloß ihnen die Thore vor der Nase zu,
der Burggraf Karl Hannibal von Dohna der auf das protestantische Heer in den Vorstädten eine von ihm selbst ge-
richtete Kanone hatte abfeuern lassen mußte sich vor einem
Auflauf aus dem Staub machen, ihre Stellung wurde beschossen. Nachts entschlüpften sie über die Oderbrücke und
brannten sie ab und bis Arnim weiter oben eine Brücke bauen
ließ hatten sie nach Empfehlung ihrer Artillerie in städtische
Verwahrung ringsum das Feld geräumt und die entmuthigten
Reste retteten sich nach Oppeln und Kosel. Demnach war
gegen Ausgang Augusts die Lage der Dinge so geworden:

daß der König dem Friedländer mit gleichen Waffen entgegen
treten könnte, daß Horn an der Brücke von Kehl sich fragte
ob er mit den würtembergischen Völkern im Breisgau beginnen
sölle oder ohne sie im Elsaß, daß er ihnen die Säuberung des
südwestlichen Schwarzwalds und des kinziger Thals bis Offenburg, sich selbst diese Aufgabe jenseits in einem Lande zutheilte
das nach einer Aeußerung Ossa's reich genug war um für
sich allein dem Kaiser ein Heer zu ernähren, daß endlich
Arnim und Duwal mitten in Schlesien standen, nur noch Trümmer eines flüchtigen Heerhaufens gegenüber hatten. Aber hier
war ein fauler Fleck: es waren Besitzergreifungen ohne Nach-
halt und um sie zu machen hatte Arnim Meissen entblößt.
Vor Breslau war wieder das alte Gezerre: wo der Eine rechts
wollte, wollte der Andere links. Duwal hätte die Anhänglichkeit der evangelischen Einwohnerschaft benützt, durch kräftigen
Ernst auch die Katholischen zum Vergleich gestimmt. Arnim
wollte bloß drohen. Als Duwal den Breslauern zusetzte daß
sie sich wegen Aufnahme und Unterhaltung einer Besatzung
schleunigst erklären sollten unter Andeutung daß man ja von
den Thürmen der Sand- und Dominsel die Pforten einschießen
könne, gab Arnim zu verstehen daß Das nicht so bös gemeint
sey. So wurde dann Wochen lang gemarktet, die Königlichen
beschuldigten Arnim, daß er die Katholischen fast vor den
Protestanten begünstige, wenigstens war er gegen sie sehr freigebig mit Sicherheitswachen, die Schonung der wallensteinischen Güter wurde bei Strang und Rad eingeschärft und
allermittelst that man dem Feind nicht sehr weh. Was das
Schlimmste war, der Friedländer hatte den Feldmarschall Holk
mit 6000 Mann von der Rednitz abgeschickt und diese kleine
Bande durchtobte sengend und brennend das Voigtland und
das Erzgebirg, Meissens wehrlose Städte sanken eine um die
andere unter sein Joch und es hatte just den Anschein als
wenn Arnim geflissentlich nach Schlesien ausgewichen wäre
damit die Kaiserlichen bequemere Gelegenheit hätten seinem
Gebieter das Friedensbedürfniß einzubläuen während er dessen
Ehrgeiz mit wohlfeilen Siegen kitzelte.

Mit Ankunft der Verstärkungen empfing der König auch
von Löffler Bericht über die sächsische Gesandtschaft, denn der

Pfalzgraf von Sulzbach war auf der Rückreise erkrankt und zu Windsheim gestorben. Der König ließ sich durch das Fehlschlagen in Dresden von seinem Plan in Betreff des evangelischen Körpers nicht abschrecken, er hatte besonders auch zum Behuf einer weitern Erwägung desselben den Reichskanzler zu sich berufen, allein jetzt erheischte das Kriegswesen seine ganze Thätigkeit. In Bruk, einige Stunden unterhalb Nürnberg, hatte er die Anziehenden bewillkommt, ein schwerer Stein war ihm vom Herzen. Bei der Heerschau reichte er jedem der Obristen die Hand. Auch Wallenstein hatte Was von seinen Völkern auswärts war ungesäumt zu sich gefördert, da er sich vorstellen konnte daß so gewaltige Heeresmassen nicht Gewehr im Arm stehen bleiben würden. So wars. Nach kurzer Rast rückte der König aus seinen Linien und bot dem Friedländer die Schlacht. Der rührte sich kaum. Nun wurden auf einer Anhöhe am rechten Ufer der Rednitz 18 Kartaunen aufgepflanzt und einen ganzen Tag auf das friedländische Lager gespielt. Umsonst, der Zwischenraum war zu groß. Da ging der König — es war nach protestantischem Kalender am Bartholomäustag — bei Fürth über den Fluß, Kundschafter hatten angezeigt die feindliche Hauptmacht habe den Rückzug angetreten und nur wenige Regimenter seyen zu dessen Deckung im Lager zurück; um so unverfänglicher schien ein Angriff. Der Irrthum klärte sich zwar bald auf, aber das Heer hatte sich inzwischen bis unter die Kanonen des Lagers genähert, die Soldaten von Kampfeshitze fortgerissen waren auf unterschiedlichen Punkten handgemein geworden und furchtlos wälzten sich die Sturmsäulen den Berg hinan. Wallenstein hatte die ohnehin schroffe Steigung durch Verhacke noch unzugänglicher gemacht, oben bei der umwaldeten Schloßruine Burgstall genannt hinter tiefen Gräben und hohen Schanzen und dem gähnenden Rachen der Feuerschlünde dehnten sich die unabsehbaren Reihen seiner Zelte. Der erste Anlauf vor Tagesanbruch auf Attingens und des Kurfürsten Quartier hätte Diesen schier Verderben gebracht. Schon waren ihre Schanzen überstiegen, die Fuhrknechte rannten nach den Pferden um das Gepäck zu flüchten, es war ein wüster Wirrwarr als der Herzog selber herbei stürzte und die Einge-

drungenen wieder hinauswarf. Die deutschen Völker in Abtheilungen zu 500 da die Beschränktheit des Raums die Ent-
faltung größerer Schlachthaufen nicht erlaubte hatten die Ehre
des Vortritts in diesem grausamen Turnier, blutend und
zerrissen lenkten sie um. Die Schweden und Finnen betraten
die Rennbahn und so einander ablösend das gesammte Fußvolk, bis zum Abend hatten sie 200,000 Flintenkugeln verschossen,
der Berg war in Wolken von Feuer und Rauch gehüllt, nebenbei wogte vor und zurück das Reitergefecht auf der Ebene am
Fluß, spät noch hatte Herzog Bernhard sich einer Anhöhe be-
meistert oberhalb der Schloßruine, aber die Kräfte waren erschöpft und der König gab das Zeichen zur Umkehr. Indem
er sich nach einem Offizier umsah der ihm die Regimenter
zurückführte fiel sein Blick auf Hepburn. Dieser Schotte hatte
aus Verdruß über eine vermeintliche Zurücksetzung seinen Abschied genommen und war nur noch als Zuschauer da, einem
so ehrenvollen Auftrag konnte er sich nicht entziehen und er
entledigte sich dessen mit Muth und Geschick. Da über Nacht
Regenwetter wurde und es durchaus unmöglich gewesen wäre
an dem schlüpferigen Abhang die Artillerie hinauf zu bringen
so rief der König am Morgen drauf auch den Weimarer zurück. Wallenstein gestand in seinem Bericht nach Wien daß
er viele Offiziere und Soldaten verloren überhaupt sein Lebtag
kein Treffen gesehen wo man sich ernstlicher und tapferer geschlagen, die Obristen Don Maria Caraffa, Johann Baptist
Chiesa waren gefallen, Graf Jakob Fugger beim Einsprengen
an der Spitze der Reiterei auf den Tod verwundet und gefangen worden, und wenn auch der Bericht die schmeichelhafte
Bemerkung enthielt daß sichs bewährt habe der Titel des Un-
überwindlichen gebühre nicht dem König sondern dem Kaiser
so hatte doch der Herzog nicht gewagt die Zurückgehenden zu
verfolgen und nicht besiegt zu seyn galt für einen Sieg. Der
König ließ es bei dieser Probe bewenden. Die Truppen hatten
das Unglaubliche geleistet, etliche 1000 färbten den bestrittenen
Grund mit ihrem Blut, 2000 maßen ihn mit ihren Leibern
und nicht bloß namenloses Volk, auch Generalmajor Boetius
und die Obristen Wilhelm Burt, Erich Hand zählten zu den
Tödtlichgetroffenen, Torstenson war gefangen, Baner durch

einen Schuß in den Arm dienstunfähig auf lange, Grafen von
Erbach, Castel, Eberstein, ein junger Thurn waren verwundet,
dem Weimarer war das Pferd unterm Leib getödtet, dem
König hatte eine Kugel einen Fezen von der Stiefelsohle
weggerissen. An den folgenden Tagen bebten die angeschlage-
nen Saiten schwach nach, um ein Kleines hätten sie in einem
Scharmützel den Friedländer selbst erwischt, bald begnügte man
sich wieder mit gegenseitiger Beobachtung, noch gegen zwei
Wochen verweilte der König um Nürnberg und Fürth, je
überlegener er ihm gegenüber war desto mehr trug er die
Verlegenheit eines Belagerten auch auf ihn über und zu der
Theurung litt das kaiserliche Lager durch unausstehliches Un-
geziefer. Beide Feldherren waren nicht auf Rosen gebettet,
aber ein drückendes Gefühl hatte Gustav Adolf voraus —
den Kummer über das wachsende Elend einer treuen Bevölkerung vornehmlich durch die Roheit seiner deutschen Soldaten
welche, Herren und Knechte, sich vergriffen an Freund und Feind.
Die armen Landleute waren im Burgfrieden des königlichen
Lagers nicht sicher: wenn ihr Vieh nicht durch Futtermangel
zu Grunde ging so wurde es ihnen nicht selten nebst dem
wenigen Uebrigen was sie besaßen geraubt und sie dazu persönlich mißhandelt. Sie hatten keine Zubuße aus den Magazinen der Stadt, schlechte Nahrung und Hunger erzeugten
giftige Seuchen und eine entsezliche Sterblichkeit. Die Klagen
häuften sich. Abhilfe war schwer, denn die Offiziere sahen
durch die Finger oder waren selbst die Uebertreter. Dem
König brach die Geduld. Einsmals zeigte man ihm gestohlen
Vieh vor eines Feldwebels Zelt, da faßte er den Schelm bei
den Haaren und übergab ihn dem Nachrichter mit den Worten:
„Komm her mein Sohn, es ist besser ich strafe dich als daß
Gott nicht allein dich sondern auch mich und das ganze Heer
straft um deiner Unthaten willen." Und Generale und Offiziere deutscher Nation vor sich beordernd fuhr er sie zürnend
an: „Ihr Fürsten, ihr Grafen, ihr Herren, ihr Edelleute!
Ihr seyd Diejenigen welche die schändlichste Untreue am eigenen Vaterland beweisen das ihr verderbt, verheert und zerstört. Ihr
Obristen, ihr Offiziere vom Höchsten bis zum Niedersten, ihr
seyd Diejenigen welche rauben und plündern, ohne Unterschied

Keiner ausgenommen, ihr bestehlet eure Glaubensgenossen, ihr
gebt mir Ursache daß ich einen Ekel an euch habe. Gott
mein Schöpfer sey mein Zeuge daß mir das Herz in meinem
Leibe gällt wenn ich euer Einen nur anschaue, daß ihr der
guten Gesetze und meiner Gebote solche Frevler und Verbrecher seyd, daß davon mein Name befleckt wird und man öffentlich sagt: der König unser Freund thut uns mehr Schaden
als unsere Feinde. Ihr hättet, so ihr rechte Christen wäret,
zu bedenken Was ich für euch gethan habe und noch thue, wie
ich Leib und Leben für euch und eure Freiheit und eures zeitlichen und ewigen Wohls willen daran seze. Ich habe euert-
halben meine Krone ihres Schatzes entblößt und in die 40
Tonnen Goldes aufgewendet, dagegen habe ich von euch und
eurem deutschen Reich nicht bekommen davon ich mir ein
Paar schlechte Hosen machen lassen könnte, ja ich wollte eher
ohne Hosen geritten seyn als mich mit dem Eurigen bekleiden.
Ich habe euch Alles verliehen was Gott in meine Hand gegeben hat, ich habe nicht einen Saustall für mich behalten.
Keiner unter euch hat mich jemals um Etwas angesprochen
das ich ihm versagt hätte, denn mein Brauch ist's Keinem
eine Bitte abzuschlagen. Wo ihr mein Gebot und Ordnung
in Acht genommen, wollt' ich euch die eroberten Länder alle
ausgetheilt haben. Ich bin, Gott Lob und Dank, reich genug,
begehre Nichts von dem Eurigen und wenn ihr auch also
Gott vergäßet und eure Ehre, daß ihr von mir abfielet und
wegliefet so soll doch die ganze Christenheit erfahren daß ich
mein Leben für eure Sache als ein christlicher König der den
Befehl Gottes zu verrichten begehrt auf dem Platz lassen
will. Solltet ihr euch gar wider mich empören so will ich
mich zuvor mit meinen Finnen und Schweden gegen euch
herumhauen daß die Stücke davon fliegen sollen. Ich bitte
euch um der Barmherzigkeit Gottes willen, geht in euer Herz
und Gewissen, bedenkt wie ihr haushaltet und wie ihr mich
betrübet so sehr daß mir die Thränen in den Augen stehen
möchten. Ihr versündigt euch an mir mit eurer schlechten
Zucht. Ueber euern Muth und euer Fechten beklage ich mich
nicht, denn darin habt ihr stets gehandelt wie rechtschaffenen
Edelleuten ziemt. Bitte euch nochmals um der Barmherzigkeit

Gottes willen, geht in euch auf daß ihr euer Thun verant=
worten könnet vor der ehrbaren Welt und dereinst vor Gottes
Richterstuhl. Wir ist's so weh unter euch daß es mich ver=
drießt mit einer so verkehrten Nation umzugehen. Wohlan
nimmt meine Erinnerung zu Herzen, mit Nächstem wollen wir
vor unsern Feinden sehen Was ein redlich Gemüth und rechter
Ritter ist." So deutsch hatte nie ein Kaiser, so nie der König
mit diesem Adel gesprochen der keine höheren Triebfedern
kannte als seine unbändige Selbstsucht die ob mancher Täuschung
geheimen Groll hegte, nie hatte Jemand diese Leerheit an
öffentlichen Tugenden die das fressende Geschwür im gesell=
schaftlichen Körper von Deutschland war so unsanft berührt,
die Junker alle waren wie versteinert, Keiner brachte ein
Wort der Entschuldigung heraus. Diese Undankbaren waren
eines großmüthigen Führers nicht werth, für sie taugte ein
Gebieter der ihnen den Fuß auf den Nacken sezte, vor dem
sie krochen wie vor Tilly und Wallenstein. Hätte sich in dem
König die Abneigung gegen die katholische Partei in der Art
vermindert als ihm die protestantische zur Last wurde, ein
Wunder wäre es nicht gewesen. Doch zum Frieden waren
darum die Verhältnisse noch nicht reifer. Wenn er dem
brandenburgischen Obristen Konrad von Borgstorf, der wegen
der schlesischen Heerfahrt seine Befehle einholte, den Bescheid
gab daß die Vereinigung Duwals mit den Sachsen wenn
sie nicht erfolgt sey unterbleiben und nur dem Kurfürsten bei
einem Angriff auf sein Land verlangte Hilfe nicht verweigert
werden solle, so war es nicht weil er anfing die Segel zu
streichen sondern er wünschte erst genauer unterrichtet zu seyn
und Duwal hatte weder Ansehen noch Feinheit genug für die
Rolle neben dem verschmizten Arnim. Und die Eröffnungen
die er durch Sparre dem Friedländer machen ließ waren wohl
nichts Anderes als ein Gegenkompliment für die Freilassung
Tupadels. Zugleich reiste Hamilton nach London um seine
Hilfsschar neu zu bilden und das englische Bündniß zu för=
dern mit dem es bei den engen Vollmachten und dem unzu=
verläßigen schwankenden Betragen Vane's nicht vorwärts
wollte zur großen Betrübniß des Pfälzers der des Wander=
lebens satt war und dessen Wiedereinsetzung von des Stuarts

Dienstwilligkeit abhing. Um bereits auf's Unterhandeln mit dem Feind zu bauen hätte der König arg verblendet seyn müssen. Auf seinen Vorschlag die Gefangenen auszuwechseln ging allerdings Wallenstein ein, denn noch eine gute Anzahl kaiserlicher Offiziere war in schwedischer Haft, aber wegen der Friedensfrage war die Antwort er habe mit dem Kurfürsten von Bayern Rücksprache gepflogen und sie seyen übereingekommen kaiserlicher Majestät Entschließung abzuwarten, und in Wien besannen sie sich für und für, dann fanden sie die Forderungen der Protestanten überspannt namentlich die Aufhebung des Restitutionsedikts unzuläßig, sie drückten ihr Mißtrauen aus gegen alle Versuche sich gütlich zu verständigen so wie ihr Vertrauen auf noch kräftigere Entwicklung abgedrungener Waffengewalt, um indeß den Frieden nicht schlechthin von sich zu weisen schlugen sie die Herausgabe aller Eroberungen, den Ersatz aller Kriegskosten und Kriegsschäden und andere derlei ungehörige Bedingungen vor, die Wallenstein am besten für sich behielt. Zulezt kam es zwischen ihnen auf den Wettstreit einer Noth mit der andern an und da war denn der König der Erste der nachgab. In Nürnberg blieb Oxenstjerna mit 5000 Mann unter Kniphausen dem Helden von Neubrandenburg den der König den Stadtbehörden mit der Bemerkung vorstellte: „Ich lasse zu eurem Schutz einen Mann zurück der mit einer Handvoll Leute ein schlecht ummauertes Dorf gegen ein ganzes Heer vertheidigt hat." Mit der Hauptmacht zog er den 18ten September klingenden Spiels am kaiserlichen Lager vorbei auf Neustadt an der Aisch. Dort harrte er bis zum 5ten Tag spähend nach den Bewegungen Wallensteins um bei der Hand zu seyn wenn Gefahr wäre für Nürnberg, aber Der hatte seinen Abmarsch nicht gestört und jezt brach er selbst nach Forchheim, Gallas mit einer zweiten Bande — Holk nach — durch die Oberpfalz gegen Meißen auf. Weithin leuchtete der Brand seines Lagers: seine Einbuße an Zugthieren war zu groß als daß er den ungeheuren Ballast hätte fortschaffen können, darum hatte er es angezündet. Gleichwohl mußte eine Menge Gegenstände im Stich gelassen werden — eine nicht unergiebige Nachlese für die Nürnberger. Den Kaiserlichen wie den Königlichen waren diese drittehalb Monate theuer zu stehen gekommen: um diesen Preis hätten sie die mörderischesten Schlachten liefern können. Erbärmlich zusammengeschmolzen schieden sie von dem triumphlosen Schauplatz der Berödung. Die Sterbelisten der Stadt (und im kaiserlichen Lager hatte es ungefähr die nähmliche Bewandtniß) zeigten von diesem Jahre bei 30,000 Leichen davon etwa 20,000 aus dem schwedischen Lazareth und darunter waren die Todes- und Begräbnißfälle auf den Wiesen und in den Gärten nicht einmal.

Um Forchheim gönnten Wallenstein und Max ihren Truppen eine mehrtägige Erholung, so auch der König den seinigen noch in Windsheim und Dinkelsbühl. Ein Sonnenblick des Ruhms verscheuchte hier einige der trüben Wolken von seiner Stirn: Dschanbeg und die Tataren der Krim huldigten ihm durch eine Gesandtschaft. Der König ließ sie festlich bewirthen, aber zu üppigen Gelagen war jetzt wenig Zeit. Ihn trieb der Heißsporn der Thaten. Ehe er wissen konnte Was die Kaiserlichen vor hatten war sein Entschluß gefaßt: mit 8500 Mann schickte er den Herzog Bernhard in die Gegend von Würzburg, das übrige Heer führte er auf Donauwörth zur Fortsetzung des unterbrochenen Werks in Bayern. Seine Berechnungen waren so. Entweder folgte ihm der Friedländer so hatte er erreicht Was vornherein sein Trachten war: der Tummelplatz war in Feindes Land verlegt. Mit Dem was von den dortigen Besatzungen zur Verfügung stund mochte er den Erfordernissen der Lage begegnen. Oder Wallenstein wandte sich zu einem Schlag auf Kursachsen, so war vorauszusehen daß die Bayern sich von ihm trennten um für ihren Herd zu fechten und dem so getheilten Feind — schien es — sollten die Sachsen mit Hilfe Bernhards und des Lüneburgers die Spitze bieten können. Bernhard für sich hätte an den festen Stellungen am Main und dem befreundeten Thüringen und Hessen eine gute Anlehne gehabt, und daß Arnim sich bis zur gänzlichen Verwahrlosung Meißens in Schlesien vertiefen würde war außer aller Wahrscheinlichkeitsrechnung. Aber der September der in Süddeutschland den Knoten entschürzte hatte ihn im Norden überall mehr verwirrt. Von den abgesondert befehlgebenden Feldherren des Königs löste der einzige Horn, unter dem der oberrheinische Statthalter Rheingraf Otto Ludwig als General der Reiterei und Hubald als Obrister über das Fußvolk dienten, seine Aufgabe befriedigend; er war, da es ihm die Würtemberger vor Offenburg zu lang machten, über den Rhein zurückgegangen, die Straßburger hatten Kartaunen und Mörser hergeliehen deren Wirkung den Trotz der Kaiserlichen brach, er hatte die Ortenau und die Thäler des Schwarzwaldes bis Rottweil unter Botmäßigkeit und Besteurung gebracht, der Durlacher erfreute sich der Wiederzuweisung von Eduard Fortunats Erbe, Julius von Würtemberg wurde angefeuert durch die Hoffnung sich die Grafschaften Hohenberg, Sigmaringen und Baar anzueignen und so seine apanagirte Nachgeborenschaft zu einem selbstständigen Fürstenthum zu entpuppen. Der Feldmarschall hätte nun ohne Schwierigkeit bis Freiburg hinaufgekonnt aber die elsäßischen Festungen im Rücken oder zur Seite wäre der Breisgau ein unsicherer Besitz gewesen, daher hatte er wieder bei Straßburg übergesetzt, diese Reichsstadt leistete gegen die Erzherzoglich-Bischöflichen die ihr zu Benfeld auf dem Nacken saßen gerne Vorschub, die Ritterschaft umher bewarb sich um seine Freundschaft und mit der Belagerung von Benfeld geschah ein bedeutender Schritt zur gründlichen Unterwerfung des Landes. Hingegen waren Georg von Lüneburg und Baudis auf Pappenheims schnelle Rückkehr nicht gefaßt. Seine bloße Erscheinung war Paderborns Entsatz, auch das von beiden Ufern der Weser bedrohte Höxter hatte Baudis nicht behaupten können und in Münden Quartier gemacht. Zu spät war der Lüneburger die ihn selbst treffenden Nachtheile ihrer Trennung gewahr worden: der Generalmajor Wilhelm Kalkhun Lohausen welcher Verstärkungen nach Westphalen bringen sollte hatte die Straßen schon nicht mehr offen gefunden und nach Goslar ausbeugen müssen. Und mit der Sperre von Wolfenbüttel, zu der die Landwehr gut gewesen wäre und der Jener die westphälische Unternehmung aufgeopfert hatte, war es doch Nichts: sie ward von Merode mit 700 Reitern unversehens durchbrochen, ein Ausfall kostete den Belagerern bei 1000 Mann und einen Theil ihres Geschützes und fast im nämlichen Augenblick waren die Pappenheimischen vor Hildesheim gerückt, hatten unter Vorgeben eines über

Baudis und Georg erfochtenen vollständigen Siegs die vor
Wolfenbüttel eroberten Fahnen vorgezeigt und die Einwohner
sich zur Uebergabe bequemt mit einer Brandschatzung von
200,000 Thalern aber gegen Gewähr ihrer Religionsfreiheit.
Allein diese Vertragsbestimmungen kümmerten den bayrischen
General nicht: kaum war er in der Stadt, so forderte er die
Bürger auf das Rathhaus zu einer eidlichen Vernehmung über
ihr Vermögen wornach sie noch einzeln belastet wurden, her=
nach kündigte er ihnen unter Anderm an daß sie die ehemali=
gen Klöster wieder aufzubauen, Mönche, Jesuiten und Domherren
zu entschädigen hätten und unverweilt begann der Bischof von
Osnabrück die Afterreformation. Die benachbarten Städte
wurden durch diesen Vorgang gewitzigt. Hannover und Braun=
schweig nahmen starke Besatzungen, in Hannover gelobten sie
einander Jeden zu tödten der von Uebergabe reden würde,
Lars Kagg verdoppelte seine Wachsamkeit längs der Elbe und
in Magdeburg. An der Oder, wo der Feind nirgends Stand
hielt hatten sie das Land meist inne, unter den Eroberern
selbst aber war neuer Zank, die Schweden glaubten sich ver=
kürzt in der Vertheilung der Quartiere, sie klagten daß die
ungleich größere Hälfte Schlesiens den Sachsen, ihnen in dem
Herzogthum Liegnitz nebst Drachenberg eine als Kriegsschau=
platz vorher ausgesogene Provinz zugefallen sey die mit
600,000 Thalern ein Dritttheil niederer in der Steuer liege
als das dem Generalwachtmeister Klitzing zum Unterhalt eines
Fußregiments angewiesene Fürstenthum Großglogau, sie wünsch=
ten die Sachsen sollten die deutsche Seite der Oder nehmen
und ihnen die polnische lassen, umgekehrt drang Arnim in die
Schweden sie sollten weil der Zweck der Vereinigung fürder
nicht bestehe und Breslau und Großglogau zu seinem Bezirk
gehörten ihre Posten daselbst wegthun, bald vermaß er sich
gegen sie Gewalt brauchen zu wollen, bald verbot er den Un=
terthanen ihnen Lebensmitteln zu liefern; bald meinte er sie
durch falsche Lärmgerüchte von dannen zu locken, bald machte
er ihnen den Obristen Köttritz und die Brandenburgischen ab=
spenstig, zudem verübten die Einen allen ersinnlichen Unfug
auf den Namen der Andern, wobei den armen Schlesiern die
sie als Erlöser vom papistischen Druck begrüßt hatten, schier

II.   22

die Arznei bitterer wurde als das Uebel, zumal da auch die
evangelische Freiheit nicht über Nacht verbürgt war denn von
Arnim verlautete daß er keine Neuerung beabsichtige zur Beeinträchtigung der Herrschaft des frommen redlichen Kaisers
der Nichts als den Frieden suche, habsburgische Offiziere
gingen bei ihm ab und zu und durften allenthalben unge-
zwungen verkehren, man munkelte von einem Fürstenthum das
ihm sollte verheißen seyn und daß Wallenstein gesagt habe
dieweil Arnim den Kommandostab führe sey Schlesien in guten
Händen. Wie seltsam waren die Dinge verschroben! Während
dieser Schönthuerei wirthschaftete Holk in Meißen immer
toller, bei Chemnitz war ein schönes kurfürstliches Schloß die
Augustusburg die kerten sie aus und verschleppten über 300
Betten nebst den kostbarsten Tapezereien und Teppichen,
bei Freiberg hieben sie einen lutherischen Prediger in Stücke
und warfen sie den Hunden vor, Oederan und Frauenstein
wurden beinahe ausgemordet, die Kroaten hatten erfahren daß
Johann Georg mit den Gesandten von Darmstadt und Brandenburg tafelte da steckten sie 3 Dörfer bei Dresden in Brand
und ließen ihm melden sie hätten zu seinem Bankett die Lichter
angezündet. Und Holk war nur der Vorläufer von Gallas
und Gallas von Wallenstein! Auch der unmittelbare Gesichtskreis des Königs war nicht wolkenlos. Als er am 6ten Oktober in Donauwörth eintraf, erfolgte noch am Abend der Fluß-
übergang und währte bis Mitternacht. Diese Haft sollte
Rain retten das Montecuculi mit neuangelangten toscanischen
Völkern bedrängte, aber an demselben Tag hatte Kaspar
Wilhelm von Mitschefal ungeachtet der Gewißheit des nahen-
den Entsatzes schimpflicher Weise diesen Schlüssel von Bayern
übergeben. Solch ein zagbafter Geist durfte im Heer nicht
aufkommen: nachdem in 2 bis 3 Tagen eine Lechbrücke fertig
und in eben so viel Stunden die Stadt wieder genommen,
die Bayern und Italiener zerstreut oder nach Ingolstadt entwichen waren, wurde zu Neuburg Gericht gehalten über den
Obristen und die Hauptleute, und da feige Zumuthungen
einiger Meuterer die er hätte bestrafen sollen keine Entschuldigung seyn konnten so wurde er zur Enthauptung verurtheilt,
die Offiziere mußten auf der Richtbühne Zeugen seyn. Dann

wurden aus den Zeughäusern zu Augsburg allerlei Belagerungs-
geräthschaften den Lech herabgeschifft nach der Donau, Ingolstadt und Regensburg sollten ernstlicher angegriffen werden,
wären sie gefallen so winkte der Bauernaufstand den schwebi-
schen Waffen nach Oberösterreich, ein Abgeordneter von dort
hätte sich ins nürnberger Lager durchgeschlichen und um Hilfe
gefleht: Das Verhängniß wollte es anders.

Unter diesen Vorbereitungen waren, bevor eine Woche
verging, Botschaften aus Westphalen, Niedersachsen und
Schlesien und Jammerbriefe über Jammerbriefe aus Dresden
eingelaufen, Oxenstierna hatte angezeigt daß alle Furien des
Kriegs gegen die oberfränkische Markgrafschaft losgelassen
seyen; daß Wallenstein Schlösser, Dörfer und Mühlen ein-
äschere, daß er Plaßenburg nicht bekommen aber Baireuth
geplündert habe und jetzt Koburg belagere. In Koburg zwar
fand er abermals einen Haken: die Stadt war schnell über,
die Beamtenschaft dieses kleinen Fürstensitzes und die Bürgermeister hatten den Unterthanen jede Gegenwehr untersagt, aber
in die Bergfestung hatte Bernhard den Obristen Tupadel gelegt, Dem drohte der Friedländer mit Henken, er antwortete
mit einem Ausfall, 500 Stürmer sezten aus dem trockenen
Schloßgraben auf die Basteyen an, er wetterte Mann und
Leitern über den Haufen. Ihrer verlorenen Mühe erholten
sich die Kaiserlichen an der Fährniß der fürstlichen Kammer,
am öffentlichen und Privateigenthum wovon sie den Raub
auf Hunderte von Wagen luden, auch mußten des Lösegelds
wegen Kanzler, Regierungsräthe und Schöppen, und die Vornehmsten vom Stadtrath, Herren und Frauen mit. Vorm
Weiterziehen nach Norden trennte sich Max von Wallenstein.
Der Abschied wurde Beiden nicht schwer. Dem Kurfürsten
wurmte das Schicksal seines Landes, der Plan den Krieg nach
Sachsen zu spielen schien ihm bloß eine Finte um Bayern
schutzlos zu lassen. Gleichwohl hatte er seinen Groll ver-
bissen und sich dazu verstanden Pappenheim unter Wallenstein
zu stellen, dafür durfte Altringen mit einigen kaiserlichen Regimentern bei ihm bleiben. Es war um Mitte Oktobers: die
Kurfürstlichen in sehr verringerter Zahl nahmen die Richtung
nach der Oberpfalz auf Regensburg, Wallenstein über Kronach

nach dem Voigtland, denn der Paß nach Thüringen war durch
Bernhards rasche Bewegung von Schweinfurt gegen Hildburg=
hausen verrannt. Schon hatten sich Holk und Gallas ver=
einigt und sich an Freiberg gemacht das denn doch nicht ohne
eine starke Besatzung war, sie hatten Mauern und Thürme
zusammengeschossen dieser reichen Bergbaustadt und sie um
100,000 Thaler, um 80,000 Johann Georgs Familiengruft
gebrandschazt, seine Soldaten ohne Fahnen und Obergewehr
nach Hause geschickt, übrigens noch höflicher als in Chemniz
wo sie sich statt der Waffen mit Stecken trollen durften. Und
vom Harz her brauste ein neues Gewitter. Pappenheim hatte
bei dem Kaiser angehalten, daß man ihn in Niedersachsen
lassen möchte, aber Wallensteins Befehle erlaubten keinen
Aufschub, ja im Fall er krank wäre sollte er die Truppen an
Merode als den ältesten General nach ihm abgeben, und
brandschazend und verheerend rechts und links zog er über die
Wasserscheide der Leine und Unstrut auf Mühlhausen, Langen=
salza, Tennstädt und Merseburg, bei Altenburg waren Holk
und Gallas zu Wallenstein gestoßen, bei Leipzig war er Pappen=
heims gewärtig. Ueber ganz Kursachsen diesseits der Elbe
ergoß sich der Schwall. Wer konnte flüchtete nach Wittenberg,
Torgau oder Dresden. Gerne hätte sich Bernhard in kecker
Selbstüberschätzung den Pappenheimischen entgegengeworfen,
aber nach des Königs ausdrücklichem Willen durfte er seine
schwachen Streitkräfte nicht wagen im Würfelspiel einer
Schlacht. Gustav Adolf sah wohl ein daß er dort selbst
steuern mußte, da sonst von dem so dünkelhaften als kleinmüthi=
gen Johann Georg zu befürchten war daß er zu seiner Selbst=
erhaltung nach jedem Ausweg hasche und sollte es der unheil=
vollste für die gemeinsame Sache seyn. Der Kurfürst zum Abfall
genöthigt, die Schweden von Norddeutschland abgeschnitten,
Meklenburg wieder erobert, zum Mindesten vorläufig fette
Winterquartiere — Das waren die Deutungen der Zukunft im
friedländischen Lager. Daß der König so plötzlich dazwischen
fahren würde, vermutheten sie nicht. Aber kaum waren sie
über Koburg hinaus, so hatte er den Birkenfelder (weil Baner
noch nicht genesen) zur Obhut an der Donau und dem Lech
bestellt, so wie den Schlesier Andreas Cochticzki nach der

Oder bevollmächtigt, und indeß er die verstecktesten seiner Regimenter in Eilmärschen über Nördlingen, Rothenburg, Kitzingen, Schweinfurt nach Thüringen beorderte, hatte er sich mit
700 Reitern gen Nürnberg aufgemacht, den Nachlaß von
Gallas und die heimkehrenden Bayern aus dem Gau dieser
geliebten Stadt vollends hinausgestäupt; ihr zum lezten Lebewohl und dem deutschen Fleiß in seinem vor 6 Jahren zu
Stockholm gestifteten ost= und westindischen Handelsverein
die Bahn des Weltmeers eröffnet und mit Kniphausens Abtheilung die nunmehr daselbst entbehrlich war die Wanderung
fortgesezt nach Arnstadt. Hier war der Sammelplaz: binnen
14 Tagen hatte er seine Waffen von den Gränzen Bayerns
über den thüringer Wald getragen. Am 2ten November war
die Pleißenburg nachdem einige Schüsse gefallen dem Beispiel
von Leipzig gefolgt und an Holk übergegangen, damals kam
auch das schwedische Hauptquartier nach Arnstadt. Wallenstein
war durch diese Geschwindigkeit überrascht: im Begriff sich
wohnlich zu machen hatte er die Mannszucht geschärft, und
den Mordbrennereien der Kroaten, den Quälereien der Pappenheimischen wenn sie Lösegelder zu erschnappen die Leute henkten
und sich halb zu Tod zappeln ließen, Einhalt gethan. Den
Leipzigern, welche die Warnung ihn nicht zu reizen oder er
werde keinen Hund am Leben lassen beherzigten, hatte er sehr
gelinde Bedingungen bewilligt, sich mit 50,000 Thalern und
der Besezung des Schlosses begnügt. Die Truppen waren
auseinander verlegt. Gallas hatte seine Posten zu Zwickau
und Freiberg und jenseits des Erzgebirgs wo die Elbe aus
Böhmen tritt, so konnte er sowohl den Sachsen, wenn sie
aus Schlesien zurück wollten, in der Lausiz begegnen als dem
Feldherrn, wenn ein Uebergangspunkt an der meißnischen
Elbe gewonnen wurde, drüben die Hand bieten. Die Anstalten zielten neben Entwicklung einer einschüchternden Ueberlegenheit auch wiederum auf begütigendes Unterhandeln.

Auf die Kunde aus Arnstadt lenkte Wallenstein von der
Elbe um gegen Leipzig, er hieß Gallas über das Erzgebirg
herüberkommen, selbst Altringen mußte von der Donau nach
Eger zurück, und damit Max ihn eher von sich ließ fügte er
in dem Abberufungsschreiben hinzu ob auf Pappenheim zu

zählen sey müsse man nicht, wiewohl Der nur noch eine oder
zwei Tagreisen von Leipzig war. Der Bayer war bei dem
Austausch Altringens gegen Pappenheim der betrogene Theil:
von Altringen verlassen vermochte er Nichts gegen den Birkenfelder der seine verwüstenden Streifereien bis vor München
ausdehnte, und durch Pappenheims Abwesenheit war sein
hochwürdiger Bruder in Bonn den Anfällen von Baudis ausgesezt der über den Westerwald an den Rhein vordrang, Ling,
Siegberg, Drachenfels, Löwenburg, Gostenburg, Andernach
und viele Ortschaften an beiden Ufern des Stroms wegnahm,
die Kölner durch die Ueberrumplung von Deuz erschreckte,
wobei einer seiner Soldaten den sie gefangen hatten sich in
der Kirche zu Sankt Urban mit 300 Feinden in die Luft
sprengte. Da es schien daß beim Anbruch der rauhen Jahreszeit die Kriegsunternehmungen in Meißen auf wechselseitiges Beobachten hinauslaufen würden, so lag Pappenheim dem Friedländer an wegen eines Abstechers mit einiger Reiterei nach Köln und
er hatte auch bereits die Zusage, nur sollte er vorher die Schweden aus Halle und der Morizburg vertreiben. Dem König
fehlte es nicht an Gründen wenigstens zum Anfang den Zauderer zu machen: noch war der Lüneburger aus, trotz mehr-
facher Aufforderung entweder in Halle eine Stellung zu nehmen oder wenn Das nicht mehr thunlich über den Harz herüber-
zurücken nach Thüringen hatte er sich über Magdeburg nach
Torgau begeben, und Arnim an welchen Johann Georg zweimal seinen Kammerdiener abfertigte um seine Völker aus
Schlesien herbeizurufen hatte das erste Mal nicht gehorcht weil
das Gerücht erschollen war der König habe inzwischen den
Friedländer aufs Haupt geschlagen, das zweite Mal schien
er nicht ausweichen zu können denn der Befehl lautete an
jeden der Obristen insbesondere, da hatte er einen Kriegsrath
versammelt und das Ende davon war daß er für sich nach
Dresden ging, auch etwa 2000 Musketiere zur Bedeckung mitnahm, Tags darauf zu dem Lüneburger nach Torgau und
während der König und Wallenstein einander schon gegenüber
standen zurück nach Schlesien reiste um das Heer abzuholen
in aller Gemächlichkeit. Hätte aber der König durch Rücksichten auf etwas so Ungewisses als diese Kameradschaft die er

durchschaute seine Plane nicht bestimmen lassen, erschütterte das abgemattete Heer, welches Ruhe erheischte, so waren Kabinetssorgen, die ihn anstrengender als je beschäftigten. Mit Oxenstierna traf er die letzten Verabredungen über Form und Wesen des evangelischen Körpers; es galt dem Befreiungswerk eine dauerhafte Grundlage zu geben, durch Verknüpfung der losen Glieder zu einer Gesammtordnung, das Vorherrschende aus der Kriegsführung zu verbannen durch Flüssigmachung geregelter Hilfsquellen für die Bedürfnisse der Truppen und Festungen, eine Wehrverfassung zu bilden, mild von ihrem Schutz befohlenen Ländern, furchtbar aus dem Feind. Waren alle diese Mittel in seiner Hand vereinigt, so war er, freilich gleichsam Deutschlands Herr, aber Der den Willen und die Einsicht hatte des heillos zerrütteten Reiches Arzt zu werden verdiente auch sein Herr zu seyn. Sein ursprünglicher Gedanke war Ober- und Niederdeutschland zumal mit dem gemeinsamen Band zu umschlingen, er hätte die Sache persönlich betrieben im Süden, Oxenstierna's Staatskunst hätte im Norden dafür gewirkt. Selber nach Norden verschlagen überließ er dem Reichskanzler das Geschäft bei den Kreisen Schwaben, Franken, Ober- und Mittelrhein mit stellvertretender Vollmacht zu tagen und zu vertagen, den Angelegenheiten des Kriegs und des Friedens vorzustehen. Die Auseinandersetzung der pfälzischen Verhältnisse verwickelte ihn in unangenehme Erörterungen. Als der Schwager des Grafen zu Neustadt an der Aisch aus seinem Gefolge schied, hatte er, obschon mit Recht aufgebracht über die Gleichgültigkeit einer so mächtigen Verwandtschaft, ihn nicht leer von sich lassen wollen, er hatte ihm die Einräumung der Pfalz angeboten, allerdings mit der Forderung freier Religionsübung für die Lutheraner und matte Bedingungen die nicht so waren daß sie ihn, dem der Genuß seiner ordentlichen Einkünfte gewährt werden sollte, unabhängig stellten von dem König der sich bis zum allgemeinen Frieden das ausschließliche Werbungs- und Besatzungsrecht und jegliche Befugnisse des Kriegsherrn nebst den gebührenden Leistungen an die Feldkasse vorbehielt und ihn auch nach dem Krieg zu beständiger Treue und Freundschaft namentlich zum Unterhalt eines Theils der königlichen Macht nach Maßgabe der mit den übrigen Fürsten einzuleitenden Uebereinkommnisse verpflichtete. Ueber diese — wie er sie nannte — vorgreiflichen Bedingungen hatte sich der Pfalzgraf in einem Schreiben aus Frankfurt beschwert, des Königs Antwort aus Arnstadt erinnerte ihn daß Kursachsen und Bayern sich für ungleich weniger erhebliche Dienste von ihrem Herrn und Kaiser Lausitz und Oberösterreich hätten verpfänden lassen, daß er keinen Fuß breit Landes von ihm begehre, daß es also gewiß kein unbilliges Ansinnen an ihn sey sich Niemand pflichtig zu erkennen als seinem Wohlthäter. Ohne Zweifel hätte der stolze Geist Gustav Adolfs diese ungeberdige Mitherrschaft des Adels, die das Kaiserthum herabgewürdigt hatte, in seiner deutschen Staatsschöpfung nicht geduldet, die Afterhoheit der Fürsten, ihre Frosch- und Mäusekriege unter sich und ihre hochverrätherischen Verbindungen mit den Reichsfeinden würden keinen Platz gefunden haben in seinem Regierungssystem, und so möchten dessen Grundzüge in den pfälzischen Bedingungen mit Einschluß eines stehenden Heeres zu Wahrung des oberherrlichen Ansehens so ziemlich ausgedrückt gewesen seyn, aber was konnte Deutschland Glücklicheres, Stärkenderes, Glorreicheres widerfahren als wenn er diese trübe Quelle der Zwietracht verstopfte, der Nation ein kräftiges, erleuchtetes Haupt schenkte? Je länger er in Deutschland war, desto klarer war es ihm geworden daß er darauf verzichten mußte etwas Vernünftiges zu Wege zu bringen, es sey denn daß er Mittel fand den Eigenwillen der Fürsten zu brechen. Wollten ja selbst seine fürstlichen Generale wie auf dem Fuß der Gleichheit behandelt werden. Daß er dem Weimarer nicht gestattet hatte blindlings loszuschlagen nahm ihm Dieser bitter übel und erblickte darin eitel Eifersucht, es kam zwischen ihnen zu einem heftigen Auftritt, Bernhard legte seine Bedienstung nieder und erklärte fortan bloß Reichsfürst zu seyn, doch wurde sein unzeitiges Schmollen noch besänftigt. Das Gefühl daß er mit allen höhern Bestrebungen allein stehe unter diesem undankbaren Geschlecht, betrübte ihn tief: noch nach Jahren äußerte Oxenstjerna im schwedischen Reichsrath, mit Seufzen habe ihm der König in den Stunden des Abschieds bekannt daß er sich eigentlich nichts Besseres wünschen könnte als daß ihn

Gott von hinnen nehmen möchte, weil er den Krieg mit seinen
Freunden verwünsche um ihrer großen Untreue willen und dieser
Krieg für ihn um so erbärmlicher seyn müßte als die Welt am
Scheine klebe und die wahre Ursache nicht errathen würde. Der
Reichskanzler hatte sich zu Bestellung einer Tagsatzung der oberländischen Stände in Ulm auf Würzburg und Frankfurt gewendet, diese wehmüthige Stimmung begleitete den König nach Erfurt.
Auf den Feldern von Erfurt war Heerschau: das Heer zählte bei
20,000 Mann, mehre Regimenter besonders die schottischen und
englischen, weil sie fast mehr Offiziere als Soldaten hatten, mußten verschmolzen, die Offiziers auf Anwartschaften vertröstet werden, aber es waren Kerntruppen. In der Stadt auf dem Markt
empfing ihn seine Gemahlin mit ihren Damen, er machte seinem
Statthalter dem Herzog Wilhelm der krank im Bett lag einen
Besuch, widmete eine halbe Stunde dem Abendessen und der
Gesellschaft der Königin und Ernst von Weimar und brachte
mit Ausfertigung von Briefschaften und Befehlen bis spät in
die Nacht auf seinem Zimmer zu. In aller Frühe war er
wieder auf, nahm von Eleonora Abschied zärtlich und traurig
wie nie, sprach wie im Vorgefühl der hereinragenden Ewigkeit:
Gott solle mit ihr seyn, wenn auch in diesem Leben nicht
mehr, würden sie einander doch jenseits wiedersehen. Hernach
stieg er zu Pferd, folgte dem unter Bernhard vorausziehenden
Heer auf Budtstädt, Kösen und Naumburg. In Naumburg
und mit Besetzung der Pässe an der Saale und Unstrut war
er den Kaiserlichen, die sich bis Weißenfels genähert hatten,
zuvorgekommen: desto freudiger strömte ihm das Volk entgegen, auf den Knieen, die Hände emporstreckend, sich streitend
um die Ehre den Saum seines Kleides zu küssen die Scheide
seines Schwerts zu berühren, jauchzten sie ihrem Retter. Der
König gerührt durch die Liebesbeweise des Volkes und begeistert
durch den Glauben an seine erhabene Sendung aber nachdenk-
denklich über diese fast abgöttischen Huldigungen sagte zu
Jakob Fabricius: „daß nur die guten Leute nicht auf Men-
schenmacht zu viel vertrauen. Ich fürchte, Der den sie wie
einen Gott verehren wird seine arme Sterblichkeit früh genug
offenbaren." Da die Feinde bei Weißenfels in einem verschanzten Lager stunden so ließ er auch eines abstecken, es

war noch nicht vollkommen hergerichtet, so fiel strenge Kälte
ein und er verlegte das Fußvolk in die Stadt, die Reiterei
auf die Dörfer. Von Dienstag bis zum Montag den 15ten
November verweilten sie um Naumburg, als man durch einen
aufgefangenen Brief des Grafen Rudolf Colloredo über die
Bewegungen der Kaiserlichen Aufschluß erhielt. Wallenstein
hatte mit Pappenheim, Holk und dem Generalquartiermeister
Diodati Rath gepflogen und sie waren der Meinung gewesen
daß der König eine zu vortheilhafte Stellung inne habe als
daß es angemessen wäre ihn aufzusuchen, Pappenheim war
nach Halle gerückt, der Herzog auf Lützen, ihre Hauptnieder-
lage in Merseburg, Halle und Leipzig nehmend und im Besitz
sämmtlicher Städte von den Quellen der Elster und Mulda
hofften sie unangefochten die Winterquartiere zu beziehen,
jedenfalls sich so zu vertheilen daß sie einander leicht beispring-
gen könnten. Alsbald hielt auch der König mit Bernhard
und Kniphausen Rath, der so tapfere als vorsichtige Kniphausen war nicht dafür daß man einen Schlag wagen solle vor
Ankunft des Lüneburgers, aber der König wollte wenigstens
die Gelegenheit der Sachen in der Nähe prüfen und am
Dienstagmorgen um 4 Uhr brach er gen Lützen auf. Unterwegs erfuhr er daß die Feinde in sorgloser Zerstreuung um
Lützen hausten, da rief er aus: „Nun glaube ich wahrlich
daß Gott sie in meine Hand gegeben hat,“ und fort gings
zur Schlacht. Von der Höhe des Schloßes zu Weißenfels
erschaute Colloredo der Schweden Anmarsch, 3 Signalschüsse
und die Flucht der über die Rippach zurückgeworfenen Vorposten gaben dem friedländischen Heer die Nachricht. Eilboten
flogen nach Halle mit der Weisung an Pappenheim Alles liegen
und stehen zu lassen damit er am andern Morgen mit Volk
und Geschütz da sey.

Schwarz sank die Nacht herab, bis das protestantische
Heer sich aus dem Hügelgelände der Saale nach der meißnischen Ebene herauswand. Bei den Dörfern Pörsten, Rippach
und Göhren lagerte es unter den Waffen. Auch bei den
Kaiserlichen wurden die Regimenter wie sie anlangten auch
am Abend von Holk in Schlachtordnung gestellt. Daß Wallenstein durch die Fußgicht verhindert war Das selber zu thun

kaunte von schlimmer Vorbedeutung scheinen, aber Zeuus
hatte in den Sternen gelesen daß die Himmelszeichen während
dieses ganzen Monats nicht im Einklang seyen mit dem gewöhnlichen Glück des Königs. Sobald der Tag graute waren
beide Lager rege um die Vorbereitungen zu vollenden des
ernsten Tagewerks. Ein Nebel da man auf keine 10 Schritte
sah kam den Kaiserlichen besser zu Statten als dem König:
sie harrten von Stunde zu Stunde Pappenheims, er hatte der
Dringlichkeit wegen im Wagen übernachtet, jeder Aufschub war
ihm ein Verlust. Ohne sich Zeit zum Frühstück zu nehmen
war er wieder zu Pferd, den Waffenrock den man ihm brachte
hatte er abgelehnt mit den Worten: „Gott ist mein Harnisch"
und bloß ein ledernes Koller angelegt, denn seit der Verwun-
dung zu Dirschau war ihm der Druck einer Rüstung zu lästig.
Nach dem Morgengebet ließ er die Regimenter langsam vorrücken, plänkelnd begegneten sich die Patrullen, der schwierige
Uebergang über den Floßgraben — einen Kanal von der Elster
in die Saale der die leipziger Straße durchschnitt — wurde glücklich bewerkstelligt. Auf der Ostseite der Straße in zwei Treffen
rechts an Lützen gelehnt links an den Kanal, die Kürassiere
auf den Flanken, zu äußerst die Ungarn und Kroaten erwartete ihn Wallenstein. Die Straßengräben hatte er in
der Nacht und am Morgen vertiefen lassen und mit Musketieren besetzt, vor den massenhaften Vierecken des Fußvolks
waren auf einer verschanzten Bettung 7 Kanonen, 14 auf
einer Anhöhe bei den Windmühlen vorm Städtchen aufgepflanzt. Die schwedische Aufstellung zerfiel ebenfalls in ein
Vorder- und Hintertreffen, jenes meist Schweden und Finnen,
dieses Deutsche, der künstlichen Gliederung nach ungefähr wie
bei Breitenfeld: das Fußvolk 8 Brigaden, die erste Hälfte
mit 5 groben Geschützen bei jeder Brigade unter Nils Brahe,
die Andern unter Kniphausen, die Reiterei — 24 Regimenter,
der rechte Flügel unter dem König, der linke unter Bernhard,
40 leichte Stücke bei den unter die Schwadronen vertheilten
Schützenrotten, 2 Regimenter zu Roß und zu Fuß in der
Nachhut. Als der Nebel sich etwas verdünnte, durchritt der
König die Reihen. Vor den Schweden hielt er und sprach:
„Lieben Freunde und Landsleute! Heute ist der Tag gekommen

da ihr zeigen sollt was ihr in so vielen Schlachten gelernt habt. Da habt ihr jetzt den Feind dessen ihr längst begehrt nicht auf jähem Berg, hinter unersteiglichen Schanzen sondern auf flachem Boden vor euch. Wie sehr er bisher das offene Feld gescheut hat, ist euch bekannt. Daß er es zu einer Feldschlacht kommen läßt, geschieht nicht aus freiem Willen noch aus Hoffnung des Siegs, sondern weil er euren Waffen nicht länger entrinnen kann. Sorget nicht daß er plötzlich ein ander Herz gefaßt habe, aus Noth nicht aus Muth oder Tugend erwartet er eueres Angriffs. Darum macht euch fertig nicht so sehr zu fechten als zu überwinden, haltet euch wie wackern Soldaten ziemt, steht fest zu einander und kämpft für euren Gott, euer Vaterland und euern König. Gottes Segen, der Welt Ruhm und mein Dank wird eure Tapferkeit lohnen. Im Gegentheil, welches der Allgütige abwenden möge, schwöre ich euch daß euers Gebeins nicht soll wieder in Schweden kommen. Aber ich kann keinen Zweifel in eure Tugend setzen, durch so viele tapfere Thaten habt ihr sie mir erprobt, und an eueren freudigen Geberden nehme ich wahr, daß ihr eher in den Tod gehen und männlich sterben als dem Feind den Rücken kehren und schändlich leben werdet." Und indem er zu den Deutschen ritt, sprach er: „Ihr meine redlichen Brüder und Kameraden! Ich bitte und ermahne euch bei eurem christlichen Gewissen, eigenen Ehre auch zeitlicher und ewiger Wohlfahrt, thut eure Schuldigkeit wie ihr sie so oft und sonderlich vorm Jahr unfern von diesem Ort bei mir gethan habt. Wie ihr damals dem alten Tilly und dessen sieghaftem Heer einen herrlichen Sieg durch göttlichen Beistand abgedrungen, so zweifelt nur nicht, der jetzt gegenüberstehende Feind wird keinen bessern Markt haben. Geht nur frisch mit mir daran, denn ihr sollt nicht unter mir sondern auch mit und neben mir fechten. Ich will euch selbst vorangehen, euch den Weg zum Treffen, Sieg und Triumph zeigen und Leib und Leben gleich euch einsetzen. Werdet ihr fest bei mir stehen wie ich zu euch das gewisse Vertrauen hege, so wird uns der allmächtige Gott hoffentlich den Sieg verleihen und ihr sowohl als eure Nachkommen werden dessen zu genießen haben. Wo nicht so ist es um eure Religion, Freiheit, Leib und Leben, zeitliche und ewige Wohlfahrt geschehen." Mit Zuruf und Waffengeklirr hatten die Schweden geantwortet, antworteten die Deutschen. Dann bliesen die Trompeter Luthers Lied: Eine feste Burg ist unser Gott, und von dem König selbst angestimmt (Einige sagen von ihm gedichtet) wogte durch die Schlachtreihen der Gesang: Verzage nicht du Häuflein klein. Wallenstein war kein Redner, doch hatte er sich die Steigbügel mit Seide umwickeln lassen und war einen Augenblick zu Pferd erschienen, das Richtmaß von Strafe und Belohnung im strengen Feldherrnblick. So wars 11 Uhr geworden: die Heere blickten einander ins Angesicht, sie hatten die Losung empfangen, es war die nämliche wie bei Breitenfeld. Seitwärts sah man Lützen brennen, um nicht überflügelt zu werden hatten die Kaiserlichen es angezündet. Da entblößte und schwang der König das Schwert und sagte: „Nun wollen wir dran, Das walte der liebe Gott," da erhob er die Augen und den Ruf: „Jesu, Jesu, Jesu hilf uns heute streiten zu deines heiligen Namens Ehre" und die Linie entlang scholls vorwärts. Im Sturmschritt unter einem Hagel aus Kanonen und Musketen rannten sie auf die Straße los, hieben die Musketiere in den Gräben zusammen, auch die Reiterei obwohl am Rand etwas stutzig sezte über. Schnell waren die 7 Stücke im Vordergrund genommen und gegen den Feind gekehrt, das Fußvolk hatte von den ungeheuren Vierecken zwei gesprengt und war eben im dritten, Bernhard hatte die Gärten um Lützen und das stark besezte Müllerhaus gesäubert und schickte sich an zum Sturm auf die Windmühlen. Der König auf seinem Flügel hatte die Wucht der Geschwader auf die andere Flanke geschleudert und sie durchbrochen, er hatte durch den wieder verdichteten Nebel die dunkeln Schatten der tiefer stehenden Kürassiermassen entdeckt und zu Stalhandske gesagt: „Packt mir die schwarzen Kerle, sie werden uns zu schaffen machen." Inzwischen waren aber, gegen 1 Uhr Nachmittags, die Brigaden durch das ungestüme Vordringen und die Arbeit des Kampfes matt, der Schluß ihrer Glieder loser geworden; der Friedländer hatte seine erschütterten Vierecke aus dem Fußvolk des Hintertreffens und durch einen Reiterangriff unterstützt, diese Probe war den Andern zu hart, nach einem heftigen

Unprall wichen sie auf die Gräben zurück, die eroberten Geschütze gingen verloren. Isolani's geschlagene Kroaten auf weitem Umweg die Linien umreitend waren unter wildem Geschrei auf den Troß gefallen und verursachten Verwirrung. Ihnen sandte Kniphausen einige Schwadronen auf den Hals von denen sie fortgepeitscht wurden, und den wankenden Brigaden zur Hilfe stellte sich Gustav Adolf an die Spitze seiner Smaländer, ersezte ihren verwundeten Obristen Friedrich Stenbock. Rasch trug ihn sein feuriger Streithengst über die Gräben und da das Regiment nicht so geschwind folgen konnte nur mit wenigen Begleitern mitten unter einen Schwarm von Piccolomini's Kürassieren. Kurzsichtig war er ohnehin und der Nebel so daß man keine Freunde und Feinde unterschied. In diesem Gemeng wurde sein Pferd durch den Hals geschossen, ihm selbst der linke Arm von einer Kugel zerschmettert daß die Knochenröhre zum Kleid heraussstach, um den Truppen diesen entmuthigenden Anblick zu verbergen bat er den Herzog Franz Albrecht von Lauenburg ihn bei Seite zu bringen aus dem Gewühl als er, während sie auf einen neuen Schwarm stießen, von einem zweiten Schuß in den Rücken aus dem Sattel taumelte und eine Strecke in den Steigbügeln geschleift wurde. Die um ihn entflohen, sein blutbespritztes Roß gallopirte ledig zu den Schweden zurück, er war verschwunden im Sturm der Schlacht. Ein dumpfes Gemurmel: der König verwundet, gefangen, todt, lief durch die Reihen. Von einem der flüchtigen Diener einem Kammerherrn Truchseß erhielt Bernhard, dem durch königliche Verfügung für diesen Fall der Oberbefehl zufiel, die erste unvollständige Nachricht. Alsbald eilte er zu Kniphausen, den linken Flügel hatte Nils Brahe übernommen, den rechten Stalhandske. Die Besprechung war kurz. Kniphausen, bei dem der Gesichtspunkt der Klugheit obwaltete, erklärte seine Truppen seyen in guter Ordnung, man könne einen schönen Rückzug thun. Nein, erwiederte Bernhard, keinen Rückzug, Rache, Sieg oder Tod muß das Feldgeschrei seyn. Das Gefühl edler Leidenschaft das ihn beseelte war das Gesammtgefühl des Heeres. Und wiederum die Smaländer voran — ihren Obristlieutenant welcher zauderte rannte er mit dem Degen durch und durch —

GUSTAV ADOLPHS TOD.

J. Scheible's Verlags-Expedition, Leipzig u. Stuttgart.
Stich u. Druck durch Kunst-Anstalt von Carl Mayer in Nürnberg.

einem Orkane, gleich rast's längs der Linie auf die Gräben, auf die Stückwälle der Fronte, auf die Windmühlen los, die Kaiserlichen werden aus ihren Kanonen beschossen, ihre Viereck zerrissen, die Straße nach Leipzig ist mit ganzen Schwadronen bedeckt welche ausreißen und über das friedländische Gepäck her sind, mit Weibern die sich der Troßpferde bemächtigt haben, und zur Vermehrung des Mißgeschicks fangen etliche ihrer Pulverwagen Feuer und zerplatzen. Noch soll das protestantische Heer der errungenen Palme nicht froh werden: denn horch, frisches Getümmel wälzt sich heran, es ist Pappenheim, der Schlachtruf hat ihn erreicht wie seine Soldaten gerade bei der Plünderung von Halle zerstreut sind, er hat sich gesputet so gut er konnte, hat Merode mit dem Fußvolk nachkommen heißen, ist mit Dragonern und Kürassieren aufgesessen und in vollem Trab gen Lützen angesprengt. Unter seinem Schutz wird Wallenstein der Unordnung wieder Meister, und Pappenheim nach, der von Begierde brennt sich mit dem König persönlich zu messen, stürzen Tausende und aber Tausende auf die ermüdeten Sieger, treiben sie zum zweiten Mal von den Stückwällen herab und über die Gräben. Hier haben Die Halt gemacht: wie Felsen im Meer bieten die Brigaden den Wogen der wüthendsten Kürassieranfälle die Stirn, getödtet können sie werden wanken nicht, fast Mann für Mann wie sie im Leben gefochten liegen Brahe's Gelbröcke und die Blauen Winkels hingestreckt bei ihren Waffen, aber auch Pappenheims benarbte Brust ist von zwei Kugeln durchbohrt und sein Leibtrompeter hat sein Roß am Zügel gefaßt und den Sträubenden aus dem Mordgewühl entführt dessen Seele im Erlöschen aufflammt da das Gerücht von des Königs Loos zu seinen Ohren bringt daß er sagt: „Meldet dem Herzog von Friedland daß ich ohne Hoffnung zum Leben verwundet bin aber fröhlich scheide nachdem ich weiß, daß der unversöhnliche Feind meines Glaubens an einem Tag mit mir gefallen ist." Umsonst macht Piccolomini noch einige verzweifelte Anstrengungen mit den Seinigen und den Pappenheimischen, ihres heldenmüthigen Vorkämpfers beraubt streiten Diese nicht mehr mit dem alten Feuer. Eine halbe Stunde vor Sonnenuntergang hat sich der Nebel wieder getheilt. Bernhard ist

nicht wenig erfreut. als er das Schlachtfeld überschaut und
noch immer bei Kniphausen den er nach seiner eigenen Aeußerung in Stücke gehauen glaubt Alles wohl bestellt ist, kalt-
blütig hat dieser General seine Truppen außer dem Gefecht
gehalten und dadurch der vordern Linie in einer großen zu-
sammenhängenden Masse einen Anhaltspunkt gesichert, aber
sezt ist das Handeln an ihm, das Hintertreffen rückt vor, Was
vorn noch kampffähig ist schließt sich an und zum dritten Mal
werden die Gräben überschritten, die Stückwälle erstürmt, die
Blutarbeit fortgesezt bis zur äußersten Erschöpfung und dem
Einbruch der finstern Nacht. Spät am Abend war Merode
angelangt: er deckte noch einigermaßen den Rückzug der unaufhaltsam in buntem Durcheinander ohne Sang und Klang
mit zerfezten Fahnen und zerbrochenen Waffen auf Leipzig
ging. Die Königlichen übernachteten auf der Wahlstatt.

Gustav Adolfs Leiche hatten Stalhandske's Finnen dem
Feind entrissen: sie lag unweit der Landstraße nackt ausgezogen, von Hufen zerstampft, mit dem Antliz gegen die Erde
gewendet, entstellt schier bis zur Unkenntlichkeit. Von seinen
Gefährten waren noch zwei am Leben beide schwer verlezt,
Jakob Erichson der Reitknecht und ein Edelknabe August von
Leubelfing eines Patriziers Sohn aus Nürnberg. Dieser
18jährige Jüngling der nachher an seinen Wunden starb erzählte, als der König von den umringenden Feinden 6 erwürgt
dabei aber etliche Schüsse und Stiche bekommen und endlich
das Pferd ihn abgeworfen habe, sey er abgesprungen und
habe ihm das seinige angeboten, Seine Majestät hätten auch
die Hände entgegengestreckt weil Sie jedoch sich selbst keine
Hülfe geben konnten, sey er außer Stand gewesen den Gefallenen aufzurichten, allermittelst seyen die Kürassiere wieder
herangesprengt fragend Wer Dieser sey und da sie gezögert es
zu sagen habe Einer die Pistole angesezt und den König durch
den Kopf geschossen. Der Entseelte wurde auf einem Rüstwagen hinter die Linie und von da in der Nacht nach Meuchen
gebracht und in der Kirche vor dem Altar niedergelegt, wo
man alsbald einen Theil der Eingeweide herausnahm und
begrub. Einige Reiter bildeten die Trauerversammlung, ein
Offizier hielt eine Rede, der Schulmeister zugleich Schreiner

des Dorfs verlas die Gebete und verfertigte den Sarg. In diesem Dorf blieb der Reitknecht bis zu seiner Heilung: er und 18 Bauern waren es die einen großen Stein (das Volk nannte ihn den Schwedenstein) nach der Stelle zu wälzen unternahmen an welcher der große Todte erblaßt war, sie thatens unter lautem Wehklagen kamen aber nicht ganz hin, denn am Rain eines Ackers, 40 Schritte davon, soll die rechte Stelle seyn. Am andern Tag zog das Heer mit den theuren Ueberresten nach Weißenfels. Hier bei der förmlichen Leichenöffnung und Einbalsamirung durch den Apotheker Casparus, die eigentlich gegen des Königs ausdrückliches Verbot geschah weil man wegen der Entfernung des Bestattungsorts nicht anders konnte, erwiesen sich alle innern Theile gesund, das Herz von ungewöhnlicher Größe, man zählte 9 Wunden. Diesen beglaubigten Thatsachen fügten sich im Munde der Zeitgenossen allerhand Zusätze an von denen sich schwer ausmitteln läßt Was davon Wahrheit oder Ausschmückung ist. Nach einer Aussage bei den Kaiserlichen hätte ein Feldwebel einen Offizier bemerkt vor dem Jedermann Platz machte und einem Musketier bedeutet auf ihn zu schießen weil er etwas Vornehms seyn müsse und daher rührte der Schuß in den Arm. Der Schuß in den Rücken wäre von Einem der den König erkannt hätte, dem Obristlieutenant im götzschen Regiment Moriz von Falkenberg gewesen und Dieser dafür von Luchau dem Stallmeister des Lauenburgers niedergehauen worden. Nach einer andern Aussage — und diese war nachmals die verbreitetste unter den Schweden — hätte Franz Albrecht, obgleich ein Vetter des Königs dessen Ahnfrau eine Lauenburgerin war und dessen Muhme wieder in dieses Haus geheurathet hatte, selbst diesen tückischen Schuß gethan. Ein vergessener und scheinbar versöhnter Knabenzwist da Gustav Adolf bei einem Besuche des Prinzen in Stockholm eine von Demselben in Gegenwart der Königin Mutter begangene Unanständigkeit mit einer Ohrfeige geahndet haben soll, hätte in ihm einen Stachel zurückgelassen, enge Freundschaft mit Wallenstein den Keim der Rachsucht genährt. Wirklich als er aus den kaiserlichen Diensten bei Nürnberg übertrat, traute ihm Oxenstjerna nicht und warnte den König. In der Schlacht

umschwebte er ihn wie sein böser Geist, er behauptete als der
König tödtlich getroffen worden, habe er zu ihm gesagt:
„Bruder ich habe genug rette Du dein Leben," diesen Rath
hatte er so wörtlich befolgt daß er in einem Athem bis
Weißenfels jagte zwei Meilen hinter das Schlachtfeld; und
als man ihn frug wie er doch so unversehrt habe entkommen
können, hatte er sich naiverweise auf seine Schärpe berufen,
welche die kaiserliche Farbe hatte. Was den Verdacht steigerte,
freilich aber auch geschehen seyn mag weil er sich seiner Feigheit schämte — er ließ sich bei den Schweden gar nicht mehr
sehen und nahm nach ein paar Tagen eine Bestallung in
Schlesien unter Arnim. Immerhin ist bei dieser dunkeln Anklage nur so Viel gewiß daß Diejenigen die auf Gustav Adolfs
Verderben die Entwürfe ihrer Größe bauen konnten, nicht zu
gut gewesen wären es durch ein Verbrechen herbeizuführen,
daß aber eine solche Voraussetzung als Erklärungsgrund dieses
Ereignisses nicht durchaus nothwendig ist, und daß wenn man
sie zuläßt jedenfalls der Verwundete die lezten Streiche von
den räuberischen Kürassieren bekommen haben muß.

Der Gang des Kriegs erlitt deßwegen keine Unterbrechung.
Zwar verfolgte Bernhard den Friedländer nicht. Als er zu
Weißenfels auf der Musterung die Soldaten beim Anblick des
erblaßten Antlizes ihres Königs beschwor fortzufahren auf der
Siegesbahn, schrien sie Alle: sie seyen bereit zu folgen wohin
er sie führe und sey's ans Ende der Welt, aber das Heer, vor
der Schlacht ein Drittheil schwächer als die Feinde, hatte
einen zu reichlichen Beitrag geliefert zu der Hekatombe von
10,000 auf dem königlichen Grabhügel. Die 15 bis 16,000
Streiter die es noch waren bedurften einiger Abspannung.
Wunden und Tod hatten eine grausame Verwüstung an-
gerichtet, besonders unter den Offizieren. Auf beiden Seiten
waren deren wenige unbeschädigt. Brahe (den der König
eines Oberbefehls würdig geschäzt hatte), Gersdorf, Wilden-
stein, Ernst von Anhalt-Bernburg waren für die Königlichen
schmerzhafte Opfer, wie die Obristen Dufour, Lani, Westrum,
Comargo, Berthold von Waldstein, der Feldzeugmeister Hans
Philipp Breuner, Hans Bernhard Schenk Abt von Fulda der
als Zuschauer von einer Kanonenkugel geköpft wurde, für die

Kaiserlichen. Aber Aller Bedeutung überragten zwei Namen —
Gustav Adolf und Pappenheim. Beide hatten einander hoch-
geachtet, nur Pappenheim den König noch mehr gehaßt. Beide
waren in ihrem 38sten Lebensjahr und starben an einem Tag.
Der König pflegte ihn vorzugsweise den Soldaten zu nennen:
in zwei Striemen auf der Stirn, den Schwertern in seinem
Wappen ähnlich, die so oft sein Blut in heißere Wallung
gerieth sich dunkel rötheten, schien die Natur ihn mit dem
Stempel seines Berufs gezeichnet zu haben schon bei der Geburt. Nicht ohne eine wissenschaftliche Erziehung, die Frucht
seines Aufenthalts auf den Hochschulen zu Altdorf und Tübingen und seiner Reisen durch das romanische Europa, war der
anfängliche Reichshofrath unter den Waffen verwildert. Als
er auf der Pleißenburg verschied, zierten über 100 Narben
seinen Körper. Wie viel größer erscheint darum Gustav Adolf:
waren auch die schönen Tage weit hinter ihm da der goldge-
lockte König zur Laute sang und seine erste Liebe, die holde
Ebba Brahe, in Liedern verherrlichte die auch seine Braut-
geworden wäre wenn nicht die stolze Mutter sie in seiner Abwesenheit mit Jakob de la Gardie vermählt hätte, hatten auch
die ernsten Sorgen des Heerführers und des Staatsmanns,
der Kampf mit der Starrheit der Interessen und dem Ueber-
strömen der Leidenschaften den weichen Stoff seiner Seele
gehärtet, so verleugnete er doch nie die Gefühle der edlern
Menschlichkeit, erhob sich wie ein Weiser über die Roheiten
und Laster des Zeitalters, die herzlose Unduldsamkeit, die wüste
Zerstörungswuth, die finstere Bigotterie statt der heitern Tugend,
wußte bei aller Strenge durch sein aufgeräumtes, scherzhaftes,
schlichtes und prunkloses Wesen, durch Anerkennung, Lob, Zu-
gänglichkeit für den Niedrigsten so an sich zu ketten daß Keinem
mit mehr Zuneigung gedient wurde, bildete in seiner Mäßig-
keit einen scharfen Abstich gegen die herrschende Völlerei wenn
gleich die Genüsse der Tafel nach seinem Ausdruck auch ein
Netz für Freundschaft und Wohlwollen, ein Folterverhör für
Geheimnisse werden konnten, wobei er je und je an dem alten
Zecher Ruthven einen trefflichen Ausfrager gehabt haben soll,
und in umfassender Bildung, in gründlicher Kenntniß des
Staats- und Völkerrechts, im Vertrautseyn mit den meisten

abendländischen Sprachen übertraf er Alle. Die Kaiserlichen
hatten einen Haudegen weniger und deren war kein Mangel,
die Königlichen hatten mit ihrem Schlachtenlenker ihr sittliches
Vorbild verloren, die vernünftige Welt den Herold der Gewissensfreiheit und solche Helden waren von seltener Art.
Für jetzt lebte man von seinem Vermächtniß, dem Sieg.
Wallenstein erkannte dessen Vollgewicht so sehr, daß er unverweilt das Kurfürstenthum räumte. Um Mitternacht vom
Schlachtfeld zurück brach er gegen Abend von Leipzig nach
dem Erzgebirg und Böhmen auf. Holk stellte den Stadtbehörden die Thorschlüssel zu, empfahl die Kranken zu freund-
licher Pflege. Als sie fort waren, machten sich der Lüneburger
und einige sächsische Truppen aus Torgau herbei: sie versuchten sich an der Pleißenburg, er zog mit Kniphausen vor Chemnitz. Diese zwei Plätze und Zwickau hatten noch Besatzung.
Die in Chemnitz ließen sich etliche Tage beschießen: sie gewannen Nichts als freien Abzug ohne Fahnen, Pulver und
Kugeln, mit nicht mehr Gepäck als Was die Offiziere auf
einen Wagen, die Soldaten auf ihren Rücken laden konnten
und mit Ausschluß der Kroaten, dann half Kniphausen den
Sachsen bei der Pleißenburg. Zweimal hatte Hans Voppel
dieses Schloß liederlich übergeben bis er nach Kriegsrecht
seinen verdienten Lohn empfing, die Kaiserlichen spotteten
heraus man dürfe sie für keine so elende Schelmen halten
wie Der sey, doch war ihnen nun bald der Marsch gemacht. Von
seiner Mannschaft in Chemnitz und hier sollte Wallenstein den
kleinsten Theil wiedersehen: Jene die ihre Offiziere ausgeplündert
sowie Diese bis an die Gränze geleitet und von den böhmischen
Bauern nach Annaberg zurückgejagt wurden, stellten sich unter.
Nur in Zwickau erlangte Gups durch tapfere Vertheidigung
die Ehre des Abzugs in voller Bewaffnung. Auch anderwärts
wehten die königlichen Fahnen siegreich. Kurz vor dem Zusammenstoß bei Lützen waren Frankenthal und Benfeld übergegangen. Die Spanier in Frankenthal von den Rheingräflichen eingeschlossen hatten Wagen und Schiffe nach Greven-
machern erhalten, Heidelberg allein fehlte noch von der Pfalz
war aber abgesperrt, Friedrich hatte die beste Aussicht seines
Landes wieder theilhaftig zu werden als ein bösartiges Fieber

ihn aufs Krankenlager warf, und 14 Tage nach seinem Beschützer den er schmerzlich betrauerte hatte auch er den Traum
irdischer Herrlichkeit ausgeträumt. Die bischöfliche Festung
hatte nach einer regelmäßigen Belagerung, nachdem die Ill
abgegraben und Ossa's Entsatzversuche mit lothringischen und
burgundischen Völkern gescheitert waren, einen Vergleich nicht
verscherzen wollen und die Thore geöffnet. Schlettstadt, Kolmar verursachten schon weniger Mühe. Die Dazwischenkunft
der Breisacher vereitelte der Rheingraf der sie überfiel ehe sie
eine hinreichende Macht beisammen hatten, durch Sprengung
eines Stücks vom Wall, einige Dutzend Feuerkugeln wurden
sie in Schlettstadt kirre, in Kolmar bemächtigten sich die
Bürger des kaiserlichen Befehlshabers und stellten unter
schwedischem Schirm ihre reichsstädtischen Gesetze, und das
augsburgische Bekenntniß her. Die elsäßischen Städte von
Hagenau bis Thann unterwarfen sich. Karl von Lothringen
unterhandelte wegen Pfänduug von Zabern und Dachstein
für eine Schuldforderung an das Hochstift Straßburg und
versprach gute Freundschaft, erlangte aber die Einräumung
von den Kaiserlichen noch vor der schwedischen Besitzergreifung.
Die katholischen Eidgenossen legten Fürbitte ein für die Reichslande des Bischofs von Basel. Dagegen an der Oder und
der Donau ging Manches hinter sich. Die Irrungen zwischen
Arnim und Duwal zu schlichten vermochte auch Tochtieczki
nicht. Arnim beharrte darauf und in Ermanglung eines
schriftlichen Beweises stützte er sich auf eine mündliche Uebereinkunft daß er sich das Recht vorbehalten habe der Aufkündigung der Gemeinschaft und des Alleinbesitzes von Glogau.
So wären auch nach seiner Behauptung bloß Duwals mitge-
brachte Truppen bei der Quartiervertheilung zu berücksichtigen
gewesen nicht aber die nachgeworbenen, als hätte er nicht
selber solche gehabt die er keineswegs ausschied. Als sie nach
ein Mal gegen die um Münsterberg, Reichenbach, Neisse
wieder um sich greifenden Kaiserlichen einen Zug thaten, sah
Duwal eines Morgens den Feind nahe und weit und breit
keine Sachsen mehr. In Bayern, wohin Altringen bei Wallensteins Rückkehr nach Böhmen hatte zurückdürfen und wo ein
junger Offizier Johann von Werth anfing sich auszuzeichnen,

machten sie Miene den Krieg nach Schwaben zu spielen, indem sie von Ingolstadt gegen Ansbach durchbrachen und bei Landsberg bis Kaufbeuren und Günzburg. In Schlesien war, so lange Arnim den sächsischen Oberbefehl hatte, der Schade unheilbar obgleich Franz Albrecht von Lauenburg als kurfürstlicher Feldmarschall gute Worte nicht sparte, aber in Süddeutschland steuerte Horn. Den Rheingrafen ließ er im Elsaß, er erhob sich noch vor Ablauf des Jahrs über Freiburg, Neustadt im Schwarzwald gegen Bayern.

Vierundzwanzigstes Kapitel.

Oxenstjerna's Diktatur, Wallensteins Zweideutigkeiten und Ermordung.

Eindrücke und Folgen von Gustav Adolfs Hintritt waren mancherlei, mitunter anders als die politischen Rechenmeister erwarteten. Zuvörderst beim protestantischen Volk Schrecken und Bestürzung, bei Vielen Anfangs der Glaube er sey nicht todt sondern auf einer Reise in Schweden und man habe das Gerücht ausgesprengt um diese zu verheimlichen, nach erlangter Gewißheit aber aufrichtiges Leid: durch alle Gaue des religionsverwandten Deutschlands wurde seinem Gedächtniß eine Feier bereitet von so rührender Herzlichkeit wie vielleicht nie einem Fürsten vor und nach, in den meisten Kirchen hatten sie zum Leichentext gewählt die Erzählung von Josia dem im Kampf gefallenen beklagtesten unter den Königen Jerusalems. Hoe und dessen Gelichter hatten dem Lebenden manche Stunde verbittert, mit Kanzellob für den Todten war er freigebig. Da war auf einmal kein König so streitbar und löwenmüthig in der Schlacht, keiner an Mühseligkeit so reich und Erfahrung daß er oft lange Nächte in kein Bett kam, mehr Beschwerden ertrug als der geringste Soldat, daß auch die ältesten Krieger täglich von ihm lernen konnten — keiner ein

so hochsinniger, gottergebener und gesegneter Held, der durch
aufopfernde Treue und Freundschaft die Verleumder tief
beschämt hätte — da waren seine Verdienste um das Evan-
gelium und die deutsche Freiheit ewigen Preises würdig und
unverjährbarer Dankbarkeit gegen seine Nachkommen, und
seine Tugenden leuchteten als erhabenes Vorbild den Kämpfern
für das eigene Vaterland. Seine Fahrt zur lezten Ruhestätte
über Wittenberg und Altbrandenburg nach der Ostsee war ein
seltener Triumphzug: von Dorf zu Dorf und von Stadt zu
Stadt gingen die Einwohner hinter seinem Wagen, ihre
Thränen waren sprechender als die Hoftrauer und Schaumünzen
zen der Großen, als die Prunkreden und Festgedichte der gelehrten Zunft. Die Königin Eleonora begleitete den Zug.
Zu Weißenfels im Sarg sollte sie ihren Gemahl wiedersehen,
in ihrem Schmerz war ihr nirgends so wohl wie in der Nähe
seiner geliebten Hülle, das Herz das für sie geschlagen und
nun ausgeschlagen trug sie in einer goldenen Urne bei sich
und wollte es nicht missen bis die schwedische Geistlichkeit sich
mit den Trostgeboten der Religion bewaffnete gegen das Ueber-
maß ihrer Betrübniß. Desto ausschweifender war der Jubel
bei den Feinden und auch die protestantischen Fürsten waren
meistens bald getröstet. Der Kaiser befliß sich da man ihm
das blutige Goller zeigte einer anständigen Zurückhaltung, der
Pabst ließ es bei einer stillen Messe bewenden, außerdem aber
feierte die katholische Welt die lützner Schlacht wie den glän-
zendsten Sieg. Zu Madrid belustigten sie sich 12 Abende mit
dramatischen Vorstellungen über das Ende des Königs, sie
brannten eine solche Menge von Freudenfeuern ab daß die
Polizei für den Winter Holzmangel befürchtete und Einhalt
that. In Paris hatte der Bourbon schon bei der Nachricht
vom Lechübergang gegen den venezianischen Gesandten Soranzi
geäußert: es sey Zeit den Siegeslauf des Gothen zu hemmen,
Richelieu hatte es bitter bereut ihn dem es zu gelingen schien
den zerrissenen Nationalkörper der Deutschen zu vereinigen
und staatlich als eine Größe neben Frankreich zu stellen mit
herbeigezogen zu haben, das Schicksal überhob den Kardinal
der Nachwehen seines Mißgriffs. Wie die Sage, indem sie
sich der Geschichte dieses Königs bemächtigte, seinen Thaten

noch die riesenhaftesten Entwürfe vorlegte, die ihn bald über
die Alpen zur Eroberung Italiens und Befreiung Griechenlands,
bald auf der holländischen Flotte nach Spanien geführt hätten
um Habsburgs Herrschaft an der Wurzel anzugreifen, so war
das schnelle Sinken des schwedischen Uebergewichts als einer
bloß persönlichen Schöpfung Desselben eine Voraussetzung um
deren willen nicht allein die Katholischen sich zu seinem Tode
Glück wünschten, sondern gar viele unter den protestantischen
Fürsten selbst. Kursachsen obwohl bisher ohne ihn als kriegführende Macht von wenig Belang betrachtete sich als den
natürlichen Erben seiner Siege. Großbritannien nahm bei
Anstruthers Sendung nach Deutschland diesen Gesichtspunkt,
Frankreich und Holland waren geneigt dem Beispiel zu folgen.
Ehrgeizige zweiten und dritten Rangs meinten jetzt auch zu
einer Rolle berufen zu seyn, der ordnungslose Selbstständig-
keitstrieb der hohen und niedern Junkerschaft war in ganzer
Stärke wieder erwacht, sie hatten sich in der Stille gegen das
Ansehen des Königs gesträubt, sie sträubten sich zweimal gegen
die Unterordnung unter seinen Diener. Bis auf den schwachen
Bogislaw von Pommern, den trägen Friedrich Ulrich von
Wolfenbüttel kränkelten diese Herren wieder an der Einbildung
auf eigenen Füßen stehen zu können. Hatte der König wenigstens auf einer Seite in das deutsche Wesen Einheit gebracht,
so schien sich Alles aufzulösen in die ursprünglich schachbrett-
artige Zerstücklung. Gab es ja wohlgesinnte aber beschränkte
Staatskluge die von dem Weg auf welchem eine Wiedergeburt
ihrer Nation allein möglich war so schlechterdings keine Ahnung
hatten, daß sie behaupteten er habe nichts Gescheideres thun
können als sterben, weil er auf dem Punkte gewesen wäre
dem Ungethüm der deutschen Edelmannshoheit gefährlich zu
werden. Bei seinem Verein von Tapferkeit und Geist und
dem Klang seines Namens hätte er die große Staatsaufgabe
der Deutschen wo nicht vollbracht so doch um Jahrhunderte
beschleunigt, weggerafft vor der Zeit überließ er sie ihrer zwie-
trächtigen Kleinlichkeitswirthschaft, und der Krieg durch keine
höhere Leidenschaft mehr gezügelt wurde zu einem unausfüll-
baren Schlund der den Grundstock ihres Reichthums und ihrer
Bevölkerung verschlang. Aber die Lüsternen sowohl die sich

ohne Weiteres in die schwedische Gefangenschaft hätten treiben
mögen als die gelehrten Nachbeter des Lobs der Reichsverfassung die lieber Deutschland verdorben ließen als von einem
alten Herrenhaus einen Stein abbrechen, waren in grober
Selbsttäuschung: weder war Oxenstjerna der Mann dem man
den Vortheil so leicht aus der Hand wand, noch war es ein sonder-
licher Gewinn daß die fremde Dazwischenkunft nachgerade zu einer
reinen Eroberungssache wurde. In Gustav Adolf hatte der Eroberer sich verklärt in dem Retter und Erhalter, dem Begründer
einer neuen beffern Ordnung: auf dieses idealere Streben mußte
Oxenstjerna der Fortsezer seines Werks vorweg verzichten. Wenn
sein Gebieter den Deutschen einen König gegeben hätte wie sie einen
brauchen konnten, so handelte sichs für ihn einfach um das Interesse
der Krone Schweden der einige deutsche Provinzen anstunden.

Es war am Thor vor Hanau auf der Reise nach Frankfurt wo Oxenstjerna die traurige Siegeskunde empfing. Einen
andern Steuermann denn ihn hätte das Chaos von Klippen,
die sich aufthürmten vor seiner Bahn, zurückgeschreckt: der
Feind durch den Verlust ihres Hauptes dreister, unter ihnen
die Bande gelockert, das Heer und die vielen hochfürstlichen
Feldobristen schwierig, in Schweden eine unbefestigte vormund-
schaftliche Regierung, ihm selber so wehe ums Herz daß er
sein Vaterland beklagt und sein eigen Verhängniß das ihn
diesen Tag erleben läßt. Klar war ihm Eins, daß nur männlicher Rath, Muth und Entschluß fernerem Unglück vorbeugen
könne, daß es unauslöschliche Schande wäre einen ruhmvollen
Posten ohne Noth aufzugeben, dazu daß das Wagniß geringer
vor der Gewalt weichen zu müssen gleich wie ein Hund der
die Zähne fletscht wenn er auch den Kürzern zieht eher mit
unzerzaustem Fell davon kommt als der den Schwanz zwischen
die Beine klemmt. Ohne Aufschub wurden demnach die
nöthigen Maßregeln genommen. Eilboten oder Briefe gingen
nach allen Seiten, an die Statthalter und Generale Anweisungen in Gemäßheit des noch von dem König vorgezeichneten
Kriegsplans, an die verbündeten Fürsten und Städte Ermahnungen zu treuer Beständigkeit und Einladungen auf die
ulmer Tagsazung, nach Stockholm Berichte über die Sachlage und die Bitte um Bestätigung der Vollmacht. In Frank-

fort, hatte er mit mehren Reichsständen Rücksprache genommen, sie wußten keinen Rath und begehrten den seinen. So erklärten sich auch die abwesenden Fürsten Oberdeutschlands. An den anspruchsvolleren Niederdeutschlands wollte er seine Beredsamkeit noch besonders versuchen, daher machte er sich sofort nach Dresden auf. Er fand den Kurfürsten äußerst artig und verbindlich so lange es bloß einen Austausch von Freundschaftsversicherungen galt, auch ziemlich kriegerisch indem vom Vordringen der Sachsen nach Mähren, der Königlichen nach Böhmen die Rede war, aber gleich darin liefen die Ansichten auseinander daß Johann Georgs Räthe auf die Nothwendigkeit hindeuteten sich irgend einen Friedenszweck vorzusetzen während er dafür hielt daß es ein rechter Friede seyn müsse der von Dauer und allen Interessen der Evangelischen genügend sey, und als er zu diesem Behuf auf ein allgemeines engeres Bündniß antrug, wurden sie einsilbig und ausweichend. Zuerst hatte er die Vorsteherschaft nicht erwähnt, bloß angefragt: wie weit Kursachsen glaube daß Schweden sich fürder bei dem Krieg betheiligen solle und in welcher Art, da sie schwiegen erklärte er sich näher und stellte den dreifachen Fall, entweder einen großen evangelischen Körper zu schaffen unter schwedischer Oberleitung mit reichsständischem Beirath oder zwei derlei Körper zu gemeinschaftlichem Wirken für Krieg und Frieden so daß die Fürsten zwischen Kursachsens und Schwedens Leitung die Wahl hätten, oder wenn Schweden entbehrlich schiene eine billige Entschädung auszuwerfen und es vom Schauplatz abtreten zu lassen, aber außer wiederholten Betheurungen unvergänglicher Dankbarkeit brachte er nur so Viel heraus, daß der Gegenstand zu wichtig sey als daß man ohne den Brandenburger gehört zu haben Etwas beschließen könne. Bei Dem ließ sichs dem Anschein nach besser an. Georg Wilhelm hatte von freien Stücken dem Reichskanzler eine Zusammenkunft vorgeschlagen um des Königs Werk in Obacht zu nehmen damit so edles Blut nicht umsonst und ungerochen geflossen sey, er hatte die Stände Oberdeutschlands zu ihrem Vorhaben aufgemuntert und wiederholte Jenem als Gast in Berlin seine Dienstwilligkeit, erbot sich zu einem guten Wort bei dem Nachbar. Wirklich verfügte er sich nach Dresden und die Kurfürsten eröffneten eine umständliche Berathung.

Beinahe wäre ein Friedenscongreß daraus geworden, an Vermittlern fehlte es nicht. Aus Frankreich erschien La Grange aux Ormes, aus Dänemark Detloff von Reventlow, aus Darmstadt Landgraf Georg. Der Franzose hatte vorher dem Reichskanzler in Halle aufgewartet wo er einsehen lernte daß Sachsen zwar brauchbar sey Schwedens zu hohen Ton zu dämpfen nicht aber um das Spiel allein zu spielen, er hatte Frankreichs förmlichen Anschluß an Schweden und den protestantischen Bund hoffen doch auch von einer Friedensgesandtschaft seines Königs nach Wien, von neuen Neutralitätsunterhandlungen mit der Liga sich verlauten lassen, und Oxenstjerna für die Gesinnung dankend hatte die Erörterung dieser Verhältnisse auf Ulm ausgesezt. In Dresden arbeiteten diese Vermittler in entgegensezter Richtung. Der Däne, der vom Besuch am kaiserlichen Hof herkam und den Friedländer schriftlich um seine vielvermögende Unterstützung begrüßt hatte, gebahrte sich wie wenn es an Dem wäre daß man den Frieden nur zu Protokoll nehmen dürfte, der Andere war mit dem Reichskanzler an den auch eine Eröffnung Dänemarks gelangt war der Meinung daß man sich auf den Frieden vorbereiten müsse durch eine tüchtige Wehrgemeinschaft, durch Beseitigung aller Privatzwiste, aller Einzelverträge, durch Einheit der Oberleitung und daß diese von Rechts wegen Schweden gebühre. Die Kurfürsten waren in Bezug auf die Thunlichkeit dieser Rathschläge nicht einig, sie waren es in Bezug auf die Grundsäze des Friedens nicht. Der Sachse verwarf Schwedens Obergewalt und genehmigte die dänische Mittlerschaft, der Brandenburger sagte zu Beidem ja war aber bei der Obergewalt um die Gränzbestimmungen verlegen und bei der Friedensstiftung in Furcht sie möchte mißdeutet werden als Verzagtheit und mißbraucht als Mittel der Entzweiung, hängte an wackere Redensarten Zweifel und Bedenklichkeiten und scheute sich den Ausschlag zu geben. Sie ließen sich nicht verdrießen selbst das noch höchst luftige Friedensbild in Glas und Rahmen zu fassen, der Sachse formte Artikel, der Brandenburger obwohl anerkennend die Vergeblichkeit der Mühe wenn man ohne Vollmacht für so viele Betheiligten handeln wollte, daher unter Verwahrung der Unvorgreiflichkeit und Vorbehalt der

vorläufigen Geheimhaltung vor der Gegenpartei, machte Rand-
glossen dazu, verlangte namentlich daß man sich der kirchlichen
und staatsbürgerlichen Rechte der Böhmen annehme nicht nur
weil sonst der unberuhigte Zustand des mitten in Deutschland
gelegenen Landes schädlich auf das ganze Reich zurückwirke,
sondern auch damit der Einfluß der Protestanten in den kaiserlichen Landen ein Gegengift bilde gegen das Jesuitenthum.
Noch weniger verstand er sich mit ihm in Betreff der Pfalz:
er stimmte für deren unverzügliche Wiederherstellung weil sie
die Acht und die Uebertragung der Kur an Bayern nie gut
geheißen hätten, jedenfalls die katholische Mehrheit im Kurrath
vermieden werden müsse. In Johann Georgs Augen wäre
Das eine Keckheit gewesen, die nur die Gegner erbittern, über
der sich Alles zerschlagen konnte. Mit solcher Ueberzartheit
bedünkte dem Brandenburger werde man auch in andern Dingen
die dem Gegentheil eben so unangenehm seyen nicht Viel ausrichten, die Erbitterung sey ohnehin, ohne Nöthigung der
gute Wille Nichts. Den kitzlichsten Punkt hatten sie noch
nicht berührt: es war die große protestantische Versammlung
für welche diese Beredungen die Vorberathung seyn sollten.
Als der Brandenburger bemerkte es werde angemessen seyn
sich vorerst mit Oxenstjerna über die Hauptfragen zu vergleichen auf daß sie nicht etwa mit einem Gezänk um den Vorsitz
anfingen und ohne Beschluß oder mit Spaltung aufhörten
zum Aergerniß ihrer selbst und zur Ergötzlichkeit des Feindes,
da eiferte der Sachse: Schweden könne nimmermehr nach einer
Stellung begehren die er unwidersprochen auf der leipziger
Tagsatzung gehabt habe von der die jetzige lediglich eine
Fortsetzung seyn werde, mit der Vorsteherschaft würde gleichsam das höchste Majestätsrecht — das Recht über Krieg und
Frieden an eine fremde Nation überlassen, Das wäre unverantwortlich, unerhört, ihm dem zweimaligen Reichsverweser
nicht zuzumuthen. Zuletzt ließen sie den Rangstreit in Feld
und Kabinet beruhen, nur daß der Brandenburger auch Nichts
davon wissen wollte daß er und die Mitstände sich damals
in Leipzig dem Sachsen wie Der behauptete als ihrem evangelischen Obern unterworfen hätten, überhaupt trug ihr vier-
wöchentliches Beisammenseyn keine Frucht als daß es vielleicht

das Bewußtseyn der Unkraft in ihnen förderte. So sehr sie sich gegen Schweden spreizten, stets kamen sie auf Schweden zurück, allermeist bei der militärischen Frage deren Wichtigkeit sie denn doch auch nebenbei im Hintergrund erblickten. Auf die Abfindung ging der Sachse — so mißlich schien dieser Punkt — gar nicht ein, der Brandenburger bekannte geradezu daß man der auswärtigen Hilfe nicht entrathen könne und wenn sie auch ein Stück vom Reich koste. Arnim wünschte daß Oxenstjerna ersucht werden möchte um einige 1000 Mann von den Wesertruppen zu Verstärkung des sächsischen Regimenter an der Elbe und Bildung eines zweiten kurfürstlichen Heers neben dem schlesischen. Hier hätten sich also die Anforderungen an Schweden gesteigert aber zu einem vernünftigen Trachten nach einem Ziel waren sie nicht zu bewegen, diese Kameradschaft wollte geschmeichelt und gehätschelt seyn und jeden Augenblick steckte sie ihre eigene Flagge auf. Von kaiserlicher Seite verhielt man sich bei dieser diplomatischen Stylübung ziemlich müßig, man wußte die Sache auf gutem Weg. Doch war an den Darmstädter eine Einladung ergangen nach Leutmeriz zu einer Besprechung mit Hermann von Questenberg und dem Bischof von Wien. Wenn es wahr gewesen was er nachher versicherte daß er den Kaiserlichen gesagt hatte sie dürften nicht daran denken ohne Hebung der protestantischen Beschwerden, ohne Genugthuung für Schweden und die Pfalz durch absonderliches Einlassen mit Kursachsen oder einem und dem andern Reichsfürsten des Haders quitt zu werden, so hatte er den Nagel auf den Kopf getroffen.

Keine der kriegführenden Parteien hatte in Erwartung der Entwicklungen dieses politischen Zwischenspiels, das sich vom Beginn des Jahrs 1633 bis zum Frühling fortspann, anderwärtige Vorkehrungen vertagt. Wallenstein im Hauptquartier zu Prag war beschäftigt mit Ergänzung des Heers, mit Ausmessung von Belohnungen und Strafen als Nachtrag zur Lützner Schlacht. An mehre seiner Obristen wie Piccolomini, Merode, Caretto de Grana, Kehraus, auch einigen Regimentern spendete er Geldgeschenke bis zu 10,000 Gulden und drüber, er vollzog Pappenheims Soldatentestament als Beschützer der Wittwe und Vormund der Kinder, aber von

den Ausreißern in der Schlacht wurden 24, meist Reiteroffi-
ziere vom Obristlieutenant abwärts, voran der Kommenthur
des deutschen Ordens Hans Niklas von Hagen, durch kriegs-
rechtlichen Spruch theils dem Nachrichter überantwortet, theils
ihnen unter der Blutbühne der Degen zerbrochen, von einer
noch größern Anzahl die sich dieser Gerichtsbarkeit entzogen
hatte wurden die Namen an den Schandpfahl geheftet. Auch
Ferdinands Zepter bedurfte der Befestigung durch ein Strafbeispiel, es geschah an den aufständischen Bauern von Oberösterreich. Graf Werner von Tilly und Khevenhiller der in
Urlaub auf seinen Gütern war hatten sie mittelst zusammen-
geraffter Truppen aus den kaiserlichen Besatzungen an der
Donau und den bayrischen am Inn zu Paaren getrieben,
süßliche Versprechungen hatten das Ihrige gethan, nach Ablieferung der Gewehre wurden sie zu Hunderten ins Schellen-
werk verurtheilt von dem sie sich im glimpflichsten Fall mit
dem Rosenkranze lösen konnten, über die Rädelsführer wurde
zu Wels und Linz die Todesstrafe verhängt in allerlei Ab-
stufungen vom Viertheilen, Zungenabschneiden und Zwicken
mit glühenden Zangen bis zum Kopf- und Handabhauen und
Strang, auf der Stätte wo Ecklehner ihr Abgesandter nach
Nürnberg gewohnt erhob sich ein Galgen. Viele der Unglücklichen flüchteten sich durch die Wälder von Steyermark unter
das menschlichere Gesetz des halbtürkischen Ungarns oder unter
Wallensteins Fahnen der im Waffenrock nach keinen Ketzern
spähte, so wenig hatten alle Drangsale der Zeit diese unsinnige
Bekehrungswuth gemildert, daß der Kurfürst von Köln im
Angesicht der protestantischen Bevölkerungen und Heere den
Hildesheimern das päbstliche Joch aufzwang, daß der Kaiser,
abgesehen von einem durch Schändung der Gewissen erregten
und dann grausam unterdrückten Aufruhr, dem evangelischen
Adel von Niederösterreich den er bewährter Treue halber bisher verschont hatte jezt auch nur die Wahl ließ zwischen der
Auswanderung binnen 14 Tagen oder der Messe. Das war
ein hübscher Kommentar zu dem Friedensgeschwäz in Dresden.
Wenn der Kaiser und die Liga auf den grellsten Anmaßungen
ihres Systems beharrten, die protestantischen Fürsten kaum
einen weiteren Gesichtskreis kannten als den ihrer Ländergier,

Schweden ungeheure Entschädigungsansprüche im Rückhalt hatte, Richelieu unverhohlener weil Gustav Adolf nicht mehr war seine Absichten auf das linke Rheinufer verfolgen konnte, wenn an der Spitze der Heere so viele arme Teufel von vornehmen Abenteurern aus allen Nationen unbekümmert um Deutschlands Jammer in der Fortdauer des Kriegs bloß die Gelegenheit erschauten ein schnelles Glück zu machen, wenn Wallenstein selbst seine Stellung in der für ihn kein Steigen nur noch ein Fallen möglich zu seyn schien schwerlich anders zu behaupten vermochte als unter den Waffen, woher sollte da die Weisheit kommen zu Entwirrung dieser politischen Räthsel? Alles zweckte vielmehr auf blutige Erneuerung des Kampfes ab. Die Spanier, schon durch ihre Unfälle in den Niederlanden zu kräftigeren Anstrengungen aufgefordert, waren im Begriffe thätigeren Antheil zu nehmen auch in Deutschland. Eine päbstliche Bulle hatte dem König Philipp auf etliche Jahre von den geistlichen Gütern den Zehnten verliehen in seinen Ländern, sein Bruder der Kardinal Infant Ferdinand war mit 2 bis 3 Millionen Thaler nach Genua abgegangen, er und Feria sollten mit Heeresmacht über die Alpen ziehen. Nicht minder war Schweden zum Aeußersten entschlossen, dazu bedurfte es keines langen Besinnens: den von Gustav Adolf diesem Königreich errungenen Rang unter den Staaten Europa's würdig einzunehmen war man sich und seinem Andenken schuldig. Und frischweg legten sie zu Stockholm Krieg und Frieden in Oxenstjerna's Hand: wie er selbst der Ansicht war sollte er bis zu Erlangung der Gebühr eines Jeden dem Krieg den Lauf lassen, darum insonderheit die Plätze an der Küste und gegen Sachsen zu als Unterpfänder in sorgfältiger Verwahrung halten und mit den besten Truppen besetzen, wenn sich aber zeigte daß von der Dankbarkeit der verbündeten Stände Nichts zu erwarten sey sollte er sie nöthigen Falls durch Abtretungen aus der Länderbeute von Oberdeutschland an sich ketten oder auf eben diese Art sich an Frankreich, England oder Holland eine Stütze verschaffen. Darüber erhielt er gleich eine schriftliche Ausfertigung von Haus, ein Mitglied des Reichsraths Per Brahe traf mit ihm zu näherem Vernehmen in Berlin zusammen, der Reichstag genehmigte diese Anordnungen und so sehr bauten sie auf seinen Charakter und seine Klugheit daß man eher sagen konnte er habe Schweden von Deutschland aus regiert als sich nach Verhaltungsbefehlen aus Stockholm gerichtet. Bei der Verehrung der Schweden für ihren Heldenkönig hatte Oxenstierna der vertrauteste Ueberlieferer seiner geheimsten Gedanken den Vortheil, daß Was er wollte ihnen recht war. Nicht so in Deutschland: hier galt es nicht immer ein Herausfinden des Besten, sondern öfter des Erträglichsten, hier keine allgemeine Regel sondern ein Anschmiegen der Handlungsweise an Personen und Umstände. Dem seiner Natur nach mehr durchgreifenden als geschmeidigen Reichskanzler muß es bei seiner hohen Idee von den Pflichten die der echte Staatsmann dem Vaterland schuldig ist zuweilen arge Selbstüberwindung gekostet haben um seine Verachtung gegen die so eingebildete als unsinnig entnationalisirte Fürstenpolitik der Deutschen und ihr kindisches Formengeschlepp nicht zu schneidend offenbar werden zu lassen, aber er verband Entschiedenheit mit Takt, in unwesentlicheren Dingen nachgiebig und wo es seyn konnte gefällig verstand er die Kunst ungehörigen Ansinnen mit Festigkeit zu begegnen oder sie mit Gewandtheit abzulehnen. Freilich an Kursachsen war Hopfen und Malz verloren, wie jedoch in Niedersachsen abermals eine Mittelpartei auftauchen wollte indem Friedrich Ulrich, als ob die schwedischen Schutzverträge von selbst erloschen wären, durch den Generalmajor Thilo Albrecht von Uslar, der deßwegen den hessischen Dienst verließ, eine unabhängige Kriegsmacht zu bilden anfing und einen Kreistag ausschrieb, da trat Oxenstierna mit einem scharfen Nein dazwischen, wenn der Wolfenbüttler nicht als Feind behandelt seyn wollte mußte er seine Mannschaft an Schweden überlassen, der Kreistag unterblieb. Oxenstierna benützte geschickt eine deutsche Verfassungsform: Inhaber des Erzstifts Magdeburg erklärte er sey Schweden Ausschreibender in Niedersachsen, ohne Schwedens Wissen und Zuthun könne kein Kreistag seyn und jezt wäre eine solche Nebenhandlung nicht am Ort. Noch wirksamer dabei war die wechselseitige Eifersucht zwischen den Welfen von Celle und Wolfenbüttel. Wie oft auch diese allenthalb obwaltenden kleinen Leidenschaften dem Reichskanzler das Leben sauer

machten, andrerseits bald hier bald dort in die Wagschale ge-
legt waren sie eine Schaukel die ihm das Regierungsamt in
Deutschland einigermaßen erleichterte, wiewohl zunächst nicht
ohne bedeutende Uebelstände für den Kriegsstaat dem er um
Zügel und Sporn für die Ehrgeizigen in der Hand zu behalten eine Verfassung geben mußte in welcher die politischen
Rücksichten mitunter bestimmender waren als der militärische
Gesichtspunkt. Daher konnte er das Heer nicht unter einen
Oberfeldherrn stellen, das schwedische Interesse hätte die gefürsteten deutschen Generale von diesem Posten ausgeschlossen
und Diese hätten nicht unter einem schwedischen General gedient, ja von ihnen selbst der Eine unter dem Andern nicht,
weder Georg von Lüneburg unter Bernhard von Weimar noch
umgekehrt, sogar Der und Wilhelm geriethen in der bloßen
Voraussetzung daß der jüngere Bruder dem ältern vorgezogen
werden könnte in einen bittern Streit. Ein zweites Gesetz
der Klugheit war, daß er den Fürsten die Truppenabtheilungen
nicht allein anvertraute, sondern ihnen weniger vornehme aber
zuverläßigere Oberoffiziere womöglich Landsleute zur Kontrolle
beiordnete, denn sie, wenn auch Herren ohne Land die Nichts
beigebracht hatten als das Gewicht ihrer Titel und ihres
Degens, waren nur zu geneigt sich nicht als Bedienstete sondern
als Verbündete und die königlichen Truppen als die ihrigen
zu betrachten und damit zu hanthieren auf eigene Rechnung. Der
Begehrlichste war Bernhard: vorm Jahr noch Obrist war er
durch die vorübergehenden Erfolge in Oberschwaben, durch
den Ausschlag bei Lützen so groß gewachsen an Selbstgefühl,
daß ihm der Feldherrnstab des Königs sammt einer oder zwei von
den eroberten Provinzen keine zu glänzende Belohnung dünkte
für sein Verdienst. Weil er der Tüchtigste unter den deutschen
Generalen und der Liebling des Heeres war, durfte ihn
Oxenstjerna nicht vor den Kopf stoßen und er mußte sich
wieder etwas gegen den Reichskanzler bescheiden damit Dieser
ihm gegen die Ansprüche seines Bruders Recht gab. Mit dem
Lüneburger hatte es, was das Gleichgewichtskunststück anlangte,
eine ähnliche Bewandtniß. Georgs Betragen gegen Gustav
Adolf war lau gewesen, fast unbotmäßig, Friedrich Ulrichs
Haß gegen das celle'sche Haus hatte ihn der schwedischen

II.   24

Partei wieder genähert: der Reichskanzler bedrohte nicht wie der König durch Ansprüche auf Oberlehnsherrlichkeit Georgs Interesse, aber der Wolfenbüttler der auf den Fall kinderlosen Absterbens Veräußerungen und Zersplitterungen seines Erbes befürchten ließ, der ihm schon Zufuhr und Werbung verweigerte, bedrohte es. Um so enger schloß sich Georg an Oxenstjerna an und da Friedrich Ulrichs Abfall die schwedischen Besitzungen in Niedersachsen, vorweg Magdeburg und Halberstadt bloßgestellt hätte, so war die Anziehungskraft gegenseitig. Ueber die Befehlshaberschaften wurde mithin also verfügt. Das Heer in Meissen vertheilte Oxenstjerna in zwei ungleiche Hälften. Die größere — 12 bis 14,000 Mann — bekamen Georg und der Feldmarschall Kniphausen, sie sollten an der Weser wo Gronsfeld der Ligiste die Hauptplätze noch inne hatte festen Fuß fassen, dem Feind die Hilfsquellen Westphalens entziehen, Niedersachsen der Kriegslast entledigen. Bernhard mit der kleinern Hälfte, unter ihm Lohausen als Generalmajor über das Fußvolk und in gleicher Eigenschaft Claes Conrad Zorn von Bulach über die Reiterei, sollte in Franken vollends ausfegen, hernach am Main oder gegen Nürnberg zu eine solche Stellung nehmen daß er dem Feldmarschall Horn an der Donau könnte die Hand reichen. Horn der Angesehenste der schwedischen Generale schien eine passende Schranke für den eigenmächtig strebenden Herzog. Heinrich Matthias von Thurn erhielt eine Sendung nach Schlesien: Duwal und Cochticzky hatten selbst einen General von Rang herbeigewünscht gegen den Arnim sich nicht erdreisten dürfte anmaßend zu seyn. Dem Rheingrafen Otto Ludwig blieb Elsaß als Provinz jedoch in Abhängigkeit von Horn, Baner'n wenn er von seinen Wunden genesen hatte der Reichskanzler Bayern, dem Birkenfelder da Baudis abdanken wollte, den Unterrhein zugedacht. Den Befehl über die Besatzung von Frankfurt hatte er sich unmittelbar vorbehalten: daselbst, gleichsam in seiner Hauptstadt, wollte er allein Herr seyn.

Diese Einrichtung des Heeres ohne strategische Einheit, die Glieder bloß verbunden durch die politischen Fäden des Kabinets, hatte ihre augenfälligen Unbequemlichkeiten, aber sie war nach den Umständen die mögliche. Es schien auch als ob

Jeder sich beeilte das Vertrauen zu rechtfertigen. Mitten im Januar waren die Kriegsvölker auf allen Punkten in Bewegung, nur Schade daß nicht durchaus Harmonie in der Bewegung war und Viele sich zu früh außer Athem liefen. Trotz des tiefen Schnees und der außerordentlich mühsamen Fortschaffung des Geschützes war Bernhard von Altenburg über den thüringer Wald, trotz der Entfernung Georg durch Helmstädt und die braunschweigischen Lande über Bremen nach Westphalen, eben dahin Peter Melander mit den Hessen und Lars Kagg über die Diemel gerückt. Bernhard zwar, nachdem Bamberg ohne Schwertstreich übergegangen, Höchstatt erstürmt und in Asche gelegt war, hatte Forchheim zu stark gefunden um es anzugreifen und war vom Vordringen in die Oberpfalz abgestanden da seine Reiterei die Erfahrung machte daß Johann von Werth, der schwarze Graf genannt, gar behend sey mit Ueberfällen: er hatte die bessere Jahreszeit abzuwarten um Bamberg Quartiere bezogen. Dagegen hatte es Georg, Was auch seine Offiziere wegen der Ermattung des Heeres dagegen einwandten, auf einen rastlosen Winterfeldzug abgesehen, zum Anfang ging Alles trefflich von Statten, im Durchflug bemächtigte sich Knipphausen mit dem Vortrab der Strecke zwischen Weser und Ems bis Meppen, der Lüneburger der Gegend um Osnabrück bis Lemgo und Bielefeld, die Hessen verbreiteten sich über Dortmund, Recklinghausen nach Dülmen, Bochold und Coesfeld. Bald waren außer Münster und Osnabrück wenig Orte dort herum unbezwungen. Gronsfelds Ligisten hatten sich vom platten Land unter die Kanonen der Weserfestungen begeben, die reiche Geistlichkeit Westphalens war zu einer Kriegssteuer erbötig und man hatte die Feindseligkeiten gegen ihre Lande eingestellt, die Form ihrer Unterwerfung auf den Entscheid des Reichskanzlers ausgesetzt. Noch war in der Hauptsache Nichts gethan so lange Gronsfeld den Lauf der Weser beherrschte: wenn sie jedesmal um eine Brücke zu haben nach Bremen hinab mußten, so konnte er einstweilen hüben oder drüben hausen nach Belieben. Jetzt hielt er sich vertheidigungsweis, als sie aber bei Rinteln hinüber und ihm ernstlich zu Leibe steigen wollten war er auf der Wacht, schoß auf ihre Barken und auf die Stadt und sie

24

mußten sich gedulden bis ihnen eine Furt entdeckt wurde
nach gesunkenem Wasserstand. Durch diese Furt kamen sie ihm
allerdings etwas unversehens auf den Hals, so daß seine Posten
nicht ohne Zurücklassung mancherlei Trophäen rechts und links
nach Hameln und Minden flohen und sie zur Belagerung von
Hameln, die Landgräflichen von Paderborn schreiten konnten.
Gronsfeld auf Wälle und Mauern pochend muß gleichwohl
diese Gefahr nicht allzuhoch angeschlagen haben, denn er
hatte einen Theil seiner Truppen nach dem Rhein entsandt
zu dem Heerhaufen welchen Merode sammelte gegen Baudis
und Dieser rief wieder einen Theil der Hessen an sich, war
aber dennoch dem durch Spanier aus Luxemburg, Kölner und
Neuburgische verstärkten Andrang nicht gewachsen und mußte
nach Nassau zurück. Hinter der Lahn bis Wezlar fand er
wieder haltbare Stellungen in denen er der Ankunft des Pfalz=
grafen Christian harrte und des Entsatzes Andernachs, fast
des lezten Rests seiner Eroberungen am Rhein, dann trat er
ab. Der Birkenfelder ließ die Befestigungen von Andernach
schleifen, und bei den fortwährenden Neutralitätsgesuchen des
Neuburgers in Jülich, bei der Nebenbuhlerschaft der Franzo=
sen auf Ehrenbreitstein die zu Jeglichem Lust hatten was in
der Gegend von Koblenz genommen wurde, tummelte er sich
nicht heftig über die Lahn hinaus. Ereignißreicher zu werden
versprach der Kampf an der Oder und in Schwaben, wenig=
stens waren die Kaiserlichen da angreifend aufgetreten. Aber
ein Wunder hätte geschehen müssen wenn Jemand größere
Erwartungen in Schlesien gehegt hätte und sie wahr geworden
wären. In der That wurde alle Welt genarrt: zuerst als
Gallas den der Friedländer vorausgeschickt hatte bei Grottkau
den Sachsen mit Uebermacht gegenüberstand und statt ein
Treffen zu liefern bloß einige Kanonenschüsse wechselte, hernach
als von den Sachsen die abgebrochene Verbindung mit Duwal
wieder angeknüpft, Gallas vor dem vereinigten Heer an die
böhmische Gränze gewichen, seine polnische Reiterei über
Dohna's Vorspieglungen enttäuscht weil es weder Sold noch
Beute gab nach Haus gegangen, nur Hans Ulrich Schaffgotsch
mit einigen 1000 Mann in Neisse zurückgeblieben war und
nun die protestantischen Anführer um auf ihren Lorbeeren aus=

zuruhen die alten Stänkereien wieder anhoben, Duwal sich
beschwerend über Verkürzung in Quartier und Verpflegung
wodurch man ihm die Soldaten abspänstig mache, der Lauenburger über Duwal klagend daß Derselbe mehr Leute habe die
befehlen als die gehorchen wollten und daß er Tag und Nacht
voll sey, Arnim mittlerweile in Dresden saß und seinen Unter-
feldherrn ohne Befehle ließ. Und wie wars in Schwaben?
Nichts als Märsche und Gegenmärsche, Mühseligkeiten genug,
wenig Denkwürdiges im Feld. Altringen jezt Meister am
obern Lech und der Iller, Memmingen übergeben, Kempten
nach tapferer Gegenwehr der Bürger und der Soldaten gefallen und befleckt mit allen Gräueln einer im Sturm eroberten Stadt, schon sein Arm ausgestreckt gegen Biberach und
die Alp. Jezt Horn im Anzug, zu dem bei Rottweil 2000
Würtemberger, Söldner und Landwehr, unter Pleikart von
Plessen, bei Ehingen 3 bis 4000 von den Baierischen stoßen,
der ihn bis Kempten zurückdrängt, vor dem er bei Schongau
und Füßen über den Lech entweicht. Und jezt die Nachricht
daß Wallenstein 7 Regimenter aus Böhmen sendet, daß
Altringen aus Bayern zurück ist, auf Mindelheim und
Biberach zieht, und Horn muß von der Wiedereinnahme der
oberschwäbischen Städte ablassen, seine Würtemberger sind
ihm entweder davon gelaufen oder er hat sie als unbrauchbar
verabschiedet, auch die Baierischen meist Angeworbene aus
der Schweiz sind nicht von beßer Zucht so hat er nichts
Eiligeres zu thun als auf den Rückweg zu denken an die
Donau die er fast an einem Tag mit dem Feind bei Munder-
kingen überschreitet, von den Höhen an der Lauter begrüßen
sich die Heere mit Kanonenfeuer, aber keines wagt sich heran,
die Schweden wenden sich auf Zwiefalten, Münsingen, Pful-
lingen zurück und lagern auf der Alp und in ihren Thälern,
Altringen hat sein Revier jenseits bis an die Iller und am
Bodensee. Nach Horns Entfernung aus dem Elsaß war es
dort ziemlich kraus hergegangen. Hagenau war durch einige
Jesuitenzöglinge an den Feind verrathen worden, Aufstände
von scheußlichen Ermordungen begleitet hatte der Rheingraf
mit grausamer Strenge gedämpft, zu Dammerskirch im Sundgau wurden 15 bis 1600 Bauern die Montecuculi aufgewie-

gelt und im Stich gelassen auf dem Kirchhof umzingelt und alle niedergehauen, im Breisgau auf einmal deren 130 aufgeknüpft. Obwohl also hier hinlänglich Arbeit war, so schien doch das Nothwendigere zu seyn daß Horn verstärkt werde weil von neuen Streitkräften verlautete welche aus Böhmen nachkommen sollten, weil schier zu vermuthen war daß der Feind seine Hauptmacht in Schwaben entwickeln wolle. Daher wurde nicht nur der Rheingraf Otto Ludwig mit allen verfügbaren Truppen zu Horn gefordert und im Elsaß seine Stelle theils durch seinen Vetter Otto ersezt, theils durch den Birkenfelder der von der Lahn heraufzog, sondern auch Bernhard wurde nach der Donau befehligt. Und wiederum wandte sich das Blatt. Horn sezte sich nach Bahlingen, Riedlingen, Mindelheim und Augsburg in Bewegung, indeß Altringen über Waldsee und Kempten dem Lech zueilte, Bernhard über Fürth und Ansbach auf Donauwörth. Johann von Werth war mit 40 Schwadronen von Amberg 16 Meilen in zweimal 24 Stunden nach Altenried geritten, aber Die er hatte überraschen wollen traf er munter und wach so daß ihnen weder eine Schlappe beizubringen noch der Paß zu verlegen war, und als er zu Ohrnbau ausruhen wollte, waren sie über ihn her, schreckten ihn über die Altmühl, erstiegen vor seinen Augen die Stadt, verfolgten den abgehezten Feind bis tief in die Nacht. Der schwarze Graf hatte für jezt an diesen Schlägen genug. Ungehindert ging die Vereinigung der königlichen Heere bei Augsburg vor sich.

So standen die Sachen als die oberländische Tagsatzung ein neues festeres politisches System schaffen sollte. Da bei Altringens und Horns Hin- und Herzügen die Straßen um Ulm der Sicherheit ermangelten, so hatte Oxenstierna Heilbronn zum Versammlungsort ausersehen. Womöglich hätte die sächsische Eifersucht auch hier einen Spuck gemacht. Unter Vorschützen des allgemeinen evangelischen Bundes der doch an Niemand scheiterte als an dem Kurfürsten selbst, wurde Dieser nicht müde vom Besuch der Versammlung abzumahnen. Desto wichtiger war dem Reichskanzler die Unterstützung Frankreichs. Manasses de Pas Marquis de Feuquieres Statthalter in Metz und Toul Vater Josephs des Kapuziners Neffe war

ihm in Würzburg begegnet auf der Reise nach Dresden wo
er das Feuer schüren sollte, wie er aber merkte daß Johann
Georgs Fäßchen trübe ging, hatte er sich bereit erklärt
in Allem was Sachsen anlange Oxenstjerna's Rath zu
folgen, auch in Heilbronn Frankreichs ganzen Einfluß aufzubieten damit die Stände vermocht würden die Leitung der
öffentlichen Angelegenheiten in Schwedens Hände zu legen.
Guter Zuspruch war nicht überflüssig. Die Anträge des Reichskanzlers waren von anderem Stoff als dem hausbräuchlichen
deutscher Staatsgelahrtheit: sie waren geradaus, ohne die
Förmlichkeiten eines pedantischen Geschäftsstyls, die Umschweife
und Ausflüchte halber Maßregeln. Vornherein stellte er sich
auf einen angemessenern Fuß. Die Fürsten und Herren die
sich zahlreich eingefunden beschied er in seine Wohnung, da
er einem knabenhaften Rangzwiste vorbeugen mußte hatte er
alle Stühle entfernen lassen und sie bekamen seine Eröffnungen stehend zu hören. Sie machten sich auch sofort in Kreis-
sitzungen an die Berathung und am 10ten Tag waren sie mit
einer gemeinschaftlichen Antwort fertig. Anfangs schienen sie
der ganzen Einrichtung — der schwedischen Verbündung und
Vorstandschaft — den Charakter des Vorläufigen ankleben zu
wollen angeblich weil sich sonst die andern Kreise beleidigt
finden könnten, doch ließen sie sich bei genauerer Erwägung
etwas näher herbei. Oxenstjerna, der Langsamkeit des schriftlichen Verfahrens überdrüssig, übernahm es Punkt für Punkt
mit ihnen mündlich zu erörtern, ihre Zweifel zu heben, Was
er in ihren Worten geschraubt nannte auf einen einfachen
Ausdruck zurückzuführen. So hatten sie das Bedürfniß eng
verbunden zu seyn gefühlt, sie hatten einseitige Unterhandlung
oder Lossagung als eine Abtrünnigkeit verpönt wegen deren
Einer als Feind zu behandeln wäre, indem sie aber den äußersten Nothfall als erlaubte Ausnahme zugestanden und die
Dauer des Bundes bis zur Erreichung seiner Zwecke oder
dem Zustandekommen eines allgemeinen Bundes bestimmten
wurde die Unauflöslichkeit durch Begriffswillkür wieder zerstört. Auch hatten sie die Befriedigung der schwedischen Ansprüche nicht unmittelbar sondern nur in Gestalt einer Hoffnung, eines Wunsches unter die Bundeszwecke gesezt. All

Das waren ihm spitzfindige Klauseln und Behutsamkeiten die
am Platz seyn möchten wo man fürchten müsse betrogen zu
werden nicht aber wo man auf Treue und Glauben handle,
eine auf derlei Grundlagen geschlossene Uebereinkunft nicht
werth der Mühe und Kosten der Fahrt nach Heilbronn.
Weniger Gewicht legte er darauf daß sie Bedenken trugen den
Kaiser und die Liga für Feinde zu erklären, aber er erinnerte
sie an das Beispiel Hollands wo kein rechter Eifer gegen
Spanien im Volk aufkommen konnte so lange es noch in
Philipp seinen König erblickte, er fand in solchen läppischen
Grillen nicht die geringste Ursache des Geträndels in Deutschland und konnte nicht umhin ihnen die Lächerlichkeit vorzu-
halten daß sie sich also lieber zu Empörern stempelten als
Feinde seyn wollten weil es ja kein Drittes gebe, überhaupt
die seltsame Figur zu zeigen die sie — in der einen Hand das
Schwert in der andern den Hut — gegenüber dem Kaiser machten,
zumal da sie auf der leipziger Tagsatzung ein Bild von ihm
gemalt hätten so schwarz daß man den Tyrannen erkenne Zug
für Zug. Am ungenügendsten war ihm die Art wie sie sich
über Heerverfassung und Vorsteheramt äußerten. Statt einer
Antwort auf seine Frage wie die aufzustellende Kriegsmacht
sollte beschaffen seyn und welche Mittel man schöpfen werde
zu ihrer Unterhaltung hatten sie eine Litanei von Gegenfragen
wegen Beschränkung des Kriegsaufwands und Kriegsschadens
dahergebracht, ob man nicht könnte Ersparnisse an den theuern
Stäben bewirken, sich im Ausland um Geld und Volk umthun, die Unparteisamen zur Mitleidenheit herbeiziehen, ob es
nicht nöthig wäre die Soldaten strengern Strafgesetzen und
bei außerdienstlichen Vergehen der bürgerlichen Obrigkeit zu
unterwerfen so wie dieser auch die Quartiervertheilung zu
überlassen, und Was die Zügel der Gewalt betraf so hatten
sie ihn zwar um seiner von Gott verliehenen vortrefflichen
Eigenschaften willen dienstfreundlich und unterthänig ersucht sie
zu führen aber als Erleichterung der allzugroßen Last (wie
sie bemerkten) sollte ihm ein ordentlicher Rath beigegeben
werden zur Aufsicht über die Gelder, Zeughäuser, Magazine,
das Rekrutirungs-, Marsch- und Quartierwesen und die gute
Ordnung, überdieß noch in jedem Kreis eine Unterbehörde um

über die mehr örtliche Verwaltung zu wachen namentlich damit man den Ständen die Zahlung zuscheiden könnte nach Companien und Regimentern. Von diesen Vorschlägen waren manche an sich, manche wenigstens in diesem Augenblick unausführbar. Oxenstjerna verbarg seinen Unmuth nicht. Wo die Gefahr so nahe, die Zeit kostbar, sprach er, müsse man seinen Ueberschlag zuvörderst darauf machen. Was man aus eigenen Kräften vermöge, nicht daß man Beiträge von Fremden verachten oder sich nicht darum bemühen solle, aber sie seyen ein höchst ungewisser Nebenverdienst, oft heiße es bloß: Helf euch Gott! Aus Frankreich, aus Großbritannien möchten Völker zu bekommen seyn, aber auf eine überseeische Werbung dürfe man der Entlegenheit wegen nicht rechnen, die Franzosen seyen schwer zusammen zu halten und würden nicht unterlassen ihren Beistand an lästige Bedingungen zu knüpfen, die Holländer hätten selbst Fehde. Das Unverzögerliche sey daß man für das Heer sorge, wenn die Soldaten den ganzen Winter über ohne Sold seyen, wenn man sie genöthigt habe vom Raub zu leben zieme sich nicht über Mangel an Ordnung zu klagen, eher sich zu verwundern wie die Leute von denen die Wenigsten aus Liebe zum Vaterland unter die Fahnen getreten dennoch nach des Königs Tod in unwandelbarer Treue verharren konnten trotz alles Verkümmerns. Wahr sey daß es Obristen gebe die passender Rittmeister oder Hauptleute wären, und daß diese und andere Mißbräuche einzig aus dem Drang der Umstände entsprungen abgestellt werden müßten, aber mit Zuchtmaßregeln dürfe man nicht anfangen. Nicht allein auf Ausrottung des Uebels, auch auf Erhaltung der Mannschaft sey Bedacht zu nehmen, nicht so daß man sie mit der Bezahlung an einzelne Stände weise denn da würde in einem Kreis gut bezahlt werden in einem andern säumig oder gar nicht, auch nicht so daß man Truppenverlegungen und Quartiere vom Gutdünken der Staats- und Ortsbehörden abhängig mache denn da würde immer Einer dem Andern die Bürde zuschieben, der Nürnberger dem Ansbacher und der Ansbacher dem Nürnberger, manche dieser Quartiermeister würden hübsch von ihren Verwandten auf die armen Bürger abladen oder es würde ihnen gehen wie Marcolph dem zum Henken kein

Baum recht gewesen, und unterdessen dürften die Knechte auf
der Gasse oder auf dem Feld liegen. Von so Etwas möchte
er den Generalen schon deßwegen nicht schreiben weil vor
lauter Hin- und Hermeldungen kein militärisches Geheimniß
mehr beobachtet werden könnte. Wie er bei den Soldaten
pflege für die Stände zu reden so müsse er jezt bei den Ständen für die Soldaten reden, er müsse sie erinnern daß sie
vergessen hätten zu sagen was Maßen die Soldaten sollten
Ordnung halten und zugleich leben können, daß sie nicht erwogen wie an den Soldaten gewuchert, ihnen jedes Bedürfniß
zu Preisen verkauft werde bei welchen an einem oder zwei
Tagen der Sold von 10 kaum klecke so daß sie um auszurei-
chen einen Sold haben müßten der die Einkünfte von fünf
Königreichen verschlingen könnte — ganz verschieden von der
Art und Weise in Holland wo die Lagerpreise stät seyen und
immer billiger als die Marktpreise während in Deutschland
Alles an den Soldaten zwacke, sie von Vielen nicht besser
geachtet würden als Hunde, nichts Erbärmlicheres sey als ein
verwundeter kranker Landsknecht, denn Wer seinem Handwerk
nachgehe habe Kost, Kleider, Bett und bei zustoßender Krank-
heit Herberg, Jener habe deren keines. Nicht verblümter war
Oxenstjerna's Erwiederung auf den Antrag der Stände ihr Bun-
deshaupt zu seyn. Daß ihre Wahl mit Uebergehung begabterer
Personen auf ihn den Fremden gefallen erkannte er als eine
hohe Gnade und Ehre wenn sie auch eine Verantwortlichkeit
auf ihn wälze deren er gern überhoben gewesen wäre sofern
anders Das mit der Wohlfahrt der Stände eng verbundene
Interesse seines Vaterlandes es erlaubt hätte, wenn sie ihm
aber die Gegenschreiber nicht erließen die Jegliches nach ihrer
Regel bekritteln würden da doch die Zeit noch keine Regel
dulde so bedankte er sich für die Ehre und wünschte nur daß
einer der Stände es so 8 Tage versuchen möchte um sich zu
überzeugen daß dabei Nichts herauskomme als eitel Wortstreit.
Waren Das häkelige Auseinandersetzungen, so folgten dagegen
die Stände in Bezug auf die kursächsische Einladung zur
Theilnahme an der dänischen Friedensstiftung willig seinem
Wink. Abgesehen von der Frage ob zur Vermittlung der
Augenblick günstig sey behagte ihm der Vermittler nicht, den

er jedoch nicht verletzen wollte durch eine schroffe Ablehnung,
und sie waren ohnehin ärgerlich über Kursachsens Anmaßung
ohne Zustimmung der Betheiligten in deren Namen Schritte
zu thun. Als er ihnen zu bedenken gab ob nicht vorher ausgemacht werden sollte was für Bedingungen und Wen man
zum Vermittler wolle nachdem auch Frankreich, Polen, der
Neuburger, die Kurfürsten von Maynz, von Köln und Andere
sich dazu erboten hätten die bald Dem bald Jenem mißfielen,
besonders auch wie man sich zu verhalten habe wenn Kursachsen, Was man nicht hoffe aber befürchten müsse, undankbar
genug wäre sich von den Evangelischen zu trennen, da waren
die Gesandten über die Nothwendigkeit diese Vorfragen zu
entscheiden einverstanden aber dazu ohne Vollmacht also für
Aufschub. Aber auch die Bundessache wurde nach seinem
Sinn erledigt. Oxenstjerna gab hinsichtlich des Bundesraths
nach, der außer ihm aus 3 schwedischen Beamten und 7 Kreis-
abgeordneten bestehen sollte und die Stände benahmen dieser
Kontrolle das Unangenehmste indem sie ihn in Kriegssachen
davon entbanden, sie erhielten von ihm das Versprechen die
Unordnungen im Heer abzustellen, er von ihnen gegen 2½ Millionen Thaler Jahresbeisteuer und die schwedische Entschädigung ihre
gebührende Stelle in dem Vertrag. An einem und demselben
Tag — den 23sten April nach 5wochentlicher Unterhandlung —
unterzeichnete der Reichskanzler die Verfassungsurkunde des oberländischen Bundes und den erneuten Vertrag mit Frankreich. In
Frankreich war man nach den anfänglichen Berichten von La
Grange — freilich in gänzlicher Unkenntniß der Menschen
und Dinge — der Meinung gewesen als ob Oxenstjerna nach
nichts Höherem trachte als nach einem Posten des Vertrauens
bei dem Kurfürsten von Sachsen wie er ihn bei Gustav Adolf
hatte, und demgemäß war Feuquieres angewiesen mit dem
Köder seiner Hilfsgelder sich zunächst nicht an Schweden zu
machen, sondern an die protestantische Partei und ihren vermeintlichen Vormann Johann Georg. Unter Vorbehalt den
Kurfürsten später zu bearbeiten um ihn entweder zum Anschluß
zu bringen an den heilbronner Bund oder einen ähnlichen
Bund durch ihn in Niederdeutschland hervorzurufen, hatte er
als gewandter Staatskünstler gegen den Buchstaben aber im

Geist seines Auftrags seine Bemühungen nach dem jetzigen Brennpunkt der kriegerischen Bewegung gerichtet, noch hatte er gezaudert abzuschließen weil er mit der jährlichen Million Livres welche Frankreich das Recht und die Gelegenheit verschaffen sollte sich überall in Deutschland einzumischen, sich an den Rhein auszudehnen und nebenbei den Schirmvogt der katholischen Kirche zu spielen, Schweden und die heilbronner Genossenschaft zumal hätte abspeisen oder doch die Einräumung von Benfeld, Schlettstadt oder einigen andern Rheinplätzen in den Handel einbedingen mögen, indeß da Orenstjerna merken ließ daß ein französisches Bündniß mehr unbequem als vortheilhaft wäre wenn er dafür Abtretungen machen müßte und nicht einmal über diese mäßige Geldsumme allein verfügen könnte, daß er dann lieber ohne Frankreich seinen Weg ginge so war endlich Feuquieres um jedenfalls das Eisen zu schmieden so lange es warm war bei den Bedingungen von Bärwalde stehen geblieben sammt Nachzahlung der Rückstände bis zu des Königs Tod. Im Uebrigen hatte er mit Kornelius van Pauw, der auch holländische Vorschüsse in Aussicht stellte, das heilbronner Bündniß emsig gefördert. Obwohl Frankreich nach der schnellen Dämpfung des orlean'schen Aufruhrs, der Unterwerfung des Prinzen, der Gefangennehmung und Enthauptung seines mächtigsten Anhängers Montmorency Statthalters in Languedoc keine Abhaltung gehabt hätte sich als kriegführende Macht beizugesellen so fand es doch Richelieu sicherer und wohlfeiler den Krieg durch Umtriebe fortzupflanzen, den Eroberer zu machen in der Maske des großmüthigen Beschützers und mit Geld. Und diese Methode schlug vorzüglich an. In Heilbronn bettelte alle Welt um französische Gnadengehalte, Fürsten und Grafen, selbst die Patrizier von Nürnberg. Einer der Rührigsten auf der Tagsatzung war Philipp Reinhard von Solms, von ihm erfuhr Feuquieres das Geheimste was vorging, er schöpfte ihm 6000 Thaler. Landgraf Wilhelm von Hessen empfing 12000 und der Gesandte bürgte für ihn daß er französisch gesinnt sey mit Leib und Seele. Für Wilhelm von Weimar bestimmte er die Arnim zugedachten 12000, für Bernhard 6000, aber Das war Dem zu wenig. Bei den Kurfürsten von Sachsen und Brandenburg glaubte er wären 4 bis

500,000 Livres nicht übel angelegt. Für Franz Albrecht von Lauenburg der bereits Lust bezeugte die sächsische mit der französischen Farbe zu vertauschen wurden 6 bis 10,000 Thaler ausgesezt, von Richelieu selbst dem Rheingrafen Otto Ludwig einem gar wichtigen Mann im Elsaß 10,000. Hße und Adam von Schwarzenberg stunden auf der kaiserlichen Soldliste und auch auf dieser. Die Markgrafen von Ansbach und Durlach wurden weil das Geld nicht ausreichte vertröstet. Selbst nach dem Herzog von Friedland warf Feuquieres sein Netz aus: das Gerücht daß Derselbe mit dem kaiserlichen Hof wieder zerfallen sey, vertrauliche Andeutungen des Grafen Wilhelm Kinsky eines mit ihm verschwägerten böhmischen Flüchtlings gegen den französischen Geschäftsträger Duhamel in Dresden veranlaßten Brief- und Botensendungen und Eröffnung von Aussichten bis zu einer Krone. An allen Höfen und in allen Städten übten diese Franzosen ihre trügerischen Künste, Jedermann hatten sie eine Artigkeit zu erweisen, waren es nicht goldene Ketten und Jahrgelder so waren es schmeichelhafte königliche Handschreiben, dem Reichskanzler machten sie das Kompliment seine Brautwerber zu seyn wenn er einen seiner Söhne mit der Thronerbin von Schweden vermählen wollte, diese nämliche Hoffnung machten sie dem Kurfürsten von Sachsen für seinen Sohn und es hätte sie nichts gekostet auch dem König von Dänemark, dem Kurfürsten von Brandenburg welche sämmtlich für ihre Söhne derlei Absichten hatten diese Lockspeise zu zeigen, und während Schaaren von Unterhändlern ausgesandt wurden um die Protestanten zu den Waffen zu rufen gegen das Haus Habsburg, während Charnassé sogar im Haag ein französisches Heer mit einem Marschall anbieten durfte das zwei Sommer lang unter des Oraniers Befehle gestellt werden sollte freilich mit der Bedingung daß Dieser im ersten Sommer Namur oder Dünkirchen und die Küste von Flandern für den allerchristlichsten König erobere, ließ Richelieu Jedermann Frankreichs Uneigennützigkeit anpreisen, durch Saint-Etienne auf einer Rundreise bei den katholischen Fürsten deren Unfälle beklagen und Frankreichs Eifer für das Wohl der Christenheit und die Ruhe Deutschlands rühmen, auf Frankreich als diejenige Macht hinweisen die sie retten könne und

wolle, dem Kaiser betheuern daß man am Hof zu Saint-
Germain Nichts so hoch schätze als seine Freundschaft, Nichts
sehnlicher verlange als daß alle Irrungen beigelegt würden
nach den Grundsätzen der Gerechtigkeit. Allerdings hatte auch
in Heilbronn die französische Politik den Katholischen einen
nicht unbedeutenden Dienst geleistet. Als der Reichskanzler
die Wiederherstellung der Pfalz nebst mancherlei Vergabungen
an die Verbündeten beschloß und davon die Rede war ihm
als Gegenverehrung das Kurfürstenthum Maynz zuzuwenden
hatte Feuquieres es hintertrieben gleichwie er auch unter der Hand
für die Beschränkung der Obergewalt thätig war. Die pfälzi-
sche Familie erhielt ihre Lande zurück mit denselben Rechten
wie vor dem Krieg, nur hatte sie eine Geldsumme zu entrichten, die Lutheraner gewannen freie Religionsübung, und in
Manheim blieb nech schwedische Besatzung. Anstruthers Mitwirkung kam dabei wenig in Betracht, denn des Stuarts
Idee, wovon der Gesandte verlauten ließ, die Pfalz unter englischen Schutz zu nehmen und daselbst Truppen zu unterhalten,
hatte Orenstjerna's Beifall nicht, weil Das ihm störend schien
für die Einheit der oberländischen Wehrverfassung, und zu
Abschließung eines Bündnisses mit Schweden das er vorschlug,
zu Bewilligung von Geld und Werbung war Dieser nicht ermächtigt. So minderte sich Schwedens eroberte Ländermasse
sehr, doch war man in Stockholm der heilbronner Ergebnisse
froh besonders der erlangten Vorsteherschaft und der gewähr-
leisteten Ansprüche auf Genugthuung, man lobte es daß Orenstjerna sich über den Umfang dieser Ansprüche noch nicht aus-
gelassen hatte da die Umstände künftig günstiger werden konnten, man war nicht Willens die Saiten zu hoch zu spannen
aber man gab ihm Recht daß er die dänische Vermittlung bei
Seite geschoben, man wünschte daß entweder unter französischer
oder holländischer Vermittlung unterhandelt werden sollte oder
unmittelbar.

Nun die Staatsmänner ihre Aufgabe erträglich gelöst
hatten, konnte man meinen der Arm der Feldherren werde
nicht säumen. Und wirklich während man zu Heilbronn tagte,
waren Horn und Bernhard in Bayern vorgedrungen bis Dachau,
Altringen auf München und hinter die Isar zurückgegangen,

Torstenson so eben aus der Gefangenschaft zu Ingolstadt gegen einen Grafen von Harrach entlassen hatte seine Rache
genommen an dem verrätherischen Landsberg in einer Schreckens-
nacht welche die Katholischen mit dem Blutbad von Magdeburg verglichen. Nachdem sie jedoch hörten daß Johann von
Werth mit den oberpfälzischen Truppen bei Altringen sey,
daß Wallenstein neuerdings einige Regimenter geschickt habe
und vielleicht selbst komme, wurden Mauern und Thürme
von Landsberg niedergerissen und sie lenkten wieder um an die
Donau. Sie hatten dazu noch einen triftigern Anlaß in dem
steigenden Mißvergnügen des Heers, zu Neuburg kam es zum
Ausbruch. „Wie, murrten die Soldaten, in Heilbronn vertheilen sie Kriegssteuern und Länder, aber nicht an Die welche
sie erstritten mit ihrem Schweiß und Blut, welche Frost und
Hitze, Regen und Staub, Hunger und Durst ertragen, bei der
evangelischen Sache gestanden haben von Anbeginn der Verfolgung rastlos in Belagerungen und Schlachten ohne Wanken
selbst nach dem Verlust ihres Hauptes der wohl einen eisernen
Leib hätte erschüttern können, sondern an die Stubenhocker,
die Redendrechsler und Papierhelden die hintennachgekommen
sind nach der Gefahr, und wir haben das Zuschauen, bei uns
erscheint Niemand mit den Belohnungen die uns der König
verheißen hat oder nur mit einem Wort des Dankes oder um
die halbjährliche Abrechnung vorzunehmen die man uns nach
unserm Dienstvertrag schuldig ist, hingegen davon daß man
uns zur Zucht anhalten und ausmustern müsse haben sie gar
Viel zu sagen." Diese Klagen, Anfangs verstohlen, vereinzelt,
wurden in Form und Zusammenhang gebracht durch Joachim
Mitzlav jenen untreuen Oberverpflegungsbeamten des dänischen
Heers welchen König Christian nach seinen lezten Niederlagen
in Deutschland schimpflich ausgestoßen hatte und der jezt
Obrister war über ein schwedisches Regiment. Bald waren
Offiziere und Soldaten in einer engen Verbrüderung, entschlossen Alle für Einen und Einer für Alle zu stehen und nicht
weiter ins Feld zu rücken ehe sie der Früchte ihrer tapferen
Mühen und ihres Unterhalts für die Zukunft versichert wären
und wüßten Wem sie dienten, einstweilen aber ein Pfandrecht zu behaupten auf die Eroberungen. Von dieser Erklärung

drohten sie ihre Kameraden in Niedersachsen und am Rhein
in Kenntniß zu setzen, binnen 4 Wochen begehrten sie Antwort.
Von den Generalen verweigerten Ruthven und Lohausen ihren
Beitritt büßten aber darüber schier allen Respekt und Gehorsam ein, Horn wollte ihnen die strafbare Meuterei verweisen,
Bernhard mißbilligte den zu trotzigen Ton ohne daß er den
Grund ihrer Beschwerden verwarf. Mit Strenge war gegen
heimliche Aufhetzerei und unleugbare Noth bei dieser Ein-
helligkeit Nichts auszurichten. Das Donauheer blieb beisammen mit Ausnahme der Abtheilung Otto Ludwigs der wieder
nach dem Rhein zog, Horn eilte mit der Beschwerdeschrift
nach Heilbronn wo die Tagsatzung schon im Aufbruch begriffen noch ein paar Wochen Arbeit bekam. Bernhard führte
inzwischen auch seinen Oberbefehl. Bei den Truppen denen
nicht sowohl der Dienst entleidet als vor Abdankung und den
Schmälerungen eines rücksichtslosen Sparsystems bang war,
hatte sich der Unwille so weit gelegt daß Bernhard sie nicht
brauchte ganz feiern zu lassen: im Hochstift Eichstädt war
noch unberührtes Land, die bischöfliche Stadt ergab sich gleich,
das Schloß nach kurzer Beschießung, reiche Beute belohnte
und ermunterte die Soldaten, Einverständnisse in Regensburg
und Ingolstadt reizten den Ehrgeiz des Herzogs zu vermesse-
nen Anschlägen auf diese Festungen. Dort hatte sich Martin
Chemnitz eingeschlichen, die Beschaffenheit des Orts auskund-
schaftet und die unter papistischem Druck seufzende Einwohnerschaft geneigt gefunden sich bei einem Angriff von Außen gegen
die bayrische Besatzung zu erheben, hier befehligte Kratz der
sich durch Wallensteins Haß den er früher einmal mit un-
vorsichtigem Spott beleidigt hatte von der seinem Verdienst
gebührenden bayrischen Feldherrnwürde ausgeschlossen sah, der
über diese Zurücksetzung erbittert in Unterhandlung stund mit
Bernhard wegen Ueberlieferung des Platzes gegen Ver-
heißung der daselbst aufbewahrten Gelder und eines schwedischen Marschallsstabs, aber nach Regensburg hatte Altringen
unvermuthet mehr Mannschaft geworfen und bis die Königlichen von der eroberten Willibaldsburg weg in der Nacht auf
den 15ten Mai den Wald vor Ingolstadt und die Thore erreichten wo sie sich für eine angesagte kaiserliche Verstärkung

ausgaben, war allermittelst der Tag angebrochen, die Wachen
witterten Verrath und sie mußten schleunigst umkehren. Kratz,
den eigenen Leuten verdächtig, schrieb an Max um seinen Abschied, bestieg aber ohne darauf zu warten einen Fischernachen
und gerieth in unterschiedlichen Verkleidungen auf seine böhmischen Güter, von da nach Schlesien zu Duwal. Fahrensbach
auf den neben der alten Anschuldigung die neue fiel daß er
mit Kratz unter einer Decke gesteckt habe wurde auf dem Marktplatz zu Regensburg enthauptet oder vielmehr da ihn der
Scharfrichter mit dem ersten Streich bloß in den Kopf verwundet hatte und er unter Betheurungen seiner Unschuld vom
Schaffot herabgesprungen war von den Henkersknechten nieder-
gemetzelt. Solche Begebenheiten schwächten auch den Unternehmungsgeist des Feindes der sonst hätte versucht seyn können
aus der Gährung im schwedischen Heer Nutzen zu ziehen. Zu
größern Thaten fühlte sich nach diesem Anlauf kein Theil in
der Fassung, Altringen und die Bayern hielten sich vertheidi-
gungsweise um Regensburg und Ingolstadt, die Königlichen
um Donauwörth, das Fußvolk in einem festen Lager auf dem
Schellenberg, die Reiterei in den umliegenden Dörfern auf
beiden Ufern der Donau. Hier war es wo Horn einige Tage
nach dem verfehlten Nachtmarsch wieder beim Heer eintraf:
er hatte Bevollmächtigte vom Reichskanzler bei sich welche
billige Wünsche gewähren, die Gemüther beruhigen sollten.
Die Rechnung auf Geld abzumachen hätte Orenstjerna nicht
vermocht, er ergriff daher den Gedanken die Oberoffiziere mit
Lehensbriefen auf Ländereien zu bezahlen und ihre Untergebe-
nen mit Anweisungen auf sie. Den Ständen in Heilbronn
war es so recht, nur begehrten sie daß das Heer auch dem
Bund schwöre, er gestand Das nicht nur zu sondern die neuen
Lehensträger sollten als Mitglieder in den Bund treten und
als solche zu den allgemeinen Kriegslasten pflichtig seyn. Im
Lager wurde dieses Entgegenkommen wohl aufgenommen: sie
ließen sichs gefallen daß man ihnen sagte sie hätten befremd-
liche Einbildungen von der Tagssatzung als ob diese sie bloß
einschränken und nicht auch befriedigen wolle, daß man ihnen
aber auch ihre Schuldigkeit gegen Gott, Freiheit, Ehre
und Vaterland — höhere Güter als ein schnödes Stück Geld —

zu beherzigen gab, sie entschuldigten Was etwa ungebührlich
an ihrem Aufsatz sey mit der Eile der Einreichung womit der
Feldmarschall sie so gedrängt habe daß sie den Entwurf weder
Alle hätten lesen noch durchsehen können, sie bezeugten ihren
guten Willen der evangelischen Sache zu dienen mit ihrem
lezten Blutstropfen. Die Ränkeschmiede hörten deßhalb nicht
auf indem sie ausstreuten die Abgesandten hätten Weniger
bewilligt als sie durften so daß Diese einem Ausschuß von
Offizieren ihre Vollmacht in der Urschrift vorzeigten, aber
die Ehrliebenderen verlangten zunächst nur Vorkehrung daß sie
nicht genöthigt wären gleichsam vom Raub zu leben. So
erfreulich im Ganzen diese Stimmung war, so war doch das
Schwierigste noch ungeschehen — die Prüfung der Ansprüche
und die Zuscheidung von Gütern. Dieses Geschäft war um
so heikler als Derjenige den die Obristen zu ihrem Sachwalter
erkoren selber die unmäßigsten Forderungen erhob. Bernhard
trachtete nicht allein nach dem Amt des Oberfeldherrn, er behauptete Gustav Adolf habe ihm die bischöflichen Herrschaften
von Bamberg und Würzburg versprochen und drang jezt auf
Erfüllung. Das war nun mehr als unbescheiden namentlich
das Vorschützen einer Schenkung offenbar vom Zaun gebrochen,
denn Was wäre dem König bei einer solchen Verschwendung
übrig geblieben und was für einen Maßstab hätte er für
Bundesgenossen haben müssen die ihm ausgerüstete Heerhaufen
zuführten, wenn er die besoldeten Dienste eines armen Prinzen
so hätte belohnen wollen und wie lächerlich — noch ungeleistete
Dienste mit erst zu machenden Eroberungen? Da Bernhard in
Ermanglung einer schriftlichen Beurkundigung sich auf den
Landgrafen Wilhelm als Zeugen berief so müßte die Verleihung
ungefähr um die Zeit des werbener Lagers erfolgt seyn als
die Häuser Weimar und Kassel gemeinschaftlich Schwedens
Freundschaft suchten. Damals wo die Bahnen des Kriegs
verborgen im Schoße des Schicksals lagen konnten vernünftiger-
weise nur unbestimmte Aussichten zur Vergrößerung auf Kosten
der und jener katholischen Länder eröffnet werden, überdieß
nicht einzelnen Zweigen eines fürstlichen Hauses sondern einem
Haus überhaupt. Bernhard wollte aber Franken für sich
allein und auf denselben Rechtstitel hin sein Bruder Wilhelm

ebenfalls für sich das Eichsfeld, Erfurt und andere Schenkungen, bald hätte es scheinen können die Schweden seyen einzig
nach Deutschland gekommen, um die Gebrüder von Weimar
die ihr angestammtes Ländchen ungetheilt besaßen mit Herzog-
thümern und Grafschaften auszustatten Mann für Mann.
Oxenstjerna war auch so entrüstet über Bernhards Anmaßung
daß er ihm mit Entlassung drohte worauf Dieser gröber als
witzig erwiedert haben soll, daß ein deutscher Reichsfürst mehr
zu sagen habe als zehn schwedische Edelleute. Dem Reichskanzler und Vorsitzenden im Bundesrath wäre es ein Geringes
gewesen ihn vom Gegentheil zu überzeugen, wenn er aber bedachte wie das Heer an dem Herzog hing, ja wenn er ihn
als den geheimen Anstifter der neuburger Scenen betrachtete
so that er klüger seine Empfindlichkeit zu unterdrücken um
Den zufrieden zu stellen der die Leidenschaften aufgereizt hatte
der sie also am Leichtesten auch stillen konnte. Noch größere
Gewalt oder gar die ganze königliche Macht dem ehrgeizigen
Bernhard anzuvertrauen war einem schwedischen Staatsmann
nicht zuzumuthen und dieses Ansinnen schlug er rund ab aus
dem neckischen Grund: Bruder Wilhelm würde die Höherstel-
lung übel nehmen. Hingegen wurde zwar mit dem Herzogthum Franken willfahrt, zuvor aber eine große Anzahl Güter
zum Behuf anderer Schenkungen davon abgetrennt und für
rückständiges Einkommen eine Nachzahlung an Schweden von
600,000 Thalern binnen 4 Jahren sowie die Gründung einer
Hochschule in Würzburg und zweier Erziehungsanstalten für
die Söhne und Töchter der angesehensten Familien des Landes
auferlegt. Bernhard hatte sich von seinem ehemaligen Lehrer
Friedrich Hortleder ein Gutachten geben lassen über die Frage:
ob ein Reichsfürst eine schwedische Eroberung in Deutschland
füglich zum Geschenk annehmen könne und wie? Der staats-
gelehrte weimarische Hofrath hatte die Annehmbarkeit bejaht
sofern keine Verpflichtung eingegangen würde außer für Zweck
und Dauer des Kriegs weil so lange Schweden gewissermaßen
des Reiches Schirmer und folglich das Geschenk wie aus den
Händen des Reiches sey, bedenklicher war es ihm wenn dadurch
ein immerwährendes Schutzverhältniß mit dieser auswärtigen
Macht geknüpft werden sollte, doch hatte Bernhard über diese

25

Zweifel hinweggesehen und obschon Franken ihm nur als
schwedisches Lehen geboten wurde mit Belassung königlicher
Besatzungen in den Festungen die der Feind nicht inne hatte
und dem Anhängsel eines ewigen Bündnisses das ihn auch
für die nichtdeutschen Interessen dieser Krone verpflichtete, so
verschmähte er die Gabe nicht. Da war der schwedische Edelmann in Wahrheit stolzer denn der deutsche Reichsfürst. Als
Ake Tott um Verwendung bat bei den Herzogen von Meklenburg für eine Belohnung wegen Befreiung ihres Landes, hatte
Oxenstjerna geantwortet: eine solche Empfehlung stünde seinem
Amt und der Ehre des Vaterlandes übel an gleich als ob
dieses nicht selbst das Verdienst belohnen könnte, wenn die
Sache ihn persönlich beträfe würde er seinen Stand für zu
hoch und edel halten als daß er einem Fremden für irgend
eine Verleihung möchte in Verbindlichkeit stehen die nicht aus
dessen eigenem Antrieb geschehen wäre, und bei Ausfertigung
eines der halb abgebettelten halb abgetrozten Vergabungsbriefe
rief er aus: „Mag es zum ewigen Gedächtniß in unserm
Archiv verbleiben daß ein deutscher Fürst so Was von einem
schwedischen Edelmann begehrt und ein schwedischer Edelmann
in Deutschland einem deutschen Fürsten so Was bewilligt,
weil es mir so ungereimt vorkommt daß ich der Geber seyn
soll als daß Jener der Empfänger ist.“ Dieses Güterver:thei-
len beschäftigte bis über Mitte Sommers hinaus. Mit
Einschluß eines Monatsolds der baar erlegt wurde betrugen
die Vergabungen die Summe von 4,900,000 Thalern — Wallenstein als er Das hörte soll bemerkt haben: Mehr habe der
Kaiser in 10 Jahren nicht verschenkt. Damit waren alle
Rückstände getilgt und die Obristen jezt auch durch ein starkes
Privatinteresse an die schwedische Partei gekettet, wiewohl
Oxenstjerna die Verleihungen an sie nicht als schwedische sondern
als deutsche Reichslehen machte wahrscheinlich weil er bei
dem Minderwichtigen gerne die Eifersucht seiner heilbronner
Verbündeten schonte oder weil er sich auch in einer kaiserlichen
Verrichtung gefiel. In dieser Zeit war Bernhard meist ab-
wesend vom Heer, theils bei dem Reichskanzler theils in
Würzburg, hier von dem königlichen Großschatzmeister Grafen
Christoph Karl von Brandenstein eingewiesen nahm er die

Erbhuldigung entgegen, bestellte eine Regierung und seinen Bruder Ernst zum Statthalter. Da die Anführer sämmtlich mit ihrer Versorgung zu schaffen hatten so konnte Horn, dem übrigens in dem Deutschmeisterthum Mergentheim auch ein artiges Beuteloos zugefallen war, keine zu großen Sprünge thun obgleich das unter ihm vereinigte Heer bei 24,000 Mann zählte: außer der Eroberung von Neumarkt durch welche die Nürnberger einer unangenehmen Nachbarschaft überhoben wurden, geschah kaum Was der Rede werth. Gegen Amberg hinauf getraute sich Horn nicht: Altringens feste Stellungen an Vils und Nab deckten die Oberpfalz. Ringsumher war Nichts als ein sehr ungeregelter kleiner Krieg, in den Quartieren gab es nicht Viel zu erholen, so rotteten sich die Soldaten auf eigene Faust und durchstreiften verheerend das Land. Die geschärften Quartierordnungen des Reichskanzlers wie die Strafbeispiele des Feldmarschalls der je und je freches Gesindel aufgreifen und aufhenken ließ fruchteten wenig. Die schlimmsten Gesellen waren unter den Truppen Bernhards. Der neue Herzog von Franken las täglich sein Kapitel in der Bibel und auf seine Münzen wurde das Bildniß des Weltheilands geprägt, aber den Soldaten pflegte er mehr als christlich war durch die Finger zu sehen und jene scheußliche Marter die den schwedischen Namen so häßlich gebrandmarkt hat in den Ueberlieferungen des deutschen Volks, der Brauch die Einwohner zu knebeln und ihnen den Mund aufzusperren um Wasser einzuschütten und dann auf ihnen herumzutrappen bis sie es wieder von sich gaben — diese berüchtigte Wünschelruthe für versteckte Schätze, Schwedentrunk genannt, war von ihrer Erfindung.

So liefen auch im übrigen Deutschland die Begebenheiten bunt durcheinander und Orenstjerna hatte während der Rechnungsarbeiten für das Heer noch mancherlei Sorgen sonst. Am Rhein zwar gewannen die Sachen in den obern Gegenden mit des Rheingrafen Rückkehr, weiter unten durch den Birkenfelder eine günstigere Gestalt. Den gemeinschaftlichen Raubzügen der Besatzungen von Hagenau, Philippsburg und Heidelberg war jetzt schnell ein Ziel gesteckt, zu Heidelberg konnte der Reichskanzler im Juni den Bundesrath versammeln, ohne Verlust eines Manns hatte Obrist Abel Moda die Stadt besezt, nach 8tägigem Schießen räumte Heinrich von Metternich am 5ten dieses Monats das Schloß, die Pfalz war frei. Und Philippsburg wird enger eingeschlossen, Otto Ludwig bringt den Breisgau wieder unter Botmäßigkeit bis zu den Waldstädten und an die Gränze der Schweiz, sein Vetter drüben bekommt vor der Brücke von Breisach den Feldzeugmeister Montecuculi gefangen der von seinen Wunden geheilt worden wäre aber am gebrochenen Herzen stirbt, der Feldmarschall Hannibal von Schaumburg verbirgt sich hinter den Wällen dieser Hauptfestung die zu belagern die beiden Rheingrafen im Begriff sind, indeß der Birkenfelder vor Hagenau rückt, auf die zweideutige Truppenanhäufung der Lothringer in Zabern ein wachsames Auge hat, bereit ist ihnen auf den Fuß zu treten wenn sie aus dem Wasgau hervor wollen. Wie war es aber schon an der Weser wo verhältnißmäßig so beträchtliche Streitkräfte im Feld standen? Da konnte man sich zuerst über einen Nachlaß an Thätigkeit langweilen, und als endlich wider Vermuthen ein glänzender Erfolg errungen wurde waren politische Ursachen die einen großen Theil der Wirkung wiederum vernichteten, denn vor Hameln lag der Lüneburger in den 4ten Monat und, nachdem Paderborn sich den Landgräflichen unterworfen, auch Melander ohne daß es voranging. Ein Obristlieutenant, Schellhammer, mit wenigen Kompanien vertheidigte diesen alten Waffenplatz Tilly's mit eben so viel Muth und Geschick als die Angreifer mitunter schläfrig waren, so daß ihnen bald die Pferde von der Weide weggetrieben, bald die Kanonen in den Laufgräben vernagelt oder die Faschinen angezündet, einmal einer Schaar am hellen Mittag vor den Zelten ihre Fahnen abgenommen wurden, weil aber nach und nach die Belagerten sich abzehrten hatte Gronsfeld aus den Besatzungen von Nienburg, Wolfenbüttel, Hildesheim, Minden und dort herum, Benninghausen aus den westphälischen Städten jede irgend verfügbare Mannschaft zusammengerafft, zu ihnen war Merode gestoßen mit frischen Aushebungen auf Kosten der Kurfürsten von Köln und Maynz und der ausgewanderten Geistlichkeit, 4000 zu Roß und 14000 zu Fuß zogen sie von Minden auf dem östlichen Weserufer

gen Hameln. Zwei Wege führten dahin: der geradere auf
Oldendorf zu, der andere seitwärts über ein Waldgebirg.
Gronsfeld der das Mißvergnügen unter den Schwedischen
und ihren durch Ausreißen, Krankheiten und Sterbfälle ge-
schwächten Zustand kannte hatte darauf gewettet daß sie den
Entsatz würden geschehen lassen ohne Schwertstreich. Als er
sich Oldendorf näherte und den Lüneburger in voller Schlachtordnung erblickte hatte er keine Lust anzubeißen. Die durch
Artillerie und einen Hohlweg geschüzte Stellung zwischen dem
Städtchen und dem Gebirg schien ihm zu stark, das Vordringen im Gehölz unthunlich, daß Lars Kagg den Bergrücken
besezt hatte wußte er nicht einmal, er wandte sich zurück.
Nicht also Merode: Der hatte es vorab verweigert Jenem als
dem ältern General den Oberbefehl zu überlassen, er wollte
jezt die Ehre des Entsatzes allein haben. Dieser Eigensinn
war den Ligisten verderblich. Sein Fußvolk das sich in den
Wald machte wurde von Lars Kagg ehe es sich oben entwickeln konnte zurückgeworfen, seine Reiterei die auf einer
Anhöhe bei Segelhorst diese Bewegung rückwärts sichern sollte
wurde von Kniphausens Reiterei durch ein wie es schien für
Pferde unwegsames Revier unter Leitung eines Rittmeisters
weiland Schäfers in diesem Dorf umgangen, Melander,
Stalhandske und Uslar sprengten vorn ein, die feindlichen
Geschwader von beiden Seiten gepackt stoben auseinander und
rießen die vor ihrem Lager aufgestellten Gronsfeldischen fliehend
mit sich fort, das vorgeschobene Fußvolk wurde abgeschnitten
und niedergehauen. In wenigen Morgenstunden des 8ten
Juli war Alles vorbei: um den Preis kaum eines Opfers
hatten die Königlichen einen Sieg erlangt bis zur Vernichtung
des katholischen Heers das sein Gepäck, seine Artillerie und
Kriegskanzlei, bei 100 Feldzeichen und 3000 Gefangene, darunter eine Menge Frauenzimmer, Weiber und Kebsweiber, die
Gräfin Merode selbst, in ihren Händen ließ. Nach den Be-
gräbnißlisten von den verschiedenen Orten des Treffens war
das Heer fast zur Hälfte auf dem Platz geblieben, die Obristen
Quadt, Dinklage, Wartenberg, zwei Westphal waren bei den
Leichen, Gronsfeld war entronnen ohne Hut und Degen, auch
Merode noch aber verwundet auf den Tod. Schellhammer in

Hameln wollte die Niederlage nicht glauben, da man die gefangenen Weiber hineinschickte ihm zu erzählen übergab er die Festung, bekam für sich und die mit ihm wollten Wagen, Kutschen und Schiffe nach Minden. Der Lüneburger verglich seinen Sieg mit dem von Lützen, wie dort war das Feldge= schrei: „Gott mit uns," und Soldaten und Offiziere trugen Gustav Adolfs Bildniß auf der Brust, die Folgen dieser Schlacht waren jedenfalls von sehr ungleicher Bedeutung. Unter gewöhnlichen Umständen würde man den Schrecken be= nützt haben um die Ligisten aus den braunschweigischen Landen vollends hinauszujagen, hätte Oxenstjerna dazu die Truppen hergegeben so wäre Das gegen Schwedens eigensten Vortheil gewesen. Wohl war ein Platz wie Hameln als Verbindungs= glied zwischen Westphalen und Niedersachsen unentbehrlich für die Kriegführung, aber Mehr konnte leicht vom Uebel seyn. Rechts der Weser war Nichts zu erringen außer für die Wel= fen von Celle und Wolfenbüttel und zur gehorsamen Dank= sagung hätten diese unzuverläßigen Bundesgenossen sich los gemacht oder gesucht eine Nebenpartei zu bilden wie Kursach= sen, dadurch daß man sie nicht ohne Unterstützung ihnen aber auch noch einen und den andern Pfahl im Fleisch ließ hielt man sie bei der Stange. An des Lüneburgers Betragen in Hameln hatte der Reichskanzler einen Maßstab: obgleich diese calenbergische Stadt den schwedischen Waffen unterlegen und ein Besitzthum Friedrich Ulrichs war, nahm Georg sie für sich in Anspruch, nöthigte die Bürgerschaft zur Huldigung und gerieth in einen heftigen Wortwechsel mit Kniphausen über die Besatzung die nicht aus königlichen Truppen bestehen sollte sondern aus etlichen der Krone Schweden nicht beeidigten celle'schen Leibcompanien. Zugleich hatte er ein langes Ver= zeichniß angeblicher Vorschüsse und Besoldungsrückstände ein= gereicht dazu der Schenkungen die er für seine Dienste for= derte, unter Anderem daß das Hochstift Minden für ihn er= obert und dem Kaßler die Verzichtung auf Corvey, dem Herzog Wilhelm von Weimar auf Duderstadt und Umgegend auferlegt werden möchte ihm zum Besten. Oxenstjerna war mit Hameln zu Willen, überhaupt mit guten Worten nicht allzu sparsam, aber er fand daß er die Truppen anderswo

und durch Andere angemeſſener verwenden könne. Da bei
der größen Beutetheilung die Stiftslande von Corvey, Paderborn und Münſter ſammt Fulda an Heſſen fielen, ſo waren
für die Schweden nur im nördlichen Weſtphalen Eroberungen
zu machen die ſich dann bequem an Das anreihten was ſie
längs den Meeresküſten inne hatten. Darum wurde dem
Feldmarſchall Kniphauſen die Unterwerfung von Osnabrück
aufgegeben, und um ſeinen Eifer anzufeuern Meppen verehrt,
um ſo gerner auch den Holländern einige Regimenter unter
Stalhandske zu einem Reiterdienſt an der Maas verabfolgt.
Andere Abtheilungen wurden nach Franken beordert, Lohauſen
zur Obhut Magdeburgs und der obern Elbe berufen mußte
angeloben daß er von keinem Menſchen unter der Sonne weß
Standes er ſey und von keinem General ſondern einzig von
der Krone Schweden Befehle empfangen wolle, ein neues
Beobachtungsheer in dieſer Gegend errichtete Baner, über
Lesly der den Plätzen an der untern Elbe und Weſer vorge-
ſezt war vermochte der Lüneburger auch Nichts, er behielt
Titel und Rang eines Oberfeldherrn von Niederſachſen, von
Truppen nothdürftig um die Ueberbleibſel der gronsfeldiſchen
Beſatzungen zu zügeln.

Immer verworrener wurde der Handel nach Oberſachſen
und Schleſien zu. In Thüringen ſchmollte Herzog Wilhelm
wegen der zögernden Schenkungsurkunde über das Eichsfeld,
er war im verſtohlenen Briefwechſel mit Johann Georg der
ihn in ſeine Dienſte lockte, er bewachte mit Tupadel die
fränkiſch-ſächſiſche Gränze gegen Böhmen und hatte begonnen
Kronach zu berennen als er juſt im Augenblick einer drohenden
Aufſtellung der Holkiſchen bei Eger die Truppen nach Saal-
feld zurückrief, an den Reichskanzler ſchrieb es ſey unter
ſeiner Würde mit ein paar Regimentern zu Feld zu liegen,
worauf Dieſer ſie ihm ganz entzog und an Bernhard wies.
Allein der große Räthſelmann war Wallenſtein ſelbſt. Zu-
vörderſt ſein geheimnißvolles Brüten in Böhmen bis zum
Frühjahr, hernach ſein plötzliches Erſcheinen in Schleſien von
wo aus ſich die ſeltſamſten Gerüchte verbreiteten. Schleſien
hatte das Unbegreifliche wie auf ſich: vor Wallenſteins Ankunft lebten Freund und Feind nachbarlich beiſammen, Arnim

gefiel sich in Dresden so gut daß weil er Nichts von sich
hören ließ der Lauenburger den Oberbefehl an den zweiten
Untergeneral den Prinzen Ulrich von Dänemark übergab und
auch hinreiste. Duwal dem seine Frau gestorben war hatte
sich nach Pommern beurlaubt. Wie bei der häufigen Abwesen=
heit der Generale stets löbliche Ordnung hätte herrschen sollen
war ungedenkbar: den Truppen war es in ihren Quartieren
um Schweidnitz zu eng, sie dehnten sich willkürlich aus, bis
von Polen her wurde über ihre Streifereien geklagt. Das
Verhältniß zwischen den Schwedischen und Arnim hatte sich
durch Thurns Sendung auch wenig gebessert, nur daß Thurn
mit mehr Rücksichten behandelt werden mußte, daß er, der sich
in den geschliffeneren Formen des Weltmanns bewegte, grobe
Reibungen eher vermied, daß der alte Häuptling des böhmi=
schen Aufstands an seinen persönlichen Verbindungen eine
Stütze hatte im schlesischen Volk. Als sie Wallensteins An=
marsch erfuhren begaben sie sich auf ihren Posten, 24,000
Streiter (ein Drittheil unter schwedischer Fahne) zählte man
bei der Heerschau. Die Kaiserlichen wurden stärker geschätzt,
aber groß muß ihre Ueberlegenheit nicht gewesen seyn denn
unter ihnen waren viele Rekruten und Arnim der nicht zu
den Tollkühnen gehörte wollte daß man straks auf sie losgehe
und ihnen die Schlacht biete. Bei Münsterberg lagen sie
einige Zeit auf Schußweite einander gegenüber, bei dieser
Kraftäußerung blieb es, eines Tags kam Graf Adam Terczky
zu Arnim, lud ihn ins kaiserliche Hauptquartier zu Besprechung
wichtiger Dinge. Da lautete es denn allerliebst: Waffenstill=
stand oder Frieden Was sie wünschten konnten sie haben,
Wallenstein war der Mann um Schweden und den Fürsten
und aller Welt ein Genüge zu thun, ja einem der schwedischen
Obristen die nebst zwei brandenburgischen Arnim begleiteten
einem böhmischen Verbannten dem Herrn von Fels soll er
ins Ohr geflüstert haben, wenn der Kaiser nicht wolle so werde
man ihn zwingen oder zum Teufel jagen. Noch verführerischer
waren seine Mittheilungen an Thurn, der einer Unpäßlichkeit
halber den ersten Zusammenkünften nicht hatte anwohnen kön=
nen und den er besonders zu sich bat. Keine Jesuiten, Frei=
heit der Religion, Bestätigung der alten Rechte, Aufhebung

der Beschlagnahmen und Konfiskationen war auch sein Wahlspruch, er war geneigt mit Erstattung Dessen was er aus
solcher Quelle besaß den Anfang zu machen, er meinte daß
man Kosten= und Schadenersatz gegenseitig schwinden lassen
dürfte, und da Das von Schweden nicht zu erwarten war
daß man sich mit dieser Krone auf Fristzahlungen abfinden
könnte unter französisch-englischer Gewährschaft und Verpfändung der eingenommenen Festungen, für seine Mühewaltung und
Abtretungen und sein Guthaben an den Kaiser hätte er Nichts
verlangt als eine Kleinigkeit wie unter der Hand zu verstehen
gegeben wurde — nämlich Böhmen und Mähren und das
bayrische Pfandrecht auf Oberösterreich, würde man ihm dazu
verhelfen so stand er nicht an seine und die protestantischen
Heere vor Wien zu führen, ihnen etwa später die ruhmwürdige
Bahn zu eröffnen im Kampf wider den Erbfeind den Halbmond. Als ob es gelte sich in ausschweifenden Redensarten
zu überbieten holte Arnim einen Friedensentwurf aus Dresden
bei welchem der Kaiser wo möglich noch schlimmer gefahren
wäre: die sächsische Schuldforderung aus dem utraquistischen
Krieg hätte er mit der erblichen Abtretung der Oberlausitz
und des halben Königreichs Böhmen, den nachherigen Kosten-
zettel beider Kurfürsten mit ganz Schlesien bezahlt — noch
mehr, er sollte der Versorgung seines Nachgeborenen mit den
Stiftern Magdeburg und Halberstadt entsagen von welchen
sich Kursachsen selbst noch eine hübsche Abrundung versprach,
er sollte das Kriegsvolk abdanken, den Pfälzer einsetzen, Schwedens Befriedigung durch die Liga bewirken, auch war der Ent-
fesselung des Glaubens erwähnt und der Fortschaffung seiner
Freunde der Jesuiten aus Rathsstube und Reich. In den
Lagern waren sie wohlgemuth, Generale und Obristen ritten mit
glänzendem Gefolg herüber und hinüber zu Gast oder auf die Jagd,
der ehrendsten Auszeichnung erfreuten sich einige ausgewanderte
Böhmen, Jaroslaw Sesyna Raschin, Bubna, Thurn. Am
28ten Juni lief der zwochentliche Waffenstillstand ab, (den
vorgeschlagenen sechswochentlichen hatte Arnim so abgekürzt) man
war auf dem Punkt der Erörterung der einzelnen Friedensartikel als Wallenstein mit einer nachträglichen Vorbedingung
kam: Voraus Räumung der Fürstenthümer Schweidnitz, Bres-

lau und Großglogau. Und wiederum griffen sie zum Schwert,
um ein Kleines wären die Vornehmsten des protestantischen
Heeres noch an dem Versammlungsort zu Strehlen von den
Kroaten erwischt worden. Gar hitzig wurde der Krieg auch
jetzt nicht, das angestürmte Schweidnitz rettete ein Platzregen
bis die Evangelischen zum Entsatz da waren, bald lagen sie
abermals in verschanzten Lagern, sie hier, Wallenstein bei
Reichenbach. Es war das erneute System von Nürnberg das
er ihnen aufnöthigte, dabei wagte er Nichts und versäumte
auch Nichts, es war ein langsamer aber sicherer Weg zum
Ziel, er konnte sich mit Kriegsvorräthen deren er Anfangs keinen
Ueberfluß hatte, mit Nahrung und Volk aus Böhmen stärken,
während sie ohne Magazine in der Nähe verkümmern mußten
da bis Liegnitz, Breslau und Brieg keine Garbe eingeheimst
werden konnte vor seiner leichten Reiterei. Dieses System
war nicht minder für seine diplomatischen Absichten das pas-
sendste. Hatte auch Arnim ärgerlich über die erlittene Bethörung vor der Ständeversammlung zu Breslau feierlich erklärt
daß man bei den Kaiserlichen eitel auf Betrug nicht auf Frieden abzwecke, daß namentlich — er wollte es aus Wallensteins
Mund wissen — Schlesiens Fürstenthümer und Herrschaften,
selbst die Häuser in den Städten bereits unter die kaiserlichen
Soldaten vertheilt seyen, hatte er demnach weil nicht nur Hab
und Gut, sondern Religion und Gewissen, Freiheit und Vaterland auf der Schärfe des Messers stünden, Adel und Städte
zu selbstthätigen Anstrengungen für die evangelische Sache aufgefordert, nicht ohne den Wink daß er sie sonst könnte ihrem
Schicksal überlassen müssen und mit dem Schwur daß er und
seine Offiziere Leib und Leben, ja ihre Leichen neben der
Stände Leichen, Schweden aber, Sachsen und Brandenburg ihre
Königreiche, Land und Leute für sie einsetzen wollten, und
war diesem beredten Zuspruch in sofern nachgekommen worden als sie eine Gesandtschaft beschlossen an die Kurfürsten
und den Reichskanzler und ihre Mitwirkung zusicherten nach
Kräften zu Erhaltung der ihnen durch Verfassung und Verträge verbürgten höchsten Güter des Lebens Was sie also
ohne Treubruch an ihrem obersten Herzog thun zu können
glaubten, so war er doch unverlegen gleich hintennach wieder

die von Wallenstein gemischten Karten auszuspielen. Auswärts
wurde man aus diesen Geschichten nicht klug. Oxenstjerna
warnte den Grafen von Thurn vor Uebereilung, Bernhard
den Lauenburger: sie fürchteten eine Natter im Gras, sie
zweifelten ob Wallenstein seines Heers so mächtig wäre um
wenn er auch den Willen hätte Das zu vollbringen, sie ver=
mutheten daß Alles wie bisher so oft Blendwerk sey um die
Protestanten unter sich zu verhetzen, insonderheit rügte es
Bernhard daß man lieber die Feinde um Friedensmittel an=
gehe als die vielen redlichen tapfern Fürsten und Stände des
oberländischen Bundes und es schien ihm darin gegen sie
eine Geringschätzung und Verdächtigung zu liegen, woraus
Nichts folgen könne als Gottes Strafe. Allerdings war zu
Friedensunterhandlungen überall keine Vorbereitung. Darum
mußte auch der dänische Vermittlungsversuch in sich zerfallen.
Dänemark hatte ohne lange zu fragen einen Kongreß nach
Breslau ausgeschrieben aber am 23sten July sollten die Sitzun=
gen eröffnet werden und noch waren nicht einmal die dänischen
Gesandten da, waren keine Geleitsbriefe ausgefertigt, Sachsen
und Brandenburg stritten sich über die Grundlagen der Unter=
handlung ob man sie vorher zu bestimmen habe und wie, da
nur Johann Georg behauptete daß sie in den leipziger Schlüs=
sen schon gegeben seyen, in Oberdeutschland mißfiel der Ort,
die Entfernung, die Nähe des Kriegsschauplatzes, nach Frank=
furt an Oxenstjerna war nicht eher als in den lezten 24
Stunden die Anzeige gelangt. Schade war es um den Kon=
greß nicht, es wäre doch nur eine Komödie in der Komödie
gewesen. Zwei Hauptpersonen auf der politischen Bühne
Wallenstein und Oxenstjerna konnten nicht gemeint seyn die
Entscheidung in die Hand eines Dritten zu legen, mußte der
Däne dem Friedländer zu Gefallen eine schlesische Stadt
wählen so durfte Der nur die Geleitsbriefe verspäten oder wie
geschehen sie durch die veraltete und einseitige Bezeichnung der
leipziger Schlußverwandten für die Mehrheit unannehmbar
machen und die Alleinleitung des Spiels blieb ihm wieder.
Das Spiel war hoch und verwegen desto mehr reizte es ihn,
sein Hang zu astrologischen Träumen, sein zunehmen=
des Sichtübel förderten es. War es nicht als sey er von

einem dämonischen Wahn besessen die unverträglichsten Mög=
lichkeiten zusammenzufassen, die widerspenstigsten Geister in
sein Netz zu verwickeln, sie an geheimen Drähten zu bewegen,
vielleicht zu täuschen, vielleicht sich selbst zu täuschen, vielleicht
Alle irre zu machen oder Alle zu beschämen? Und wenn seine
Kunst bei dem kalten Reichskanzler nicht verfing so waren die
Andern desto lenksamer. Zwar trauten die Franzosen auch
nicht ganz und hätten etwas Schriftliches von ihm haben
mögen, denn Kinsky konnte seinen Auftrag überschreiten schon
als protestantischer Flüchtling dessen Interesse es war zum
Bruch zu treiben, gleichwohl als Feuquieres von Heilbronn
nach Dresden kam ließ er sich mit diesem Unterhändler der
übrigens bekannte daß er aus eigener Meinung, nicht aus
Vollmacht handle so weit ein, daß er in der gewissen Voraus=
setzung von Wallensteins Uebertritt nicht allein Frankreichs
Beistand verhieß um sein Haupt mit der böhmischen Krone
zu schmücken sondern er übermachte ihm eine Denkschrift voll
der lockendsten Beweggründe zum Abfall. Richelieu erlaubte
die Geldanerbietungen bis zu einer Million Livres jährlich zu
steigern, König Ludwig richtete ein huldreiches Handschreiben
an den Vetter Herzog, so begierig waren die Franzosen neues
Kriegswerkzeug zu schaffen gegen Habsburg, mit in der Hoff=
nung von der Unentbehrlichkeit des stolzen Reichskanzlers etwas
erleichtert zu werden. Die zweideutige Aufsagung des Waffen=
stillstandes und daß er auch auf dieses Entgegenkommen in
seinem Stillschweigen verharrte machte sie wieder stutzig
und Feuquieres beschwerte sich über die Ueberfeinheit des
Herzogs, nachdem indeß Kinsky von seinem Schwager
Briefe vorzeigte die für ihn eine Art Beglaubigung — wenn
schon nicht bei Frankreich sondern bei Kursachsen — nebst
einem Paß ins Lager enthielten, wurde an den Planen fort=
geschmiedet weil dem Gesandten bekannt war daß Kinsky an
dem kursächsischen Hof schlecht angeschrieben sey, mithin die
Beglaubigung daselbst nur als eine unverdächtige Form für
die französische Unterhandlung einen Sinn zu haben schien.
Ungefähr eben so war es mit Arnim. Die gedrehte Nase that
weh aber so mächtig war der Zauber von Friedlands Stern,
daß bald nach jener Zornesäußerung zu Breslau am 22sten

August der zweite Waffenstillstand geschlossen und die zweite
Friedensunterhandlung angeknüpft war — dießmal Alles so
ohne Gefährde und ohne Falsch daß nach Verfluß der 4wöchent-
lichen Frist noch in den nächsten 3 Wochen keine Feindseligkeiten sollten verübt werden dürfen. Für Meißen war der
Waffenstillstand in diesem Augenblick eine Wohlthat weil nun
Holk der den vorjährigen Spuren nach wieder bis Leipzig
und vor Dresden Dörfer und Städte verheert hatte, er eine der
grausamsten Länderplagen dieses Kriegs, gen Böhmen zurück-
ging — glücklicherweise ohne Wiederkehr, denn unterwegs
steckte ihn sein Kebsweib mit der Pest an und der Wütherich
der sich auf dem Todtenbett entsann daß er Protestant sey,
hätte gerne 600 Thaler gegeben um den Trost eines Predigers,
aber die Diener der Religion waren entflohen. Hievon abgesehen müssen in Arnim nachgerade Sorgen aufgestiegen seyn
wegen der Verantwortlichkeit die ihn traf wenn er in dem
Labyrinth einer immer außerordentlicher sich gestaltenden Lage
ohne die oberdeutschen Verbündeten ausgangslos sich vertiefte.
Mitten in der neuen Vergleichsarbeit liefen Botschaften vom
Bundesrath zu Frankfurt ein der es kaum glauben wollte daß
die Sachsen bei dem evangelischen Gemeinwesen seyen und
plötzlich wieder die Wehr an den Nagel hängen könnten, daß
sie statt die Feinde zu bekämpfen ihnen nur gleichsam einen
Freibrief in die vordern Kreise gäben und so jezt die Holkischen dem Markgrafen von Kulmbach auf den Hals schickten,
der dänische Prinz der ehrlichste unter den Friedensstiftern
wurde beim Heimreiten von einem der freundschaftlichen Besuche welche die Generale beider Lager einander zu schenken
pflegten von einem Jäger Piccolomini's meuchlerisch erschossen.
Wallensteins Anträge selbst waren so auf Schrauben, so wider-
sprechend und schienen doch so wichtig daß Arnim die weite
Reise zum Reichskanzler der ihn nach Gelnhausen bestellte für
der Mühe werth hielt. Wallenstein — so erzählte Arnim —
hatte angefangen zu bemerken daß der Kaiser geneigt wäre
zum Frieden mit den Kurfürsten von Sachsen und Brandenburg, überhaupt mit denjenigen Fürsten und Ständen die sich
bisher nicht allzuwiderlich benommen hätten, daß Derselbe aber
von einigen Andern und von Schweden und Frankreich Nichts

hören wolle, er hatte wieder von der Nothwendigkeit einfließen
laſſen die Jeſuiten zu verbannen und daß die Böhmen ihre
Königswahl zurück haben ſollten, er war mit der Sprache freier
herausgerückt und hatte angedeutet daß er mit Wien nicht
zum Beſten ſtehe, alte Kränkungen nicht vergeſſe, neue erfahren
müſſe — die empfindlichſte in der vertragswidrigen Stellung
des Kardinal-Infanten und Feria's außer dem Bereich ſeines
Oberfeldherrnamts, er hatte beigefügt daß er geſonnen wäre
ſich zu rächen wenn er wüßte daß ihn die Evangeliſchen unterſtützen würden, daß er auf Holk und Gallas und die meiſten
ſeiner Offiziere rechnen dürfe, daß er täglich damit umgehe
unter den Truppen zu ſichten, daß der Reichskanzler 6 der
zuverläßigſten königlichen Regimenter zu den Holkiſchen ſollte
ſtoßen laſſen gegen 6 der minder zuverläßigen kaiſerlichen die
er wollte mit den Sachſen vereinigen damit die Einen
die Andern im Zaum hielten, daß er alsdann mit der Hauptmacht nach Böhmen und Oeſterreich, Holk nach Paſſau und
Oberbayern, Bernhard über den Lech, Horn gegen Feria ziehen
könnte, er ſchien von dem ſächſiſchen General zu erwarten
daß er den Reichskanzler für dieſe Idee gewinne aber die Zu-
ſammenkunft mit ihm hatte er ſehr abgerathen und als Arnim
zurück war und den Faden der Unterhandlung wieder aufgriff,
war Wallenſteins Antwort: er ſehe daß noch kein rechter
Friede möglich ſey, vorher müßten die Ausländer vom Reichs-
boden fort, die Kurfürſten möchten ihm daher behülflich ſeyn
die Schweden hinauszuwerfen. Was war ihm Ernſt? War
er aufrichtiger wenn er Sachſen und Brandenburg ſein Bündniß anbot um die Schweden zu beſeitigen, oder wenn er es
gleichzeitig den Schweden und den Franzoſen oder gar allen
Vier anbot um den Kaiſer zum Frieden zu zwingen? Oren-
ſtjerna hatte bei den Eröffnungen zu Gelnhauſen den Kopf
geſchüttelt und auf die Frage ob er wirklich glaube daß dem
Friedländer zu trauen ſey hatte Arnim zugeſtanden daß Wer
dem eigenen Herrn untreu allerdings kein Vertrauen erwecke,
auch zweifelte er ob das Heer ſo blindlings folgen würde,
wenigſtens hatte Holk dem Ausforſchenden ſchlau erwiedert:
er ſey ungewiß ob er des Friedländers Meinung ſey oder
nicht. Der Reichskanzler fürchtete das Ganze könnte Nichts

als eine Falle seyn um ihnen die besten Regimenter abzufangen, er war nicht gerade dafür daß man den Friedländer zurückstoßen solle, er wollte Bernhard verstärken damit er den Holkischen nöthigen Falls unter die Arme greifen könnte, aber so daß er stets ihrer Meister bliebe und sie nicht seiner. Unter den Kaiserlichen selbst entstanden ungleiche Gedanken über die anhaltende Unthätigkeit und dieses unheimliche Treiben das zu viele Mitwisser hatte als daß nicht Manches hätte sollen ruchbar werden, Piccolomini, Caretto de Grana und andere Oberoffiziere benützten die Waffenruhe zu Urlaubsreisen nach Wien, sezten den Argwöhnischen noch mehr Flöhe in die Ohren. Zu genauerer Kenntnißnahme vom Stand der Dinge wurde vom Kaiser unter einem scheinbaren Vorwand Graf Heinrich Schlick nach Schlesien abgesandt, der auch gegen Gallas geäußert haben soll: wenn er zu befehlen hätte sollte ihm der Feind nicht entgehen. Dieses Wort hätte der Feldmarschall und Kriegsrathspräsident schier zu bereuen gehabt: dem Friedländer hinterbracht ärgerte es Diesen dermaßen daß er Lust bezeugte ihn auf der Rückfahrt todt schießen zu lassen, weßhalb Der einen andern als den gewöhnlichen Weg einschlug. Am Horizont des kaiserlichen Hofs zog sich ein finsteres Gewitter gegen den Gewaltigen zusammen, durch die Aufkündigung des Waffenstillstandes zu Ende Septembers wurde es für jezt gedämpft.

Das Spätjahr sollte noch allerlei Entwicklungen herbeiführen. Oxenstierna amtete zu Frankfurt, ordnete und befestigte den Kriegs- und Staatshaushalt des Bundes. Da gab es in innern und äußern Angelegenheiten vollauf zu thun. Bald mußte er säumige Zahler anspornen oder die Lieferungen in die Magazine beitreiben oder für Errichtung von Pfleghäusern für die kranken und verwundeten Soldaten sorgen, bald mußte er Mißhelligkeiten zwischen Bundesmitgliedern schlichten, vorab Zollblackereien der Fürsten gegen die Reichsstädte und Eingriffe der Reichsstädte in die Rechte des häufig bei ihnen Schutz suchenden Adels abstellen, bald den Lutheranern in der Pfalz gegen die Calvinisten helfen, bald dem Marquis von Feuquieres der sich ihm von Dreßden und Berlin zurück wieder zur Seite sezte, über angebliche Bedrückungen der Katholischen

Rede stehen. Wenn in Würzburg, Augsburg, Maynz katholische Priester weil sie sich der neuen Ordnung nicht fügten
ausgewiesen oder auch den Protestanten Kirchen eingeräumt
wurden, gleich bliesen die Franzosen Lärm. Der Lärm war
um die Religion, hinter der Frömmigkeit steckte aber lauter
Diebsgelüste nach rheinischen Städten und Festungen. Philippsburg wäre das Mittel gewesen sie zu geschweigen, allein die
bischöflich speyerische Festung hatte schon als der Kurfürst von
Trier sie erbaute in hohem Grad die Eifersucht der benachbarten Fürsten erregt, jezt war sie nahe am Fall und die Verbündeten waren noch weniger in der Laune sich selber ein gal-
lisches Scheuleder vor die Nase zu pflanzen, sie beschwerten
sich vielmehr daß der Kurfürst die Bedingungen nicht erfülle
ohne welche ihre Bundesverfassung keine Neutralität gestatte.
Die Franzosen wucherten mit ihrem Pfund nicht übel: für das
lumpige Stück Geld das sie auf ihr schwedisches Bündniß und
auf Bestechungen verwendeten, glaubten sie sich zu den an-
maßendsten Begehrlichkeiten berechtigt und oft war das Geld
nur auf dem Papier, sie hatten um nicht bloß durch Schweden
mit den oberdeutschen Ständen zusammen zu hängen sondern
zu unmittelbarerem Einmischen Vorwand zu haben sie durch
einen besondern Vertrag an sich gekettet der im Grund eine
einfache Wiederholung des schwedischen war, vermehrt durch
die Zusage einiger Vorschüsse für den heilbronner Bund als
solchen, noch war die Summe unbestimmt gelassen, der Bund
schickte eine Gesandtschaft, Jacob Löffler an der Spitze, nach
Paris damit die Lücke ausgefüllt würde im Vertrag, und
hier wurden diese Herren löblich belehrt daß der Krieg kein
Religionskrieg sey aber auch wieder um Philippsburg gequält,
sie bekamen täglich aus der Hofküche Fleisch, Fisch, Brod und
Wein und zum Abschied schöne güldene Ketten, aber wegen
des Gelds keinen Bescheid von den Ministern die sie an den
König verwiesen, keinen von dem König der sie sehr gnädig
empfing aber ihre Bitte zu überhören schien. Eine Masse
von Geschäften verursachten auch die schwankenden Verhältnisse zu den Außerparteilichen, zu den im Allgemeinen Befreundeten aber nicht enger Verbundenen. Der Darmstädter
willigte ein die Schatzung zu entrichten wie die Heilbronnischen:

dafür wurde ihm Verschonung mit Quartieren und Durchzügen versprochen, seine Festung Rüsselsheim zurückgegeben. Aus
Berlin war der Kanzler Sigmund von Göße da, Der hatte
verschiedene gemeinnüßige Vorschläge in Betreff des Friedens,
der Kirche und des Reichs, der Kern des Beigeschwäßes war
die Aneignung eines oder zweier schlesischen Fürstenthümer,
die Nachfolge in Pommern und der Erwerb des neuburgischen
Antheils an dem jülicher Erbe wozu er Oxenstjerna's Beistimmung oder Unterstüßung wünschte. Dieser erwiederte Was
schöne Redensarten waren mit gleicher Münze, lehnte Dienste
die ohne Gegendienste angesonnen wurden unter höflichen
Entschuldigungen ab, vertröstete Pommerns wegen bis die
Befriedigung der Krone Schweden festgesezt seyn werde, und
den Neuburger der über unverdiente Feindseligkeiten bitter sich
beklagte, der Miene machte als wehrhaftes Mitglied der Liga
aufzutreten, wollte er da Kornelius van Pauw vermittelte
nicht aufs Äußerste treiben, bot ihm gegenseitige Einstellung
der Thätlichkeiten unter Vorbehalt der Verständigung über
die Bedingungen der Neutralität auf dem künftigen Bundestag zu Frankfurt. Auch eine Schilderhebung in Siebenbürgen
hatte der Brandenburger neuerdings in Anregung gebracht,
dort war aber Nichts anzufangen, denn Ragoczy neigte jezt
eher zu den Kaiserlichen die ihm mit der Aussicht auf die
Herrschaft Muncacz schmeichelten und schien nur dadurch wieder
unschlüssig geworden zu seyn daß Paul Straßburger ihn
mit dem Zorn der Pascha's von Ofen und Temeswar bedrohte,
noch einmal nach Konstantinopel ging. Der König von Dänemark hatte sich wieder hören lassen, nunmehr mit einem
Friedenscongreß zu Mühlhausen, Marburg oder Lübeck, Orenstjerna lud ihn ebenfalls nach Frankfurt. In Holland mußte
Camerarius wegen der verheißenen Hilfsgelder anmahnen; erhielt aber wieder nur ein Versprechen — nämlich daß man
die Sache in Erwägung nehmen werde. Nach Britannien
wurde Sir Patrik Ruthven geschickt, sezt zum General der
englischen und schottischen Regimenter ernannt: da Hamilton
ausblieb und das deutsche Fußvolk bei dem Vorherrschendwerden
des Geschmacks am Roßdienst in einige Abnahme gekommen
war so sollte er eine tüchtige Verstärkung aus seinem Vater

land holen. An die Bündtner und Schweizer wurde das Ansuchen erlassen dem anziehenden Feria die Alpenpforten zu verschließen, und Rohan aus der Verbannung in Venedig zur
Ueberwachung der lombardischen Gränze nach Chur berufen
unterstüzte es mit dem französischen Einfluß. Doch die kirchliche Spaltung der Eidgenossen öffnete den Spaniern das Gebirg und die neue Gefahr kam näher und näher.

In den Tagen des Abschlusses des lezten friedländischen
Waffenstillstandes waren endlich die Abrechnungen mit dem
Donauheer in Richtigkeit und die Gemüther beschwichtigt, es
war hohe Zeit. Schon war Ossa mit einigen Regimentern
aus Tyrol bei Lindau angelangt, Julius von Würtemberg
der vor Villingen lag drang auf schleunige Hilfe. Der arme
Prinz hatte auf mehre Schenkungen die sein der Vormundschaft
entwachsener Neffe Eberhard zu Abrundung des Herzogthums
begehrte verzichten müssen und wollte sich dafür um Tryberg
und Villingen eine Herrschaft erkämpfen. Bei der Belagerung war wenig Geschick und schlechter Erfolg, an der
stärksten Seite der Mauern hatte man angegriffen und die
schwächste war frei geblieben, um die Soldaten bei den Fahnen
zu behalten hatte der Herzog von den Kanzeln verkündigen
lassen daß die Ausreißer zum Scheusal für ihre Mitbürger
mit einem gelben Ring auf den Kleidern bezeichnet werden
sollten, brach noch ter Feind durch so wurde die hübsche Anwartschaft auf fürstenbergische Güter vollends schmählich zu
Wasser. Dieser Schmerz hätte wahrscheinlich die Schweden
nicht gerührt aber auch Was sie gethan um Hagenau und
Philippsburg zu sperren, um Breisach zu bedrängen auf beiden
Ufern des Rheins konnte, wenn der Schwarm aus Italien,
Bayern und Tyrol nicht abgewehrt wurde, verlorene Mühe
seyn. Ein jüngst erfochtener Sieg über die Lothringer hatte
die Aussichten im Elsaß noch blühender gemacht. Diese vermeintlichen Freunde die dem Gegentheil jeden Vorschub leisteten wollten ihre Doppelrolle gar zu plump fortspielen und
waren von Zabern auf Pfaffenhofen vorgerückt, huben offenbar
auf Hagenau ab, da war der Birkenfelder den 11ten August
auf sie gestoßen, im ersten Anlauf hatte die feindliche Reiterei
die seinige über den Haufen gerannt die ihn mit sich dahin

riß, aber an dem Fußvolk unter Generalmajor Vizthum hatte sich die Wucht der Kürassiere gebrochen, ihrer bei 900 waren erschlagen, aus dem kurzen Triumph eine Niederlage geworden und die Flucht über die Saar. Wäre die birkenfeldische Reiterei beisammen gewesen oder hätten sie nicht vor dem Rheingrafen der nach der Schlacht eintraf einen zu starken Vorsprung gehabt so möchten Wenige entkommen seyn. Elsaß ward von diesen Gästen meistens gesäubert, der Birkenfelder jagte ihnen Dachstein ab, der Rheingraf verfolgte sie über den Wasgau und kehrte nur um weil drüben inzwischen die Franzosen Alles unter ihre Fittige genommen. Damit also der Feind die reife vorderösterreichische Beute nicht wieder an sich raffte schickte Horn von Donauwörth den Obristen Christoph Martin von Degenfeld mit zwei Regimentern gegen Tuttlingen und Villingen voraus, bald folgte er selbst. Der Herbstmonat war auch sonst vielversprechend. In Westphalen brachte Kniphausen ohne allzuviel Belagerungskünste nachdem er das Mühlwasser abgegraben die Osnabrücker, Stadt und Burg, zur Uebergabe, der Reichskanzler hatte dieses Hochstift für Gustav Gustavson bestimmt, er der nicht unwürdige Sohn eines großen Vaters war nach der lützner Schlacht von der Hochschule zu Wittenberg weg in das Heer getreten und bereits mit ehrenvollen Narben geziert, eine Verleihung an ihn schien den Neid entwaffnen zu müssen und sicherte Schweden eine wichtige Provinz. Alsdann machte sich Lars Kugg zu Tupadel am Main auf und dort herum wurde es außer den alltäglichen Begegnungen des kleinen Kriegs an der Lippe und Ruhr um Münster und die Weserfestungen ziemlich still. Aber am Bodensee gedachte Horn einen Schlag zu führen der die schwedische Macht mehr als vorübergehend befestigen sollte in diesen Gegenden. Der Feldmarschall hatte sein Auge auf Kostnitz geworfen, die Stadt am Ausfluß des Rheins aus dem See und mit dem schwäbischen Ufer durch eine Brücke verbunden war durch ihre rings herrschende Lage im Vordergrund der Schweiz geeigneter als irgend eine zu einem Waffenplatz umgeschaffen zu werden an welchem ein Heer aus Bayern oder Tyrol nicht leicht ungestraft vorüberzog. Nun war ihr von der gutverwahrten Rheinbrücke her nicht wohl beizukommen, bequemer

konnte man tiefer unten hinüber, aber da mußte man über
das zürcher Städtlein Stein und die eidgenössische Vogtei
Thurgau. Weil das Gelingen von der Geschwindigkeit abhing
besann sich Horn nicht lange, von sieben Regierungen die um
Erlaubniß des Durchmarsches begrüßt seyn wollten hätte er
doch nicht über Nacht Antwort erhalten. Indem er bei Zürich
und der Eidgenossenschaft die Nothwendigkeit vorschützte dem
Feind in Kostnitz zuvorzukommen stand er vor Stein wo Niemand gefaßt war den Paß zu verweigern. An demselben
Abend und in der Nacht wurde übergesezt, am frühen Morgen
überraschte er die Kostnitzer mit dem Anblick der schwedischen
Fahnen unter ihren Mauern. Wäre nicht das grobe Geschütz
in der Hast zu Ulm zurückgelassen worden, so mochte die Stadt
bald überwältigt seyn. Bis er würtembergisches aus dem
Lager vor Villingen bekam das — schon in Tuttlingen —
durch Mißverständniß wieder zurückgeführt worden war, worauf
sie dort noch einmal Sturm liefen und gepeitscht wurden, ver-
floß hier eine kostbare Zeit. Die Belagerten wurden verstärkt
aus Lindau und Bregenz, die katholischen Kantone und der
Abt von Sankt Gallen erhoben ein Kriegsgeschrei und boten
Mannschaft auf, sie verlangten die Eidgenossenschaft müsse die
Schweden über den Rhein jagen, sie drohten da die Züricher
und die Evangelischen nicht wollten, sich zu den Spaniern zu
schlagen die durch Vorarlberg im Anzug waren, sie drohten
auf die Züricher selbst loszuklopfen so daß Die ihrerseits Rüstungen anstellten und drohten sich schwedisch zu erklären, den
Feldmarschall ersuchten in jenem Fall sich ihrer Schutzver-
wandten im Rheinthal und der Appenzeller anzunehmen. Und
bereits war auch Altringen nachdem er Neuburg und Aichach
überrumpelt hatte bei Landsberg über den Lech gegangen vor
Biberach das sich muthig vertheidigte aber vom Wurfgeschütz
übel zugerichtet gegen freien Abzug der Besatzung und Gewährleistung des Rechtszustandes vor dem Krieg die Thore
öffnete, Bernhard der aus der Hauptstadt seines neuen Herzogthums herbeigeflogen war um ihm beobachtend längs der
Donau zu folgen war zu schwach gewesen diesen Schlüssel von
Oberschwaben zu retten oder die Vereinigung mit den Spaniern
zu verhindern die 12000 zu Fuß und 2000 zu Roß das feindliche

Heer auf 20,000 Streiter brachten, er eilte Tuttlingen zu wo ihn der Birkenfelder mit einem Zuzug vom Rhein von 3000 Knechten und 2500 Reitern erwartete. Horn hob die 25tägige Belagerung auf, die Schweiz hatte sein Gesandter der Obriste Bernhard Schaffelizki mit Rohans Beistand besänftigt und die Stadt war so zerschossen daß Max Willibald Truchseß der Stadthauptmann mit aller Standhaftigkeit nicht vermocht hätte ihr Schicksal abzuwenden, aber die Königlichen mußten jezt mit ganzer Kraft gegen Altringen und Feria gewappnet seyn. Zu Anfang Oktobers hatten auch Horn, Bernhard und der Birkenfelder sich vereinigt bei Hohentwiel. Die beiden Heere waren etwa gleich. Vor Tuttlingen stehen sie sich einen Tag lang schlachtfertig im Gesicht, plänkeln und schießen auf einander, am andern Morgen sind die Feinde auf Möskirch zurück, es hat den Anschein als gelte es einen Durchbruch rechts über die Alp. Dieser Gefahr Würtembergs vorzubeugen ziehen die Schwedischen auf Spaichingen, Balingen, aber Feria und Altringen haben sich rasch geschwenkt gegen den Rhein, im Vorbeigehen die Waldstädte wieder genommen auch die Schweiz ein Wenig berupft so daß jezt die evangelischen Eidgenossen in Harnisch gerathen und ihrer bei 20,000 zu den Waffen greifen, der Feldmarschall um Reiterei angegangen mit 1500 Pferden einen Ritt nach Schaffhausen thut, indeß der Birkenfelder das übrige Heer durch das kinziger Thal auf Offenburg, Bernhard das seinige weil ihn der Rheingraf daselbst ersetzen kann an die bayrische Donau zurückführt. Horn hat die kriegerische Hitze der Schweizer zur vollen Flamme anfachen wollen, von kaiserlicher Seite hat man die Truppenausschweifungen höflich entschuldigt, und er findet sie schon wieder abgekühlt. Mit dem Abstecher ist es Nichts, Horn begibt sich zum Hauptheer zurück und sucht die straßburger Brücke auf, die Feinde an Basel vorbei wo man sich an dem hineingeflüchteten Getraidevorrath aus dem Sundgau erfrischt ziehen das linke Rheinufer hinab auf Breisach. Diesen Zweck haben sie erreicht, die Rheingräflichen haben ihre Wagenburg verbrannt, die Kornschiffe des Bischofs von Basel sind mit schwellenden Segeln eingelaufen in der ausgehungerten Festung. Aber wie sie sofort nach Hagenau und Philippsburg möchten,

ist Horn nach Kolmar hinaufgerückt und hat ihnen die Straße
verlegt, sie verbauen sich in einem Lager bei Sulz, sie werden
von den Schweden geneckt vermeiden aber einen ernstlichen
Prall. Zwischen Altringen und den Spaniern scheint auch nicht
das glücklichste Vernehmen obgewaltet zu haben, wenigstens
schoben sie einander wechselsweise die Schuld zu daß mit so
großen Mitteln so Geringes geschah. Sie versuchten ihr Glück
getrennt, er im Breisgau, sie in der Aussicht auf Verstärkung
aus Luxemburg und Burgund hofften Oberelsaß zu behaupten.
Umsonst. Horn der alsbald wieder überm Rhein war, trieb
die Kaiserlichen und Bayern über die Elz auf Breisach zurück, die Spanier hielten sich da überdieß 18 bis 20,000 Franzosen unter Laforce bei Remiremont erschienen drüben nicht
mehr sicher, und so brachte das Bedürfniß die Geschiedenen
wieder zusammen. Laforce zwar hatte sich der von Horn gewünschten Mitwirkung geweigert unter Vorgeben er wäre
dazu bereit gewesen wenn beide Generale sich im Elsaß hätten
festsetzen wollen, jetzt müsse er wachen daß Feria sich nicht
durch Lothringen den Weg bahne nach Brabant. Diese Franzosen waren gleich raubwitternden Geiern hinter den Heeren
her, erpicht auf den Abfall der von Andern zugestuzten Beute-
stücke, es war ihnen nicht darum zu thun Heldenthaten zu
verrichten sondern Hände und Taschen zu füllen. Horn
brauchte sie nicht: die Italiener und Spanier waren junges
unabgehärtetes Volk das beim Eintritt der rauhen Jahreszeit
hinwelkte wie das Laub von den Bäumen, noch verderblicher
nicht ihnen allein wurde der Mangel als ihr Gelüste nach
den Winterquartieren in Würtemberg abermals vergällt wurde
und sie durch die verheerten Landschaften die sie hergekommen
waren zurück mußten unter immerwährenden Gefechten begleitet von den Königlichen bis an die Iller. Am besten waren
die Franzosen dran: während die Andern in Kriegsbeschwerden
sich aufrieben, Feria aus Kummer über die traurigen Trümmer
seines Heers in Bayern starb, hatten sie in Gemächlichkeit
über Mömpelgard, Hanau-Lichtenberg, bald auch über Hagenau
und Zabern und unterschiedliche Ortschaften im Elsaß ihre
Schirmherrschaft ausgebreitet und als Philippsburg im Januar
aus Erschöpfung überging maulten sie fort und fort daß nicht

gleich, ein Ceremonienmeister da war der sie unter Pauken
und Trompeten hineinnahm.

Ueberraschender als am Rhein sollten die Scenenverwand-
lungen in Schlesien und an der bayrischen Donau seyn. Hier
wo Speerreuter dem kühnen Johann von Werth mit ungleich-
en Waffen begegnete, drob die Willibaldsburg verloren ging
und ihm außer den festen Städten wenig Spielraum übrig
blieb, bereitete Bernhard eine größere Unternehmung vor indem er von Balingen sich zu dem Reichskanzler begab und
die Raggischen zur Verstärkung erbat, dort raffte Wallenstein
der geplagte alte Gichtbrüchige aus den Händen der Feldscherer die ihm das wilde Fleisch von den Beinen schneiden mußten unter Latwergen und Schwitzbädern sich auf, unmittelbar
nach dem Waffenstillstand hatte er seine Völker um Schweidnitz versammelt, das Gerücht war erschollen von einem Einfall in Lausitz und Meissen den er vorhabe, Arnim hatte Heerschau gehalten zwischen Breslau und Kanth, die Schweden bei
Steinau seiner Kameradschaft überdrüssig hatten die Einladung
abgelehnt. War es ein abgekarteter Handel als Vorbote eines
Nebenvergleichs oder war Arnim wirklich der betrogene Theil —
die beiden Feldherren schienen einen Wettlauf anzustellen Wer
den Andern auf der Turnfahrt nach Kursachsen überhole, als
aber Arnim bestens 16 Meilen voraus war, schon die Königlichen nun eifersüchtiger Hemnisse entledigt in Gedanken sich
ausdehnten bis Jablunka lenkte der Friedländer plötzlich nach
der Oder, Schaffgotsch mit 8000 Pferden durchritt die Furten
von Koben und zerstreute die in den Dörfern vertheilten schwedischen Schwadronen, er rückte drüben, Wallenstein mit dem
Fußvolk und 70 Stücken diesseits vor Steinau. Alle Aus-
gänge waren versperrt, das Lager sammt der Brücke nicht
einmal völlig umschanzt und — so wenig hatte dieses ewige
Schwanken zwischen Krieg und Frieden die Kräfte vermehrt —
es schloß nicht über 5000 Mann, einen durch Unordnungen
und Krankheiten entnervten Haufen, in sich. Wallenstein bedeutete ihnen die Waffen zu strecken, den Offizieren wollte er
aus Gnaden Leben und Freiheit schenken, die Knechte sammt
der Kriegsfahrniß mitnehmen, eine halbe Stunde gönnte er
Bedenkzeit. Nachdem sie sich also mit 60 Feldzeichen und 16

Kanonen ergeben hatten, wurden die Oberoffiziere doch nicht
los sondern er nöthigte zuvörderst Thurn und Duwal zur
Unterzeichnung von Befehlen an die Hauptleute in den Festungen diese unverweilt zu räumen, und da Die auf das Geheiß
gefangener Generale an einzelnen Orten nicht horchten so
wurde wohl Thurn aus 8tägiger Haft entlassen und durch List
half sich später Duwal selbst davon, einstweilen aber wurde
er zurückbehalten, ja weil die Uebergabe von Glogau etwas
zögerte ihm der Galgen angedroht. Mit dem Oktober hatte
er die Unterwerfung Schlesiens begonnen und bevor der Monat
verstrich meist vollbracht. Und Das war nicht Alles: während
er eine Abtheilung unter Schaffgotsch an der Oder hinauf-
gehen ließ, sandte er eine andere unter Illow und Götze abwärts, Frankfurt, Köpenick und Landsberg an der Warta fielen
fast ohne daß man ein Gewehr abzubrennen brauchte, Sten
Bjelke zitterte für Pommern und schickte nach Lesly damit
die verwahrlosten Besatzungen in einigen Stand gesezt würden,
die Berliner flüchteten, er selbst mit der Hauptmacht wandte
sich nach der Lausitz, schrieb an Gallas seinen Generallieute-
nant daß er gesonnen sey dem Feind am nördlichen Elbufer
aufzuwarten, daher soll Jener mit dem Beobachtungsheer an
der böhmisch-fränkischen Gränze nach dem andern Elbufer
entgegen kommen. Vielleicht daß das oft versuchte Abfinden
durch Schrecken und Ueberredung noch gelungen wäre, denn
nach der Ueberrumpelung von Steinau hatte Wallenstein den
Lauenburger zu sich gebeten um dem Kurfürsten den Vorschlag
zu machen ihre Truppen unter seine Befehle zu stellen in
welchem Fall er sich verbürgte daß den fremden Verwüstern
gesteuert und die Friedensstörer im Geistlichen und Weltlichen
zur Vernunft gebracht werden sollten, aber in den Tagen da
er Görliz erstürmt und die hartnäckige Vertheidigung an dem
Stadthauptmann mit dem Tod bestraft hatte, sofort im Marsch
auf Dresden begriffen war — damals gegen Anfang Novembers hatte Bernhard auf einer Seilbrücke des Obristen von
Wurmbrand die Donau überschritten, Neuburg wieder genommen, Johann von Werth in der Meinung München decken
zu müssen war auf Freising gewichen, ungehindert zogen die
Königlichen auf beiden Ufern über Keßheim und Neustadt vor

Regensburg. Mehre Umstände begünstigten den Angriff. Die Besatzung bestehend aus 1500 Rekruten war nicht furchtbar. Johann von Werth der sich zum Entsatz genähert hatte wurde bei Abensberg zurückgeschlagen. Ein anderer Entsatz war nicht gedenkbar: Altringen und Feria die noch am Oberrhein kämpften, Gallas und Friedland waren zu entfernt. Der Befehlshaber zu Regensburg Obrist Treubreze wurde beim Kundschaften gefährlich geschossen, sein Unterbefehlshaber vor den Thoren niedergehauen. Hätten nicht Pulver und Kugeln erst aus Nürnberg herbeigeschafft werden müssen, würden sie drin schwerlich ausgeharrt haben bis zum 10ten Tag der Belagerung, dem 15ten des Monats, dann waren aber die Außenwerke erobert, die Mauern durchlöchert, die Gräben ausgefüllt. Aengstlich harrte Max auf dem Schloß zu Braunau des Ausgangs. Hülfe flehende Briefe flogen nach Wien — klagende zugleich über Wallenstein wie wenn Der geflissentlich Bayern Preis gegeben hätte, sein Groll und seine Erbitterung stiegen je verzweifelter Regensburgs Lage wurde, und Treubreze der weder auf die Einwohnerschaft zählen konnte noch auf das zum Uebertritt geneigte Kriegsvolk büßte nichts destoweniger den nothgedrungenen Abzug im Gefängniß. Hätte Max auch den Schaden verschmerzt so wie Oxenstjerna den Aerger verbiß über die Keckheit seines Generals der diese Errungenschaft schwedischer Waffen ohne Weiteres für Jung-Weimar in Beschlag nahm, hätte er darüber hinweggesehen weil es keine von seinen Städten war wie Bernhard daselbst mit den Kirchengütern wirthschaftete, den Bischof und die Klöster um 100,000 Thaler brandschazte, die vornehme Geistlichkeit als Geißel behielt, die niedere als Verschwörer auswies, von den Bürgern einen goldenen Becher mit 1000 Dukaten empfing, so wurde er doch von den Nachwehen persönlich scharf berührt. Lars Kagg blieb als Statthalter in Regensburg aber Tupadel brach ins Neuburgische an der Naab und in die Oberpfalz ein, Velburg, Bürglengenfeld, Cham, Stadt und Land bis ans böhmische Gebirg unterwarfen sich, Bernhard verfolgte den Sieg längs der Donau, zu Straubing ließ er die reichen Korn- und Salzvorräthe nach Regensburg bringen und vergalt auf Befehl des Reichskanzlers der Besatzung den Wortbruch

von Steinau, in Deggendorf bewillkommten ihn Abgeordnete
aus Oberösterreich, schier wäre er auf der Ueberfahrt an einem
Brückenpfeiler gescheitert, bei Plattling hinter der Isar erwartete ihn nochmals Johann von Werth, zürnend rief er ihm
vom Ufer zu: „führt denn der Teufel Euch Schwarzer überall
her", ein Gruß aus 20 Kanonen zwang die Bayern ihre Schanzen zu verlassen, mitten im Triebeis wurde eine Brücke geschlagen und übergesezt, die schwedischen Vorposten streiften bis
an den Inn. Maximilians Verlegenheiten waren nicht zu
Ende: oben an der Donau hatten die Bauern sich wider den
Feind erhoben und waren zu Hunderten niedergemacht worden,
zwischen der Isar und dem Inn sagten sie: wenn uns der
Kurfürst nicht schützen kann, müssen wir es selbst thun, und
sie rotteten sich in den Wäldern und verlegten die Straßen,
wollten sich Freund und Feind gleich fern vom Leib halten,
bald wußte der Wittelsbacher nicht wo er anfangen solle zu
wehren ob dem Eindringen der Fremden oder der Empörung
des eigenen Volks. Doch hatte Friedland nicht gesäumt, er
der auf die Kunde von den Fährlichkeiten an der Donau in
weniger als Monatsfrist trotz des rauhsten Wetters den Raum
von der schlesischen Gränze bis an die Quellen des Regen-
flusses durchmaß, freilich um jenes Bollwerk des Bayerlandes
zu retten um 14 Tage zu spät, immerhin zeitig genug um
Strozzi und Suys mit etlichen Regimentern nach Passau zu
werfen zur Versicherung des Inn, und indem er von Pilsen
mit der Reiterei vor Cham rückte, machte er auch Bayern
Luft. Zwar als Bernhard über die Isar, die Donau zurück-
ging und ihm die Spitze bot, beugte er nach Böhmen aus,
denn mit dem abgehezten durch Hinterlassung starker Abtheilungen in Schlesien, Brandenburg und Lausiz verringerten Heer
war keine Schlacht zu wagen, aber er hatte die Schweden um
die Quartiere hinter der Isar gebracht, da sie wieder hinüber
wollten fanden sie die Bayern auf der Hut, den Kampf um
den Fluß zu winterlich, selbst an der Donau sich den nächtlichen Heimsuchungen Johanns von Werth ausgesezt.

Sonst ließ sichs allenthalben zur Waffenruhe an und zu
einer um so lebhafteren politischen Thätigkeit. Von Torgau
aus unternahm Arnim noch im Dezember einen Abstecher

nach der Oder und machte sich an Frankfurt, auf den Lärm
von einer verdächtigen Bewegung des Beobachtungsheers
weiland unter Holk jezt unter Gallas packte er wieder auf.
Duwal behauptete die Dom- und Sandinseln vor Breslau, hatte
sich schon hin und wieder hinausgewagt, war mit Bildung
einer neuen Schaar beschäftigt. Oxenstjerna benüzte den
Winter zu einer Geschäftsreise nach dem Norden von Deutschland im Interesse der Erweiterung seines Bundessystems, mit
Wallensteins Riß in die Wehrlinie dort beleuchtete er die
Nothwendigkeit eines engern Anschlusses auch für Ober- und
Niedersachsen. Bei den niedersächsischen Ständen glückte es
ihm dießmal besser: die Bewilligung von Geldern auf ein
Jahr zu Ausrüstung eines Kreisheers von 22,000 Mann nebst
dem Versprechen eine künftige allgemeine Bundesversammlung
zu beschicken zu Erwägung der protestantischen Gesammtange-
legenheiten war die Frucht des auf seinen Wink von Friedrich
Ulrich nach Halberstadt ausgeschriebenen Kreistags. Der Lüneburger wurde zum Obergeneral des Kreises, Baner zu dessen
Feldmarschall erklärt, dem Reichskanzler die Vorsteherschaft
aufgetragen mit Zugabe eines Beiraths — so unter Beipflich-
tung Aller mit Ausnahme Lübecks und Holsteins ungeachtet
der auch hier nicht fehlenden Abmahnungen Johann Georgs.
Mit ihm gab es fast Nichts als Zank über die Begränzung
der Quartierbezirke, dagegen schien der Brandenburger nicht
übel Lust zu haben förmlich in den heilbronner Bund einzu-
treten, aber Pommern sollte der Preis seyn und diesen Knoten
wollte und konnte Oxenstjerna nicht lösen, nach der Ansicht
seiner Regierung die auch die seinige war und die der Reichstag der den Winter über in Stockholm saß zum Beschluß erhob sollten vielmehr beide Pommern sammt Wismar als
deutsche Reichslehen für die Krone Schweden gefordert werden
gegen Entschädigung Brandenburgs mit Magdeburg und Halberstadt, oder wenigstens die Küsten, Inseln und Häfen oder
wenn bloß ein Theil davon zu erlangen wäre die Stifter
Verden und Bremen als Ersaz, und nur wenn schlechterdings
kein Landerwerb möglich ohne die Zahl der Feinde zu vermehren sollte man sich begnügen mit vortheilhaften Bündnissen
und einer Abfindungssumme jedoch nicht unter 60 Tonnen

Goldes und nicht ohne Verpfändung einiger Seeplätze. Ueberhaupt neigte sich der Reichskanzler nachgerade zu den Friedfertigen, die Erfahrungen eines Jahrs und tausend Unmöglich-
keiten einer festen Ordnung im Staats- und Kriegswesen,
tausend vergebliche Plackereien mit Bitten, Ermahnungen und
Befehlen nur bei Vollziehung beschlossener Maßregeln geschweige bei zu bewirkenden Entschließungen hatten ihm das
Machthaberamt in Deutschland verleidet, er wünschte nicht
so sehr neue Eroberungen zu machen als mit guter Manier
loszukommen. Wenn er gleichwohl nicht aufhörte die protestantische Waffengenossenschaft zu verstärken wo er konnte,
wenn er eigens seinen Sohn Hans an die Holländer absandte
damit sie Spanien mehr beschäftigten, an die Engländer damit
er sie überzeuge was sie nicht glauben wollten daß die pfäl-
zische Sache eine der vornehmsten Schwierigkeiten beim Frieden
sey, daß sie sich daher billig kräftiger anstrengen, namentlich
die Werbung in Großbritannien eher unterstützen als hindern
sollten, wenn er also nicht nur die Schaffung neuer Heere in
Deutschland sondern auch die Herbeischaffung auswärtiger
Söldner — freilich einer für ihn zuverläßigeren Gattung
Truppen als die Deutschen — eifrig betrieb, so war es keineswegs zunächst um den Kriegsschauplatz auszudehnen, was er
erstrebte hatte jezt ein bestimmtes Maß unter das er noch
herabgehen wollte nur nicht allzutief. Als die evangelischen
Schweizer neuerdings Horns Beistand nachsuchten, untersagte
er die Einmischung, noch weniger war es nach seinem Sinn
daß Bernhard die Truppen des Feldmarschalls begehrte zum
Vordringen nach Oberösterreich. Bernhard war ein tapferer,
kühner und kluger Mann, aber darin versah er es gegen das
Gesetz der Redlichkeit wie der gemeinen Klugheit und beein-
trächtigte sich am meisten selbst daß er — der Bedienstete —
seinen Privatvortheil nicht unterzuordnen wußte den Interessen
seiner Dienstherren durch die er Alles und ohne die er Nichts
war, daß er wieder in Regensburg bewies wie er lediglich
für sich arbeite und daß er dennoch wähnte Orenstierna werde
ihm selber behilflich seyn die bewaffnete Macht gänzlich von
sich abhängig zu machen um sie allmälig aus einem schwedischen und Bundesheer in ein weimarisches zu verwandeln zu

Befriedigung seiner unbegränzten Ländergier. Mochte im
Norden unter einem General wie Baner eine weitere Ausbreitung der Waffen nicht unerwünscht seyn, im Süden wo
der Reichskanzler zu befürchten hatte daß Bernhard mit jedem
Erfolg anmaßender werde, ihm mehr über den Kopf wachse
waren neue Eroberungen doppelt unbelohnend wenn darum
ein Bundesland hätte entblößt werden müssen, war Selbstbe-
schränkung nach außen Erhaltung des Vorhandenen die weisere
Politik. Indem er darauf beharrte daß die Hornischen zum
Schutz des noch von Altringen bedrohten Schwabens unentbehrlich seyen, überließ er ihm indeß die Abtheilung Birken-
felds, und weil Der sich weigerte unter Bernhard zu stehen
führte sie Generalmajor Vizthum — und zwar nicht an die
Donau sondern nach der Oberpfalz. Diese dem Feind zu
entreißen lag in den Bundeszwecken, Bernhards Eigennuß
war dabei nur sofern im Spiel als ihm die Verbindung erleichtert wurde mit seinem fränkischen Herzogthum. Mit dieser
kriegerischen Unternehmung wurde das Jahr 1634 eröffnet.
In wenigen Tagen war das Land von Sulzbach bis Weiden
und Waldmünchen besezt, nur Amberg widerstand noch. Der
Zeitpunkt war gut gewählt wegen Dessen was jenseits der
böhmischen Gränze vorging.

Schon bei Wallensteins kurzem Aufenthalt zu Pilsen auf
dem Durchmarsch nach Cham kam es zu Erörterungen mit
dem Geheimenrath Max von Trautmansdorf welche zeugten
von der wachsenden Gereiztheit in den Verhältnissen des
Oberfeldherrn zum Hof. Der Herzog war empfindlich über
die Ungunst der Urtheile in hohen Kreisen die jedes Gelingen
dem Glück und einzig das Widrige ihm anrechneten, er hatte
sich beklagt daß mit Umgehung seiner den Generalen Befehle
zugeschickt würden, er hatte erklärt daß er so seine Stelle nicht
behalten möge, er hatte sein Zaudern mit der Nothwendigkeit
gerechtfertigt alle Wagnisse zu vermeiden einem Feinde gegenüber der stets Mittel habe sich zu erholen, über den zehn
Siege erfochten werden könnten die nicht so gewinnreich wären
als eine Niederlage von ihm verderblich, er hatte die Gründe
für den Frieden aufgezählt und hinzugefügt entweder müsse
Friede werden oder er suche die Zurückgezogenheit, gehe nach

Danzig. Dieses Zerwürfniß schien wieder beigelegt zu seyn.
Trautmansdorf rieth dem Kaiser keine Friedensgelegenheit
auszuschlagen, die Unterhandlung in Wallensteins Händen zu
lassen oder jedenfalls die Bevollmächtigten an die Rücksprache
mit ihm zu binden nicht sowohl in Betreff der einzelnen Punkte
mit denen er sich nicht befassen wollte als des allgemeinen
Theils bei dem er gerne mitgewirkt hätte um auch bei Beruhigung des Reichs ein Verdienst zu haben, und Ferdinand
in seinem Rückschreiben entsann sich weder daß er ein Wort
gehört über das der Herzog gekränkt seyn könnte noch wenn
je eine unmittelbare Verfügung geschehen daß er ihn nicht
benachrichtigt hätte, noch wollte er von einem Friedensplan
wissen der ordentlich an ihn gebracht und von ihm zurückge-
wiesen worden wäre, jezt hatte Franz Julius von Lauenburg
wieder einen auf dem Tapet und darüber verlangte er von
Wallenstein Bericht. Als das Hauptquartier nach Pilsen
zurück war, als der Herzog in Böhmen, Mähren und Oberösterreich die Winterquartiere vertheilte und diese Lande für
Verpflegung und Werbung mit schweren Schatzungen belastet
werden mußten, hub der Hader von Neuem an. Daß er
nicht stracks umkehrte und Alles was er brauchte um das
Heer den Winter über zu ernähren in und um Regensburg
in der Geschwindigkeit erkämpfte, nahmen sie ihm zu Wien
gewaltig übel. Der Widerstreit mit dem kaiserlichen Willen
trotz der gewöhnlichen Artigkeit der Einkleidung in gnädiges
Ansuchen und Begehren vervielfältigte sich. Nochmals brachte
die Sendung Gerhards von Questenberg scheinbar die Sachen
ins Gleichgewicht. Der Herzog hatte gewünscht durch ihn
mit dem Hof das Erforderliche wegen Unterkunft der Truppen
zu verabreden, nun war allerdings dessen Auftrag ihn wo
möglich aus Rücksicht auf die erschöpften Erblande zu bestimmen das Heer über die Gränze zu verlegen und wenns nicht
anders anginge es lieber nach Sachsen und in die Marken,
somit denselben Weg den es hergewandert war und noch weiter
zurückzuführen, da aber nicht nur Wallenstein sondern auch
die von ihm befragten Generale und Obristen einstimmig
Illows Gutachten beipflichteten: daß man durchaus nicht länger
zu Feld liegen könne ohne die durch Mühsal und Pest erbärmlich

gelichteten Regimenter völlig zu Grunde zu richten oder doch
ihr Mißvergnügen über schlechte Kost, Herberg und Bezahlung
zu Meuterei und Empörung zu steigern, daß wo man sich
hinwendete der Feind gerüstet dastehe mit Volk, Waffen und
Geld gestützt auf feste Städte und die bis in die Erblande
sich erstreckende Zuneigung der Bevölkerung, daß es zuletzt
besser sey die eigenen Leute bei sich zu haben als fremde Gäste
die gewiß nicht ausblieben wenn man nach Norden zöge wo
überdieß Arnim, der Lüneburger und Kniphausen auch nicht
schlafen würden, so hatte der Kaiser Das sich gefallen lassen
und nur vorher ausführliche Anzeige ausgebeten über die zu
treffenden Vorkehrungen damit die gesetzlichen Formen beobachtet werden könnten und es nicht aussehe als habe er
einen Mitkönig an der Seite, nicht freie Hand mehr in seinem
Land. Der Beisatz war spitz, wurde aber wieder beschönigt
durch die Versicherung, daß er nicht gemeint sey Seiner Liebden
Würde und Vollmacht irgend zu schmälern. Alles war schön
und gut, der Friedländer hatte Recht. Da gedachte der Kaiser
wenigstens einige Last in Bayern abzuschütteln, und unter
dem Vorwand der Kurfürst — dem übrigens der Unterhalt von
Altringens Volk zu Viel war — habe diese Hilfe auf seine Rechnung verlangt wurden Suys und Strozzi über den Inn beordert, 4000 Mann aus Böhmen sollten dazu stoßen. Allein
Wer wieder nein sagte war Wallenstein der das Heer nicht
zersplittern wollte, sogar die nach Mähren gewiesenen Regimenter zu sich zurückrief, und der Kaiser erfuhr die Beschämung daß Suys auf sein dreimaliges Geheiß keinen Zug
that, daß er noch Zufuhren von Wein, Vieh, Korn, Haber
und Geld abgehen lassen mußte an Altringen nach Bayern
bis diese Truppen untergebracht wurden im Erzstift Salzburg
und in Oesterreich selbst. Das waren nicht die alleinigen
Anlässe zur Spannung. Thurns Loslassung wurde besonders
mißdeutet. Warum auch den Wienern den Spaß der Hinrichtung eines so berüchtigten Hochverräthers verderben?
Thurn, wurde zu verstehen gegeben, müsse wohl tief eingeweiht gewesen seyn in die Geheimnisse des Herzogs, darum
habe er ihn weislich den forschenden Blicken des Hofs entzogen, vergeblich hatte er gesagt: „Was sollte ich mit dem

unsinnigen Menschen anfangen? Wollte Gott, die Schweden
hätten keine bessern Generale so wären wir bald mit ihnen
fertig, er wird uns beim Feind nützlicher werden als im Kerker."
In Bayern beschuldigten sie und die Spanier redeten es nach,
durch hinterlistige Verhaltungsbefehle sey Altringens Feldzug
mit Feria vereitelt, vorsätzlich Regensburg nicht gerettet worden, durch Bernhard Richel seinen Gesandten in Wien betrieb
Max des Herzogs Absetzung, immerhin mit einiger Zurückhaltung da es ihm angenehmer gewesen wäre wenn ein Dritter
das Eis gebrochen hätte, doch meldete Richel bereits der
Kaiser sey entschlossen dem Friedländer die Kriegsleitung ab-
zunehmen, man sey einem Einverständniß Desselben mit Frankreich auf der Spur, vorerst müßten die Generale insonderheit
Altringen und Gallas gewonnen seyn, auch stehe der Kaiser
noch im Zweifel Was mit Wallensteins Person zu machen
wäre, denn ihn frei zu lassen halte er für bedenklich und ihn
in Haft zu setzen habe auch seine Schwierigkeiten. Unter
diesen Reibungen und Umtrieben verstrich der Dezember. Der
Sturm brauste in unsichtbarer Tiefe, die Oberfläche war
glatt. Wallenstein fuhr in dem betretenen Gleise fort, er
hatte nach dem Neujahr die Unterhandlungen mit den nordischen Kurfürsten wieder angeknüpft, durch Franz Julius von
Lauenburg ihnen eröffnet daß er mit kaiserlichen Vollmachten
versehen sey und Leutmeriz zum Kongreßort vorschlage, daß
das Geschäft aber nach ihrem Belieben auch an den kaiserlichen
Hof gebracht werden könnte, er hatte nicht undeutlich merken
lassen daß es sich bloß um ein Abfinden mit ihnen handle
indem er als Beweggrund voranstellte die Bewahrung der
edlen deutschen Nation vor der Gefahr fremder Herrschaft.
Der Sachse schien geneigt die Hand zu reichen und der Meinung zu seyn daß allen Pflichten gegen die Verbündeten genügt werde wenn der Anschluß für sie offen bleibe, in Berlin
wo Arnim das Kabinet in diesem Sinn bearbeitete hatten sie
allerlei Einwendungen, vorab dagegen daß die Mittheilungen
nicht zugleich an Oxenstjerna geschahen und daß man nicht
wußte ob Wallenstein auch von der Liga Vollmacht hatte noch
welche Gewährschaften er bieten konnte, ohne die Andern
oder in ihrem Namen zu vertragen bedünkte sie Beides nicht

rathsam, sie sezten den Reichskanzler in Kenntniß und Der warnte vor Entzweiung. Und nicht minder griff sezt auch Kinzky in Dresden den Faden mit Feuquieres wieder auf, versicherte daß von Seiten Wallensteins einem Verhältniß mit Frankreich fortan Nichts im Wege sey. Der Marquis war hoch erfreut über diese Aussicht, aber so recht ihrer Sache gewiß waren die Franzosen doch nicht, denn sein diplomatischer Amtsbruder zu Berlin Baron de Rorté schrieb von den trügerischen Vorspiegelungen Friedlands sey an diesem Hof keine Rede mehr, Feuquieres selbst achtete für nöthig die Briefschaften an den Herzog so einzurichten daß sie Antworten schienen auf Mittheilungen von ihm, und der Vertrag den sie zu Saint-Germain entwarfen nebst ihren Erwägungen dabei schwankten zwischen Voraussetzungen aus welchen Mißtrauen durchblickte und Verlegenheit. Nämlich sie hatten angenommen daß er mit dem Kaiser breche und wiederum daß er nicht breche, im erstern Falle der vorhanden war wenn er sich in Böhmen oder andern Staaten des Hauses Oesterreich förmlich zum Herrscher aufwarf versprachen sie ihm während des Kriegs eine Million Livres des Jahrs und 50,000 sogleich, dafür mußte er 14 bis 15,000 Mann schlagfertig halten und durfte weder Frieden noch Waffenstillstand schließen ohne Zustimmung Frankreichs und ohne daß dessen und der Verbündeten Interessen einbegriffen waren so wie umgekehrt Frankreich diese Verpflichtung gegen ihn einging und auch die Verbündeten dahin zu bestimmen versprach daß ihm zum Wenigsten ein Länderbesitz würde gleich dem frühern, im zweiten Fall sollte er mittelst seines Einflusses und seiner Macht Frankreichs Bemühungen für die katholische Religion und die deutsche Freiheit begünstigen, die dieser Krone angehörigen oder in ihrem Schutz befindlichen Länder nicht befehden noch befehden lassen, keinen mißfälligen Vertrag zugeben und so Viel an ihm sorgen daß ihr bei endlicher Schlichtung der Wirren das Mittleramt übertragen werde, wenn er sich dazu schriftlich anheischig machte bekam er alsbald 100,000 Thaler und bei treuer Erfüllung dieser Zusagen durfte er in nicht geringerem Umfang Frankreichs kräftiger Unterstützung gewärtig seyn wie im ersten Fall. Ihm das Königreich Böhmen

27 *

zu verbürgen oder sich so einzulassen daß Frankreich drob selbst
konnte in den Krieg verwickelt werden hüteten sie sich weislich,
auf mündliche Verheißungen kam es ihnen nicht an und deren
konnte er noch mehr haben, da er wollte Böhmens wegen
versichert seyn whr Feuquieres angewiesen zu betheuern daß
sie in Frankreich Nichts sehnlicher wünschten nur daß ihre
Zusage um wirksam zu seyn der Beistimmung sämmtlicher
Bundesgenossen bedürfte die sie nachher leicht aber nicht voraus
beibringen könnten weil ein so wichtiges Geheimniß gar zu
viele Mitwisser nicht dulde, wenn er jedoch beabsichtigte seine
Ansprüche auf Böhmen durch die Erklärung zu begründen
daß Habsburgs Besitz gegen das alte Wahlrecht sey so waren
sie jezt schon bereit es öffentlich gut zu heißen, am liebsten
hätten sie ihn als kaiserlichen Diener erkauft aus Furcht er
möchte sich bei einem Bruch mit dem Kaiser gänzlich der
protestantischen Partei in die Arme werfen müssen und diese
dadurch zu sehr das Uebergewicht erlangen, wiewohl auch hier
verfänglich schien daß ein Verhältniß das vor der allgemeinen
Vertragshandlung gleichsam keine besondere Verpflichtung enthielt ihm erlauben würde dem Kaiser zu sagen er habe es
bloß als Maske gebraucht um die Protestanten glauben zu
machen Frankreich wolle sich durch ihn Österreich nähern und
sie opfern, daher sollte Feuquieres wenn er ohne Zuziehung
Oxenstierna's abschlöße nicht vergessen eine Klausel einzuschal-
ten mit gebührender Anerkennung der Interessen der Verbündeten von Heilbronn und der Erwartung ihres Beitritts. Da
war Jegliches fein ausgesponnen, aber der Donnergang der
Ereignisse überholte die Winkelzüge einer schleichenden Staatskunst. Zu Pilsen und Wien wurden inzwischen unverdrossen
Minen und Gegenminen gebaut. Dem Kaiser wurmte diese
Bevormundung von einem Unterthan die das Ansehen der
Majestät in Schatten stellte, Was er dem sieggekrönten Feldherrn verziehen hätte war ihm unter den Wechselfällen des
Kriegs unleidliche Sclaverei. Den Pfäffischen war Wallenstein nicht ausschließlich genug katholisch, in seinem Lager,
seinem Generalstab wimmelte es von Protestanten, die Zwischenträger hinterbrachten unvorsichtige Aeußerungen wenn es
vielleicht nur Ausbrüche einer kränklichen Laune waren, sein

Ränkespiel war eine zweischneidige Waffe womit man sich selbst verwunden kann und die Verleumdung sog Gift auch aus den unschuldigsten Thatsachen. Seine Freunde wurden verduzt, verstummten da er unleugbar in Manchem den Schein gegen sich hatte. Nach Questenberg erschien Quiroga der Beichtvater der Königin von Ungarn den Herzog gründlicher auszuforschen, schon verweigerte Oñate sofern Derselbe nicht abgedankt würde die Auszahlung der spanischen Hilfsgelder. Als Wallenstein den seine Späher von Allem unterrichteten, den die fortwährenden Eingriffe in seinen Oberbefehl und der drohende Schimpf einer zweiten Verstoßung heftiger erbitterten hinwiederum seine Maßregeln traf, als seine Vertrauten ausstreuten daß er gesonnen sey aus dem Dienst zu scheiden weil er mit dem Hof der den Soldaten auch Winters keine Erquickung gönne nicht länger auskomme, daß dann freilich ihre Hoffnung auf Belohnung, ihre Vorschüsse und Rückstände wenig werth seyn dürften, als Generale und Obristen ihn um des gemeinen Besten willen beschworen sie nicht zu verlassen und am 12ten Januar Feldmarschall Christian von Illow und Terczky bei einem Gelage unter vollen Humpen einen Aufsatz herum gaben mit dem Gelöbniß sich nicht von ihm zu trennen wobei Säbel blitzten, Oefen, Stühle und Fenster zerschlagen wurden und die eifrigsten Unterzeichner gegen die Zögerer aufschrieen, mit Hundsnasen um sich warfen — da berichtete flugs Piccolomini den gegenüber wohnenden Prinzen Ferdinand und Matthias von Toscana die er so erschreckte daß sie in Todesangst jeden Augenblick die Verfolger hinter sich erblickend zum Karneval nach Prag reisten von wo sie Lorenz Guicciardini an ihren kaiserlichen Oheim abfertigten ihn zu überzeugen daß man den Skorpion auf der Wunde tödten müsse, da empfahl der Kurfürst von Bayern einen schnellen heroischen Entschluß und Oñate rief: Wozu Umschweife bei einem Aufrührer? Ein Dolchstoß, ein Pistolenschuß wird den Knoten im Nu zerschneiden. Wie Einige nachher erzählten wäre bei der Verschreibung ein Taschenspielerkunststück gebraucht worden: das vor Tisch vorgelesene Papier hätte die Verpflichtung für den Friedländer an die Dauer seines Verbleibens im kaiserlichen Dienst geknüpft,

in dem nach Tisch zu unterzeichnenden Papier hätte dieser
Beisatz gefehlt nicht ohne daß es aufgefallen wäre. Gewiß
scheint daß eine solche Erschleichung nicht Statt fand, sonst
wäre sie die Entschuldigung Bieler gewesen die sich bald ungern auf der Liste sahen, eben so daß Wallenstein als er von
der wüsten Scene hörte die Offiziere zu sich beschied und ihnen
ihre Unterschriften die mitunter absichtlich oder im Rausch un-
leserlich gekrizelt waren zurückgeben ließ mit hinzugefügter
Betheurung sie sollten ja nicht glauben daß damit Etwas
wider Kaiser und Reich gemeint sey worauf sie aufs Neue
unterschrieben, nichtsdestoweniger prahlte gleichzeitig Kinsky
gegen Feuquieres der Herzog habe jezt seine Obristen mit Einschluß von Gallas der es auch für Altringen gethan schwören
lassen mit ihm zu ziehen gegen Wen und wohin es sey, er
habe eine Aushebung angeordnet von 100 Kompanien zu Fuß
und 100 zu Roß und werde unverweilt sich zum König von
Böhmen erklären, dem Kaiser selbst die Nachricht nach Wien
bringen, das Haus Oesterreich verfolgen bis in die Hölle.

In Wahrheit war weder der Herzog so mächtig noch der
Kaiser so in Gefahr. Von außerordentlichen Anstalten wie
sie der Ausführung großer Entwürfe vorauszugehen pflegen
war keine Spur, und auch seine Beziehungen zum Hof waren
äußerlich wie seither. Aber schon hatte Ferdinand nach einigem Sträuben — 12 Tage nach Illow's Gastmahl — den
entscheidenden Schritt gethan und einen Erlaß genehmigt in
welchem das Heer des Gehorsams gegen den obersten Feldhauptmann entbunden und an Gallas gewiesen wurde, noch
geschah es in gemäßigter Form, die Absetzung wurde bloß
eine Aenderung genannt und der so verschriene Auftritt eine
Versammlung in der man etwas weit gegangen auch die dem
Friedländer bevorstehende Rechenschaft nur andeutungsweise
bezeichnet in der den Theilnehmern an der Versammlung mit
Ausnahme des Generals und der beiden Rädelsführer zuge-
sicherten Verzeihung, wiewohl die Art der Rechenschaft ziemlich unverblümt ausgedrückt war in der Beigabe des geheimen
Befehls an Gallas den Friedländer sammt Illow und Terczky
in Gewahrsam zu nehmen damit sie sich verantworten könnten
oder ihn einzuliefern lebendig oder todt. Unglückliche Zeiten

wo die Kunst heuchlerischer Arglist für Staatsweisheit gilt,
wo die ritterlichen Waffen unwerth sind und unbekannt das
Gesetz der Ehre das auch den bösen Schein meiden heißt,
wo ein Kaiser und der hochgestellteste seiner Diener sich so
auf krummen Wegen verirren daß man nicht weiß ob Dieser
die Feinde betrügen oder seinen Herrn verrathen will, ob
Jener einen Undankbaren verdammt oder einen Unschuldigen
den Mördern überantwortet. So wars. Ferdinand hatte über
Friedland den Stab gebrochen und noch 8 Wochen wechselte
er mit ihm die freundlichsten Briefe, beehrte ihn mit allen
Titeln, selbst dem verblichenen von Mecklenburg. Der Herzog
benachrichtigte den Hof von Franz Albrechts Ankunft, selbst
von Kinsky's und daß er Arnim erwarte der jedoch behutsamer
Weise nicht näher als Zwikau kam, der Kaiser schrieb ihm
seine Befürchtungen über die Bewegungen des Feindes, bald
wegen Vorkehrungen wenn Horn und Bernhard sich vereinigen sollten zu einem Einfall in Böhmen oder Oberösterreich,
bald weil Horn sich am Bodensee tummelte wegen dessen Abwehr von Tyrol, bald wegen der Vertheidigung Ambergs und
der Oberpfalz gegen die Birkenfeldischen, einmal ersuchte er
ihn gar um zwei Kompanien zuverläßiger Truppen zu einer
Leibwache auf den ungarischen Reichstag. Und unter diesem
Schönthun berichtete der bayrische Gesandte an Max der
Kaiser lasse in den Kirchen beten für glückliche Vollbringung
des Werks, er habe gegen ihn geäußert dasselbe sey stets in
seinen Gedanken, gehe mit ihm nieder und stehe mit ihm auf
so daß er darob nicht schlafen könne, selbst Eggenberg sonst
Friedlands Freund habe sich vernehmen lassen den Herzog
gleich umzubringen sey eben so leicht und weniger gefährlich
als ihn zu fangen. Der Herzog war fast immer bettlägerig,
um so unsichtbarer für ihn das Netz mit welchem die Tücke
ihn umspann. Mit dem Aechtungsurtheil in der Tasche
und einem Tagsbefehl an die Offiziere des Heers bei Vermeidung kaiserlicher Ungnade und Verlust der Ehre kein Gebot von Friedland, Illow oder Terczky sondern einzig Was
von ihm, Altringen und Piccolomini ausgehe zu befolgen
machte Gallas zu Pilsen noch einen Besuch, und so ahnungs-
los war Wallenstein daß als der Generallieutnant sich erbot

seinen Schwager Altringen zu Frauenberg zu bearbeiten er
ihm Roß und Wägen lieh. Gallas reiste freilich hin und
auch Piccolomini, aber um die Rollen zu vertheilen bei seinem
Sturz. Altringen auf der Lauer zu Wien, Gallas in Linz
zur Aufsicht auf etwaige Bewegungen Bernhards an der Donau,
Suys in Prag und Piccolomini noch unmittelbarer in der
Nachbarschaft des Herzogs um die Truppen herumzukriegen —
so wollten sie einander in die Hände schaffen. Obgleich sie
sich zunächst nur an die Welschen machten die mit ungemeiner
Bereitwilligkeit auf ihre Einflüsterungen horchten, so konnte
es doch nicht so unmerklich geschehen daß er nicht hätte müssen
Verdacht schöpfen daß Etwas gegen ihn angezettelt sey. Um
deßwegen alle Mißdeutungen des Zwecks der pilsner Versammlung plötzlich niederzuschlagen forderte er die Offiziere
nochmals vor sich, und hier — unter seinen Augen — wurde eine
Verwahrung aufgesezt und von ihm und 29 Generalen und
Obristen unterzeichnet des Inhalts: daß Keinem von ihnen
je in Sinn gekommen das Geringste so kaiserlicher Hoheit oder
der Religion entgegen liefe zu gestatten noch weniger selbst
zu thun. Zugleich wurde dem Heer untersagt fürder andere
Befehle anzunehmen als mit seiner, Illow's oder Terczky's
Unterschrift. Solches begab sich Montag den 20ten Februar.
Doch das Verhängniß war nicht mehr zu beschwören. Zwei
Tage vor dieser Verwahrung hatte die kaiserliche Kanzlei
einen zweiten Bannbrief versiegelt, dießmal einen sehr unver-
blümten, denn die pilsner Geschichte war zu einer weit aus-
sehenden Verschwörung gegen das Haus Oesterreich, Wallenstein zu einem eidbrüchigen Kronräuber geworden und nicht nur
Gallas, auch Altringen, Piccolomini, Rudolf von Colloredo und
der Generalstatthalter von Böhmen Don Balthasar Maradas
waren als gehorsamswürdige Befehlshaber herausgehoben; Graf
Adolf von Buchheim wurde mit Vollmachten zu Einziehung der
friedländischen und terczky'schen Güter versehen, Franz del
Caretto de Grana als kaiserlicher Vertrauter bei den treuen
Generalen beglaubigt, und am Tag nach der Verwahrung
wo nach Prag aufgebrochen werden sollte erfuhr der Herzog
daß er der Truppen daselbst nicht mehr Herr, von Suys für
einen Verräther erklärt worden war. Nun überall Nichts als

Abfall und in Pilsen Rathlosigkeit und Verwirrung. An demselben Dienstag eilte Franz Albrecht zu Bernhard nach Regensburg und ein Abgesandter von Kinsky zu Feuquieres nach Frankfurt um sie von Wallensteins Uebertritt zu benachrichtigen, Wallenstein schickte seinen Kanzler Elz an den Markgrafen von Kulmbach mit der Bitte um eine Zusammenkunft aber auch die Obristen Philipp Friedrich Breuner und Mohr von Wald nach Wien mit dem Erbieten den Oberbefehl niederzulegen, sich nach Hamburg zurückzuziehen. Alles war zu spät. Seine Boten an den Kaiser wurden von Piccolomini aufgefangen und sagten sich von der verlorenen Sache los. Bernhard zögerte troß der immer dringender werdenden Einladungen und rückte am Ende nur langsam gegen die böhmische Gränze vor ganz in Uebereinstimmung mit der Meinung Oxenstierna's in einem nach der Hand eingetroffenen Brief worin Dieser schrieb: „wenn Friedland noch am Leben sey scheine es nicht rathsam die protestantischen Völker mit ihm zu vereinigen, eben so wenig aber auch seine Plane zu hindern, wenn er hingegen todt, möchte große Unordnung unter den Kaiserlichen einreißen und in diesem trüben Wasser zu fischen seyn." In Pilsen wurde es von Stunde zu Stunde einsamer, unheimlicher. Die Offiziere schlichen sich einer um den andern fort, mehre entließ Wallenstein selbst, am Mittwoch war er, schon besorgt von der Gränze abgeschnitten zu werden, unter Wegs nach Eger, und an diesem Tag wurde auch das kaiserliche Aechtungsurtheil zu Prag unter Trommelschlag bekannt gemacht. Es war eine traurige Karawane, Schatten nur vom alten Glanz des Herzogs von Friedland. Obrist Walter Buttler ein katholischer Jreländer mit 200 Dragonern, 5 Fähnlein terczky'scher Kürassiere und eben so viel vom Regiment eines dritten Lauenburgers Heinrich Julius nebst 200 von dessen Musketieren bildeten das Geleit, bis aber Wallenstein von 2 Pferden in einer Sänfte getragen das erste Nachtlager auf Jllow's Schloß zu Mies erreicht waren von den Lauenburgischen die wenigsten mehr bei ihm, Abends beurlaubten sich Sparre der Feldzeugmeister und Heinrich Julius nach Pilsen zurück, Buttler ließ an Gallas melden daß er bloß gezwungen folge und man auf ihn rechnen dürfe.

Am Matthiasfeiertag Nachmittags 4 Uhr langten sie zu Eger
an. Der Herzog stieg bei dem Bürgermeister ab auf dem
Markt, Terczky und Kinsky mit ihren Frauen in einem Haus
daneben. In der Stadt lag Terczky's Fußregiment in Besatzung,
John Gordon ein protestantischer Schotte jüngst zum Obristen
ernannt war Befehlshaber, unter ihm sein Landsmann Lesly.
So wie die Sachen stunden konnte Wallenstein für diese Männer
kein Geheimniß haben, als sie ihm die Aufwartung machten
eröffnete er ihnen daher warum seine Bahn künftig eine andere
seyn werde als die des Kaisers, daß er übrigens wem sie nicht
Lust hätten zu bleiben es in ihre Wahl stelle zu gehen wohin
sie wollten. Dasselbe eröffnete er den Beamten seines Hofstaats:
er wisse wohl, fügte er hinzu, daß sie erbansäßige Herren seyen
in Oesterreich und wolle sie nicht ins Unglück stürzen. Sie
warteten auf ihren Abschied, die Offiziere begehrten ihrer Pflicht
gegen den Kaiser entbunden zu werden, sagten mit Freuden
ihre Dienste zu. Anders bei der nächtlichen Zusammenkunft
mit Buttler in Gordons Zimmer auf der Burg: als Jener den
kaiserlichen Bannspruch sammt Briefschaften von Gallas vorzeigte, legten sie die Rechte auf die gezückte Degenspitze und
erneuten feierlich ihren Schwur für Habsburg. Anfangs schienen sie gesonnen sich der Person Frieblands und seiner Freunde
zu bemächtigen und sie dem Kaiser zu überliefern, bei genommener
Erwägung da sie fast nur auf Buttlers Dragoner zählen durften und die Anhänglichkeit der Soldaten an den Feldherrn
fürchten mußten, da wegen Annäherung des schwedischen Heers
Gefahr auf dem Verzug und die Beute gar zu lockend war,
beschloßen sie ihren Tod. Am andern Mittag — es war Samstag und Fasching — gab Terczky den Offizieren ein Gastmahl,
Gordon erwiederte die Ehre durch eine Einladung an die Generale zu einem Nachtschmaus auf das Schloß. Kurz vor der
Essenszeit hatte Buttler seinen Obristwachtmeister Geraldino
und die Hauptleute Deverour, Birch, Brown und Macdonald
nebst einigen Terczky'schen gleichfalls unter eiblichem Angelobniß
zu Gehilfen gedungen, um 6 Uhr rollte der Wagen mit den
Gästen über die Zugbrücke, Gordon der sie mit seinen Spießgesellen ehrerbietig am Eingang bewillkommte steckte die Thorschlüssel zu sich, aber schon waren auch Geraldino und De-

veroux mit 30 Dragonern herein und des Winks gewärtig. Gemüthlich saßen die Mörder und ihre Opfer an der Tafel, es wurde wacker gezecht und auf den Friedländer angestoßen der nunmehr keines Andern Diener sondern sein eigener Herr sey, so bis zum Nachtisch gegen 8 Uhr. Nachgerade war die Dienerschaft entfernt worden, die beiden Hauptleute und je 6 Dragoner mit Partisanen hatten sich in zwei Gemächern rechts und links vom Saal aufgepflanzt indeß die übrige Mannschaft ihre Posten an Treppen und Thüren einnahm, und hereintrat auf ein verabredetes Zeichen von der einen Seite Geraldino mit dem Ruf: Glückauf, das Haus Oesterreich! von der andern Deverour mit der Frage: Wer ist gut kaiserlich? Alsbald ergriff das verschworene Kleeblatt Jeder einen Leuchter mit brennender Kerze, zog den Degen, schrie: Ferdinand hoch! und stellte sich rückwärts, die Dragoner aber stürzten auf die Gäste. Der Erste der, unter ihren Streichen fiel war Kinsky. Illow wurde wie er nach dem Degen an der Wand langte von hinten durchbohrt. Terczky hatte seinen Degen erhascht und in einer Ecke des Saals den Rücken an die Wand gelehnt hieb er wüthend um sich, forderte Gordon und Lesly als schändliche Verräther zum Kampf heraus, schlug zwei Dragoner zu Boden und Deverour den Degen entzwei, die Soldaten hielten ihn für gefroren bis es gelang sein schützendes Wams von Elenleder aufzureißen, dann verblutete er unter ihren Dolchen. Der Rittmeister Neumann Wallensteins Geheimschreiber war verwundet aus dem Mordgewühl entronnen: er wurde da er die von Gordon aufgegebene Losung nicht wußte draußen von den Wachen niedergemacht. Wallenstein für den geräuschvolle Schmausereien keinen Reiz hatten war ruhig daheim geblieben, er hatte mit Senno in den Sternen geforscht und als wollte die verborgene Wissenschaft sie beide foppen mit einem Dämmerlicht ihres Schicksals — der Meister hatte entdeckt daß die Gefahr noch nicht vorüber sey, dem Schüler war Das nicht so vorgekommen aber er hatte dem Andern eine Wanderung in den Kerker prophezeit. Noch waren sie nicht lange zu Bett als der Herzog durch einen Lärmen geweckt wurde und aufsprang. Die Gräfinnen Terczka und Kinska hatten den Tod ihrer Eheherren erfahren und waren in Wehklagen ausgebrochen, Lesly

nach flüchtiger Berathung mit seinen Genossen war auf die
Hauptwacht geeilt und hatte die Soldaten aufs Neue dem Kaiser
schwören laffen, sodann denselbigen von Buttlers Dragonern
die vor der Stadt einquartirt waren die Thore geöffnet, und
während Der durch die Gaffen streifte und die herzogliche
Wohnung umstellte war Deverour unaufgehalten von den
Schildwachen welche glaubten er habe eine Meldung zu über=
bringen mit 6 Hellebardieren hineingegangen. Im Vorzimmer
war er einem Kammerdiener begegnet der ihn bat stille zu seyn
weil der Herzog bereits schlafe, aber er hatte ihm zugeschnaubt:
jetzt sey es Zeit zu lärmen, und in Ermanglung des Schlüffels
die Thüre gesprengt. Der Herzog war im Hemd an das Fenster
getreten um die Wachen zu fragen Was es gebe als die Rotte
einbrang. „Bist Du der Schelm der das Volk zum Feind über=
führen und kaiserlicher Majestät die Krone vom Haupt reißen
will?" brüllte Deverour, einen Augenblick zögerte seine Faust,
aber Friedland zu stolz um einem solchen Menschen Rede zu
stehen, breitete schweigend die Arme aus, empfing den tödtlichen
Stoß in die Brust, sank lautlos.

So fiel Wallenstein der gewaltige Kriegsfürst. Die meuch=
lerische Partisane hatte den Thatenkreis des außerordentlichsten
Lebens von 50 Jahren mit einem Mal durchschnitten. Da lag
die hohe hagere Gestalt mit der gebietenden Stirn und dem trotzig
struppigen schwarzen Haar, erstarrt war das gelbe finstere An=
tlitz in deffen Zügen so oft Städte und Länder Entscheidungen
der Vorsehung gelesen, erloschen waren die kleinen stechenden
Augen an deren Wink die unbändigsten Kriegshorden wie Kinder
hingen, der Mann vor dem Deutschland gezittert hatte und
noch in den lezten Tagen der Kaiser zitterte als Verräther ge=
brandmarkt und genöthigt zum Feind überzugehen mit dem er
vielleicht nur spielen wollte — da lag er eine Handvoll Staub.
Einer der Dragoner wollte ihn zum Fenster hinauswerfen, Das
hinderte der Hauptmann, sie wickelten ihn in den Fußteppich
vor dem Bett und fuhren damit in Lesly's Kutsche auf das
Schloß. Hier blieben die Gemordeten im Hof liegen bis zum
andern Tag, hernach wurden sie in schlechtgezimmerte Verschläge
gelegt und auf einem Bauernwagen nach Mies abgeführt, dem
Herzog weil er von Kälte steif und der Sarg zu knapp war

WALLENSTEINS TOD.

J. Scheible's Verlags-Expedition, Leipzig u. Stuttgart.
Stich u. Druck durch Kunst-Anstalt von Carl Mayer in Nürnberg

hatten sie die Beine zerbrochen. Wenn es auf Piccolomini angekommen wäre hätten sie die Leichen sofort nach Prag gebracht
und an den schimpflichsten Orten ausgesezt. Die ungeheure
That war geschehen, es galt sie zu rechtfertigen vor der erstaunten Welt. Buttler und Gordon versuchten es zuerst: sie griffen
die Sache ziemlich ungeschickt an. In einem offenen Schreiben
an die Offiziere des Heers bezeichneten sie die Unterhandlungen
mit Sachsen und Brandenburg als die verdammungswerthe
Schuld des Feldherrn, aber ein Privatabfinden mit den beiden
Kurfürsten war vor und nach habsburgische Politik, er hatte
nach der leipziger Schlacht noch vor Uebernahme des Oberbefehls auf des Kaisers Wunsch diese Unterhandlungen angeknüpft,
Gustav Adolf und Orenstierna hatten dazu immer scheel gesehen, sie stockten dann und wann, der Faden war jedoch nie
völlig zerrissen und stets zu gelegener Zeit wieder aufgenommen worden. Das war also Nichts und man mußte die Be-
weismittel in Wallensteins Papieren suchen. Die Mörder hatten
sich seiner Kanzlei bestens versichert und nach ihrem anfänglichen
Bericht schien es als hätte man da einen reichen Fang gethan.
Allmälig aber wurden sie kleinlauter: zuvörderst hieß es die
Gräfin Terczka Maximiliana von Harrach habe im Getümmel
ihres Gemahls Schriften verbrannt, bald auch Friedland habe
in der Nacht zuvor noch aufgeräumt, zulezt es sey wenig Erhebliches, von Kinsky und Neumann die vornehmlich den Briefwechsel besorgt hatten kein Buchstabe, auch Nichts in Ziffern
vorhanden. Da die Papiere keine Aufschlüsse gaben so versprach man sich diese von einer peinlichen Untersuchung, man
umging den ersten kaiserlichen Erlaß mit der Zusage allgemeiner
Verzeihung von der nur die Ermordeten ausgenommen waren
und hielt sich an den zweiten Erlaß ohne diese Klausel. Ohnehin fehlte es nicht an Anschwärzern, unter den geschäftigsten
war Caretto de Grana der zur Vermehrung des vertheilbaren
Schazes der Konfiskationen schon eine Hochverrathsanklage erheben wollte gegen ganz Böhmen, und auf ihren Betrieb wurden nach und nach mehre vermeintliche Mitverschworene verhaftet. Julius Heinrich von Lauenburg, sein Bruder den sie
da er der Vorfälle zu Eger noch unkundig war auf dem Rückweg von Regensburg aufgriffen unbekümmert um seine Einsprache

daß er kursächsischer General und Friedensbote sey, Schaffgotsch
den sie aus Schlesien herbeiholten, Sparre und einige unterge=
ordnete Offiziere saßen Jahr und Tag. Aber Was war die
Schuld die man ihnen zur Last legen konnte? Ihre Anhänglich=
keit an Wallenstein so lange er in Amt und Ehre war, ihre
Unkenntniß von den heimlichen Maßregeln zu seinem Sturz,
ihre Theilnahme an der pilsner Erklärung, eine oder die andere
keckere Aeußerung ihres Eifers, Anschuldigungen wie die gegen
Julius Heinrich daß er ein solches Ende des Herzogs bedauert
und gesagt habe man hätte ihn sollen vor ein öffentliches Ge=
richt stellen so würde Was an der Verschwörung wäre zu Tag
gekommen seyn! Der Prozeß der vornehmsten Angeklagten ging
lahm aus, Franz Albrecht wurde sogar zum kaiserlichen General
ernannt, Sparre auf König Ladislaws Verwendung nach Polen
entlassen, und wenn noch Festungsstrafen stattfanden so war
Das lediglich der Anständigkeit wegen und zur Genugthuung
für den Scharfsinn der Richter. Denn selbst Schaffgotsch wurde
bloß aus strengen Verdachtsgründen wie sie sagten, vielleicht
auch als abschreckendes Beispiel für seine fürstlich=schlesische
Schwägerschaft zum Abhauen des Kopfs und der Hand verur=
theilt und als sie ihn vor der Enthauptung weil ja doch ein
Todesverbrecher gleichsam wie ein todter Körper anzusehen sey
auf die Folter brachten betheuerte er unter allen Martern von
Leiter und Schrauben seine Unschuld. In der Hofsprache aller=
dings waren diese Roheiten einer knechtischen Rechtspflege weise
Gottesurtheile gleich wie die Mörder mit frommer Miene ihre
Partisanenstöße ausposaunten als ein himmlisches Gnadenwun=
der zur Rettung des Hauses Oesterreich, und die kaiserliche
Kanzlei, während sie die gerichtlichen und historischen Urkunden
klüglich im Staub der Archive begrub, machte einen sogenannten
gründlichen Bericht bekannt wornach es scheinen konnte man
habe alle Verzweigungen einer abscheulichen Verschwörung,
verrätherische Einverständnisse bis auf Gustav Adolf zurück ent=
deckt, Jaroslaw Sesyna Raschin welcher Wallensteins Unter=
händler gewesen seyn wollte bei Thurn und dem König hatte
diese kostbaren Nachweisungen geliefert und war mit der Wieder=
einsetzung in seine Güter belohnt worden, aber in dieser erkauf=
ten Zeugschaft war des offenbar Erlogenen so Viel daß auch

das beigemischte Wahre seine Glaubwürdigkeit verliert. Von
kaum geringerer Schwierigkeit als diese Beschönigungen war
die Vergeltung all der nähern oder entferntern Verdienste der
Treue, die Befriedigung all der Helden der Ergebenheit. War
die Verlassenschaft groß, noch größer war die Habgier. Ueber
das Vorgefundene in Eger ließ Piccolomini der von höheren
Offizieren der früheste auf dem Platz war ein Verzeichniß auf=
setzen das ziemlich mager ausfiel, das Beste war unter seinen
Händen zerronnen und er entschuldigte die leeren Kästen und
Truhen indem er sagte Jeder habe zugegriffen. Der Hof schien
der Meinung er sey damit hinlänglich bezahlt. Das nahm er
so übel daß er seinen Abschied verlangte, man ließ ihn nicht
und beschwichtigte ihn mit der Herrschaft Nachod. Am frei=
gebigsten wurde Gallas bedacht: die Herrschaften Friedland und
Reichenberg, einige Bergwerke, Kinsky's Haus und Gärten zu
Prag, Ilow's Silbergeschirr waren sein Antheil. Altringen
bekam Teplitz, Colloredo der in Schlesien gewirkt hatte Opo=
tschna. Trautmannsdorf eignete sich Gitschin zu. Lesly der die
erste Meldung nach Wien überbrachte wurde Graf, Kämmerer,
Trabantenhauptmann, mit Gütern beschenkt im Werth von
200,000 Gulden. Da Der so gute Geschäfte machte so war
Buttler um sich in der Hofgunst zu sonnen auch hingereist:
das Zulächeln der Majestät die ihm die Hand schüttelte und
durch den wiener Bischof eine goldene Kette umhängen ließ, die
Verleihung der Kürassiere Terczky's und mehre von dessen Be=
sitzungen waren sein Dank und auch er kehrte mit einer Grafen=
krone und dem Kammerherrnschlüssel zurück. Auf Gordon den
Gelegenheitsmacher, auf Deverour den Schlächter regnete es
Gnadenketten, Trinkgelder und Rittergüter. Die andern Haupt=
leute erhielten je 1000 Thaler, der Obristwachtmeister 2000, ihre
Henkersknechte die 12 Dragoner je 500. Der Kaiser konnte
großmüthig seyn, konnte bei den Diebereien der Glückssoldaten,
der Konfiskationsbehörden ein Auge zudrücken wobei es doch
Caretto de Grana der Schaffgotsch's gestohlene Pferde und
Wagen wieder herausgeben mußte zu bunt getrieben haben
mag — Alles kostete den Kaiser keinen Kreuzer, Wallenstein
hatte ihn mit Millionen auf dem Kerbholz, die wären getilgt
und er hatte noch heraus — namentlich die Fürstenthümer

Sagan und Glogau die er zum Kammergut schlug. Gegen
etwaige Bangigkeiten des Gewissens — wenn die Angeber und
Aufhetzer und seine geistlichen Beistände dergleichen aufkommen
ließen — waren Seelenmessen ein gutes Gegengift. Mit nicht
weniger als 3000 versöhnte er die Schatten der Ermordeten,
auch nahm er ja ihren Hinterbliebenen nicht Alles. Den Frauen
gebot er ihren Schmuck und ihre Kleinode zurückzugeben, der
Herzogin Isabella und ihrer einzigen Tochter Maria Elisabeth
die nachmals in die Familie Kaunitz heirathete ließ er die Herr=
schaft Neuschloß und erlaubte ihnen nach einiger Zeit den Leich=
nam des Vaters und Gemahls in der von ihm gestifteten
waldizer Karthause beizusetzen, seine Freunde durften zu Mies
in geweihter Erde ruhen, nur Neumann der den lästerlichen
Wunsch gehabt haben sollte seine Hände in habsburgischem
Blut zu waschen wurde unter dem Galgen eingescharrt. Das
hieß in Wien die Gerechtigkeit mit Schonung paaren. Auswärts
erhoben sich schon damals Zweifel, einen Theil des Schleiers
über dem blutigen Geheimniß hat die Nachwelt gelüftet. Als
Thatsache steht fest daß Wallenstein die Schweden eher haßte
als in einem lichtscheuen Verhältniß zu ihnen war, daß als der
Schritt der ihn in ihre Arme führen sollte geschah man ihn
schon vogelfrei erklärt hatte, daß er also dem Untersinkenden
glich dem jedes Brett recht ist nach dem er noch greifen kann,
ohne daß man ihn deßhalb tadeln darf. Zwei Staatsmänner
voll tiefen Blicks in die Begebenheiten jener wirren Zeit in
deren innerste Fugen sie eingriffen sprachen den Herzog von
Friedland von der Anklage wo nicht schlechthin frei doch so
weit daß sie ihn nicht verdammten. Orenstjerna noch nach Jahren
wo er keine Staatsrücksicht haben konnte um nicht aufrichtig zu
seyn bekannte daß ihm der ganze Handel stets räthselhaft ge=
blieben. Richelieu in seinen Denkwürdigkeiten war geneigt der
milderen Ansicht Raum zu geben, er dachte an seine eigenen
Kämpfe um die Gewalt, die Anfeindungen eines unbotmäßigen
Adels und eines ränkesüchtigen Hofs durch die er so oft selber
nahe dem Fall gebracht worden war, so sah er in dem Unter=
gang des Herzogs Nichts als den Sieg eines Parteiinteresses
über das beneidete Verdienst durch verleumberische Künste wie
sie nicht selten in Bewegung gesezt werden gegen hochgestellte

Staatsdiener, deren man sich entledigen möchte wenn man ihrer nicht mehr zu bedürfen glaubt und die wohl auch den Schein gegen sich haben wenn sie manchmal die Nöthigung einer tiefern Einsicht geltend machen gegen einen unverständigen oberherrlichen Willen. Hätte er so urtheilen können wenn er ihn wirklich in den Beziehungen zu Frankreich für einen Verräther gehalten hätte an seinem Kaiser? Doch war ihre Lage sehr verschieden. Richelieu begnügte sich mit der Machtübung im Namen des Königthums, Wallenstein dessen Stolz nebenbei nach einem hervorragenden Sitz strebte unter den Fürsten des Reichs hatte eben deßwegen Richtungen zu verfolgen die nicht durchaus dieselben waren wie die des Kaisers. So lange er dem Kaiser die Trophäen des gedemüthigten Deutschlands zu Füßen legen konnte, schien keine Ehre für ihn zu groß und er blieb der Unentbehrliche. Denn das Heer war sein Geschöpf. Nachgerade wurde Das anders. Die aus seiner Schule hervorgegangenen Generale hatten Bedeutung für sich gewonnen, unabhängig von ihm Verbindungen am Hof gebildet. Als das Glück aufhörte sein unzertrennlicher Gefährte zu seyn, als er den Krieg nur noch aus den Hilfsquellen der österreichischen Lande nähren konnte, als er Opfer um Opfer fordern mußte die er — der rauhe, verwöhnte, herrische Mann — durch keine freundlichen Formen zu versüßen wußte, als er je mehr die Bereitwilligkeit von oben ihm entschwand nur um so starrer die Gewalt festhielt, da wurde er dem Hof unerträglich und die Emporkömmlinge fanden unmittelbar beim Kaiser ihre Rechnung besser, die Stützen seiner Macht verließen ihn, Haß und Staatsklugheit sannen mit einander sein Verderben aus. Ein neues System brach sich Bahn. Seit Gustav Adolfs Tod trat die protestantische Macht nicht mehr in ihrer furchtbaren Einheit auf, um so ungefährlicher schien es auch in den kaiserlichen Heeren die Macht des Feldherrnamts zu theilen, Generale zu haben die weniger selbstständig und großartig aber unterwürfiger waren, die für die Arbeit bezahlt wurden und Prinzen vom Haus das Verdienst gönnten und den Ruhm. Die Systemsveränderung war so vollständig daß selbst Eggenberg Ferdinands ältester Günstling, ungeachtet er zuletzt gegen den Herzog mitgeholfen, in dessen Sturz verwickelt wurde wiewohl nicht halsbrecherisch.

Denn die Ungnade kündigte sich bloß in einer Verkürzung seines
Titels an indem man ohne die gewöhnliche Anrede: Euer
Liebden von ihm Abschied nahm, Was ihn freilich dermaßen
betrübte daß er auf seine Güter ging, kränkelte und siechte und
sich zu Bett legte und noch vor Ende des Jahrs der Gicht und
dem Zipperlein erlag. Die Ursache dem weichherzigen Höfling
so hart mitzuspielen war indeß nicht daß er dem Friedländer
sollte verkauft gewesen seyn, sondern daß man in der ganzen
Haus= und Hofpolitik einen neuen Boden legen wollte. Vor
diesem großen Zweck verstummte jede kleinlichte Bedenklichkeit,
da war selbst der Mann den man als des Kaisers Kopf, als
sein Herz betrachtete ein unbrauchbares Werkzeug geworden das
man wegwarf, und die fördernden Hände ob auch Blut daran
klebte wurden geliebkost. Sie nannten's die Wiederaufrichtung
der Majestät des Throns, der Thron wurde darum nicht glän=
zender und die Welt sah nur ein neues Gesinde das ihn um=
lagerte und sich um die Brosamen, um ganze Schüsseln von
des Herrn Tische stritt. Die Protestanten wurden durch Wal=
lensteins Sturz nicht ärmer, nicht reicher: ihre Fürsten blieben
Was sie waren — die selbstsüchtigen Vertheidiger des Altars
wie Jene des Throns. Als Bernhard sich Eger näherte, war
Alles vorbei. Kein Regiment, keine Kompanie wankte und er
kehrte ohne Verrichtung wieder um: sogar nirgends war eine
Vorbereitung, eine Versuchung zum Abfall. Aber die wahn=
sinnige Wuth der Parteien die nach wie vor das Vaterland
zerriß entlastete Wallensteins Andenken von dem öffentlichen
Fluch, läuterte seine Geschichte zu einer Heldensage. Der Götze
war von seinem Fußgestell herabgestürzt, sein großer Name
lebte fort in den Erinnerungen des deutschen Volks!

Uebersicht des Inhalts.

CPSIA information can be obtained at www.ICGtesting.com
Printed in the USA
BVOW08s1409091014

370198BV00014B/125/P